U0470962

LONG WEN HUA TU XING
YUAN BEN TAN YUAN

龙文化图形原本探源

于新生 著

济南出版社

图书在版编目（CIP）数据

龙文化图形原本探源 / 于新生著. -- 济南：济南出版社，2024.6
ISBN 978-7-5488-4465-5

Ⅰ.①龙… Ⅱ.①于… Ⅲ.①龙－民族文化－研究－中国 Ⅳ.①B933

中国国家版本馆CIP数据核字(2023)第028636号

龙文化图形原本探源
LONGWENHUATUXINGYUANBENTANYUAN

于新生 著

出 版 人	谢金岭
责任编辑	侯文英　丁洪玉　张　倩
装帧设计	侯文英　张　倩　谭　正
出版发行	济南出版社
地　　址	山东省济南市二环南路1号（250002）
总 编 室	0531-86131715
印　　刷	山东新华印务有限公司
版　　次	2024年6月第1版
印　　次	2024年6月第1次印刷
开　　本	210mm×285mm 16开
印　　张	29
字　　数	400千字
书　　号	ISBN 978-7-5488-4465-5
定　　价	298.00元

如有印装质量问题　请与出版社出版部联系调换
联系电话：0531-86131736

版权所有　盗版必究

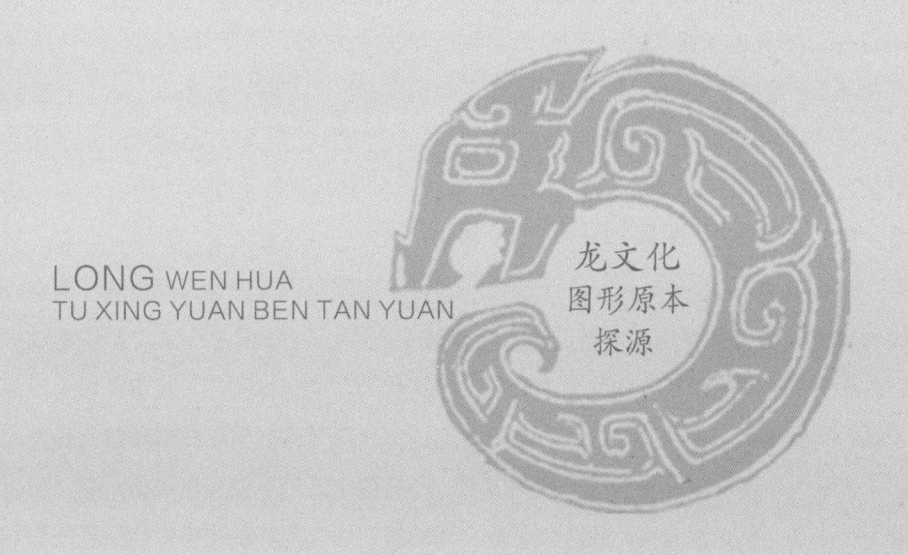

LONG WEN HUA
TU XING YUAN BEN TAN YUAN

龙文化
图形原本
探源

作者简介

于新生（昕生），1956年8月生于寿光，1988年毕业于山东艺术学院。中国美术家协会会员，中国国家画院研究员，山东省美术家协会顾问、第六届副主席，山东省中国画学会副会长，山东工艺美术学院教授（二级）、硕士研究生导师，享受国务院政府特殊津贴专家，'99中国画坛百杰画家，中国文联中青年"德艺双馨"艺术家，全国第七次文代会代表，中国国家画院"新中国美术家系列"入选画家，"肠龙说"创始人。从20世纪80年代初开始探讨龙起源及古文化图形，对民间美术及原始美术造型有较为系统深入的研究。在《美术观察》《国画家》《年画艺术》等刊物发表论文多篇，并出版散文集《看不到自己》等。美术作品入选第六、七、八、九、十、十一、十二、十三、十四届全国美展等大型美展，国家级美展中获奖作品19件，省级美展中获特等奖或一等奖作品15件。《中国古代寓言》获第八届全国美展优秀作品展获奖作品（获奖作品为本届展览最高奖），《吉祥腊月》获第九届全国美展银牌奖，《喜船》获第十届全国美展银牌奖、第十二届文化部"群星奖"银奖和第六届全国年画展银奖，《大晴天》获第十一届全国美展提名奖，《荷塘水清清》获文化部第八届"群星奖"银奖和最受观众欢迎美术作品奖，《金秋》获文化部第三届全国画院优秀作品展最佳作品奖，《中国儿歌一千首》作为我国唯一作品入选第25届世界儿童图书插图展览，《农家新居》获全国首届风俗画大展一等奖，《中秋节》邮票（三枚）2002年由国家邮政局发行等。

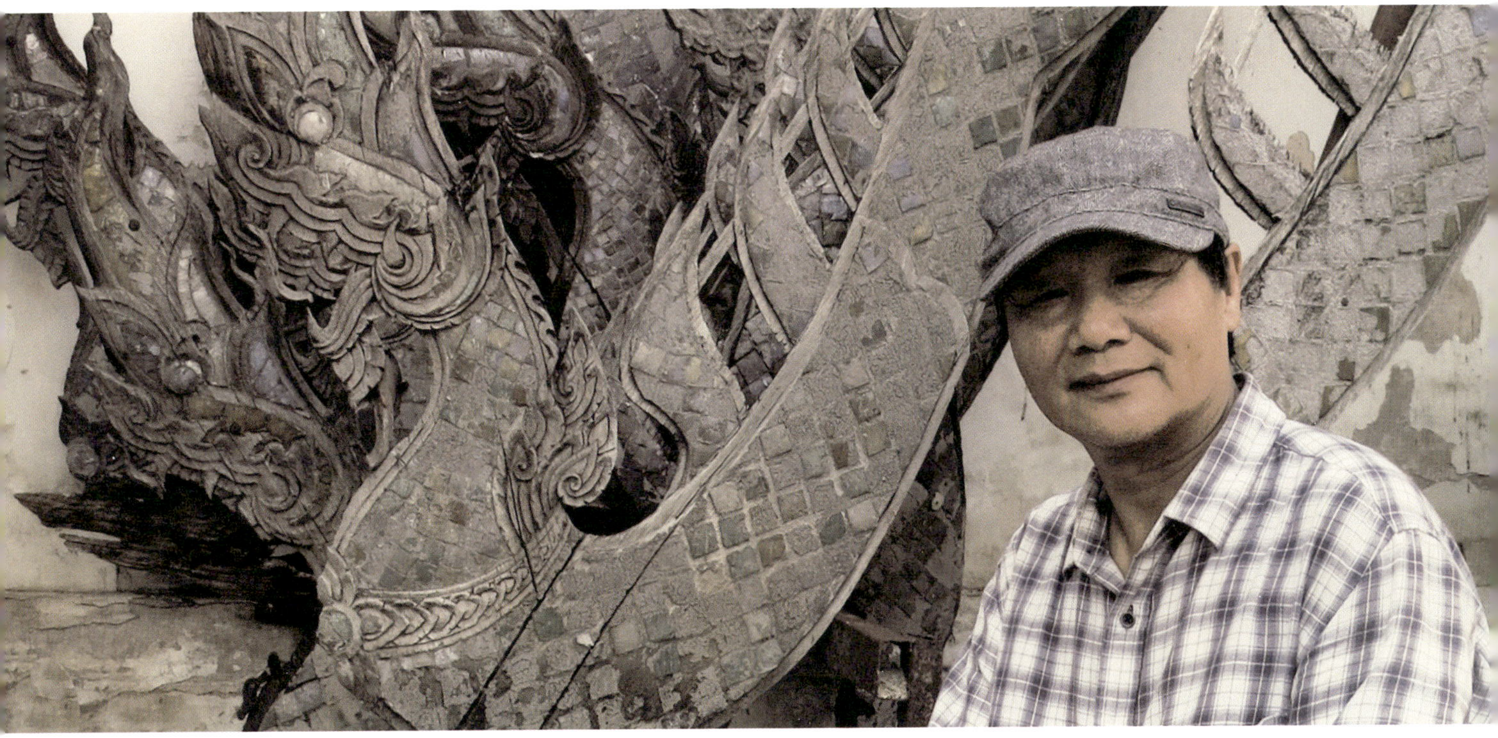

目 录
/ MULU

导言
龙起源的疑问与古文化图形的原本还原／1
一、龙起源的疑问／2
（一）龙是诸多原始部族的共同崇拜物／3
（二）龙不是图腾兼并的结果／4
（三）龙的派生体并非龙的原形／5
二、古文化图形的原本还原／6

第一章
原本思维与原本艺术图形的造型／1
一、原始思维与"类感互渗"／2
二、民间美术与原始图形／5
三、原本艺术图形的造型方式／6
（一）造字"六书"与原本艺术图形／7
（二）原始图形与现实物象／13
（三）原本艺术图式的象征性／14
（四）原本艺术图形的平面造型与平面空间
　　　组合／16
（五）表现事物的综合意象／19
（六）造型的夸张与省略／21
（七）造型的简约与丰富／22
（八）对物象内部特征的理解和表现／24
（九）为神灵造型／26
（十）以意为象、形随意出、集形表意／29

第二章
龙图形的原本还原／31
一、龙源寻龙／32
（一）辽宁查海兴隆洼文化大型石块堆塑龙／32

（二）内蒙古赤峰兴隆洼文化猪首龙／32
（三）内蒙古敖汉旗赵宝沟文化鹿首、猪首龙／33
（四）河南西水坡仰韶文化蚌壳龙／34
（五）甘肃武山西坪仰韶文化彩陶瓶鲵龙／34
（六）湖北焦墩大溪文化至石河文化卵石龙／34
（七）红山文化玉龙／35
（八）安徽含山凌家滩文化玉龙／36
（九）山西襄汾龙山文化陶寺龙／37
（十）河南偃师二里头夏文化绿松石龙／37
（十一）内蒙古敖汉旗大甸子夏家店下层
　　　　文化黑陶彩绘龙／38
二、古文字中的"龙"与"已"／39
三、女娲之肠与龙图形的原本还原／41
四、古文化图形中的龙体原形／49
五、民俗文化及其图形中的肠生殖观念
　　遗存／56

第三章
祈生与崇龙／61
一、感生神话与原始的生殖认知／62
二、龙与祭祀／63
（一）祭祀与龙图形的关系及其对祭祀内容的
　　　象征／63
（二）祭祀与牺牲／65
（三）祭祀与"绝地天通"／67
（四）祖庙与龙／68
三、龙与图腾／69
（一）图腾的产生及对部族的标示意义／69
（二）龙被认为是人和动物的共同祖先／70

（三）龙与图腾物的联系／71

四、龙与祖先／73
　　（一）伏羲、女娲与龙／73
　　（二）炎帝、蚩尤与龙／76
　　（三）黄帝与龙／77
　　（四）少昊与龙／79
　　（五）颛顼与龙／80
　　（六）尧、舜、禹与龙／81

五、龙与生殖／81
　　（一）龙的母性特征及演化／81
　　（二）祈生与春社／82
　　（三）《说文》释"龙"体现出的生殖含义／83

第四章
龙的造型演化及类型／85

一、龙的演化及不同时期的造型特征／86
　　（一）原始时期的龙纹特征／86
　　（二）商周时期的龙纹特征／87
　　（三）秦汉时期的龙纹特征／88
　　（四）唐宋及以后时期的龙纹特征／89

二、个性龙与共性龙／89
　　（一）个性龙／89
　　（二）共性龙／93

三、圣龙、神龙、天龙、子龙、物龙／95
　　（一）圣龙／96
　　（二）神龙／96
　　（三）天龙／97
　　（四）子龙／98
　　（五）物龙／98

四、苗族的龙／100
　　（一）苗族的历史沿革／100
　　（二）苗族龙的原本性特征／101
　　（三）苗族龙的类型／102

第五章
龙与相似物的"互渗"／107

一、龙与相似物"互渗"的关联因素／108

二、龙与蛇形动物的"互渗"／108
　　（一）古文字中"己"与"虫""它"的关系／108
　　（二）龙与蛇形动物／109
　　（三）古文化图形中的蛇形纹饰／111

三、龙与鳄的"互渗"／113
　　（一）蛟与鳄／113
　　（二）鳄不是龙之原形／114

四、肠与绳、带、藤的"互渗"／116
　　（一）肠与绳／116
　　（二）肠与带／121
　　（三）肠与藤／123

五、龙与自然现象的"互渗"／125
　　（一）龙与云／125
　　（二）龙与雷电／127
　　（三）龙与虹／127
　　（四）龙与龙卷风／128
　　（五）龙与江河／129
　　（六）龙成为自然神／129

第六章
龙的王权特征与民俗特征／131

一、礼制与龙／132
　　（一）宗主国对从属国的控制／132
　　（二）君主对臣民的统治／133

二、王权与天命／138

三、王权对龙的垄断／141

四、龙与民俗／143

第七章
肠龙生殖观念图形个案解析 / 147

一、赵宝沟文化尊形器神灵物图形的造型特征 / 148
（一）赵宝沟文化尊形器神灵物躯体的造型原本 / 148
（二）赵宝沟文化尊形器神灵物的造型方式及造型过程 / 149

二、濮阳西水坡仰韶文化墓葬蚌壳摆塑与祈生巫术 / 150
（一）西水坡仰韶文化墓葬龙虎蚌壳摆塑并非天文图形 / 151
（二）西水坡仰韶文化墓葬三处蚌壳摆塑的图形含义及造型方式 / 152

三、肠孕子、龙孕子、蛇孕子与蛇盘兔 / 161
（一）古文化图形中的肠孕子、龙孕子图式 / 161
（二）古文化图形中的蛇孕子图式 / 162
（三）蛇孕子的变体图式蛇盘兔 / 164

四、曾侯乙墓漆棺纹饰与肠生殖观念 / 166
（一）曾侯乙墓外棺纹饰与肠生殖观念 / 167
（二）曾侯乙墓内棺主体纹饰及图形内涵 / 170
（三）曾侯乙墓内棺陪衬纹饰及图形内涵 / 173

五、肠龙生殖观念与古代帛画中的龙 / 177
（一）《人物龙凤图》图式及内涵分析 / 177
（二）《人物御龙图》图式及内涵分析 / 180
（三）《马王堆西汉墓帛画》图式及内涵分析 / 182
（四）《金雀山汉墓帛画》图式及内涵分析 / 185

六、"黄肠题凑"与肠生殖观念 / 186
（一）"黄肠题凑"是肠生殖观念的体现 / 187
（二）使用"黄肠题凑"的其他几个原因 / 188
（三）"黄肠题凑"的作用及意义 / 189

七、董家庄汉画像石墓立柱图像与肠龙生殖观念 / 189
（一）与董家庄汉画像石墓立柱图像相关的几个因素 / 190
（二）后室圆柱图像分析 / 191
（三）后室方柱图像分析 / 194
（四）前、中室之间方柱图像分析 / 197

第八章
腹神崇拜与兽面图形 / 203

一、原始图形对腹的神灵化 / 204

二、良渚文化中的神人兽面图形 / 205
（一）肠、腹崇拜与神人兽面图形的造型 / 205
（二）良渚文化玉器所象征的天地观念 / 212
（三）良渚文化的腹神崇拜与王权统治 / 212

三、龙山文化中的神徽与兽面图形 / 214

四、夏代铜牌饰与腹神崇拜 / 216
（一）夏代铜牌饰上的兽面纹 / 216
（二）兽面铜牌饰的形态转化 / 218

五、青铜时代的兽面图形 / 219
（一）青铜时代的腹神崇拜 / 220
（二）商周青铜礼器兽面纹的造型特征 / 222
（三）"饕餮"之说 / 224
（四）商周时期中原以外地域的腹神崇拜 / 225

六、西周之后的兽面图形 / 226
（一）兽面纹的角色转化 / 226
（二）兽面纹与铺首 / 227
（三）兽面纹的其他形式 / 229

七、腹神崇拜与鼓 / 230
（一）祈生巫仪与鼓 / 230
（二）鼓的造型与生殖象征 / 232
（三）鼓与抱鼓石 / 234

（四）不同地域和民族的鼓崇拜 / 235

八、虎与护 / 240

（一）虎是孕育、护生神 / 240

（二）"虎食人"与"虎生人""虎护人" / 243

（三）虎与狮保护神角色的转化 / 246

第九章
卵图形与生殖崇拜 / 249

一、卵化生现象与原始生殖观 / 250

二、卵图形的造型方式 / 254

（一）表现卵的外部特征 / 254

（二）表现卵的内部特征 / 254

（三）卵化纹对卵化生观念的综合表现 / 258

（四）卵化纹的图形构成形式 / 262

三、不同文化时期的卵图形 / 263

（一）仰韶文化中的卵纹 / 263

（二）河姆渡文化中的卵纹 / 263

（三）大汶口文化中的卵纹 / 264

（四）马家窑文化中的卵纹 / 265

（五）良渚文化中的卵纹 / 265

（六）龙山文化中的卵纹 / 266

（七）商周时期的卵纹 / 267

（八）秦汉及以后时期的卵纹 / 269

四、肠孕卵与龙戏珠 / 271

（一）肠孕卵、龙孕卵图形对生殖观念的体现 / 272

（二）卵与珠 / 272

（三）与龙孕卵相关的其他图形 / 274

五、日、月与卵 / 274

（一）日、月与卵的"互渗" / 274

（二）"旸谷"与肠谷 / 277

（三）日与鸟 / 278

（四）日、鸟图形与凤 / 281

六、卵图形至太极图式的演化 / 283

（一）卵图形与太极图形原本特征的相似性 / 284

（二）卵图形与太极图形阴阳交合特征的相似性 / 284

（三）卵图形与太极图形生殖繁衍特征的相似性 / 286

（四）由卵图形到太极图形 / 286

第十章
蛙与生殖崇拜 / 291

一、蛙与母祖 / 292

（一）蛙与母祖的联系 / 292

（二）蛙与女娲、月神的联系 / 295

（三）蛙与龟、蛇的联系 / 296

二、马家窑文化彩陶变体蛙纹的造型原本 / 297

（一）原始先民对蛙化生过程的综合体现 / 298

（二）变体蛙纹的符号重组及内涵延伸 / 301

（三）马家窑文化不同时期的蛙纹造型对当时社会特征的反映 / 305

（四）蛙生殖崇拜的后期影响 / 305

三、"巳"与"子"的本相 / 307

第十一章
古文化图形中的象征符号 / 311

一、生殖之门 / 312

（一）"儿"纹 / 312

（二）"半儿"纹 / 318

（三）"公"纹 / 318

（四）"蒂"纹 / 319

（五）"贝"纹 / 322

二、交合之纹 / 325
（一）缠绕交合纹 / 325
（二）相对交合纹 / 326
（三）勾连交合纹 / 327
（四）衔咬交合纹 / 327
（五）共体交合纹 / 328
（六）穿插交合纹 / 329
（七）叠合交合纹 / 330

三、生命之树 / 334
（一）"生"纹 / 334
（二）"勿"纹 / 337
（三）"枝叶"纹 / 341
（四）"肢爪"纹 / 342

四、繁衍之子 / 344
（一）"子"纹 / 344
（二）"刀羽"纹 / 345
（三）"鳞"纹 / 347
（四）"籽"纹 / 347

五、标识之冠 / 349
（一）冠纹 / 349
（二）角纹 / 350

六、谐音之图 / 353
（一）民间美术中的音借、义借现象 / 353
（二）古文化图形中的音借、义借现象 / 356
（三）汉画像石整体画面内容谐音现象选解 / 362

第十二章
古文化图形个案解析 / 365

一、"履大迹"与祈生巫术 / 366
（一）"履大迹"传说新解 / 366
（二）与"履大迹"相关的古文化图形 / 367
（三）与"履大迹"相关的民间遗俗 / 369

二、通神巫仪与神秘的纳斯卡地画 / 371
（一）纳斯卡平原上的巨大图形 / 371
（二）纳斯卡地画的制作用意及造型表现 / 372
（三）纳斯卡地画的制作方式及制作过程 / 375

三、仰韶文化人面鱼纹与灵魂复生观念 / 380
（一）人面鱼纹的图形特征 / 380
（二）人面鱼纹与死者亡灵有关 / 381
（三）人面鱼纹中鱼与人面的象征含义 / 382
（四）卵化生观念对人面鱼纹造型的影响 / 384
（五）同时期其他人面纹饰的造型特征及含义 / 386

四、龙首上的"且"纹与"辛"纹 / 387
（一）"且"纹 / 388
（二）"辛"纹 / 389

五、殷墟妇好墓跪坐玉人像柄形器解析 / 391
（一）柄形器是一个象征生殖之门的"儿"纹符号 / 392
（二）"儿"纹符号在跪坐玉人像造型中的运用 / 393
（三）柄形器造型及纹饰分析 / 394

六、三星堆突目大耳青铜面具造型及含义解析 / 395
（一）突目大耳青铜面具的造型特征及用途 / 396
（二）突目大耳青铜面具神秘佩件的造型及内涵象征 / 397
（三）通过突目大耳面具佩件物的符号特征看三星堆文明与中原文化的关系 / 399

七、鬼脸钱的造型特征及内涵解析 / 401
（一）海贝到玉贝的造型转换 / 401

（二）鬼脸钱的造型是用符号来表现贝体特征
　　　　及内涵的一种方式／402
　　（三）鬼脸钱铭文的进一步演化／404
八、货币与生殖／405
　　（一）布币造型中的生殖象征／405
　　（二）刀币造型中的生殖象征／406
　　（三）环币造型中的生殖象征／407
九、曾侯乙墓出土漆箱图像解析／408
　　（一）经天常和漆箱纹饰解读／408
　　（二）招魂合魄漆箱纹饰解读／417
　　（三）四方和合漆箱纹饰解读／420
　　（四）交合生殖漆箱纹饰解读／421
　　（五）升天得安漆箱纹饰解读／421
十、广胜寺水神庙壁画《求水图》
　　《降雨图》谐音现象解析／425

结语／431
附录　龙文化及相关图形"互渗"衍化表／435
后记／439

导言

龙起源的疑问
与古文化图形的原本还原

龙是一个家喻户晓、妇孺皆知的名字。
龙是人的祖先,
我们是龙的传人。
龙是自然神,
它为大地行云布雨。
龙是王权,
它代表着帝王至高无上的权力。
龙是标志,
它是中华民族的象征。
龙是文化,
它奇异的造型与艺术源流相伴相随……
可龙起源的实质到底是什么?
尽管对这个疑问已有过种种论述,
但直到现在,
它依然还是一个谜,
学术界对此还未做出清晰一致的结论。

一、龙起源的疑问

"传言鳞虫三百，而龙为之长。龙为鳞虫之长，安得无体，何以言之。"汉代王充在《论衡》卷六《龙虚篇》中所提出的这个对龙的疑问，至今在人们心中一直存在。司马迁《史记·老子列传》也载孔子言："鸟，吾知其能飞；鱼，吾知其能游；兽，吾知其能走。走者可以罔，游者可以纶，飞者可以矰。至于龙，吾不能知……"那么，现实中到底有没有龙？我们所看到的龙作为一种图形造型起源于什么？龙是在怎样的社会背景及思维意识中出现的？龙的实质内涵是什么？人们为什么会崇拜龙？龙的衍化受到了哪些因素的影响？龙在不同社会时期又有哪些象征意义和造型特征？本书就这些疑问，将从一个新的角度去研究龙，认识龙。

关于龙的原形问题，已有诸多学者进行过研究和探讨，并因此产生了众多的龙原形说。大多数的观点认为：龙，起源于某种动物或自然现象。其代表性观点有以下诸种：以闻一多先生为代表的龙原形为蛇图腾兼并说认为，"所谓龙者，只是一种大蛇。这种大蛇的名字便叫作'龙'。后来有一个以这种大蛇为图腾的团族（Klan，即氏族），兼并了、吸收了许多别的形形色色的图腾团族，大蛇这才接受了兽类的四脚，马的头，鬣的尾，鹿的角，狗的爪，鱼的鳞和须……于是便成为我们现在所知道的龙了"[1]；也有学者不同意这种图腾兼并的论点，但仍然认为龙的主体是蛇，龙是蛇的神秘化，发展变化了的蛇图腾就是龙的形象[2]；有的学者认为鳄鱼的形象和习性更接近于龙[3]；有的认为龙源于闪电[4]；有的认为龙源于云[5]；有的认为虹是龙的最直接原形[6]；有的认为龙是树神的化身[7]；有的根据龙首特征认为龙源于猪[8]，等等。的确，这些学者考证的所谓龙的原形物均与龙有着这样或那样的关联，但笔者认为以上诸说只不过是龙产生后，龙概念在原始思维中与以上所谓龙的原形物产生相关联系，从而使龙的含义进一步扩大的产物，均不是龙最初的真正原形。

---

[1] 闻一多.从人首蛇身像谈到龙与图腾[J].人文科学学报，1942（2）.9.
[2] 徐乃湘，崔岩峋.说龙[M].北京：紫禁城出版社，1987.
[3] 何新.中国神龙之谜的揭破[M].延边：延边大学出版社，1988.王大有.龙凤文化源流[M].北京：北京工艺美术出版社，1988.
[4] 朱天顺.中国古代宗教初探[M].上海：上海人民出版社，1982.
[5] 何新.诸神的起源[M].北京：三联书店，1986.
[6] 胡昌健.论中国龙神的起源[N].中国文物报25.
[7] 尹荣方.龙为树神说兼论龙之原型是松[J].学术月刊，1989（7）.
[8] 孙守道.论辽河流域的原始文明与龙的起源[J].文物，1984（6）.

（一）龙是诸多原始部族的共同崇拜物

从现在发现的原始龙纹分布来看，龙崇拜的范围极广：黄河流域、长江流域、蒙古草原和黑龙江流域等区域均有原始龙造型的发现，早期的原始团族及其后的华夏集团、东夷集团、羌戎集团、北狄集团、苗蛮集团中也均有龙崇拜现象。这说明在原始时期的广大范围内，诸多原始部族崇拜龙是普遍的现象，龙在原始各部族中是一种具有共性崇拜特征的神灵物。

如果按一般意义的图腾崇拜而论，人们图腾崇拜的原因首先是认为某种自然物与部族及自身的生存密切相关并具有血缘关系，进而把这种被认为与其部族具有血缘关系的图腾崇拜物作为部族与部族间相互区别的标志，如果大多数部族普遍崇拜同一种图腾物，则就失去了图腾在部族间相互区别的标识意义。通常就某种图腾物而言，它也只是某个部族或几个部族的标识物，在诸多部族中无共性特征。再就原始部族的图腾崇拜物来看，图腾崇拜中的物类也只是自然界中的某种现实物象，如牛、羊、蛇、鸟等，而龙的造型明显是一种超现实物象，因而从原始部族的图腾崇拜特征及部族中普遍崇龙的现象来看，龙与个性意义上的部族图腾具有明显的区别。

诚然，传说中的龙也具有图腾的某些内涵和特征。至后期，甚至有的部族本身也以龙为图腾。如商代的"龙方"，即是有文字真实记载的以龙命名的方国。甲骨文武丁卜辞有："勿呼妇好伐龙方"（《续》4·26·2），"王惠龙方伐？勿隹龙方伐？"（《乙》3797）等。但就此并不能证明龙是龙方国的独家图腾，更不能证明龙源于以龙为图腾的方国，因为记载中"龙方"之名见于商代，而龙最早发现于距今八千年的原始时期[1]，此表明"龙方"将龙作为氏族图腾明显是在龙概念及其图形形成之后。典籍记载和考古发现也证明：对龙的崇拜在不同的氏族集团中具有普遍性意义，而不是某个部族所独有，并且大多数部族除崇拜龙以外，另有自己部族的图腾。如太昊的图腾是鸟，却以龙命官；炎帝的图腾是牛和羊，其本身却是"龙颜而大唇"；商的图腾是玄鸟，但从商代妇好墓出土器物中的大量龙纹来看，龙更是商所崇奉的神物，而且从其出土的龙形物数量和其所处的地位来看，它比商自身的图腾玄鸟地位要高，也重要得多。这说明：在不同的部落和国家之间，不但普遍存在对龙的崇拜，而且这种崇拜还高出了对自己部

---

[1] 最早的辽宁查海兴隆洼文化石块堆塑龙发现于距今八千年的辽宁阜新查海遗址。

族图腾物的崇拜。可见，龙是一个超出于个性意义图腾之上的诸多部族的共同崇拜物。因此，龙的原形物也只能在众多团族部落共同崇拜物的基础上产生，它代表着人类生存的某种共性内容，并非仅是个别原始部族自己崇拜的图腾。而不同部族的共性崇拜，又一定是与原始部族普遍关切的生存、繁衍、发展密切相关，从此意义上来讲，能体现这些共性内容的崇拜物，也绝不是自然界中的某种动物、现象或某个氏族所独有的一般图腾物所能涵盖的。可以肯定的是：在不同部族崇拜自身部族图腾之外，龙是各部族共同的一种崇拜物，它的原形物一定与各部族的生存、繁衍、发展密切相关。

那么，这个崇拜物的原形是什么？是什么原因使其与各部族产生共性联系，从而让那么多的部族对它产生崇拜的呢？

（二）龙不是图腾兼并的结果

从早期不同原始龙纹的造型特征来看，龙与龙的形象之间存在着很大的差异，仅就头部而论，有的似人，有的似鹿，有的似猪，有的似马，有的似牛，有的似羊，有的似鸡……在这些早期的龙造型中可以看出：它们之间并无任何相互转化的传承关系，而唯一的共同特征就是它们都具有长而弯曲的身体。但依此并不能说明它们就是蛇图腾兼并了其他图腾的结果，因为很难想象：蛇图腾兼并了猪图腾把头部换成猪头，兼并了牛图腾再去掉猪头换成牛头，兼并了羊图腾再去掉牛头换成羊头，兼并了鸡图腾再把羊头换成鸡头……头部通常是物种最具标识性的部分，图腾团族在兼并过程中，是以征服或归顺为特征的，战胜者也决不会把自己部落图腾最具标志性的头部转换成其他图腾的头部，从而让被兼并部族改变自身的图腾特征。此外，即使多氏族的集团联盟，也无须改变自身氏族的图腾去重新组合出一种新的图腾形态。因为图腾是指该图腾物与本氏族之间所具有的某种血缘关系，这种血缘关系是氏族自身的特征，在任何情况下都是不能改变的。况且在原始社会的同一部落集团中，也可以有多个图腾存在，如炎帝部落中就有牛、羊、蛇等图腾，这些不同的图腾就像人的姓氏一样，同样没有必要去进行统一。再者，从发现的现有龙纹资料来看，龙形象特征逐渐固定并出现多种动物特征的组合形态是在龙造型出现的中后期，早期的龙造型只是呈现出某种动物的个性特征，且集中体现在头部不同，而身体大多呈相似的弯曲条带状特征，并没有出现多种动物组合的形态。像闻一多先生所说的，大蛇接受了兽类的四脚，马的头，鬣的尾，鹿的角，狗的爪，鱼的鳞和须，便成为现在人们所知道的龙的说法，是根据后来中晚期的龙造型所做出的主观想象，并非原始龙的早期形象。因此，以蛇为原型的图腾兼并说不能成立。

从早期龙纹头部不同而身体却相似这一规律可以看出，早期的龙造型主要由两部分构成，即不同物类的头部加上相似的弯曲条带状身体。之所以称这些有弯曲条带状身体、具有不同物种头部特征的形象为龙，而不是其物种自身，正是因为它们都具有与自身物种身体所不同的弯曲条带状身体，这种特征使其超出了本物种的自然表象特征，成为一种超自然的象征性形象。而原始龙的此种造型特征，也正是龙图形探源的一个重要切入点。

据早期龙纹的造型特征，可以这样认为：不同类型龙的头部各不相同，其显现出来的是不同物种的个性特征；不同类型龙的身体呈现出共有的弯曲条带状形体，其显现出来的是崇拜内容的共性特征。龙与龙之间头部与身体的不同与相似，说明龙是由不同物种（头部）与相同崇拜内容（体部）结合而成的。也即是说：龙的弯曲条带状身体，是不同个性特征的龙所共有的基本特征，也是龙起源真正崇拜的对象和内容。那么，这个弯曲条带状形体的原本又是什么呢？

（三）龙的派生体并非龙的原形

在汉代纬书《瑞应图》中，传说龙为"五行"精气所生："黄金千岁生黄龙。青金千岁生青龙。赤金千岁生赤龙。白金千岁生白龙。黑金千岁生黑龙。"（文中"金"读作"精"。）其中又言："黄龙者，四方之长，四方之正色，神灵之精也。能巨，能细，能幽，能明，能短，能长，乍存，乍亡。"在此说中，龙显然是一种神物，而非自然界的生物，自然界中任何生物都无法具有这样的神力，也无法涵盖"四方""五行"之博广。它既是四方的神灵之精、万物之长，又是王权的象征，还是司雨之神。尽管在古代典籍和传说中有许多见龙、饲龙、斗龙、杀龙等关于自然龙的记载，但就这些龙的形象特征来看，虽然自然界中有的物种与龙有某些相似之处，甚至被认为是龙，但神化的龙与自然界中的任何动物都不相同，它无疑是人们在一种特定的思维状态中形成的超自然形象，而所谓自然中的龙也只是一些被认为与神化了的文化龙形象相近的某些物种，如蛇、蛟、鳄等。古文献中那些所谓见龙、养龙、斗龙、杀龙、食龙等记载的"龙"，明显具有动物化的特点，与被人们崇敬并作为"神灵之精"的龙绝非一物，这些动物龙均应是后来因其形象与神化的龙有某些特征相像而出现的派生体，它们虽然在原始思维中产生了与龙的某种联系，但均非龙之原形。如果把人们所崇拜的神化龙与可养、可杀、可食的似龙动物混为一谈，就会把探寻龙的原本起源导入含混无绪的歧途。

自然界中的蛇与龙有某些接近之处（两者都具有弯曲条带状的身体），蛇跟龙也的确有着某种联系，在很多崇龙的原始部落中也有崇蛇的现象，但不能就此即认为龙是蛇的神秘化或是蛇的升级。到底是由蛇产生了龙，还是在龙崇拜产生后，由于蛇跟龙的某些相像从而产生了对蛇的崇拜呢？《洪范·五行传》郑玄注："蛇，龙之类也……"《说文》："龙，鳞虫之长……"《山海经·南山经·南次三经》郭璞注："蛟似蛇，四足，龙属。"《论衡》卷六《龙虚篇》："人为倮虫之长，龙为鳞虫之长，俱为物长。"据此可见：在古人看来，蛇和似蛇的物种都是因与龙有某些相似才被归为龙属的，均是龙的晚辈。在原始思维中，人们有根据一事物与他事物某些特征的相似而产生联系，并以此认为它们之间具有同类特征的现象，这种在原始思维中所认为的人与事物之间、事物与事物之间相通、相类的关联现象，正是后来"天人合一"思想产生的基础。在龙概念的衍化中，蛇之类也只是因形状与龙形象有某些相似，才被归为龙属的，究其实质跟龙并非一物。

至于龙源于鳄鱼、源于闪电、源于云、源于虹、源于猪，龙是树神诸说，同样也是因为这些所谓龙的"原形"物与龙形象某些表象特征相似而出现的派生体，并非本原之龙（其因将在后面章节中阐述）。

二、古文化图形的原本还原

以往对古文化的研究多采用研究材料与研究对象之间直接对应实证的方法。20世纪20年代前后，王国维提出了使用"纸上之材料"与"地下之新材料"参证的二重证据法。在此基础上，又有学者提出"三重证据法"。古史研究家顾颉刚指出"传说"作为资料具有重要意义，他认为研究历史的史料很多，大概可以分成三类：一类是实物，一类是记载，再有一类是传说。闻一多则在《风诗类钞甲》"序例提纲"中提出，要依靠"考古学""民俗学"和"语言学"的研究方式带读者到《诗经》的时代去。用民俗学来参与历史的研究，已经不仅仅限于古文化考证直接对应的文字和实物资料层面，而是以广义文化人类学理论为指导，通过文化积淀的现实形态来昭示文化的原本形态，相对于传统考据学的实证追求，它无疑提供了更多材料共同参证的可能性，也更具有文化的覆盖性和穿透力。

然而，无论是"二重证据法""三重证据法"，还是现用于古文化研究的其他方法（如运用"纸上之材料""地下之新材料""传说""民俗学"、现代考古测定技术等），均是在寻求研究材料与研究对象之间直接对应实证的方式。这种实证追求对于古代的文学、历史以及文物的考证或鉴定无疑是相对严谨而可靠的，但是当面对原始文化中那些无法用现成材料直接对应的问题，尤其是在探讨那些神秘原始图形文化的形成及其原本形态时，就显得有局限性了。

那么，是否会有一种方式去进一步拓展古文化的研究，从而破解那些神秘图形文化中的远古之谜呢？就此，本书提出一种以古文化图形原本还原为研究方式的"图形还原法"。该方式是在考古等资料的基础上，以原始思维下的图形造型方式介入并参与古文化图形的研究，通过图形造型方式来分解古文化图形生成的元素并探讨古文化图形的形成过程，以求还原古文化图形的造型原本，从而揭示龙起源及其他古文化图形的内涵及成因。

古代文化遗存是以图形文化的形态保留下来的（种类有绘画、雕塑、建筑、用品、文字等；表现形态有符号、图像等），龙图形也不例外，同样是以图形的形态流传并保存下来的。而图形文化不同形态的生成，又必然与其图形造型的不同方式密切相关。在以往的古文化研究中，多关注于本学科的研究，缺少学科之间的相互渗透，以至于古文化研究对美术学的图形造型方式及其形成因素少有涉及，即使其相关研究关联到艺术造型方面，也多是针对其图形表面特征对纹饰进行分类，而未能从图形生成的思维观念和图形造型方法等方面去进行深入探讨。就龙文化图形的研究而言，也仅是依据龙图形的视觉表象特征去寻找其与自然物象的对应，忽视了图形文化造型方式在原始图形生成过程中的关键作用，使原始图形的解析仅限于表面形态的联系，故而也就难以从图形形成原本上找到有效的方法和答案。

图形造型方式是基于图形生成的思维方式、表现方法、原本元素及物化材料而言的，任何图形的生成都离不开其生成的思维方式、表现方法、原本元素及物化材料。原始图形文化所表现出来的那些扑朔迷离的神秘复杂现象及图形所反映出的不同特征，正是基于这些造型原本元素并通过其不同的艺术造型方式物化在材料上来体现的。本书所提出的以图形造型方式参与古文化图形研究的"图形还原法"，即是通过图形造型方式的归纳、研究、分析来对古文化图形的生成因素进行还原，力求以此来为古文化图形的解析和探源开辟一条新的途径。

人类的文化形态需通过一定的载体展现出来，从社会形态方面讲，包括物质文化、制度文化、行为文化、精神文化和交际文化等类型，但从其载体的形式来看，本书认为文化的体现基本可归纳为语音、行为、图形三种形态。

语音文化指人类以语言、声音为特征来表述、交流、娱乐、传达思想情感的文化形态，包括语言、音乐以及以声音为特征的其他文化形态。

行为文化指人类以行为动态为特征来表达需求、观念、审美的文化形态，即人以生活为特征的行为状态，包括生产劳动、战争、交际、礼仪、表演及其他以行为为特征的人类活动。

图形文化指人类创造的具有图形特征的文化形态。它是人类思维、情感、观念的物化形式，尽管其形成过程也属人为的一种行为，但当这种行为过程结束后，它就以相对固定的形态保存了下来。它以物质为载体，以图形为形式，是具有实用或审美特性的人为创造的物质存在形态，包括建筑、雕塑、绘画、用具、武器、工艺装饰制品、文字、图形符号以及以图形为特征的其他文化形态。

这三种文化形态在不同时期的不同特征，共同构成了不同时期的社会特征，考察这三种文化形态的特征，是研究不同时期社会特征的基本依据。在这三种文化形态中，只有图形文化具有相对的恒久性，语音文化和行为文化必须通过图形文化或录音、影像等手段才能记录下来。在录音、影像出现之前，古人的语音我们听不到了，古人的行为我们也看不到了，现在直观可见的古文化遗存均是以图形文化的形态存在的，因而对图形文化的研究也就成为古文化研究的重要途径和依据。本书针对古文化图形"图形还原法"的主要研究方式正是基于这一点而提出的，其研究的主要对象即是古代的图形文化。

图形文化的形成须有四方面的因素：一是当时社会时期的思维形态（包括人对自然及自身的认知程度、社会观念等）；二是图形产生的原本元素；三是图形产生的造型方式；四是当时的生产力水平及物化这些图形的工艺与材料。也即是说：我们现在所看到的神秘古文化图形均是由当时特有的思维方式、图形产生的原本元素、图形的造型方式及其工艺材料形成的。因而，只有了解原始时期的思维方式、图形产生的原本元素、图形的造型方式及工艺材料与原始图形的关系，才有可能真正找到打开这些神秘图形成因的钥匙，还原其原本形态。在这些因素中，尤其是图形的形态必与图形的造型方式密切相关，其直接关联到图形的形态特征，这也即是"图形还原法"将图形造型方式纳入古文化图形研究的原因。

"图形还原法"针对古代以图形文化为存在形式的特点，将图形造型方式纳入古文化图形研究的方法是：不局限于考据材料与考证对象的直接对应，而是在考古发现和其他可用材料的基础上，探讨不同时期艺术图形形成的原本元素及造型方式，着重研究原始图形所产生的造型规律及生成过程，通过厘清原始图形的生成方式，将图形形成的元素与图形的造型方式相联系，找到并还原图形生成的原本。

在此研究过程中，本书认为原始美术的思维方式和造型方式与民间美术的思维方式和造型方式在特征上有相类相通之处。原始思维是人类思维的原本形态，原始艺术是在原始思维下产生的。随着社会的发展，人类的思维方式在认识过程中经历了由低级到高级的阶段，产生了今天的当代文明，但社会的发展又由于地域、环境、文化、民俗等多种原因导致文明程度并不是同步的。如在偏远封闭的乡里民间，就仍然保持和延续了许多原本性的思维方式，并在这种原本思维方式下，产生了与原始艺术造型方式相类似的民间艺术。思维方式的差异是造成文化差异的一个重要原因，而思维方式的类同也必然会带来文化形态的类同，原始思维方式与民间思维方式的类同性及原始艺术与民间艺术在造型方式上的类同性（两者都体现出了思维方式及其图形造型方式的原本性特征，是母体艺术），为两者之间的相互关联提供了依据。由于这两者所创造的图形都以相类似的思维方式和造型方式为基点，故而本书特将这种延续并保持了原始思维特征的不同时期的思维方式统称为"原本思维"，将"原本思维"下产生的原始艺术与民间艺术等形态统称为"原本艺术"。此用意在于削弱因原始美术时间概念及民间美术范围概念所形成的隔离，强化其形态的共性特征，将民间美术的思维方式和造型方式纳入古文化图形的研究中，以利于在原始图形的研究中找到更多相互关联的现实参照，增加在古文化图形研究中佐证材料的丰富性。

鉴于原始艺术与民间艺术某些特征的类同性，将民间美术纳入古文化图形的研究可从两个方面提供证据：一是某些民间美术形态仍然延续并保留了古老的原始文化信息，成为古代文化在现在的活"化石"，此特征在一些相对封闭的少数民族地区尤其明显，可依此与原始文化相互印证；二是由于原始艺术与民间艺术造型方式的类同，可依此作为原始美术造型方式的参照来参与古文化图形的研究。这就在古文化研究以历史实物、记载、传说参证的基础上，增添了以美术学的图形造型方式介入古文化图形分析并以民间美术这类当今实物参证的可能性，从而为古文化研究由以往的"二重证据""三重证据"进而提供了第四重证据。此种"四重证据"的参证方式，意在通过文化积淀的现实形态来昭示文化的原本形态，在对古文化图形的研究中，从广义文化人类学层面及研究方法上提供更多的材料佐证。

对龙文化及其他古文化图形的研究，本书所提出的将图形造型方式参与古文化图形研究的"图形还原法"，依据已知的古代文献、出土文物及其他相关的实证材料，着重关注龙及原始图形形成的方式及原本成因，其切入点有三：

1.龙图形的出现与原始的思维形态、原始崇拜对象及原始艺术造型方式密切相关。在对龙起源的探讨中，如果只是站在直观的角度，仅仅根据古代文献和出土文物的表象形态去寻找一种现成的实证材料与其进行直接对应，必然会导致研究者以现在的思维去主观化地面对原始社会那种神秘的思维形态，从而造成思维方式在古文化图形研究上的偏离。原始艺术的出现及其表现是原始思维方式的真实反映，而原始思维又是以感性认知为特征的，因此探讨龙起源的奥秘除了要依据古代文献和出土文物为实证资料外，还应该以龙产生时代的原始思维特征为线索和依据，这是探讨龙起源及其他原始图形文化原本的认知背景和前提。

2.龙图形产生在原始社会时期，其形象是通过图形的造型方式显现出来的。图形文化的造型有其自身的规律与方式，也正是由于原始思维下的艺术造型方式才产生了龙的形象。因而要探讨龙起源的奥秘就必须去了解原始艺术的造型方式，去了解到底有哪些图形元素通过图形造型方式参与了其图形的造型，只有了解了图形的造型方式和参与造型的图形元素，才能去解读并还原龙图形及其他原始图形的原本内涵。

3.民间美术是原始美术的自然延续，从民间美术中可以看到大量与原始思维形态和造型特征相类同的图形方式，这些由原始艺术造型方式延续而来的图形，会对龙起源及其他原始图形的解读提供诸多启示和佐证。

从此三点切入，以原始思维为背景，用已知的古代文献和出土文物的实证材料为依据，从研究原始图形的造型方式入手，并在民间艺术图形中寻求与原始思维相类同的佐证，通过研究原始图形的造型方式及其图形的原本元素去还原原始图形的原本形态，此即本书以图形造型方式参与龙图形及其他原始文化图形研究的基本理念。将此种方式以数学算式来做比较的话，就好比"5"等于"5"，但"2"加"3"或"7"减"2"也等于"5"，还有多个数字的"加""减""乘""除"同样会等于"5"，"5"是由不同的数字和数学算式演算而来的。同此道理一样，在图形文化研究中，我们不仅要运用"5"等于"5"这种实证对应的方式，还要了解原始图形形成的过程及其方式。由于原始图形是由原始思维形态、艺术造型方式及图形的原本元素相结合而产生出来的，只有把已知的古代文献及出土文物的实证材料带入到原始思维形态和图形形成的艺术造型方式中去，才有可能得出正确的结论，从而还原原始图形的原本形态，揭示龙起源及其他原始图形的奥秘。

原本思维是人类在认识世界过程中感性认知的原本状态，是人的意识还处于初级认知阶段的思维形式，包括原始思维和在社会不同时期仍延续并保持了原始思维特征的思维方式。原本艺术是在原本思维方式下所形成的艺术形态，包括原始艺术和在社会不同时期仍延续并保持了原本艺术特征的各类艺术形式。现在蕴藏在乡里民间的民间美术，有许多图形的造型方式是原始美术造型方式的自然延续，它们同样反映出了艺术的原本性特征。因而在对原始图形的研究中，将民间美术从原本意义上与原始美术相联系，就从图形造型方式上对原始图形的原本还原提供了现实的参照和依据。本书在探讨原本艺术图形的造型方式时，并不局限于图形历史时期的范围限定，而是从其思维特征和造型特征出发，分析不同时期原本艺术之间的相同点，发现它们思维方式及图形造型方式的类似和关联，找出其中的脉络关系，并通过不同时期原本艺术图形造型方式的相互印证，来参与解读古文化图形的原本奥秘，从而用更为充实的材料来佐证原始图形的造型方式及生成原因，以求得原始图形在原始实证材料缺失或无法以当时材料直接对应的情况下，用来作为研究参照。故本书在研究原始图形内容的论据和图例中，也包含了不同时期与之相关的其他原本艺术内容，尤其是纳入了一些民间美术内容作为论证的依据。

　　因此，探讨龙起源及原始图形的原本奥秘首先需对原始思维与原始图形的造型方式及参与佐证的民间美术特征有所了解。

第一章 原本思维与原本艺术图形的造型

一、原始思维与"类感互渗"

人类的思维形态是与社会形态密切相关的，不同时期的思维特征通过艺术图形的方式显现并保留下来，原始图形即是在原始社会的思维方式下产生的。

在原始时期，人类的思维处在认知的初级阶段，对自身以及感受到的种种自然现象也处于模糊的混沌状态。如对日月星辰、风雨雷电、山崩地裂、洪水滔天及生老病死等现象，均不能用科学的观点和方法做出解释，而只能以其幼稚朦胧的意识来进行体验。原始时期的人们认为，人的思维、梦境、力量、生殖、运动以及人与外物的相互影响这些客观存在而又难以把握的神秘现象，均是由于灵魂的作用。灵魂是无形的，其与有形的物质实体既是统一的，也是可以分离的，死亡即是灵魂离开了肉体。这种认识是人在观察"生"或"死"的状态时产生的：活着的人具有思维和行为，而死去的人在其躯体状态不变的情况下却失去了以上特征，人们便以为有一种支配运动和力量的东西离开了人的躯体，这就是灵魂。人们还将"生"与"死"的变化看成是生存空间的变更，认为死亡是灵魂进入了另一个超现实的世界，灵魂是不会消亡的。古人将"人之精气曰魂，形体谓之魄"[1]，人死后精魂出离于形魄。进而人们又用对人自身的这种理解和认识去解释自然界运动变化的种种现象，认为所有具有运动特征的物象（如：日月星辰、风雨雷电、山崩地裂、洪水滔天等）均是由于灵魂的作用，大自然无处不在运动，万物有灵观由此而生。在这种思维方式的作用下，主客混同、万物有灵、神人交感、物我冥合成为原始意识的主要特征。

人们在此种思维与认识的过程中，一方面用人格化的方式去同化大自然，认为自然万物也具有像人一样的特性。如山有山神、水有水怪，日月星辰、风雨雷电也分别是一些人模人样的神灵。山崩地裂、洪水滔天等自然界的运动现象，均是这些神灵作用下的行为。在云南沧源岩画中有一幅山神图，从图中可看出这种思维方式对自然物象的神灵化表现：画面中，一道斜线体现出山坡的特征，山坡上是一群正在觅食的牲畜，山坡内有一个借助人的形态来表现的山神，山神的形体上长出了供牲畜生存的青草（图1-1）。通过此图形可明显看出万物有灵观念以人的造型对山坡所进行的神灵化表现。

图1-1

另一方面，人们用人格化的方式去同化大自然的同时，又被大自然同化，并以此来抱合大自然的意志。在图腾崇拜中，人们把大自然中的某种动植物当作自己氏族的标志和象征，并认为这些物类同自己或氏族之间有某种神秘的血缘关系；此外还认为人的生殖也不是因为男女两性的结合而来，而是周围生存环境中的神灵在自己腹中化育的结果。由于生命在腹中孕育，因而人们又相信：人或动物的腹，就是生命生殖的神秘之源。

从远古神话传说中，也可以感受到人与自然的神秘关系。在这种关系中，人与自然万物之间并没有固定的分界：自然物的神灵可以是人的形象或动物的形象，如日、月可以在图形造型中被

---

[1]《太平御览》五九九引《礼记外传》。

表现为人或鸟的形象；人或动物也可以化为自然物，如传说中开天辟地的盘古，死后其眼睛、四肢、骨骼、肌肤、血脉、毛发等分别化作日月、山脉、土地、河流、草木等。这种人与自然物的互化和相通，其思维的根据就在于所互化的物体之间有着某些类似特征，并互相承载着对方的信息和灵性，如：眼睛、日月均与光明相关；骨骼、山脉同样有坚实的特性；血脉、河流同样有流动的特性；肌肤、土地同样有丰厚的特性；毛发、草木同样有生长的特性等。

在原始思维中，这些具有类似特征的事物常被视为同类，可以相互感应，也可以相互化生。《吕氏春秋·有始览·召类》有"类同相召，气同则合"之说。《艺文类聚》在论及"鸡"与"阳"的关系时也说："鸡为积阳，南方之象。火阳精物，炎上，故阳出鸡鸣，以类感也。"这种因事物之间某些特征或因素相类似而将其相互联系的"类同相召"的"类感"现象，正是原始思维认识和解释自然及社会现象的基本方式。人在认识自然的过程中，依这种方式将人与自然万物之间相互联系起来，并通过这种方式去与自然进行沟通。巫术即是借助象征自然物的道具或动作去模仿自然的某种特征来达到此目的的。在原始社会时期，很多原始图形的出现，也并非出于单纯的愉悦和装饰目的，而是基于其"类感"式的巫术作用，尤其是当某种崇拜对象出现后，一些形状或特征相似的物象之间就更容易产生"类感"的现象，这就使得该物象之外又出现了被认为与其相类的诸多派生物，从而也使其概念在"类感"中不断地扩大。当龙崇拜出现后，那些与龙形状或特征相似的物象也同样与龙产生了"类感"现象，从而出现了与龙相联系的其他派生物，如蛇、鳄等。法国社会学家列维·布留尔曾用"互渗律"概念对原始思维作过论述，概括了原始思维的特点，用这种"互渗律"解释事物，则认为宇宙万事万物在整体与部分、部分与部分之间存在着某些神秘的联系，并表现出某种共同或相通的特征[1]。列维·布留尔所说的这种事物间相互产生的"互渗"，与《艺文类聚》所提及的"类感"是相似的。由于"类感"在原始思维中是事物间产生"互渗"的条件和前提，本书在此进而称这种现象为："类感互渗"。

对于物象整体与局部的关系，原始思维则认为：物象的各个部分并非仅是依附于该物象整体的一个局部，而是各自具有相对独立的特征。如原始图形中出现的男女生殖器、眼睛、手足等图形，这些器官或部分在原始意识中均可被认为是脱离物象整体的独立神灵。在图形造型中，不同物象的不同部分还可以重新构合成新的神灵形象，而且这种通过构合产生的具有多种物种性质的神灵，更加具有神通广大的灵性，从而也使这些构合的形象超越物种的界限和时空的界限，成

图1-2

---

[1] [法] 列维·布留尔. 原始思维 [M]. 北京：商务印书馆，1986.

为一种超自然的形象。这些神秘形象的造型是由人们的超自然观塑造的，是原始思维认识自然万物并进行神秘"互渗"的结果。在原始艺术图形中可以看到大量具有多种物象特征的复合式造型，如：红山文化玉器中的鹰首人身玉雕像和牛首人身玉雕像，其造型分别是鹰首、牛首与人身的结合物（图1-2）；西安半坡出土的仰韶文化彩陶盆上的人面鱼纹，其造型是人跟鱼的结合物（图1-3）；甘肃发现的一件齐家文化玉石器，其造型是一个有三首的人跟动物的结合物（图1-4），等等。此类异物构合的造型形态，还可以在《山海经》中找到更多的例证。这些复合式图形的出现，是原始思维"互渗"形态的实证。而龙形象表现出的多种物类的复合式造型，也正是在这种思维形态中产生的。了解了原始思维的这些特征，就可以帮助我们厘清这样一条思路：龙起源的原本因素并不一定是源于某一种完整的动物或某一种自然现象，而极有可能是源于人或动物中被认为具有神秘灵性的某个部分，这个部分在原始时期的思维方式下被认为与生命的繁衍、氏族的壮大密切相关，从而被人们崇拜并神化为一种神灵。在对这种神灵的图形表现中，又将其与其他生命物的某些部分相构合，从而产生了龙造型超自然的神秘形态。

原始思维的"类感互渗"又是动态的，是不断扩展和变化的。其表现特征是在物与物之间因某些类似性特征产生"类感互渗"并生成与其相类或相关的概念后，这种概念物又与其他具有相似特征的事物产生"类感互渗"，进而再与其他类似物产生"类感"并继续这种"互渗"，这种物与物之间的不断"互渗"在图形文化中被表现出来，从而也就形成了诸多相互关联的图形。就龙文化而言，也正是由于这种动态的"类感互渗"，逐渐造成了龙文化庞大而繁杂的体系，并出现了多种与龙相关联的物象和图形。从龙与其形态相类物象的"互渗"现象来看，龙因其条带状身体特征与蛇"互渗"，蛇又与绳（系、带）"互渗"，绳再与藤、虹、闪电、河流等相似物"互渗"……从而产生了与龙相关的诸多派生物。再从龙的内涵特征来看，同样也在产生"互渗"联系：龙因其生殖崇拜的内涵与祖产生"互渗"，祖又与天地神"互渗"，天地神再与王权等相近概念"互渗"……也使其概念不断地产生延伸和衍化。因此，我们今天直观可见的龙文化现象，其实是由龙的原发物与多种相关物象直接或间接地"类感互渗"而形成的。但在龙文化研究中，这种原始思维特征造成的概念衍化，恰恰是以往在认识龙的产生过程中被忽略的。由于龙图形形成的某些间接"互渗"过程原本材料的远离或缺失，在对龙的探源中很容易从直观的角度与间接的"互渗"对象进行直接对应，并将其误认为是龙起源的最初原形，从而偏离了龙的原本，致使难以找到龙真正的原发物。因而，要还原龙之本相，就需了解原始思维这种动态"互渗"的特征，弄清其相关的"互渗"过程，才能真正溯本求源，还原龙的原本真相。

图1-3

图1-4

二、民间美术与原始图形

在人类的原始时期，艺术并没有"民间"与"非民间"之分。随着社会的发展，社会职能开始出现分工，并划分成了不同的社会阶层，美术也开始从原始形态中分离出了为统治阶层服务的宫廷美术、为文人士大夫阶层服务的文人士大夫美术、为宗教服务的宗教美术及各种专门家美术。而在广大的民间阶层，美术仍然沿着原始艺术的原本形态发展，并保持了原本性的思维方式和图形造型特征，形成了有别于其他专门家美术范畴的自身面貌。由于民间美术是原始美术的自然延续，因而它在思维形态、观察方法、造型观念、表现手法等多方面与原始美术是类同或相通的，在很大程度上仍然保留了原始艺术的许多特征，从而也就使其成为原始思维及原始图形造型方式在今天的活化石，这为缺失原始资料的原始艺术图形研究提供了非常有益的补充和参照，对于龙文化的研究也是极有帮助的。

过去相当长的时间里，中国广大的乡里民间一直处于生活水平和文化水平相对低下并且封闭的农耕文化状态，甚至在科学已经对种种自然现象做出客观的解释之后，民间阶层中的大多数人，对于这些知识依旧茫然无知。即使现代科学触及他们，他们也会因固有的原本思维定式而难以理解和接受，以致在心理结构还没有改变、科学文化还没有普及的民间，百姓对于自然万物的认识仍保留和延续着与原始思维相类似的原本状态。这种思维状态的延续，既来自万物有灵的原始观念，同时也受到随社会形态发展而形成的伦理道德、社会生产力和民俗的制约。因此，民间美术既有人类祖先原始思维的投影及观念的传承，又有民俗自身的衍化轨迹。

在民间美术中，原始神灵观念仍然普遍存在。其中民间的甲马（也称"纸马"）即是"万物有灵"观念的遗存（图1-5）。甲马种类繁多，如：天地四方、日月星辰、山水树石、桥梁道路、车马

图1-5

农居、谷场粮仓、渔猎农桑、疾病伤痛等，被认为皆有神灵，将这些神灵以"人化"或"动物化"的形态画或印在纸上，就形成了甲马。其意与原始时期"神人交感""物我冥和"的思维方式是一脉相承的。人们认为，这些印在纸上的神像即是各类神灵的化身，并具有各类神祇的灵性，人们各处张贴以示神灵所在，设供祭拜以祈求神灵保佑，而将其焚化后，神像由有形（印在纸上的形象）变为无形（灵魂），就会带着人们的意愿同神灵沟通，以此来保佑人们并实现人们的愿望。

蕴存在我国湖南西部和贵州东南地区以祀神灵、逐鬼疫为目的的傩戏、傩舞是古代巫术意识的遗存。在傩戏、傩舞中，将象征神灵的面具戴于面部是其显著特征。人们戴上面具，便认为自己成了这些神灵的化身，就能降神逐鬼、驱邪避害（图1-6）。

图1-6

图1-7　　图1-8　　图1-9

农村孩子胸前挂长命锁的习俗，也同样具有驱邪避害、保佑平安的巫术意识（图1-7），其用意在于以长命锁把灵魂和躯体锁在一起，以防孩子的灵魂离开躯体（死亡），并防御身外的鬼邪病灾进入躯体。

地处黄河流域的河南淮阳，相传是埋葬太昊伏羲氏头骨的地方。每逢农历二月二至三月三，这里的人祖庙中有朝祖进香大会，庙会上有各种造型奇异的泥玩具出售。其种类有：猴头燕、人面猴、草帽老虎、九头鸟等，这些形象多数是人与兽、兽与兽、兽与禽的复合式造型，大都能在《山海经》中找到相类似的依据（图1-8）。在贵州台江施洞苗族刺绣中，也保留了大量具有原始特征的图形，这些刺绣图腾变着邃古的气氛，有半兽半人的动物、牛头蛇身的龙以及各种怪诞离奇的人物（图1-9）。造型特征是基于造型动机的，从这些民间美术奇异的超自然形态中，可明显看出其与原始图形在造型方式上的相似性。

从民间美术造型夸张的复合形态来看，此类超出自然界现实事物的形态，把各种物象交融为一体重新构合出形象，显然是延续了原始美术中神秘"互渗"的思维方式。如果没有这种不同于逻辑思维的"互渗"，这些形象是无法想象并被创造出来的。它们是"万物有灵"观念的物化形象，人们通过超自然物象的奇异造型赋予了这些艺术形态一种超自然的力量。也正是人类的这种原本思维意识，形成了原始美术、民间美术神奇莫测、怪诞诡秘、绚丽多彩的造型。

三、原本艺术图形的造型方式

原本艺术图形的造型方式是由原本思维决定

的，是原本思维下人们对自然认知的真实反映。原本艺术图形中所表现的物象形态，并非完全是自然界中的物体表象，而是人在认识自然万物的过程中被主观化了的事物意象，是印象、主观想象、万物有灵观念和审美理想的综合体。分析和研究原本艺术图形的造型方式，对研究龙图形及其他原始文化图形的形成，具有至关重要的作用[1]。

（一）造字"六书"与原本艺术图形

汉字的造字方式，据其字体结构有"六书"的说法。"六书"虽然是由后人分析古代汉字的造字方法归纳出来的，但其基本反映了中国古文字的造字特征，且与古文化图形的造型方式有诸多类同之处。中国书画有"书画同源"之说，其意有二：一是说中国的书与画在用笔方法上相通，历代多有用书法入画者；二是说书与画的发端出于一源。尽管文字代表的是汉语里的语素，每个字都有一定的读音，但是中国的古文字作为象形符号的一种，从原本形态来看，其造字方式与图形的造型方式是相通的，因而关于原始文字形态的研究，对原始图形及龙造型的探讨同样具有重要的借鉴作用。

汉字"六书"的造字方法，典籍中有以下几种传统说法：

班固《汉书·艺文志》：象形、象事、象意、象声、转注、假借。

郑玄注《周礼·地官》：象形、会意、转注、处事、假借、谐声。

许慎《说文解字·叙》：指事、象形、形声、会意、转注、假借。

虽然以上诸说中"六书"的名称和次序略有差异，但基本内容还是一致的，以班固所述"六书"而论，四种造字方法里均用了"象"字来表述其特征，这更是与图形文化的基本特征达成了一致。最早对"六书"加以说明的是许慎，现在所说的"六书"通常采用许慎的名称和班固的次序，即：象形、指事、会意、形声、转注、假借。其中象形、指事、会意、形声是"造字法"，转注、假借是"用字法"。

许慎在《说文解字·叙》中对"六书"解释为：

象形者，画成其物，随体诘诎，日月是也；
指事者，视而可识，察而见意，上下是也；
会意者，比类合谊，以见指㧑，武信是也；
形声者，以事为名，取譬相成，江河是也；
转注者，建类一首，同义相受，考老是也；
假借者，本无其字，依声托事，令长是也。

下面即来具体分析一下造字"六书"与图形文化在造型方式上的相通之处。

1.象形

文字中的象形是以模拟事物形状的方式来表义，用象形方法造出的字叫象形字。在甲骨文、金文中，象形字占大多数，这是因为画出事物特征是一种最为直接的造字方法。例如"⊖""☽""⛰"等，均是通过对自然物象特征的模拟而成。从这些文字图形中可以看出，它们都以接近自然物象的表面形态为特征，而这种象形方式，同样也是图形文化中最基本和常用的方式。在图形造型方式中，中国画的"六法"称这种方式为"应物象形"[2]，亦即运用象形的方式将自然事物的表象形态转化为与自然事物形态相类似的图像形态（图1-10）（图1-11），艺术品中大部分的写实绘画和雕塑均是以象形为特征的。

以"象形"方式所带来的物象和图形的直接对应，是对图形文化解读最为直观的一种方式，也是人们最为习惯的一种图形认知方式。在现今对古文化图形的研究中，也正是由于这种习惯的认知定式，当面对另外一些脱离自然表象的古文化图形

---

[1] 本章所提及的原本艺术图形的造型方式并非仅限于原始时期的艺术造型，而是包括与原始思维模式相类似的其他古代艺术造型及民间艺术造型。
[2] 南齐谢赫《古画品录》所举"六法"为："气韵生动、骨法用笔、应物象形、随类赋彩、经营位置、传移模写。"

图1-10　　　　图1-11

时，就会觉得神秘难解起来。更由于对"象形"之外的其他造型方式不了解，而把这种直观的认知方式带到其他造型方式形成的原始图形中进行研究，因而往往也就找不到图形与自然参照物的直接对应，以至于在图形文化研究中，总是难以对"象形"之外的原始图形进行解读，这是龙原本探源和古文化图形研究中的一个误区。

2.指事

"指事"在文字中是借用符号标示出事物特征来表示字义的一种造字方法，其与"象形"的主要区别是："指事"字含有较为抽象的成分。其可分为两类。一类是在"象形"字的基础上增加符号而成的"指事"字。例如："本"字在"木"下加"一"表示树根；"末"字则在"木"上加"一"表示树梢；"刃"字在"刀"的锋利处加"、"表示刀刃等。其在"象形"字上所加的"一"或"、"就具有"指事"的作用。另一类是用纯粹的"指事"符号来表意，例如："⌒"（上）与"⌒"（下），一条横线代表位置的界限，一点在线以上表示方位"上"，在线以下则表示方位"下"，这其中的"⌒"与"⌒"都是纯粹的符号。

图1-12

"指事"的方式在图形造型中，往往表现为用某种符号介入的方式来标示出图形形象的特征、地位和身份。如云南沧源岩画在人的图形上配以植物的符号来表示地神（图1-12）；青铜纹饰中在龙头或兽面上加"辛""且"等符号来表示它们的神性及地位（图1-13）；许多古代器物上也常用加徽号文字的方式来标识器物的身份等（图1-14）。这种用符号介入图像来表示图像特征及身份的标示方法，在与社会的等级观念和礼乐制度结合后就变得更加突出。龙形象的使用，后来也与人的身份和地位密切地联系起来，成为一种标识符号。

图1-13

图1-14

在图形文化的解读中,如果弄清了这些标识符号的意义,往往也就弄清了被标识对象的内涵及特征。

3.会意

"会意"是一种合字表义的造字方法,组合两个或两个以上的字符构成一个新字,所造出的字叫"会意"字。例如:"明"由"日""月"两个象形字组合而成,借日月的光明来表示"明亮";"从"由两个"人"字组合而成,借两个人前后相随来表示"跟从"。

"会意"的方式在图形造型中也是常见的,它以象形图形或抽象符号为基础元素,采用多个图形元素的组合来表示观念或意念对象,以此来象征图形的含义。"会意"的造型方式可分为复合式和组合式两种。

复合式是利用不同物象的局部进行复合,重新形成一种多元素为一体的会意图形,来表现某种超自然的形象,并以此来体现该形象的神性特征。如四川广汉三星堆遗址2号祭祀坑出土的人头鸟身像是鸟和人的复合形象(图1-15),安徽长丰杨公乡墓出土的镂空龙形佩则是龙和鸟的复合形象(图1-16),此外还有不同时期的龙图形、良渚文化神人兽面像、仰韶文化半坡彩陶人面鱼纹等,也均是此类多种物象复合的形象。这种把多种物象特征复合为一体的会意方式,意在创造人们心目中那些超自然的神灵或图形,并以此来表达其具有多种物象特征的神性含义。

组合式是用多种物象组合起来表现事物或观念的一种方式,由多个物象组合成一个会意式画面。此方式又可分为两种形态。一种是反映客观事物自然状态的写实形态,它表现的是写实的自然时空关系及现实性的情节内容。如云南沧源岩画中的牧牛图(图1-17),成都杨子山出土的汉画像砖中的观

图1-15

图1-16

图1-17

图1-18

图1-19

图1-20

伎图（图1-18）等，均是用较写实的形态组合出一种自然时空关系的画面。另一种则是打破自然时空秩序表现超现实形态的造型组合，如：周代青铜器上的某些图饰利用龙、凤和其他符号图形的组合来体现图式要表达的礼制理念（图1-19），东汉画像石《西王母》用西王母、伏羲、女娲及仙人神兽会意天界幻境等（图1-20）。这些图像均是一种超自然时空的形象组合。

在原本艺术图形的造型和运用中，还形成了诸多相对固定的符号或纹饰，这些符号或纹饰均代表特定的内容和含义，从而在图形组合中成为相对固定的表意元素，这就像造字法创造了文字，写文章要运用文字一样，由于表意的需要，原本艺术图形将这些符号和纹饰根据需要进行组合，来会意或象征所要表达的内容。如商周时期青铜器上的兽面纹（图1-21），其在兽面基础上运用了"冠纹""角纹""子纹""儿纹""肢爪纹""羽纹""枝叶纹"等纹饰符号参与造型[1]，并利用这些符号象征含义的组合，体现出了其所具有的祖先神、生殖神和王权的特征。

在诸多的古文化"会意"图形中，其组合方式明显地表现出了当时的思维特征和社会观念，这种集符表意的组合方式有的以自然物象为造型依据，有的则是运用了超自然物象的象征性表达。因而在解读古文化图形的过程中，既要分析理解整体图式的内涵和造型方式，也要了解参与图形组合的纹饰或符号的象征含义，对它们的辨识和解读是研究古文化图形极为重要的内容。

4.形声

"形声"是指用意符和音符组字的造字方法，所造出的字叫"形声"字。"形声"字分两部分：一部分表意，称为意符；一部分表音，称为音符。意符指示字的意思或类属，音符则表示字的读音。例如："鲤""鲮""鲩""鳅"都是鱼类，难以用象形的造字方法明确地把它们的特征区别开来，于是形声字就成了区别它们最方便的方法，只要用形旁"鱼"就可以交代出它们的类属，再用相近发音的声旁来区分其名称，就形成了形声字。这实际是一种在已有的固定类型概念（意符）基础上再加以不同个性特征（音符）的造型方式：意符是一种固定的类型概念，是共性因素，表明该字属于哪一类，而所加的声符，体现的是这个字的个性特征，表明的是这一类中的某一个。

尽管"形声"字的造字方法是形与音的组合，表示的是汉语的语素，与单纯的图形有所不同，但这种在图形类别的基础上再加以不同个性特点的造型方式在图形造型中却是经常被运用。如原始图形中就有不同个性

图1-21

---

[1] 见本书第十一章：古文化图形中的象征符号。

特征的龙，这些龙将相同的体部形态与不同动物的头部进行组合，从而形成了不同龙的自身个性，表明这些龙是在共性概念的基础上（相同的身体）与不同个性特点（不同的头部）进行组合的造型体现。红山文化玉龙中就有猪形龙、马形龙、鸟形龙、猴形龙、鱼形龙、狐形龙等，它们均具有相似的条带形身体，但又各具有不同物类的头部（图1-22）。苗族剪纸中也有牛龙、人头龙、花尾龙、蜈蚣龙、翼龙等不同类型的龙（图1-23）。在原本艺术的图形造型中，用此方式来区分同一类物象中的具体个物，是图形造型的一种重要方式。由此也可看出：在同时期的龙图形中就存在不同的物类个性特征，而且这些龙图形之间从物类个性上并没有演变传承的关系，这表明龙的原形物并非单纯是由某种动物演化而来的，它的内涵既关联到多个物种，又具有共性的崇拜内容。

5.转注

"转注"是部首相同、声音相同或相近、意义相通可以互相训释的造字方法。如"老"可以训"考"，"考"可以训"老"；"颠""顶"二字，本义都是头顶；"窍""空"二字，本义都是孔。这些字有着相同的部首及解释，读音上也有音转关系，可互相训释。

"转注"的特征也正是前所提及的"类感互渗"现象的一种体现，其方式是用认为具有同类特征的一物象来关联另一物象。中国哲学中的"天人合一"思想，即是这种认为自然和人为之间有着相通的联系，并用某事物来理解、联系或象征另一事物的表现。在图形文化中也常见根据物象间某种特征的相似或相近而产生互相关联的现象，如：用天、日、龙的至高无上象征帝王；用繁茂众多的谷纹（图1-24）、虺纹（图1-25）象征王族子民的兴旺繁衍；用松、鹤的性质和特征来象征长寿；用石榴、葡萄、瓜多籽的形象来象征生殖繁衍（图1-26）等。以往龙文化研究中所谓龙起源的众多关联物——蛇、虹、闪电、鳄鱼等，也正是因为其某

图1-22

图1-23

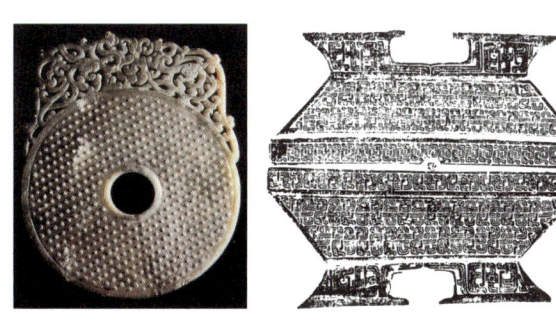

图1-24　　　　图1-25

图1-26

些特征跟龙形状接近才产生了与龙的联系。

6.假借

"假借"是一种借字表音的方法，即借用一个已有的字，来表示语言中与其音相同或相似的字，这种由于音同或音近而被借来表示另外意义的字，就是"假借"字。例如秦汉时设郡县，县的长官称"令""长"。"令之本义发号也，长之本义久远也，县令县长本无字，而由发号、久远之义引伸展转而为之，是谓假借。"[1]另外还有一类"假借"字，与本来意义全然无关，例如"来"本是麦穗，借用为往来的"来"，这个被借用的字实际是被当作表音的符号来使用，与原来的字义并没有必然的联系。

假借的方式在图形造型中也同样经常出现，特别是对一些超现实的虚幻形象和一些需用可视形象来表现的抽象概念，就要借助于现实形象或创造超现实形象来表现。如在汉画像石中以动物相"咬"谐"交"，以"虎"谐"护"。又如东、西、南、北四方分别借青龙（东）、白虎（西）、朱雀（南）、玄武（北）四灵来标示，并按上朱雀、下玄武、左青龙、右白虎的位置标示方位特征等（图1-27）。民间美术也常假借与文字谐音的物象来表达某种抽象的概念。如"连年有余"利用谐音假借的方式画莲花（连）和鱼（余）来组成画面，使"连年有余"这个本来抽象的概念成为可视的形象

图1-27

（图1-28）。又如画蜜蜂（封）蜂窝（印）和猴子（侯）谓"挂印封侯"（图1-29）；画喜鹊（喜）站立在梅树（眉）枝头（梢）谓"喜上眉梢"（图1-30），等等。

从以上古文字的造字六法与古文化图形造型方式的联系来看，古文化图形的造型方式是多种多样的，绝非仅限于平常视觉习惯中的"象形"一种。古文化图形除以上与"六法"相关的造型方式外，还有许多其他的图形造型方式也参与了古文化图形的造型。而古文化图形所表现出的神秘特征，也正是由其不同的造型方式形成的。

---

[1][清]段玉裁.《说文解字·叙》注。

图1-28 　　　　　　　　　　图1-29 　　　　　　　　　　图1-30

（二）原始图形与现实物象

在原始图形中，除了可辨识的具有人、兽、禽、虫、植物或景物特征的形象外，还存在着大量被认为是抽象符号或纹样的图形。它们之所以被认为是抽象的，是因为这些图形没有表现出动物或植物的整体可辨识特征。但这并不能说明这些所谓"抽象式"的纹样没有去表现现实的物象。在对原始图形的视觉辨识中，假如表现的是完整的人或是动物的头部等，则其形象特征是很容易辨识的，但如果表现的是对象的躯干、内脏或其他部分，恐怕就难以辨识了。而在原始图形中，恰恰有很多被认为是抽象符号的纹样，极有可能就是以现实物象的某些部分为原本元素而形成的，因为在原始意识中，这些部分常被认为具有特殊而神秘的神性象征意义。如西藏日土岩画中的男女生殖器图形（图1-31）、河南汝州洪山庙遗址瓮棺上的男根图形（图1-32）、青铜器铭文中的人体器官图形等（图1-33）。从这些图形可以看出，其表现的均是物象的某个部分，而不是物象的整体。在原始祭祀活动中，祭物的不同部分也常常因不同的功用而具有不同的含义，而某些具有象征意义的物象局部的图像符号，则极有可能存在着龙起源的原形物。

处在原始社会扑朔迷离的生活环境中，人们还希望把那些捉摸不定、稍纵即逝的现象，如风、雨、雷、电、水、火、云、烟等，用艺术造型的手法将其固定并明确下来，从而将这些因时常变化而形状不定的现象图形化为看得见的固定形象，因为自然界这些捉摸不定的现象更容易被人们赋予神秘的特性。将它们用艺术造型的方式表现出来，除作为图形装饰外，更多的是出于将其用于祭祀和巫术的目的。由于这些自然物象形态变幻莫测，因而在其图形表现中就常常体现出抽象的特征，但它们的造型原本仍然是以现实物象为表现对象的（图1-34）。正如中国的文字开始是以象形为基础，后来成为抽象符号一样，原始图形的表现特征也是以象形为基础的，只是原始图形中所表现的某些物象

图1-31 　　　　　　　　　　图1-32 　　　　　　　　　　图1-33

图1-34

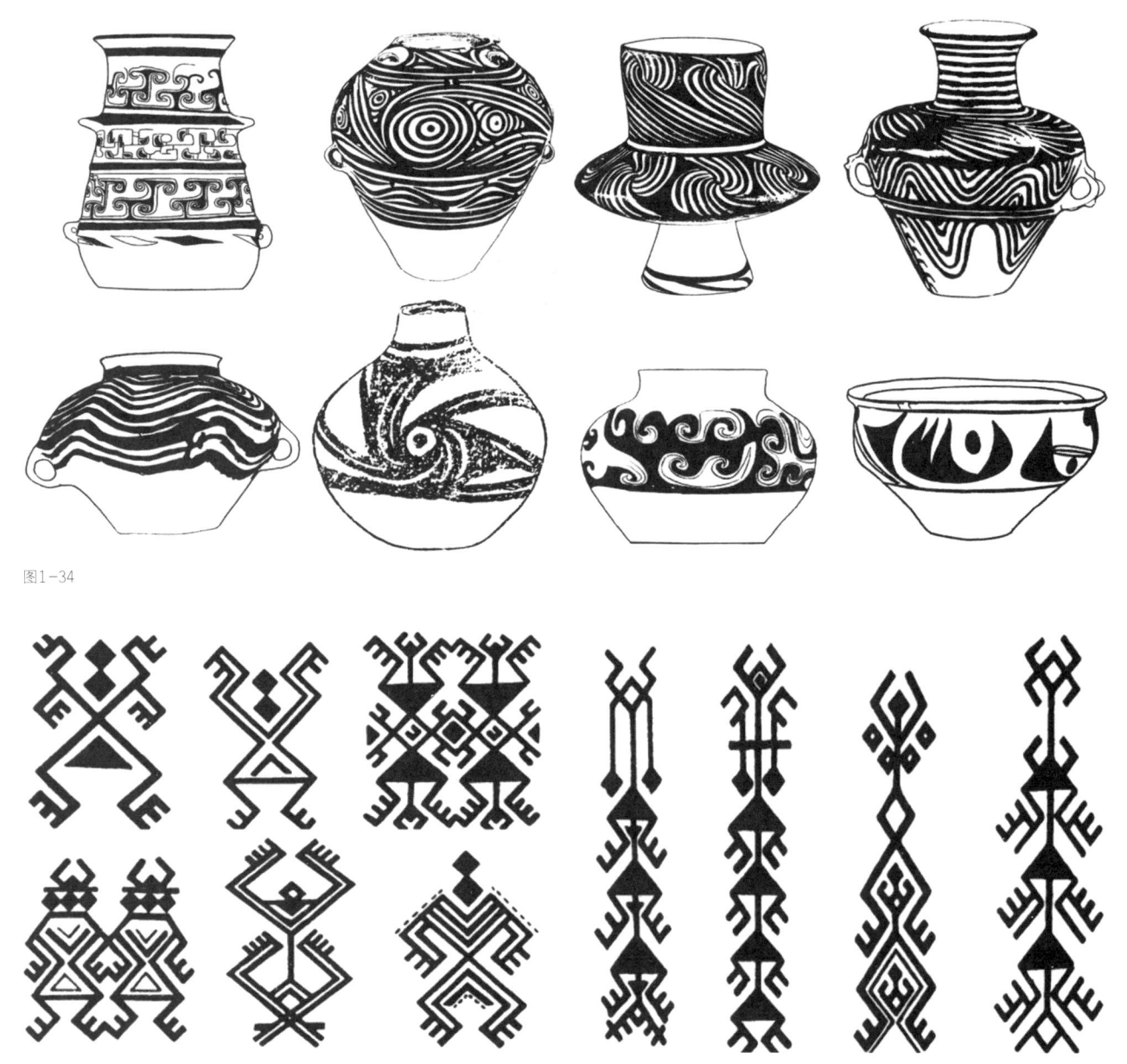

图1-35

图形难以被今人辨识而已。

此外，由于某类图形的造型方式受到工艺、审美习惯及意念表达的影响，常在图形造型中对表现对象进行归纳、重构或装饰，从而使图形产生夸张或变形，这也是造成其不易辨识的一个重要原因。从黎族织锦的人纹图案中，可以看到这种由现实中人的形象因工艺和形象变形而产生的抽象性变化对图形的影响（图1-35）。

由此可见，原始图形中看似抽象的图形极有可能是以现实物象为原本的，此类图形的研究和辨识，对龙的原本探源具有重要的启示作用。

（三）原本艺术图式的象征性

原始图形的最初出现，也许就像儿童漫无目的地涂鸦，人们只是从中得到一种好奇和愉悦，但这种好奇和愉悦式的人为图形，在原始社会中很快便被赋予了神秘的灵性和象征性含义。由于生存的需要，集体意识在原始集团中形成，人的活动也开始受到集体意识的统一和支配。面对部落战争、自然灾害、狩猎等人与自然外物的冲突，集体意识就成为原始人类中一个强大的精神支柱和思想依托。人们通过各种行为或形式（如：语言、歌唱、舞蹈、器皿绘制、图形标记等）来统一和体现部落的社会

图1-36

意识，从而使这些神秘的艺术形式，成为某一部落内相对固定的观念表现形态。当时人们在一定区域内对其达成共识并加以运用，由此也给某一时期某一地域内的艺术形式及表现方法带来了相对统一的程式化倾向，使其成为这一区域人们共性意识的表现形态。因此，在原始艺术中，那些被人们崇拜的对象、希望获取的物象以及具有一定象征意义的表意图形，就会作为一种共识的符号在他们的艺术图形中反复出现并运用。如原始彩陶中的鱼纹、鸟纹、蛙纹、点纹、波状纹（图1-36），以及其后青铜纹饰中的兽面纹、龙纹、凤鸟纹、虺纹等，均具有相对固定的象征性含义。

古文化图形的象征性不仅存在于单独的纹样符号，在一些器物整体的造型组合中，许多图形还具有类似文字会意特征的象征性内容，这种象征性在器物的整体造型特征、器物的不同部分以及纹饰的组合中显现出来，并反映出其造型特征与当时的崇拜内容、生活方式、社会价值取向的密切关系。如商周时期的青铜器，从整体的器物造型到局部的图形装饰都具有一定的象征性含义，是当时礼制文化的形象体现。

在古文化图形纹饰中，一些被人们赋予特殊含意的符号，为了充分表现人们的愿望或图形的象征性内涵，在参与图形造型时还会被重复地运用，这些符号在图像中的运用和组合，常常是超自然形态特征的（图1-37）（图1-38），其大部分纹饰的运用均具有特定的象征性，并非仅仅是出于单纯的装饰性目的。现在来看，尽管这些符号的标识性作用在当时社会中被人们所熟识，可由于其时间久远，很多图形符号的实际象征意义已不被今人所知，以至于被错识，或被理解为一些纯装饰性的纹样（图1-39）。如何去破解这些符号遗失了的奥秘，是古代文化图形研究面临的一个重要课题。

民间美术也同样具有象征性特征，其大部分图形包含有祈福纳祥、除邪避害的固定性象征内容。

图1-37

图1-38

图1-39

如：牡丹象征富贵，石榴象征多子，桃子象征长寿……还有的图式会意组合形成"事事如意""福寿双全"，等等。这些表意图形在艺术造型中形成了相对固定的程式并在民间进行运用，其与原始图形具有相类似的象征性符号特征。

（四）原本艺术图形的平面造型与平面空间组合

原本艺术图形多是以平面造型为基本特征的，这种方式在原始美术、民间美术中的形象造型和整体图式构成中普遍运用，即便是以立体形态出现的雕刻类造型，其表面刻画也最大限度地保持了平面的特征。平面式造型不仅在独立的形象表现中出现，在多个形象组合的画面空间中也同样表现出了平面的特征。

1.平面造型

在平面造型的图形表现中，一切自然物象的立体特征均被简化为只有高宽形状的平面状态。这种造型是建立在对物象完整的认识经验基础上的，创作者从主观意识出发，选择最能体现物象特征的角度去表现对象最为突出的特征和美感，以避免因表现角度的随意性或偶然性而带来的视觉歧义（图1-40）（图1-41）。

在平面造型中，形象的局部还可以通过变形、变位或转移的方式来进行造型，从而达到表意的需要和图形的完美。如：内蒙古大甸子彩陶上的鸟纹（图1-42）和兔纹（图1-43），在图形中将鸟或兔的局部特征分解归纳后，再重新在平面空间内组织画面形象，使其造型形成了一种游离于现实和抽象形态之间的神秘感。又如：在苗族蜡染图案中，将鸟的各个部分分解，再通过这些局部的变位转移，重新组织并创造出一个新的平面造型形象（图1-44）。这类平面造型与其所表现的自然对象之间既有联系，又在视觉上拉开了一定的距离。

2.平面空间组合

在画面的平面空间组合中，大部分原本艺术图形是以单个物象为单位，再将多个物象平面排列组合形成的。这种组合打破时间和空间的固定秩序，把一切物象的表面特征按照意象进行改变或削弱，并对形象进行主观的完善，以此来使画面所表现的物象服从于所表达的含义及画面的实际需要。其组合进画面中的形象，不管在现实中的实际状况如何，大都互不遮挡地被处理在统一的平面空间中，使画面中的造型只有大小形状的平面关系，而少有前后叠压的纵深关系。

原本艺术图形的平面空间，重在表现画面要传达的表意内容，而非表面现象，常在画面中减弱自然的视觉表象特征，运用多视点的方式将物象进行组合，表现出符号化和会意式的特征，以此来表现物象内容的完整性和物象间的平面组合关系。如：

图1-40

图1-41

图1-42

图1-43

图1-44

内蒙古宁城南山根102号墓出土的夏家店上层文化时期刻纹骨板上的刻纹图形[1]，其空间组合即削弱和改变了固定视点下自然属性的表象空间特征，强化其平面性，以多视点的方式体现出了马、车、鹿、人在画面中的平面关系（图1-45）；内蒙古狼山岩画中的《车马图》也同样用此手法表现了图形的平面空间（图1-46）；云南沧源岩画中的《村落图》，则是以环顾一周的多视点感受，表现了村落的平面特征（图1-47）。在这些平面空间组合画面中，尽管其图形运用了平面的组合关系，但仍然可看出其是以自然物象特征为形象依据的。

在原本艺术图形中，还有更多的图像是表现超现实心理空间的，这种方式以主观想象为造型依据，画面中的任何物象都可改变自然的存在状态，按照人的意愿及画面的需要组合在一起。这类图形可以不同的时空状态并存，也可以幻想出现实中并不存在的景象。如：鱼可翔于天，鸟可置于地，天与地没有固定的边界，人与物可以相互构合，从而呈现出一种神人交融、万物浑然的画面（图1-48）（图1-49）。这些超现实的画面组合现在看上去虽然神秘难懂，但在当时的原本思维观念中，却是象征

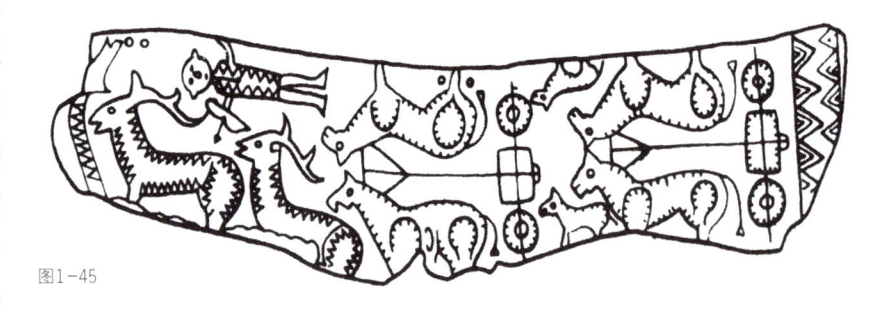

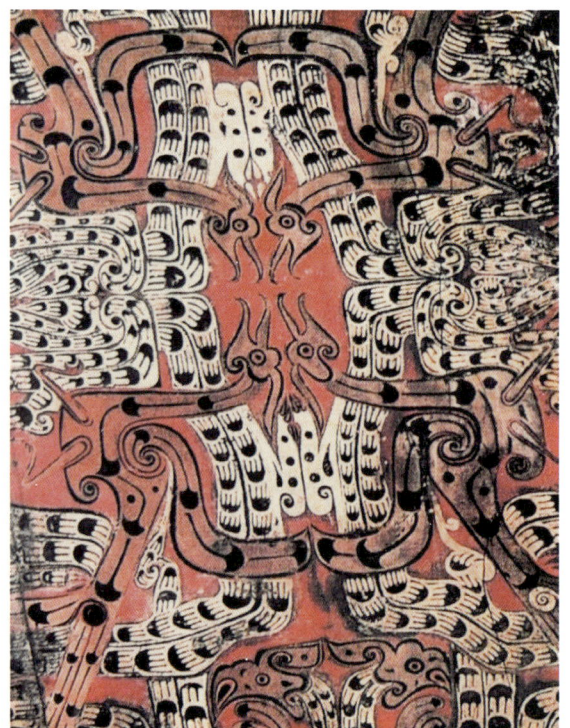

图1-45

图1-46

图1-47

图1-48

图1-49

---

[1] 文物 [J].1994（7）：72.

意义明确、合情合理和被普遍认同的，它们是原本思维在原本艺术图形中的反映和体现。

原本艺术图形的平面造型与平面空间组合，为原本艺术的造型提供了最为直接而简洁的表现方式。

（五）表现事物的综合意象

在原本艺术图形的造型过程中，对物象的描画，并不需要像现代写实性绘画一样，通过比例、透视、解剖学等方法面对人及其他自然对象，去表现固定视点下相对固定的时空关系，也不需要对物象进行细致深入的体味、观察和写生，而只是唤起人们平时在意念中积淀的对该物象形态的意象，即可对物象进行表现。这种意象是受原本思维制约的事物综合意象，是多时空方位的、想象的、概括的、经过原本思维完善和主观改造的。正是由于原本艺术对事物的意象来源于平时接触这些事物时的整体印象，因而其表现方式多体现物象的综合特征，而非表现在特定时空或特定视点下所观察到的物象表面形态。这种整体意象既有对自然物象的心理印象，也有超现实的主观神性幻想，还有当时社会观念及审美追求的形式表现。在原本艺术的形成过程中，人们正是依据对物象的这种综合意象，将表现对象物化成了图形形象。

综合意象的最初表现首先来自对物象基本形状和行为特征的印象。如在大多数原始岩画中，人们创作岩画时不可能也没有必要面对行踪不定的动物进行写生，他们创作岩画的目的也不在于使其描绘的形象从具体细节上去接近对象，而是出于巫术等功用目的将图像作为一种符号象征。这些图像大部分只有物类的划分而没有个物的区别，他（它）们脸上没有五官，身上也没有以美化为目的的纹样装饰（图1-50），其造型特征反映出了原始时期人们对物类关注要高于对个物关注的视觉意识，这是因为他们在面对对象时，首先需要区别哪是同族，哪是各类不同的猎物，而不是同物类中的个物差别。由此也可看出：在原始时期，生存的实际需要是至关重要的，它高于审美需要。人们的这种需要被真

图1-50

实地反映在了当时的图形文化中。

表现物象综合特征的图形在原本艺术造型中有多种方式的体现。其中经常可以看到侧面和正面合而为一的形象，这种造型的出现是人们在造型意识中认为：一个完整的正面是由两个侧面组成的，物象包括了正面和侧面的不同特征时才是完整的。此种意象是由人们对物象的全面经验和整体印象决定的，如商周时期青铜器上所谓的饕餮纹（或称兽面纹），实际就是由两个侧面的龙造型组合而成的正面龙形象（图1-51）。这种正面的龙纹作为青铜礼器中的主纹饰，代表着特殊的身份和地位，运用多角度并具有象征性意义的综合式形象进行造型，则更能表现出其庄重、完整、全面的形象特征。类似的正面与侧面综合的造型方式，在民间美术中也常常见到（图1-52），其同样也是物象综合特征的图形体现。

图1-51

图1-52

图1-53

图1-54

　　表现对事物的综合意象在原始美术和民间美术中是不受客观自然时空限制的。如在民间剪纸中表现一个花盆，其口部被剪成圆的，而底部却剪成平的（图1-53），这是出于民间艺人对盆口和盆底在不同视点角度下展现的不同特征的理解：盆口是圆的，是人们平时观看花盆时对花盆形状特征的印象；盆底是平的，是人们对花盆要放在平面上的特征的印象。同样是圆形的盆口和盆底，在民间美术造型中却因为对两者功用所产生的不同印象而分别表现出了不同的特征。许多民间艺术图形中还经常出现侧面脸上长着两只眼睛的人物或正面头部却被安上了一个侧面嘴巴的动物（图1-54）（图1-55），以及在正面前身上再安上一个侧面后身的动物。这类造型的出现，其因也同样是民间艺人认为，选取形象局部的不同角度进行综合表现，是为了更好地表现形象的全面特征。这种在画面平面空间中对形象不同角度的综合，既是对形象多角度感受的平面体现，也是对事物完整印象的综合表达。

　　对事物完整意象的造型还可以把不同的时空形态组合在一起，或把事物发展的时间过程表现出来。如在这只猫的造型中（图1-56），猫所具有的形体特征（身躯、四肢、乳房、尾巴、头以及头上的两只眼睛、两个耳朵、鼻子、嘴巴、牙齿、舌头、胡须、皮毛等）一样不缺地被全部表现了出来，这种表现方式是出于人们对猫的整体印象。除此之外，该图形中的猫一面在给小猫哺乳，一面又在捕鼠。哺乳小猫和捕鼠均是猫的特征，可实际中猫是不能同时去做哺乳和捕鼠这两件事的，而在此造型中突破时间的限制去这样表现，同样是出于对猫综合意象的体现。又如民间艺术在表现莲花时，把开花、生蓬、结藕等不同时间出现

图1-55

图1-56

图1-57

的现象组合在一起，也是出于对莲花综合意象的体现（图1-57）。

在原本艺术造型中，表现对事物综合意象的方式是不受时空限制的，它具有原本思维认知的广泛包容性，甚至可以将自然形象之外超现实的主观神性幻想等因素共同综合到要表达的意象中。

（六）造型的夸张与省略

原本艺术的造型特征，还表现为不刻意追求自然物象的表象复制，而是在事物意象的基础上表达主观的意愿，这种意愿所形成的艺术形象是以对物象的主观表现为主导的，由此导致原本艺术的造型手法在对意象原型表现时进行主观的夸张和取舍也是必然的。其夸张手法多表现为：把主观上认为体现物象特征或具有神性的重要部分加以强化，其次要部分简化甚至省略，以此来体现对物象的主观认知及审美意愿。如：红山文化中的这件玉雕女祖像（图1-58），其为了表现对母性的生殖崇拜，夸张地表现了隆起的腹部和膨大的乳房，缩小了头部并省略了五官和下肢，使其对生殖特征的体现更加突出明显。同属红山文化的另一件族长玉雕像造型则与此不同，由于该表现对象不是神灵，而是氏族中一个举足轻重的现实人物，故其夸张部位也有所不同。为了表现对象的形象特征，其面部五官运用了

图1-58

图1-59

较为写实的表现手法，夸张突出了头部，缩小了身体的比例，从而使这个神态安详的老者面貌特征更加突出（图1-59）。此类对物象进行夸张与省略的方式在民间美术造型中更为多见。如在民间木版年画和泥、布、面玩具中，夸张人物或动物的头部而缩小其身体的造型，也均属此类（图1-60）。

原本艺术造型运用夸张与省略的手法，形成了以主观意象对图形进行取舍的艺术特征，它既是图形的造型方式，也是原本思维下主观意愿与审美追求的体现。

（七）造型的简约与丰富

早期原始美术表现出的造型往往是简洁的、完整的、本质的，但又是粗略而缺少丰富细节的。从原始岩画中可明显看到这种图形的简约特征（图1-61），因为烦琐的图形在那些饥肠辘辘的原始人看来是没有实际用途的。他们的观点是"羊大为美"，对硕大的肥羊及其他猎物在形体特征上的直接辨识，是他们最为需要也最能引起视觉快感的东西。后来随着社会阶层的分化及物质的不断丰富，人们不再仅仅满足于那种单纯表现物象特征的简单化符号形态，统治者开始将那些象征神灵、王权、祖先的图形，尽其所能地利用他们认为美的种种手段对其进行符号的添加和美化，来弥补当时造型能力对事物意象表现的粗略和不足，并以此种方式来显示这些图形对多种因素的包容性。由此，对形象的丰富美化及多种表意象征的组合，开始介入到图形造型中，并成为以后时期原本艺术造型的一种基

图1-60

图1-61

图1-62

本表现手段，从而也使人们的艺术创造由单纯实用向注重审美及更多因素的象征性方面发展。如良渚文化中的神人兽面像、龙山文化玉器上的神徽像（图1-62）以及商周时期青铜器上的兽面纹等，均是利用多种象征符号的介入，把对图形的丰富和完善推到了极致。从这类图形造型的精美复杂程度来看，当时社会对这些图形象征内容的崇拜程度也达到了极致。

对物象进行丰富和完善的造型方式，在民间美术中同样有很多的表现，其大多是依据审美理想，将花的纹样或吉祥表意符号等添加到物象轮廓内部或外部以丰富其造型，所添加的纹饰与主体物象的自然属性可以是有联系的，也可以是张冠李戴互不相干的，但这些添加的图形从意义上来说，均是具有吉祥等象征意味的。如陕西的泥塑《虎头挂片》（图1-63）和面馍《大狮子》（图1-64），不但在形象轮廓内添加了"鱼""寿桃""花卉"等图形，还在轮廓之外添加了"蜜蜂""孩儿站莲"等图形，从造型上把老虎、狮子的形象添加得内部琳琅满目，外部花枝招展，在内容上也把吉祥避害的各种寓意包容到了图形之中。又如陕西民间绘画《饲养员》（图1-65），同样也在造型中添加了各种具有美好寓意的图形，以增强形象的丰富性和对吉祥内容的象征性。这种造型方式与古代图形中添加其他元素来丰富表现对象的方法是类似的。

但原本艺术也并非对任何物象的造型都寻求丰富式的多多益善，其造型方式还具有另一方面的重要特征，那就是对复杂的对象和内容删繁就简、以少总多。概括同样是原始美术和民间美术意象造型的特征，

图1-63

图1-64

由于原本艺术的造型依据来源于对现实物象的日常认识，这种认识是表面的、感性的和粗略的，从而使原本艺术中的原型本身就带有概括性。当

图1-65

原始图形的造型从简约发展到丰富和完善并形成对某种繁杂图形的共识后，就会在此基础上再转而向简约发展，从而使一些样式丰富的程式化图形，在不断地运用过程中越来越简化概括，甚至出现了抽象化的特征。从商周青铜器龙纹由复杂到简约的衍化中，即可看到这种图形简化的过程及其特征（图1-66，由上而下）。

中国的数字观念在指代事物时，常常带有一定的象征性，并具有对事物数和量的概括作用。如以

图1-66

图1-67

图1-68

"三"示多,以"九"为限。常说的"事不过三""三令五申"中的"三",其意并非仅指三次,而是表示多次;"九重天"的"九",也并非指天的第九层,而是指天的最高层。这种以数字示多的现象在民间美术中不乏其例,如:甘肃剪纸《多子鱼》(图1-67),以大鱼尾后的三条小鱼象征多子;印染花布图案中的《三多》(图1-68),用三种果类形象分别表示"多福(佛手)""多寿(桃)""多子(石榴)"等。

原本艺术中简约与丰富的不同造型,体现了单纯当中求丰富、丰富当中求单纯的造型表现方式,反映出了原本思维的心理意愿和审美追求。

(八)对物象内部特征的理解和表现

原本艺术图形除表现对物象表面多角度、多时空的综合认识外,还包括对物象内部特征的理解和表现。对于视觉所不能观察到的物象内部存在,只要表现需要,就可在已有的认知程度下,舍表求里,凭借主观推断突破物象表层,将其内部特征表现出来。此种造型方法一般是先表现主体物象轮廓后,在轮廓内的相应部位来表现的(这种表现内部特征的图形在形成固定性象征符号后,也可舍弃外部轮廓特征独立使用)。此类造型方式的目的有二:一是通过这种方式说明要表现物象的内在特征和象征含义,二是以此作为纹饰来丰富并美化所表现的形象。它包括现实型的物象内部造型和超现实型的物象内部造型两种形态。

1. 现实型的物象内部造型

现实型的物象内部造型以现实物象为造型对象，此类造型无论是表现动物、植物还是其他景物，均可用舍表求里的方式把需要表现而肉眼又看不到的物象内在特征表现出来。如：柏林东亚艺术馆藏有一面中国春秋时期的八虎铜镜（图1-69），镜背主体纹饰是一只身体蜷曲的母虎，其身上装饰有七只小虎。在此造型中，这七只小虎的真正含义并非仅是母虎的表面装饰，其实质要表明的是母虎的生殖特征，表现母虎体内怀了七只小虎。在现实的直观视觉表象中，这七只怀在母虎肚子里的小虎是看不到的，但在原本艺术造型中为了突出其生殖特征，就可以用表现物象内在特征的方法将其表现出来。又如：在北京故宫博物院收藏的一件战国早期嵌红铜狩猎纹铜豆纹饰中，其动物图形不仅用表现物象内在特征的方式表现了怀有小崽的动物，有的还在动物体部表现出了内部的心脏等器官（图1-70）。此类造型方式在民间美术中也多有体现，如陕西民间剪纸《艾虎》，用同样的方式表现了老虎肚子里怀有三只小虎（图1-71）。又如陕西剪纸《蒸馍》，其不但表现了锅内的馍，连风箱的内部结构也表现了出来（图1-72）。

2. 超现实型的物象内部造型

出于表现某种观念或特别含义的需要，表现物象内在特征的造型方法不仅可以表现现实的物象，也可以表现超现实的内在造型内容。如：《葫芦生子》（图1-73）、《虎吃五毒》（图1-74）等。葫芦在现实中是不能生"子"的，老虎的肚子里也是不会吃进剪子和"五毒"的。这些造型均不是现实的存在，而是人们通过臆想，用这种超自然的表现方式来体现对生命繁衍、驱邪避灾的追求和愿望。

原本艺术图形对事物内部特征的表现同样是对物象综合印象的一种体现。物象的内部对于原始时期

图1-69

图1-70

图1-71

图1-72

图1-73　　　　　图1-74

的人们来说是神秘的，被认为是灵魂的居所、生命的根本。在诸多物象图形纹饰对其内部特征的表现中，即反映了人们对物象内部形态的主观认知，这种主观认知与对生命生殖之源的理解有着密切的关系。龙作为生殖神，是否也会与这种认知相关呢？

（九）为神灵造型

万物有灵观是由原始思维产生的，但神灵在现实中是看不到的，所谓神灵只是人在认识自然的过程中主观解释自然的产物，是虚无缥缈、捉摸不定和无形的，但人们又固执地相信它们存在。为了便于崇拜、祭祀或标记，人们通过艺术造型的方式，把这些虚幻的神灵表现出来，使其成为可视的形象。原始思维表现这些非现实形象的开始，也即是艺术想象的最早发端。

原本艺术中的想象是由人们对事物的认知程度决定的，以想象为造型依据，是神灵图形主要的形象来源，也是原始美术和民间美术最具神秘色彩和灵性特征的精华所在。在这些人为创造的神灵形象中，有程式化的固定神灵，如天地神、祖先神、生殖神等，也有各类根据需要随意创造的神灵，如民间甲马中的场神、床神、上下之神等。

原始美术和民间美术为神灵造型的主要方式，概括起来主要有以下几种：

1.借助人或动物的形象

借助人或动物的形象为神灵造型，是把人们意念中的神灵用人化或动物化的形象表现出来，从而使之成为可视的形象。如汉代画像石中的东王公、西王母以及白虎等神灵，即是以人化或动物化的形象来表现的。在这种表现方式中，为了区别神灵与普通人或动物的不同，往往采取添加神性标志物或加大其体态比例的方式。如：汉画像石中的西王母（图1-75），其造型与现实中的人物形象并无二致，但为了表现其神性特征，除了将其比例加大外，还添加了神性的标志物"龙虎座"等，以此来体现西王母与常人不同的神性身份及对育生、护生的象征。又如甲骨文中的"龙""虎"，在头上部添加神性符号"辛"以体现其身份。还有在汉画像石人或虎

图1-75

图1-76

身上添翼来显示其神性，以区别与常人常物的不同等（图1-76），均属此类。

2. 异物构合

异物构合在前面的"会意"造型方式中已谈到过，此种方式也是表现神灵形象的一种常用造型方式。异物构合、人兽幻化的神灵造型形态，是原始思维"神秘互渗"特征在原始图形中的反映，其表现为：以两个以上的相同物象或不同物象，重新构合成一种新的形象。此类造型有以下几种方式：

（1）相同物象的构合：用两个以上的同类物象构合成一种新的形象。如仰韶文化半坡类型中的一身双头鱼（图1-77），用两个鱼头和一个鱼身构合成一种超现实的形象。龙造型中一首双身肥遗龙和一身双首并逢龙也属于这种造型（图1-78）。

（2）不同物象的构合：用两个以上的不同物象构合成一种新的形象。其包括：人与动物的构合（图1-79），不同动物的构合（图1-80）（图1-81），人、动物与植物或其他自然现象的构合（图1-82）等。西安半坡出土的仰韶文化彩陶盆上的人面鱼纹，陕西临潼姜寨出土的仰韶文化葫芦形

图1-77

图1-78

图1-79

图1-80

图1-81

图1-82

彩陶瓶上人、鸟构合的人面纹，以及《山海经》中所描述的人与兽构合、兽与兽构合的神灵形象都属于此类造型。以龙而言，后期龙造型的形态特征更是这种异物构合的典型代表。"龙者，鳞虫之长。王符言：其形有九似。头似驼，角似鹿，眼似兔，耳似牛，项似蛇，腹似蜃，鳞似鲤，爪似鹰，掌似虎是也。"[1]从龙的神化形象来看，它组合了兽、虫、禽、鳞的多种特征，可谓集天下物类之大成。

3.把认为具有神性的部位神化

原始时期的万物有灵观认为神灵无处不在，在这种观念下，神灵打破了人和动物以及自然物之间固定的界限，一切物象都可以在整体和部分间相通相合，物类的不同部分也因其不同的特性，被认为具有独立的神灵特征。如河南安阳大司空村出土的商代卣上的龙面纹，其角、耳、眉、鼻等部分，均被塑造成了具有独立特征的龙、蛇形象，以此来表现这些部分独立的灵性特征，并象征天、地、祖、王权、生殖神对万物、子孙、臣民的包容和控制（图1-83）。

在图形造型中，把那些被认为具有神奇功能的物象某个部分从整体中分离出来进行神化，也是原本艺术造型中常见的一种神灵化方式。此种方式是在认为具有神性部分的基础上添加其他的物象特征，使其拟人化或动物化，从而成为具有独立特征的神灵。如云南元江岩画、内蒙古海勃湾桌子山岩画中的女性生殖崇拜图像，即是将女阴与人形构合，从而形成了女性生殖崇拜神灵化的图形象征（图1-84）。在云南滇文化遗址羊甫头墓地M113（相当于西汉时期）出土过一批铜质和木质的阳具（图1-85），这些阳具的主体特征、大小尺寸与男根相仿，根部分别雕刻了人头形、猴头形、猪头形、鹰爪形、牛头形、鹿头形、兔头形和水鸟戏鱼形等，是男根与不同物类头部或爪部的构合物[2]。

图1-83

图1-84

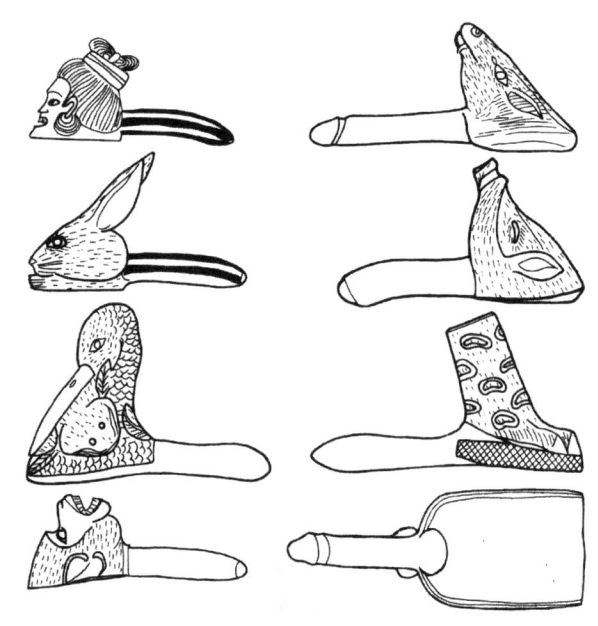

图1-85

---
[1][宋]罗愿.尔雅翼[M].
[2]（日）安田喜宪编：《神话祭祀与长江文明》，2002年文物出版社，第91页。

此种在男根上添加人或动物头部的造型，明显是为了使这个有关生殖的器官具有神灵化特征，以此来体现对男性生殖神的崇拜。这些男性生殖神的不同头部造型特征分别表明了这些生殖神不同的物类特性，用这些不同物类的生殖神象征物进行巫术、祭祀等宗教活动，其目的在于祈盼人丁及家畜兴旺繁衍。此类造型应该引起特别注意的是：这些生殖神的造型与原始龙纹中所体现出的不同物类头部与相同弯曲条带状身体的组合特征极其相似，均是在同一种主体物的基础上表现了不同的物类特征（具有类似"形声"造型方式的图形特征）。在已知的原始龙纹中，头部有的似人，有的似猪，有的似马，有的似牛，有的似羊，有的似鸡……但其体均呈弯曲条带状，这说明龙造型也如同滇文化中这些男根崇拜物的造型特征一样：原始龙的头部特征，只是体现了同一崇拜内容中的不同物类特征，而弯曲条带状的龙体才是其真正的被崇拜内容。这也表明：龙极有可能是由体部呈弯曲条带状的物象在添加了不同物类头部后被神灵化的结果。那么，这个呈弯曲条带状的龙体原形又是什么呢？

（十）以意为象、形随意出、集形表意

以意为象、形随意出、集形表意是原本艺术造型的总体特征。

中国传统艺术的造型是以"意象"为特征的，这种特征不仅体现在原本艺术中，也体现在以传统为基础的其他各类艺术中（指传统中国画的工笔、写意等绘画形式），但不同的艺术类型又体现出了不同的"意象"造型特征。

中国传统绘画艺术的"意象"造型虽然表现的也是对描绘对象的主观认识，但其基本造型依据是以客观物象为基础的，也即南齐谢赫《古画品录》"六法"中所说的"应物象形"，其特征是以"象形"的方式来表现心中对现实形象的"意象"。这种"意象"体现出了不同时期的社会特征、思维方式及人们对自然的认知程度。

原始艺术中所体现出的"意象"造型，同样是以当时的思维方式、社会特征及人们对自然的认知程度为背景的。由于原始社会人们对于自然界的认识还处在初期阶段，不能明确地把握主观与客观的相互关系，认为神灵是主导自然和社会生活的主要力量，从而出现了主客混同、万物有灵、神人交感、物我冥合的原始意识，并依此形成了原始时期人们对自然认知的特有"意象"。这种意象表现在图形造型中不完全是现实所见的表面形象，而是依据当时的思维意识"以意为象、形随意出"的。原始图形中之所以出现那些神人交感、物我冥合的超现实形象，也即是这种"意象"的真实体现。由于民间美术与原始美术在思维方式、造型方式等原本特征上具有类同性，因而在民间美术中也同样出现了与这种"意象"相类似的造型特征。

原本艺术的造型特征除"以意为象、形随意出"外，还有一个非常重要的特征就是"集形表意"。此种造型特征与以"象形"为特征的"写实造型"具有本质的不同，它是一种"概念造型"，所表现出的图形形象是原本思维中神性世界与自然世界相结合的产物。为了表达某种概念，原本艺术图形可以改变现实中的形象状态，对物象进行解构，可以将物象的某个部分作为独立的生命体进行表现，可以将不同的物象或符号进行重新构合借形表意。只要表意需要，就可用"集形表意"的造型方式形成一种超现实形态的图形。龙造型及那些神秘的古文化图形的出现，即是原本思维为表达某种概念，以特有的"意象"通过图形的方式形成的，这些"意象"造型是人们在一定时期的思维状态下认识世界的真实反映。由于原本艺术具有此种造型特征，因而在对原本艺术图形造型的研究中，也就不能用"写实造型"的方式与此种"概念造型"进行直接对应，如果不去了解原本艺术所表达概念及图形的造型方式，也就不可能真正还原这些神秘图形的造型原本。

原本艺术图形的造型方式相当丰富，其在原始艺术的基础特征上，随不同时期的表现内容又有许

多延伸和变化。本章所列原本艺术图形的诸种造型方式，主要是针对本书中所涉及的与原始图形造型相关的一些造型方式，在此辟专章对原本思维特征及原本艺术图形的造型进行探讨，意在其后章节的龙文化图形分析研究中，以此对原始图形的形成以及民间美术的佐证作用有一个较明确的概念，便于运用这些艺术造型方法，去参与探寻龙起源及其他原始图形的原本奥秘。

龙的原形到底是什么？龙是怎样产生的呢？现根据已知原始龙的图形及其相关史料，通过对原始思维和原始图形造型原本元素的分析，并运用图形造型方式对龙图形的介入，来探讨还原龙的原本奥秘。

第二章 龙图形的原本还原

一、龙源寻龙

探讨寻找龙的起源，首先要对我国发现最早的原始龙造型有所了解。以下是目前已知龙的主要原始图形。

（一）辽宁查海兴隆洼文化大型石块堆塑龙

辽宁查海兴隆洼文化大型石块堆塑龙发现于距今八千年的辽宁阜新查海遗址（图2-1）（图2-2）。查海遗址在1986—1993年间曾发掘6次，发现房址39座，墓葬5座。1994—1995年第7次发掘又发现房址16座，其中靠近聚落中心的一座房址面积约120平方米，大型石块堆塑龙位于这座大房址的南侧聚落中心部位。这条龙用大小基本均等的红褐色石块摆塑，全长近20米，龙身宽约2米，呈昂首张口、弯身弓背状。在龙的南侧还发现有排列紧密的墓葬和祭祀坑[1]。

根据以上所描述的龙形象、面积及其在聚落中心的布局特点，可看出该龙有以下特征：1.从其长宽比例及形状特征来看，龙具有弯曲条带状的身体；2.用近20米的长度在聚落中心排塑这样庞大的龙造型，表明龙在当时社会意识中具有极高的地位并被人们崇拜；3.从龙一侧发现有排列紧密的墓葬和祭祀坑来看，龙是当时被祭祀的对象。这些现象表明：早在距今八千年的原始社会中，此种具有弯曲条带状长形身体的龙，就被人们崇拜和祭祀。

（二）内蒙古赤峰兴隆洼文化猪首龙

2003年在内蒙古赤峰敖汉旗兴隆洼文化中期大型聚落遗址中，发现了我国最早的猪首龙（图2-3），该龙距今约8000—7500年。兴隆洼遗址的西南部发现有排列密集的灰坑群，其中35号灰坑是最大的一座，灰坑平面呈圆形，口径最大值为4.22米，周围有6座略小的圆形灰坑环绕。在坑底中部相对放置2个猪头骨，猪头骨与陶片和自然石块摆放的躯体组成了猪首龙的造型。东侧的猪头骨及龙躯体摆放较完整，猪头骨平置，朝西南，吻部朝西北，额顶正中钻有1个圆孔，躯体大体呈"S"形，颈部

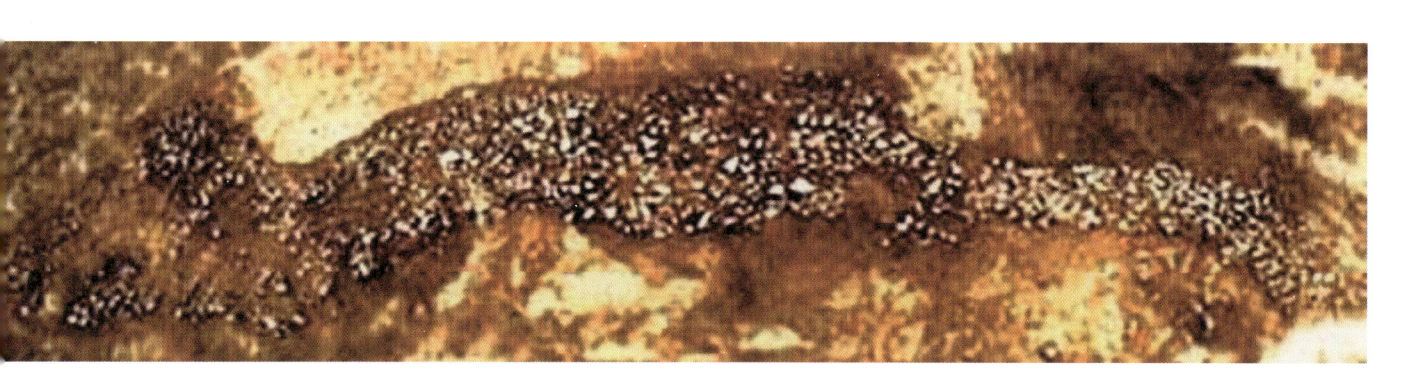

图2-1

图2-2

图2-3

---
[1] 杜振明，等. 辽宁发现龙形堆石[N]. 中国文物报，1995-3-19.

叠压放置，较宽，身部和尾部均单层摆放，尾部渐细，明显上翘，朝向东北，通长1.92米。聚落先民用两个相对摆置的猪头骨为首，再用陶片、残石器和自然石块摆放出躯体的造型，展现了当时人们心目中的猪龙形象。

　　从猪首龙的造型特征可看出，该龙分为首与体两部分：其首为真实的猪首，是现实中的真实物象；其体用陶片和自然石块摆放，呈"S"形，是人为的形状。此特征表明：龙与现实物象既有联系，但又并非完全来自某一现实物象，也即：猪本身并不是龙，其首与"S"形龙体组合才是龙（如把猪首换为别的动物首部同样也可称龙）。由此可见：龙可以涵盖多个物种，而把龙的原形归于某一种动物的说法，明显缺乏龙对多物种的涵盖性。但值得探讨的是，由陶片和自然石块摆放而成的"S"形条带状龙体，又是依据于何物呢？

（三）内蒙古敖汉旗赵宝沟文化鹿首、猪首龙

　　内蒙古赤峰敖汉旗赵宝沟村一号遗址和兴隆洼村小山遗址发现了大量距今近七千年的古陶，这些古陶多为手制，器形与纹饰具有鲜明的类同造型特征，构成了赵宝沟文化（公元前4900年至前4700年）独具一格的器物群。该器物群中最具赵宝沟文化特征的是装饰着鹿首等动物纹以及几何压印纹的尊形器。现发现有小山遗址出土的饰有猪、鹿、鸟纹的尊形器及南台地遗址采集到的四件鹿首尊形器（图2-4）（图2-5）。从这五件尊形器上的动物纹造型来看，其猪、鹿、鸟的头部基本写实，身躯部分造型则基本脱离了动物的自然表面形态，似乎表现的是动物被解体后的内部特征。其尾部大多呈鱼尾遗卵形（也似鸟尾）。

　　在原始思维中，灵魂被认为是最具神性的，它隐藏在寻常看不见的形体内部。但人们又总是希望将这些神灵表现出来，这种对神灵的表现是通过图形来实现的。赵宝沟文化中的图形造型方式，明显是对原始灵魂观念的一种写照，其目的

图2-4

图2-5

图2-6

是以表现对象的内部特征来体现意识中的神化灵物。这些神化灵物首尾相衔，在尊形器上环绕一周，显示出神秘的形态及造型特征。其中有一个尊形器的纹饰造型在弯转盘曲的条带形身体上添加了鹿首和鸟尾，是一条鹿首鸟尾龙（图2-6上），明显地体现出了龙造型的异物构合特征。还有一个灵物是弯转盘曲的条带形身体与猪首的构合，是一条猪首龙（图2-6下）。赵宝沟文化鹿首、猪首龙是至今发现最早的形象清晰的原始龙图形，它们的发现对研究龙起源的奥秘具有重要的作用。

（四）河南西水坡仰韶文化蚌壳龙

1987年5月在河南濮阳西水坡仰韶文化墓葬遗迹中，发现了三处距今6500年的用蚌壳摆塑的图形，其中有龙、虎、鹿、蜘蛛、人等形象。三组处在同一平面上的图案，据考证为同一时期遗存。这三组蚌壳摆塑的图案中每组均有"龙"的图形：第一组图案有龙、虎等（图2-7）；第二组图案有龙、虎、鹿、蜘蛛等；第三组图案有龙、虎、人等（对该处龙造型的特征及内涵，将在本书后面章节中进行分析）。[1]

（五）甘肃武山西坪仰韶文化彩陶瓶鲵龙

该彩陶瓶属仰韶文化庙底沟型，距今6000—5600年。瓶上所绘龙纹头部似人首形，体部为弯曲条带状，尾交于头部（图2-8）。龙纹似鲵，鲵在鱼类中具有似人的特征，但鲵有四肢，该龙仅有两肢，表明该图形所表现的不是鲵，而是一个超自然的人为造型。龙头部似人头形则说明该龙与人有关。其图形与在商代殷墟出土的两件骨雕人祖像（图2-9）及汉代画像石中的伏羲女娲造型有相似之处，应与人祖龙造型有一定的渊源关系。

（六）湖北焦墩大溪文化至石河文化卵石龙

1993年6月，湖北省文物考古研究所在黄梅县白朔乡张城村焦墩遗址发现了距今6000—5000年远古先民用卵石摆塑的龙造型。遗址从大溪文化早期至石河文化中晚期，每层下均有一个或几个卵石摆塑遗迹，其形状大部分为动物造型，有龙、龟、鱼、蛇、羊（鹿）等，少数已被破坏。龙身长4.46米，高2.28米，宽0.3—0.65米，昂首直身，颈至头顶高达2.16米，头上有角，龙头为牛头状，龙身呈波浪状，曲颈卷尾，背部有三鳍，腹下伸三足（图2-10）。龟全长1.16米，总宽0.72米，方形身躯，桃形头，长颈短尾，四足伸展，做爬行状。蛇全长1.97米，宽0.47米，三角形

图2-7 　　　　　　　　　　　图2-8 　　　　　　　　　　　图2-9

---

[1] 见本书第七章：肠生殖观念图形个案析解 二 濮阳西水坡蚌壳摆塑龙、虎与祈生巫术。

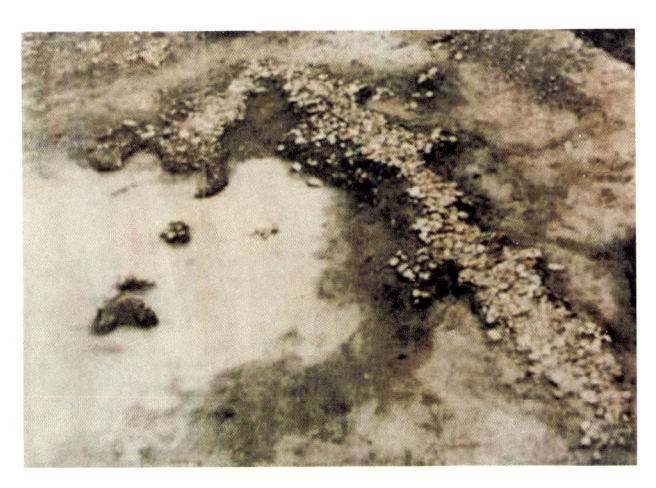

图2-10

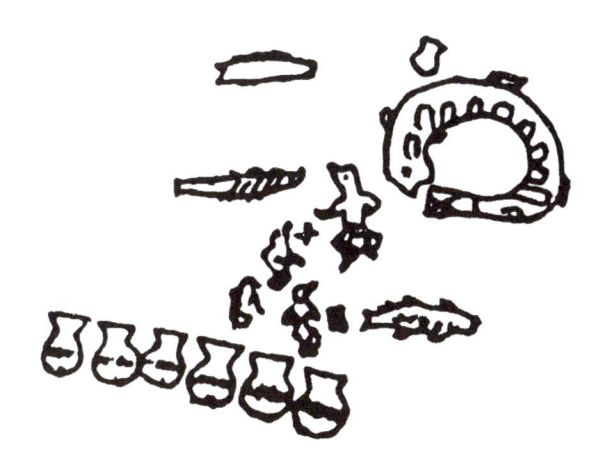

图2-11

头、细颈、肥身、尖尾、长身扭动，做蠕行状。与蛇共处同一层位的还有三个图案，一个似羊（鹿），一个似蝴蝶，另有一带状摆塑，长约11米，宽约1.2米，尚不知具体为何物[1]。

从该处考古发现来看，龙头部以牛头为特征，表明其是一条与牛相关的牛首龙。那个长约11米，宽约1.2米，不知为何物的长带状摆塑，值得引起特别关注，它的形体大小超出了其他动物几倍，说明该物在这些动物中处于绝对的统治地位，它的身份也要高于牛首龙以及其他动物。在中国传统的艺术图形中，画面中所表现的对象并不按照物象在现实中的实际比例来进行表现，而主要是根据对象的地位、身份及被重视程度，在画面中确定其比例关系，谁的身份及被重视程度最高，在画面空间中往往占的比例就更大，且居于布局的主要位置。这种特征在传统称谓中也可见到相类似的现象，如：不管人身材或年龄的实际大小，地位和辈分高的人被称为"大人"，反之就自称为"小人"。此种现象在其他原本艺术图形中也可找到很多相似的例证，如西藏日土县任姆栋山南端西侧，有一幅描绘贸易、祭祀与生殖崇拜的岩画[2]，图上部表现有太阳、月亮和男、女生殖器，下部表现有两个部族正在进行羊群和陶器交易，而最值得关注的是在岩画中间有一幅祭祀图（图2-11）：该图主体为一龙

形，龙在该图中比例最大，是被祭祀的主神，在其周围还有鱼等动物，其形状小于龙形物，是被祭祀的次要对象，有人（比例小于以上祭拜对象）正在对龙等物进行祭拜。从这幅祭祀图所祭内容及构成形式看，其与在焦墩发现的卵石龙和周围其他动物的组合形式极其相似，均反映出了根据对象的地位、身份及被重视程度在画面中确定其比例关系的特征。尽管两处遗址从地理位置上相距较远，时代也差距较大，但其造型表现方式明显一致，均体现出了原本艺术的特征，应视为同一类思维形态的遗物。由此岩画所表现的物象间比例关系可见：焦墩遗址中发现的这个长约11米，宽约1.2米，在图形组合中比例最大的长带状卵石摆塑，是焦墩遗址卵石动物摆塑中地位最高的，它应是一条没有添加任何动物头部造型，并具有各种物类共性特征的龙（早期的龙体多呈弯曲条带状，体现了不同类型龙的共性特征），也是地位高于牛首龙（某一物类的龙），并且更接近于龙原形的一条原始龙形象。

（七）红山文化玉龙

在距今五六千年前的红山文化遗存中，先后发现了多种玉龙。其中最为著名的是内蒙古赛沁塔拉玉龙（图2-12），该玉龙是已知红山文化玉龙中最大的一件，属红山文化晚期，距今年代不晚于5000

---
[1] 见：倪婉文有关介绍，考古学年鉴（1994）[M]．北京：文物出版社，1995.228；陈树样有关介绍，中国文物报[N]．1993-8-22.
[2] 该岩画年代为公元2世纪前后。

年。此玉龙是一整块玉石圆雕，通体琢磨，光洁圆润，龙体呈墨绿色，高26厘米，吻部前伸，略向上弯曲，嘴紧闭，鼻端截平，颈脊起长鬣，鬣长21厘米，占龙体三分之一以上，龙头似马，其体呈弯曲条带状，龙背有一小孔，可系绳悬挂。据其特征来看，它很可能是当时红山先民用作悬挂的一种祭祀神器。近年来，此类玉龙在内蒙古地区屡有发现，有些玉龙尺寸很小，高度只有3至10厘米，应是佩挂件。这种马首型红山玉龙虽然大小不一，但形态和制作工艺基本相同，说明早在五六千年前的红山文化时期，其即是一种具有固定性程式的龙。

在红山文化遗存中还出土了其他类型的玉龙，其体形状比赛沁塔拉玉龙粗短，但也呈弯曲条带状，头尾相交成环状，尺寸大小不一，小的高度仅2至3厘米，大的可达15厘米以上。这些玉龙头部形态表现出了不同的物类特征：有的似猪（图2-13）、有的似猴、有的似鸟、有的似鱼……在同一种文化类型的龙造型中，其体相似，而头部却出现了不同的物类特征，且它们之间并无物类间相互演化的关系和多种物类特征的组合关系。这种在同一种文化类型中的龙具有不同动物头部特征的现象表明：龙崇拜在原始时期是一个物类宽泛的概念，在红山文化时期的同一区域内，就存在着不同类型的龙，这些不同龙的不同造型仅代表着龙崇拜中不同的物类区别，而非表明龙起源于其中某一种动物。有观点根据红山玉龙的这种多物类特征及某些玉龙造型粗短的特征，认为龙的原形应与腹中胚胎相关[1]，此观点虽然能够解释龙的物类多样性，但其却无法与更为原始的查海兴隆洼文化大型石块堆塑龙、赵宝沟文化鹿首猪首龙、湖北焦墩大溪文化卵石龙等大部分原始龙造型的长条状造型特征形成一致，也无法与同属红山文化时期的赛沁塔拉玉龙的造型形成关联。因而本书认为：从此类龙均出现于红山玉雕的现象来看，其造型应是龙成为一种崇拜符号后，在制作过程中因玉料限制及加工工艺简化而对造型的简约处理所致。

（八）安徽含山凌家滩文化玉龙

安徽省含山县凌家滩文化遗址于1985年被发现，遗址年代为距今5500—5300年，与红山文化年代大致相当。该遗址是长江下游巢湖流域迄今发现的面积最大、保存最完整的新石器时代聚落遗址，其中发掘出土了大批玉器、石器、陶器等。玉器中有玉龙、龙形玉璜等。

玉龙长径4.4厘米，短径3.9厘米，厚0.2厘米（图2-14）。体部扁圆，呈弯曲条带状，无足，首尾相连。头部为兽首，吻部突出。体外侧刻一规整的弧线，沿弧线又阴刻17道短线，似龙长鬣之延伸。接近尾部一侧，有一可穿线系挂的小孔。从该玉龙造型来看，

图2-12  图2-13  图2-14

---

[1] 钱益中 韩连国著：《红山古玉》，上海书画出版社，2007年7月版。

其形体特征与红山文化玉龙基本相似，体部穿孔及有长鬣的特征也与赛沁塔拉玉龙有相似之处，由此可见不同地域的龙崇拜内涵及造型原本的一致性。

该遗址出土的龙形璜，其体也为长形弯曲状（图2-15），龙体光滑无足，而该处出土的同期虎形璜则有足，表明龙体与兽体不是一物。该玉璜与其他玉璜不同的是：龙体两端并不对称，其龙首也并非同一物类。此现象表明，龙体具有衍生不同物类的特征，同时也表明，龙的原形并非源于某一种动物。

图2-15

图2-16

图2-17

（九）山西襄汾龙山文化陶寺龙

该龙出土于山西省临汾市襄汾县陶寺村，属龙山文化时期，年代不晚于4500年前，现藏于中国社会科学院考古研究所。此龙用红白两色绘制在一件大陶盘上，陶盘直径40.7厘米，底径15厘米，高9厘米。胎呈褐色，器表为灰褐色，盘口向外敞开，口沿斜折。龙居于盘心位置，其体蜷曲，头在外圈，身在内圈，尾在盘底中间。龙体有一条中线将其分为左右两侧，两侧龙体上再饰以弧状纹饰，两条并合一体，呈弯曲条带状。龙的头部似羊，其造型采用平面局部变位的方式表现有双耳（具有羊耳特征），其口衔一草状物，无角，具有雌性特征（图2-16）。有观点曾认为该龙口吐长信，从头部造型来看其原形似蛇或鳄。但笔者认为：蛇和鳄均无两耳，此龙有两耳，表明其并非蛇或鳄，再者如果蛇口吐长信，应分两叉，而该龙口衔之物则呈现多分叉的草木状，由此来看，此造型表现的不是蛇口吐长信，而是龙口衔着象征生殖繁衍的瑞草（社木）。类似的造型在民间剪纸和民间木雕中经常可以看到：如兔衔草、鹿衔草图形（图2-17），所表现的是兔的食草特性和鹿与瑞草组合的吉祥如意特征，均是图形造型中"会意"的一种概念体现，而非表现兔舌和鹿舌的"象形"特征。在原始思维的"类感互渗"中，常用树木不断分叉生长的特征，来象征生命的繁殖和团族的壮大与分支，该龙口所衔之物也应是此意的象征，并非表现蛇口所吐长信。

（十）河南偃师二里头夏文化绿松石龙

2002年春，考古工作者在河南偃师二里头夏文化遗址清理一座距今3700多年的墓葬时，在墓主人尸骨上发现了一件绿松石龙形器（图2-18）。该龙形器长64.5厘米，中部最宽处4厘米，形体长大，巨头蜷尾。龙头部外廓呈方形，方形内有一略呈扁圆

图2-18

形的兽面图形。在龙首内的兽面图形上，鼻、眼充填白玉和绿松石，三节实心半圆形的青、白玉柱组成了龙首额面的中脊和鼻梁，龙眼由圆形白玉镶嵌而成。整个绿松石龙形器由2000多片各种形状的绿松石片组合而成，每片绿松石片都经过了精心的加工磨制，用工复杂、制作精良，在中国早期龙文物中十分罕见。

从该龙的造型可以看出：龙首由一个外部的方形与内部的兽面图形组合而成，其位于外部的方形显然不是自然界动物的特征，此造型似是表现将兽面制作在一种方形器物上的形象。这种以器物特征为龙首的造型，在原始龙纹中较为少见，该造型与后来商周时期青铜方鼎和兽面纹的组合有相似之处。虽然在二里头遗址中还没有发现铜鼎与兽面纹结合的实物，但在出土器物中已发现有圆鼎和陶方鼎，再者从该处曾出土的兽面纹牌饰来看，兽面纹已经是当时社会中被崇拜和神化的对象。此器物龙首造型与龙体的组合特征更是表明了原始龙纹中龙首所体现出的物类多样性。这也进一步表明：龙不是源于某一类完整的动物，而是来自对某种被崇拜概念物的组合和神化。

（十一）内蒙古敖汉旗大甸子夏家店下层文化黑陶彩绘龙

该龙出土于内蒙古昭乌达盟敖汉旗大甸子（图2-19），是3400年前夏家店下层文化的产物，属北方青铜时代早期文化。该龙被认为是一条一首二身龙。龙首侧向，似鸡，其嘴张开，呈前伸之状，首上部有四道竖直相连的朱色条纹，以往被认为是龙鬣，其实从造型特征来看，应是对鸡冠的真实描绘。龙体呈有转折的弯曲条带状，体上饰有"n"形纹饰，龙首处于转折处。从其造型看，首与体有明显的拼合特征，不是动物有机的整体形象。此以鸡首为龙首的造型，同样表明了早期龙纹个性特征的多样性。

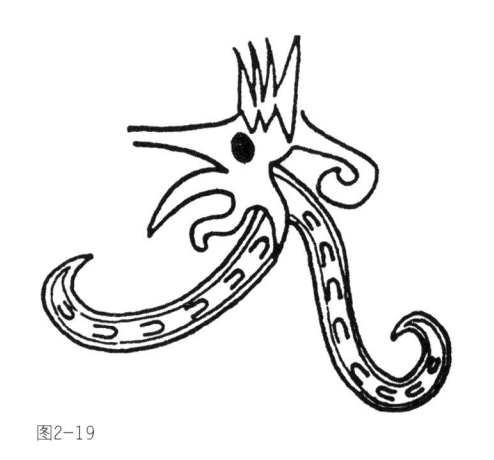

将以上所列的诸种早期龙图形进行归纳，可看出龙具有以下特征：

1. 龙的头部是人或不同动物的形象，它们的形象之间没有相互转化的传承关系，不同的头部仅是代表着龙崇拜中不同的物类区别。这表明龙并非由其中的某一种动物演化而来，也表明龙崇拜是一个物类宽泛的概念，其原本并非仅局限于某一物类。

2. 龙分别是由不同的物类头部加上相似的弯曲条带状身体两部分构成的：不同类型龙的头部，显现出来的是不同物种的个性特征；不同类型龙所呈现的相类同的弯曲条带状身体，显现出来的是崇拜内容的共性特征。龙与龙之间头部的不同与身体的相似，说明龙是由不同物种（头部）与相同崇拜内容（体部）结合而成的。

3. 有的龙图形首尾相接，表明龙造型具有祈望循环无穷、生生不息的内涵。

4. 大部分早期龙纹无足，但不管它们头部如何不同，有足或无足，其共同点是：所有龙纹都具有弯曲条带状身体。从早期龙纹来看，是否具有弯曲条带状身体，是判断其是否是龙的重要依据。如在原始图形中同样是牛首，具有弯曲条带状身体的是龙，除此则非龙。因而，就原始龙而言，龙的弯曲条带状身体是龙崇拜的本质特征。

既然原始龙的共同特征是具有弯曲条带状身体，那么龙的弯曲条带状身体的本相又是什么呢？这是揭开龙起源真相的关键。

图2-19

二、古文字中的"龙"与"己"

下面再来分析一下古文字中的象形"龙"字。

在古象形文字中,"龙"字的形态较多(图2-20)。除单独出现外,有的"龙"字还与其他字形组合,体现出"会意"特征。如:在"亚"中置"龙","亚"是祭祀祖先的圣地形(即神社),这种在"亚"中置"龙"的图形符号是在宗庙中祈福祀祖的表现;有的在"龙"字上方置"子"字,"龙"下做双手拱捧状,成"龏"字,这种双手拱"龙"的"龏"字显然是表示龙的后裔对祖先的供奉和祭祀,具有明显的祭祖祈子之意。这些与龙相关的文字表明:龙与祭祀祖先和祈望生殖有关。

再从古"龙"字的造型来看,象形文字中的"龙"多呈侧视形,其结构可分为龙首、龙冠、龙体三个部分(图2-21)。

1. 龙首:"龙"字首部的造型与青铜纹饰中龙纹的造型大致相同,呈动物形头部,龙唇为开张翻卷状,头部分为有目与无目两种。

2. 龙冠:多数"龙"字首上部加"辛""且""干"形,这些符号是神性的标志,具有"指事"的标识作用。其他一般动物的象形文字中则无此标记,这表明龙的身份与众不同。

3. 龙体:"龙"字体部呈弯曲条带状,有的龙体呈中空状,且大部分龙体形状呈"己"字形,与甲骨文、金文中的"己"字相同(图2-22)。

"龙"字的体部是"己"字。那么"己"这个与龙体相同的字,其来源又是什么呢?

《说文解字》对"己"有这样的解释:"己,中宫也,象万物辟藏诎(曲)形也,己承戊,象人腹,凡己之属皆从己。"许慎在《说文解字》中认为天干的字形,所表现的是人依头至四肢为顺序各个部位的象形:甲象头,乙承甲象颈,丙承乙象

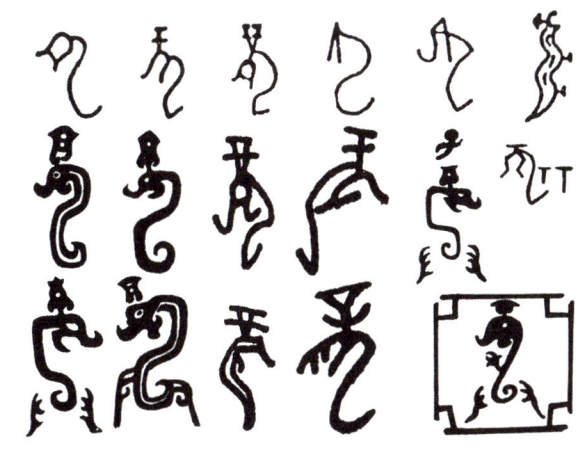

图2-20

图2-21

图2-22

肩,丁承丙象心,戊承丙象胁,己承戊象腹,庚承己象齋,辛承庚象股,壬承辛象胫,癸承壬象足(手)[1]。诸形又与五行相对:甲乙为头部,丙丁为胸部,戊己为腹部,庚辛为臀部,壬癸为四肢。许慎对天干的这种看法,从古人造字"近取诸身"并依此作为天干的顺序来看是合理的,而古文字中天干之"天"字,就是正面的人形,表明了在古人思维中"天"与"人"的合一。前有学者释干支,多是把十天干这一组具有顺序特征的文字分开来解释,以致其字意在顺序上难以联系,因而笔者更赞

---
[1] [汉] 许慎. 说文解字 [M].

成许慎的解释。

由许慎对天干的这种解释，可将天干与人各部位的联系用图形造型的方式拼合还原成人形（图2-23），从此拼合图形中，可见十天干在人形中所处的相应位置及顺序。在由天干古文字组成的人形拼图中，特别应该引起注意的是："己"正处于人形的腹部。在一些古代的动物图形中，"己"这个符号也经常在动物的腹部出现，其所处部位及标示方法与此天干人形表示"己"字的特征及位置完全相同（图2-24）（图2-25）。这种在动物图形体部标注图形符号的方式，在前面图形造型有关章节中曾有介绍，说明此现象在图形中不仅仅是表面的装饰，也表现了动物的体内特征。也即：这些在动物图形上出现的"己"形符号，除作为动物体部表面的装饰外，还表现或象征了动物腹内器官的形状特征。

"坤为腹"[1]，万物出于腹，腹是生殖之源。许慎所说"己，中宫也，象万物辟藏诎（曲）形也，己承戊，象人腹"，表明"己"具有这样几个特征：1.位于"中宫"位置；2.与万物有关；3.是"辟藏"的；4.形状是"诎"（曲）的；5.与"腹"有关。那么，"己"与"腹"到底有什么关系？这个作为龙体的"己"，真的来源于人或动物的腹内吗？

在五行中，戊己为中宫，中宫为土。腹也正处在人之中部。在古汉语中，土、母二字为同音字，是一音之转，义也相通。"土，吐也，能吐生万物也"[2]。腹又称肚，肚也与土通。腹能孕子，古人认为生殖的神灵就在腹中。而腹中之物又是什么？"己"如果表现的是腹内器官的形状，那它表现的又是什么器官呢？

很显然，在人或动物的腹内，充满腹腔的器官主要是肠，如果以"象形"的方式来对应腹内各个

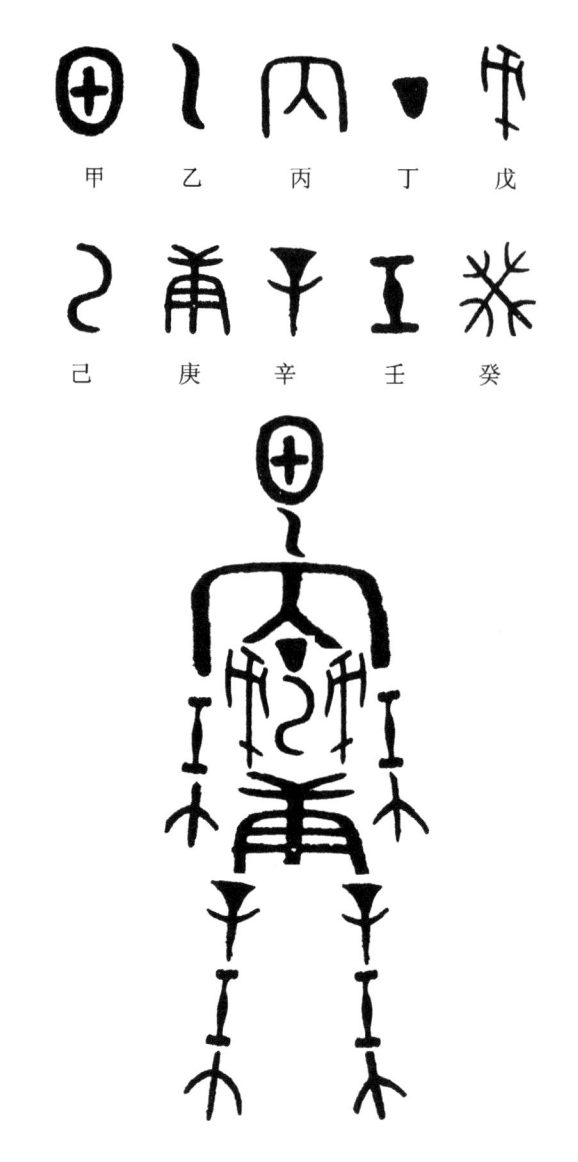

图2-23

图2-24　　图2-25

器官的话，也只有肠呈现出弯曲条带状，且特征与"己"字相同。人及动物皆有肠，肠是天下生命物共有的器官。从出现在动物图形腹部的那些"己"

---

[1]《易·说卦传》。
[2]《释名·释天》。

图2-26

形符号也可看出，其同样是运用表现物象内部特征的造型方式表现了动物腹中"己"形之肠的图形。由安徽青阳出土的春秋青铜双耳尊神兽图形，可见更为形象具体的"己"形之肠在腹部被着重刻画的造型（图2-26）。由此可见：许慎所言的"己"字，正是以"象形"的方式表述了万物之肠在腹中"辟藏诎（曲）形"的特征，在动物图形腹部出现的"己"形符号，即是对肠的"象形"表现。

那么古人为何在动物体部表现肠之象形"己"，而不是去表现其他器官呢？这是由于古人在其感知中，认为肠具有特别的重要意义。生殖崇拜是原始观念中的一个重要内容，在探寻生殖奥秘的过程中，人们发现生命是在腹中之肠的围绕中孕育的，由此在原始意识对生命的朦胧认识中，便认为肠与生命之源有关。也正是在这种朦胧的感性认知中，肠被赋予了生殖的灵性，成为原始意识中的生殖神灵。《释名·释亲》："母，冒也，含生己也"，此说表明"生"与"己"是相联系的，"己"的功能是"生"，"母"因为包含了"己"和"生"的特征，才称为"母"。文辞中出现的"自己"一词，其本意也是由人外部最高处的"自"（鼻之象形）和藏于体内为生命之本的"己"（肠之象形）引申而来。而"辟藏"了肠的腹（万物之肠均以"辟藏"的特征藏于腹中）正是孕育万物的"含生己"之处。

"万物"一词中的"物"也与生殖有关，"物"字的本字是"勿"。"物，万物也"[1]，物在汉语中是一个汇总万类的概念，既包括生殖的母体，也包括被生殖的子体。从"勿"的字形中，也可见其与生殖的联系：古"勿"字的字形是从一弯曲的"己"（肠）形上进行分支的图形，似翅生羽之状（图2-27），此意与树从干部不断生长分枝的现象相似，体现了生命分支（由母体生子）生殖繁衍的特征。许慎"象万物辟藏诎（曲）形"中所言的"己"与"物"的特征，也反映出了两者由"己"生"物"的生殖联系。

通过以上对"龙"字及"己"字的分析，弄清了"己"即是肠的象形。由此，"己"也就与龙体的原形产生了联系。那么，龙体的原形真的是"肠"？龙与"肠"又是怎样产生联系的？"肠"又是如何成为龙的呢？

图2-27

三、女娲之肠与龙图形的原本还原

女娲是古代传说中的化育万物之神。汉画像石女娲以尾传人的图式表明，女娲更是人的母祖之神（图2-28）。《山海经·大荒西经》："有神十人，名曰女娲之肠，化为神，处栗广之野，横道而处。"郭璞云："或作女娲之腹"，"女娲，古神女而帝者，人面蛇身，一日七十变，其腹化为此神"。袁珂注："《藏经》本腹作肠，《太平御览》卷七八同。"由此说可见，"女娲之肠"与"女娲之腹"其义相

图2-28

---

[1] [汉] 许慎. 说文解字 [M].

类。袁珂又注："王逸注云：'传言女娲人头蛇身，一日七十化……''女娲七十化'，这里的'化'当作化育解，而非变化之'化'。《说文》十二云：'女娲，古之神圣女，化万物者也'，即此'化育'之意也。"可见《山海经》所言女娲之肠"化为神"的"化"字也应含有化育的意思，是说名为"女娲之肠"的十个神灵是化育之神，化育之神即生殖之神。

"女娲之肠"是女娲体内的一个部分，体内之肠能为神，这与原始思维将人或动物中被认为具有神性的某个部分从主体中分离出来，并视其为独立物象的特性相一致。由此也可以认为：龙的原形物完全可以是人或动物中被认为具有神性的某个部分，而不一定是完全的整体。从《山海经》对"女娲之肠"的描述中，即可见神人与"女娲之肠"的这种关系，"女娲之肠"在此描述中已经成了独立并具有神性的神灵物。而《山海经·大荒西经》中言被称为"女娲之肠"的神人有十个，这十个神人的名字统称为"女娲之肠"，"女娲之肠"化为十个神灵，其意应是这十个神灵分别化育不同的物类。这又与原始龙造型中头部具有不同物类特征的个性龙特征相一致，表明生殖神因物类不同，在共性的基础上还具有不同的个性特征。

由此女娲之肠是生殖神灵的说法，可见在古人眼中，肠与化育万物的生殖之神女娲之间的联系。按此意，《山海经》中的这段文字应解释为：有十个神人，名字叫女娲之肠，是由女娲之肠化成的化育不同物类的神灵，它们处于"栗广之野"（栗：结实之树，结实喻生子，树有繁衍生子之意。"栗广之野"即言：生子繁衍的广大之地），途经之处都有化育之神存在。

图2-29

对化育之神无处不在的认识，是原始社会人们对生殖认知的反映。古人认为：生命无处不在，繁殖生命的神灵也就无处不在，人的受孕生殖与无处不在的生殖神灵（受孕神）密切相关，是无处不在的生殖神灵（受孕神）与腹内的生殖神灵（肠）感应而致人受孕，从而使生命在肠的围绕中孕育繁衍，传说中的感生神话，即是这种认识的反映。在山东滕州出土的一块汉画像石中可看到此种观念的体现（图2-29），该画像石分为三层：上层为宾客相会，下层为车马出行，而中间占据画面主体大部分空间的是众多神灵物（受孕神灵的象征）相衔咬的画面，"咬"谐"交"，是图形造型中用"假借"方式意喻交合生殖的图式。从该画面受孕神占据整体构图大部分空间及与上下层宾客相会、车马出行的人物关系可看出，人们认为生殖神灵无处不在的观念及祈望生殖繁衍的意愿。

从古代典籍和传说中也可见肠与生殖的关系。《山海经·大荒北经》："又有无肠之国，是任姓，无继子，食鱼"，"无肠"即无"己"，无"己"则"无继子"，也即是说无肠就没有生殖的功能，此说从侧面表达了原始思维所认为的肠与化育的关系。《归藏·启筮》："鲧死后三年不腐，剖之以吴刀，化为黄龙"，可见龙的确存在于人的腹中。古代传说中夏族祖先禹的母亲名曰修己，"修"为长，"己"为肠，由此可知长肠正是大禹的化育之处。

"己"是肠，肠被认为是生殖化育之神，这正是揭开龙起源奥秘的关键所在。

那么，古人为什么会认为肠是万物化育之源呢？这就像古人主观地认为"心"是主管人思维的器官一样。在原始社会中，人类对自身以及其感受到的种种现象，不能用科学的观点及方法做出解释，其思维方式只是去注意事物表象之间的关联，并从表象关联中认识和解释事物之间的各种关系。在"只知其母，不知其父"的母系氏族时期，人们同样对人或动物的生殖系统没有科学的认知，只能通过一些表面的现象去进行感知：腹能生子，而腹中之物则是肠，孕则腹鼓，人或动物出生前是在肠的围绕中孕育的，而在人们剖食孕子的猎物时，这种感知更是得到了感性的印证。也正是在这种对生殖现象的表面感知中，认为生命的孕育与腹中之肠密切相关，便成了原始思维对生殖的主观认识。

这种感性认识的产生，还源于另一个至关重要的原因：即对婴儿出生时连于婴儿腹部的肠形脐带的认知（图2-30）。分娩时，脐带同婴儿一起从腹腔中娩出，它与肠相类似的形状，极易让对生理结构懵然无知的人们产生肠与脐带是同一类东西的错觉。脐带在《本草拾遗》中称"肚""脐肠""命蒂"等[1]，在俗语中现仍称动物脐带和卵巢为"子肠"。从这些称谓也可看出，在人们的心理意识中脐带与肠的相似性及其与生命的联系。而脐带与新生命的直接连接，更是使人们认为肠形脐带即是生命之源，但脐带只有生殖时才会出现，而肠却是始终都在腹中，又由于肠与脐带相似，肠也就被认为与脐带一样具有了孕育生命的功能。人们感性地认为：是肠在腹中孕育子。正是由于原始思维对生殖的这种朦胧认识，腹、肠、脐带也就成了原始认知中生殖繁衍的原本元素。又由于人们认为神灵通常是潜藏不露的，故而"辟藏"于腹中的肠比寻常可见的腹也就更加具有神性的特征。

从人腹部的医学解剖图中可见肠的形状（图2-31），大肠、小肠充满整个腹腔，而真正孕育生命的子宫在正常情况下却只是占据腹部下方一个极小的位置，没有生育常识的人很难注意到那里才是生殖之宫，尤其在子宫怀孕充大，子宫壁变薄的情况下，子宫自然就更不会引起过多的注意，而脐带也只能在孕期才会出现，并与婴儿相连，倒是置于腹腔周围围绕子宫的升结肠、横结肠、降结肠等，更容易让人认为生命是在肠的围绕中孕育的。因而，与腹和子宫、脐带相比，肠在原始思维的感性认知中，也就更容易被认为是腹中孕育生命的神灵。这即是原始时期人们将肠形物（肠、脐带）作为生殖之神，并对其进行崇拜的原因。

既然肠被认为是孕育生命的神灵，那么在原始生殖崇拜中，肠也就自然成了被人们崇拜的对象，于是人们便会用图形造型的方式（平面或立体的）

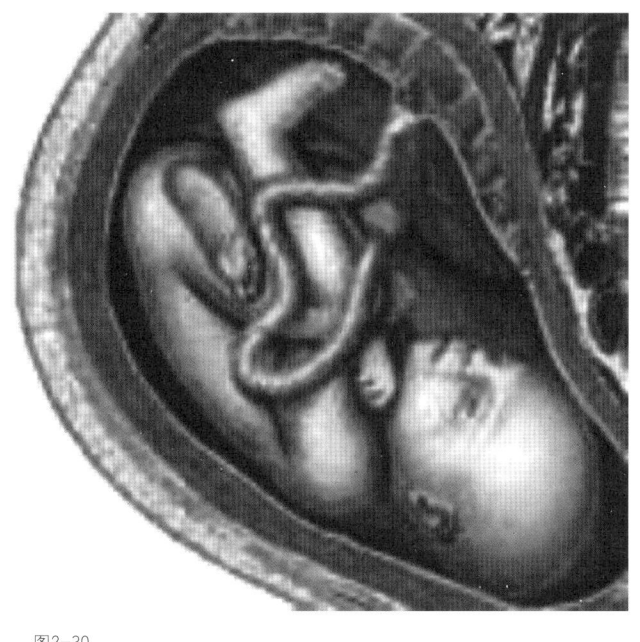

图2-30

---

[1] 见《本草拾遗》，脐带又名坎炁、脐、肚、带、脐肠、命蒂，指联结胎儿和胎盘的管状物，具有供给胎儿血液和营养物质代谢、保持胎儿在宫腔内的一定活动等作用。

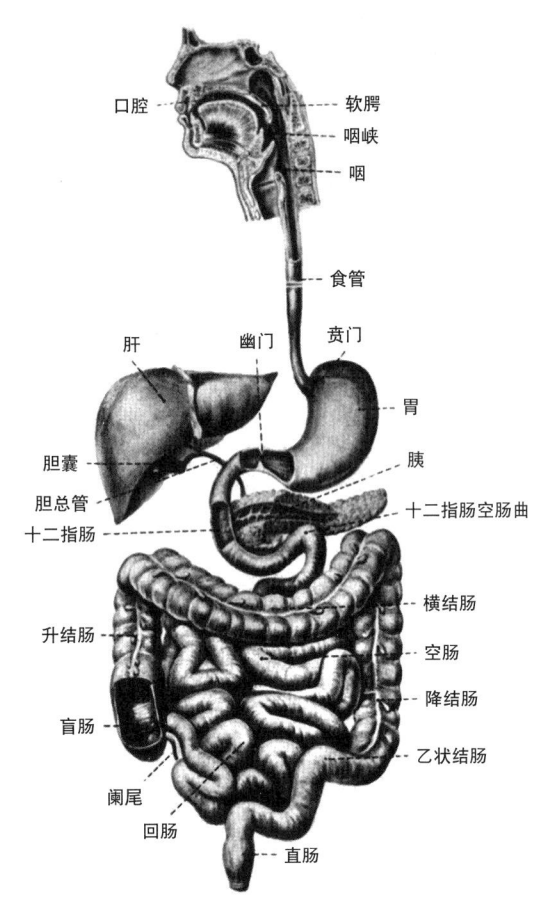

图2-31

将其表现出来,作为偶像用于祈生或祭祀。在以图形把神灵物表现出来的过程中,原本思维下的图形造型方式就成了神灵形象形成的必要手段。这种为神灵造像的方式通常是把认为具有神性的对象,在自身原有特征的基础上,再赋予其神灵的特征,为其添首加足或添加其他神性部分,将其拟人化或动物化,从而成为具有独立特征的神灵。如果用这种原本艺术为神灵造像的方式,来还原肠被神灵化的过程,在肠的基础上分别添加不同物类的首、足及其他部分,将其拟人化或动物化,并用艺术图形表现出来,就会吃惊地发现:这不就是各种不同类型的龙吗?用此方式来还原内蒙古敖汉旗赵宝沟鹿首龙,可知该龙即是在肠的基础上添加鹿首、足和鸟尾使其神灵化的结果(图2-32)。而楚墓帛画《人物御龙图》中的龙同样是在肠的基础上添加首、足及其他部分而形成的(图2-33)。通过图形造型方式对龙图形的这种还原可看出,这些龙造型的主体原形都是以肠为其原本特征的。那么再用这种方式对女娲形象进行分解也会发现,古文化图形中所谓"人首蛇身"的女娲形象,也同样是给"肠"加首添足后对其神灵化的结果(图2-34)。由此可知,这个繁衍人类之大神女娲所谓的"蛇身",正是原始先民所认为的化育万物的腹中之肠的形象。以同样的方式再给《山海经》中被称为"女娲之肠"的十个神人进行神灵化,在肠的基础上分别添加不同物类的头或足部,它们同样也就成了具有不同物类特征的龙。从以上这些龙图形的形成过程可看出:其形象既有肠的特征,也有神的特征,而这种形象的产生,均是通过原始思维中将崇拜物神灵化的图形造型方式来表现的。

由图形造型方式对龙图形的介入分析可知,肠即是龙体的原形。再以此来观察古代女娲图形中的其他一些造型,可发现在许多女娲图形的躯体中仍然保留了肠的原本特征:如在汉画像石中,有女娲的"蛇躯"(肠的原形)就明显地表现出了其体出于腹的特征(图2-35);从新疆唐代帛画上女娲和伏羲的体部造型中,也可见其特征依然显示出了"肠"的原本形态(图2-36)。这些造型的表现,均明显地体现出了女娲躯体与肠的联系。

弄清了肠为龙之原形后,再来体会"龙变体自匿,人亦不能觉,变化藏匿者巧也"[1]之说,这不正是人对腹中之肠的感受和描述吗?

以此来看前所谈及的那些原始龙图形,也会发现其本相同样是在图形造型中,对肠加首或添足使其神灵化的结果(图2-37)。

内蒙古敖汉旗兴隆洼文化猪首龙,是将猪首与由陶片、自然石块摆放的呈"S"形的肠形象征物组合而成的。

---

[1][汉]王充.论衡·龙虚篇[M].

第二章　龙图形的原本还原 | 45

图2-32

图2-33

图2-35

图2-34

图2-36

图2-37

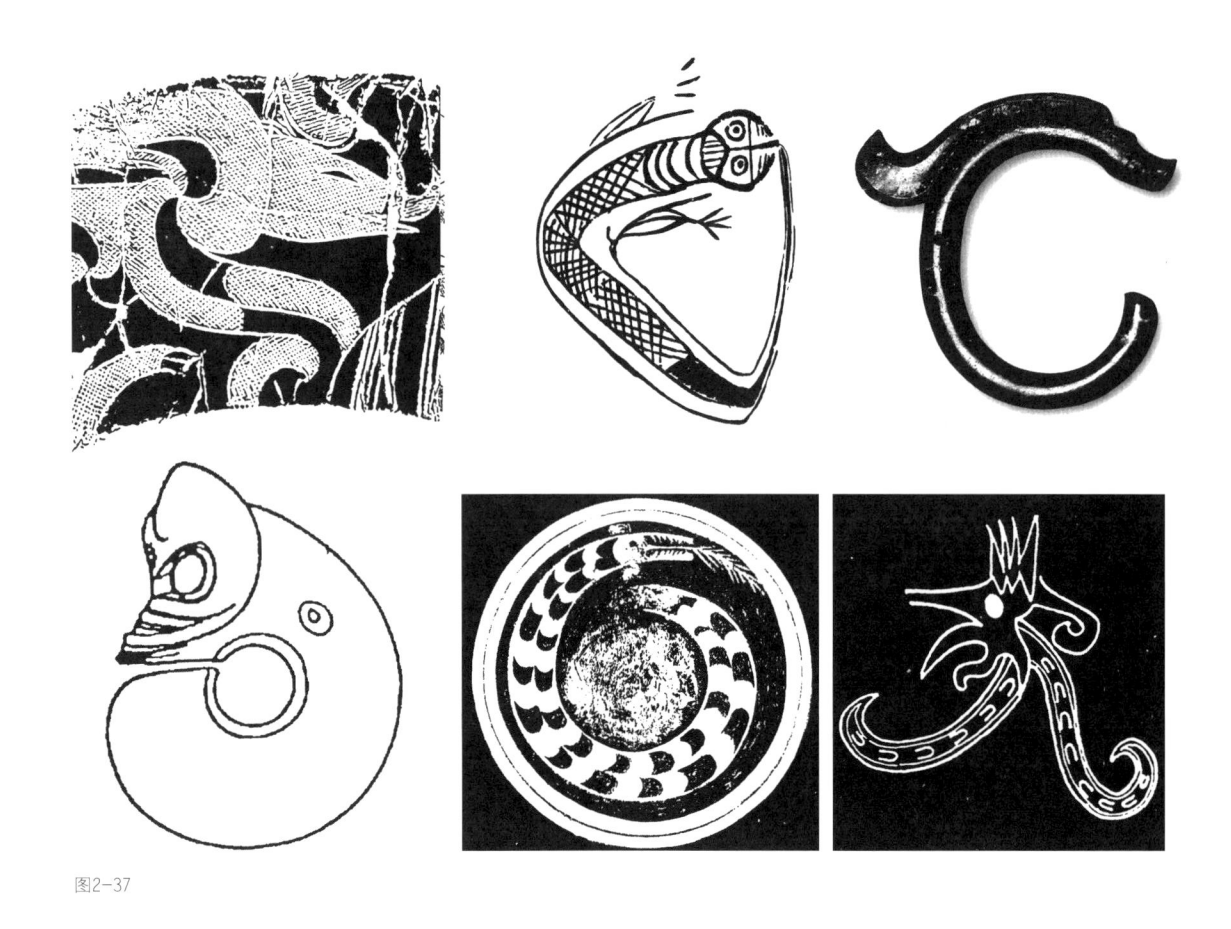

内蒙古敖汉旗赵宝沟文化鹿首龙、猪首龙，是在肠的基础上添加鹿首、猪首等对肠进行神灵化的结果。

湖北焦墩卵石龙，其实是一条牛首与肠形象征物结合的牛首龙。就此也可以断定：焦墩遗址中的那个卵石条带状摆塑，从其形体大小来看，是该遗址中动物的物长，也是一条身份高于牛首龙和其他动物的龙，其本身就是肠的原本形状。

红山文化中的各种玉龙以及安徽含山凌家滩文化玉龙、龙形玉璜等，也均是不同的动物首部与肠组合的神灵化造型。这些不同龙的造型均是在相似的肠造型上添加了不同的动物首部而成，其与前所谈及的云南滇文化遗址羊甫头墓地出土的在男根上添加人或动物头部使其神化的造型方式也基本相同，均体现出了原本艺术对崇拜物用拟人或拟物的方式进行神灵化的造型特征。这些在红山文化、凌家滩文化及云南滇文化中出现的具有不同物类首部特征的龙及男性生殖神象征物还反映出：在其神化过程中对不同物类特性的体现，是与不同物类的生殖神或图腾物相关联的。

从甘肃武山西坪出土的彩陶瓶上所谓鲵龙纹造型也可看出，其是一条人首与肠构合并添加了双肢的人首龙（图2-38）。

山西省襄汾县陶寺龙的真正面目不是一条蛇，而是羊首同肠的合成物，而其体并合两体及所饰的"∩"状纹饰，显示的正是肠呈隆突不平的外表特征之变体（图2-39）。

河南偃师二里头绿松石龙，则是肠与器物兽面纹的结合。此龙的造型较为特别，龙首呈现出器物与兽面纹结合的形状，表明该龙的含义已不仅仅是某种动物的概念，而是还具有龙体与概念象征物的"会意"特征。从该龙的造型可看出，兽面纹与龙也有着密切的内在联系。

再看内蒙古昭乌达盟敖汉旗大甸子陶器上神

图2-38　　　　　　　　　　图2-39　　　　　　　　　　图2-40

秘的一首二身龙，则发现它竟是如此写实，只不过是鸡头和肠的组合物而已（图2-40）。将该龙与后来龙图形中出现的一首两身的肥遗龙造型相比较可见：肥遗龙在图形特征上两身左右对称，明显具有理想化的造型归纳特征，而此龙体部自然弯曲，且其上以肠表面隆突不平特征为装饰，头体之间也未形成有机的动物化形象，其形状应是当时在龙崇拜巫仪中，将动物头部与肠组合为龙的实物写照。此现象表明：龙的确不是源于某类完整的动物，而是源于人所崇拜的生命物中共有的某个部分（肠），而且在龙图形产生之后的很长时间里，在社会生活中仍然有以动物头部与肠组合为龙的原本形态来对生殖神进行崇拜的现象。

早期许多龙形物出土于墓主人腹体部位的情况，也表明龙与人的生殖有关：如河南偃师二里头遗址绿松石龙出土于墓主人身体之上，红山文化中的玉龙也多出土于墓主人的腹部等（图2-41）。由此也明显可看出在原本思维中龙与腹内之肠的关系。

红山文化中还有一种被称为"勾云形佩"的玉饰（图2-42），且出土数量较多，是红山文化时期一种较为普遍的玉质崇拜物。以往不明其用意，但从造型看，该种玉饰的主体明显呈现出卷曲状的肠形特征，且该类玉饰的出土部位也多处于墓主人腹部（图2-43），表明其与红山文化玉龙具有含义上

图2-41

图2-42

图2-43

图2-44

的一致性，并与腹中之肠有关。此类玉饰造型在肠体外还连有四个向四方呈放射状的"子"状物，此"子"状物在其造型中起着象征和会意的作用，与前所提及的古"勿"字含义相同，象征被"肠"生殖的对象（子），并包含有四方繁衍之意。这种玉饰与肠（龙）的内涵联系在红山文化的另一种造型为两龙相合的玉佩饰中可得到证实（图2-44）。在此种玉佩饰中，可看到与"勾云形佩"相似的肠形与动物形象复合而成的玉龙形象，其龙体除与"勾云形佩"相似外，背部同样也有与"勾云形佩"相同的"子"状物出现，说明该玉龙与"勾云形佩"玉饰的造型原本（肠）是一致的。此外，这种玉饰表现为两龙相对相合的造型特征，则表明在此时期的龙概念中已具有了两性相合的生殖内涵。

西安市博物馆藏有一件西周时期的大型青铜龙（图2-45），它的奇特之处是从一个盘曲的肠造型上，延伸出了两条爬龙的造型。其造型前面一段是爬行的龙，后面一段是盘曲的肠。从该器物造型也可以看出：其既显现出了肠造型和龙造型两者各自不同的特征，又显现出了由肠到龙的演化关系，是肠为龙原形的实证。

周代的青铜器纹饰中还有一个奇特的图形，呈

现的是龙与女阴相构合的造型（图2-46）：该图形整体造型由两条龙与女性臀部形状形成共用形，龙的体部明显体现出了肠的原本特征，两龙尾相交一处，并连接在一个女阴图形上，女阴图形上部有男阴图形做播种之状，女阴下方分娩出一个圆形卵纹，并有"儿"纹、"⚭"纹[1]等生殖交合符号介入图形组合。从该图形组合可看出：其以"会意"和"指事"的方式，明显地体现出了龙的生殖特征，并直截了当、清楚明白地表明了龙与生殖的关系，揭示了龙作为生殖神的古代生殖观，是一幅古人关于龙生殖的示意图。

从内蒙古敖汉旗兴隆洼文化猪首龙、内蒙古敖汉旗赵宝沟文化鹿首龙、猪首龙等造型来看，早期龙的神灵化多表现为肠与动物首部组合式的造型，反映出此时期对生殖神灵的表现概念象征性的成分较大，还未形成一种有机的动物化神龙形象。随着后来不同时期龙概念及其造型的不断完善（如添鳞

图2-45

图2-46

---

[1] 见本书：第十一章　古文化图形中的象征符号。

等），龙也由简单的组合式造型向更为动物化的有机式造型转化，最后其外貌逐渐形成了一种被神化的动物形象。由此，也就使肠的原本特征在其造型演变中越来越淡化，并使龙的原本形态变得越来越不被后人所识了。

通过以上对龙体原本的还原可知：正是在原始生殖观所产生的肠崇拜的作用下，人们在图形造型中对肠进行神灵化，并用图形造型的方式创造了龙。又由于肠生殖观对不同氏族所具有的共性崇拜意义及物类生殖的广泛性，从而产生了在原始氏族中普遍崇龙的现象以及龙形象的不同个性特征。

四、古文化图形中的龙体原形

了解了原始思维下产生的以肠为生殖之源的内涵，并弄清了龙是肠的神灵化及其对生殖的象征含义，再对原始艺术中的一些器物和图形进行分析，就会发现以肠为生殖原本及将肠作为生殖崇拜神灵物的现象，在古代图形中一直有大量的体现。

"在原始社会时期，陶器纹饰不单是装饰艺术，而且也是民族的共同体在物质文化上的一种表现"，"它在绝大多数场合下是作为民族图腾或其他崇拜的标志而存在的"[1]。原始陶器也是如此，其腹部除了实用的功能外，还具有生育之宫的象征含义，绘制在上面的图形纹饰也大部分与生殖有关。"腹"在甲骨文中是"身"与"酉"的组合（图2-47），该字字形的"会意"特征，即反映出了人们对人或动物腹部与器皿腹部在认识上的类同关系。在原始宇宙观中，大地母亲是人类及一切动植物的生命之源，

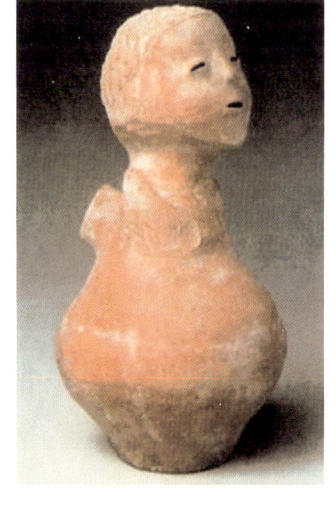

图2-47　　　　图2-48

大地与母神是相联系的。从"坤为地、为母、为釜"[2]之说来看，地、母与釜又是"互渗"的。由于这种器腹与生殖之腹的"互渗"联系，也就出现了在当时的生活用品及祭祀器物中，惯用种种中空容器作为地母子宫隐喻表现的现象。

在仰韶文化和马家窑文化彩陶中，曾发现过多件以人形作为器物造型的陶器，从中可看出这些陶器以器腹象征人腹的特征十分明显。如陕西黄陵出土的人形陶罐（图2-48），其造型即是把彩陶瓶塑造成了一个女性的形状，在此造型中，人物头部塑在陶器顶端，人之腹部则是陶器腹部，明显地体

图2-49 　　　　图2-50

---

[1] 石兴邦.有关马家窑文化的一些问题[J].考古学报，1962（6）.
[2]《周易·说卦传》。

现出了以器物之腹象征人之腹的特征。中央电视台在《寻宝》栏目曾播出介绍过甘肃民间收藏的一件原始彩陶瓶（图2-49），同样是将陶瓶塑造成了人形，此器不但人之腹部与陶器腹部同体，而且在器腹上用表现内部特征的造型方式表现出了腹内正在孕育的人，使其生殖含义更为突出。甘肃玉门火烧沟出土过一件二里头文化人足形彩陶罐，其造型虽然表现的只是人的下身，但也明确地体现出了以陶器之腹象征人腹的特征（图2-50）。

根据前面章节曾论及的原始艺术图形多以现实物象为表现依据，并具有象征性含义的造型特征，再结合古代陶器、玉器、铜器等造型和纹饰可以看出：在原始器物及以后时期的一些古代纹饰中，曾被认为只是起着装饰美化作用的大量抽象纹饰，其实质是在象征生殖之腹的器腹表面，表现了由对生殖崇拜感性认知而来的体现腹内特征的肠纹、卵纹、子纹及卵化纹的图形（关于卵纹、子纹和卵化纹将在本书以后有关章节专论）。

在原始思维的"万物有灵"观念中，形与灵的区别在于：形是寻常可见的，是物的外表，而灵是寻常不可见的，是潜藏无形的，是物的内里。因而原始观念中人和动物的内部存在，就一直被认为是具有神秘特性的魂灵居所。又由于人们对神灵的崇拜以及巫术、祭祀活动的需要，需用艺术造型的方式把神灵的形象表现出来，便在祭祀器物及实用器物上描绘这些寻常不可见的内在神灵形象，并以此作为神灵存在的标识，从而出现了大量的象征物象内部神灵特征的原始图形。在这类图形中，以肠为生殖象征的图形是其表现的主要内容：人们在象征腹部的陶器外壁用图形来表现腹内的肠生殖特征，并进而把这种体现内部特征的肠图形归纳成适合器物装饰的象征符号，形成了装饰在原始陶器等器物上的肠纹饰。仔细观察原始彩陶中那些所谓的抽象纹饰就会发现，器腹上大量的波曲状纹饰，其实质表现的多是象征腹内生殖神灵的肠纹。

在仰韶文化（图2-51）、马家窑文化（图2-52）、辛店文化（图2-53）、大汶口文化（图

图2-51

图2-52

图2-53

图2-54　　　　　　　　　　　图2-55　　　　　图2-56

2-54）、大溪文化（图2-55）等不同类型原始彩陶的器腹表面，均可看到大量体现了弯曲条带状肠形特征的纹饰。这些在器腹表面绘制的大量肠纹图形表明：在原始时期，人们正是通过在陶器腹部描绘这种以肠为特征的纹饰图形，来表现原始思维对肠的生殖认知和崇拜。通过器物上的这些肠纹造型，也可看出其特征与龙体原本形态具有明显的相似性联系。

原始陶器上不仅有大量的肠图形出现，有的陶器纹饰还表现出了在肠纹的围绕中正在化育刚刚成形的生命（图2-56）。此类图式更为明显地体现出了肠与生殖的关系。

在原始岩画中，也可看到用这种表现内部特征的造型方法来体现动物腹中之肠的造型（图

图2-57

2-57），动物体内的肠在这些岩画中被突出地刻画了出来。这种将动物内部的其他器官省略，唯独将肠表现出来的图式，体现出了肠在人们意识中不同寻常的重要意义。表现腹中育子的图形在岩画中也经常出现（图2-58），其造型更为明确地表现出了腹内的生殖特征。还有的肠纹以独立的符号形态出现，将其在动物体外着重地表现出来（图2-59），此现象表明，原始时期的人们并非仅仅是将肠作为动物体内的一个部分，而是从概念上把它作为一个相对独立的物象。另外有的岩画图形在

肠下置人，以符号的方式表现了以肠育人和以肠为祖的观念（图2-60）。云南麻栗坡岩画中有两个大型的人祖像，其造型是在人祖头部上方置肠纹，用"指事"的符号方式表明了以"肠"为祖的祖先神特征（图2-61）。从这些图形可以看出，其不但体现了先民对"腹"与"肠"的崇拜心理，还以造型的方式将以肠为神并祈望生殖繁衍的心愿物化成了图形形象。

1973年在甘肃永昌鸳鸯池出土了一件马家窑文化马厂类型彩陶杯（图2-62）。该器高24.6厘米、口径10.6厘米，杯腹呈外凸形。陶杯的腹部满绘肠纹，肠纹中间是一生殖之门，一人头正从"门"中生出。此造型明显地以育子分娩之状表现了腹、肠与生命的关系，这种以器物之腹来象征人腹并将"肠"作为生殖之源的图形表现，正是龙概念生成的原本。

古文字中的"氏"字也与"肠"有关。"氏"字作"ㄐ""ㄐ""囝"形（图2-63），古人结绳纪其世系，绳在原始思维中是肠的"互渗"物。"氏"字的字形是从肠纹"ㄥ"中间生出分支，再在分支中间系一结示其世系的造型。此字体现出了以"肠"为祖，分支成"氏"的含义。

商周时期的青铜纹饰中，也有许多在动物图形的腹部用肠

图2-58

图2-59

图2-60

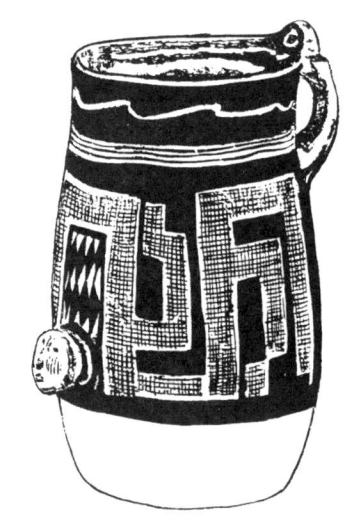

图2-61

图2-62

图2-63

图2-64　　　　　　　　图2-65　　　　　　　　图2-66

图2-67　　　　　　　　图2-68

图2-69　　　　　　　　图2-70

纹来体现其内部生殖含义的图形。如河南安阳殷墟妇好墓出土的"妇好"铜偶方彝上装饰的鸟纹（图2-64）以及商晚期的凤纹（图2-65）、象纹（图2-66）（图2-67）等，均是在这些动物图形的腹部以装饰肠纹的方式体现出了对生殖的象征。而在一些以"象形"为整体造型的器物中，用同样的手法在腹部以肠纹来体现其内部生殖特征的图形则更为常见，如：春秋时期的虎头麒麟身犀尊（图2-68）、战国曾侯乙墓钟纽龙饰（图2-69）、战国错金银犀形插座（图2-70）等，均是以此种方式体现出了其生殖繁衍的特征。

在西周恭王时期"史懋父"壶的腹部图式中，还可看到以肠纹作为主体纹饰来表现兽面纹的图形（图2-71），兽面纹是对生殖之腹的神灵化体现[1]，此种图式反映出了肠与青铜兽面纹在古代生殖观念中的内在联系。而在这个战国时期的青铜纹饰中（图2-72），其中间是一个"己"形肠纹，"己"两侧有四虺相连，表现出了以"己"为祖，四虺由

---

[1] 见本书：第八章　腹神崇拜与兽面图形。

图2-71

图2-72

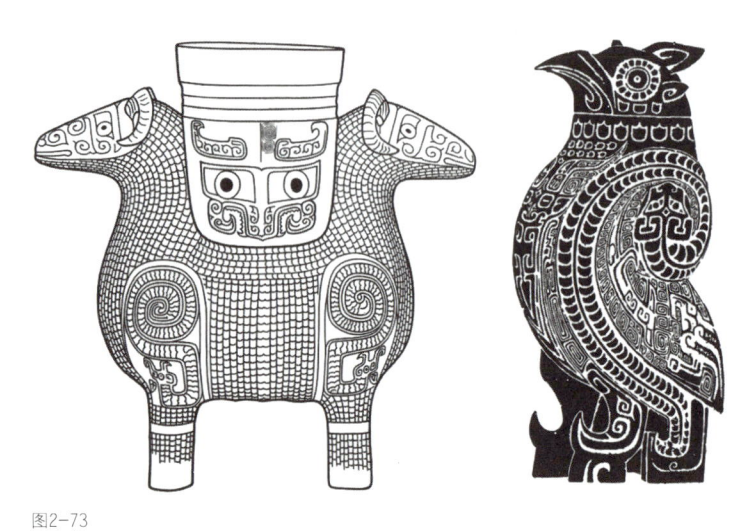

图2-73

图2-74

"己"而出的图式，是对"己"（肠）生"子"特征的明显体现。还有许多商周青铜器直接在腹部用龙纹装饰并以此来体现其生殖含义，同样明确地显示出了龙、腹、肠与生殖的关系（图2-73）（图2-74）。

北京故宫博物院和中国社会科学院考古研究所藏有三件西周人物玉饰[1]，这三件人物玉饰的共同特点是用人首与多个龙纹组合形成了一种整体造型

图2-75

图2-76

图2-77

---

[1] 周晓晶. 古代美术经典图录：玉器卷 [M]. 沈阳：辽宁美术出版社，2001：70-71.

图2-78

图2-79

图2-80

图2-81

图2-82

（图2-75）。这些玉饰外形均似人状，但其造型却没有像通常的神灵物那样，用异物构合的方式构成一个有机的形象，而是将龙、人运用拼合式的"会意"造型来进行表现。其造型方式与内蒙古敖汉旗赵宝沟文化尊形器上鹿首龙、猪首龙等原始龙的造型方式有相似之处，表明此种图形造型只是一种概念意义上的组合，而非单纯地以"象形"方式与某物类表象对应为造型原本。从这些人物纹玉饰中可看出其有一个共同特征：即在整体造型中均将主体龙纹置于人形的腹部，这不仅表明了龙与生殖之腹的关系，也体现出了龙概念在此造型中所具有的主体性特征。山西博物馆也收藏有一件周代人物纹玉饰，其以同样的方式表现出了与此相似的造型，且该玉饰简化了头部特征，突出了腹部的龙纹，从而使其以肠为龙的特征更为明显（图2-76）。该馆还收藏有一件古晋国人物玉饰，是一个将龙形器置于人的腰腹部的造型，其以"指事"的方式，同样体现出了龙从腹出的原本内涵（图2-77）。

三门峡上村岭虢国墓地也曾出土过多件与龙相关的玉器[1]。其中一件玉鸟，在腹部用阴线满刻了肠形连体龙纹，以表现内部特征的造型方式体现出了龙在腹中的造型（图2-78）。另一件兽形玉饰，则在腹部刻有两条相互缠绕的人首龙，也体现出了生殖神居于腹内的特征（图2-79）。而同地出土的一件圆角三角形人物纹饰玉雕，在一面阴线刻有硕大腹部的人像，而在另一面刻有曲体龙纹，这两面一体的造型同样表明了龙与腹之间的相互关系（图2-80）。

1982年在湖北江陵县马山一号楚墓出土的刺绣纹饰中，还发现有鸟怀卵、龙孕卵的图形（图2-81）。该图形主体造型为一鸟，鸟体中部怀有一卵（子），卵周围有两龙绕卵做孕育状，其用图示的方式体现出了龙生殖观念的原本性特征。

湖北荆州博物馆藏有一件熊家冢墓地16号殉葬墓出土的战国龙形玉佩（图2-82）。该玉佩在龙尾（生殖之门）之上和龙腹（生殖之宫）一侧置一人形，直观地标示出了龙与人生殖与被生殖的关系，其龙生殖育人的原本性特征也十分明确。

---

[1] 文物[J].1995（1）.

图2-83

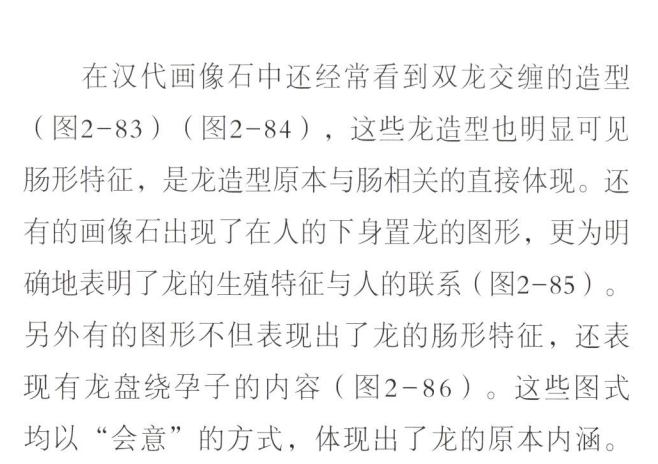

图2-84

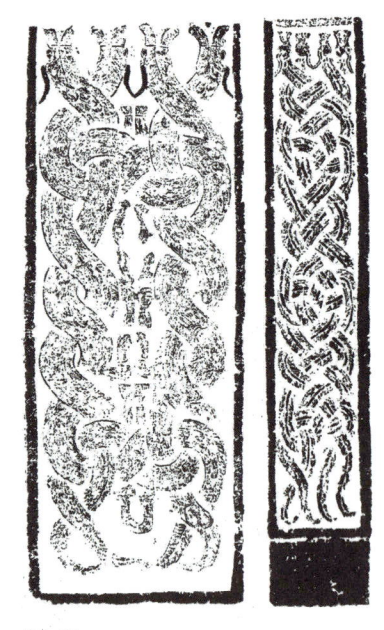

图2-85

图2-86

在汉代画像石中还经常看到双龙交缠的造型（图2-83）（图2-84），这些龙造型也明显可见肠形特征，是龙造型原本与肠相关的直接体现。还有的画像石出现了在人的下身置龙的图形，更为明确地表明了龙的生殖特征与人的联系（图2-85）。另外有的图形不但表现出了龙的肠形特征，还表现有龙盘绕孕子的内容（图2-86）。这些图式均以"会意"的方式，体现出了龙的原本内涵。

以上这些不同时期与肠崇拜相关的图形例证，充分体现了肠为龙原本的图形特征以及肠崇拜的广泛性。

五、民俗文化及其图形中的肠生殖观念遗存

原始肠生殖观念产生了龙崇拜以后，随着社会的不断发展演化，其在形式上又出现了诸多变异。尽管龙的原本形态随时代的变迁和形式的变异，开始变得模糊，但考察一些民俗文化的表现，其原本概念在社会生活中仍有诸多的反映和体现，尤其是在一些边远地区的少数民族习俗中，依然保留了肠生殖观念的很多遗存，并在他们创造的诸多艺术图形中被明显地体现了出来。

苗族是一个古老的民族，也是一个崇龙的民族。它的历史据传与古三苗有关，被认为是蚩尤的后代。由于其居住地相对偏僻和封闭，苗族至今还延续着很多古老的文化习俗，尤其是在其服饰图形中，保留了许多古朴而神秘的龙图形，这些龙图形依然显现出了原始的个性龙特征。观察苗族妇女服装刺绣的大部分动物图案，会发现在这些动物造型中，"肠"被特别突出地刻画了出来（图2-87）（图2-88）。这种忽略动物的其他内部器官，而唯独将肠表现出来的图形，表明了肠在苗族人心目中的重要性，明显地反映出了其与原始思维认为肠是生命原本的类同特征。

贵州清水江苗族每年都要举行独木龙舟节，有关独木龙舟节的起源有一段传说。相传在很久以前，人们烧死了一条龙，龙在江面上漂了起来，人们便纷至沓来抢龙肉。胜秉寨分得龙头，平寨分得龙颈，塘龙寨分得龙身，榕山寨分得龙腰，施洞口

图2-87　　　　　　　　　　　　　　　　　　图2-88

的人分得龙尾，杨家寨分得了龙肠。传说龙的肠子呈深绿色，故而杨家寨龙舟也染成了深绿色，并称之为青龙[1]。从这个传说所说龙的不同部位来看，肠是龙体中唯一提到的内部器官，表明人在意识中对肠特别关注，而杨家寨将龙舟染成龙肠的深绿色并称之为青龙，也表明肠与龙舟有着一定的渊源。此外，从杨家寨龙舟的制作方式中，也可见其反映出了一定的生殖象征含义：龙舟船体均由粗大完整的树干挖成槽形，船舱象征龙腹，装载家畜、家禽和食品，体现出物生于腹之意（舟为独木而成，树干之腹在生殖理念中也为生殖之腹象征），并将大船和小船组成一组，中为主船，苗语称"合迷"，意为"母船"，主船两侧各置一小船，苗语称"嘎呆"，意为"子船"。从此龙船制作及组合形式可见，其同样具有明显的生殖、祈生之意。

在台江巫师祭女鬼"商钢衣戛"（用鸭祭的石脚鬼）和"商钢衣法"（用猪祭的石脚鬼）仪式中，巫师宰鸭杀猪后，特意取出肠来敬鬼。"把生鸭肠和猪大肠，从鸭、猪颈后分两侧向尾部挽一圈，这大概是认为这些内脏原在肚里，藏着动物的灵气，祭鬼时就特别突出这条肠子。苗绣中刻意表现动物的肠子，道理正在于此"[2]。其实，这种在动物图案中特别突出肠的刻画及用肠祭祀女鬼的仪式，是与原始社会中用肠祈生的原始观念相联系的，均是原始生殖观念中肠崇拜的遗存。湖北省江陵县雨台山出土过一件战国早期彩绘木雕鸭形漆豆（图2-89）（图2-90）：该漆豆以鸭体为

图2-89　　　　　　　　　　图2-90

---

[1] 参考清水江苗族独木龙舟节相关介绍资料。
[2] 岐从文. 揣施洞苗绣的原始思维梦魇[J]. 民间美术, 3. 南京：江苏美术出版社, 1986.5.

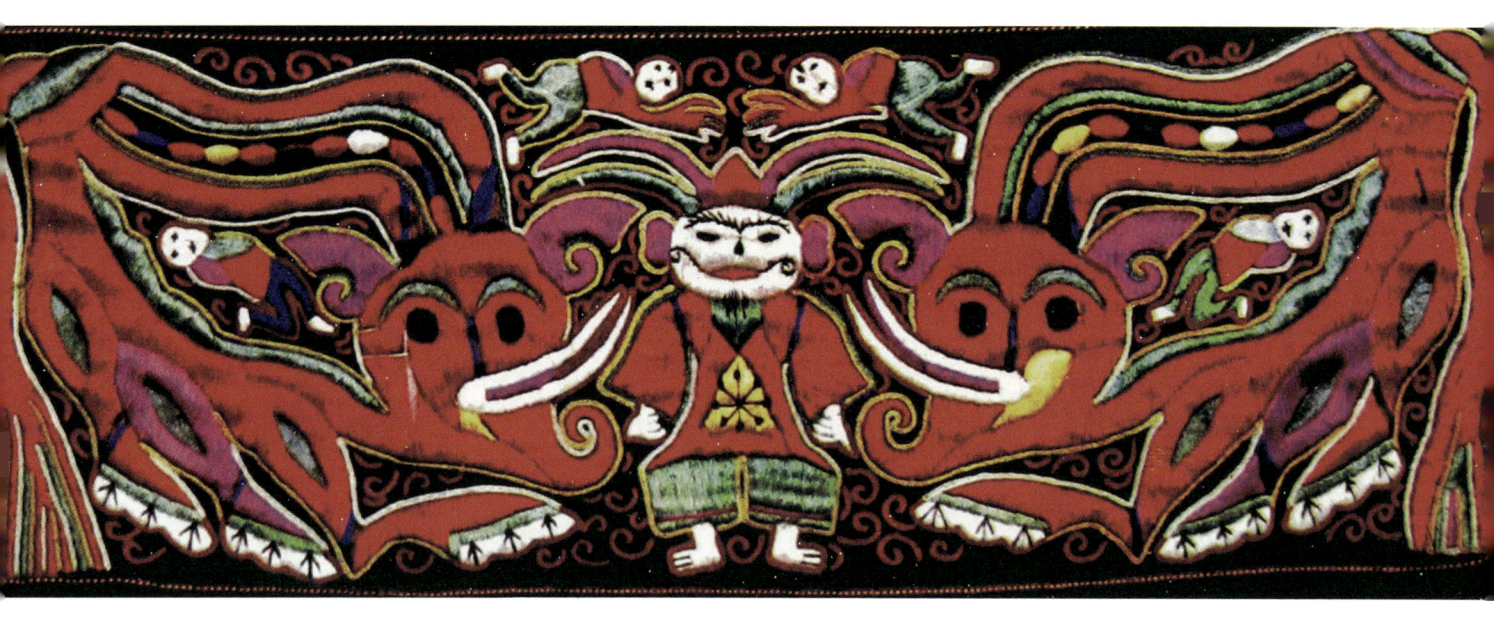

图2-91

造型，通体用"卵纹"为底进行装饰；豆上部一侧呈现鸭头形，鸭头颈后有一粗大肠纹，沿其背部向后延伸至尾部又分向两侧绕一圈（图2-90右）。此造型方式与苗族祭女鬼仪式中的鸭祭方式几乎完全一致，其从原本意义上应与原始的祭龙（肠）方式有一定的联系，可见这种祭祀形式相当古老。在此漆豆造型中，还见鸭肠后尾部有"儿"纹（生殖之门符号）与鸭肠重叠后，端部再连接两只"子"鸟的造型，明显地体现出了"肠"生"子"的生殖繁衍特征。两身合于一首，是两性相合的象征，这种把鸭肠和猪大肠从鸭、猪颈后分两侧向尾部挽一圈的方式，又与一首双身龙的造型相一致，也与后来汉画像石中出现的两身交尾的伏羲、女娲图形具有相似特征。

在苗族服饰绣片中，经常出现表现祖先崇拜的图形，这类刺绣对肠生殖的体现往往也更为明显。如在这件服饰绣片中（图2-91），中间是带山字冠的氏族祖先，两侧的动物则在腹中以表现内部造型特征的方式表现出了肠与人的图形，其肠孕人的生殖内涵十分明确。

在海南发现的清代黎族女衣上的刺绣动物纹饰中，肠生殖观也有明显的体现，其图形同样用表现内部特征的造型方式将肠纹突出地表现了出来（图

图2-92

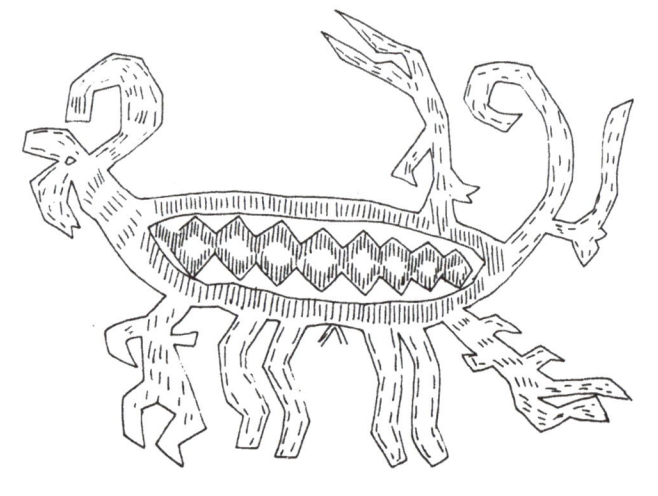

图2-93

2-92）。其中一个龙形纹饰，不但在躯体上表现了内部的肠纹，还在躯体部以"指事"的造型方式，表现了三个由龙体而生与之相连接的人形纹（图2-93），这种由龙体而生的造型方式，直接地标示出了龙与人之间生殖与被生殖的关系。其不但体现了龙、肠、人之间的生殖联系，也体现出了由肠生殖观念而来的人祖生殖神特征。

在海南的黎锦图形上，还发现有将"己"形肠纹与小的人形纹重复组合成大的人形图案的造型（图2-94），该图式不但在人的主体图形中组合进了"己"纹和小型人纹，还在人的主体图形之外的腋下和胯下也添加了小型人纹，是明显的人祖孕人图形，同样体现出了人祖生殖神的特征。这种用肠纹和人形符号重复组合的图形，以"指事"和"会意"的造型方式，体现出了肠与人的生殖关系。

在汉族民间剪纸体现肠生观的图式中，还常见借用盘长（盘肠）图形在动物身上将肠以符号化形态表现出来的造型（图2-95）（图2-96）。这种造型方式是对动物内部特征的概念化图形体现，具有符号的象征性，是肠生殖图形的演化形态。

这些至今还流传在民俗中的肠崇拜现象表明，在民间生活中，由肠生殖观念而来的肠崇拜仍在产生影响，人们还在通过此种图形方式来表达对生命繁衍的愿望，这种现象与原始的肠龙崇拜渊源是直接相关的。从以上原始美术与民间美术的思维特征及艺术图形造型方式来对龙图形进行综合分析中，可找到其与龙原本元素的联系，并以此相互印证。

本章通过以图形造型方式对龙图形的分析，弄清了肠与龙的关系及其产生的原因和过程，并将龙的原本形态还原显现出来，进而表明：龙的原形即是肠。通过对龙原本的分析和还原还可以看出，原

图2-94

图2-95

图2-96

始思维对生殖的崇拜和探求是龙产生的真正起因。龙的产生本于肠并经历了如下过程：生殖崇拜使人们去寻找生殖之源→腹中之肠被当作生殖的神灵→肠成为万物之祖和生殖崇拜的对象→对肠进行神灵化并用图形造型的方式表现出来→形成龙图形。这即是龙及其图形产生的原本真相。

在原始社会时期，人们的生存环境恶劣，部落间战争频繁，繁衍生命与维持生命是原始先民最为关心的两大内容。因此，人们本能地祈望两个方面的生产与繁殖：一是重视人口生产，以求氏族的壮大繁衍，争取在部落间的战争中占据优势；二是祈望猎物繁殖，以求多获，从而食能饱腹。正是这样一种求安、求食的心理愿望，决定了人们生殖崇拜的社会意识。由这种社会意识进而探寻生殖原因，产生了肠生殖观念，对肠的神灵化形成了龙，龙是在生殖崇拜的基础上产生的。这种崇龙祈生的现象又与图腾、祖先等生殖有关的因素相联系，并与当时的巫仪、祭祀等活动结合在一起，产生了以生殖崇拜为内容的社会文化现象，这些现象反映在与之相关的文化图形中并被留存下来，成为今天探讨龙文化原本的重要依据。前面章节通过图形造型方式对龙的图形元素进行分析，还原了龙的原本，证明龙的原形本于肠。本章再通过龙生成后的社会现象及文化特征，来进一步分析龙与其他相关因素的联系。

第三章　祈生与崇龙

一、感生神话与原始的生殖认知

原始时期，人们对自身和动物的真实生育原因懵然无知，故而只能以感性的认知去进行解释。在这种对生殖的原始认知中，人们认为妇女生育并不是男女性生活所致，而是周围生存环境中的神灵使生命在腹中化育的结果，感生神话由此而生。

如传说：

附宝见大电绕北斗而生黄帝："母曰附宝，之祁野，见大电绕北斗枢星，感而怀孕，二十四月而生黄帝于寿丘。"[1]

华胥履大迹而生伏羲："大迹出雷泽，华胥履之，生宓牺。"[2]

女枢感瑶光贯月而生颛顼："摇光如月正白，感女枢幽防之宫，生黑帝颛顼。"[3]

庆都感赤龙而生尧："庆都……为帝喾妃，出以观河，遇赤龙，晻然阴风，而感庆都，孕十四月而生尧于丹陵。"[4]

握登见大虹而生舜："握登见大虹，意感而生舜于姚墟。"[5]

修纪（修己）见流星而生禹："修纪山行，见流星，意感栗然，生姒戎文禹。"[6]

此外还有姜嫄履大迹生后稷、简狄吞燕卵生契、女修吞燕卵生大业等感生、卵生神话，同样体现出了这种"感生"的特征。

据传哀牢夷祖先九隆也由感生而来，并与龙有关："哀牢夷者，其先有妇人名沙壹，居于牢山。尝捕鱼水中，触沉木，若有感，因怀妊十月，产子男十人。后沉木化为龙，出水上。沙壹忽闻龙语曰：'若（你）为我生子，今悉何在？'九子见龙，惊走，独小子不能去，背龙而坐，龙因舐之。其母鸟语，谓'背'为'九'，谓'坐'为'隆'，因名子曰'九隆'。及后长大，诸兄以九隆为父所舐，遂共推以为王……种人皆刻画其身，象龙文，衣著尾。"[7]此说将哀牢夷祖先传为"触沉木"（沉木化为龙）而生。

这些将生殖认为是某种神灵感女祖之"幽防之宫"而受孕的感生神话，均是原始先民对生育感性认识的反映。从以上神话可见，感生现象有两种情形：一是偶然相遇而感，如女枢感瑶光贯月而生颛顼、庆都感赤龙而生尧、握登见大虹而生舜、修纪见流星而生禹等；二是有意接触而感，如华胥履大迹而生伏羲、姜嫄履大迹而生后稷、简狄吞燕卵而生契、女修吞燕卵而生大业等。偶然相遇而感，多与自然物象的偶然接触相关；有意接触而感，多与有目的接触祈生图形（"大迹"为祈生图形，后有章节分析）及其他生殖象征物相关。也正是在人们对生殖的这种感生认识中，进而出现了主动的祈生活动，由偶然而感转化成了有意接触而感，龙图形的出现，即是人们在祈生活动中所创造的主动与生殖神接触的祈生灵物。如：辽宁查海兴隆洼文化石块堆塑龙、湖北焦墩大溪文化至石河文化卵石龙等均可作为以脚踩踏接触（履大迹）的祈生灵物；内蒙古赤峰兴隆洼文化猪首龙、内蒙古敖汉旗赵宝沟文化鹿首龙、甘肃武山西坪仰韶文化彩陶瓶鲵龙、山西襄汾龙山文化陶寺龙以及商周青铜礼器上的龙均可作为祭祀的祈生灵物；红山文化玉龙等则可作为与人身体直接接触的佩挂祈生灵物。人们通过这些与龙不同方式的接触，就主观地认为生殖神对生殖起到了感生或护佑的作用。

认为肠是万物化育之源，并由此产生了龙，是

---

[1]《史记·五帝本纪正义》。
[2]《诗含神雾》。
[3]《潜夫论·五德志》。
[4]《帝王世纪》。
[5]《太平御览》卷一三五引《河图·著命》。
[6]《太平御览》卷八二引《尚书·帝命验》。
[7]《后汉书·东南夷·哀牢夷传》。

由原始时期人们对生殖繁衍的认知程度决定的。在原始的生殖认知中，由于最初并非认为生殖跟男女交合有关，因而生殖崇拜最早也只是与对母性的崇拜联系在一起。从"女娲之肠"[1]传说及感生神话来看，其反映的也仅是对母性生殖的认知，并未出现两性阴阳相合的特征。直到父系氏族社会，人们对生育过程有了进一步的认识，弄清了男女交合与生殖的关系，男性对生殖的作用才被明确起来，男女交合生殖及天地阴阳观念也由此而生。

由此可见：龙（肠）崇拜是以对母性的崇拜为发端的，是母系氏族社会的产物。

二、龙与祭祀

自龙生成始，龙就一直与祭祀有着密不可分的联系。就"祭祀"之意来看，古文字中的"祭""纪""继"与"肠"的象形字"己"同音，而且这些同音字的本义也均与生殖繁衍相关。祭祀的"祀"字与"巳"字是关联字，而甲骨文"巳"与"子"又是同一字，故"祀"字与祈生也有着密切的关系。由此可见，"祭祀"一词之本义即是与祈生相联系的。

（一）祭祀与龙图形的关系及其对祭祀内容的象征

祭祀活动是以祭祀对象、祭祀物品以及祭祀礼仪为条件来进行的。但就祭祀对象而言，在祭祀时却常常由于被祭对象与实际对象的脱离，从而使得祭祀在多数情况下只能是借用象征物来替代。这些用于祭祀的象征物，通常是将祭祀对象以图形的方式制作成偶像或以其他替代物（包括牌位等）来体现的，它们作为祭祀对象的象征或巫术通神的法器，代替祭祀对象成为祭祀中被崇拜的神灵物。

人们出于求安和求食这两大生存愿望，使肠（龙）作为生殖灵物成为原始时期生殖崇拜的被祭祀对象，而龙也存在祭祀中与实际对象脱离的现象。为了适应巫术和祭祀的需要，人们同样需将肠（龙）用图形造型的方式制作成偶像作为崇拜物用于祭祀等活动（图3-1），龙造型的产生正是在祭祀过程中作为肠（生殖神）的替代物而形成的。这些由肠神灵化形成的龙图形，有前所提及的在肠基础上添加动物首或足以拼合方式使其神灵化的造型，也有将肠添加动物首或足以有机整合方式使其神灵化的造型。

图3-1

原始先民最初将肠作为生殖灵物进行崇拜时，只是剖食猎物时所产生的一种朦胧祈愿行为。人们把猎物的头和肠放在一起，作为祈愿这一物种生殖繁衍的灵物进行祭祀。此种行为从内蒙古昭乌达盟敖汉旗大甸子陶器上的一首二身龙，以及苗族台江巫师把生鸭肠和猪大肠从鸭、猪颈后分两侧向尾部挽一圈用肠祭鬼的仪式中，可见其遗风[2]。随着社会的发展，祭祀后来逐渐成为一种具有一定规制的普遍性社会现象，祈生也不只是限于在剖食猎物时才进行，这就出现了在有的情况下，猎物不能及时满足祭祀需要的现象。因而，在巫术和祈生活动中借助图形将肠神灵化为龙并做成偶像以替代祭祀对象，就成为必然（图3-2）。由于在祭祀中祈生需针对不同物类或氏族的图腾物来进行，于是龙又在

---

[1]《山海经·大荒西经》。
[2] 岐从文. 揣施洞苗绣的原始思维梦魇[J]. 民间美术, 3. 南京：江苏美术出版社，1986.5.

肠体基础上与不同物类的头部构合并以此来体现不同的祈生内容，从而也就有了原始龙图形中不同头部特征的龙。这就是为什么龙首像猪、像羊、像鸡……而龙体均呈弯曲条带状的最初原因。从前面谈及的早期龙图形，尤其是红山文化的多种玉龙图形中，可清楚地看到这种早期用于祭祀和祈生巫仪的头部特征不同的龙形象。可以推断：龙图形在形成过程中应该经历了一个由实物到借用图形的过程，而这个过程的出现是与祭祀的实际需要密切相关的。

图3-2

中国古代的宇宙观完善之后，形成了最基本的三个要素：天、地、人。由此，在祭祀中也随之出现了与此内容相关的神灵对象。《礼记·礼运》称："夫礼，必本于天，肴于地，列于鬼神。"《史记·礼书》也说："上事天，下事地，尊先祖而隆君师，是礼之三本也。"人们对天地的崇拜是由阴阳之义演化而来的，阴阳又与生殖相关。《礼记·郊特牲》说："阴阳和而万物得。"作为由生殖崇拜产生的龙，在阴阳之义生成前，只是作为单纯的生殖神被人们祭祀，后来由于生殖与天地万物的关系，龙在生殖的内涵上也进一步延伸，并与天地神、祖先神、王权神、自然神等统一到了一起，成了祭祀中具有综合性特征的神灵象征。

从龙图形的造型演化轨迹来看，至商周及以后时期，个性龙开始向共性龙的特征转化，出现了较为规范统一的龙造型。由商周青铜礼器的纹饰可看出，该时期用于祭祀的礼器以"兽面纹"（正面龙纹，"腹神"之象征）、龙纹、肠纹为主体（图3-3）（图3-4）。在这种以龙为主体的青铜礼器图式中，龙的造型常加入冠纹、角纹、分支纹、子纹等图形元素进行组合，以此来表现天地、生殖、祖先、王权以及礼制的秩序特征，从而使龙的造型不但形成了规范的样式，还成为祭祀对象中最具有包容综合特征的神灵象征。

图3-3

随着龙概念的扩大，龙由生殖神和天地神的象征进而又与自然概念结合，演化成了育天下万物并与风调雨顺相关的自然神。故而"云从龙"[1]"震为雷，为龙"[2]"龙见而雩，为百谷祈膏雨也"[3]等说随之而来。云纹等符号也成了体现龙的自然神特征的陪衬纹饰。但龙这种自然神特征及其他多种内涵的包容性，明显是由生殖神育天下万物的概念衍化而来的。

匈奴的"龙祠"也是祭龙之俗。"匈奴岁有三龙祠。常以正

图3-4

---

[1]《周易·乾卦》。
[2]《周易·说卦》。
[3]《春秋传》。

月、五月、九月戊日祭天神"[1]。举行"龙祠"（祭龙）时，首领们聚集在一起商议大事，名曰"龙会"；对先祖、天地、鬼神行祭的地方名曰"龙城"或"龙庭"。《史记·匈奴传》："岁正月，诸长小会单于庭，祠。五月，大会龙城，祭其先、天地、鬼神。"《索引》引崔浩曰："西方胡皆事龙神，故名大会处为龙城。"由匈奴"龙祠"的祭祀内容来看，知其祭祖先、天地、鬼神同样是与祭龙联系在一起的。

西周之后，由于周王室宗主地位衰微，作为王室代表的龙，其综合性特征开始分化，以龙为主体的图式在青铜礼器纹饰中逐渐消失，出现了以蛇、虺等为主体的纹饰。自此，青铜礼器也随着"礼崩乐坏"而失去了其权威性及对多种内容的象征性。至汉代以后，在民间图式中另外又出现了天地神（东王公、西王母）、人祖神（伏羲、女娲）、自然神（龙王）等，这些神灵均从龙的综合概念中分化出来，成为民间象征天地、生殖、司雨的神灵。但在不同朝代的皇家层面，龙仍然保留了多种内容的综合特征，并作为王权的专用标识被皇家所独占。

（二）祭祀与牺牲

祭祀杀牲也与祈生崇龙有关。《周礼·地官·牧人》："凡祭祀，共其牺牲。"郑玄注："牺牲，毛羽完具也。""牺牲"是在祭祀中奉献给神灵的纯色全体牲畜，色纯为"牺"，体全为"牲"。自原始时期人们将龙作为生殖的崇拜物后，传说是由伏羲氏起，开始用"牺牲"来祭祀和敬神的[2]，这些"牺牲"既是龙生殖的对象，也是神界的生殖神与世间物类的连接物，人们通过"牺牲"来供奉神灵并与神灵进行感应，以此来向神灵传达孝祖敬神之心及祈望氏族繁衍、猎物生殖的愿望。《汉书·礼乐志》曰："河龙供鲤醇牺牲。"可见在典籍记载中就有用"牺牲"祭龙的说法。

祭祀中合乎规格的动物才能被作为"牺牲"。从色纯为"牺"、体全为"牲"的解释来看，"牺牲"也体现出了其与物类生殖的关系："色纯"为"牺"，表明其未经杂交，是"种"和"祖"的原本状态；"体全"为"牲"，则表明其意不是为了让神灵食用（食用没有必要体全），"生"才需"体全"，以"体全"来体现生命物"生"的特征，"牲"又与"生"同音、同形，表明祭祀中奉献给神灵的色纯体全牲畜是与生殖密切联系的，与生殖相联系也即与龙（生殖神）相关。由此可见："牺牲"不但是祭祀中为达到祈生目的奉献给生殖神的祭品，而且其本身就与被祭祀的内容和对象有关。

龙概念产生后，在生活实践中，人们又发现自然万物的生殖还与季节相关，尤其是在适当的季节才更适合猎物的生殖。生殖和季节的关系使原来无规律的朦胧祈生行为，逐渐转化成了在一定季节较为固定的祈生行为。由此，原来那些在狩猎中所获得的猎物，便不能适应在一定的季节和祭祀仪式中给人们提供"牺牲"的需要，因而驯养动物用作"牺牲"便成为必然。

据"畜牲"一词的本义来看，动物驯养的最初目的即是用于祭祀。《左传·桓公六年》疏："畜牲一物，养之则为畜，用之则为牲。"《礼记·月令》云："共寝庙之刍豢。"注："刍豢为牺牲。"《国语·楚语下》注："草养曰刍，谷养曰豢。"以上所说清楚地表明：人们开始驯养动物，并非出于生活的食用需要，而是将其作为"牺牲"用于祭祀。也正是由此，人类开始进入了"畜牲"的时期。《周礼·天官·庖人》："庖人掌共（供）六畜。"郑玄注云："六畜，六牲也。始养之曰畜，将用之曰牲。"贾公彦疏："掌供六畜者，马、牛、羊、鸡、犬、豕。"六牲又分别由专人负责，《周礼·小宗伯》："毛六牲，辨其名物

---

[1]《后汉书·南匈奴传》。
[2]《汉书·律历志》。

而颁之于五官，供共奉之。"郑玄注："司徒主牛，司伯主鸡，司马主马及羊，司寇主犬，司空主豕。"以上所言用于祭祀的"牺牲"，与现在所指畜牧业的六畜完全相同。这说明：在原始社会由狩猎和采集进入饲养和种植后，"畜牲"才开始由祈生敬神用于祭祀，转化成为更具现实意义的饲养。

周代的玉龙造型常以马形为之（图3-5）。典籍中有"马八尺以上为龙，七尺以上为䮷，六尺以上为马"的说法[1]。《说文》也说："䮷，马七尺为䮷，八尺为龙。"由此可知马达到一定的规格就可称为龙。这种因马的规格与龙产生联系的现象，同以祖为龙、以帝为龙的观念是一致的。龙是生殖神的象征，也是物类中的代表和统领者。传统观念由生殖神引申出祖先神之意，因而常以祖先为龙。祖先是部族生殖繁衍的辈分最高者，伏羲、女娲、炎帝、黄帝、太昊、蚩尤、少昊、尧、舜、禹等这些部族祖先在古代传说中均与龙有关。后又由氏族之长引申出了统治神之意，统治神的最高等级是天子，天子为龙，是人中地位最高者，故历代皇帝被称为"真龙天子"。而马之最大者谓

图3-5

"龙"，同样表明其可代表马的最高规格，是马中生殖神和统领者的象征。在这种意识中，当某种动物的优良者达到一定规格时，则被认为具有了该物种优良的繁殖力和种的优良性，该动物就会被作为物长，物类之长即是龙的象征。如"龙为鳞虫之长"[2]，"水大则有蛟龙"，高诱注"鱼满六千斤为蛟"[3]等，均是以长者为龙。在典籍中还有春季天子"驾仓龙"[4]"乘苍龙"[5]等说，如按"马八尺以上为龙"来看，天子所乘"苍龙"也可以解释为是达到了一定规格的马。传说夏时有"豢龙氏"，专门豢龙，"豢龙"之意应是指豢养达到一定规格并用于祭祀的"牺牲"。再者从龙的不同造型中也可看出，原始龙造型有似人、似牛、似猪、似羊、似鸟、似虫等不同形象，在苗文化中至今也有人龙、牛龙、鱼龙、蚕龙等类型，这表明龙可以是任何物类中被认为具有生殖象征的代表（物长），也表明龙与所有物类的生殖有关。

第一个取"牺牲"之人传说是伏羲。伏羲又称庖牺、包戏等。由庖牺字意来看："包"本义为腹，腹同样是生殖之源；"牺"为牺牲，以牺牲为祭。可见伏羲（庖牺）之名本身就与祭祀有关。《汉书·律历志》："（伏羲）作网罟以田渔，取牺牲，故天下号曰炮牺氏。"晋皇甫谧《帝王世纪》："取牺牲以充庖厨，以食天下，故号曰庖牺氏。"由此说也可看出"取牺牲"与伏羲（庖牺）之名的联系。伏羲部落还以龙纪世名官。《左传·昭公十七年》："太皞

---

[1]《周礼·廋人》。
[2]《说文》。
[3]《吕览·喻大》。
[4]《礼记·月令》。
[5]《淮南·时则》。

氏（伏羲）以龙纪，故为龙师而龙名。"《帝王世纪》："太皞宓牺氏，风姓，有景龙之瑞，故以龙纪官。"《汉书·百官公卿表·上》："宓羲龙师名官。"颜师古注引应劭曰："师者，长也，以龙纪其官长，故为龙师。春官为青龙，夏官为赤龙，秋官为白龙，冬官为黑龙，中官为黄龙。"《通鉴·外纪》："太皞时有龙马负图出于河，因而名官，始以龙纪，号曰龙师。命朱襄为飞龙氏，造书契；吴英为潜龙氏，造甲历；大庭为居龙氏，治居庐；浑沌为降龙氏，驱民害；阴康为土龙氏，治田里；栗陆为水龙氏，繁殖草木，疏导泉源。又命五官：春官为青龙氏，夏官为赤龙氏，秋官为白龙氏，冬官为黑龙氏，中官为黄龙氏。"由上可知，太皞（伏羲）部落的这些官职均与龙相关，"以龙纪官"即以龙作为氏族统领者的标记和称谓，其既表明了氏族与龙的直接关系，也表明了太皞部落的族长即是龙。从这些"龙"的不同分工来看，其包含了天地四方及多个方面，体现出了龙对万物的包容涵盖特征。

五行观念出现后，古人对"牺牲"的毛色更加重视，不同毛色的"牺牲"用于不同方向及季节的祭祀：青色代表东方，红色代表南方，白色代表西方，黑色代表北方，黄色代表中央。《墨子·贵义》中有杀龙的记载："帝以甲乙杀青龙于东方，以丙丁杀赤龙于南方，以庚辛杀白龙于西方，以壬癸杀黑龙于北方。"这种杀龙的方式当是在古代祭祀和巫术中杀牲祭祖、祭生殖神的一种反映，被杀之"龙"即是代表不同方向的被称为"龙"的牺牲。

由此可见：把达到一定规格被认为具有优良繁殖力的"牺牲"用于祭祀生殖神、祖先神、自然神等神灵，以此方式来祈望氏族的繁衍壮大和物类的繁殖，是原始时期祭祀的重要内容。

（三）祭祀与"绝地天通"

原始时期以祈生为目的的龙崇拜在初始阶段是无秩序且混乱的，对龙的祭祀也经历了一个逐渐秩序化的过程。

在龙崇拜的初期，龙概念还没有同后来的祖先神和王权神等结合起来，祭龙只是一种单纯的生殖崇拜行为。因而，崇龙现象在部落首领和普通人之间并没有什么特别的区分，人们认为诸物都有龙、凡人都本于龙，从而也使龙崇拜呈现出了一种人神杂糅的大众化状态。这种状态从伏羲"以龙命官"，其下属部族均可称龙且龙名众多的现象中可见一斑。随着后来社会统治体系的不断完善，社会阶层等级分化日趋明显，龙的身份也随之具有了地位和权力的特性，成为生殖神、祖先神、统治神的象征。此后，那些被生殖神、祖先神、统治神生殖或统治的普通人及普通物，便都不得称龙，龙崇拜也从此进入了人神分离的时期。

从开始对神灵祭祀的广泛普遍性到人神分离的转化，是从颛顼"绝地天通"开始的。典籍记载："及少皞之衰也，九黎乱德，民神杂糅，不可方物。夫人作享，家为巫史，无有要质。民匮于祀，而不知其福。烝享无度，民神同位。民渎齐盟，无有严威。神狎民则，不蠲其为。嘉生不降，无物以享。祸灾荐臻，莫尽其气。颛顼受之，乃命南正重司天以属神，命火正黎司地以属民，使复旧常，无相侵渎，是谓绝地天通。"[1]颛顼这种以"绝地天通"方式对祭祀所进行的规范性划分，不但使祭祀仪式的规格有了严格的民神分界，也使龙成了统治者的专利和象征。

"绝地天通"之后，按天、地、神、民来进行层次划分，祭祀成为一种人与祖先、神灵沟通的规范仪式。从身份上龙的生殖特征也与祖先和王权联系在一起，成了真正至尊、至圣的象征。牺牲从此也不再是龙的替代物，而是成了龙的祭品。臣民阶层开始出现以蛇、虺为象征的生殖神。自此，人们便可根据所处层次和地位按一定的规格和礼仪，用

---

[1]《国语·楚语下》。

牺牲等物品与不同层次的生殖神进行沟通,来表达孝敬祖先、祈望生殖、祝求福祥、驱邪避害的意愿。

(四)祖庙与龙

太庙是古代天子及贵族设置祖先神主以供祭祀之处。夏朝时称为"世室",殷商时称为"重屋",周时称为"明堂",秦汉时起称为"太庙"。祭祀之仪通常是在庙中举行的。《说文》:"庙,尊祖貌也。"段玉裁注:"古者庙以祀先祖。凡神不为庙也,为神立庙者,始三代之后。"又有典籍载:"庙祧坛墠,鬼祭先祖也"[1],"庙,貌也,先祖形貌所在也"[2]。庙是"先祖形貌所在"之处,而龙又是祖先神的象征,可见"龙"与"庙"也是相联系的。

山东省博物馆藏有一块滕州市龙阳店出土的东汉纺织画像石,该画像石的右上角刻画有一座祖庙的图形。该图形表现出了"龙"与"庙"的组合特征:画面主体是一龙,庙位于龙腹的位置(庙的位置在龙的腹部,显示出庙是龙腹的象征),庙内有被供奉的祖先偶像,一侧有正在祭祀供祖的后代(图3-6)。该图形通过龙、庙、祖先、后代等的组合,以"指事"和"会意"的方式标示了"庙""祖""龙腹"的关系,反映出了"祖"源于"龙","庙"也源于"龙"的特征,是庙"尊祖貌也"的体现。

贵州苗族民间剪纸中有一幅《求子图》(图3-7)。该剪纸与滕州市龙阳店出土的东汉画像石图形的表现形式非常相似。此图系一件刺绣的底样,是贵州省施秉县双井镇凉伞村妇女潘年芝家的祖传之物,原件刺绣为其外祖母的母亲所作。潘年芝对祖母传下来的该剪纸内容的解释是:有一个妇女生儿育女不成器,生一个坏一个,只得求庙神护佑,后来她刚一生下小孩就抱到庙里祭神,以后的孩子便一个个生得好[3]。从整幅剪纸画面来看,龙同样是画面的主体,庙处于龙腹处,表明庙是龙腹的象征。庙中的几个儿童形象则表示是龙的腹中之子,妇女正是从象征龙腹的庙中得到了孩子。在此《求子图》中,求子所祭庙神很明显也是龙,龙与庙的生殖联系同样十分明确。

秦汉以后,对三皇五帝和历代帝王的祭祀形式也随时代不断变化,经历了从陵墓祭祀到立庙祭祀,从个体人物祭祀到系列人物祭祀,从分散单独祭祀到集中群体祭祀,从祭祀开国帝王到祭祀守业帝王,从主祀帝王本人到贤臣陪祀的过程。在民间,由于王权对龙的占有,民间层次不得称龙,龙的象征内容也随阶层的区别开始分化,自然神概念开始与"龙王"结合,并从太庙分离出来单独立庙。但无论怎样发展变化,从太庙与龙的关系来

图3-6

图3-7

---
[1]《广雅·释天》。
[2]《释名·释宫室》。
[3] 钟涛.苗族民间剪纸[M].贵阳:贵州美术出版社,1987.

看,庙作为祭祀地点所显示出的含义与祭祀内容一直是相关的,均表现出了由崇龙而来的祈生敬祖特征。

从龙与祭祀的关系可见:祭祀初始阶段的目的是祈生,后又在此基础上进而使祭祀成为缅怀祖先、求得天地神灵护佑、祈望子孙繁衍的一种仪式。在此过程中所产生的众多以龙为造型原本的图形、偶像和通神法器,便成了人沟通祖先及诸神的象征物。

三、龙与图腾

龙崇拜产生后,即被众多的部族所接受。龙之所以被不同的部族接受,是因为龙对不同部族来说具有共性的崇拜特征:一是肠作为生殖之源是原始时期各部族对生殖的普遍性认知,由于肠是所有物类共有的,因而由肠神灵化而来的龙被认为是天下所有物类的生殖神;二是人们除崇拜本部族的图腾外,还相信图腾与图腾之间、人与动物之间,有一种共通的关系,这种共通的关系是由肠生殖观联系起来的,肠在不同部族中具有共性特征。也即是说,图腾仅与本部族的生殖有关,而龙却与天下的生殖有关,其也包含了对图腾物的生殖。故而诸多部族把龙和个性的图腾均作为本部族的崇拜物,或是将两者结合起来形成了个性龙。这即是在众多的部族中龙崇拜和图腾崇拜共存的原因。

(一)图腾的产生及对部族的标示意义

"图腾崇拜产生基于人类早期的低级思维⋯⋯这种思维的总规律是相互交织的'混沌律'。主观和客观混同为一,幻想和现实不加区分,这是混沌律的基本特点,也是图腾观念产生的思维基础。⋯⋯英国学者罗伯逊·史密斯及其学生F·杰文斯认为,图腾的发生是由于原始时代的人们把人类社会结构和特征转嫁到整个自然界中,把自己周围的各种动物想象成像人类社会一样,是按人类社会的形式组织起来的。因此,人可以与周围的某种动物结成友好联盟。而在当时的条件下,原始时代的人们只可能把这种联盟的性质解释为血缘亲属关系。其次,相互交织的混沌律还表现在把人与动物相混同。"[1]图腾的出现,正是基于这种认为生存环境中的某种动物或自然物与自身及部族之间有某种血缘亲属关系的认识,体现出人与动物及其他自然物主客混同、物我冥合的原始思维特征。《论衡·自然》中有"三皇之时,坐者于于,行者居居,乍自以为马,乍自以为牛。纯德行而民瞳朦,晓惠之心未形生也"之说,由此说也可看出原始思维在意识上,对人与动物关系的交织混同。

在这种原始思维的感性认知中,人们又受现实生活中蛇蚕蜕皮、蛹变蝶、蝌蚪变蛙等现象的启发,进而认为物与物之间的互化是可能的。这种认知不但认为人与自然物之间可以互相转化,而且认为自然界的物与物之间也可以互化。如典籍中有:"南山在其东南。自此山来,虫为蛇,蛇号为鱼"[2];"有鱼偏枯,名曰鱼妇。颛顼死即复苏,风道北来,天乃大水泉,蛇乃化为鱼,是为鱼妇"[3];"雀入海为蛤,雉入于淮为蜃"[4];"北冥有鱼,其名为鲲。鲲之大,不知其几千里也。化而为鸟,其名为鹏"[5]等。这些蛇化为鱼、雀化为蛤、雉化为蜃、鲲化为鹏的说法,皆是这种物与物互化认识的反映。从以上例证中还可以看出,其互化的鱼、鸟、蛇俱为卵生,人们认为:具有某些共性或相似特性的物类之间更容易存在某种类同的内在联系,它们之间互化被认为是合理的现象。

正是基于原始思维认为人与自然物可以互化、

---

[1] 何星亮.苍龙腾空[M].北京:社会科学文献出版社,1998.122.
[2]《山海经·海外南经》。
[3]《山海经·大荒西经》。
[4]《国语·晋语九》。
[5]《庄子·逍遥游》。

图3-8　　　　　图3-9

自然界的物与物也可以互化的认识，从而也形成了原始图形中那些多种物类相复合的造型。在原始思维的作用下，这些复合式造型中的人与兽、兽与兽的结合均被认为是合理的（图3-8）（图3-9），故在肠的基础上，与其他不同物类的特征组合，使其神灵化而形成的龙，也同样被认为是合理的。

基于这样的原始意识，人们还认为生殖的原因并不一定是在同类中产生。如前所提及的感生神话现象，即把人的生殖看成是周围生存环境中的神灵在腹中化育的结果，而最初的部族祖先，则更是被认为与某种自然物之间有着生殖的血缘关系，甚至其本身即是某种自然物的化身。在此种意识下，被认为与部族有着血缘联系的自然物也就被看作部族的图腾物，并成为部族的标识和祖先神的象征。由于图腾是指图腾物与部族之间所具有的血缘关系，因而就同一部落联盟中的不同氏族而言，均可以有自己的图腾物。如炎帝部落中的图腾物就有牛、羊、蛇等，这些图腾物对某氏族来说是特有的，其与图腾物之间所具有的血缘关系也是不可以随意改变的，因而它也是区别自身氏族与他氏族的重要标识。

（二）龙被认为是人和动物的共同祖先

龙与图腾物既有区别，也存在某种联系。基于物我冥合的原始观念，原始时期的人们把自然界的一切都看成自己的同类，并认为自身与自然物（尤其是动物）之间具有血缘关系。人之所以把某种动物当作自己的血缘亲属，除了因为人与动物的血液相似以及人在形体特征上与动物（特别是哺乳动物）相似外，还在于其内部器官的相似，尤其是不管人还是动物都具有形状类同的肠，这种认知更是让不同的物类在原始思维中产生了相类的联系。又由于原始时期的人们认为一切生命均是在肠的围绕中孕育，这就形成了依据肠的相类使人认为人和动物均出于同一个祖先的观念，而这个祖先就是由肠神灵化而来的龙。

从原始生殖崇拜认为肠是人和动物所共有的生殖神及世间万物都本于龙的认识，也就不难理解在不同部族的图腾崇拜中，认为自身部族与动物之间具有血缘关系，正是由于这个原因，肠被认为是万物的生殖之源并在图形造型中被神灵化为龙，从而成为人和动物的共同祖先和生殖神。有的古书中甚至将龙传为："龙性最淫，故与牛交，则生麟；与豕交，则生象，与马交，则生龙马；即妇人遇之，亦有为其所污者。"[1]也正是基于肠对所有动物的这种孕育特征，从而形成了不同部族除崇拜自己的图腾物外还普遍崇拜龙的现象。

由此可见，图腾崇拜只是某个部族对某种与自身部族相关物类的崇拜，这种崇拜物只具有本部族的祖先神特征，无共性崇拜意义，而龙则是各部族在共性生殖崇拜基础上产生的生殖神，尽管龙也会因不同物类的祈生或与本部族图腾物的结合，从而出现个性龙的不同，但就龙生殖的总体概念而言是一致的。即：龙是天下一切动物的祖先和生殖神，

---

[1] [明] 谢肇淛. 五杂俎·卷九·物部一 [M].

也是各部族不同图腾物的祖先。这既是各部族除崇拜自己的图腾外还普遍崇龙的原因,也是古代神话中出现那些半人半兽的复合形象,人们不但认为合情合理,还把与自身外形特征毫无共同之处的呈条带状的龙奉为祖先的原因。由此可见,把龙这种共性崇拜物跟个性崇拜的图腾物在概念上等同,显然是不合适的。

(三)龙与图腾物的联系

在原始社会中,龙崇拜与部族的图腾崇拜是并存的。龙除了作为一切生命物的生殖神被单独崇拜外,还是在不同的部族中跟部族的图腾物一起被崇拜的对象。在这种崇拜中,龙和图腾物在体现其不同特征的同时,也会出现相互影响甚至融合的现象。从现发现的早期龙图形来看,原始部族中龙与图腾物的存在状态,大致可分为三种情况。

1.将龙与本部族图腾物共同作为崇拜的对象

在中国早期社会中,大部分部族将龙与本部族图腾物均作为崇拜的对象。如商的图腾物是鸟,但龙也是商同时崇拜的生殖神灵。从出土的大量商代青铜器纹饰中,可看到龙与商的图腾"鸟"共同作为其崇拜对象的图式,而且在许多表现龙和鸟组合的图形中,还明显显示出了崇龙要高于崇鸟的现象。如安阳殷墟妇好墓出土的玉龙鸟(图3-10),其造型为龙在上,鸟在下,呈龙踩鸟状,以"会意"的方式体现出了龙与本部族图腾鸟的从属关系。另一件妇好墓出土的玉鹦鹉(图3-11),其鸟冠作龙形,冠为地位的象征物,此鸟戴龙冠,则是以"指事"的方式表明了龙在本部族中至高至圣的地位,并标示该鸟(图腾物)是祖,具有龙的身份特征。在商代的另外一些青铜器纹饰上也常见有表现龙与鸟关系的图式,纹饰中主体图形是龙,鸟作为"子"纹饰处于次要位置,同样表明了龙与鸟的主次关系及生殖与被生殖的关系(图3-12)(图3-13)。这种表现龙与鸟关系的图形在商代器物中的出现,无疑以图形组合的方式体现了龙是鸟(图腾物)祖先的特征。

由此表明:龙崇拜与图腾崇拜在部族中是共同存在的,并且在龙与本部族图腾物为共同崇拜对象的部族中,龙的地位明显要高于本部族的图腾物。这种现象是由龙和部族图腾物所具有的不同内涵决定的:图腾物是部族的祖先神,是某部族所独有的;龙是天下万物的生殖神,是所有部族共有的。龙生殖了不同部族的图腾物。

2.将龙直接作为部族的图腾物

虽然龙是人和所有动物的生殖神,但并不妨碍有的部落将龙作为自己部落的图腾。

图3-10　　图3-11

图3-12

图3-13

如伏羲既是传说中原始部落的首领，也是汉代画像石中男性特征的人类生殖神，与女娲交合繁衍人类。传说"有龙马负图出于河，因而名官，始以龙纪，号曰龙师"[1]。太皞伏羲氏以龙命官，称其部落为"龙师"，"龙师"即是龙部落，也即将龙作为自己部落的图腾。再据伏羲"取牺牲，故天下号曰炮牺氏"[2]的说法，取牺牲祭龙也起源于太皞伏羲氏。但伏羲畜养"牺牲"只是为了祭龙，并非说伏羲就是本原之龙。后来汉画像石中出现的伏羲人首龙身的图像造型，也表明人们只是把伏羲当作人祖龙的化身，并非将其作为生殖天下万物的共性之龙。

"龙方"是有文字真实记载的商代以龙命名的方国。甲骨文武丁卜辞有："勿呼妇好伐龙方"[3]"王叀（惠）龙方伐；王勿隹（唯）龙方伐"[4]等记述。"龙方"以龙名其国，表明其以龙为图腾，但以龙为图腾只是部族自身的行为，从甲骨文中记载商对"龙方"的多次讨伐来看，"龙方"当时也只是商代一个小的方国，虽以龙为图腾，但并不表明其是生殖神的代表，更不具有对其他部族的统治力。

可见，以龙为图腾与多部族崇拜的象征天下生殖神的龙是不可等同的两回事，龙崇拜与图腾崇拜并非同一概念。

3.将龙与自身部族的图腾物结合

由于原始时期不同部族对龙的崇拜与对部落图腾物的崇拜是同时存在的，因而龙和图腾物之间也会出现相互渗透的现象。从当前发现的早期龙图形来看，多数龙图形的造型表现为龙体相似而龙首不同的个性龙状态，传说中有"炮牺氏、女娲氏、神农氏、夏后氏，蛇身人面，牛首虎鼻，此有非人之状，而有大圣之德"[5]的描述，也反映并体现出了部族图腾物同龙结合的特征。由此可见，前所谈及的具有不同头部特征的代表部族祖先的个性龙，其中就极有可能包含将龙与自身部落的图腾物相结合的现象。

2015年在辽宁阜新蒙古族自治县沙拉镇塔尺营子遗址出土了一件距今约7500年前的石雕神人面像（图3-14）[6]，其与前所谈及的辽宁查海兴隆洼文化大型石块堆塑龙属同一文化时期。这件石雕神人面像为灰色燧石质，长9.2厘米、宽5.17厘米、厚3.05厘米，磨制光滑，有边棱，各面有明显而均匀的外弧。器体正面的上部用阴刻技法刻出一人面形象。人面圆睛，长弯眉，山形鼻，窄平口，口的两侧有上下獠牙，牙外侧有双弧线，外弧线附放射状须毛。从人面造型来看，其明显具有神性特征，应是部族神的形象。人面两侧分别有三个"S"形肠纹与其组合，体现出了部族图腾与肠生殖观念相关联的特征。人面下方有八行排列整齐的倒三角纹带，象征部族神繁衍的子民。此人面与肠纹的组合表现出了概念拼合的特征，但其内涵与龙是一致的，可视为龙造型的另一种表现方式（内蒙古敖汉旗赵宝沟文化鹿首、猪首龙也具有概念拼合的特征，均为由概念龙到神化龙的一种过渡形态）。由此可看出，早在七八千年以前，在查海兴隆洼文化中就有石块堆塑的神化龙和人面与肠组合的肠崇拜图形共同

图3-14

---

[1]《通鉴·外纪》。
[2]《汉书·律历志》。
[3]《殷虚书契续编》第4卷26页第2片。
[4]《甲骨文合集》6576。
[5]《列子·黄帝》。
[6] 辽宁阜新查海遗址发现七千五百年前石雕神人面像[N].光明日报，2019-09-29（11）.

存在，表明肠龙生殖崇拜已成为当时社会的一种普遍认知。

正因为龙在原始时期被认为是万物的生殖神，所以才会被崇拜不同图腾的部族共同接受，并使各部族统一在了龙的血缘关系之中。也正是从此时起，对龙的崇拜不但将人与其他物类相互联系起来，也将中华不同的民族相互联系起来。直至今天，不论何方，不论何地，不论属于何种族群，只要是龙的传人，就是中华民族的子孙。不容置疑的是：龙是中华各民族的共同图腾。

四、龙与祖先

随着龙概念及内涵的进一步扩大，龙由生殖神的特征延伸并包容进了祖先神的含义，这种特征是以传说中的原始部族首领为象征并体现出来的。古史中的华夏集团、东夷集团、羌戎集团、北狄集团、苗蛮集团等部族均崇拜龙。在这些部族的形成和发展中，原始祖先繁衍并领导了他们的部族，这些祖先既是部族的最早首领，也被认为是部族生殖神（龙）的化身。因而人们就在神话传说中将龙的特征和元素加进了这些祖先的形象中，从而使部族的祖先伏羲、女娲、炎帝、黄帝、太昊、蚩尤、少昊、尧、舜、禹等也均与龙产生了相关的联系。此种现象是龙在由生殖神到祖先神的特征演化中，通过神话传说和原始图形的造型来体现的。

（一）伏羲、女娲与龙

伏羲与女娲在神话传说中既是原始部族的首领，也是两位与人类生殖繁衍相关的人祖龙。"庖牺氏蛇身人首"[1]，《列子·黄帝》里也说庖牺氏、女娲氏、神农氏、夏后氏都是蛇身人面、牛首虎鼻。通过前面章节中对"女娲之肠"形象原本的还原，可知其造型是与龙的原形联系在一起的，女娲的"蛇身"即是"肠"身，也是龙身。在古代图形中，伏羲与女娲分别象征繁衍人类的男女生殖神，常常组合出现，并以尾相互缠绕的图式来体现交合生殖的特征（图3-15）。

伏羲在传说中还称包牺、庖牺、宓羲、伏戏等，又称太昊，或写作太皞、太皓、大晖等。

典籍中关于伏羲的记述有："庖牺继天而王，为百王先。首德始于木，故帝为太昊"[2]；"古者庖牺氏之王天下也，仰则观象于天，俯则观法于地，观鸟兽之文与地之宜，近取诸身，远取诸物，于是始作八卦，以通神明之德，以类万物之情，结绳而为网罟，以佃以渔，盖取诸离"[3]；"太昊氏以龙纪，故为龙师而龙名"[4]等。从以上对伏羲"继天而王""王天下""以龙纪"这些记述中可看出，伏羲作为部族的首领，在人们的心目中是与开世祖先、龙、王联系在一起的。

传说中太昊与伏羲实为一人，太昊是东夷集团中太昊族的首领。东夷集团是原始时期活动在东部地区（今山东、苏北、皖北、豫东和辽东半岛南

---

[1]《帝王世纪》。
[2]《汉书·律历志》引刘歆《世经》。
[3]《易经》。
[4]《左传·昭公十七年》。

部）的部落集团，集团中的重要团族有：太昊族、少昊族、皋陶族以及后来部分迁入苗蛮集团的祝融族等，"东夷集团"是这些团族的集合体。"夷"是中原地区华夏族范围之外，对东方非华夏族人的泛称，指上述地境内的非华夏族人。

东夷集团之所以用"夷"而称，是因为"夷"字本身就与传说中的伏羲形象有关。

甲骨文中用"尸"为"夷"，"尸"写作"𠂆"。甲骨文为何要用"尸"为"夷"呢？在宗庙祭礼中，"尸"是一种神职人员，代神受祭，由人装扮，因而"尸"在祭礼中是象征祖先和神灵的替身。《白虎通·宗庙》中言："祭所以有尸何？鬼神听之无声，视之无形，升自阼阶，仰视榱桷，俯视几筵，其器存，其人亡，虚无寂寞，思慕哀伤，无可写泄，故坐尸而食之，毁损其馔，欣然若亲之饱，尸醉若神之醉矣。"可见"尸"在宗教意识中是由人代替亡者的灵魂来接受祭祀的，人们用"尸"之意也即借"尸"来祭"魂"。天子与诸侯在宗庙祭祀祖先以及祭天地、社稷、山川、四方、百物等都有尸。《礼记·曲礼》孙希旦《集解》引程子曰："古人祭祀有尸，极有深意。丧人之魂魄无散，孝子求神而祭，无主则不依，无尸则不飨，魂气必求其类而依之，人既与人相类。骨肉又为一家之类，己与尸各以洁齐，至诚相通，以此求神，宜其飨之。"甲骨文中用"尸"为"夷"，而且"己与尸各以洁齐，至诚相通"，说明"尸"与"夷"同，又与"己"通。"己"是龙的本形，代表的是神，是祖，是生命之本，故以"尸"代"己"可"至诚相通"。《说文》又谓："尸，神像也。象卧之形。""尸"也指代表死者的神像或"神主牌"，古代"载尸以行"[1]即是指行祭时持亡者神主牌巡行。可见"尸"作为被祭祀对象的替代物，可以是人（尸），也可以是神主牌或者神像。其以神主牌或神像作为被祭对象替代物的特征，与以龙形象作为祭祀替代物的用意和特征是相类同的。

"𠂆"字（甲骨文"尸""夷"）形状是侧身的"人"字由下体部延伸为"肠"的造型而成（图3-16），其特征与伏羲、女娲在汉画像石中所表现的图形造型类同，均是人为上身、肠为下身的形象。金文"夷"作"夷"（图3-17）或"夷"（图3-18）。从金文字形可看出，"夷"是在"大"字的腹部加"己"而成，"己"是该字中间的重要组成部分。《说文》："大，天大地大人亦大，故大象人形，古文大也。""夷"字在"人"的正面字形中加入"己"的符号，则明显地体现出了人体中"肠"的特征。可见"夷"字是由人与肠组合并对人之肠特意的标示，是"人祖"的象征。"大"为正面的人形，"人"为侧面的人形，而从"夷""𠂆"两字形态来看，分别体现出了正面（夷）与侧面（𠂆）的特征，其结构及表意方式与正面的"大"和侧面的"人"类似。而东夷集团之所以用"夷"字作为氏族集团的称号，其意也正是以此来标示自己的团族是人的生殖之祖，并表明自身氏族集团与龙有着密切的关系。无论是从"夷"字的字形分析还是从传说来看，其都体现了伏羲既是"夷"的代表和祖先，也是人祖龙的化身。

女娲之名早见于《楚辞·天问》《礼记·明堂位篇》《山海经·大荒西经》等典籍。有关女娲的记载还有："娲，古之神圣女，化万物者也"[2]；"女娲，阴帝，佐宓

图3-16　图3-17

图3-18

---

[1]《史记·龟策列传》。
[2]《说文》。

牺治者也"[1]；"天地初开，女娲抟黄土为人，剧务，力不暇供，乃引绳横泥中，举以为人"[2]；"女娲风性，承伏羲制度，亦人头蛇身，一日七十化"[3]等。

前已论明女娲之本相是生殖神（肠）之化身。以上"阴帝""化万物者""举以为人""人头蛇身"这些记述，也体现并表明了女娲与母祖、生殖神及龙的关系。

伏羲、女娲二名并称始见于《淮南子·览冥篇》。传说伏羲、女娲为兄妹，后结为夫妻繁衍人类，成为人类始祖，伏羲、女娲也被尊为阴阳二神。但伏羲、女娲组合到一起，成为男女生殖神，则是在阴阳交合的生殖关系被人们认知后才产生的。《淮南子·精神》对宇宙阴阳创生的过程有所描述："古未有天地之时，惟像无形，窈窈冥冥，芒芠漠闵，鸿蒙鸿洞，莫知其门。有二神混生，经天营地，孔乎莫知其所终极，滔乎莫知其所止息。于是乃别为阴阳，离为八极，刚柔相成，万物乃形。"人类对于阴阳认知的开始，也是原始意识走出"芒芠漠闵，鸿蒙鸿洞"的象征，自此才有了"刚柔相成，万物乃形"的生殖认知。阴阳观念出现后，又与交合繁衍万物的生殖观念相结合，形成了天地、阴阳、男女相互关联的概念，由此也产生了伏羲、女娲阴阳相合的生殖神图形。

在汉画像砖石（图3-19）和唐代帛画（图3-20）中，伏羲和女娲均呈人首蛇身（或人首龙身）之状。其上身多表现为伏羲以手捧太阳或执"规"来象征天与阳，女娲以手捧月亮或执"矩"来象征地与阴，其下身则以相互缠绕交尾来象征阴阳交合生殖繁衍。这种图式在不同时期的古文化图形中多有

图3-19　　　　　图3-20

出现，是象征人祖生殖神的典型图式。尽管后来神界祖神出现过一些添加或变化，如在汉画像石图像中西王母也常作为天界地位最高的母神，但伏羲、女娲仍作为阴阳生殖神辅佐于西王母左右，专司生殖之职，其生殖神的地位和职责从无变更过（图3-21）。

图3-21

---

[1]《淮南子·览冥训》高注。
[2]《风俗通义》。
[3]《帝王世纪辑存》。

伏羲、女娲的生殖神特征又是与龙的生殖繁衍特征相联系的，这种生殖联系则明显来自对肠的神灵化。在古代的生殖神话传说中，也正是由伏羲、女娲交尾育子，才有了阴阳化育万物的开始。

（二）炎帝、蚩尤与龙

炎帝是传说中羌戎的始祖，羌戎集团主要的姓是姜姓。姜姓出于羌（姜水），牛和羊是团族中主要的图腾。其活动的中心地带在今陕西西部和甘肃东部。

关于炎帝的相关记载有："西戎牧羊人也，从羊，人，羊亦声"[1]；"炎帝为火师，姜姓其后也"[2]；"昔少典娶于有蟜氏，生黄帝、炎帝，黄帝以姬水成，炎帝以姜水成，成而异德，故黄帝为姬，炎帝为姜"[3]等。

传说中炎帝与神农被视为一人："炎帝即神农，炎帝，身号；神农，代号也。"[4]

炎帝氏族在中国社会从游牧进入农耕的过程中，曾对农业的初步发展做出过特殊的贡献，并在中华民族的形成和发展过程中起到过奠基作用。羌人经过不同历史时期的长期分化，逐渐与华夏集团融合，后来还有一部分迁徙到川西北地区，成为今天的羌族。羌族传说《阿巴补摩》中说：神农的母亲姜顿梦见红龙入怀，生下神农。"补摩"的意思据羌族老巫师解释，既是神龙、又是神农[5]。依此传说，可见炎帝的出生同样与龙有关。

炎帝在传说中的主要形象特征是长着一个牛头，并且有蛇身或人身等说法："神农长八尺有七寸，宏身而牛头，龙颜而大唇"[6]；"庖牺氏、女娲氏、神农氏、夏后氏，蛇身人面，牛首虎鼻，此有非人之状，而有大圣之德"[7]；炎帝"人身牛首，长于姜水"[8]。

从炎帝蛇身和牛首结合的形象来看，其造型明显是龙的特征。蛇是龙体"己"（肠）的"互渗"形态，所谓蛇身与龙身本质是一致的。龙与蛇的不同在于其首的变化，蛇头蛇身是蛇，而其他物种的头与蛇身结合即是龙，所言炎帝牛首蛇身也即言炎帝是牛首龙。至于传说中炎帝为何是牛首，前文已有所述，此现象是图腾物与龙的一种结合形式：牛是炎帝氏族的图腾，在图腾化生观念中炎帝是牛，牛也是炎帝，牛首龙则是炎帝氏族的图腾物与龙的结合形态。

在商周时期的青铜纹饰和玉纹饰中经常出现牛首龙的图形（图3-22）（图3-23），其造型与传说

图3-22

图3-23

---

[1]《说文·羊部》释羌。
[2]《左传·哀公九年》。
[3]《国语·晋语》。
[4]《世本·帝系篇》。
[5] 王迅. 腾蛇乘雾[M]. 北京：社会科学文献出版社，1998.41.
[6]《孝经援神契》。
[7]《列子·黄帝》。
[8]《述异记》。

中炎帝的牛首龙形象类同，这些图形的出现应与原始氏族牛图腾崇拜的延续有关。

炎帝的形象除牛首蛇身外，还有牛首人身的说法。就此两种形象特征而论，牛首人身的说法应晚于牛首蛇身的说法。因为，由原始时期早期出现的龙造型特征来看，龙造型多为动物首部与肠身或蛇身组合的个性龙造型，所以炎帝牛首与蛇身结合的形象，也应是出现在图腾时期的个性龙阶段。而后来出现以人身相复合的造型，是因为随着人对于自身认识的逐渐深化，人与动物之间的区别也更为明确起来，由于蛇身与图腾结合来象征氏族祖先的个性龙形象，极易同某物类的动物龙形象相混淆，故在氏族的祖先龙造型中常加入人的形象元素，以区别于动物龙来体现人祖神的特征。炎帝的形象由蛇身变为"龙颜"与人身的结合，即是这种对龙形象人格化的体现。就炎帝"宏身而牛头，龙颜而大唇"的造型而言，"龙颜"一说已表明了炎帝即是龙的象征，再加人身与之组合，则更为明显地体现了龙与人的关系，表明炎帝既是氏族中的人祖，也是龙。后来作为天子的历代帝王与龙产生联系，也多有"龙颜"等与之相类似的说法。

苗族的祖先蚩尤被认为是炎帝的后裔。传说："阪泉氏蚩尤，姜姓，（亦）炎帝之裔"[1]；"有蚩尤神，俗云：人自牛蹄，四目六手。……头有角，与轩辕斗，以角觝人，人不能向……"[2]炎帝、蚩尤都是以牛为图腾，但他们被描述的形象却有所不同：炎帝被描述为牛首，首是团族中主氏族及首领的象征；蚩尤被描述为牛蹄且头有角（但未说是牛首），蹄属四肢，由体而出，角由首生出，均是氏族分支的象征。由炎帝、蚩尤形象造型特征的不同可知：炎帝为"首"，蚩尤为"支"，其造型也可证炎帝、蚩尤确属同一团族，蚩尤为炎帝的后裔。由炎帝与蚩尤传说所体现出的同族关系，可见氏族的祖先神与后裔在形象上的联系及其所表现出来的不同特征。

当今苗族的传说中依然认为牛与苗族祖先蚩尤有关。苗人冠饰和崇拜物中常有牛角的造型，现存的苗族图形文化中牛龙也是其众多龙图形中的主要造型样式（图3-24），从中可看出，古老的龙图形在当今少数民族生活中，仍然流传并产生影响。

（三）黄帝与龙

黄帝是原始时期中原民族的祖先，也是华夏集团最早的领袖。华夏集团原始时期的活动范围主要

图3-24

---

[1]《路史·后纪四·蚩尤传》。
[2]《述异记》。

包括今河南省中、西部和河北省中、南部及山西省南部等地。后来华夏集团与炎帝集团融合，炎帝、黄帝成为炎黄子孙共同的祖先。

像其他远古祖先一样，关于黄帝也存在两种说法：一种是历史说，一种是神化说。

有关黄帝的历史说在典籍中有：

《易·系辞下》："神农氏没，黄帝、尧、舜氏作，通其变，使民不倦。"孔颖达疏："黄帝，有熊氏少典之子，姬姓也。"

《史记·五帝本纪》："黄帝者，少典之子，姓公孙，名曰轩辕。生而神灵，弱而能言，幼而徇齐，长而敦敏，成而聪明。"裴骃集解："号有熊。"司马贞索隐："有土德之瑞，土色黄，故称黄帝，犹神农火德王而称炎帝然也。"

《国语·晋语》："昔少典娶于有蟜氏，生黄帝、炎帝。黄帝以姬水成，炎帝以姜水（今陕西宝鸡清姜河）成。成而异德，故黄帝为姬，炎帝为姜。二帝用师以相济也，异德之故也。"

《史记·五帝本纪》："轩辕乃修德振兵，治五气，艺五种，抚万民，度四方，教熊罴貔貅䝙虎，以与炎帝战于阪泉之野。三战然后得其志。蚩尤作乱，不用帝命。是黄帝乃征师诸侯，与蚩尤战于涿鹿之野，遂禽杀蚩尤。"

黄帝、炎帝是活动于陕西省中部渭河流域的两个血缘关系相近的部落首领。后来两个部落为争夺领地展开阪泉之战。黄帝打败了炎帝，后又诛杀蚩尤，统一了三大部落，融合成了华夏族，人类文明也从此开始了一个新的时期。黄帝作为中国远古时期部落联盟的首领，被后世尊称为华夏民族的始祖和人文初祖。

神化说则把黄帝说成神界的中央天帝，并被喻为黄龙之体。有关黄帝的神化说在典籍中有：

《帝王世纪》："附宝见大电光绕北斗枢星"而生黄帝，故黄帝"龙颜，有圣德"。

《礼记·月令》："（季夏之月）中央土，其日戊己，其帝黄帝，其神后土。"

《史记·天官书》："轩辕，黄龙体。"

《五帝本纪》：黄帝"生日角龙颜"。

《史记正义》："黄帝，中央含枢纽之帝。"

《山海经·海外西经》："轩辕之国……人面蛇身，尾交首上。"

《大戴礼·五帝德》："黄帝乘龙扆云，以顺天地之德。"

《春秋·台诚图》："轩辕，主雷雨之神。"

《纬略》卷八："《洛书》曰：苍帝起，青云扶日；赤帝起，赤云扶日；黄帝起，黄云扶日；白帝起，白云扶日；黑帝起，黑云扶日。"

从以上传说可以看出，黄帝的形象是人面蛇身的龙，并且是尊贵的黄龙体，还是主雷雨之神。

黄龙是龙中最尊贵者。《瑞应图》载："黄龙者，四方之长，四方之正色，神灵之精也。能巨，能细，能幽，能明，能短，能长，乍存，乍亡。王者不滤池而渔，德达深渊，则应和气而游于池沼"；"黄龙不众行，不群处，必待风雨而游乎青气之中，游乎天外之野。出入应命，以时上下，有圣则见，无圣则处"。神话中把黄帝说成神行百变的黄龙，可见其形象在与龙相联系后被完全神化了。

从黄帝的历史说和神化说所记，可看出黄帝在原始思维作用下由人到神的演化，还可看出祖先神在这种演化中既体现出了人的特征，也体现出了龙的特征。

黄帝之所以在"五行"说出现后被尊为中央天帝，位最尊，原因在于黄帝所处地域居于四方之中心的中原位置，并具有统一中原各原始部落的功绩。就其所处位置和功绩而论，黄帝自然居于"五行"的中心，成为最受尊崇的中华祖先和神界领袖。

商时殷人已有了"五方"的观念。甲骨文卜辞中有东、南、西、北四土受年的记载，"四土"加上"中商"就是"五方"。约在西周初年，开始以"五色"标示"五方"："周公……乃建大

图3-25

图3-26

治秋；……北方水也，其帝颛顼，其佐玄冥（禺疆），执权而治冬。"[2]并以王权所在地为中土，中土为黄，以黄色为贵，则国称"中国"，帝称"黄帝"。黄帝及"五方"说的出现，与当时以中原为中心的地理认识及政权统治有关，是出于据中土而加强对四方各族控制的需要。

"五方"观念在后来的中国哲学观念中形成了一种较为固定的方位模式，并在图形文化中多有体现。如古代瓦当、铜镜等的格式布局，多以"五方"为据（图3-25）（图3-26），此种图式是对以中土为中心天下格局的体现，而统治这种格局的帝者，又是与以龙为其族源的生殖神、祖先神、王权神观念相联系的。

（四）少昊与龙

少昊金天氏，己姓（一说为姬姓），传为黄帝之子，是少昊族的首领。当时的中心活动地区在现山东曲阜、日照一带。图腾中有鸟、太阳、火和虫蛇。

《左传·昭公十七年》载："我高祖少挚之立也，凤鸟适至，故纪于鸟，为鸟师而鸟名。凤鸟氏，历正也；玄鸟氏，司分者也；伯赵氏，司至者也；青鸟氏、司启者也；丹鸟氏，司闭者也。祝鸠氏，司徒也；鸠氏，司马也；鸤鸠氏，司空也；爽鸠氏，司寇也；鹘鸠氏、司事也；五鸠，鸠民者也。五雉的五工正、利器用、正度量、夷民者也。九扈，为九农正、扈民无者也。""纪"通"己"，"己"为生殖神和祖先神之象征，"纪于鸟"即以鸟作为自己氏族的祖先。《左传·昭公十七年》杜预注："少昊金天氏，黄帝之子，己姓之祖也。""己"在古文字中是"肠"之象形，是龙体的本形，可见少昊也与龙有关。

商周时期，少昊的"己"姓后裔大部分居住在山东、苏北、皖北地区。有"己"字铭文的青铜器

社于国中，其壝东青土，南赤土，西白土，北骊土，中央衅以黄土。"[1]以"五方"来称"五方"之帝："东方木也，其帝太皞，其佐句芒，执规而治春；……南方火也，其帝炎帝，其佐朱明（祝融），执衡而治夏；……中央土也，其帝黄帝；……西方金也，其帝少昊，其佐蓐收，执矩而

---

[1]《逸周书·作洛》。
[2]《淮南子·天文》。

图3-27

图3-28

在东部地区发现不少。如：安徽颖上县王岗、赵集出土过两件商代晚期有"月己"二字铭文的铜爵；山东烟台上夼村出土过周代己华父鼎；山东寿光（春秋时纪国地）在纪侯台下出土过上有六字铭文"己侯◇作宝钟"的己侯钟；寿光古城乡出土有带"己"字铭文的青铜器等。

寿光古城乡出土青铜器上的"己"字铭文有两字组合而成：上为"己"，下为两人相联之形（图3-27）。此铭文有学者释为"己竝"，由前所谈及的"己"为"肠"之象形，以"肠"为"祖"、为"龙"的生殖观念来看：此两字实为以"己"为祖、子孙繁衍（两人相连意为多"子"）之象征，即"己子"或"己氏"之意。表明这些青铜器的主人是少昊的后人，也是"己"（肠）的传人。

从湖北江陵雨台山出土的战国楚墓鸳鸯豆上的纹饰图形中（图3-28），还可见有象征生殖祖先的"肠"形由鸟腹而出且鸟立于其上的造型。此图式明显标示出了鸟图腾与"肠"的祖源生殖关系，体现了鸟由"肠"出、以"肠"为祖的特征。

由少昊金天氏以"己"为姓，而"己"又为"肠"之本形来看，少昊作为少昊族的祖先神，同样与生殖之源"肠"之间具有密切的关系。

（五）颛顼与龙

颛顼是继黄帝之后华夏集团的领袖。

相关记载有："颛顼，黄帝之孙，曰高阳"[1]；"黄帝崩，葬桥山。其孙昌意之子高阳立，是为颛顼帝也"[2]；"颛顼产鲧，鲧交文命，是为禹"[3]；颛顼又记作"颛臾"："风姓也，实司太昊与有济之祀"[4]等。

由以上记载可见：颛顼是黄帝的后裔，大鲧的父亲，夏禹的祖父。颛顼不仅是帝，而且在人们心目中还是神通广大的主持祭祀的大祭师和宗教主。

关于颛顼的传说也与龙有关：

颛顼父昌意遇黑龙负玄玉图而生颛顼，故其身上"有文如龙，亦有玉图之象"[5]。

颛顼之母女枢感"瑶光之星，贯月如虹"而生颛顼（虹是龙概念的"互渗"物）[6]。

"颛顼乘龙而至四海。北至于幽陵，南至于交趾。西济于流沙，东至于蟠木。"[7]

颛顼司北方之极："北方之极，颛顼、元冥之所司者万二千里。"[8]《山海经·大荒西经》又谓："风道北来，天乃大水泉，蛇乃化为鱼，是为鱼妇，颛顼死即复苏。"由此说，司北方之极的颛顼死而复生与蛇有关。黄帝为龙，蛇为身份低于龙的生殖神。颛顼为黄帝之孙，并司以黄帝为中心之外的北方之极，据其身份，应以蛇为象征。

颛顼还发动了上古史上一次意义重大的"绝地天通"宗教改革。在颛顼之前，"夫人作享，家为

---

[1]《大戴礼·五帝德》。
[2]《史记》。
[3]《帝系》。
[4]《左传》。
[5]《拾遗记·颛顼》，《百子全书》本。
[6]《帝王世纪》之二。
[7]《大戴礼·五帝德》
[8]《淮南子·时则训》。

巫史，无有要质"[1]，民与神并没有严格的界限，人们的无秩序祭神方式混淆了一般生灵与祖先神的区别。颛顼划清了祭祀中天与地、神与民的界限，使神民"无相侵渎"，从而使代表生命之源的龙成了氏族祖先神的特有象征，一般人或动物便不能称"龙"。这是后来形成礼制观念并区分龙与蛇、蟠虺诸类等级身份的最初发端，也是在古文字"龙"字头上加"辛"等符号，以区别于一般动物的重要原因。由此，臣民的生殖神只能以蛇、蟠虺之类为其象征，而龙则真正成为氏族祖先、王权的象征和标识。

（六）尧、舜、禹与龙

尧、舜、禹是黄帝、颛顼、帝喾之后华夏集团的领袖。在古代历史传说中，尧、舜、禹也均与龙有着密切的联系。

尧与龙的相关记载有："尧母庆都与赤龙合昏，生伊耆，尧也"[2]；尧"身侔十尺，丰上兑下，龙颜日角，七采三眸，鸟庭荷胜，琦表射出"[3]等。由此可见尧同样与龙有着血缘关系，并具有龙的容貌和神采。

舜与龙的相关记载有：握登见大虹（虹为龙观念的"互渗"物）感而生舜，故舜"龙颜大口，黑色，身长六尺一寸，有圣德"[4]等，表明帝舜的出生亦与龙有关。

禹与龙的相关记载有："禹乘两龙，郭支为驭"[5]；禹治水时，"有应龙以尾画地，即水泉流通。禹因而治之"[6]等。可见禹与龙同样有着特殊的关系。

由以上传说可知，尧、舜、禹作为黄帝、颛顼、帝喾之后华夏集团的领袖，既是龙的传人，也是龙的化身。

远古传说是以原始思维解释的历史。从有关记载和传说中可以看出：原始集团的氏族首领与祖先神是集于一身的，而祖先神也即是生殖神，传说中的这些祖先神又均被认为具有龙的形象，这是原始思维通过龙崇拜将生殖崇拜、祖先崇拜与氏族领袖相统一的结果。

五、龙与生殖

龙经过不断演化，其概念和形象较原本之龙逐渐产生了较大的改变，出现了内容上的延伸及多种图形，但不管如何变化，在其不同的形态表现中，仍然保留并体现出了生殖神的原本特征。

（一）龙的母性特征及演化

崇龙祈生的行为是在母系氏族时期产生的，这种对生殖原本的认识来源于对母性生殖现象的直观印象。《山海经》中的"女娲之肠"之说及早期龙形象基本无角的现象，就反映出了龙的母性生殖神特征。龙的这种母性特征直到商代还有留存，如在殷墟甲骨文所记商代诸妇中，就见有"妇龙""妇庞"这种以龙取名的妇人名字[7]，说明当时龙的性质仍然具有母性特征的留存。从商王武丁之妻妇好墓中出土的大量龙造型文物也表明，龙在当时并非男性的专利。

龙成为男性的象征，是在由母系社会进入父系社会的过程中完成的。当人们明白了男性在生殖中的作用并确立了男性在社会中的主导地位后，龙这种代表祖先的生殖神，也就随社会结构的转化成为男性统治者的象征，后来的龙形象从造型特征上开

---

[1]《国语·楚语下》。
[2]《初学记》引《诗含神雾》。
[3]《路史·外纪》。
[4]《帝王世纪》。
[5]《绎史》卷十一引《抱朴子》。
[6]《山海经广注》辑《山海经佚文》。
[7] 孟世凯.甲骨学小辞典[M].上海：上海辞书出版社，1987.

始在头上加角,即与此种转化有关。

由于对生殖认知的深化,龙图形也不断演化并出现了更多体现生殖内涵的图式,特别是当人们了解了生育是男女交合的结果,形成了阴阳化生万物的观念后,生殖崇拜由感生神话阶段进入了男女阴阳相合而生阶段。在其图形纹饰中,也出现了体现阴阳交合的缠绕交合、勾连交合、衔咬交合、叠合交合等多种纹饰。龙作为生殖神和物祖的象征,其形象由此产生了双身龙、交尾龙等演化形式。从开始人祖神女娲独自作为化育万物之神,至后来由伏羲与之搭配成为共同繁衍人类的男女阴阳生殖之祖的转化,也可见这种阴阳生殖观念对其的影响。

(二)祈生与春社

崇龙祈生的行为最初是没有阶层区别的,社会中的人都可以将具有生殖灵性的肠作为龙,并认为自己出于龙。自颛顼的"绝地天通"宗教改革以后,神、民有了明显的划分,从而也使生殖神、祖先神、统治神与一般生灵之间有了明确的区别。龙作为生殖神的象征不再存在于凡人的腹中,而是被神化为具有特定身份的天地万物生殖之神,自此,凡人的腹与肠也仅是成为生殖之所,人若祈望获得生殖,就需要与上天的生殖神进行感应和沟通。这种沟通除了对生殖神进行祭祀及祈生的巫术行为外,在认为生殖神出现的季节进行男女交合,也被看作是达到孕育生殖目的的有效方式。

《路史》载:"玄鸟至时,阴阳中和而万物生,于是以三牲请于高禖之神;因其明显故谓之高,因其求子故谓之禖。"《周礼·媒氏》载:"仲春之月,令会男女,于是时也,奔者不禁。"商代人多在仲春二月举行"合男女"的集体族外婚姻仪式,这种仪式多行于桑林之社。桑林之社也称"春社",或称"社会","社会"即男女会于社。"社,祭土而主阴气也"[1],"土"与"阴"在中国文化传统中均为母性象征,因而"社"也是祭祀生殖神之地。桑林是社木之象征,社木以树干分枝来象征生殖,古文字"生"即社木之形,而男女会于社即是在桑林中交合祈"生"。从汉画像石中伏羲、女娲交尾共持象征"生"的社木图式,可见其体现阴阳交合并通过社木所标示的祈生之意(图3-29)。四川汉画像砖《野合图》中也有表现

图3-29　　图3-30

[1]《礼记·郊特牲》。

男女会于桑林的情景（图3-30）：其画面除男女在桑林野合外，树上还有猴子出现，猴子谐音"候子"，以此来表达对生殖的期盼。由于桑林是在"春社"中男女自由性交（野合）之地，故后来也多用"桑林""桑间"表示淫秽之所。

认为生殖神春天升临天下的观念在民俗中有着深远的影响。如民间有"二月二龙抬头"之说：春天阳气回升，大地解冻，龙开始兴云作雨，滋润万物，此时生殖神便升临天下，天地阴阳交和，万物开始生殖繁衍。春节舞龙灯的习俗也与祈生相关，古人与天地及神灵沟通的方式是通过祭祀和巫术，而巫术又是通过通神的象征物及模仿神灵行为的巫舞来进行的，所谓"舞以象事"即是以舞模仿神灵行为与神沟通。从春节舞龙之俗可看出其与古代巫舞的渊源联系：舞龙人以龙为通神道具并置身于龙腹之下而舞，明显表达了与生殖神沟通的祈生意愿，其情形实质是在体现"龙生子"之态，反映出了古代祭龙祈生的原本含义对民俗的影响。

（三）《说文》释"龙"体现出的生殖含义

《说文》释龙中"龙，鳞虫之长。能幽能明，能细能巨，能短能长，春分而登天，秋分而潜渊"之说，也与春天祭龙祈生的现象有关。

古人认为万物繁殖必与生殖神相联系。春天是万物繁殖的季节，此时人们便以为生殖神（龙）会临于天下繁衍万物，故有龙"春分而登天"之说。春天于"社"中举行"合男女"的集体族外婚姻仪式，其实质也是在适合的季节，祈求生殖神和祖先神使氏族得以繁衍的行为。野合之俗，即是认为春天在生殖神临于天下之时，男女合于天地之间更能交合阴阳获得生殖之故。商时一年只分春秋两季，春季为男女交合繁殖期，由于"春社"在春天举行，故妇女受孕也多在春季。入秋之后，妇女有娠而进入待产期，腹中孕子，不能交合，万物也落叶萧疏，人们则认为秋后生殖神也进入了休眠，天下万物不再繁殖，故有龙"秋分而潜渊"之说。

中国古代天文通过观察星象的特征及变化，形成四象星宿之说。见苍龙星宿春天自东方夜空升起，秋天自西方夜空落下，其出没周期和方位与一年之中的农时周期相一致，因而后人又将"春分而登天，秋分而潜渊"之说与天象结合了起来。但从《说文》中"龙，鳞虫之长"来看，其意明显是对物类生殖特征的解释，而非指星宿。再者从星宿四象出现的时间来说，也是先有了龙，后来才有了龙与天文星宿的联系。由此可见，《说文》释龙主要是对龙的原本概念而言，而非对天象星宿而言。

因而从《说文》对龙的解释来看，龙的生殖特性具有以下几点：

1.能明：龙作为被崇拜的生殖神，并用艺术造型的方式加以体现，是可见的，人们可以通过对龙的祭祀和巫术等活动达到祈生的目的。生殖神又是无处不在的，"处栗广之野，横道而处"[1]，只要有生命的地方就有生殖神存在，它具有遍于天下的特征。

2.能幽：龙作为生殖的神灵源于对肠生殖观的认识，肠存在于腹中并化育生命，有潜藏的特征。龙又能让女性感而受孕，有不可见的神秘性。

3.多变：万物皆有龙，龙作为万物生殖的神灵，必适合于万物大小不同的特征而千变万化，故而"能细能巨，能短能长"。原始龙图形中不同特征的个性龙即与此有关。

就此，对《说文》中"龙，鳞虫之长。能幽能明，能细能巨，能短能长，春分而登天，秋分而潜渊"，可做出如下解释：龙是鳞虫（虫在古动物分类中是动物的总称，包含细、巨、短、长各类动物）的祖先（祖先神也即生殖神），它可以藏于暗处，也可以显于明处，它是细、巨、短、长千变万化的万物生殖神，春分时便临于天下生育繁衍万物（春天是万物开始繁殖的季节），秋分后便潜藏起来，万物也进入冬眠。由此意可见：生殖神特性才

---
[1]《山海经·大荒西经》。

是龙的原本特征，龙的其他特性均是由此延伸而来的。

从本章所述内容可知：在原始生殖崇拜中，由对生殖原因的探寻形成了龙，并产生了祈生崇龙的现象，这种现象又同图腾、祖先等与生殖有关的因素相联系，从而使龙在生殖神的基础上延伸出了祖先神、自然神和统治神等象征。但不管龙的概念如何衍化，以祈生为原本内容的龙崇拜在不同的社会时期仍然显现了出来，并一直产生着影响。

第四章 龙的造型演化及类型

　　从原始时期的龙崇拜开始，龙经历了漫长的演化过程，不仅从概念上出现了龙内涵的延伸，也形成了种类繁多的龙图形。由于这些不同类型龙的演化及形成所处的文化背景不同，从而也造成了人们对于不同类型龙的不同文化态度，甚至出现了相互矛盾的现象：有的龙被崇拜，有的龙被敬畏，有的龙被诅咒，有的龙被斗杀……为了厘清这些龙的不同概念特征和造型特征，本章据其不同属性就不同龙的原本成因和形态进行分析和归纳。

一、龙的演化及不同时期的造型特征

在原始思维中，将某种被崇拜的灵物拟人化或动物化，并用艺术造型的方式表现出来，是为神灵造型的一种重要方式。人们既然将肠看作生命之源，并将其看作极具灵性的神物，也就必然会在图形形象的表现中赋予其一种想象的神灵特征。龙图形的出现，即是人们在原始思维中用艺术造型方式将肠神灵化的结果。在这种思维模式下，可以给肠加首，可以给肠长足，可以给肠添翼，可以让肠生角……从而使肠真正成为一种具有动物化特征的灵物（龙）。在龙的动物化造型中，由于不同时期的观念及表现内容对龙造型所产生的影响，不同时期的龙纹又会出现一些类型或样式上的变化。尽管不同时期龙的样式众多，但从其所处的时代特征来看，不同时期龙的基本造型和面貌还是明显的。

（一）原始时期的龙纹特征

原始时期的龙纹大多数以肠作为造型主体，龙体部肠原形特征明显，肠体被动物化的特征还不太突出，反映出了此时期肠生殖观念的原本状态。这时期出现的以肠为原本特征的生殖崇拜图形大致有两种形态。

一是完全以肠为造型特征的纹饰（图4-1）。这些肠纹大多装饰在器物的腹部，体现出以器腹代人腹或动物腹来表现腹内的生殖特征。此种以器腹与肠纹结合的造型在原始陶器中被大量运用，是当时肠生殖观念在图形文化中原本特征的体现。

二是将肠与人或某种动物的头部进行构合的原始龙造型，以此来对肠进行神灵化并体现生殖神的物类特征。此类龙造型还处于肠神灵化的初始阶段，因而其样式也各不相同。如赵宝沟鹿首龙、猪首龙，甘肃武山西坪彩陶鲵龙，红山文化玉龙（图4-2），

图4-1

图4-2

山西襄汾陶寺龙等。这些龙的头部特征多种多样，但其身基本以肠体为特征。个别龙形在肠体上加足（多为两足），如甘肃武山西坪彩陶鲵龙、河南濮阳西水坡仰韶文化蚌壳摆塑龙等。其虽有足，但造型仍明显体现出了龙与自然界动物的不同。在濮阳西水坡仰韶文化遗存中同处出土的蚌壳摆塑龙、虎造型中，可见龙为两足，而虎为四足，即体现出了龙与现实动物造型的差异。

再从原始时期龙纹的象征内涵来看，其肠的原本特征也较为明显，反映出了母系社会女性生殖神对其的影响。而多数龙图形无足、无翼动物化特征还不甚突出表明（各部分是拼合式的），此时期的龙造型只是以不同的个性龙特征来体现不同物类或氏族生殖神之间的区别，还未能使龙有机融合为动物化的整体并形成较为规范的样式。

（二）商周时期的龙纹特征

商周时期的龙纹仍然延续了肠生殖观对生殖的认识，常在器物腹部体现出以器腹象征生殖之腹的特征，特别是在一些以动物为主体造型的器物腹部，不但装饰有龙纹和肠纹，还常装饰有蛇、虺等动物纹饰（图4-3）（图4-4），以此来象征其腹部肠的生殖特征和被孕育的对象。

商周时期的龙纹较原始时期的龙纹动物化特征明显增强，并开始表现出较为统一的程式化共性特征。在青铜器龙纹中，大部分龙造型的头部形象已无明显与某种动物相似的特征，而是将龙首统一为一种程式化的样式：有巨目，上喙外卷，下喙内卷或外卷，龙首开始加角，具有公性特征，体现出父系社会男性王权统治对其的影响。龙体的肠纹特征依然明显，在其生殖之门部位多加有"儿"纹（生殖之门

符号），以体现龙的生殖特征（图4-5）。有的龙纹加一前足，但大部分龙纹仍然无足。

青铜礼器上的主体龙纹多呈对称的正面龙纹，通常称其为饕餮纹或兽面纹。这种龙纹头部多以两个侧面龙头部组合成一个正面龙形象的造型，龙体部向两侧对称延伸，有前足，体上用繁复的肠纹装饰，体外廓常添加"儿"纹、"枝叶"纹、"羽"纹等符号呈现多分支状，以体现龙强大的生殖繁衍能力（图4-6）。主体龙纹周围还常组合有蛇、虺及其他动物作为子纹饰，以此象征被龙生殖或统治的对象。

在龙形玉饰中，有的龙纹同样具有龙体分支的特征（图4-7），并在其体内加饰"籽"纹，或在体腹下组合生殖之门符号"儿"纹及"蒂"纹等

图4-3 　　　　　　　　图4-4

图4-5

图4-6

图4-7

图4-9

图4-10

图4-8

图4-11

（图4-8），以此来加强体现龙的生殖神特征及其生殖繁衍能力。

这时期的龙由生殖神进而演化成为与祖先神、自然神、统治神相统一的象征性形象。其图式整体的布局，也体现出了龙至高无上的地位及对其氏族强大的繁殖力和对诸侯子民的统治力，具有明显的礼制特征。

（三）秦汉时期的龙纹特征

秦汉时期的龙纹被完全动物化，商周时期曾有的龙体多分支特征减弱，这种现象表现出与此时期社会特征的一致性。由于此时的国家体制强调的是统一而非分化，因而此种龙体分支的减弱现象与周代宗主国控制下的诸侯分治转化为秦汉时期国家权力的集中统一有关，由此可看出社会特征对龙造型所产生的影响。

该时期的龙首造型基本已形成固定的形象，由兽首张开大嘴露出牙舌，再加角、髯等构成。躯体则在原始龙弯曲条带状的肠体基础上产生了一些其他形态的变化，由于龙首特征已经固定，其他类型的躯体与龙首组合仍表明其造型是龙。该时期的龙体造型大致有两类：一类是兽体龙，在兽体上再加龙首，兽体龙躯体粗短，与兽类的躯体造型特征基本相同，此类特征的龙在汉画像石和汉瓦当中多见（图4-9）；另一类是蛇体龙，龙的躯体仍延续肠的原本性特征，形态更接近于蛇躯的盘卷式造型（图4-10），如长沙马王堆汉墓帛画上的龙形象即属此类。

龙体开始使用更接近于动物自然特征的鳞纹装饰，使其在造型上与龙体的动物化形象更为统一。这些鳞纹同样是生殖繁衍之"子"的象征，但它与商周时期龙体分支特征相比，在象征意义上仅是体现出了龙的繁衍特征，而非分化特征。龙生翼者开始较多地出现，这是商周时期的"勿"纹[1]与汉代神仙升天观念相结合在龙造型中的反映（图4-11）。人祖龙造型开始被明确下来，其与男女、阴阳观念结合，形成了伏羲与女娲交尾的形象。

---

[1] 见本书：第十一章 古文化图形中的象征符号 三、生命之树（二）"勿"纹。

（四）唐宋及以后时期的龙纹特征

唐宋以后，龙纹进一步综合了多种动物的特征，可以说是集天下动物之大成，并由动物化被进一步神化，造型也基本固定下来。宋代的罗愿在《尔雅翼》中描述龙的形象："其形有九似。头似驼，角似鹿，眼似兔，耳似牛，项似蛇，腹似蜃，鳞似鲤，爪似鹰，掌似虎是也。其背有八十一鳞，具九九阳数。其声如戛铜，盘口，旁有须髯。颔下有明珠。喉下有逆鳞。"这种多物象特征的组合，使龙更加具有了内涵的包容性和多物类的综合性，并形成了龙造型更为统一且程式化的图式。

虽然在唐宋及以后时期龙的基本造型已成式，但龙的造型风格在程式化的基础上随不同时代也有一定的变化。如：唐代的龙纹身躯健壮，凤眼优美，龙爪锋利，张力十足；宋代的龙纹身胖体粗，张牙舞爪，有气势冲天之感；元代的龙纹有幼稚之态，肌肉隆起，健壮勇猛；明代的龙纹龙首魁梧，威武生猛，须发上扬，叱咤风云；清代的龙纹老态龙钟，肢体僵硬，华贵精致，富丽堂皇等。

此时期，王权龙的概念及其图形经过进一步的神化和完善，仍然是生殖神、祖先神和王朝统治者的象征，而民间龙则与自然神的特征相联系，从龙的综合概念中分离出来，成为天下的司雨之神，并出现了许多地方龙。但王权龙与民间龙仍是有严格界限的，其在图形造型上以爪来区分：五爪龙为王权龙（图4-12），四爪及以下则为低身份的蟒类或民间龙，二者层次分明，共生共存。

从以上龙由肠到动物化的演化可以看出：肠在原始思维下通过艺术造型的方式被神灵化成为龙后，不同时期的龙造型又因不同的社会形态被赋予了不同的象征意义和造型特征，逐步形成了今天所见的动物龙形象。从龙形象的完全动物化和其内涵的扩展延伸还可看出：由于龙经过逐渐演化形成了一种脱离原本形态的神灵形象，从而使龙造型与其原本肠的形象也逐渐远离，导致肠生殖的内涵也开始模糊起来，以至于人们今天在探讨龙的成因时，很难直接地看到它的原本面貌。但事物总有其真实的成因，后人也一定会在对其研究探索中找到其形成规律及演化轨迹，从而去还原它的原本真相。

二、个性龙与共性龙

从不同时期龙的象征内容和图形造型特征来看，既有独自造型特征体现出个性的龙，也有统一造型特征体现出共性的龙。这些不同特征的龙造型，既反映出不同地域不同部族龙崇拜的差异性，也反映出由社会观念所带来的龙崇拜的一致性。根据不同时期龙的不同象征内容和造型特征，可大致将其归纳为个性龙和共性龙两大类型。

（一）个性龙

个性龙是由不同时期、不同地域、不同氏族、不同崇拜内容、不同物类特性、不同功用、不同造型特征等因素所产生的具有个性特征的龙。据其时期可分为原始个性龙和后期个性龙，据其造型特征又可分为龙体个性龙、龙首个性龙和变体个性龙。

1.据其不同时期划分的个性龙

不同时期的个性龙是在不同时期的社会背景下产生的，因而不同时期的个性龙也必然会体现出不同时期的社会特征。

（1）原始个性龙

大部分原始龙纹的形态都具有自身的个性特

图4-12

征，此时期可称为原始个性龙时期。这时期的龙图形虽然均源于肠生殖崇拜，但由于此时的龙正处于原始发生阶段，对龙的造型表现是各部族自主性的，还没有形成一致性的造型模式。又由于这些龙出自不同的原始部落，因而龙的造型多与不同部族的个性崇拜对象及祈生内容相联系，在形象上各有不同，有的是人祖，有的是物祖，有的是图腾与龙的结合，以此来作为本部族的神灵崇拜物及物类的物长，从而也就形成了多种多样的原始个性龙造型。

原始个性龙的出现，从其产生背景来看，成因有三：

一是出于对肠神灵化的需要而产生的原始个性龙。这种龙造型并不局限于某物类，只是在肠神灵化的图形造型中，随意添加其所熟悉物类的头等部分与肠体组合而成。如：辽宁查海兴隆洼文化石块堆塑龙、河南西水坡仰韶文化蚌壳龙、河南偃师二里头夏文化绿松石龙等。这些龙的造型仅是借助某些物类特征来作为肠神灵化造型的手段和象征，并不具体表示某物类生殖神或图腾的特指性意义。

二是针对不同物类的祈生内容而产生的原始个性龙。这些龙造型大都在肠体基础上以其头部特征来体现物类特征，是祈望某物类生殖的崇拜物。从典籍中"马八尺以上为龙"[1]"龙为鳞虫之长"[2]"鱼满六千斤为蛟"[3]等说来看，这类龙是物类中具有生殖象征的物长。其作为某物类的生殖神，是专用于这一物类祭祀和祈生的神灵物。如在赵宝沟出土的原始尊形陶器中，可看到在同一时期同一区域的器物上，就有鹿首龙和猪首龙的不同类型。红山文化的龙造型中，也呈现出了多种物类个性的造型特征。此现象表明，原始龙的造型会因不同的祈生内容而体现出不同的物类区别。这些不同造型的个性龙在同一氏族中出现，当与某物类的神灵及某物类的祈生有关。

三是将部族自身的图腾崇拜物与龙概念结合而产生的原始个性龙。由于各部族对龙造型表现的自主性及部族之间图腾物的不同，有的部族便将龙概念同本部族自身的图腾物结合起来，以此来体现本部族祖先神和生殖神的个性特征，从而也产生了不同部族间龙造型的个性差别。如从典籍中"庖牺氏、女娲氏、神农氏、夏后氏，蛇身人面，牛首虎鼻"[4]之说中的祖先神形象可看出：这些祖先神其身多为蛇身（肠身），而首却有人面、牛首、虎鼻之分，表明其虽然均为龙之形象，但个性形象特征又有所不同，从而也使这些不同团族的首领形象在以龙为特征的同时，又体现了不同团族的区别。从湖北焦墩卵石龙、甘肃武山西坪彩陶鲵龙、山西襄汾陶寺龙、内蒙古昭乌达盟敖汉旗大甸子黑陶彩绘龙等原始龙图形中，可见这种因地域和团族的不同而形成的龙造型。这些龙造型所表现出的个性特征，当与不同氏族集团的自身崇拜内容密切相关。

以上这三种情况，都有可能形成原始时期个性特征的龙，也即这三种情况在原始时期是可以并存的。在不同造型的原始个性龙中，既可包含有因肠神灵化需要而产生的龙造型，也可包含有对不同物类的祈生内容而产生的龙造型，还可包含有不同氏族集团的自身崇拜物与龙概念结合而产生的龙造型。又由于原始时期人们对物类的认知并非界线分明，因而个性龙在其不同内容的崇拜中也会出现相互替代的现象。

（2）后期个性龙

原始龙产生后，随着社会的发展和变革，宗教内容及现实生活中不同功用的需要开始介入龙的内

---

[1]《周礼·瘦人》。
[2]《说文》。
[3]《吕览·喻大》。
[4]《列子·黄帝》。

涵及造型中，从而使龙的类型更趋复杂，出现了种类繁多又具有个性特征的后期个性龙。根据其不同特征，后期个性龙又可分为以下类型：

一是具有不同的物类特性及造型特征的后期个性龙。《广雅·释鱼》将龙属划分为四类：蛟龙、坨龙、应龙、龟龙。但据传龙的类型绝不止这四类，其分类还有：有鳞者为蛟龙（图4-13），有翼者为应龙（图4-14），有角者为虬龙（图4-15）、无角者为螭龙，未升天者为蟠龙，好水者为晴龙，好火者为火龙，善吼者为鸣龙，好斗者为蜥龙，一身双头为双头龙，一身首尾各一头为并逢龙（图4-16），一头双身为肥遗龙（图4-17），一足为夔龙，龙头鱼身为鱼龙（图4-18），以及玄武龙（图4-19）、天鼋龙、麒麟、龙龟（图4-20），等等。从以上龙各不相同的特征可以看出：龙包括了天、地、水中各种情状及特征的物类，这些不同的物类均有不同物类

图4-13

图4-14

图4-15

图4-16

图4-17

图4-18

图4-19

图4-20

图4-21　　　　　　　　图4-22　　　　　　　　图4-23

图4-24　　　　　　　　图4-25　　　　　　　　图4-26

图4-27　　　　　　　　图4-28　　　　　　　　图4-29

的龙。

二是根据不同功用需要而产生的后期个性龙。如典籍中所说："龙生九子，不成龙，各有所好：蒲劳好鸣，形钟纽上（图4-21）；囚牛好音，形琴瑟上（图4-22）；嘲吻好水，形桥梁上（图4-23）；嘲风好险，形殿角上（图4-24）；赑屃好文，形碑碣上（图4-25）；霸下好负重，形碑座上（图4-26）；狴犴好讼，形狱门上（图4-27）；狻猊好生，形佛座上（图4-28）；睚眦好杀，形刀柄上（图4-29）。"[1] 由龙生九子之说可看出，因其功用不同，产生了适用于不同场合和不同用途的龙。这些龙子均是在社会生活中应不同需要而被人创造出来的。

三是因不同的生殖特性而出现的后期个性龙。据载："龙有胎（生）、卵（生）、湿（生）、化（生）四种。"[2] 而这胎、卵、湿、化正是天下物类主要的生殖特征，此说也表明龙的原本明显与天下万物的生殖相关联。《淮南子·卷四·地形训》云："羽嘉生飞龙，飞龙生凤凰，凤凰生鸾鸟，鸾鸟生庶鸟，凡羽者生于庶鸟。毛犊生应龙，应龙生建马，建马生麒麟，麒麟生庶兽，凡毛者生于庶兽。介鳞生蛟龙，蛟龙生鲲鲠，鲲鲠生建邪，建邪生庶鱼，凡鳞者生于庶鱼。介潭生先龙，先龙生玄鼋，玄鼋生灵龟，灵龟生庶龟，凡介者生

---

[1]《渊鉴类函》卷四三七引《潜确类书》。
[2]《渊鉴类函》卷四三八引《内典》。

于庶龟。"文中"羽嘉""毛犊""介鳞""介潭"为物之分类，而这些物类首先分别创育了"飞龙""应龙""蛟龙""先龙"，又由这些不同物类的龙，繁衍出了不同的物种和后代。从以上所说可看出：这些物类的物种在排列中是有等级的，龙在其排列中先于该物类的其他物种，明显具有生殖神的特征，是该物类的祖先，以后的"庶鸟""庶兽""庶鱼""庶龟"之类皆本于龙。

2.据其不同造型特征划分的个性龙

个性龙除据其时期分为原始个性龙和后期个性龙外，在不同时期龙的演化中，依其图形特征又可分为不同造型的个性龙。

（1）龙体个性龙

龙体个性龙是指体部为龙体（包括由肠的原本特征"互渗"而来的蛇体等长形体态），而头部表现为不同物类特征的个性龙，大部分的原始个性龙均属此种类型，是原始龙在生成期常见的一种形态。此类个性龙的体部，在对肠神化的基础上多表现出弯曲条带状的特征，但其首部又在龙体部相对类同的情况下，为了体现不同部族图腾或不同物类特征，而出现了不同的个性变化。由于这种原始龙在一些偏僻地域的遗存，现今一些少数民族中仍有龙体个性龙的出现，如苗族中的牛首龙、人首龙等，其同样体现出了龙的原本性特征。

（2）龙首个性龙

龙首个性龙是在龙通过一定时期的演化后，龙造型形成了具有共性特征的较为固定程式，龙首也出现了有别于其他物类的自身特有造型，在此基础上，进而以龙首与其他物类的体部结合，延伸出现了龙首固定而龙体多变的造型。如汉代的兽体龙，后来的麒麟、天甕龙、龙龟，龙生九子的蒲劳、囚牛、嗤吻、嘲风、赑屃、霸下、狻犴、狻猊、睚眦以及苗族民间艺术中的牛身龙、虾身龙、鱼身龙、狮体龙、叶身龙、花身龙、蚕龙、蜈蚣龙等。龙首个性龙是在龙文化的后期出现的，这些龙体现了多种物类与龙的进一步结合，以及龙形成一定程式后在其基础上的不断演化。

（3）变体个性龙

变体个性龙是在龙概念和龙造型基本形成定式后，为了体现龙的不同性格特征及不同应用需要，在龙体基础上再进行变体的龙造型。如在龙体上分支或添加"几"纹"勿"纹的商周青铜龙纹、一身两头的并逢龙、一头双身的肥遗龙，在龙体上加翅的飞龙、加火焰纹的火龙、加水纹的水龙以及草龙、云龙、拐子龙等。这些变体个性龙的出现是以龙体变体或在龙体上添加象征符号的方式来表现的，用此造型方式来体现龙不同属性的特指含义以适应社会不同的应用需要。

由以上不同特征的个性龙可见：龙产生后随社会形态的不同出现了不同时期的特征，并出于不同社会功用的需要产生了适用于不同场合、不同用途、不同造型的个性龙。龙不仅是不同物类的生殖神和祖先，还象征性地包含了自然和社会的方方面面。在中国的传统文化意识中，世上的不同物类都有不同物类的龙，不同物类都本于不同物类的龙，不同的龙造型所表现出的个性特征，正是这种意识的体现。

（二）共性龙

由于肠作为生殖之源在原始氏族中普遍受到认同，以肠为本体的龙从而被众多的部族共同崇拜。人们在对龙的崇拜中，除相信每一物类都有个性龙及部族自身的图腾物外，还相信有一个统一天下所有物类的共同生殖之神，这就是龙概念生成后随社会发展而不断完善的共性龙。

从出土的早期原始龙纹特征来看，大部分龙纹只具有个性龙特征，这是因为原始时期的社会形态还处于原始分化时期，崇龙行为在大部分情况下仅是以祈望本氏族的繁衍和某种动物的生殖为内容。由于此时期具有统一特征的共性龙还未得到各部族的认同，因而即使出现具有共性意义的龙崇拜行为，也多是以个性龙的形象来象征或代替。但早期的共性龙概念及具有共性特征的生殖神是存在的，特别是在体现共性龙与个性龙及其物类的地位关系时，共性龙就会被突出地表现出来。如在湖北省黄梅县白朔乡张城村焦墩遗址发现的距今6000—5000年的卵石动物摆塑组合中，其中以牛头为特征的龙是与牛相关的个性龙，而那个长约11米、宽约1.2米、形体超出其他动物几倍的长带状肠形摆塑，应该就是在卵石动物摆塑组合中，具有绝对统治地位且身份和辈分要高于牛头龙及其他动物的共性龙。从其形状来看，该龙没有属于某种物类的造型，基本上保留了肠的原本形态，体现了万物生殖之祖的共性特征。再如原始陶器腹部的肠纹，同样体现出了生殖的共性意义，这些具有原本共性特征的纹饰表明：共性生殖神的概念在原始社会早期就已存在，只是还没有形成动物化的共性龙造型，而原始个性龙也正是在对肠共性生殖特征的进一步神化和个性标识中才出现的，个性龙图形的形成，与对共性生殖神进行个性的标识有关。

从神话传说、历史记载及考古材料中可以看出：龙虽然在众多的原始氏族中受到广泛的崇拜，但在各部落集团中，龙并不是唯一被崇拜的对象，它是与各部落的图腾等崇拜物共同存在的。如东夷集团主要以鸟为图腾物，羌戎集团的图腾物是牛和羊，此外，虎、熊等也是当时不少氏族的图腾物。虽然各部族间通过相互斗争、相互渗透，向着融合的方向发展，但某一部族一般不会去供奉祭祀另一个部族的祖先和神灵。因而这些不同的部族除崇拜自身的神灵物外，就又希望并相信天下有一个统一万类的神，它总领各种图腾并产生比各部族图腾更为强大的凝聚力，由此便出现了对天下万物共性生殖神的崇拜。也正是这种具有共性特征的龙，以其最广泛最普遍的生殖特征，在众多的氏族部落之间与不同个性图腾及崇拜物产生关联，并得到了不同氏族部落的共同崇拜。也正因为如此，共性龙作为生殖崇拜的一种共性神灵，其所具有的生殖共性在历史长河中对中华民族的凝聚和中国古代文化的融合、发展起到了重要的作用。

从现有的文物资料来看，商周时期共性龙即有了较为固定的动物化造型特征，并在当时的文化图形中占据了绝对的统治地位。它的形象已不代表具体的某一物类（图4-30），而是以一种区别于平常物类的虚拟偶像固定下来，这种共性龙形象的形成是社会统治体制逐步统一和完善的反映。在部族间的不断战争和兼并中，由于战胜方势力范围不断扩大，形成了以宗主国为核心，以诸侯国、方国为附属的社会局面。此种权力核心的出现，不仅使国家从社会形态上趋向统一，也从意识形态上发生了趋向统一的变化。而社会意识形态又必然会通过统治形式做出反映，在此社会背景下，龙造型也在宗主国对其他方国和部落的兼并中逐渐替代那些被战胜部落具有个性的龙造型，以服从于统治者的形态，从而使龙在宗主国统治的范围内从王权象征的层面上出现了统一的共性化特征，尤其是当礼制成为这一时期的社会统治形式后，龙图形在图式上更是表现出了一种宗主国式的控制特征。这时期国家君王是权力神、祖先神和生殖神在世间的化身，龙图形作为这种权力和身份的象征，以一种造型较为统一的共性形态出现，表现出了至上的权威及与其他象征诸侯和臣民的子图形之间的主次等级划分。但从此时期龙图形的造型特征来看，其主要体现的是象征宗主的祖先神、生殖神和统治神的内涵，因而此

图4-30

时期的龙造型在纹饰上表现出的是主体分支的繁衍和控制特征，其自然神概念及集天下各种物类之大成的特征还不甚明显。

随着社会的不断发展，君王对社会的统治开始由对氏族统治的概念更进一步转化为对天下统治的概念，由单纯对人的统治也变为对天下一切的拥有，君王不再单纯是氏族祖先神在世间的代表，而是上天"真龙天子"在世间的象征，从而形成了"普天之下莫非王土"、一切都属君王所有的统治概念，这种统治概念不仅包括人，也包括天下万物。在这一概念的物化形态上，也就需要龙具有囊括一切物类的特性，才能象征君王统治天下的特征。龙由此开始了集天地物类之大成的演化阶段，在其不断演化中变成了："龙者，鳞虫之长。王符言其形有九似。头似驼，角似鹿，眼似兔，耳似牛，项似蛇，腹似蜃，鳞似鲤，爪似鹰，掌似虎是也。其背有八十一鳞，具九九阳数。其声如戛铜，盘口，旁有须髯。颔下有明珠。喉下有逆鳞。头上有博山，又名尺木。龙无尺木，不能升天。呵气成云，既能变水，又能变火。"[1]从以上龙的形象来看，它集中了兽、虫、禽、鳞多种物类的特征，表明其是天下所有物类之祖。且"头上有博山"，其头上的冠饰和角即是王权的象征。就此，龙便成为真正集生殖神、祖先神、统治神、自然神于一身的天下大神（图4-31）。

从本节内容可以看出：龙在图形造型中有诸多的种类和变化，其所体现出来的个性特征或共性特征，是不同时期龙崇拜的社会意识在龙图形中的反映。龙以其对天下万物的广泛包容性，既体现了人们对龙概念的个性化崇拜需求，也体现了龙概念在社会统治中共性的神性作用。在龙的演化中，个性龙和共性龙又是相联系并互补的，从肠生殖观念生成开始，可看出龙经历了肠生殖观念形成（共性）→氏族个性生殖神标识（个性龙）→集天下之大成（共性龙）→繁衍物类并适应社会应用（个性龙与共性龙共存）的过程。

三、圣龙、神龙、天龙、子龙、物龙

龙的种类除以上个性龙和共性龙的划分外，还可据其不同特征从社会和自然的角度进行属性的划分。如果对龙的属性不加区分而将不同性质的龙一概而论，就容易造成对龙概念在理解和把握上的混乱，甚至出现自相矛盾的情况。因而从属性上将龙做不同类型的划分，有助于在龙文化研究中厘清不同属性龙的本质。

《渊鉴类函》卷四三八引《别行》曰："有四种龙。一、天龙，守天宫殿，持令不落者。二、神龙，兴云致雨益人间者。三、地龙，决江开渎者。四、伏藏龙，守轮王大福人藏者。"又《渊鉴类函》卷四三八引《须弥藏经》曰："龙有五种：象龙、马龙、鱼龙、蛤蟆龙，此四种旁类；蛇龙，五龙之长，是正类。"道教《太上洞渊神咒经》也有"龙王品"，其中列有以方位为区分的"五帝龙

图4-31

---

[1] 罗愿. 尔雅翼 [M].

王"，以海洋为区分的"四海龙王"，以天地万物为区分的五十四名龙王和六十二名神龙王名字。由此对龙的分类，可见古代典籍中已注意到了对龙属性的大致划分。在对龙属性的划分中，有中国的本土龙，也有外来龙。伏藏龙出自佛书，属于佛教神话中龙王之类。佛教龙与中国本土龙之间的差异，表现在其形成属性和地位不同：中国龙是生殖神、祖先神、王权神的象征，是神圣的天下大神，而佛教龙只不过是普通的护法神，如佛经中的"天龙八部"之龙只是一般神灵，并无至高至圣的地位。尽管龙王之说随佛教进入中国后，与中国龙的自然神概念相融合成为行云布雨的龙，但佛教龙为外来龙，与中国龙的原本内涵终难划归一类，故本书在此不将佛教龙作为中国龙研究之列。

本书根据古代传说和记载中龙所体现出的社会及自然属性，将中国龙划分为五类：圣龙，神龙，天龙，子龙，物龙。这五类龙又可归为两大类：神化龙和现实龙。圣龙、神龙、天龙、子龙为神化龙，物龙为现实龙。

（一）圣龙

圣龙是自肠（生命之源）生殖崇拜产生后，以肠为原形，并经过图形对其神灵化所形成的龙（其中包括以肠生殖观念产生的共性龙和代表氏族及不同物祖的个性龙），后又由生殖神概念延伸并包含了天地神、祖先神、王权神的内涵，再经神话传说及宗教进一步神化，成为至圣之神及帝王的象征。

图4-32

其包括：代表生殖神、祖先神、天地神的龙，人祖神伏羲、女娲，商周时期青铜礼器上的王权龙（图4-32）以及后来经演化具有综合特征的至高至圣的龙（图4-33）。

圣龙是人们心目中最为崇敬的龙，是龙概念的代表，也是龙崇拜中的主要对象。它是生殖神、天地神、祖先神、王权的化身，也是不同时期龙概念沿其原本发展的主体。它从生成起始，就受到了人们至上的崇拜。

（二）神龙

神龙是由龙概念与某些自然现象相联系而派生出来的龙，在圣龙被皇权占有后，自然龙从龙概念中分离出来，后又与佛教中的龙王结合，成为天下人皆可供奉的代表自然神的龙。

神龙主管行云布雨等自然现象，如传说中的龙神、龙王、雷神、河伯等均属此类（图4-34）（图4-35）。中国很早就有雩祀，这种求雨祭龙的传统与中国古代顺天依时的农耕经济相依存。

图4-33　　　　　　　图4-34　　　　　　　图4-35

由于雨水跟农业生产密切关联，自农耕之始，雩祀在几千年的官史民俗里便延续不绝。人们相信，只要祈祷至诚，祀报至殷，神龙就会感而施雨。典籍中记载，求雨过程中要制作龙的形象以求与神龙感应：春旱求雨，"以甲、乙日为大青龙一，长八丈，居中央；为小龙七，各长四丈，于东方，皆东乡（向），其间相去八尺"；夏旱求雨，"以丙、丁日为大赤龙一，长七丈，居中央；又为小龙六，长三丈五尺，于南方，皆南乡（向），其间相去七尺"；季夏求雨，"以戊、己日为大黄龙一，长五丈，居中央；又为小龙四，各长两丈五尺，于中央，皆南乡（向），其间相去五尺"；秋旱求雨，"以庚、辛日为大白龙一，长九丈，居中央；为小龙八，各长四丈五尺，于西方，皆西乡（向），其间相去九尺"；冬旱求雨："舞龙六日……以壬、癸日为大黑龙一，长六丈，居中央；又为小龙五，各长三丈，于北方，皆北乡（向），其间相去六尺"[1]。这种以祭祀或巫仪祭龙的方式，沉淀着数千年来人们在与自然抗争的同时，又认为与神龙沟通即可风调雨顺的主观意愿。

佛教传入中国后，把神兽"那迦"（水蛇）说成是龙，以附会中国本土文化，使佛教龙开始了与中国龙的融合。据史书记载，唐玄宗时，诏祠龙池，设坛官致祭，以祭雨师之仪祭龙王。宋太祖沿用唐代祭五龙之制，至宋徽宗大观二年（1108年）诏天下封五龙神为王：青龙神为广仁王，赤龙神为嘉泽王，黄龙神为孚应王，白龙神为义济王，黑龙神为灵泽王。后清同治二年（1863年）又封运河龙神为"延庥显应分水龙王之神"。中国龙与佛教龙相结合的龙王从而也具有了一定的身份，成为主管行云布雨等自然现象的神龙。

人们认为龙王能生风雨，兴雷电，职司一方水旱，无论江河湖海，凡是有水的地方，都有龙王驻守，因而龙王庙也四处林立，随地可见。如遇久旱不雨，一方乡民便到龙王庙祭祀求雨。人们在对神龙的祭祀中，也往往会因人的意愿所产生的不同结果而对神龙产生不同的态度：有时畏之、敬之，也有时咒之、骂之。

（三）天龙

天龙是由龙概念与天象相联系而派生出来的龙，是方位神和天界星宿神的象征。其有代表方位的东青龙、西白虎、南朱雀、北玄武中的青龙，以及我国古代为了观测天象及日、月、星运行而出现的二十八宿中与白虎、朱雀、玄武相配的青龙七宿（图4-36）等，它是人们以龙的特征与方位天象相"互渗"而产生的龙。

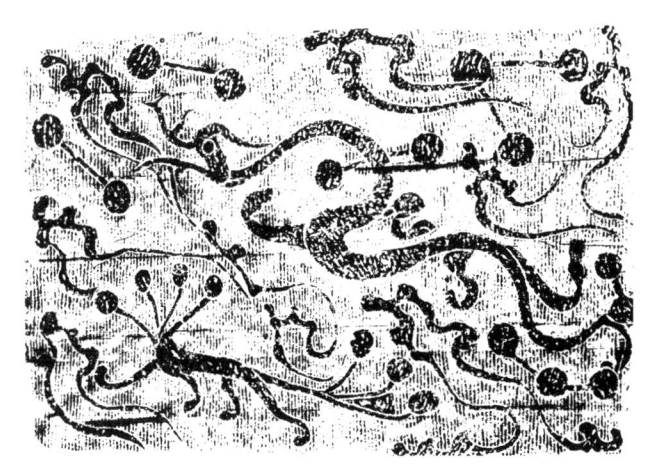

图4-36

"四象"观念战国初已见于记载。《礼记·曲礼上》云："行前朱鸟而后玄武，左青龙而右白虎。"孔颖达疏："朱鸟、玄武、青龙、白虎，四方宿名也。"随着古代天文知识的发展，出现了星空分区的观念，二十八星宿将黄道附近的一周天按照由西向东的方向分为二十八个不等分，成为天文观测的一种手段。青龙七宿为二十八宿中的东方之

---
[1]《春秋繁露·求雨篇》

宿，"二十八宿，天元气，万物之精也。故东方角、亢、氐、房、心、尾、箕七宿，其形如龙，曰'左青龙'"[1]。在汉画像石及汉瓦当中即经常出现代表方位和星宿的青龙图形。道教出现后，二十八宿合成的四象（四灵）受到尊崇，道教对此天象加以拟人化，为之定姓名、服色和职掌作为护卫神，以其为太上老君的侍卫，称老君"左有十二青龙，右有二十六白虎，前有二十四朱雀，后有七十二玄武"[2]。这些以方位和星宿为象征的龙，体现出了古人的宇宙观与龙的联系，是超于凡界的天龙。

天龙虽然也由龙概念延伸而来，并与圣龙、神龙在概念上有某些相融合的现象，但其基本以方位神和星宿神为特征，与圣龙、神龙在属性上有较为明显的区别。

（四）子龙

子龙是由龙的主体繁衍、分化出来的龙，是龙的后代。这些龙种类繁多，无处不在。如《竹书纪年》所载伏羲氏各氏族中的飞龙氏、潜龙氏、居龙氏、降龙氏、土龙氏、水龙氏、青龙氏、赤龙氏、白龙氏、黑龙氏、黄龙氏及其他大部分的氏族个性龙，典籍中的虺、虬龙、螭龙、夔龙、蟠龙；代表不同物类的牛龙、马龙、猪龙、鱼龙，民间出现的地方龙以及所谓龙生九子的蒲牢、囚牛、嘲吻、嘲风、赑屃、霸下、狴犴、狻猊、睚眦等，均属子龙。

这些龙均是自龙概念产生后由主体分化出来的，它们在不同时期的社会范围内，随人们的意愿和需要出现，尤其是在圣龙成为皇权的象征、神龙成为自然神的象征、天龙成为方位星象神的象征意义被固定后，人们出于精神和现实的需要，又在龙的原本及主体上延伸出了各种物类及不同性质的龙，以适应多种需要。这些龙包含了社会生活的不同方面及内容，成为在广大社会层面，人们敬畏的对象和精神的寄托。从子龙这种种类之多、范围广泛的现象，可见龙在生殖意义上无所不包的繁衍特征。

（五）物龙

物龙是指自然界中因某些特征似龙而被称为龙的动物或自然现象，这些所谓的龙，在现实中是实际存在的。由于原本思维所产生的"互渗"现象，现实生活中的某些似龙动物及自然现象与神化的龙产生"互渗"联系，从而被人称为龙或误以为是龙，但这些所谓的龙均是因某些表面特征与龙相似而派生出来的，其属性与原本之龙绝非一物。

古籍记载，在帝舜时的王室就有人豢龙：

《路史·后纪》卷十一："当舜之时，人来效献龙，求能食之。高阳之后，有董父能求其欲，使豢之。赐之氏曰豢龙。封于鬷川，于是始有豢龙之官。"

《九州要纪》："董父好龙，舜遣豢龙于陶丘，为豢龙氏。"

《左传·昭公二十九年》："帝舜氏世有畜龙。及有夏孔甲，扰于有帝。帝赐之乘龙，河汉各二，各有雌雄。孔甲不能食，而未获豢龙氏。陶唐氏既衰，其后有刘累，学扰龙于豢龙氏，以事孔甲，能饮食之。夏后嘉之，赐氏曰御龙，以更豕韦之后。龙一雌死，潜醢以食夏后。夏后飨之，既而使求之。惧而迁于鲁县，范氏其后也。"

《拾遗记》：舜时，"南浔之国献毛龙，一雌一雄，放置豢龙之宫，至夏代，豢龙不绝，因以命族"。

可见舜时这些所谓的龙，均为现实中可畜、可食之物，并且有专人豢龙，但从其记述来看，这些龙并不是被人崇拜和供奉的象征神灵的龙，明显指的是被称为龙的似龙动物。

此外，其他见龙获龙的记载还有：

《史记·封禅书》："昔秦文公出猎，获黑龙。"

《新唐书·五行志三》："贞元末，资江得

---

[1] 汉《尚书考灵曜》。
[2] 葛洪. 抱朴子内篇·杂应 [M].

龙丈余，西川节度使韦皋匦而献之，老姓纵观。三日，为烟所熏而死。"

《唐年补录》载：唐咸通末，舒州刺史孔威进龙骨一具，因有表录其事状云："州之桐城县善政乡百姓胡举，有青龙斗死于庭中。时四月，尚有茧箔在庭。忽云雷暴起，闻云中击触声，血如酾雨，洒茧箔上，血不污于箔，渐旋结聚，可拾置掌上。须臾，令人冷痛入骨。初龙拖尾及地，绕一泔桶，即腾身入云。及雨，悉是泔也。龙既死，剖之，喉中有大疮。凡长十余丈。鳞鬣皆鱼。唯有须长二丈。其足有赤膜翳之。双角各长二丈。时遣大云仓使督而送州。以肉重不能全举，乃割之为数十段，载之赴官。"

《辽史·太祖本纪下》："神册五年（920年）夏五月庚辰，有龙见于拽刺山阳水上。上射获之，藏其骨内府。"

沉怀远《南越志》："蟠龙，身长四丈，赤黑色，赤带如锦文。常随水而下入于海。有毒，伤人即死。"

《博物志》："龙肉，以醢渍之，则文章生。"

以上著述中这些所谓的龙也均为可获、可食之物，其明显是被称为龙的似龙动物，并非被人崇拜和供奉的龙。

此外还有将自然现象与龙"互渗"而产生的龙。如《后汉书·五行志》载："灵帝光和元年六月丁丑，有黑气堕北宫温明殿东庭中，黑如车盖，起奋迅，身五色，有头，体长十余丈，形貌似龙。"其明显是指形貌似龙的云气。民间还有将龙卷风称为"龙吸水"的说法，此外还有一些地貌、地质现象因与龙形状相像也被称为龙。

由上述所载可见：以上所谓的龙均是现实中存在并可见的，它们明显与神化的圣龙、神龙、天龙、子龙属性不同，只不过是因为形象特征与传说或图形中的神化龙有某些相似而产生"互渗"才被称为龙。这些因似龙而被说成是龙的动物或现象均为物龙。

物龙又可分为三类：第一类是似龙的动物，如蛟（鳄）、蛇之类（蛇分为两类：一类是其地位和身份低于龙而代表普通生殖神并被神化的蛇；另一类是现实中的动物蛇，此指后一类），古籍传说中的澹台子羽杀蛟[1]、菑丘䜣杀二蛟[2]、次飞杀蛟[3]、周处杀蛟[4]、邓遐斩蛟[5]等所杀之蛟，均属此类；第二类是被尊称为龙的动物，如古代有"马八尺以上为龙"[6]"水大则有蛟龙""鱼满六千斤为蛟"[7]等说，是说某动物达到一定规格时，则被认为具有了该物种优良的繁殖力和种的优良性，就会被人们作为物祖或物长，物祖、物长可尊称为龙；第三类是被认为形状与龙相似的自然现象，如闪电、虹、龙卷风、河流、云以及似龙的地貌、地质现象等。以上这三种龙都是客观存在的，传说或记载中所谓人们所见、所养、所斗、所杀之龙多指这类物龙。它们均是由于某些特征与龙相似产生"互渗"才被称为龙的，也正是由于这种"互渗"，从而使得龙概念在神化龙和现实龙之间出现了含混不清的现象。

虽然这五种不同属性的龙在概念上也有一定的相互影响和渗透，但其大致的区别还是明确的。如果对这五种不同性质的龙不加区分，就会在认识龙的过程中产生"鱼龙混杂"的局面，使龙一会儿至高无上，让人奉为神明，一会儿又作恶多端，被人斗杀，以致给龙文化研究带来概念上的矛盾和混乱。

由此五种龙的属性，也产生了人们对龙的五

---

[1]《渊鉴类函》引《博物志》。
[2]《韩诗外传》。
[3]《吕氏春秋》。
[4]《世说新语》。
[5]《襄阳耆旧传》。
[6]《周礼·瘦人》。
[7]《吕览·喻大》。

种不同态度：圣龙至高至尊，被顶礼膜拜，人们崇之、尊之；神龙神秘莫测，行云布雨，人们敬之、畏之；天龙为方位星宿，以定天时，人们观之、测之；子龙为龙之后代，物类众多，人们亲之、近之；物龙为似龙之物，存于现实，人们可见之、斗之。厘清这五种龙在属性上的区别，有助于我们在龙文化研究中据其属性把握龙的不同本质和内涵，从而找到龙的真正原本。

四、苗族的龙

在中原华夏族以外的少数民族地区，由于人们的活动区域相对封闭，至今在一些民族的生活习俗中仍保留了许多崇龙风俗和古老的龙文化图形。这些龙文化图形的遗存尤以苗族最为丰富。苗族龙古朴而神秘，其造型与原始思维下出现的原始龙一脉相承，与演化至今的汉族龙相比，在造型上也有明显的区别，体现出了龙更为原始的原本性特征。这些龙图形种类繁多，且在当今苗族的民俗生活中仍然被崇奉和应用，是龙文化研究原本探源的重要现实佐证，故在此辟专文介绍。

（一）苗族的历史沿革[1]

苗族是一个古老的民族，其历史渊源久远，据传是蚩尤的后裔，源于炎黄时期的"九黎"及尧舜时期的"三苗"。"九黎"是五千多年前居住在黄河中下游的一个部落，首领为蚩尤。后蚩尤部落与黄帝部落发生战争，在逐鹿大战中，黄帝与炎帝联合，蚩尤被黄帝擒杀，余部退入长江中下游，形成三苗部落。三苗是苗蛮集团的主要成员，其在传说中的尧、舜、禹时代又叫"苗民""有苗"，主要分布在洞庭湖（今湖南北部）和彭蠡湖（今江西鄱阳湖）之间的长江中游以南一带。以尧、舜、禹为首的华夏部落与三苗争战近千年，后三苗被夏禹所灭。三苗失败后，一部分被驱逐到"三危"，即今陕甘交界地带，后又被迫向东南迁徙，逐步进入川南、滇东北、黔西北等地，形成后来西部方言的苗族。留驻长江中下游和中原地区的三苗后裔，一部分与华夏部落融合，另一部分形成商周时期所称的"南蛮"，居住于汉水中游的被称为"荆楚蛮夷"。后来，荆楚蛮夷中先进的部分逐渐发展为楚族，建立楚国。后进的部分继续迁入黔、湘、桂、川、鄂、豫等省毗连山区，成为今天东部、中部方言的苗族先民。

"蛮"是中国古代对南方地区非华夏族人的泛称。蛮字从虫，《说文》："蛮，南蛮，蛇种。"蛇在礼制时期的文化图形中是地位居于龙之下的生殖神。《山海经·海外西经》载，"轩辕之国……有四蛇相绕"，此将四方属国归为蛇之说与《说文》"南蛮，蛇种"之说相合。从中也可以看出，古代中原地区将南方地区的南蛮以虫、蛇象征，是以中原为中心将其作为中原属国来看待的，以蛇来标示其与龙的区别。

台江境内的苗族先民主要有"黎"和"方"两大部落："黎"部落有"九江黎"（九个氏族），源于古代九黎集团，最初居住在黄河下游及山东、江苏滨海一带；"方"部落源于古代的"虎方"，原居住地在今西起黄淮平原，东至山东、江苏滨海一带。这两个部落联盟相处紧密。

苗族中流行伏羲、女娲的传说，三苗所崇奉的神蛇也与伏羲、女娲有类同之处。《山海经·海内经》记载："有人曰苗民，有神焉，人首蛇身，长如辕，左右有首，衣紫衣，冠旃冠，名曰延维，人主得而飨食之，伯天下。"此说中的苗民延维人首蛇身之状与伏羲、女娲相类，可见二者造型存在一定的内在联系。

从苗族的历史沿革源于炎黄时期的九黎看，此时期龙文化正处于原始普及期，龙作为生殖神已在各原始部族中得到了普遍的崇拜，九黎部族处于此时期，龙同样也会受到其崇拜。三苗被夏禹所灭后，苗民带着他们的文化向边远地域迁徙，由于迁

---

[1] 该节中苗族起源部分综合参考有关苗族介绍资料。

徙地和生活区域相对封闭，使得苗族较少受到外族及后期文化的影响，从而保留了大量的原本文化形态，尤其是苗文化中的龙图形，更是明显地体现出了龙文化的原本性特征。这些古朴而神秘的龙图形，为当今龙文化的探源提供了珍贵的佐证和参照。

（二）苗族龙的原本性特征

苗族以民间艺术形式保留了大量具有原本特征的龙图形，这些龙图形与现在汉族经过进化完善的龙图形相比，表现出了一种不尽相同的形态与意识，其造型和内涵也更具有原始的神秘性特征。

苗族龙的内涵只有祖先神、自然神和保护神的特征，而无王权的象征性，这种现象体现出了龙被王权社会占有之前的原始龙含义及特征。苗族把龙作为生殖和赐福人类的神物：无儿之家，龙可送子；干旱无雨，龙可施雨水给人五谷收成；英雄遇难，常被龙搭救；穷人无钱，可向龙求取；龙能维护村寨安宁……可见苗族的龙并不是权力的独占之物，而是普遍意义上的生殖神、保护神和赐福之神，是与百姓的现实生活密切相关的。在汉族龙中，除了代表皇权的具有共性特征的龙造型之外，其他所谓"龙生九子"——蒲劳、囚牛、嗤吻、嘲风、赑屃、霸下、狴犴、狻猊、睚眦之类，虽是龙族龙子，但均不成龙，此与苗族凡物皆有龙的特征也有明显不同。苗族龙没有等级的区别，其体现出的多种形体状态是与龙的原本生殖化育特性密切相关的，这些龙既是不同物类生殖神的代表，又是被龙生殖化育的物象，它们之间的关系是共生共存的。

龙作为苗族崇拜的图形，其造型在服饰中应用得最为广泛（图4-37），并在服饰刺绣和剪纸（刺绣底样）中流传保存下来。苗族龙在造型上有一种突出的特征，即除了具有条带状蛇（肠）形躯体的龙外，还有多种多样的体态，有牛身、鸟身、鱼身、蚕身，等等，甚至有些体态不好分辨属哪种动物。这些不同的动物图形均称为龙。在大部分的动物造型中，苗族龙还用表现物象内部特征的造型方式，着意在其体部刻画出了体内之肠的形状，反映出了万物本于肠（龙）的原始观念（图4-38）。但例外的是，唯独在肠形龙造型中，其体却没有对肠进行表现，此现象说明肠形龙本身即是肠的原本性体现（图4-39）。

图4-37

图4-38　　　　　　　　　　　　　　　　图4-39

苗族龙形态各异，并非一种固定的面目，体现出了原始形态的个性龙特征。原始个性龙是在共性龙形象完善的商周之前出现的，苗族龙的此种特征反映出其形成的时间也应在共性龙形象完善之前，因而其形态蕴含了诸多的原始龙元素。也正是苗族龙所反映出的这些原本性特征，使苗族龙成为原始龙造型在今天的活化石。

（三）苗族龙的类型

苗族龙种类繁多，其体态造型也多种多样，现根据其表现出来的不同特征，大致分为以下诸类。

1.牛角龙

牛角龙（图4-40），头上长着一对雄伟的牛角，有一双圆圆的突眼，嘴张开并露有大牙，嘴两边有长须，身上有鳞，背腹有密密排列的分支状勾云纹，尾像鱼尾，属变体型个性龙。龙体之外还多饰有花类植物或鸟等小动物，以此来象征被繁衍的龙子及万物。这种龙生万物及龙体部分支的图式，在商周时期的龙图式中也有类似表现，均体现出了龙的生殖神特征及龙与其他物类的主从关系。

牛与龙在苗族观念中关系密切，这种意识同苗族的祖先有关。苗族的祖先蚩尤被认为是炎帝的后裔，而炎帝的图腾即是牛。现在苗族称其祖先为姜央，姜央之名即体现出了姜姓始祖之意："姜"是苗民之祖炎帝之姓，而"央"则指身之中央，身之中央是人之腹部，也即苗人生殖化育之处，姜央之意即指姜姓祖先的生殖之源，也即言姜央是苗民的祖先龙。传说中姜央具有半神半人的形象，是苗族的造物神。他曾"造井生刚蚪（蚪蚪是原始生殖观念中化育生殖的象征），造狗来撑山，造鸡来报晓，造牛来拉犁"[1]；曾降伏与人类为敌的雷公；曾巧用葫芦避开毁灭人类的洪水，保留下了人种……姜央在苗族传说中被塑造成万能的神人及智慧的化身。苗族民间美术中有《姜央造人》《姜央兄妹成亲》《姜央变月》等内容，其与汉族人祖伏羲、女娲的传说有许多类同之处，只是对人祖神的称谓有所不同，可见这些古代造物传说之间具有一定的内在联系，并有一致性的起源。黔东南苗族有"招龙"祭礼，仪式中的龙就是一头水牛。此习俗除反映出牛与苗族祖先的联系外，还反映出了牛与原始龙观念相通的特征，因为龙可以是由肠生殖观念而来的人或动物中具有祖先象征意义的代表，也可以是祭祀祖先和祈生活动中代表物类生殖的动物物长，"马八尺曰龙"之说，即与苗族以牛为龙的这种特征相类。

苗族还有供奉水牛角的习俗，供水牛角寓意

图4-40

---

[1] 苗族古歌《开天辟地》。

人丁兴旺发达，并表示对祖先的崇敬；湘西、黔东北苗族习俗中把水牛角高挂在堂屋的中柱上祭祀；清水江龙船节上的龙船船头有水牛角；苗族妇女头戴的银饰也有一对大水牛角……苗族这些对水牛角顶礼膜拜的习俗，均反映出了古老的牛图腾对苗族的影响以及对其祖先炎帝、蚩尤（炎帝"人身牛首"、蚩尤"人身牛蹄"）的崇拜。由此也证明，在苗族的文化沿革中，其族源关系与牛图腾是一脉相承的。

2.牛身龙

牛身龙，也称牛变龙（图4-41），其外形与牛接近，身体雄壮，四脚粗大，身附鳞甲，是施洞剪纸中较为普遍的一种纹饰。牛身龙属龙首型个性龙。其除明显与牛图腾有关外，还与《苗族古歌》上的巨兽"修狃"（即犀牛，是牛图腾的一种变体）有关。《苗族古歌》说："修狃"长巨角，力大无比，是它用角开出江河，使人人撑着船，找穿又找吃，日子才好过；是它用角锉断石门，让藏在山中的金银跑出来，使人能够取到；是它犁遍天下地，才能种出庄稼。后来，"修狃"变成了苗族的牯牛。

牛身龙造型以牛体为龙身，反映出了龙与苗族生活中现实动物的密切联系，表明龙可以与现实中的所有物类有关。以龙首与牛身组合为龙，在龙造型相对固定后，又由此延伸出了其他类型的龙。

3.人头龙

人头龙，多流行于施洞（图4-42）。其造型龙身人首，身部是修长的蛇体，造型与汉文化中伏羲、女娲基本相同，属龙体型个性龙。有的人头龙还长有鸟的翅膀，表现为人、鸟、龙复合一体的形象，因而又具有变体型个性龙的特征。

4.蚕龙

蚕龙，多流行于台拱（图4-43）。龙身呈环节状，身体短小肥壮，首部常饰有鸡冠，无爪无鳍，很像江南一带养殖的蚕，故有蚕龙之称。从此龙的造型特征来看，应是因蚕的形状与肠的形状相类"互渗"而来。其造型属变体型个性龙。

5.虾身龙

虾身龙，也称"虾龙"（图4-44），多流行于施洞。龙首生角，其体由多环节组成，身形与蚕龙相似，鳞成甲壳虫状，且节下有足，小巧玲珑。其造型属龙首型个性龙。

6.鱼身龙

鱼身龙，也称"鱼变龙"（图4-45），多流行于施洞。身体宽大，身上有多行鳞甲，背腹有鳍，尾部分叉，整个身躯像鱼，仅头是龙。其造型与汉文化中出现的"鱼龙"相似，属龙首型个性龙。

图4-41

图4-44

图4-42

图4-43

图4-45

图4-46

图4-48

图4-47

7. 水龙

水龙（图4-46），身像蛇，头上须毛卷曲，龙身蜿蜒，有鳞，尾巴上伸，身体两侧常饰有两条涡形云纹边，有宽大的金鱼尾，施洞围腰中多饰这种龙纹，属变体型个性龙。水龙的龙首有长鹿角的，也有长牛角的。苗族龙的鹿角与汉文化的鹿角内涵相同，都是生殖繁衍观念的一种象征。

8. 蜈蚣龙

蜈蚣龙，龙头是蜈蚣头，身有蛇形、鱼形之分。身细长、弯曲，鳍须密布，很像百足虫（图4-47）。其属变体型个性龙。蜈蚣具有蛇性，为软体爬行动物，蜈蚣龙是与肠之形状相"互渗"而产生的以蜈蚣为模本的龙造型，在施洞剪纸中出现比较普遍。苗族传说中有蜈蚣和蛇均是苗族祖先姜央兄弟之说，由此也可见蜈蚣和蛇与生殖祖先之间的"互渗"联系，而蜈蚣之多足特征还体现出了以体躯分支寓生殖繁衍之意，与商周青铜器兽面纹多有分支的特征有类同之处。

9. 花身龙

花身龙（图4-48），多流行于施洞。龙体大部分是蛇身，尾部展开成一朵大花，花上又常生出树枝状，树上置多种动物，其状与汉文化图形中的"蒂"纹相似。其造型属变体型个性龙。该图形以"蒂"的生殖繁衍特征与龙相结合，标示并体现出了龙、蒂（生殖之门）、树（生命繁衍）、万物（子孙后代）之间的相互关系以及这些符号的生殖象征意义。

10. 飞龙

飞龙，多流行于台拱。其头上无角，有蚕身的，也有鸟身的。蚕身飞龙在身上添两只鸟翅，鸟身飞龙则整体为鸟状，并有单翅、双翅，长脚、不长脚之分（图4-49）。飞龙的嘴边常置有一圆球物，苗族妇女称其为"宝"，形状与汉族龙中常见的龙所戏之"珠"相似。其造型属变体型个性龙。

11. 叶身龙

叶身龙（图4-50），多流行于台拱。龙身呈对生的树叶状（似槐树叶），树是生殖繁衍的象征物，树体生出密集的树叶，体现出了生殖繁衍的象征性内涵。其以植物为龙体，显示出苗族龙的概念范围不仅限于动物，还与天下万物有关。其造型属龙首型个性龙。

12. 狮体龙

狮体龙（图4-51），多流行于台拱，是牛龙的一种变体，只是鳞片改成了鬃毛，与狮体相似。其造型属龙首型个性龙。

图4-49　　　　　　　　　图4-50　　　　　　　　　图4-51

图4-52　　　　　　　　　图4-53　　　　　　　　　图4-54

13. 双体龙

双体龙（图4-52），在台拱与施洞都有。其造型为一个龙头两个蛇身，与汉族一头双身的肥遗龙相似，属变体型个性龙。其造型常表现为龙头在正中，头下两个身子由左右卷上，两龙尾相交处生一"宝"，含阴阳交合生殖之意。有的双体龙还在头与颈交接处长出一对翅膀，其翅由九条翅羽组成，苗族妇女也称其为"九翅龙"。

14. 双头龙

双头龙（图4-53），一身二首，与汉族并逢龙相似，龙身饰须毛和鳍，二首共戏一"宝"，也含有阴阳交合生殖之意。其造型属变体型个性龙。

15. 泥鳅龙

泥鳅龙，身呈圆筒形，瘦小无鳞，无爪，头上常装饰有花朵、山果等，外形很像泥鳅，故称泥鳅龙（图4-54）。泥鳅龙常装饰在其他龙造型的周围作为陪衬纹饰，是龙"子"的象征。其造型属变体型个性龙。

由以上苗族龙的种类可见，龙在苗族中几乎包含了除王权含义之外的各种物类，这些不同物类的龙相互之间无等级之分，并有着亲密的联系。苗族龙还有一种"互变"说：动物间可互变，动物与人可互变，动物与植物也可互变。台拱型的龙，头上多配鸡冠，传说这种冠是向公鸡借的，由此可见苗族认为动物之间是互通的。在其刺绣和剪纸纹样中，还有龙变人、人变龙、螺蛳变龙、牛变龙、蜈蚣变狗、鱼变人、蝴蝶变人、花变龙等多类动物组合及互变的形态，这种互变现象反映出了龙的原本生殖概念中物类间的相通关系。肠是一切生物的生殖之源，在这种观念下，所有生物都来源于由肠神化的龙这一共同祖先，因而人与动物之间、动物与动物之间的相互变化或组合在原本思维中都是合理的。

关于众多的苗族龙造型，就是苗族当地的刺绣或剪纸作者本人也不能把其来龙去脉说清楚，这些龙的形态均是用图形的方式一代一代传下来的。尽管苗族的龙图形也受到时代观念和汉文化的一些影响，但基本上还是保留了本民族原始龙的个性化特征，并以此反映出了原始龙的原本含义和造型方式。

通过本章对龙的演化及其不同类型的分类可以看出：龙出现后所产生的形态与当时的社会特征是相一致的，其不同造型特征的出现，是不同时期的社会意识在龙图形中的反映。从原始时期由肠生殖观念生成，至其逐渐演化为一种独立的动物型神化形象，龙先是经历了从多样（个性龙）到统一（共性龙）的过程，进而又由统一后的程式延伸出了其他类型的龙，其中既包括神化龙也包括现实龙。但神化龙与现实龙的实质及体现方式有明显的不同，神化龙是人们心中的神，是以图形造型方式来体现的，而现实龙是由龙图形与现实物象相"互渗"而产生的，是现实之物，其实质并不是龙。从不同类型的龙所体现出来的共性或个性特征来看，既有氏族崇拜、物类繁衍、实际应用等因素所产生的个性不同，也有在社会融合及王权统治中所体现出来的共性作用。对不同属性的龙类型进行梳理和划分，便于把握各种龙的起因和脉络，从而使对龙文化研究的思路更为明晰起来。

第五章 龙与相似物的"互渗"

龙的形象生成后，经过不同时期的衍化，又形成了许多的种类及造型，不仅包含神化的多种形态，还与一些现实物象之间产生了相关的联系。龙在演化过程中出现的这些不同种类及造型，与原始思维的"互渗"现象密切相关。原始时期的人们认为："把部分与整体等同起来，并没有什么荒谬之处"，"只是关心事物和现象之间的神秘的互渗，并接受这种互渗的指导"[1]。在这种原始思维模式中，不但可以将物象的某个部分看成独立的存在，还可以将物象和物象之间因某些特征的相似而联系起来，把它们看成具有共同特性的同一类物象。同样，当肠被人们看成一种独立的存在并将其神化为龙后，人们也会很自然地把与龙相似或相关的其他物象"互渗"联系起来，并延伸形成了与龙相关的其他图形。后来龙的内涵和范围的扩大，即是这种思维方式使其与相似物象之间关联"互渗"的结果，但这些因"互渗"产生的所谓的"龙"，只是龙的派生体，均不是龙之原形。

[1] [法] 列维·布留尔. 原始思维 [M]. 北京：商务印书馆，1981.460.

一、龙与相似物"互渗"的关联因素

人类的思维形态是以社会形态为背景的。法国著名学者列维·布留尔认为："不同的思维样式将与不同的社会类型相符合。"[1]在原始思维中，人们认识世界主要是依靠表象之间的联系而不是逻辑，这种事物与事物表象之间的联系为人们的想象提供了自以为是的依据，人们依此种联系所产生的认识去解释世界。在这种思维方式的作用下，人与自然万物之间没有固定的分界，可以把人或动物的某个部分看成独立的生命体，也可以将自然中的"神灵"表现成人的形象、动物的形象或人与动物复合的形象，还可以依据某一事物与另一事物的相似性产生"互渗"并做出主观的判断，将表面特征相似的物象视为同类。龙及其变体形态的出现，正是在这种思维模式下产生的。龙先是由原形肠神化成为一种独立的动物化形象，后又与其他相似物象产生"互渗"，进而出现了诸多与龙相关的对象和变体图形，这些经"互渗"与龙相联系的派生物均是原始思维对其作用的结果。

但原始思维状态下事物之间的"互渗"是有条件的，这个条件即是事物之间特征或外形的相似性。龙与"互渗"对象的关联条件主要来源于两个方面。

其一，由于生殖崇拜主要是针对人或动物而言的，当肠作为生殖之源被神化成为龙后，其"互渗"对象也首先与人或动物产生关联。这种关联的基础认知在于：虽然不同动物的外形与龙不同，但动物皆有肠，由于腹中之肠相似，人们便以为龙皆藏于万物腹中，并认为万物的生殖源于同一种生殖神灵（龙）。也正是基于此种认识，肠从而成为不同动物之间的"互渗"依据，并将源于肠的龙与所有动物的生殖联系起来。

其二，因某些物象外形与肠或龙相似，从而产生了龙与似龙物或似肠物的"互渗"联系。如：由于与龙体原形肠相似，产生了同蛇、虺、蚓、蚕以及自然物虹、闪电、河流、绳、带、树藤等似肠物象的"互渗"；在龙被神灵化（动物化）后，又因神灵化的龙形象与某些动物外形相似，进而产生了龙与鳄、蛟等似龙动物的"互渗"。

正是龙与多种物象的这种关联和"互渗"，从而使龙的概念不断扩大。也正是这些被"互渗"的物象外形与龙形接近，从而造成了后人对龙原形的种种猜想和对龙起源的种种说法。但这些龙的"互渗"物均是在龙概念形成后延伸而派生出来的，并非龙的最初本相。

二、龙与蛇形动物的"互渗"

蛇、虺、蚓等软体动物是外体形状与肠最为接近的动物。因为肠的弯曲条带状特征，在原始思维中很容易把具有相似特征的蛇形动物与之"互渗"并联系起来，而蛇形动物本身即是动物，这样就极容易在"互渗"过程中把与肠相似的蛇形动物看成是肠在生命躯体外的另一种表现形态。也即认为：蛇形动物是具有动物特征的存在于体外的肠。在肠被神灵化为生殖神龙后，蛇形动物也因此特征随之具有了生殖的神性，并与龙相联系划归为龙属，从而具有了龙的属性。

（一）古文字中"己"与"虫""它"的关系

从古文字中也可看出肠与蛇形动物的"互渗"关系。虫在甲骨文中作"ᛌ"，是明显的蛇形（图5-1）。"虫，动也"[2]，"虫，一名蝮，博三寸，首大如擘指，象其卧形。物之微细，或行、或飞、

---

[1][法]列维·布留尔.丁由，译.原始思维[M]北京：商务印书馆，1985.20.
[2]《释名》。

或毛、或臝、或介、或鳞，以虫为象"[1]。"蝮"与"腹"音同，可通。古代所谓的"虫"是一个意义广泛的概念，甚至是一切动物的大共名，所有动物均可谓之"虫"。如在古典名著《水浒传》中，就称老虎为"大虫"。物之各类之所以皆"以虫为象"，正是因为虫似肠，而肠能生育万物，从而使肠与虫产生"互渗"联系所致。

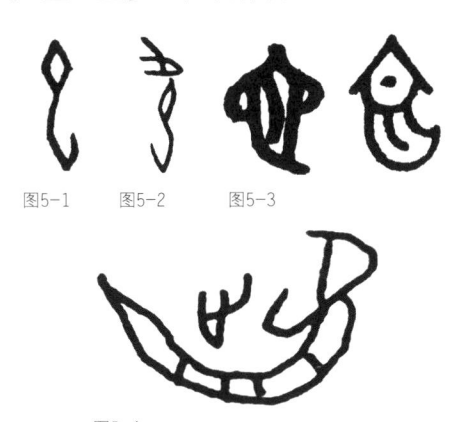

图5-1　图5-2　图5-3

图5-4

前已分析"己"是肠的象形，人的生命由"己"而出，故以"己"（肠）谓己，并以人外部最为突出的器官"自"（鼻）与内部器官"己"（肠）合称为"自己"，作为自身的代词。"自己"之外的事物代词称"它"。"它"甲骨文作"𠃊"（图5-2），金文作"𠁃"（图5-3），其主体均是"虫"（蛇）形。"虫"（蛇）与"肠"由于相似产生"互渗"，并被认为是肠在腹外的另一种存在形态。在甲骨文"𠃊"中，上为一足，下为一蛇。此字为会意，意指足外为"它"，是人对"自己"之外像肠的蛇的称谓，并作为"己"之外事物的代称。可见"它"之意正是由蛇被认为是腹外之肠的动物化形态而来。在金文"𠁃"中，可看到"它"体中着重刻画一弯曲竖线，而"虫"等字则无，此既是对腹内之肠的表现，也指"它"（蛇）由肠变化而来。甲骨文中还有足外置龙的"它"字（图5-4），表示"它"也可以用腹体之外的龙（肠的动物化）来象征，此字所体现的龙与"它"的"会意"特征，更进一步表明了龙与"己""它"的相互联系。

可见，腹内为"肠"，谓"己"；腹外为"它"（蛇），谓"它"。"己"与"它"的区别正是来自身内与身外对肠的认识，这种称"己"以外似"己"动物为"它"的现象，是原始思维以"互渗"方式认识事物的结果。

（二）龙与蛇形动物

肠与蛇的"互渗"联系，在古文化图形中同样被体现了出来。如在春秋邾公牼青铜钟的腹部纹饰中，可看到在铜钟的腹部就有"S"形肠纹向两端延伸变化为蛇的图形（图5-5），该图形通过由肠纹到蛇的变化，以图形造型的方式体现出了肠与蛇的"互渗"关系。

在原始思维中，蛇与肠之所以能产生"互渗"联系，除蛇有着与肠相似的形态，且本身就是一种动物外，还因为蛇虺之类多是阴物穴处，柔弱隐伏，这些特征又与肠藏于腹的特征产生关联，所谓"深山大泽，实生龙蛇[2]"之说，即与此潜藏之意有关。正是由于蛇与肠的这种联系，而龙又是肠的神灵化，蛇也就与龙"互渗"联系起来，并使龙也具有了潜藏的特征。

尽管因肠与蛇的"互渗"使龙与蛇产生了联系，但这并非表明龙、蛇为一物，特别是仅因外形与肠或龙相似而被称为龙的那些动物，更是与神化

图5-5

---
[1]《说文》。
[2]《左传·襄公二十一年》。

龙的原本相去甚远。典籍中记载："当尧之时，水逆行，氾滥于中国，蛇龙居之。民无所定；下者为巢，上者为营窟。……使禹治之，禹掘地而注之海，驱蛇龙而放之菹。水由地中行，江、淮、河、汉是也。"[1]由于此说中出现了蛇龙连称，从而使龙极易被误认为是现实中与蛇相近的一种动物。其实，此"蛇龙"之称是人们因蛇、龙"互渗"而对蛇类动物和似龙动物的称谓，所谓"蛇龙"均指现实中的物龙，与具有生殖神、祖先神含义的神化龙并非一类，更不能据此就认为龙的原本由蛇演化而来。王充《论衡》中说："龙或时似蛇，蛇或时似龙。"此也是说蛇似龙，并非说蛇即是龙。又说："龙鳞有文，与蛇为神。"郑玄注《尚书大传》云："龙，虫（蛇）之生于渊，行于无形，游于天者也。属天。蛇，龙之类也。"此说进一步表明了龙与蛇的关系，其言蛇为"龙之类"，并非蛇即是龙。《后汉书·襄楷传》中还有"龙能变化，蛇亦有神"之说，此说也表明在龙崇拜观念中龙与蛇虽具有某种联系，但两者并非等同。龙与蛇的联系是由龙崇拜产生后与相似动物"互渗"，从而使其概念扩大所致，这种龙与蛇形动物之间产生"互渗"并视为同类的现象，在原始思维中被认为是极其正常的。虽然龙、蛇非为一物，但由于蛇与肠、龙的"互渗"，蛇也同样具有了生殖神的特征，并在礼制社会中成为龙之下诸侯和臣民生殖神的象征。

也正是由于蛇的这种性质，蛇在人的意识中被赋予了母性的特征。女娲之体就是在此种意识形成后，由"女娲之肠"的肠躯进而演化成为动物化的蛇躯，并最终出现了人与蛇相复合的生殖神造型。在中国传统文化意识中，蛇也是常与女性相关联的对象，如古人有重视占梦的习俗，占梦多依据所梦景象来预测与之相关的事情，其中即认为梦蛇与女性有关。"下莞上簟，乃安斯寝，乃寝乃兴，乃占我梦。吉梦维何，维熊维罴，维虺维蛇。大人占之，维熊维罴，男子之祥。维虺维蛇，女子之祥。"[2]在此说中，虺与蛇均是女子象征，梦见虺和蛇是生女子的吉兆。后世的解梦书中也有"梦蛇入怀中，生贵子"的说法。这种"梦蛇生女"或"梦蛇生子"之说，反映出了由原始思维"互渗"现象所产生的蛇与生育的联系。

龙与相似物的"互渗"除将蛇划为龙属外，还把形状与龙或肠相似的其他蛇形动物联系起来，也同样赋予了生殖的属性。如在商周青铜纹饰中，蛇、虺、蚓等均在图形中作为龙之下诸侯或臣民的生殖象征。传说中还将有些蛇形动物作为帝王出现的某种祥兆。《吕览·应同》："凡帝王之将兴也，天必先见祥乎下民，黄帝之时，天先见大螾大蝼，黄帝曰：'土气胜'。土气胜，故其色尚黄，其事则土。"高诱注："祥，徵应也。蝼，蝼蛄；螾，蚯蚓；皆土物。"《御览》九四七引《河图说微》："黄帝起，大蚓见。"《帝王世纪》："黄帝时，螾大如虹。"五行说以中央为土，色黄，称黄帝为黄龙，"大蚓"与龙"互渗"并与黄帝联系，则被视为祥瑞。蚯蚓是软体动物，生于土中，其形状与肠形相似，又称"土龙""地龙"，从其称谓也可见其与龙的"互渗"关系。

"有羽之虫三百六十，而凤凰为之长。有毛之虫三百六十，而麒麟为之长。有甲之虫三百六十，而神龟为之长。有鳞之虫三百六十，而蛟龙为之长。有臝之虫三百六十，而圣人为之长。此乾坤之美类，禽兽万物之数也。"[3]在此说中，自然界的各种动物皆称为"虫"，之所以称"虫"，是因为人们认为：动物皆有肠，万物皆本于肠，而肠又似虫，从而产生了肠与虫为相类之物的认识，并认为禽兽万物均与"虫"有着一脉相承的联系。此种认识的产生，即是因肠与虫特征相似，在原始思维中

---

[1]《孟子·滕文公下》。
[2]《诗经·小雅·斯干》。
[3]《大戴礼记·易本命》。

关联"互渗"的结果。而龙在神灵化的过程中，其形象以肠形为基础吸收了多种动物特性进行综合，也是基于肠是万物生殖之源的认识。由于肠可以生"有羽之虫""有毛之虫""有甲之虫""有鳞之虫""有臝之虫"等禽兽万物，因而在肠的基础上综合任何物象来创造龙的形象，都会被认为是合情合理的。早期龙有足和爪的较少，更接近龙的原形肠，后来为了使龙的内涵具有万物生殖的共性特征，龙被加上了角、足、爪、鳞等以聚天下万物之特性，且能巨能细、能大能小、能登天、能入渊，无所不能，真正成为具有多种物类综合特征的万物生殖神。

（三）古文化图形中的蛇形纹饰

当龙由生殖神进而具有了祖先神和权力神的身份象征意义后，蛇、虺、蚓类动物由于与肠的相似"互渗"，也从身份特征上与龙产生联系，从而成为龙的子孙和龙之下普通生殖神的象征。

青铜时期的蛇纹作为龙纹的陪衬纹饰，较龙纹出现要晚，表明蛇在其身份意义上的确是在龙出现后才与龙产生联系的。周代早期的青铜纹饰以龙为主体，蛇、虺等作为"子"纹饰，与小型的龙纹、鸟纹、枝叶纹等常布局在主体龙纹周围或置于主体龙纹的围绕之中，以体现其被龙生殖和控制的状态，反映出了当时礼制下龙与蛇、虺之类生殖与被生殖的从属关系（图5-6）。周代后期，蛇纹饰开始大量出现并呈现众多蛇形纹相互交连状，与周代前期相对独立的龙纹形成了鲜明的对照，这与礼制下龙和蛇所代表的不同身份在图形中的表现有关：龙是祖，是最高统治者，是唯一，帝王以龙自喻；蛇是臣，是子民，是后代，是芸芸众生，蛇、虺之类常以众多来表现氏族的繁衍及子嗣的昌盛。由于周代后期社会制度"礼崩乐坏"，周代早期以龙为主体的图式布局也转化为无主体龙纹的蟠虺纹饰（图5-7）（图5-8）。此时期比蛇纹更小的虺、蚓类缠绕交合纹饰在青铜器纹饰中也大量出现，这些青铜器均为诸侯或氏族王的器物，其纹饰体现了在诸侯层面上对氏族壮大和子民繁衍的祈望（图5-9）。此类蟠虺纹的出现，以图形方式反映出了此时期王室渐微及诸侯争霸的社会特征。

1977年在四川省会理县出土的西汉铜编钟上，也见有蚓形纹饰（图5-10），蚓在此象征龙蛇之下的氏族神，是地方氏族王的象征。其以蚓为纹饰，体现出了与汉王室龙蛇纹饰的等级差别及从属关系。在该图形中，蚓作为钟的主体纹饰，其盘曲的造型体现出了与肠的相似特征，且在蚓体之上再装饰肠纹，更为明确地显示出了其生殖象征及与肠的

图5-6

图5-7　　　　图5-8　　　　图5-9

图5-10　　　　　图5-11

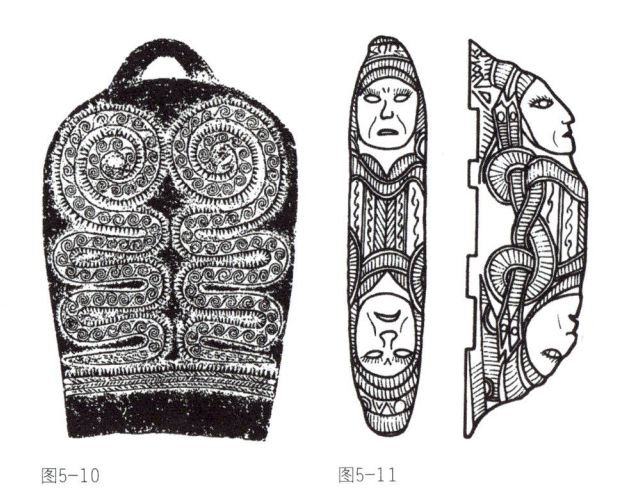

图5-12

图5-13

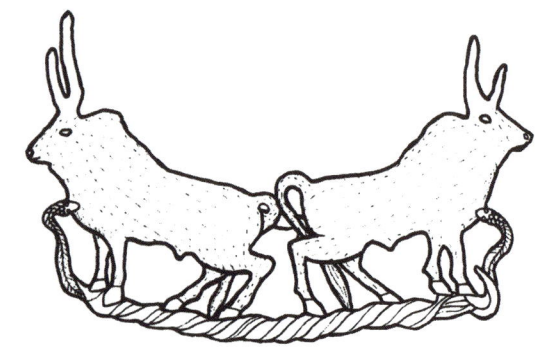

图5-14

"互渗"联系。

古滇人文化中也存有大量与蛇相关的生殖崇拜内容。在云南羊甫头出土的蛇育人木雕漆器（图5-11），其造型以蛇盘人的形态对人做孕育之状，蛇孕人的生殖特征十分明显。而在此地出土的铜扣饰图形中，许多铜饰以蛇（生殖神）、牛（氏族图腾）、人（子民）为表现内容，并将蛇置于铜扣饰的基部，呈现出蛇对人、牛咬合或缠绕（"咬合"谐"交合"，咬合或缠绕是生殖神与之交合的象征）之状，人与牛均立于蛇之上，显示出其由蛇而生的特征（图5-12）。在这种蛇生殖象征图形中，还有的铜扣饰表现为立于蛇上的两牛正在交配，且蛇与牛也呈咬合状的图式，同样明显地表现出了蛇与生殖的关系（图5-13）。另外有的铜扣饰在基部以缠绕交合的肠造型延伸至两端再转化为蛇形（图5-14），其不但体现了蛇与生殖的关系，而且反映出了肠与蛇在生殖崇拜中的"互渗"特征。这些图式所体现出的蛇（生殖神）、牛（氏族图腾）、人（子民）的相互关系表明，在古滇人的生殖观念中，其氏族及子民是由蛇（生殖神）来庇护和繁衍的，同时也反映出古滇人文化中仍然延续了原始龙时期生殖神与图腾共存的特征。

由于蛇类动物与肠"互渗"被认为是龙属，从而也使蛇类动物与龙的这种"互渗"联系在龙的动物化过程中，又反过来影响并作用于龙。如早期的龙体少有鳞纹，后来在龙的造型中，其体部却越来越复杂地刻画出了鳞纹，即是龙同蛇、鱼等相联系并影响龙造型的结果。但此现象并非表明蛇是龙的原形，而是蛇类动物产生了与龙的联系后又反作用于龙的现象。此现象从原始龙纹的造型特征中也可得到印证，原始龙纹体部是无鳞的，龙体表现出的多是肠的原本特征，表明龙体之鳞只能是后添之物。

也正是由于蛇、虺、蚓之类与肠的"互渗"联系，从而导致并产生了后来误以蛇为龙原形的说法。从以上分析可知：蛇形动物与龙的关系，实质上是因蛇与龙在某些特征上相像产生"互渗"而出现的派生体，蛇形动物并非龙的原形。

三、龙与鳄的"互渗"

有观点认为鳄鱼的形象和习性接近于龙，并根据许多古书中所记述的蛟龙形态及特征认为鳄鱼即是蛟，故有判定龙之原形为鳄鱼之说。但本书认为鳄鱼也只是因其形象特征与神化后的龙图形有某些相似才产生了与龙的"互渗"关联，鳄鱼不是龙的原形。

（一）蛟与鳄

龙之原形为鳄鱼说，所依据的认为"蛟"即"鳄"是龙之原形的典籍记载有：

《说文》："蛟，龙属也。池鱼满三千六百，则蛟为之长，率鱼而飞去。"

《艺文类聚》卷九十六引《山海经》："蛟似龙蛇，四脚，而小头细颈。颈有白婴，大者数围。卵生，子如一二斛瓮。能吞人。"

《渊鉴类函》引《山海经》："梼过（杌）之山，浪水出焉。其中有虎蛟。其状鱼身而蛇尾。"

《艺文类聚》引王韶之《始兴记》："云水源有汤泉。下流多蛟害，厉济者遇之，必笑而没。"

《埤雅》："蛟能交首尾束物，故谓之蛟。"

《本草纲目》："任昉《述异记》云：'蛟乃龙属。其眉交生，故谓之蛟，有鳞曰蛟龙。'裴渊《广州记》云：'蛟，长丈余，似蛇而有四足。形广如盾。小头细颈有白婴，胸前赭色，背上有斑，胁边若锦尾，有肉环。大者数围。其卵亦大。能率鱼飞，得鳖可免。'王子年《拾遗录》云：'汉昭帝钓于渭水，得白蛟若蛇。无鳞甲，头有软角，牙出唇外。命大官作鲊，食甚美。骨青而肉紫。'据此则蛟亦可食也。"

《淮南子·泰族》："夫蛟龙伏寝于渊，而卵剖于陵。"高诱注："蛟龙，鳖属也。乳于陵而伏于渊。其卵自孕。"

由以上诸说，龙之原形为鳄鱼说便认为：所谓蛟龙，就是蛟鳄。

但另外却有许多古代有关人类与蛟作斗争的记载，表明蛟是可斗、可杀之物。

《吕氏春秋·季夏》："令渔师伐蛟。"

《渊鉴类函》引《博物志》："澹台子羽赍千金之璧渡河。河伯欲之，阳侯波起，两蛟夹船。子羽左操璧，右操剑，击蛟，皆死。既济，三投璧于河。河伯三跃而归之。子羽毁璧而去。"

《韩诗外传》："东海有勇士菑丘䜣，以勇猛闻于天下。过神渊；曰：'饮马。'其仆曰：'饮马于此者，马必死。'曰：'以䜣之言饮之。'其马果沉。䜣去朝服，拔剑而入，三日三夜，杀三蛟一龙而出。雷神随而击之，十日十夜，眇其左目。"

《吕氏春秋》："荆有次非者，得宝剑于干遂。还反涉江，至于中流，有两蛟夹绕其船，次非拔剑赴江，刺蛟杀之。荆王闻之，仕以执珪。"

《新语》："曹公（操）幼而智勇。年十岁，常浴于谯水。有蛟来逼，自水奋击。蛟乃潜退，于是毕浴而还，弗之言也。后有人见大蛇，奔逐。操笑之曰：吾为蛟所击而未惧，斯畏蛇而恐耶？"

《世说新语》："周处年少时，凶强侠气，为乡里所患。又义兴水中有蛟，山中有白额虎，并皆暴犯百姓，义兴人谓为三横。……处即刺杀虎，又入水击蛟。蛟或浮或没，行数十里，处与之俱，三日三夜……竟杀蛟而出。"

《襄阳耆旧传》："晋邓遐，字应远。勇力绝人，气盖当时。……为襄阳太守，城北沔水中有蛟，尝为人害。遐遂拔剑入水。蛟绕其足，遐挥剑截蛟，流血。江水为之俱赤。因名曰斩蛟渚，亦谓之斩蛟津。"

以上斗蛟杀蛟的记载，均说明了蛟无可置疑的动物特征，也表明蛟之形、性与鳄鱼相类。虽然蛟与鳄同属一类，且蛟龙连称，甚至认为蛟是龙属（龙属并不是龙），但也仅是说明蛟是一种似龙的现实动物，并不能说明鳄即是龙之原形。很明显，这些记述中被斗被杀的蛟与同时期社会中存在的被尊被崇、至高至圣的龙完全是两回事。

在近代现实生活中，也曾出现过被认为是与蛟相类的神秘生物，并有真实记载。1934年8月8日，在营口发现一具与传说中的龙极为相似的骨骼。在这个神秘生物未死之前，当地的居民曾经两次见到它，并与其有过长时间近距离的接触。《盛京时报》报道为"蛟类涸毙"（图5-15），当时也称其为"龙""天降龙""营川坠龙""巨龙"等，同时还配以照片，图文并茂。该报记述："……该龙体气参天，头部左右各生三支甲，脊骨宽三寸余，附于脊骨两侧为肋骨，每根五六寸长，尾部为立板形白骨尾，全体共二十八段，每段约尺余，全体共三丈余，原龙处，有被爪挖之宽二丈长五丈之土坑一，坑沿爪印清晰存在，至该龙骨尚存有筋条，至皮肉已不可见矣。"当时营口市民争相观看，附近城镇专程来参观者也络绎不绝，人们议论纷纷，普遍认为是"龙"。但从该事所记来看，这条所谓的"龙"，也只是一个不明身份的与蛟相似的生物，因无水而涸毙，表明其并无任何神性，仅是因为形状与龙的造型有某些相似才被认为是龙，或被说成是龙。这与鳄类因某些特征似龙而与龙产生"互渗"关联被认为是龙一样，其也只是似龙的一种生物，并非人们心目中被神灵化的龙，更与作为生殖神、祖先神、统治神的龙无关。

（二）鳄不是龙之原形

本书认为鳄鱼不是龙之原形，理由有三：

第一，记载中的鳄鱼或蛟多具有现实中动物的特性，即使有史料称鳄鱼或蛟为龙，那也只是根据鳄鱼或蛟的形象与后来已经神化的龙形象因某些相似产生"互渗"联系而有的称谓，据此并不能说明鳄鱼就是龙。至于传说中所谓"有鳞之虫三百六十，而蛟龙为之长"之说，也仅仅表明蛟龙是"有鳞之虫"一类之长，而非涵盖一切动物生殖的龙。这就如同鳄鱼虽称作"鱼"其实不是鱼，海马虽称作"马"其实不是马，天牛（一种昆虫）虽称作"牛"其实不是牛一样，虽然有史料称鳄鱼为"蛟"为"龙"，但也只是因其与龙的某些相象在称谓上加了龙字而已，并非本原之龙。《真腊风土记》中说："鳄，大如船，有脚，类龙。"此处说得非常清楚：类龙即似龙，表明其并不是龙。可见鳄鱼或蛟只是因某些外在特征与后期神化的龙相似才与龙"互渗"被划为龙属，此与蛇同肠"互渗"而被划为龙属其意相似。除此之外，还有鱼大

图5-15

为蛟之说。《说文》鱼部："鲛，海鱼，皮可饰刀。从鱼，交声。"《释文》："鲛，本作蛟。"蛟、鲛为一字。《吕览·喻大》："水大则有蛟龙。"高诱注："鱼满六千斤为蛟。"《淮南·说山》："一渊不两鲛。"高诱注："鲛鱼之长，其皮有珠，今世以为刀剑之口。一说鱼二千斤为鲛。"高诱亦以蛟同鲛。郝懿行《笺疏》云："鲛鱼，即今沙（鲨）鱼。"从以上诸说来看，蛟又非鳄鱼，因为鳄鱼非生于海，且也不符合"鱼满六千斤为蛟"的标准，如按蛟为海鱼且体大的特征看，蛟应为鲨鱼或鲸鱼。但不管蛟是鳄鱼、鲨鱼还是鲸鱼，"蛟"之称是因其体大为鱼之长而来，物长则为祖，祖则被称为龙，故蛟才被归为龙属并连称为"蛟龙"。由此可见，蛟是由于形象接近后来已经神化的龙，及因体大为鱼类之长，从而与龙产生"互渗"联系，才被称作"蛟龙"的，其实质并非本原之龙。

第二，从造型特征来看，鳄鱼与早期的原始龙纹也相去甚远。如：内蒙古三星他拉玉龙、山西襄汾陶寺龙、内蒙古昭乌达盟敖汉旗大甸子黑陶彩绘龙等，均与鳄鱼的形象明显不同。即使被认为像鳄鱼的河南西水坡蚌壳龙，其特征实际也与鳄鱼相差甚大：蚌壳龙颈能大幅度弯曲，而鳄鱼却不能；鳄鱼为四足，而该龙为两足；鳄鱼尾呈扁尖状，而该龙形尾无尖状特征。再者，甲骨文中出现的被认为颇像鳄鱼的龙字（图5-16），从其造型特征看也非鳄鱼，而是在腹中孕子的肠形。理由是：该"龙"字体部呈波曲形，这是肠的特征而不是鳄鱼的特征；其腹部粗大，显示其为孕子的状态；腹中三个"一"形是"指事"腹中所孕之子的象征。在山西石楼出土的商代龙纹铜觥的一侧，同时铸有龙与鳄鱼的造型（图5-17），从两者特征也可看出：龙体造型卷曲（与上述甲骨文"龙"字特征相同）无足，而鳄体僵直且生四足，两者特征大不相同，差别十分显明。此两者在同一器物上出现，说明在商代龙与鳄便产生了"互渗"联系，但两者又确实并非一物。

第三，鳄鱼不具备龙的神异性。龙可称"四方之长，四方之正色，神灵之精也。能巨，能细，能幽，能明，能短，能长，乍存，乍亡"[1]；龙"变化无日，上下无时，谓之神"[2]；"龙之所以为神者，以能屈伸其体，存亡其形"[3]。而传说或记载中的鳄鱼或蛟只具有动物特性，并无神性。尽管有论点把近似于鳄类的蝾螈类以及蜥蜴类都划归为龙类，以其不同的形体大小及生物习性来说明其"能为高，能为下，能为大，能为小，能为幽，能为明，能为短，能为长"的特征，并以此来证明龙是一种现实确实存在的动物，但充其量也只能说明其仅是鳄鱼或蛟一类，而不能说明龙与包括"庶鸟""庶兽"在内的一切生物的生殖联系和祖源关系，更不能同尊为人祖的人龙联系到一起。况且鳄鱼（蛟）在记载中是一种似龙的恶兽，是人们在现

图5-16　　　　图5-17

---

[1]《瑞应图》。
[2]《管子·水地》。
[3]《论衡·龙虚篇》。

实生活中惧、斗、捉、杀的对象，其属性是现实中的"物龙"，与被尊为生殖神、祖先神和统治神的至尊之龙显然是完全不同的两码事。虽然鳄与后来动物化的龙之间因某些特征相似产生关联，并被认为是现实中的龙，但从龙概念的延伸过程来看，它与龙的"互渗"联系比蛇或虫与肠的"互渗"联系应该还要晚得多。

四、肠与绳、带、藤的"互渗"

龙除与虫、鳄等相似动物产生"互渗"外，龙的原形肠与形状相类的"绳""带""藤"等物象同样产生了"互渗"联系，以至人们在祈生活动及相关图形中对这类物象也赋予了生殖的含义，并出现了"绳纹""带纹""藤纹"等纹饰。这些纹饰不仅在图形中起装饰性的作用，更重要的用意还在于用其来体现生殖的象征性内涵。

（一）肠与绳

绳纹是原始时期就出现在陶器上的纹饰。在新石器时代，先民们常用绳的印纹在陶器腹部进行装饰，后人称其为绳纹（图5-18）。在前面章节就原本艺术的造型方式已谈及，在器体腹部出现的纹饰除装饰目的外，还具有以外部纹饰反映内部特征的象征性含义，而在器皿腹部用绳的印纹来进行表现，也并非仅是一种单纯的装饰，其另外的用意是在"以器代腹"的生殖崇拜象征中，用压印绳纹的方式以绳代肠对腹内生殖特征进行表现。这种表现方式的出现，同样是因肠与绳外形特征相似而产生"互渗"所致。即：以绳纹代替肠纹，将绳纹作为腹中之肠的象征。

绳纹在中国图形文化中具有较强的传承性。自原始时期至商、周、汉及以后时期的陶器上常用绳纹进行装饰，在不同时期的青铜、玉雕、石雕等艺术形式中也多有绳纹出现（图5-19）。

《风俗通义》载："天地初开，女娲抟黄土为人，剧务，力不暇供，乃引绳横泥中，举以为人。"生殖神女娲以绳"举以为人"，可见女娲所用之"绳"具有明显的生殖象征意义。前已谈及《山海经》中的"女娲之肠"是化育之神，也是女娲的化身，而《风俗通义》中言女娲以绳作为人类生殖繁衍之物，表明"女娲之绳"与"女娲之肠"有着相通的联系。女娲之绳之所以能"举以为人"，也正是因为绳与肠外形特征相似产生"互渗"，才在此以绳代肠为之。

绳（系）与肠的"互渗"使绳具有了生殖的含义，此又与祖先产生相关联系，进而使其成为族系的象征。古人结绳纪其世系，《诗经》中"绳其祖武""子孙绳绳""宜而子孙绳绳兮"等句即是结绳以纪世系之实录。甲骨文中"𢎨"（系）字为绳之象形（图5-20），而"孙"字作"𢿢"，是以"系"再传"子"的"会意"方式来表示"孙"（图5-21），明确体现出了"系"对生殖传承的意义。山东省

图5-18

图5-19

图5-20　　图5-21

图5-22

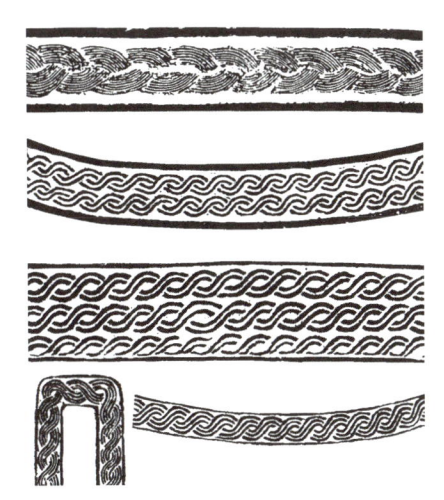

图5-23

图5-24

滕州市汉画像石馆藏有一块双龙交合纹画像石（图5-22），该双龙之尾即用"绳"造型，并以生殖神与绳的结合来表达"绳其祖武""子孙绳绳"世系传承繁衍之意。从汉语"族系""世系""嫡系""联系""继续""子孙"等词中，也可见其与绳的联系，表明这些词的词义均与绳的生殖象征意义相关，而绳的这种生殖象征意义的体现，又是由肠与绳（系）的"互渗"联系延伸而来的。

以绳（系）象征生殖的另一原因，还在于绳在祭祀等祈生活动中的实用性：原始思维将肠作为生殖之源，但肠在通常情况下只是动物体内的一个组成部分，并不便于在祈生活动中使用，而以玉或铜来制作肠的象征物或龙的图形，也只是在有一定身份的高规格祭祀中才能使用，因而"以绳代肠"就使与肠相似的绳、系等物品，在生殖崇拜的普通层面具有了更为直观、实用、耐久、便利的象征性替代作用。

龙与绳的生殖内涵虽然均由肠而来，并且同为生殖崇拜的象征，但两者是有明显区别的：龙是肠的神灵化，象征的是氏族的生殖神和祖先，具有身份的特殊性；绳是肠的直接象征物，象征的是氏族生殖繁衍的血脉延续，具有普遍的适应性和实用性。

以绳代肠的图形纹饰在古代图式中经常出现。在商周青铜器纹饰中，绳纹多装饰于鼎耳及器物口沿等部位（图5-23），有时还与龙纹等配合，以共同体现生殖繁衍的内涵。四川广汉三星堆出土的青铜头像中也见有以绳为冠者（图5-24），冠为身份之象征，其以绳为冠即表示以绳为祖，象征并体现出了氏族神的身份特征。上海博物馆收藏的一件战国时期铜椭栖上刻有表现祭祀内容的图形，该图形上方置绳纹，下方刻有生命树、鸟（象征子孙）以

图5-25

及祭祀场面（图5-25）（图5-26），其图式明显体现出了以绳为祖、子孙祭祖、生殖繁衍的内涵。民间收藏的一件青铜人首双身绳纹带钩，其造型整体体现出了人首双身龙的特征（图5-27），带钩一端呈人首状，人首颈后延伸出两条绳形躯体，此器以绳为龙体，同样昭示出绳与龙体（肠）的"互渗"及对族系生殖繁衍的象征意义。在春秋战国时期的瓦当纹饰中，绳纹与肠纹还与五行观念结合，形成由中间向四方呈放射状的图式，此类图式不但体现出了肠与绳的联系，也昭示了天下四方生殖的内涵（图5-28）。此外，广西恭城县出土的战国青铜器底纹上有既似肠也似绳、交错盘曲的图形（图5-29）；北京通县中赵甫出土的战国青铜豆上有肠纹与绳纹共同组合的图形（图5-30）；江苏吴县严山出土的春秋晚期长方形玉佩上有龙以绳为体的图形（图5-31），等等。这些图形均体现出了肠与绳的"互渗"联系以及由此而来的绳生殖象征。绳纹应用的这种普遍性也表明，绳同肠的"互渗"联系

图5-26

图5-27

图5-28

图5-29　　　　　　　图5-30　　　　　　　　图5-31

在不同时期的图形文化中已成为定式,并具有符号的象征性含义。

绳不但与肠产生"互渗"联系,同样也与蛇因形状相似产生了"互渗",从而使"肠""蛇""绳"之间均具有了生殖的象征性内涵。在青铜时代古滇人的器物图式中,即明显可见蛇与绳的这种"互渗"。云南曾出土过此时期的多件铜扣饰,其图形内容大都与生殖崇拜和祭祀有关,蛇与绳在这些器物中对牛或人均呈现出相类同的缠绕状态,蛇与绳相同的缠绕状态反映出蛇与绳在古滇人文化中象征含义的一致性。但蛇与绳在实际应用中也有所不同:蛇对人等物的缠绕只能在象征生殖繁衍的图形中出现,而绳对人等物的缠绕完全可以在实际的巫术及祭祀活动中出现。从李家山出土的一件铜扣饰中,即可看到这种明显以绳象征生殖的巫仪场面(图5-32):该扣饰表现的是以绳将牛、人和图腾柱(柱顶饰一卧牛,该牛在图腾柱上则表明牛与古滇人的祖先有关)缠绕在一起的内容,体现出了牛、人、图腾柱(祖)一脉相承由"绳"而生的特征,其情景与前面提到的古滇人器物中以蛇缠绕牛或人的图式一致,也与商周青铜纹饰中"肠孕子"图式的孕育特征相类似,此以绳参与巫仪应用的扣饰图形更具写实性,既是肠生殖观念在古滇人图形文化中借绳喻肠的体现,也是古滇人祭祖祈生活动的写照。

不仅中国存在绳崇拜,国外的一些地区也有绳崇拜现象。日本绳纹时代即把绳作为神圣的崇拜对象压印在陶器上。此后时期,绳崇拜一直在日本文化中产生影响。奈良县大神神社境内有一株被称为已神杉的巨杉(图5-33)[1],据说此树与蛇神有关,神社前面吊挂着呈交合状象征蛇神及生殖含义的巨型注连绳,明显体现出了对绳的崇拜及绳与蛇的"互渗"联系,是以绳为祖神的象征。

图5-32

---

[1][日]安田喜宪.神话祭祀与长江文明[M].北京:文物出版社,2002:273.

图5-33

图5-34

图5-36

图5-35

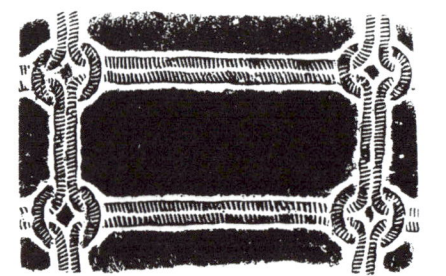

图5-37　　图5-38　　图5-39　　图5-40

图5-41

人们对绳的崇拜还出于另外一个原因，即绳所呈现的绞合特征。阴阳观念出现后，双股绞合成绳的特征被赋予了阴阳交合的含义。这种特征体现在图形文化中，不仅仅限于对绳本身的表现，还将此义延伸到其他体现阴阳交合的图式中。此类以图形寓意阴阳交合表现生命繁殖的现象，在春秋战国时期的蟠蛇交合纹饰中多有体现（图5-34）（图5-35），汉画像石图形中也有龙与龙交合（图5-36）、伏羲与女娲交合（图5-37）、兽尾交合、鸟身交合（图5-38）等图式，这些图式，均以绳状绞合的方式体现了阴阳交合的观念。

在绳或龙的图形中，其造型还经常呈现出打结、穿环等图式，这种打结或穿环现象是寓意阴阳交合成"结"生子之意（图5-39）（图5-40）（图5-41）。"结"为"生"之象征，如"结籽""结实"等均为"生"意。所谓"结绳纪其族系"，即是以绳为祖，后代出生"系结为记"之体现。

"龙穿璧"在汉画像石中同样是一种象征生殖繁衍的图式，璧是礼天之物，是"生"的象征，其原形是由"卵"演化而来的[1]，两龙交合穿璧，寓意阴阳交合生殖。绳穿环图式是龙穿璧图式的变体，当龙成为王权的专用符号后，璧也因与天的联系成了皇族专用之物，因而在皇族之外象征交合生殖的图形中常用绳穿环（环为璧之变体）形式代替。璧与环代表的身份虽不同，但对生殖的象征性是一致的。

在山东安丘董家庄汉墓中室封顶石上，有月亮与绳穿环组合的图形（图5-42）：该图形在绳穿环的网状底纹中表现有月亮、玉兔及蟾蜍捣药的内容，月亮在古人观念中是阴性生殖神的象征，兔是"子"的象征，蟾蜍（蛙）是母祖的象征，在此月亮被组合在绳穿环的网状底纹上，与绳共同体现出了"长生天"的生殖含义（以此为网除体现生殖含义外，也有防止亡灵游离之意）。在该墓后室东间

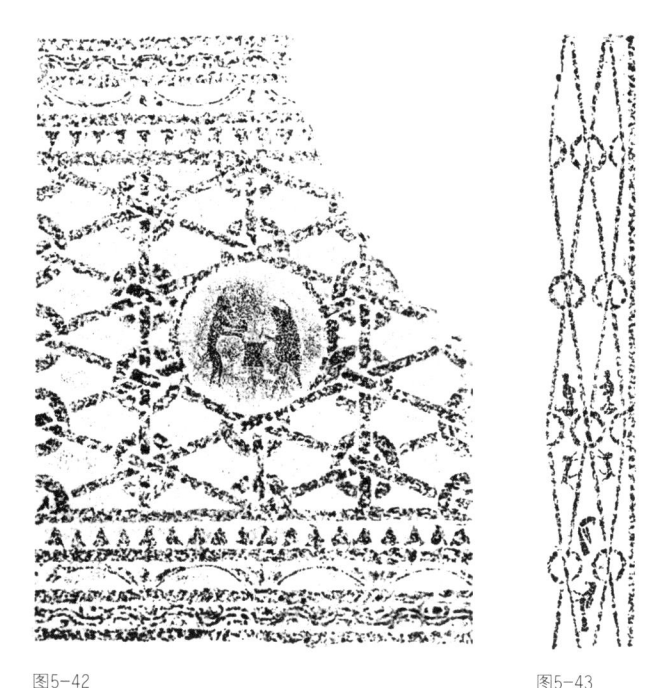

图5-42　　　　　　　　　　　　　　　　图5-43

南壁方柱上还有另外一幅绳穿环的画像石图形（图5-43）：从该画像石绳穿环的画面上可看到其内有男女墓主人及兽、鸟的形象，鸟为"魂"，兽为"魄"，该图式之意是亡者夫妇魂魄相合，并在生殖神的孕育中（以绳穿环象征"肠孕子"）获得重生之象征。此类汉画像石以绳穿环同月亮及亡者的图形组合，表现了祈望亡灵重生的内涵。

从以上图式和例证中可见：在肠与绳产生"互渗"联系后，绳作为生殖的象征不但在图形中成为肠的代用符号，还在氏族意义上成为"族系"特有的象征。

（二）肠与带

带状物也是因其形状与肠相似从而成为肠的"互渗"象征物的，带与肠的"互渗"，同样体现出了生殖的内涵。在图形纹饰中，对"带"的表现形成了带纹。

春秋战国时期，躯体呈带状造型的龙纹经常在铜镜等器物中出现（图5-44）。"肠"与"带"的相似特征，常常使得"肠"与"带"的造型在图形中难以分辨。

---

[1] 见本书：第九章　卵与生殖崇拜　二、卵的造型方式　（二）表现卵的内部特征　2 镂空式。

图5-44

图5-45

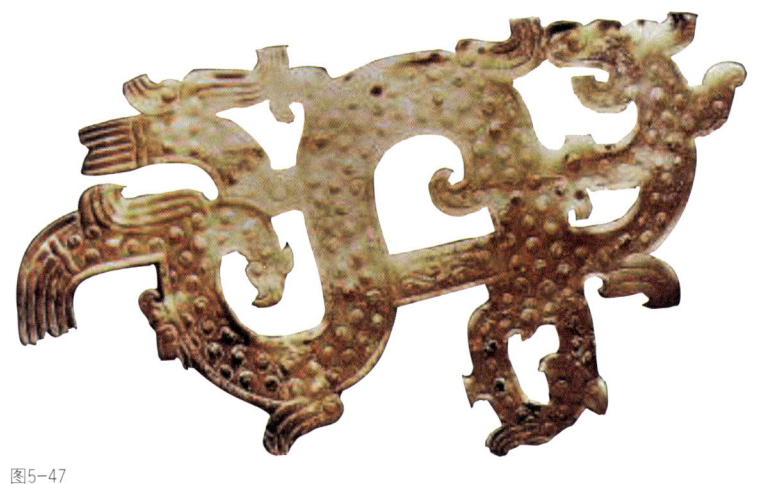

图5-46

图5-47

在表现云水、山川等物象的图形中，也常出现加入肠、带等弯曲条带状特征的纹饰（图5-45），这种与肠、带结合的图式，使云水、山川等增添并蕴含了孕育万物、生生不息的寓意。从秦代瓦当的鸟虫篆字文上，同样可看出其图形明显受到了肠、带造型的影响（图5-46）。

中国图形文化常利用谐音假借的方式来表现某种概念，并形成了以图像表音的谐音图形。这种方式与汉字造字六法中的"假借"方式相类，是一种在图形中借用某些物类与所表达概念音同而形成的"互渗"现象，此类图形的造型方式还常具有"谐音"和"会意"的双重特征。由于汉语"带"与"代"音谐，在图形表现中，带除与肠在形态上"互渗"联系外，还常借"带"为"代"来参与图形的表意。从安徽省长丰县杨公八号墓出土的战国龙形玉佩中，可看到这种谐音特征的体现（图5-47）：该玉佩以龙为主体，龙为"祖""宗"，龙尾接鸟，鸟为"子"，龙体又分支出多条带状子体，其整体造型以龙体传"子"再接"带"（谐"代"）的"谐音"图式，体现出了"传宗接代"的生殖繁衍内涵。再来看两块其意类同的汉代《传宗接

图5-48

代》画像石：第一块画像石中西王母及两侧的人首龙伏羲、女娲（生殖祖先）是宗之象征，伏羲、女娲交合成结并接带状尾（"带"谐"代"），尾再接鸟（子）（图5-48）；另一块画像石是两大鸟（祖先象征）围绕一子鸟，其尾延伸成带状并交尾，尾各接一子鸟（图5-49）。从这两幅汉代画像的造型组合可看出，其画面同样运用了谐音假借的方式，以图像之音来谐"传宗接代"之意，形象地体现出了所要表达的生殖内涵。在唐代的凤鸟衔绶纹（图5-50）、双鸾系绶纹（图5-51）中，其图式除含有官禄之意外，也运用了谐音假借的造型方式：凤鸟为"宗"，绶带为"代"，带结为"接"，鸟与带结、绶带组合，以喻"传宗接代"之意。

传宗接代是中国生殖文化中的重要内容，但传宗接代只是一个抽象的概念，此类图式将抽象的概念以图形的方式转换成为可视的形象，这种由抽象概念到可视图形的转换，是在"假借"的基础上，以"会意"的方式来体现的。

（三）肠与藤

树藤、瓜藤是因盘曲之形与肠相似而同肠产生"互渗"的另一类物象。藤木除具有弯曲条带状特征外，其由藤分枝、结籽、结果、结瓜的特征也体现出了生殖繁衍的内涵，基于此特征与生殖的联系，藤在图形文化中同样被赋予了生殖的含义。《诗经·绵》有"绵绵瓜瓞，民之初生"之说，表明藤与生殖的"互渗"在诗经时代就已经出现。这种认识体现在图形文化中，不但出现了以藤结籽、结果、结瓜为主题的诸多图式，还可见到以藤为龙体的图形（图5-52）。

湖南长沙马王堆汉墓一号墓出土的西汉帛画右上部，绘有一株与龙组合盘绕生日的扶桑树（图5-53）。

图5-49　　　　　　图5-50

图5-51　　　　　　图5-52

图5-53

图5-54

图5-55

图5-56

图5-57

图5-58

图5-59

图5-60

传说扶桑在汤（旸）谷[1]，日由此出，"汤""旸"与"肠"音同，"汤（旸）谷"即言"肠"谷，意为"肠"孕"子"的生殖之谷。该帛画上的扶桑造型与肠形特征结合，树枝变化为藤状，并有"日"（"卵"的"互渗"物）从中生出，明显具有肠、藤"互渗"的特征。该扶桑树又与生殖神龙相组合，更是在图式中体现出了生殖的内涵。

在河北省定县出土的西汉金银错嵌绿松石云兽、山树、骑射人物纹竹节形铜车饰的图形中（图5-54），呈盘曲藤状造型的树木、山峦将万物围绕其中，同样具有寓"肠"于"藤"的特征，并由此体现出了自然孕生万物的内容。

在唐代的佛教藤纹图形中（图5-55），也可看到以"藤"代肠的生殖观念，其图式"藤"与伎乐飞天盘曲相绕，表现出了"藤"生人并至长乐无极的内涵。

葡萄纹也是唐代常见的图式，该类纹饰在图形中以盘曲的"藤"结葡萄并组合小型鸟兽为特征。葡萄结实众多，象征多"子"（籽），小型鸟兽也寓"子"意，同样体现出了以藤代肠所蕴含的生殖特征（图5-56）（图5-57）。

在民间美术中，以"藤"结瓜、结果、结籽象征生殖的图形更为普遍（图5-58）（图5-59）（图5-60），此现象反映出了"藤"生殖观念在民间生活中仍产生影响。贵州省不少地方至今流行"偷瓜送子"的习俗：若是谁家不生小孩，村里人便在中秋这天趁着月光，到地里偷摘一个大冬瓜，刻画出小孩的模样，并套上小孩的衣服，用竹篮装好后敲锣打鼓抬到这户人家，意寓"送子"。从此俗也可看出"瓜"与"子"的"互渗"联系，而这种联系又是由"肠"孕"子"与"藤"结"瓜"的特征"互渗"而来的。

从本节内容可以看出：龙的原形肠与绳、带、藤等形状相类的物象产生"互渗"后，使这些物象也具有了生殖的象征性，并出现了"绳纹""带纹""藤纹"等纹饰。由这些纹饰所表达出的生殖象征内容，可看出肠生殖原本通过与相似物的"互渗"所产生的不断扩展衍化现象。

五、龙与自然现象的"互渗"

中国古代宇宙观对阴阳产生认知后，进而以此来解释世间万物的生殖，认为天地是生殖之本，世间一切都涵盖在天地阴阳之中。在此观念下，生殖神的概念也与天地联系起来。基于因物象某些特征相似而将物象关联"互渗"的原始意识，天地间那些与龙形相似的自然现象同样与龙产生了"互渗"联系，从而成为龙在自然界中的另一种存在形式。由于雷电、云、虹、河流等自然现象也多具有弯曲条带状的形象特征，因此在原始思维中就很容易让它们与龙"互渗"联系起来，并使之成为龙在自然界的变体。又由于这些自然现象经常伴随雷雨出现，龙从而又具有了兴云布雨的特性。也正是龙概念与自然现象的这种"互渗"，让龙真正成为天地万物生殖神和自然神的象征。

（一）龙与云

人们由对人和动物的生殖认识扩展到以天地为万物生殖神的认识，并用"天人合一"的观念认识世界，认为天地就是万物的孕育生殖之处。而云飘荡于天地之间，世上万物又常处在云的围绕之中，人们便将这种现象与"龙""肠"围绕孕"子"产生"互渗"联系，认为云同样具有孕育的特性，从而也就使云具有了龙的特征，"云从龙"[2]之说由此而生。

---

[1]《山海经·海外东经》："汤谷上有扶桑，十日所浴。"
[2]《周易·乾》。

图5-61

图5-62

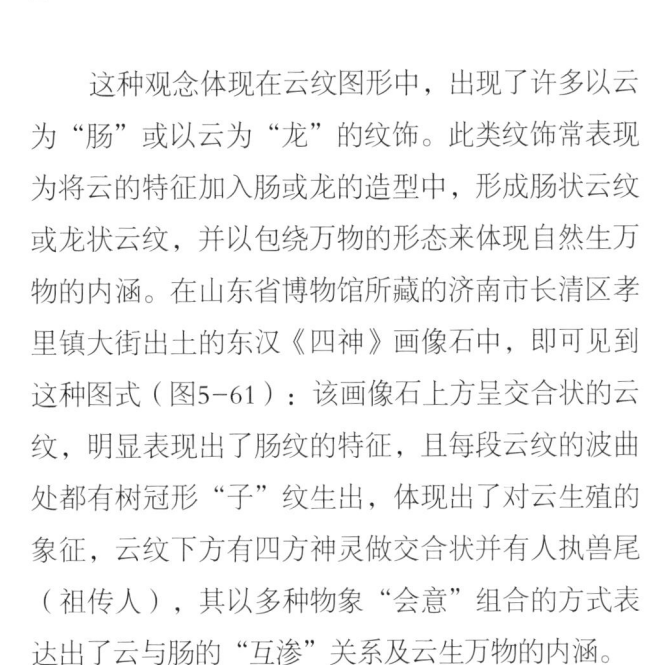

图5-63

　　这种观念体现在云纹图形中，出现了许多以云为"肠"或以云为"龙"的纹饰。此类纹饰常表现为将云的特征加入肠或龙的造型中，形成肠状云纹或龙状云纹，并以包绕万物的形态来体现自然生万物的内涵。在山东省博物馆所藏的济南市长清区孝里镇大街出土的东汉《四神》画像石中，即可见到这种图式（图5-61）：该画像石上方呈交合状的云纹，明显表现出了肠纹的特征，且每段云纹的波曲处都有树冠形"子"纹生出，体现出了对云生殖的象征，云纹下方有四方神灵做交合状并有人执兽尾（祖传人），其以多种物象"会意"组合的方式表达出了云与肠的"互渗"关系及云生万物的内涵。

　　由于受升仙思想的影响，人期望死后能得到重生，大自然便是理想的重生之地，因而在云水、山川等图形纹饰中，多加入肠的弯曲条带状特征，以赋予这些物象生殖的内涵。如有的云纹与肠纹结合形成肠状云纹（图5-62），有的在云纹之间增

图5-64

图5-65

图5-66

加各种动物来体现云对这些物类的生殖和孕育（图5-63），给这些云纹增加了孕生万物、生生不息的含义。

在云与龙结合的图形纹饰中，还可见到以云为体的云龙（图5-64）（图5-65），其造型明显地体现出了"云从龙"的自然龙特征。有的云龙纹在应用中还出现了其他样式的变体，如汉画像石中就有将云纹与龙纹结合，以几何框架的方式出现，并将万物包绕其中的图式（图5-66），同样表现出了龙对生殖的内涵象征。这些龙云纹饰，均是龙概念在演化中与天地观念相结合，使云与肠、龙"互渗"而产生的。

（二）龙与雷电

雷电被认为是自然龙的另一种存在形态。自然中具有条带弯曲状特征的现象与龙的"互渗"是龙成为自然神的重要依据，龙与雷电的联系也源于这种"互渗"。雷电划破天空，在天幕下闪现出条带弯曲状的亮光，让人有一种莫可名状的神秘感，雷电的形状使人们在龙和雷电之间产生了如下联想：

1.看到形状像龙的雷电闪现在天空的现象，人们相信龙也行于天上。

2.雷电在天空中闪现，雨水降临，人们便认为龙与雨水有关。而动物由腹中排出尿液，也会使人认为肠与水有关，由此将天和人联系起来，把天和人之间看成是相通的。而天地作为万物的生殖之宫，自然也就会有天地生殖之神存在，雷电在天空中闪现，被认为是生殖神龙在空中现身。

3.春天始有雷电，雨水降临，万物生长。人们认为是龙在孕育万物。

4.地上之水（海、河、湖、湾）来于天上，而龙（雷电）平时并不现身，只在兴云布雨时才出现，由此产生了平时"龙潜于渊"的联想。又由于

人和动物的肠藏于腹，具有潜藏之意，因而人们认为龙可藏于腹中，也可潜于天下。

5.由于龙与雷电云雨的联系，龙便具有了兴云布雨的自然神特征。

6.雷电能致火，故又产生了火龙之说。

典籍中还有"天取龙"的说法："盛夏之时，雷电击折树木，发坏室屋，俗谓'天取龙'，谓龙藏于树木之中，匿于屋室之间也。雷电击折树木，发坏屋室，则龙见（现）于外。龙见，雷取以升天，世无愚智贤不肖，皆谓之然。"[1]此说反映出了人们对龙与雷电的"互渗"认识，认为龙的生殖神特征是藏于万物腹体之中的，龙潜藏于树木等物之中（树木是生命繁殖的象征）与龙藏于腹的认识相类。正是基于龙潜藏的这种特征，故而雷电在击折树木时才使树中之龙"现于外"，并借"雷取以升天"。

传说中的雷神也是龙的形象："雷泽中有雷神，龙身而人头，鼓其腹，在吴西"[2]；"雷泽有神，龙身人头，鼓其腹而熙"[3]；"震为雷，为龙"[4]。从以上雷神诸说来看，人们认为雷神即是"雷泽"中龙的化身，而雷声则是由龙鼓其腹发出的声响。

龙与自然现象的"互渗"产生了龙与云、雷电、雨水相关的联想后，人们又根据雷雨、闪电出现的季节，进而将万物生殖与季节相联系，出现了龙的生殖与季节有关的认识。故《说文》又有龙"春分而登天，秋分而入渊"的说法。

（三）龙与虹

虹常出现在雨后的天空中，也呈长形弯曲特征，由于云雨、雷电与龙的联系，雨后的虹被人们认为是龙在兴云布雨后显现的另一种状态，因而虹同样成为天地生殖之宫中与龙相联系的"互渗"对象。

---

[1]《论衡·龙虚篇》。
[2]《山海经·海内东经》。
[3]《淮南子·坠形训》。
[4]《易·说卦》。

《太平御览》卷一三五引《河图·著命》有"握登见大虹,意感生舜于姚墟"之说。舜为祖先龙,由握登见大虹而生,可见虹在原始思维中与龙有着相通的关系。

《说文》:"虹,螮蝀也,状似虫,从虫,工声。"段玉裁注:"虫者蛇也。虹似蛇,故字从虫,工声。"该说表明"虹"与"蛇"也有着"互渗"的联系。虹,甲骨文作"🙽""🙾"。从字形中可见,虹体两端明显加了龙首的特征,此形是将虹动物化并与龙联系起来的体现(图5-67)。"🙽"龙首向下,传为龙在饮水。甲骨文中有"八日庚戌,昃亦有出虹自北,饮于河"[1],可见以虹为神的观念在商时即已出现。现在民间很多地方仍认为虹的出现是龙在雨后饮水,是龙兴云布雨后需要饮水以备下次布雨的现象。以虹为体的龙造型在汉画像石中也有出现(图5-68),其龙首造型明确表现出以虹为龙的特征,图中还可见执长鞭(闪电

图5-67

图5-68

的"互渗"物)的电母与虹组合在同一图形中,可见古人认为虹与闪电也是相互关联的。

将虹神化为动物化的形象与将肠神化为龙的形象其思维特征和造型方式是相似的,表明非动物形象经图形造型对其神化后,完全可以转化为动物形象,也表明龙的原形在被神化前,并非一定来自某种动物。

(四)龙与龙卷风

在传说中直接被称为龙的自然现象是龙卷风,龙卷风又被称为"龙吸水""龙摆尾""倒挂龙"等,从这些称谓中可明显看出龙卷风与龙的"互渗"联系。由于龙跟多种自然现象的"互渗",人们在意识中认为龙常常伴随着风和云雨出现,而且这种天气特征又跟龙卷风出现的情况十分吻合,尤其是龙卷风经过水面的时候能把大量的水吸到天上去,并以雨水的方式落下来,这就更使人们心中确立了"龙"能兴云布雨的认知。

古代典籍常把龙卷风直接用龙来指代并进行记载:

《旧唐书·宪宗本纪》下:"元和七年(812年)六月丁亥朔,舒州桐城梅天陂内,有黄白二龙,自陂中乘风雷跃起,高二百尺,行六里,入伏塘陂。"

《十六国春秋·后凉录》:"营外夜有一黑物,大如断堤,摇动有头角,目光若电,及明而云雾四周,遂不复见。旦视其处,南北五里,东西三十余步,鳞甲隐地之所,昭然犹在。光笑曰:'黑龙也。'"

南宋叶梦得《避暑录话》:"五六月之间,每雷起云簇,忽然而作,类不过移时,谓之过云,雨虽三二里间亦不同,或浓云中见若尾坠地蜿蜒屈伸者,亦止雨其一方,谓之龙挂。"

元杨瑀《山居新话》:"至正戊子小寒后七日,即十二月望,申正刻,四黑龙降于南方云中取水,少顷又一龙降东南方,良久而没。俱在嘉兴城中见之。"

《前朱里纪略·龙过》:"康熙丙戌年(1706

---

[1] 罗振玉《殷虚书契菁华》。

年）六月初三日，值大风雨，有龙自西南而来，至乌镇独脚桥渐渐近地，带一石轴，至颜家村而落，自南埊泾、康泾浜一路，从予里南村凫卵浜而东，其曳尾之处，摧屋如伞，桌凳蚕具飞空如雨，桑地卷土半尺，水田苗叶如斩，或尾一掉，即成大潭。其身紫青赤色，麟介闪烁，约三四尺阔，乃千人所共见者，至秀水界渐渐缩起，入东北而落。"

清蒲松龄《聊斋志异·卷四》："俗传龙取江河之水以为雨，此疑似之说耳。徐东痴南游，泊舟江岸，见一苍龙自云中垂下，以尾搅江水，波浪涌起，随龙身而上。遥望水光睒睒，阔于三疋练。移时，龙尾收去，水亦顿息；俄而大雨倾注，渠道皆平。"

《萧县志》卷十八："嘉庆十五年（1810年）六月二十五日，二龙见于云中，一龙坠地。由李腰庄至赵家塘，拖行数里。"

现知龙卷风纯属自然现象，而以上记载却将龙卷风与龙"互渗"将其称为龙，可见其称龙完全是因此种自然现象与龙的某些相象引发人们的主观联想形成的，而传说或记载中诸多所谓现实存在的龙，也正是在这样的主观联想中被称为龙的。

（五）龙与江河

由于江河也具有弯曲条带状的特征，且云、雷电、虹这些与龙"互渗"的物象均与雨水相联系，降雨而成河，又"龙，水物也"[1]，因而江河也一直被人们认为与龙有关。

黄帝和炎帝均生于河："黄帝以姬水成"，生在姬水，因而以姬为姓；"炎帝以姜水成"，生在姜水，因而以姜为姓。前已有论，黄帝和炎帝作为华夏祖先与龙有着密切的联系，黄帝和炎帝又生于河，河为其祖，从中可见祖先、龙与河的关联。

伏羲部落称"龙师"，此称是因"有龙马负图出于河，因而名官，始以龙纪，号曰龙师"[2]而来。《楚辞·天问》："应龙何画，河海何历？"王逸注："禹治洪水时，有神龙以尾画地，导水所注，当决者，因而治之也。"《拾遗记》卷二："禹尽力沟洫，导川夷岳，黄龙曳尾于前，玄龟负青泥于后。"由以上所说也可见龙与河的联系。

在古代河与肠"互渗"联系的图式中（图5-69），有的河图形在明显体现肠纹特征的基础上，再将万物置于河的盘绕曲折之中，以此来体现河对万物的孕育内涵。这种孕育图式既体现出了河的特征，也体现出了肠的特征。

黄河、长江孕育了中华民族，是中华民族的母亲河，也是中国人心中的龙。其他以龙名江河者也甚多，如以龙名河的有：淮北龙河、重庆龙河、宜州古龙河、淄博猪龙河等；以龙名江的有：黑龙江、白龙江、九龙江等。这些以龙名江河的称谓，也表明了龙与河流的"互渗"关系。

（六）龙成为自然神

在原始社会早期，人类主要以狩猎、采集为生，生活资料完全依靠大自然的赐予。随着时代的发展，社会进入"产食革命"阶段，植物种植和动物饲养成为生产的主要来源，农牧业在社会生活中

图5-69

---

[1]《左传·昭公二十九年》。
[2]《通鉴·外纪》。

越来越显重要，自然崇拜也由此逐渐成为社会的信仰之一。由于数千年来炎黄子孙主要以农耕文化为背景，因而在生产力尚不发达的古代，雨水一直被看作上天赐予的甘露和农事的命脉。人们除了听天由命外，还相信雨水会通过祈祷祭祀的方式与神灵沟通而得之。由于龙与云、雷电、虹、河流等自然现象的"互渗"，龙便具有了兴云布雨、掌管雨水的"神龙"特征，因而在对龙的祭祀中，除敬祖和祈求生殖繁衍外，还增添了祈求风调雨顺的内容。

雩祀（亦称大雩）是中国古代干旱求雨的祭祀仪式，这一求雨祭龙的传统与中国古代顺天应时的农耕经济相互依存，并在几千年的官史民俗里延续不绝。典籍中对此多有记载："大雩，旱祭也"[1]；"龙见而雩"[2]；"雩宗，祭水旱也"[3]。据此可知，春秋时雩祀已成为常典。由于雨水跟农业密切关联，自农耕之始这种盼雨求雨之祀便相应而生，尤其是以农耕为生的民间，雩祀更盛。在雩祀中，人们认为只要祈祷至诚，龙就会感而施雨，这种希冀与龙沟通祈望风调雨顺的观念，沉淀着数千年来人们在神化自然的同时，又认为主观能感化自然的意愿。

由本章内容可以看出：龙的动物化及与其他相似物的关联，均是原始思维"互渗"现象产生的结果，也正是这种"互渗"，使龙的概念不断扩大，出现了龙与蛇、虫、鳄、绳、带、藤、云、雷电、虹、河流等物象的联系，但以上这些与龙相关的物象均是在与龙"互渗"的过程中产生的派生现象，并非龙之原形。龙由生殖神到自然神的延伸，是原始思维中物类"互渗"及"天人合一"观念与人类生存的实际需要共同作用的结果，在这种"互渗"中，龙被不断赋予新的意义，其内涵在生殖神的基础上进一步扩大，并形成了龙的文化体系。由此，龙也成为集生殖神、祖先神、统治神、自然神于一身的天下大神。

---

[1]《公羊传》。
[2]《春秋传》。
[3]《礼记·祭法》。

第六章 龙的王权特征与民俗特征

中国自母系社会进入父系社会后,"龙"开始代表男性的最高统治者。人们在把龙作为祖先神的同时,也把自己部族的首领看成是祖先神在世间的代表,出现了将龙作为氏族神象征的现象。在后来的社会统治体制中,经过不断的权力更替和演进,龙的形象转化为追祖溯源式的祖先崇拜和掌握新政权的帝王象征,并在此基础上进一步同天地观联系起来。统治者自称"真龙天子",用"君命天授"来表示皇权的合理性。这时的龙与多种综合性内容完全地联系在了一起,其不仅是生殖神、祖先神、统治神的象征,还成为天地神在世间的代表。尽管皇家对龙的使用加以限制和垄断,但在平民阶层的民俗文化中,崇龙现象仍然具有强大的生命力,并在内涵和图形特征上,形成了民俗龙与王权龙的不同特征。

一、礼制与龙

中国进入奴隶社会后，由于社会集团的不断融合、分化和更替，呈现出一种宗主国文化与不同地域文化共存且互相渗透的局面，龙图形的主体随社会形态的演进，也逐渐趋于统一。到西周时期，礼制成为国家的主要统治方式，明确的社会等级制度成为社会体制的核心。《礼记·乐记》云："天高地下，万物散殊，而礼制行矣。"孔颖达疏："礼者，别尊卑，定万物，是礼之法制行矣。"礼制通过规定人与人之间的礼法关系来确立王权的绝对权威，并依此来维护社会的秩序，从而达到巩固统治的目的。在礼制中，统治与被统治的关系主要表现在两个方面：一方面是宗主国对从属国和诸侯的控制，另一方面是君主对国内臣民的统治。龙作为礼制中统治者的象征，在当时的龙图形造型中被明显地体现出来。

（一）宗主国对从属国的控制

在中国早期的国家关系中，宗主国对从属国的控制主要是确定宗主国与从属国的主从关系，从属国要臣服于宗主国。在这种从属关系中，宗主国对从属国的控制又表现在对外族方国的控制和对宗室分封诸侯国的控制两个方面。

1.对外族方国的控制

中国早期的奴隶制国家及部落联盟基本上是松散的"联邦制"，本族通过对外族的战争等手段取得宗主国的统治地位后，对外族方国并不实行种族灭绝，只要方国承认宗属关系，按时纳贡，就可进行自治。由此在中国古代就形成了以中原华夏族区域为中国，其四方外族为附属国的格局。这些外族之国及部落联盟被分称为东夷、西戎、南蛮、北狄，并以龙、蛇来对此种格局进行象征，中原统治者为龙，外族方国为蛇。"轩辕之国……穷山，有四蛇相绕"[1]，其中四蛇即是指轩辕之国之外的四方部落。在此将黄帝轩辕之国四周的从属部落（方国）以蛇相称，反映了龙与蛇所象征的宗主国与从属国之间主与从的关系。此格局又与后来五行之说中黄帝居中、四神相绕以及"中国"称谓之来源有着演化上的联系。这种方位观念在中国由来已久，仰韶文化彩陶（图6-1）、商周青铜纹饰（图6-2）、秦汉画像砖（图6-3）等不同时期的诸多文化图形，均反映出了中央统四方的特征。

2.对诸侯国的控制

周代王室与诸侯之间是一种以血缘亲族为主体，并由宗室实行控制的关系。西周时，周王室把兄弟、子侄、姻亲、功臣都分封于外（部落殖民），让他们各自带着家族的武装力量和俘虏到指定的地方去垦殖，同时也使他们继续征服和镇压附近的部落。周初立七十一国，姬姓独居五十三，周的子孙大都做了天下显贵的诸侯。如：伯禽（周公旦之子）封于鲁（旧殷地），分以"殷民六族"；

图6-1    图6-2    图6-3

---
[1]《山海经·海外西经》。

图6-4

图6-5

图6-6

康叔（周公同母弟）封于卫（旧殷地），分以"殷民七族"；唐叔（成王弟）封于唐（今山西地方，后为晋国），分以"怀姓九宗"，等等。分封到各地去的"诸侯"都尊称周王室为宗主、宗周或周室。宗是祖宗，室是太室（也即太庙），表示是以血缘关系为基础建立起来的统治系统，这些诸侯均供奉共同的祖先。从此种社会体制特征来看，其分封的诸侯、王的后代和有功的将臣都被认为是宗主（龙）繁衍和分化出来的部分，均以宗属关系接受宗主的统治。此种关系在该时期的文化图形中同样被明显地表现出来，周代青铜纹饰中出现的以龙为主体的多分支造型（图6-4）（图6-5），正是这时期以宗主（龙）为主体来对诸侯进行控制的体现。

（二）君主对臣民的统治

在西周时期的礼制中，一切社会关系都受到礼制的制约，不同身份的人被严格地制约在不同的社会层面。君主对国内诸侯及臣民的统治被认为是天经地义的。

1. 君臣与龙蛇

周代君主对国内臣民的统治主要是以社会制度中严格的等级观念来体现的，这种等级观念通过礼制贯彻到祭祀等社会活动中，其所表现出的对生殖神、祖先神、天地神的崇拜，是以龙为象征的统治者依其祖先对族的血缘延续为依据的，君王是氏族神在世间的代表，祭祀氏族之祖也即是尊君。臣民服从王具有天经地义的合理性，从而使人们处在不同的阶层，据贵贱尊卑之别遵从礼制，安分守己，顺应天命，忠君孝祖，并以此作为德行的标准。在礼制中，统治者借龙来强化自身的统治神特征，自喻为龙，是天子，天下之民要从属于天子。这种主从等级关系在当时的龙图形组合图式中表现为龙与蛇、鸟、鱼、虺关系的主次排列：生殖神、祖先神、天地神和君王是龙；臣民是蛇、鸟、鱼、虺之类。从商周时期青铜器上的"龙孕子"图式中可看出这种关系的体现：图式中龙对各种小型动物的生殖和孕育，既体现了天子与臣民是生殖与被生殖（龙生万物）的宗属关系，又体现了天子与臣民之间统治与被统治的君臣关系（图6-6）。

《史记·晋世家》记载有一首《龙蛇之歌》，其歌词是："龙欲上天，五蛇为辅，龙已升云，四蛇各入其宇，一蛇独怨，终不见处所。"歌词中所说的龙是指春秋时期的一代霸主晋文公，五蛇指追随晋文公的狐偃、赵衰、魏武子、司空季子、介子推。晋文公（公子重耳）少时逃亡在外，流浪了十九年之后终于回国即位。即位后，他赏赐了随他逃亡的狐偃、赵衰、魏武子、司空季子等人，而未赏赐介子推。介子推的从者认为不公，便在宫门上写下了这首《龙蛇之歌》。另据东汉蔡邕《琴操》所记，《龙蛇之歌》的曲词还被记为："有龙矫矫，悲失其所，数蛇从之，周流天下。龙饥乏食，一蛇割股，龙返于渊，安其壤土，数蛇入穴，皆有宁宇，一蛇无穴，号于中野。"此所记歌词与《史记·晋世家》所记歌词大意一致，一蛇即指介子推，介子推在随重耳流亡时曾割腿上的肉给重耳吃。从《龙蛇之歌》指代的对象身份来看，其意明显是君主以龙、臣民以蛇作为象征。

商代的第一代君王汤的左相叫钟虺，当汤带领军队推翻夏王朝平定海内时，钟虺作诰。虺是小蛇，以小蛇为名，同样表明了其身份地位与君王不同。

现巢朔市一带曾是春秋时期巢国的故地。巢国偃姓，巢国的北边有一个叫"虺"的地方，其意表示是宗主国之下一个更小的权力集团。

从以上事例可见礼制制度中君臣之间的关系：君主喻龙，臣下喻蛇、虺等。这与后来皇帝穿龙袍，大臣穿蟒袍的情形类似，是龙与蛇不同地位的体现。

2.礼制在社会中的统治作用

礼制是周时王权对天下实行统治的主要手段，这种制度在当时社会的不同阶层中是严格而分明的。在祭祀所需准备的器物中，鼎是一种重要的礼器，传统的说法是"列鼎而食"，用鼎的数目与贵族的地位是成正比的，其反映出了在礼制中人物身份的贵贱。

用鼎的等级可以分为五等[1]：

一鼎，所盛的肉食是小猪。据《仪礼》中《士冠礼》《士昏礼》《士丧礼》《士虞礼》等篇章的记载，此为士一级地位的人所用。

三鼎，所盛的肉食，文献记载各有不同，《士丧礼》为豚、鱼、腊，《有司彻》为羊、豕、鱼。这是士一级的人在特定场合下所用。

五鼎，所盛的肉食常为羊、豕、鱼、腊、肤五种，即少牢。据《仪礼》之《聘礼》《既夕》《少牢》与《礼记·礼器》所载，一般为大夫一级所用。

七鼎，所盛的肉食为牛、羊、豕、鱼、腊、肠胃、肤七种，即大牢，为卿大夫一级所用。

九鼎，所盛的肉食有牛、羊、豕、鱼、腊、肠胃、肤、鲜鱼、鲜腊九种，也称大牢，为天子所用。

从以上用鼎制度可以看出，用鼎之数与所盛祭品因其地位、身份不同而不同。而肠是天子与诸侯祭祀时才能用的祭品，大夫与士均不可用，由此可见肠在周礼祭品中的重要地位和特殊的象征含义。

从以下两则古文中，也可见礼制在当时社会中的统治特征。

（1）《左传·桓公二年》臧哀伯谏纳郜鼎（节选）：

臧哀伯谏曰："君人者，将昭德塞违，以临照百官，犹惧或失之，故昭令德以示子孙。是以清庙茅屋，大路越席，大羹不致，粢食不凿，昭其俭也。衮冕黻珽，带裳幅舄，衡紞纮綖，昭其度也。藻率鞞鞛，鞶厉游缨，昭其数也。火龙黼黻，昭其文也。五色比象，昭其物也。钖鸾和铃，昭其声也。三辰旂旗，昭其明也。夫德，俭而有度，登降有数。文物以纪之，声明以发之，以临照百官，百官于是乎戒惧，而不敢易纪律。今灭德立违，而置其赂器于大庙，以明示百官。百官象之，其又何诛焉？国家之败，由官邪也。官之失德，宠赂章也。郜鼎在庙，章孰甚焉！武王克商，迁九鼎于雒邑，义士犹或非之，而况将昭违乱之赂器于大庙，其若之何？"

译文：臧哀伯劝谏说："为人君的，要发扬善德，杜绝邪恶，而以其善德之光辉照临百官，犹恐不能世代坚守而失掉它，所以就昭明善德而示范于子孙。因此，清庙以茅草饰屋，大路车以草席铺垫，带汁的肉不齐备五味，不用黍稷的精米制作食品，显示那俭约的美德。画衣、冠冕、蔽膝与玉

---

[1] 北京大学历史系考古教研室商周组.商周考古[M].北京：文物出版社，1979：204.

笏；大带、下衣、裹脚的幅和复底的鞋；冠冕上的横簪、悬玉的丝绳、系冕的纽带、冠顶的平盖饰物，都显示尊卑有别，各有制度。熟皮彩绘的饰物、刀鞘上端的装饰、刀鞘下端的装饰、马胸带及其下垂的饰物、旌旗边缘的垂旒，马胸带前面的缨饰，都显示尊卑有别，各有定数。朝服上的火焰纹、游龙纹、黑白相次纹、黑青相次纹，都显示尊卑有别，各有不同的花纹。在车服器物上用五色比天地四方之象，都显示大小各有物采。马额之钖铃、马勒之鸾铃、车衡之和铃、脐上之小铃、都显示它们依照法度，各有其声。绘有日、月、星的旗，绘有交龙的旗，绘有熊虎的旗，都显示它们象征上天的光明。美善之德，表现于俭约而有法度，增减而有定数，用纹饰物品来维系它，用声音色彩来宣扬它，而以其光辉照临百官，百官于是就戒慎恐惧，而不敢改变纲纪法度。现在却抹杀美德，树立邪恶，而将贿赂之器置放于太庙之内，以公开显示于百官。如果百官群起效尤此事，那又怎能责罚百官呢？国家的败亡，是由于百官行邪恶之事造成的啊。百官丧失美德，是由于因宠下而赏赐过度或因媚上而行贿的行为公然实行啊。郜国大鼎放在太庙之内，还有什么邪恶比它更为昭彰明显的呢？周武王战胜商纣，将九鼎迁到洛邑，表示立国，而义士们尚且非难他，何况将那暴露邪违的赂器放在太庙，这怎么能成呢？"

上文中臧哀伯对鲁桓公的谏词较为详细地说明了用礼对于统治的作用。由此可看出在礼乐制度下，一切所用物品及图形纹饰均对应于不同的身份而有严格规定，从君到民须按规定各安其位，并以此来维持国家秩序。但从该文中也可看出，至春秋时期，周天子的礼制统治已逐渐失去其控制力。鲁桓公接受宋督贿赂的郜鼎并置于太庙，鲁大夫臧哀伯认为将赂器纳于太庙是非礼的，于是力谏桓公，应发扬善德，杜绝邪恶。最后，虽然鲁桓公不听劝谏，依然我行我素，将郜鼎置于太庙，但通过臧哀伯对鲁桓公的谏词，可看出周代早期严格礼法制度的形态及特征。

（2）《国语·周语中》襄王不许请隧：

晋文公既定襄王于郏，王劳之以地。辞，请隧焉。王弗许，曰："昔我先王之有天下也，规方千里，以为甸服，以供上帝山川百神之祀，以备百姓兆民之用，以待不庭不虞之患。其余，以均分公侯伯子男，使各有宁宇，以顺及天地，无逢其灾害。先王岂有赖焉？内官不过九御，外官不过九品。足以供给神祇而已。岂敢厌纵其耳目心腹，以乱百度？亦唯是死生之服物采章，以临长百姓而轻重布之，王何异之有？今天降祸灾于周室，余一人仅亦守府，又不佞以勤叔父，而班先王之大物，以赏私德；其叔父实应且憎，以非余一人，余一人岂敢有爱也？先民有言曰：'改玉改行。'叔父若能光裕大德，更姓改物，以创制天下，自显庸也；而缩取备物，以镇抚百姓。余一人其流辟于裔土，何辞之有与？若犹是姬姓也，尚将列为公侯，以复先王之职，大物其未可改也。叔父其茂昭明德，物将自至。余何敢以私劳变前之大章，以忝天下，其若先王与百姓何！何政令之为也？若不然，叔父有地而隧焉，余安能知之？"文公遂不敢请，受地而还。

译文：晋文公已经拥立周襄王于郏地，襄王便赐封他土地。晋文公推辞不受，却请求让他享受天子的隧葬之礼。襄王不应许，说："从前我们先王享有天下，规划王城周围方圆千里之地作为甸服，用来供给对上帝及山川百神的祭祀；用来准备百姓兆民的衣食用度；用来等待对付不来朝贡之国和不测事变之患。其余的土地，拿来均分给公、侯、伯、子、男，使他们各有安居之处，以顺从天地尊卑之义，而不会遭逢灾害。先王难道有什么特殊利益吗？宫内不过有九嫔女官，宫外不过有九品公卿。只够供给神祇之用而已，岂敢放纵其耳目心腹之欲，而打乱各种制度法规？不过以那死生所用的服物采章，来统率百姓，以表示贵贱等级有别。此外，天子与诸侯还有什么不同呢？现在，上天对周王朝降下灾祸，我一人仅是保守住府库的遗物与制度，又因我无才，以致烦劳叔父，我若分出先王隧葬之大礼而赏赐对我有恩德的叔父，那么您虽接受了这种赏赐，心中也会憎嫌的，且要非难我行赏不当。其实，我一人怎敢吝惜这葬礼而不应许您呢？先人曾有这样的话：'改变了佩玉之饰，就改变了行步之仪节。'叔父如能发扬您的大德，更改立国的姓氏，改变历法和服色等典章，在天下创立新的制度，自己显示其作用，而又收取天子隧葬之礼和死生之服物采章，用来镇抚百姓，我一人即使流放、被杀戮于边远之地，还有什么话讲？假如还是这宗周姬姓，还是要列为公侯之位，而恢复先王之职权，天子的葬礼还是不便更改啊。叔父如能勉力发扬明德，那享有天子葬礼的地位自然会到来。我敢以私德改变先王规定的服物采章之制，而辱没天下，那对先王与百姓又是如何呢？那又怎样施行政令呢？如果不然，叔父您本有土地，若自行决定开隧道，我又怎能过问此事呢？"于是晋文公不敢再请求，就接受封地回去了。

此文通过周时的隧葬之礼，也说明了礼制中所规定的等级身份及其相应的制度对维持国家秩序的重要作用。

从以上两篇古文可以看出，周代的礼制从天子到臣民其等级秩序是非常严格的，一切社会关系及行为都须遵照规定的礼制而行。但从中也可看出，到春秋战国时期，这种礼乐制度开始削弱，周天子只是名义上的宗主，对诸侯国越来越失去实际控制力，虽然此时期礼制仍在产生影响，但最后也只能成为一种名存实亡的制度象征。

3.社会统治特征在龙图形中的反映

礼制中的王权等级观念尤其被突出地体现于西周时期的青铜礼器纹饰中，龙纹、兽面纹（正面龙纹）是此时期青铜礼器的主要纹饰，在纹饰整体布局中占据重要的空间位置（图6-7）。这些龙纹、兽面纹在礼制图式中除象征生殖神、祖先神、天地神和王权外，其造型特征及与其他纹饰的关系还具有特定的意义：其一方面以躯体分支的造型特征体

图6-7

现了对子氏族（诸侯、臣民）的繁衍及控制，另一方面与代表诸侯和臣民的蛇、虺、鸟等小型纹饰的摆放位置体现了不同身份的礼制关系。此类图式表明，龙是至高无上的，其他子纹饰只能依附于主体纹饰的周围及次要部位作为陪衬，这种图形主次秩序的摆放特征，在西周时期的青铜礼器纹饰中尤为突出，是礼制统治在青铜器纹饰中尊卑关系的象征性体现。

至春秋战国时期，礼崩乐坏，周王室逐渐失去了对诸侯的控制，此种现象同样在图形中显现了出来。西周时期以龙纹为主其他小型纹饰为辅的主从关系在青铜器纹饰中明显削弱，宗室对诸侯控制的象征性图式渐失。龙的形象又开始出现了较为独立的形态（图6-8）（图6-9），这些独立的龙造型明显是由西周时期作为陪衬的小型龙纹扩大而来的，其代表的是诸侯王自身，而不是宗室的象征。从造型上看，龙体部分支也开始减少，显示出了诸侯摆脱宗室控制后的独立性特征。在一些玉器上，龙图形躯体部位则多装饰有卵纹（谷纹）和肠纹等，以此来作为诸侯王自身氏族生殖繁衍的象征。

春秋战国时期还出现了一种龙衔蛇纹饰。在此类纹饰中，尽管主体仍是龙，但已非西周青铜器纹饰中象征宗室的正面龙纹（兽面纹），其多是以侧面龙的造型来象征诸侯国的君主。这些纹饰所表现出来的龙抓蛇或衔蛇的造型，虽然也反映了龙对蛇的控制及繁殖关系（"衔"有生殖庇护之意），但仅是对诸侯自身繁衍和发展的表现，体现出此时期诸侯已成为社会的主导（图6-10）。这些龙纹显然与周王室已无关联。

图6-8　　　图6-9　　　图6-10　　　图6-11

图6-12　　　图6-13

除了龙衔蛇纹饰之外，春秋战国时期各种呈交缠（寓交合）状的小型龙蛇纹也成为占主导地位的纹饰，这些纹饰中的龙、蛇（诸侯自身的繁衍象征）一般没有特别突出的个体，表现出龙与龙（图6-11）（图6-12）、蛇与蛇（图6-13）无主次并列、缠绕、交合的特征。其中出现较多的是蟠螭纹，纹饰形态由若干较小的蛇不分等级呈相互卷曲缠绕状构成几何图案，体现出一种群蛇无首的状态。有的蟠螭纹在图形中还被缩得更小，其具体部位某些特征被省略，甚至看不出眉目首尾，使得这类纹饰在青铜器上龙蛇难辨（图6-14）。春秋晚期，还有一种与蟠螭纹类似的纹饰，由弯曲变形的小蛇和动物的眼、角、须、鳞组成，被称为"散螭"或"蝌蚪纹"（图6-15）。从这些纹饰的表现特征可看出，其图形中已不再标示礼制的等级关系，而是交合繁衍的单纯体现。春秋战国时期这些纹饰的出现，与周王室衰弱后宗主地位名存实亡密切相关。在礼崩乐坏的社会状态下，过去那种体现礼制宗主尊卑等级的兽面纹（正面龙纹）统治小型龙蛇纹的结构关系被打破，代表王权至高无上的兽面图形消失，取而代之的是体现诸侯自身扩张的蟠螭纹大量出现。这种社会形态的转变，必然也

图6-14　　　图6-15

会在具有社会结构特征的图形纹饰中体现出来。

经过春秋战国群龙无首的局面后,秦始皇统一中国,更改名号并自称"始皇帝",被称为"祖龙"[1]。秦始皇不再采用分封诸皇子为诸侯王的主张,而是确立并推行郡县制,以加强专制统治,这是一个新的龙统治时期的开始,龙又成了王权统一的象征,其造型也在演化进程中进入了一个集成多种物类为特征的新阶段。

这种社会特征同样体现在这一时期的龙造型中,从周和秦汉时期龙图形的不同,可看出两种体制在龙造型上所表现出的不同特征:西周时以礼制来体现宗主的统治,龙图形以繁殖分化为特征,其造型以体躯的分支来体现以宗室为主体及对诸侯和子孙的繁衍和控制;秦汉以后的龙造型强化统一和专制,龙图形不再以体躯的分支为特征,而是以综合集成多种物类为特征,集天下各种类动物于一身,反映出龙对天下一切的包容和拥有,并以此来体现王权集中统一的绝对统治,由此龙便进入了一种有机整合并具有动物共性特征的时期(图6-16)(图6-17)。自此之后,龙的主体造型也在对多种物类的整合中,以一种动物化形态相对固定下来,并且一直延续至今。

图6-16

图6-17

但在龙造型综合集成多种物类为特征的同时,从其象征意义上,龙概念也由天地神、祖先神、生殖神、自然神、王权集于一身开始产生分化:秦汉之后,因受宗教等因素的影响,天地神从龙概念中独立出来,被玉皇、西王母、东王公等仙班取代;龙的生殖神特征也独立出来,被伏羲、女娲取代;祖先神特征则被三皇五帝等取代;自然神特征则被龙王和方位、星宿神等取代。自此之后,龙的内涵便主要成为王权的标识和象征。

二、王权与天命

原始时期氏族集团的祖先被称为龙,其出生被说成是神灵感生的结果,这是由当时人们对生殖的认知程度决定的。而后来的历代统治集团首领也把自己作为龙的化身,称自己是天子,做皇帝是顺应天命,臣民接受其统治是天经地义的说法,则完全就是出于政权统治的需要而附会的了。上天在人们朴素的自然观中是至高无上的,统治者利用人们敬天的思想,借用天地神、祖先神、生殖神与龙的联系,把王权也说成是与上天相联系的:王是"真命天子",是上天的儿子,权力是天命注定、上天授予的,从而形成了"王权天授"的观念,并以此让臣民去服从并接受这种思想。为达到统治目的,历代帝王还利用人们崇龙的心理,编造种种假说,把帝王的出生多说成与龙相关。在封建体制的皇脉延续中,皇帝即龙,两者合而为一。帝王的子孙也被认为是"龙子龙孙",称为"龙种"。

"王权天授"后世也称"君权天授""君神授""皇权天授"等,是"天命"观关于王权来源的一种说法。周时即已经把"王权天授"作为王权来源的"合理"根据,对此考古资料中有许多相

[1]《史记·秦始皇本纪》。

关记述，如《大盂鼎》："王受天有大令"；《毛公鼎》："王若曰：'父歆！丕显文武，皇天引厌劂德，配我有周，膺受大命'"等。"天有大令""皇天""大命"诸说，即是后世所称的"天命"。在其他传世文献中，也多有"王权"来源于"天命"的记述，如《诗经·大雅·文王》："文王受命作周也"，毛传："受命，受天命而王天下，制立周邦"；《诗经·大雅·大明》："有命自天，命此文王"；《诗经·大雅·大明》："文王有明德，故天复命武王也"；《尚书·康诰》："天乃大命文王"；《尚书·多方》："我周王享天之命"；等等，都表明了上天与王权的关系。"王权天授"说是"天命"文化的基本核心，此说为后来"王道"的建立、发展和延续提供了思想依据。

"王权天授"的观念在古文化图形中同样被明显地体现了出来。如在甲骨文和金文中，常用"指事"的方式，在代表祖先和王权的"龙""凤""虎"的首部添加"辛""干""且""◎"等冠纹符号，即是这种"王权天授"观念的具体体现（图6-18）（图6-19）。这些符号只在"龙""凤""虎"等神性动物的首部才有，而在其他一般动物形象中则无，是具有特定象征意义的。在青铜兽面纹等图形上，此种标示身份的"辛"纹"且"纹等符号则更为形象具体（图6-20）（图6-21）。"辛""干""且""◎"等不仅是标示帝祖的符号，也是对"王权天授"观念中天与帝祖相合的象征（此类符号本书将在有关章节中详解）[1]，以这些符号与具有帝祖身份特征的"龙""凤""虎"等神性动物相合，体现出了天与祖先、王权的关系，表明是天与帝祖相合才繁衍了氏族，王是天之子，也是天地神、生殖神、祖先神、统治神在世间的代表。这即是在龙等图形上标示这种冠饰符号的象征意义。

图6-18

图6-19

图6-20

图6-21

---

[1] 见本书：第十一章 古文化图形中的象征符号 四、标识之冠。

"王权天授"观念形成后,龙成为"王权"与"天"相联系的象征,历代帝王无不与龙扯上血缘关系,把自己说成是龙或龙子,以此来体现王权"天命所归"的正统性。

古代帝王与龙相关的传说在古代典籍中多有记载:

《史记·秦始皇本纪》:"祖龙者,人之先也。"《集解》引苏林曰:"祖,始也;龙,人君象,谓始皇也。"由于龙与"祖"相关,也与"天"相关,此说表明始皇帝即是真龙天子。

《史记·高祖本纪》:"其先刘媪尝息大泽之陂,梦与神遇,是时,雷电晦冥,太公往视,则见蛟龙于其上,已而有身,遂产高祖。"由于汉高祖刘邦系其母刘媪与蛟龙交合而生,故"隆准而龙颜,美须髯……""索引"注引文颖言:"高祖感龙而生,故其颜貌似龙,长颈而高鼻。"其实此说是由于刘邦出身寒微,为了树立王权,故而把自己说成感龙而生,是天之子,以"王权天授"之说让人认为其王权是"天命所归"。自汉高祖以后,开国皇帝多称祖;唐太宗以后,继位的皇帝均称宗。此言皇帝是祖和宗的象征,也即言其王权与祖先神(龙)有关。

传说汉文帝系其母薄姬梦苍龙而孕。据《史记·外戚世家》载,刘邦"怜薄姬,是日召而幸之。薄姬曰:'昨暮夜妾梦苍龙据吾腹。'高帝曰:'此贵征也,吾为汝遂成之。'一幸生男,是为代王"。《宋书·符瑞志·上》也载:"薄姬言:'妾昨梦青龙据妾心。'高帝曰:'……吾为尔成之。'御而生文帝。"薄姬梦"苍龙据腹"之说,同样是言汉文帝之生是"王权天授"之意,表明上天生殖神降临并据薄姬之腹,代天生子。

汉武帝诞生前有赤龙来阁。据《汉武帝内传》:"汉孝武皇帝,景帝子也。未生之时,景帝梦一赤彘,从云中下,直入崇芳阁。景帝觉而坐阁下,果有赤龙如雾,来蔽户牖。……翁曰:'吉祥也,此阁必生命世之人……'"此说同样称汉武帝出生与龙有关。

三国时曹丕称帝也说与龙有缘。《太平御览》卷九二九引《魏略》:"文帝欲受禅,郡国奏:'黄龙十三见,明帝铸铜黄龙,高四丈,置殿前。'"《三国志·文帝纪》称曹丕为帝早有预兆:"初,汉熹平五年,黄龙见谯,光禄大夫桥玄问太史令单飏:'此何祥也?飏曰:'其国后当有王者兴,不及五十年,亦当复见……'内黄殷登默而记之。至四十五年,登尚在。三月,黄龙见谯。登闻之曰:'单飏之言,其验兹乎!'"此说表明曹丕称帝是上应天命。

蜀主刘备称帝时,群臣劝刘备应天顺民,并以"黄龙见(现)"为据。《三国志·蜀书·先主传》载:群臣上言:"……今黄龙见武阳赤水,九日乃去。《孝经援神契》曰:'德至渊泉则黄龙见',龙者,君之象也。《易·乾九五》:'飞龙在天',大王当龙升,登帝位也。"

南北朝时,南齐太祖高皇帝萧道成,其容貌"姿表英异,龙颡钟声,鳞文遍体"。其子武帝萧赜出世那天夜里,据说萧道成的母亲和刘皇后同时梦见"龙据屋上"[1]。

南朝宋武帝刘裕也称与龙有关系。传说他曾"游京口竹林寺,独卧讲堂前,上有五色龙章,众僧见之,惊以白帝"[2]。

南朝梁武帝萧衍诞生时以龙貌形容其状:"有异光,状貌殊特,日角龙颜,重岳虎顾,舌文八字,项有浮光,身映日无影,两胯骈骨,项上隆起,有文在右手曰:'武'。为儿时能蹈空而行。……所居室中,常若云气,人或遇者,体辄肃然。"[3]

---

[1]《南齐书·武帝纪》。
[2]《南史·梁本纪·武帝纪》。
[3]《南史·梁本纪·武帝纪》。

隋文帝杨坚则把自己说成是龙的化身。史载杨坚诞生时，"紫气充庭"。其母吕氏一日抱杨坚时，"忽见头上角出，遍体鳞起"，吕氏大惊，"坠高祖于地"。还有书说杨坚"为人龙颔，额上有玉柱入顶，目光外射，有文在手，曰'王'"[1]。

唐太宗李世民诞生之时，传说"有二龙戏于馆门外，三日而去"，其形貌为"龙凤之姿，天日之表，年将二十必能济世安民矣"[2]。

唐中宗时，史载李隆基任潞州别驾（太守）时即与龙有缘，该州境"有黄龙白日升天"。他外出狩猎，"有紫云在其上，后从者望而得之"[3]。唐人张读所著《宣室志》称："唐玄宗尝潜龙于兴庆宫。及即位，其兴庆池尝有一小龙出游宫外御沟水中，奇状蜿蜒，负腾逸之状，宫嫔内竖，靡不具瞻。后玄宗幸蜀，銮舆将发。前一夕，其龙自池中御素云，跃然亘空，望西南而去。环列之士，率共观之。及上行至嘉陵江，乘舟将渡，见小龙翼舟而进，侍臣咸睹之。上泫然泣下，顾谓左右曰：'此吾兴庆池中龙也。'命以酒沃酹，上亲自祝之。龙乃自水中振鬣而去。"[4]

从以上诸说可看出：历代统治者为了树立王权，达到统治目的，把自己说成是与龙有血缘关系的天子，或说自己做皇帝是承天命而为。"圣旨"中所谓"奉天承运，皇帝诏曰"等说辞，也是对"王权天授"说承袭和贯彻的反映。这种龙与天及王权结缘的现象，既突显了王权至高无上的地位，也使龙更是成为与皇权密切相关的图形标识。但不同的历史时期，龙图形的标识特征又有所不同：商周时期，龙的身份是以在龙首加"辛""干""且""㞢"等冠纹符号的方式来体现其"王权天授"的特征；商周之后，则是直接将整体的龙图形作为皇室的一种符号象征进行垄断，来体现统治者与龙的血缘关系及王权地位。

三、王权对龙的垄断

商周时期龙作为天地神、祖先神、生殖神、统治神的象征，其图形多在礼器上运用，但此后龙成为王权特有的象征，便由神坛走进皇家生活的方方面面，成为皇帝的私家专用物和标记。皇家吃的、穿的、住的、用的全都有龙的标记。皇帝身称龙体，面称龙颜，坐的是龙椅，睡的是龙床，穿的是龙袍……除皇帝本人外，其他任何人都不得称龙。

皇帝的宫殿更是到处饰龙。在明、清两代的皇宫紫禁城里，无论是皇帝处理政务行使权力的太和、中和、保和三殿，还是皇帝及后妃居住的乾清宫、交泰殿、坤宁宫，到处均饰有龙的形象（图6-22）（图6-23）。天坛作为皇家祭坛，是明、清帝王祭天祈谷的地方，那里的祈年殿、皇穹宇等建筑，在其台基、围墙、柱子、重檐、殿顶上也装饰有各种龙形石雕、彩画。这些场所均以特有的龙图形，体现出了皇家风范及其对龙的垄断。

图6-22 　　图6-23

---

[1]《隋书·高祖纪·上》。
[2]《旧唐书·太宗本纪·上》。
[3]《旧唐书·玄宗本纪·上》。
[4]《太平广记》引。

古代的衣着是地位的重要标志，它象征着人的身份及官职，天子的衣着装饰及衣服上所饰的龙纹也有定制。周朝时天子即穿龙袍，《礼记·礼器》："礼有以文为贵者，天子龙衮。"《周礼·司服》："郑司农云：衮，卷龙衣也。"《释名·释首饰》："衮，卷也。画卷龙于衣也。"《诗经·豳风·九罭》孔颖达疏"衮衣"云："画龙于衣谓之衮，故云衮衣卷龙。"宋以后对天子龙袍纹饰的规定更加详细，龙纹的使用及限制也更为严格。《元史·舆服志一》载：天子"衮龙服，制以青罗，饰以生色销金帝星一，日一，月一，升龙四，复身龙四，山三十八，火四十八，华虫四十八，虎蜼四十八"。清代皇帝服饰的龙纹定制据《清史稿·舆服志二》载：皇帝"朝服色用明黄，惟祀天用蓝，朝日用红，夕月用白。披领及袖皆石青，缘用片金，冬加海龙。缘绣文，两肩前后正龙各一，腰帷行龙五，衽正龙一，襞积前后团龙各九。裳正龙二，行龙四，披领行龙二。袖端正龙各一，列十二章"；"龙袍色用明黄。领、袖俱石青片金，缘绣文，金龙九，列十二章，间以五色云，领前后正龙各一，左右及交襟处行龙各一，袖端正龙各一"。从上述记载可知，皇服除在衣服上画龙、绣龙为天子的身份标志外，其图式在不同功用的服饰中也有严格的规定，这些规定均是与龙统治天下万物的概念联系在一起的（图6-24）（图6-25）。

五爪龙是龙的最高级别，也是皇帝的专有标志（图6-26）。龙有五爪与人有五指相类，象征的是人祖，是万物的最高统治者，故五爪龙也是龙图形中最高身份的象征。从元朝开始，朝廷三令五申地发布命令，规定只有皇帝才能穿五爪龙的袍服，其他的人均不许私自织造和穿着五爪龙袍。有些官位很高的大臣可穿四爪或三爪的龙袍，但不能称龙袍，而称为"蟒袍"（图6-27）。蟒为蛇类，此与礼制中的天子为龙、臣子为蛇的规定相类。《明史·舆服志一》载，明太祖洪武二十四年（1391年）规定："官吏衣服、帐幔，不许用玄、黄、紫三色，并织绣龙凤文，违者罪及染造之人。"后来不仅对龙纹进行限制，与龙相似的蟒服及与龙相关的纹饰也禁止使用。明英宗正统十二年（1447年），朝廷明令禁止私自织绣蟒纹及与蟒纹相似的飞鱼纹等。沈德符《万历野获篇》卷一《蟒衣》载："正统十二年，上御奉天门，命工部官曰：'官民服饰，俱有定制。今有织绣蟒、飞鱼、斗牛违禁花样者，工匠处斩，家口发边卫充军，服用之人，重罪不宥。'"据《明史·舆服志三》载，天顺二年（1458年），又明令规定："官民衣服不得

用蟒、龙、飞鱼、斗牛、大鹏、像生狮子、四宝相花、大西番莲、大云花样，并玄黄紫及玄色样黑绿、柳黄、姜黄、明黄诸色。"这种在平民百姓生活中对龙图形使用的严格限制，更是突显了龙至高至圣的地位，加强了王室对龙的垄断。

由此可见，龙与王权的政治统治及政权巩固有着密切的关系，这种现象是由龙的生殖神、祖先神特征演化为真龙天子后，从而成为王权的象征和标志的，这种象征和标志又通过王权对龙图形的垄断，得到了更进一步的体现。

四、龙与民俗

尽管皇家把龙作为王权的象征并对龙的使用加以限制，但在乡里民间，龙文化仍然以其强大的生命力占有极为重要的地位。

就龙的属性而言，有圣龙、天龙、神龙、子龙、物龙等类型，这些不同属性的龙分别象征着社会生活的不同方面。对于代表王权的"圣龙"，人们可"尊"、可"敬"、可"忠"，也可敬而远之。由于王权是天命，一般百姓在正常情况下除"尊""敬""忠"外，对此并不想企及，也无法企及，因而在百姓眼里，王权与自己并没有切身的利益关系。百姓最为关心的是：家族传宗接代、子孙满堂；年景风调雨顺、五谷丰登。故在民俗中龙所具有的生殖神、自然神特征就成为与百姓切身利益最为相关的内容，尤其是龙综合概念中的天龙、神龙、子龙等与象征王权的圣龙进行区分后，圣龙之外的这些龙，便成为民俗生活中可以崇奉的龙。

自然之力王权无力操纵，故自然龙也无贵贱等级，无论何人均可敬之、诬之。至于代表四象星宿的"天龙"，也与王权无直接关联，百姓自然也可在农事及天象观测中观之、用之。子龙是龙的后代或各种物类的物长，多属于氏族或民间的龙，百姓也可亲之、近之。至于自然界中似龙的动物"物龙"，其真实面目并不是龙，百姓可斗之、杀之。因而皇家除对王权龙进行垄断和限制外，龙文化中其他的崇龙现象在民俗中仍然表现出了强大的生命力。

自然龙也即前文在龙的属性一节中所谈及的"神龙"，是龙与云雨雷电等自然现象"互渗"而分化出来的龙。神龙以龙王为代表，主管兴云布雨。通常人们所供奉的神龙形象与代表王权的圣龙形象也有所区别：圣龙龙首龙身；神龙龙首人身，以此来表现神龙与圣龙属性的不同及与寺庙神像的统一。每当大旱之际，人们便会到龙王庙内进行祈祷，举行祭龙求雨仪式，让神龙保佑普降甘霖。许多地方现在遗留下来的龙王庙，就是人们祈求神龙调和风雨以期五谷丰收所留下的遗迹。

自然龙除被人们供奉外，还是可惩、可戏的对象。在民间文学中，自然龙有善恶之分，有为民造福的，也有为民致害的。善龙，人可奉之如神；恶龙，人可对其惩罚。后唐李朝威小说《柳毅传》中讲述了一个龙女牧羊的故事：洞庭龙王的女儿嫁给泾河龙王之子为妻，婚后遭夫家虐待，后竟被休弃，龙女只好在泾河边上牧羊谋生，巧遇投考不中的书生柳毅，龙女泣诉苦衷，柳毅深表同情，慨然相助，带信给洞庭龙王，洞庭龙王发兵战胜泾河龙王父子，救龙女脱离苦难，后柳毅和龙女遂相爱慕，结为百年之好。《柳毅传》其事后被人取入杂剧，在民间广为流传。另明代吴承恩小说《西游记》中也有龙王，不仅东海有，西海、南海、北海也有。在此小说中，龙王只是玉皇的臣子，并没有至高无上的地位，遂有孙悟空大闹东海，东海龙王被迫献出天河定底神针成为孙悟空如意金箍棒的情节。在明吴元泰《东游记》八仙过海的故事中，另有八仙与龙王大战"火烧东洋"的描述。在民间流传的其他有关龙王的故事还有《哪吒闹海》《张羽煮海》等，其情节均是正义制服了邪恶的龙王或龙子。这些由自然龙变化而来的邪恶之龙，在民间通常被作为灾害及恶势力的代表，人们通过这些故事来表达伐恶扬善、伸张正义的情绪。这些龙，既没有天子至高至尊的身份，更不是圣龙的象征。

代表四象星宿的"天龙"也与王权无直接关联。如代表方位神的东青龙，以及我国古代为了观测天象及日、月、五星运行的二十八宿中与青龙、白虎、朱雀、玄武相配的青龙七宿，也与圣龙有别。百姓可在农事和天象中观之、用之。

龙还表示生辰、生肖等。我国古代把一昼夜分为十二个时辰，又把十二个时辰分别配以十二种动物作为象征，早晨七至九时称为属龙的"辰"时。在一年十二个月中，再把春季三月定为属龙的月份。把"晨"和"春"定为龙的时辰，与龙的生殖特征有关。俗话说：一天之计在于晨，一年之计在于春。早晨传说是龙兴云布雨的时间，也是太阳升起之始，而三月又是万物生发的季节，因此人们认为"晨"和"春"是与生殖相联系的，与生殖相联系也即与龙相关。十二生肖又称十二属相，或称十二辰，是从我国传统的纪年法引申出来的，十二种动物与地支相配，表示人所生的年份。在十二生肖中，第五生肖是龙，地支"辰"与"龙"相配，"辰"虽然是龙的专配地支，但所有其他属相的动物也总称十二"辰"，此现象表明其他属相动物均具有以"辰"为"类"特征。也即这些动物均属"辰"类，都与龙有关。由于每个人的属相是命中注定的，人皆有之，对此王权自然也无权干涉。

正月十五元宵节，民间有舞龙灯的习俗。龙灯一般用竹、木、纸、布等扎成，节数不等，但为单数，每节内能点燃蜡烛的称"龙灯"，不点蜡烛的称"布龙"，也有用各种花灯等组成的龙灯，还有板凳龙、纸龙、草龙、段龙、竹龙等。所舞之龙因地域而异，形式也多种多样。舞龙的起源具有悠久的历史，《王子年拾遗录》中说："方丈山，一名蛮雉山。东有龙场，方千里。有龙，皮骨如山阜，肤血如流水。燕昭王时，以龙膏为灯，光清澄若水，光焰五色，人以为瑞。"宋人也有记述南宋临安（今杭州）元宵上灯舞龙的情景："……草缚成龙，用青幕遮草上，密置灯烛万盏，望之蜿蜒，如双龙飞走之状。"[1]舞源于巫舞，"舞以象事"[2]，舞龙之仪也当与古代的祈生巫术有关。舞龙时人置于龙腹之下而舞，作龙生子之态，明显地体现出了祈龙生子的巫舞特征（图6-28）。至今在有些地区舞龙灯的民俗中，还可看到这种以龙祈生的现象。"长沙新年纪俗诗有一首是：'妇女围龙可受胎，痴心求子亦奇哉；真龙不及纸龙好，能作麒麟送子来。'妇人多年不生育者，每于龙灯到家时，加送封仪，以龙身围绕妇人一次，又将龙身缩短，上骑一小孩，在堂前行绕一周，谓之麒麟送子。"[3]从这种以龙祈生的民间习俗中，可见龙与生殖的密切关系及原本性内涵。民间的舞龙习俗还具有综合性祈福纳祥的内容，兼有祈雨、祈生、避邪之意，以此来表达神龙保佑风调雨顺、人丁兴旺、五谷丰登的愿望。

由于王权对龙的垄断和限制，主管生殖的龙脉被皇家独占，故在大多数情况下，百姓祈生便不能去求助于皇家的龙，于是便有了民间的送子娘娘之类。送子娘娘骑身为兽、头为龙的麒麟（图6-29），麒麟这种造型既避开了与皇家之龙的类同，又保留了龙作为生殖神的某些特征，"麒麟送子"图形遂在民间风行，成为送子之神的象征。民间传说中还有到庙中"拴娃娃"的习俗，纪晓岚《阅微草堂笔记》中有："余二三岁时，尝见四五小儿彩衣金钏，随余嬉戏，皆呼余为弟，意似甚相爱，稍长时乃皆不见，后以告先姚安公，公沉思久之，爽然曰：'汝前母恨无子，每令尼媪以彩丝系神庙泥孩归，置于卧内，各命以乳名，日饲果饵，与哺子无异。殁后，吾命人瘗楼后空院中，必是物也。'"另据《寿春岁时纪》云："三月十五日烧

---

[1] [宋]. 吴自牧. 梦粱录 [M].
[2] 《宋书·乐志一》。
[3] 惠西成，石子. 中国民俗大观 [M]. 广州：广东旅游出版社，1988：183.

图6-28 　　　　　　　　图6-29 　　　　　　　　图6-30

四顶山香，山在八公山东北，离城厢约七里余，山上有庙宇数十间，塑女神曰碧霞元君，俗呼为泰山奶奶，奶奶殿侧有一殿，亦塑一女神，俗称送子娘娘。庙祝多买泥孩置佛座上，供人抱取，使香火道人守之，凡见抱取泥孩者必向之索钱，谓之喜钱。抱泥孩者，谓之偷子。若偷子之人果以神助者得子，则须买泥孩为之披红挂彩，鼓乐送之原处，谓之还子。"这些"拴娃娃"的习俗也均与送子有关，是"祈龙生子"在民间的变体。

社会普通阶层中的科举及第或地位提升也谓"成龙"。民间及有关记载中有"跳龙门"或"登龙门"的传说。"河津，一名龙门，巨灵迹犹存，去长安九百里。水悬舡而行，旁有山，水陆不通，龟鱼之属莫能上。江湖大鱼集门下数千，不得上，上即为龙。故云：曝鳃龙门，垂耳辕下"[1]；"鲈、鲔，鲤也。出巩穴，三月则上渡龙门，得渡为龙矣，否则点额而还"[2]；"黄河三尺鲤，本在孟津居，点额不成龙，归来伴凡鱼"[3]。龙门山在今山西、陕西交界处，禹在治理黄河时，被龙门山挡住去路，禹借神力将山劈开，这就是后来的龙门。鲤鱼如能跳过龙门，就可变化成龙。相传每年春季，有大批鲤鱼从大江大海游来，汇集在这里，逆着黄河的急浪往上冲跃，争相跳跃龙门，跃过龙门，则云雨蔽天，天火大作，鲤鱼的尾巴被天火烧掉，鱼就变成了龙，没有跃过去的仍是鲤鱼。在此传说中，龙门是地位的象征，在其上则为龙，在其下则为鲤。"膺独持风裁，以声名自高，士有被其容接者，名为登龙门"[4]，民间常说的鲤鱼跳龙门，"一登龙门，身价十倍"的典故即出于此（图6-30），因而"跳龙门""登龙门""望子成龙"之说又用来喻科举及第。后科举试场的正门也称"龙门"，宋代以来科举中第一名除称"状元"或"魁首"外，又称"龙头"或"龙首"，这些称谓均由"跳龙门""登龙门"之说而来。

中国古代北方的匈奴，南方的楚人、越人、粤人，西南的哀牢人及前面谈到的苗人都崇拜龙。现在的一些少数民族地区民俗中仍然存有许多崇龙的习俗及龙的艺术形态，并在各地民间的陶瓷、

---

[1]《太平御览》九三〇引辛氏《三秦记》。
[2]《太平御览》九三六引郦道元《水经注》卷四《河水注》。
[3][唐] 李白. 赠崔侍御.
[4]《后汉书·李膺传》。

印染、刺绣、雕刻、绘画、剪纸等艺术形式中保留了大量的龙文化图形（图6-31）（图6-32）（图6-33）。有些地方民俗中还有乘龙船、赛龙舟的习俗。龙船谐"龙传"，人乘于龙船之上，同样有龙传子繁衍之意（图6-34）。龙与凤的搭配也是民间喜闻乐见的图形，喻阴阳合和、龙凤呈祥，是婚庆喜事常用的图形（图6-35）。这些民俗中的龙图形均以不同于王权龙的属性及特征，成为中国龙文化体系中不可缺少的重要组成部分。

从龙存在于官方和民间两种不同社会阶层的特征来看，它们之间既有相互的联系，也有各自的特性：民俗之龙强调世俗的人格，是与现实生活密切相关的；王室之龙强调至高无上的神格，体现出了王权的统治特征。这种现象与不同属性的龙所代表的不同身份及象征内容有关。也正是由于此原因，龙图形在不同历史时期、不同地域、不同社会集团及不同社会阶层中显示出了其多样性，并产生了中国庞大的龙家族及其分支的各自特色。

图6-31

图6-32

图6-33

图6-34

图6-35

前面章节通过对龙图形的原始造型及其相关元素的分析，还原了龙图形的原本，弄清了肠即是龙体原形，对龙图形的形成及其概念的演化过程也有了较为全面的认识。由此发现原始思维下的肠龙生殖观念在其形成后的不同时期一直延续，并在图形文化中反映出来。本章就此再列举一些肠龙生殖观念图形个案进行解析，通过对形成这些个案的思维特征和图形造型的分析，将更清楚地看到肠龙生殖观念在不同时期图形文化中的具体表现。

第七章 肠龙生殖观念图形个案解析

一、赵宝沟文化尊形器神灵物图形的造型特征

前面章节认识了龙原形之本相，并弄清了内蒙古赵宝沟文化鹿首龙、猪首龙的体部原形是对肠的神灵化。可赵宝沟文化尊形器上所表现的神灵物图形仍然让人感到神秘而困惑，因为除了已知的鹿首龙、猪首龙体部为肠纹特征外，其他灵物的体部特征仍然不容易明确地辨识。那么这些灵物的主体又是以什么为原型的呢？人们为何要以此种造型对这些对象进行表现？下面即来探讨一下这些神秘灵物形象的原形及其造型方式。

（一）赵宝沟文化尊形器神灵物躯体的造型原本

在本书原本艺术造型特征章节中已经提及：原始艺术图形中的大部分纹饰并非单纯的装饰，许多所谓的抽象纹饰实际是以现实物象为依据，并与原始时期的社会生活及崇拜对象密切相关的，那些看上去较为抽象的原始图形之所以让人难以辨识，其原因是其中有一部分纹饰并非表现了某一种物象的完整外形，而是表现了人们认为具有灵性的、内里的、部分的、运动的、变幻不定的对象。对这些变幻不定的对象的表现，来源于现实中人们对这些物象的主观认知，内里的、变化莫测的物象在原始先民眼中比那些外表的、形体相对固定的物象更加具有神秘的灵性，这些物象在原始思维中也就往往更容易被人们认为是神灵的象征物。

也有观点认为这些形象表现的是动物本身抽象式的变形，但从赵宝沟文化中这些神灵图像的躯体特征来看，它们并没有去表现平常所见的动物外在特征，其造型明显与现实中的动物表象不同。尽管这些图形没有去表现现实动物的外在表象，但笔者认为其主体仍是在对某种对象特征如实描绘的基础上产生的，是原始思维在图形造型中的真实写照。从赵宝沟文化中这些神灵图像的躯体部造型特征来看，其表现的主体对象大致有以下两种。

1.表现人们意识中灵魂的居所：物象的内部

这类神灵图形所表现的不是动物的外部特征，而是人们意识中灵魂的居所：物象的内部。原始思维认为灵魂是隐藏在形体躯壳之内的，因而人或动物躯体内部那些被认为具有神秘灵性的部分，就成为神灵的载体。把这些被认为具有神秘灵性的部分运用艺术造型表现神灵的方式将其神灵化，并用图形展现出来，便形成了原始思维中人们所崇拜的神灵形象。如在（图7-1）中，从其造型可看出该图形的主体与任何动物的体部外在特征都不相同，也非动物躯体本身形态抽象式的变形，而是表现了躯体内部盘曲的肠和肋骨的形状。具有生殖灵性的肠和支撑躯体的肋骨在原始思维中被认为是灵魂的居所和生命的根本，把它们用平面组合的造型方式加入动物的头、尾部分进行神灵化表现，便构成了赵宝沟文化中这类神秘的灵物造型。在这些图形形象中，原本物象外在的躯壳完全消失了，呈现的是人们所认为的以躯体内部特征为造型的神灵形象。

2.表现人们认为具有神性特征的自然物象

这类神灵图形表现的是人们认为具有神性特征的自然物象，如水、火、云、烟等。在人们的原始认知中，这些变化运动的现象，被认为比具有固定外形的物象更有神灵的特性，对这些自然神灵进行崇拜并用图形造型的方式表现出来，是原始思维所决定的。如：（图7-2）图形主体具有火的特征；（图7-3）图形主体具有云与火的特征；（图7-4）图形主体具有水浪与云气的特征。这些自然现象不仅有变幻莫测的神性，还与人的现实生活有着密切的关联，因而它们同样成了原始社会人们崇拜的对象。将这些具有神性特征的自然现象用艺术造型的方式进行拟人化或动物化，在其形象中加入动物的头、尾部分，使其神灵化并成为固定的可视图形，便形成了原始思维中人们所崇拜的自然神灵形象。

（二）赵宝沟文化尊形器神灵物的造型方式及造型过程

确定并理顺了这些神灵物所表现的主体形象特征后，下面再来分析一下这些灵物原形被神灵化的造型过程。从赵宝沟文化尊形器神灵物图形的造型组合方式来看，基本有两种类型。

1.三段式

其组合方式是将神灵形象整体分为体、头、尾三部分。在以躯体部作为表现对象主体物的基础上，再以拟动物化的造型方式，添加动物的头部和鸟（鱼）的尾部组合而成（图7-1）（图7-3）（图7-4）。赵宝沟文化尊形器神灵物图形多数为此种三段式。

2.二段式

其组合方式是将神灵整体分为体、头二部分，仅是在以躯体部作为表现对象主体物的基础上，以拟动物化的造型方式添加动物的头部组合而成（图7-2）。赵宝沟文化尊形器中的猪首龙属此种类型（图7-5）。

值得注意的是，赵宝沟文化尊形器神灵图形的这两种造型方式，都没有像人们通常看到的神灵物图形那样，用异物构合的方式在主体物象和被添加物象组合后形成一个有机统一的动物化整体，其图形的神灵化方式仅是在主体对象原形的基础上添加拼合其他部分后，就完成了图形的造型。下面以其中的一个鹿首鸟（鱼）尾神灵图形为例，来还原这种造型方式的表现过程（图7-6）：先把认为具有灵性的崇拜对象（物象内部有神性的部分或某种自然现象）作为神灵主体表现出来，然后在此崇拜物基础上再添加拼合鹿头和鸟（鱼）尾对其进行神灵化，便形成了赵宝沟文化中的这种神灵形象。也即是说，这些被崇拜的对象在用图形方式表现之前，只是人们感知中的物体部分或现象，在其图形造型中添加了动物的首部和象征生殖之门的鸟（鱼）尾之后，才真正地将其神化为神灵图形。最初龙造型的出现，也是在与这种方式相同的造型过程中产生

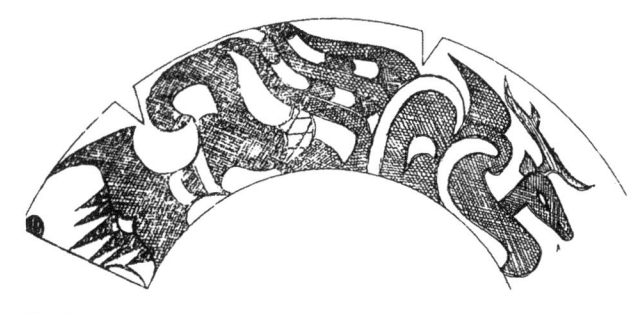

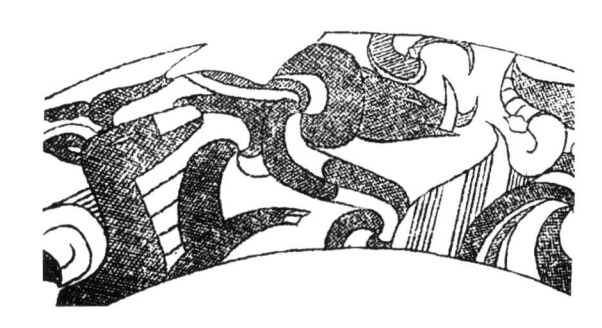

图7-6

的：人们把腹中之肠奉为生殖神灵并作为崇拜的对象，再用艺术造型的方式在肠体基础上添加物类的头部把其神化并表现出来，就形成了龙的造型，这种原始龙的神灵化方式同样是拼合式的。如赵宝沟文化中的鹿首龙、猪首龙的主体都是肠，肠本身是生命体中的一部分，并不具备神灵的独立性形象特征，为了表现肠的神灵特征，分别给其添加了鹿头和猪首，这样就以图形造型的方式使肠神灵化，从而成为赵宝沟文化中可供人崇拜的神灵象征物。

赵宝沟文化尊形器的神灵图形大部分在其后端添加了鸟（或者鱼）的尾巴，而鸟（或鱼）的尾巴与所添加的鹿首等并非同一类动物，由此看来，此种造型其意不是要创造一种与现实动物完全接近的形象，而是一种具有概念象征性的形象：鹿是陆地上的四肢动物，鸟或鱼是天上或水中的动物，此类组合式的造型明显是在以"会意"的方式扩大神灵物的神性内涵。这表明赵宝沟文化尊形器的神灵图形要表现的是一种"集形表意"的概念象征物，而非单纯去创造一种接近自然状态的神性形象（从其他原始龙的造型中也可见此种特征）。尾部是生殖的器官，在这些神灵物的尾巴中间，还可看到其均呈现出遗卵特征，将尾巴遗卵的造型组合到神灵物的图形中，明显给主体物增加了生殖繁衍的特性，这表明赵宝沟文化尊形器的神灵图形同样与生殖崇拜有关。

从赵宝沟文化尊形器神灵图形体现出来的物类特征来看，鹿首的形象在其中占据相当大的比重。其原因大概有二：一是表明该原始团族是一个崇鹿的团族，以鹿为神，并把鹿作为生命物的一种象征，从而在非动物的主体物上（认为物象内部具有神性的部分或水、火、云、烟等）添加所崇拜动物的特征使其神灵化，从而与生命物关联起来，以此作为自身团族的生殖神或保护神；二是该原始团族本身即以鹿为图腾，将代表神灵主体的物象同其图腾物组合，以此作为氏族神的象征。

从以上对赵宝沟文化尊形器神灵图形的分析可以看出：原始时期人们正是运用图形造型的方式把崇拜对象变为神灵的形象，这种对不同崇拜物进行神灵化的方式，是原始时期为神灵造型的一种普遍现象，在这些神灵形象的造型中，以"会意""指事"等方式进行"集形表意"的图形拼合，以此来体现原始观念所要表达的概念性象征内容。通过对这些神灵形象由崇拜物进而被神灵化的过程及图形造型方式对其原本的还原，也为肠在原始生殖崇拜中被神灵化为龙的形成过程提供了图形上的造型依据。

二、濮阳西水坡仰韶文化墓葬蚌壳摆塑与祈生巫术

1987年5月，考古学家在河南濮阳西水坡仰韶文化墓葬遗迹中，发现了三处距今6500年用蚌壳摆塑的图形，其中有龙、虎、鹿、蜘蛛、人等形象。第一组45号墓穴中有一男性骨架，身长1.84米，仰卧，头南足北。其右由蚌壳摆塑一龙，头北面东。其左由蚌壳摆塑一虎，头北面西。在人骨架脚边正北有一个用两根人胫骨和蚌壳摆塑成的斧状图形。此墓东、西、北三个小龛内各葬一少年，西龛似女性，北龛似男性，东龛因骸骨凌乱看不出性别，骸骨有刃伤，系非正常死亡，应为殉葬者。第二组

在距45号墓南20米外的地穴中，有用蚌壳摆塑成的龙、虎、鹿、蜘蛛图形，龙虎呈首尾南北相反的造型并合为一体，鹿卧于虎背上，蜘蛛位于龙头部，在鹿与蜘蛛之间有一精制石斧。再向南25米处第三组是一灰坑，呈东北至西南方向，内有人、龙、虎图形。北侧为虎，南侧为龙，龙虎以背相对，虎头向西，龙头向东，龙腹后叠有一蚌壳人形。在这三组摆塑中，尤其以45号墓墓主人两侧的龙、虎蚌壳摆塑引人注目，有资料将其中的龙形象誉为"中华第一龙"。

由于45号墓在墓主人两侧的龙虎蚌壳摆塑很容易使人联想起中国四象中的青龙和白虎，有学者依此对其进行了论证，提出西水坡龙虎蚌壳摆塑具有四象特征的观点[1]。也有学者用天文学的观点对其进行解释，认为45号墓龙虎蚌壳摆塑是中国最早的天象图，其余二处蚌壳摆塑则是表现墓主人的升天过程[2]。但针对45号墓龙虎蚌壳摆塑应该思考的问题是：是先有龙虎概念还是先有四象概念？在四象形成之前龙虎的内涵是什么？在仰韶文化时期，龙虎是否已具有了四象的特征？在此蚌壳摆塑中，龙虎又起着怎样的作用？就此，本书下面提出一些自己的看法。

（一）西水坡仰韶文化墓葬龙虎蚌壳摆塑并非天文图形

"人文"和"天文"是两个既有联系又有区别的概念："人文"即人对自然及其规律的认识，指人类社会的各种文化现象；"天文"是人观测到的天体变化，指人对"天象"的发现及认知。在古代"人文"与"天文"是互为作用的，人们用人文的感知来与天文进行联系并对其进行解释，也即古代"天文"是在"人文"的基础上发展形成的。因此，在一定历史时期，"天文"与"人文"的认知程度也应是相协调的。

在仰韶文化时期，龙文化还处于原始成形期，这时的龙图形正处于个性龙阶段。在原始龙起源的早期，龙所表现出来的仅是生殖神的特征，如用这么精确的天文图去解释此时期西水坡45号墓龙虎蚌壳摆塑，与当时还处于新石器时代的"人文"水平不符，也与当时龙图形所体现的内容特征不符。四象与天文形成联系，是在青龙、白虎、朱雀、玄武的人文特征明确后，人们才会由于人的灵魂升天意识，在天界星宿中寻找类似的灵物象征，从而形成四象与二十八宿相联系的图形。如没有青龙、白虎、朱雀、玄武的"人文"形象参照，"天文"四象的图形也不可能无依据地产生，"天文"四象的出现应是与"人文"的青龙、白虎、朱雀、玄武图形"互渗"的结果。再者，四象与天象的联系是一个完整的体系，而在西水坡仰韶文化45号墓中只有龙、虎出现，表明起码在此时期还不能说明其已具备了四象的完整概念。

四象之说见于周，流行于秦、汉，即使战国曾侯乙墓出土的漆衣箱上出现的星宿同龙、虎相组合的图形，也与西水坡龙虎蚌壳摆塑相距近4000年（其后对此有专论，本书认为曾侯乙墓龙虎图形也非天象象征），而在此4000年中的文化图形及记载中，关于龙、虎与四象的相关图式还未见完整的发现，假如西水坡龙虎蚌壳摆塑已具有四象特征，那么在这么长的时间内却无图形及相关的文字内容出现，于理不通。在商代甲骨文中有"东方曰析，风曰协；南方曰夹，风曰微；西方曰夷，风曰彝；北方曰宛，风曰伇"[3]的卜辞，由此可见，至少在商代卜辞中，对四方的称谓还无四象与青龙、白虎、朱雀、玄武的联系。至于周时的有关记叙"行，前朱鸟而后玄武，左青龙而右白虎。招摇在上"[4]，

---

[1] 李学勤. 西水坡"龙虎墓"与四象起源[J]. 中国社会科学院研究生院学报，1988(5).
[2] 伊世同. 星象考源·中国星象的原始和演变[C]. 中国科学技术史国际学术讨论会论文集. 北京：中国科学技术出版社，1992. 冯时. 河南濮阳西水坡 45 号墓的天文学研究[J]. 文物.1990.(3).
[3]《甲骨文合集》14294.
[4]《礼记·曲礼》。

以及"必左青龙，右白虎，前朱鸟，后玄武。招摇在上，从事于下"[1]之说，其中所提也只是表明军队出行时，将青龙、白虎、朱鸟、玄武图形制于旗，并标示它们所处的位置和护卫之意，也无与天象有关的联系及论述。因而把西水坡龙虎蚌壳摆塑与天文学相关联的说法，起码在这4000年的时间内无充实的实证连接。

至于45号墓主人骨架脚下正北用两根人胫骨和蚌壳摆成的斧状图案，从其造型表现上认为是北斗图形也于理不通，因为只需用七个贝壳就可准确地排塑出北斗精确的形状和位置，何须要用胫骨排出一个似是而非的北斗形状呢？且有学者将该图形与天文图像对照，也证明该墓所谓北斗形状与6500年前的星象并不相符，那时的斗魁与现在形状差不多，而该墓所谓北斗斗魁呈现三角形特征，其出现年代应在133000年前，也即是说此形所显示的星象年代，绝不是建墓时的6500年前，而是比建墓年代要早10万年以上[2]。由此来看，当时表现北斗不观察其形状特征，却将10万年以前的天象标示在此图形中，更是与实际不符。至于将其解释为立表测影，认为这是《周髀算经》中"周髀，长八尺。髀者，股也。髀者，表也"，利用股为人体测影的说法[3]，也不能成立。因为人体测影观察的是白天太阳所形成的影子变化，而北斗则是在夜晚出现，再者人体测影是看腿部与影子的比例长短来确定时节变化，而非要将胫骨取下进行测影，所以用人体测影来解释北斗同样于理不通。再者，如用天文说解释45号墓之内容，认为龙、虎是星象相绕，即象征墓主人已处于天界之中，那么墓主人在此已处于天界之中了，再将此墓以南的第二、三组蚌塑解释为表现墓主人升天的内容就无意义了。由此可见以上诸说均有待商榷。本书则认为三组蚌塑所显示的图形应均与当时的墓主人葬仪整体内容密切相关，这些葬仪内容明显不是仅用天文来解释就能将其全部包括的。再者从河南濮阳西水坡仰韶文化龙、虎蚌壳摆塑出现时期看，其龙、虎的概念仍然处于生殖神与保护神的原始象征时期，并没有与以后的其他内容产生联系而延伸的相关佐证，其摆置方式虽然可能形成了以后四象的发端，但并非表明此时已具有了天文四象中龙、虎图形的特征。

古人认为死亡是生存方式的一种转换，灵魂不会消亡，人们希望亡灵能够在冥界得安并盼其再生，因而祈望亡灵得安和再生也就成了葬仪所要体现的主要内容。而此类内容的体现，在原始时期往往要通过制作神灵图形与神灵进行沟通的巫仪来进行，以此方式祈望得到神灵的帮助，来达到人的这些愿望。下文对濮阳西水坡仰韶文化墓葬三组蚌塑图形造型特征及含义的分析也表明：该三组蚌塑中的龙、虎图形仍然是对生殖神与保护神的象征，龙、虎在此出现与亡灵的生和护有关，墓中龙、虎与其他图形的组合也均是围绕墓主人葬仪中祈望亡灵得安、再生所留下的巫术遗存。

（二）西水坡仰韶文化墓葬三处蚌壳摆塑的图形含义及造型方式

河南濮阳西水坡仰韶文化墓葬遗迹中的三处蚌壳摆塑处于同一遗址中，表现方式相同且摆塑时代相当，表明其均是围绕45号墓主人留下的文化遗存。在以往论证中，焦点多注意于45号墓的龙、虎摆塑，而少去关注这三组摆塑的图形组合关系及其内容的相互联系。本书则认为这三组摆塑的内容是密切相关的。从三组摆塑中出现的图像元素来看，三组摆塑主体形象中都有龙和虎。已知龙是肠的神灵化，是生殖神的象征。而虎则是古人以"虎"谐"护"，用谐音假借的图形造型方式对保护神的象征，其原本由人们对生殖之腹的崇拜演化而来，对生殖之腹的神灵化形成了以虎首为特征的兽面纹，

---

[1]《吴子·治兵》。
[2] 段邦宁.濮阳西水坡第45号墓星象年代考[M].
[3] 冯时.河南濮阳西水坡45号墓的天文学研究[J].文物.1990(3). 冯时.中国天文考古学[M].北京：社会科学文献出版社，2001：11.

虎在古文化图形中是孕育神和保护神的象征（对此后有章节专论）[1]。龙由体内之肠神灵化而来，具有"魂"的象征含义（内为魂之所）；虎由体表之腹神灵化而来，具有"魄"的象征含义（外为魄之体）。在该三组摆塑中均出现了龙与虎的图形，则表明三组摆塑均与亡者的"生"与"护"及"魂"与"魄"有关。三组摆塑中除龙、虎之外，所出现的其他物象又各不相同，表明三组摆塑围绕"生"与"护"及"魂"与"魄"所表现的内容也各不相同。这三组摆塑中，分别出现的物象为：

第一组蚌塑（45号墓）：除龙虎外，其他物象是墓主人、三个12—16岁的男女少年骸骨，及一个由两根胫骨和蚌壳摆成的斧状图形（有观点称其为北斗）。

第二组蚌塑：除龙虎外（龙虎合体），其他物象是鹿、蜘蛛和一把石斧。

第三组蚌塑：除龙虎外，其他物象是一个人形。

下面即从此三组摆塑中出现的这些原本元素及其组合形式入手，通过分析其图形的造型方式和形成过程，来探讨这三组摆塑的表现内容及相互关系。

1. 45号墓蚌塑是为墓主祈生表现亡灵血祭升天的巫术遗存

从45号墓的形制来看，其整体形状南圆北方。墓主人在墓中头南足北，按头上为天足下为地的观念，此墓形制符合并体现了古人对天圆地方的认识，标示南向为天，北向为地（该墓形制可作为天圆地方观念的原始例证）。墓主人左侧摆塑龙，右侧摆塑虎，龙、虎均头北尾南，与墓主人头足方向相反，龙、虎头部皆朝向下方一个由两根胫骨和蚌壳摆成的斧状图形，显示出龙、虎与该斧状图形具有内在的联系。龙是生殖神的象征，虎是孕育神和保护神的象征（本书以后章节有专论），在墓主

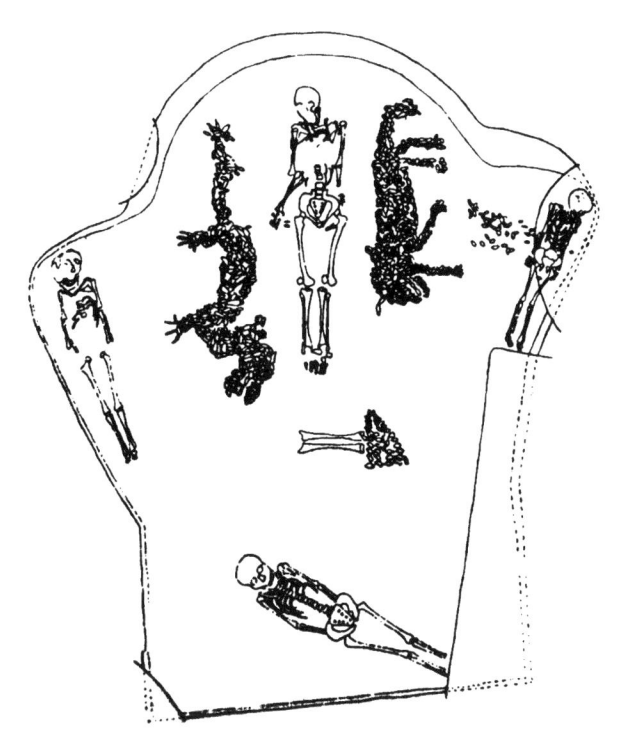

图7-7

身侧摆塑龙、虎的图形无疑从"生"与"护"的含义上，具有祈望死者再生和驱邪避害的巫术作用（图7-7）。

既然龙、虎是用于墓主人祈生的生殖神和保护神，且该组蚌塑内容表现的是祈望墓主人再生和驱邪避害的主题，那么墓主人脚下由两根胫骨与蚌壳组合的斧状图形也应与此相关。从此图形的特征来看，其由人的胫骨与蚌壳组合摆塑，而非全用蚌壳摆塑而成，表明其在该葬仪中有特别的用意和巫术作用。人之四肢在古人眼中如同树之分枝，具有生殖繁衍的象征意义，此形用胫骨为之，则表明其借肢体分支特征，在针对亡灵所进行的祈生巫术行为中，同样具有特殊的象征性含义。在离45号墓不远的31号墓中葬有一男童，该男童有两根胫骨缺失，推断45号墓中的胫骨应取于该男童。如是这样，该胫骨就是在祈生巫术中从活体上取下的，而此男童又单独为墓，非葬于45号墓中，则表明此男童不是服侍墓主人的普通人殉，而应该是一个被认

---
[1] 见本书：第八章 腹神崇拜与兽面图形 八、"虎"与"护"（一）虎是孕育护生神。

为与45号墓墓主人再生有生命关联的人，且极有可能与墓主人存在血缘关系。在此将象征生殖繁衍意义的胫骨放置于墓主足部，具有以生者生命给亡者注入生机并唤醒亡灵之意。在两根胫骨的另一端，又用蚌壳摆成一个三角形，与两根胫骨组合成为斧的形状。在此斧形物的组合中：斧柄一端朝向龙一侧，龙首也朝向斧柄一侧，斧柄与龙（生殖神）形成呼应关系，体现出了斧柄与龙具有相关联的内涵和用意，是对"生"的象征；斧头一端朝向虎一侧，虎首也朝向斧头一侧，斧头与虎（孕育、保护神）形成呼应关系，体现出了斧头与虎具有相关联的内涵和用意，是对"护"的象征。此外，龙由体内之肠神灵化而来，具有"魂"的象征含义；虎由体表之腹神灵化而来（此义见本书以后章节），具有"魄"的象征含义。而骨也为体内之物，是生命之根本，因而在此也具有"魂"之象征；蚌壳为体表之物，是生命之外形，因而在此也具有"魄"之象征。可见胫骨斧柄与蚌壳斧头的相合不但体现了生和护的含义，也体现了亡灵魂与魄的相合。《礼记·檀弓上》有"加斧于椁上"之说，由此可知在周以前的古代葬俗中即有用斧的现象。斧在葬俗中特有的象征意义在于，它除了是亡者地位身份的象征外，还是象征亡者魂魄相合的驱邪避害之物。在45号墓中将此斧状物用活体的两根胫骨参与组合并放置于亡者足部，意在对该物注入灵性，并以两胫骨（也具有阴阳的象征意义）对应象征亡者生殖繁衍的两下肢，使其对亡者再生具有符咒的巫术作用。由此可见，置于亡者足部的斧图形既是祈生巫术中"生"与"护"的一个象征物，也是使亡灵魂、魄相合的一个灵物，此灵物在葬仪中对亡者升天、再生具有重要的巫术作用。

该斧状图形的此种象征性含义，又可与1978年在河南省汝州市（原临汝县）阎村出土的仰韶文化鹳鱼石斧纹彩陶缸上的图形互为印证（图7-8）。

鹳鱼石斧纹彩陶缸器形为敞口、圆唇、深腹，器高47厘米、口径32.7厘米、底径19.5厘米。器腹部绘有《鹳鱼石斧图》（或称《鸟鱼石斧图》）。器沿下有四个对称的鼻纽，缸底部正中穿一圆孔。陶缸底部有穿孔是同时期出土瓮棺的特征，从该缸底部也穿一圆孔的特征看，其也是当时瓮棺葬的葬具。与此陶缸同时出土的还有一个"三足盆"，应是瓮棺的棺盖。既然此陶缸是瓮棺葬的专用葬具，那么其上图形也一定会与亡灵的魂魄相合、生命再生、驱邪避害等内容相关。从陶缸上《鹳鱼石斧图》的整体图形来看，其内容分为两组。左边一组由一只两腿直撑地面的鹳状水鸟与一鱼进行组合，鸟嘴与鱼呈凑合状。但这种凑合特征并非要表现鸟吃鱼，而是以"会意"的方式体现了魂与魄的关系。其意有二：一是象征魂与魄的相合，以鱼代魂（鱼潜于水，寻常不可见，为魂之象征，此以鱼为魂与仰韶文化人面鱼纹彩陶盆中以鱼为魂相一致[1]），以鸟代魄（鸟寻常可见，是魄之象征），此鸟与鱼的组合象征了亡灵魂与魄的相合；二是以水鸟衔鱼的图形来象征不让亡魂游走，此意与仰韶文化人面鱼纹彩陶盆中出现网纹，象征不让鱼（魂）游走意义相类。右边一组是一把装有木柄的石斧，石斧代表亡

图7-8

---

[1] 见本书：第十二章 古文化图形个案解析 三、仰韶文化人面鱼纹彩陶盆与灵魂化生观念。

者的地位和身份，是对亡者的象征。石斧木柄与斧头的组合同样是以"会意"的方式体现了魂与魄的关系。其意也有二：一是斧柄以木而成，木是生命物，并具有生殖繁衍的特征，因而以斧柄代魂；斧头以石而成，石是非生命物，具有固定的外形，因而以斧头代魄；再者用斧时，以斧柄带动斧头的特征也与生命以魂带魄的特征相类，可见其图形以木柄与斧头的组合，同样体现了魂与魄的相合。二是该图形中，对斧柄与斧头连接处的孔眼、紧缠的绳子着意进行描绘，其意与左侧鸟衔鱼象征防止亡魂游走之意也相同。此外，斧柄上还特别画有一个交叉的"×"符号，是此斧体现魂、魄相合的"指事"符号。由此"×"符号的象征意义来看，45号墓斧状图形以两根胫骨为斧柄也应具有此意。《鹳鱼石斧图》整体图形运用了"会意""转注""假借"的综合造型方式：其中左右两部分图形均是以"会意"的方式表现了魂与魄的相合，左侧是以自然界动物为象征，右侧是以亡者的身份器物为象征；这两者之间又采用了"转注"的方式，即以左右两图意义相通的特征互相训释，以左图可以训释右图，以右图也可以训释左图；此整体图形在瓮棺上出现，又是以"假借"（义借）方式来对亡者魂魄相合的象征。《鹳鱼石斧图》以斧柄与斧头的组合来体现亡者魂与魄的相合，其意与45号墓斧状图形的含义一致，均是以斧来作为亡者魂魄相合的象征物进行表现。两者可以相互为证。

从45号墓整体形制来看，除南圆北方外（象征天圆地方），还以墓主人为中心，将龙、虎、斧围绕墓主人形成了一个"U"形（图7-9）。该形既是亡灵生殖之宫的象征，也是亡灵保护之宫的象征。"U"形上口向南（天界方向），并朝向第二组、第三组蚌塑，表示45号墓与其他二组蚌塑具有相互的关联。墓主人头上方弧形象征天的方向，标示"U"形上口即是亡灵升天再生的通道。

在龙、虎、斧外围，分别对应龙、虎、斧葬有三个12—16岁的男女少年，三少年均属非正常死

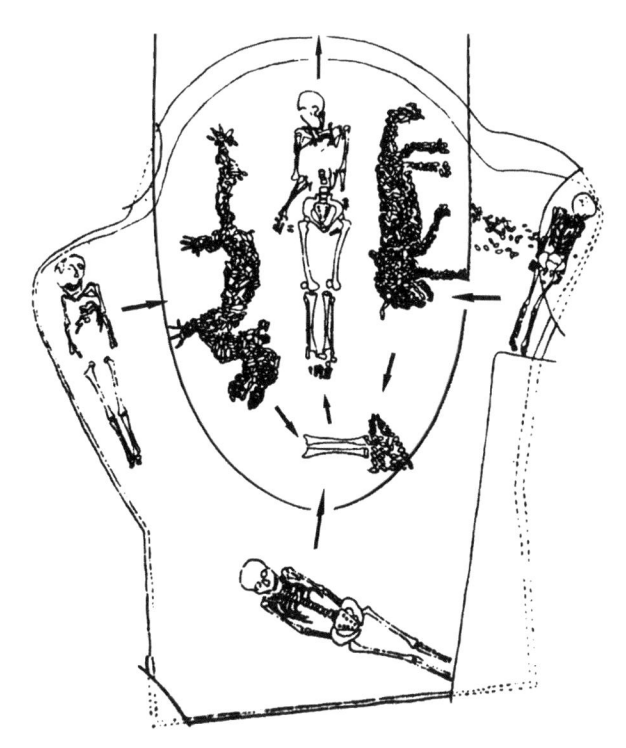

图7-9

亡。从三少年没有其他陪葬品的情况看，三人并非服侍主人的正常人殉，而是祈生巫术中的牺牲。民间丧俗中有"引魂"的习俗，用杀死公鸡的方式以血来为逝者引魂祭墓，这种方式即是远古杀祭的遗风。45号墓中这三个少年也应具有这样的作用，其用意是在为墓主"引魂"的巫仪中用这三个少年分别来血祭龙、虎、斧这些灵物，以使这些用蚌壳摆成的龙、虎、斧图形具有生机和灵性（沾上活体的血，蚌壳摆成的龙、虎、斧也就具有了灵性），从而起到让墓主再生和保护墓主的作用。此外45号墓的形制还组合成了一人首的形状（图7-9），人首七窍被古人认为是灵魂的通道，而墓主人、龙、虎、斧（两胫骨像两唇，两唇相合也喻阴阳相合）也正好摆在了与五官相应的位置，此也与杀祭"引魂"祈望灵魂归窍之意相符合。

由以上分析可见，45号墓及其蚌塑是在对墓主进行的祈生巫仪中，为血祭生殖神、保护神及魂、魄相合象征物时所留下的巫术遗存。通过此遗存中出现的组合元素及组合方式，可还原该祈生巫仪进行的过程（图7-9），其基本内容和顺序如下：

（1）举行祈生巫仪，在墓主人左侧摆塑龙，右侧摆塑虎，以此作为祈望亡灵再生、驱邪避害巫术中的生殖神和孕育、保护神。

（2）祭祀龙，取男童两根胫骨放于亡者足下部作为"生"与"魂"的象征。祭祀虎，在两胫骨右侧摆塑斧头形状作为"护"与"魄"的象征。以两根胫骨与蚌壳组合的斧状图形来体现亡灵生与护的相合及魂与魄的相合，并以此作为亡灵升天、再生的灵物。

（3）举行血祭，用三个少年分别血祭龙、虎、斧状图形这些灵物：右侧少年祭虎（为女性，与孕育神虎相应），左侧少年祭龙（虽遗骸未分辨出性别，但从右侧为女的状况看，应为男性，与生殖神龙相应），下侧少年祭斧状图形（为男性，与墓主性别相应）。通过血祭，意使这些摆塑而成的龙、虎、斧状图形具有生机和灵性。

（4）血祭后，举行祈祷亡灵升天、再生仪式，希望龙、虎、斧这些灵物与墓主人亡灵感应，从而使亡灵通过上方（南方圆形，象征天的方向）的通道升天再生。

从以上对45号墓及其蚌塑的分析来看，该组蚌塑在整个巫仪内容中，应处于为亡灵再生注入生机和灵性并使之升天的阶段。由45号墓表现亡灵血祭升天的内容及南方象征天界的状况，再与墓南的第二组、第三组蚌塑相联系，可知第二组、第三组蚌塑表现的应是亡灵升天过程及升天后的内容。

2. 第二组蚌塑是为墓主祈生表现亡灵与生殖神感生受孕的巫术遗存

第二组蚌塑位于45号墓龙、虎蚌塑南20米处，这组蚌塑中有虎、龙、鹿、蜘蛛和石斧。从45号墓内容为祈望墓主魂魄相合、升天再生来看，该组蚌塑表现的应是亡灵在进入天界过程中生命开始再生的内容。

在此组蚌塑中（图7-10），龙与虎位于下方，虎左龙右，呈现出"异物构合"连为一体的造型特征。鹿和蜘蛛位于龙、虎的上方，其头部分别与虎和龙的头部相凑合。鹿和蜘蛛的中间有一石斧，石斧是亡者地位身份的象征，与45号墓墓主足下斧状摆塑形成一致性的联系，是"生"与"护"及墓主人"魂"与"魄"相合的灵器替代物，也是此组蚌塑中亡灵升天后的象征物。

从该组蚌塑的组合特征及其与45号墓的关系，可看出摆制这组蚌塑的先后顺序及其所象征的含义。首先摆放的是石斧，因为石斧作为墓主人的所用之物是墓主人的身份象征和标识，也是升天过程中亡灵的替代物，其在此组蚌塑图形中具有"指事"的作用。先摆放石斧，表示亡灵在此处进入了天界再生阶段。

接下来摆塑的是龙和虎，龙和虎是亡灵再生的生殖神和孕育、保护神，因而在此组蚌塑中，龙、虎也是要表现的主要对象。在原本艺术图形的制作过程中，常常会采用一种"先入为主"的表现方式，即把图式中的主要对象以最大的体量首先表现在画面的主要位置，然后再添加、补充其他相对次要的对象。在此组蚌塑中造型体量最大、最为突出的是龙和虎，由此表明龙和虎在此组蚌塑中是要表现的主要

图7-10

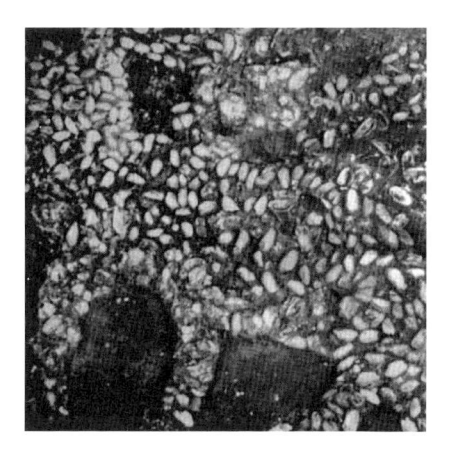

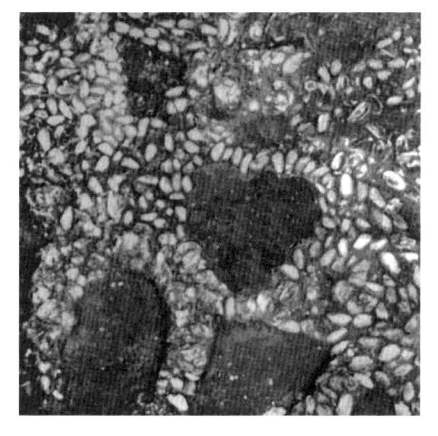

第七章 肠龙生殖观念图形个案解析 | 157

图7-11

图7-12

对象。从这组蚌塑的叠压关系看，在龙、虎中最先开始摆塑的形象是虎。该虎头朝北、背朝东站立，有三足。虎腹部造型有一圆形结构，此圆形结构在腹部出现，明显是在表现生殖之宫（腹）的特征（图7-11），如将此圆形结构内的蚌壳去掉，腹腔的造型会更为清楚（图7-12）。再从虎各部分的形状叠压关系和摆放顺序可看出，虎的造型应是先摆塑了腹部生殖之宫的形状，又延伸到虎头及足部。此种造型方式与前面提到的赵宝沟文化尊形器神灵图形的造型方式及表现顺序相类似，是对生殖之腹添首加足后的神灵化表现。此造型过程可明显看出生命之宫在这组蚌塑中的重要性，并反映出虎在原始生殖观念中的造型含义及其与腹的联系。

龙是与虎腹的生殖之宫相连摆塑的，头朝南，无足，表现出龙由腹而出的特征。该特征以"会意"的方式表明龙的原形物的确源于腹中，是对腹中之肠的神灵化体现。此龙与虎相复合的造型，还体现出了原始思维中龙、腹、虎与魂魄的关系及象征含义：龙本于腹，是腹中之肠神灵化后对生殖神的象征，龙由于源自腹体内，还具有对"魂"的象征含义，因而龙既是对生殖神的象征，也是对魂的象征；腹的依附动物是虎，虎是腹的神灵化，原

本艺术造型中常以谐音"假借"方式以"虎"谐"护"，生命在腹的保护中孕育，虎是孕育和保护神的象征，腹又体现了生命的外表特征，具有对"魄"的象征特性，因而虎既是对孕育、保护神的象征，也是对魄的象征。在原始观念中，人们正是运用龙和虎这一对神灵图形，既体现了生命"生"和"护"的关系，也体现了生命"魂"和"魄"的关系。由此组蚌塑图式还可看出，其造型所表现出的龙出于腹的特征，明显地表达了肠、腹生殖的原始观念，除表明龙的原形的确是来自对肠的神灵化外，还是对龙、虎生殖观念和魂、魄观念最直接的图解。

龙、虎主体图形摆塑完成后，在龙、虎图形之上再进行摆塑的是石斧左侧的鹿和石斧右侧的蜘蛛，鹿和蜘蛛与象征亡灵的石斧呈现凑合的特征，表明并提示鹿和蜘蛛与亡灵有关。鹿和蜘蛛除与石斧呈凑合之状外，鹿居于虎之上，与虎首相凑合，蜘蛛居于龙之上，与龙首相凑合。在原始思维的"互渗"现象中，鹿角的分支特征和蜘蛛的多足特征同样会与生殖繁衍产生"互渗"，从而使这些物类也被赋予生殖繁衍的象征性。鹿和蜘蛛作为生殖繁衍的"互渗"物，又各有其不同的特性：鹿是兽，是地上神灵物的象征，故又与魄相联系，是魄之象征（魄存于地），鹿卧于虎之上，鹿首与虎首相凑，象征亡灵之魄（鹿）与保护神虎感应相合，此意与45号墓象征亡者之魄的斧头一端朝向虎一侧，与虎呼应相类同；蜘蛛织网于天，以蛛网网天上飞虫（飞虫有魂灵之意），故而又是魂之象征（魂升于天），蜘蛛置于龙首之上，以足触连龙首，呈现与龙首相凑合之状，象征亡灵之魂与生殖神龙感应相合，此意与45号墓象征亡者之魂的斧柄一端朝向龙一侧，与龙呼应相类同。首有七窍，古人认为其是灵魂出入之处，鹿首与虎首相凑，蜘蛛与龙首相凑，体现出代表亡者魂、魄的鹿和蜘蛛与代表生殖神、孕育保护神的龙和虎之间感应交合，从而使亡灵在生殖神和孕育保护神的生殖之宫中受

孕再生。这种具有生殖象征性的物类感应聚合现象，与远古传说中的感生神话及图腾血缘说相吻合，是原始时期生殖神感应交合使生命繁衍观念的体现。以亡者生命象征物与生殖神交合的图式，在妇好墓出土的龙鸟纹玉饰上也可见相似的例证（图7-13），在此龙鸟纹玉饰中，鸟是商的图腾物，龙是生殖神，两者同样以上下凑合互感的方式体现了祈望生命受孕繁衍的内涵，表现出了与该组蚌塑相类似的造型特征。

图7-13

在第二组蚌塑与45号墓摆塑中，可分别看出其中各有一个相复合的造型，从中可见此两组摆塑所表现主题内容的不同及相互联系：一个是45号墓中胫骨斧柄与蚌壳斧头的复合，其象征的是魂与魄的相合；另一个是第二组蚌塑中龙与虎的复合，其象征的是生殖神与生殖之宫的相合（受孕）。而由魂与魄相合到生殖神感生相合受孕的过程，又是通过第二组蚌塑中亡灵象征物（石斧、鹿、蜘蛛）与生殖神（龙）、孕育神（虎）的相合来体现的。

从以上分析可以还原该组蚌塑在祈生巫仪中与45号墓的联系及进行摆塑的过程和方式。其基本内容及顺序如下：

（1）在45号墓举行祈祷亡灵升天、再生仪式中，巫师将石斧作为亡灵的象征物，分别按以下顺序与45号墓中的龙、虎、斧状摆塑和墓主人接触感应：先与龙、斧柄接触，再与虎、斧头接触，祈祷亡灵的魂、魄相合；后与象征魂、魄相合的斧状摆塑接触，表示该石斧已具有了生命的灵性；再以此灵物与墓主人接触，表示亡灵附体于石斧，并将其作为亡灵的象征；由巫师执此石斧经墓主人躯体行向南方，表示亡灵升天。

（2）巫师在45号墓南的第二组蚌塑处选定地点安放石斧，象征并作为亡灵再生在天界与生殖神、孕育神的感生受孕处。

（3）在石斧下摆塑孕育、保护神虎与生殖神龙相合的图形，并对孕育、保护神虎和生殖神龙进行祭祀。

（4）在龙、虎之上的石斧两侧摆塑鹿和蜘蛛，以其作为亡灵魂、魄感生物的象征，使鹿首与虎首相凑，蜘蛛以足与龙首相交，以象征亡者魂、魄与生殖神和孕育、保护神之间的感应相合。

（5）完成该组摆塑，祈祷亡灵在生殖神和孕育、保护神的生殖之宫中受孕再生，象征亡灵升天过程中在生殖神和孕育、保护神的生殖之宫中感生受孕成功。此阶段祈生受孕巫仪结束。

由此可见，此组蚌塑其实是一幅以"会意"造型方式来表现亡灵与生殖神感生相合的受孕图。从表现内容来看，其是在45号墓第一组蚌塑对墓主亡灵及龙、虎、魂魄相合斧状物血祭后，巫术祈生仪式进行的第二步。其表明亡灵在升天过程中已进入到再生的初步阶段，是祈生巫术中表现亡灵与生殖神和孕育、保护神感生受孕的遗存。

3. 第三组蚌塑是为墓主祈生表现亡灵孕育再生的巫术遗存

第三组蚌塑位于第二组蚌塑南25米处（图7-14）。此组蚌塑底部铺垫有10厘米左右的灰土，在灰土之上摆塑龙、人、虎的蚌壳图形。人与龙摆塑于灰土的中部偏南，龙头朝东，背朝北，昂首，长颈，舒身，龙腹后叠有一人形。虎摆塑于龙的北面，头朝西，背朝南，腹体膨大，四足微曲。关于这组蚌塑的造型，多数观点认为：人与龙的组合是人骑龙，象征墓主人驭龙升天，虎在奔腾，灰土好像空中的银河，灰土之上零星的蚌壳，犹如银河系

中无数的繁星，人骑着龙和虎腾空而起，奔驰于空中。本书对此组蚌塑则有不同看法，认为这组蚌塑是在巫术祈生仪式中为墓主人亡灵再生遗留的一幅孕育、再生图，是与45号墓第一组蚌塑魂魄相合图及第二组蚌塑感生受孕图内容相联系的，表现的是魂魄相合、感生受孕后所要产生的结果。

在这组蚌塑中，首先应该注意的是蚌塑之下有一层有意铺垫的灰土。铺垫灰土来源于人类古老的一种分娩方式，是古代生殖分娩时的一种惯用做法：婴儿降生时，在地上铺上麦秸灰或炒热的沙土，让婴儿生在上面，谓之"落地"。这种方式直至近代在医学不发达的民间仍十分流行。而这组摆塑用灰土铺地，也应是原始时期以此种分娩方式对生命再生的象征性体现（据相关介绍，在第二组蚌塑下面也铺垫有灰土，同样具有祈生之意）。

再从该组蚌塑中龙与虎的身体朝向以及龙足、虎足呈相反方向的造型特征看，龙与虎并不是在表现一致向天界行走奔驰的姿态，如果龙、虎朝天界做行走状，龙与虎应朝向同一方向，且其足均应该统一向下，不可能有的向东，有的向西，甚至仰足朝天（在原本图形中也确有个别表现动物仰足朝天的现象，但其造型均是为了表现马、牛等动物拉车时与车的相互平面组合关系，而无在行走时无故仰足朝天者），因而从龙、虎之足及其体态朝向呈颠倒相反的特征看，龙、虎并非在行走，而是更符合表现其卧于灰土之上的形态（图7-14）。从该组蚌塑中的形象造型来看，虎的造型与第一组和第二组蚌塑中虎的造型相比腹体已变膨大，明显体现出了腹中怀子的状态（图7-15），而其四足微曲，表现的应是孕子后卧于灰土之上平伸四足即将分娩之态（图7-16）。龙摆塑于虎的北面，龙首承接虎首，龙腹处有一小人，从人与龙的组合状态及造型叠压的前后关系看，此人置于龙体之下，而非骑于龙体之上（图7-14）。另从中国古代人骑龙图形出现的时期来看，原始时期的龙也只是一种生殖崇拜的象征物，还没有形成以后道教驭龙升天的概

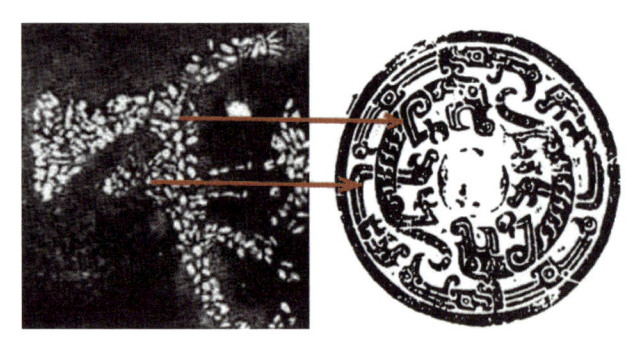

图7-17

念，在目前所发现的原始龙纹中，也未见有其他人骑龙的图形参照。因而本书认为：从其图形造型特征及产生的时代背景分析，此所谓"人骑龙"图形并非人骑龙，而是龙生人，是以"指事"兼"会意"的造型方式来体现"龙生子"特征的图形。此组龙、虎组合图形所表现出的龙首承接虎首，并将龙体与虎体连为"S"形的造型，也体现出了龙与虎在生殖内涵上由孕（虎孕子）到生（龙生子）的事物发展过程及因果联系。该类图式在商周时期表现虎生子的铜镜图形中，也有相类的造型例证（图7-17）：在此纹饰中，大虎体下叠有一小虎，其同样表现的是"虎生子"，而非"子骑虎"。

通过对此蚌塑图形造型及其与45号墓和第二组蚌塑关系的分析，可以还原该组蚌塑在祈生巫仪中进行摆塑的过程及方式。其基本内容和顺序如下：

（1）在第二组蚌塑象征亡灵感生受孕的巫仪结束后，巫师依据象征亡灵受孕的地点（第二组蚌塑处），来确定亡灵孕育再生的时间及亡灵在天界将要到达的相应再生地点（第三组蚌塑处），在特定的时间，进行第三组蚌壳图形的摆塑并举行亡灵孕育、再生巫仪。

（2）在亡灵孕育、再生处（第三组蚌塑处）铺垫象征生育的灰土，准备亡灵的孕育、再生。

（3）在灰土北侧（靠近第二组蚌塑一侧）摆塑象征亡灵孕育并将分娩的虎，以此体现"受孕"（第二组蚌塑）跟"孕育"的延续关系。祭祀孕育保护神虎，祈祷其对亡灵的孕育和保护。

（4）在虎的南侧摆塑龙，龙首承接虎首，以体现"孕育"跟"再生"的延续关系。祭祀生殖神龙，祈祷亡灵在天界再生。

（5）在龙体腹部摆塑人形，象征亡灵在天界获得再生。祈祷亡灵得安，完成整个亡灵升天、受孕、孕育、再生的巫仪。

由此可见，第三组蚌壳摆塑是与45号墓及第二组蚌壳摆塑相联系的，是摆塑第二组神灵感生受孕图的巫仪完成后，另行摆塑的一幅亡灵孕育、再生图。此组蚌塑也即是整个祈生巫仪所要达到的最终目的和结果。

通过对以上三组蚌塑的图形分析可看出，第二组和第三组蚌壳摆塑，均是围绕45号墓墓主人亡灵升天再生巫仪，所遗留的同一文化遗存中的组成部分。这三处巫术遗迹的相互关系表明，这三组蚌壳摆塑的内容是具有连贯性的：45号墓及蚌塑表现的是为墓主人亡灵升天血祭生殖神、保护神及魂魄相合象征物的内容；第二组蚌塑表现的是墓主人亡灵升天后，与生殖神感应受孕的内容；第三组蚌塑表现的是墓主人亡灵在天界孕育、再生的内容。由此还可看出，墓主人亡灵魂魄相合升天→墓主人亡灵在天界与生殖神感应受孕→墓主人亡灵在天界孕育、再生的整个巫术内容，是以生殖神龙和孕育保护神虎为主线来体现的，尤其是第二组蚌壳摆塑图形以龙出于腹的图式明显地表达了肠、腹生殖的原本观念，说明龙的原形的确是来自对腹中之肠的神灵化。而第三组蚌壳摆塑图形又以虎孕育和龙生人的图式对原始的龙、虎生殖观念做了更进一步的印证，其中虎表现的特征是"孕子"，龙表现的特征是"生子"，表明龙与虎在生殖繁衍中具有不同的神灵特性。这三组蚌塑通过祈生巫仪，以图形的方式将原始生殖观完整地表现出来，是龙、虎生殖观念及魂、魄观念在原始葬仪中的形象体现。

此外，从河南濮阳西水坡仰韶文化墓葬遗迹中这三组连续性画面还可看出，其明显体现出了连环画的特征，是迄今为止我国出现最早的连环画雏形。

三、肠孕子、龙孕子、蛇孕子与蛇盘兔

在原始思维中，肠生殖观通过图形造型产生了龙，在此种观念的作用下以"转注"的方式延伸出了肠孕子、龙孕子、蛇孕子等图形，之后又在此基础上继续延伸并演化出了其他的相关图形，这些图形尽管在其原本形态基础上有所改变，但仍然体现出了肠生殖观念的原本内涵特征。陕西、山西及甘肃某些地区民间剪纸中广泛流传的"蛇盘兔"图形，即是由肠生殖观念演化而来的。

（一）古文化图形中的肠孕子、龙孕子图式

在周代的器物上，有诸多以肠纹盘绕动物纹的图形，这种图形明显反映出了腹、肠生殖观及其相互关系：器物之腹是生殖之腹的象征，肠是生殖之源，动物是所孕之子，三者组合在一起形成了腹、肠、生命物三位一体的生殖观念，并以图形的形态体现出了原始思维对生殖的朦胧认识。古代文化图形中，以肠孕子反映原始生殖观念的图式很多，如西周早期青铜纹饰中的肠孕鸟纹（图7-18），西周厉王时期青铜纹饰中的肠育龙纹（图7-19），河南辉县战国墓陶器纹饰中的肠育龟纹（图7-20）等，均是以肠围绕动物的方式体现出了肠孕子特征。

原始生殖观念认为生命在肠的围绕中孕育，对肠的崇拜和神灵化产生了龙，古代生殖观也就自然从"肠孕子"的感知以"转注"的方式转化成了"龙孕子"的理念，认为龙同样是以此种方式来生殖孕子的。龙在古文化图形中，除了作为生殖神独立出现外，其围绕孕子的图式与肠围绕孕子的图式一样，多呈现以龙围绕代表"子"的动物或符号形成孕子状图形，此种图式明显地体现出了肠的原本生殖特征。商周青铜器的蟠龙纹即是这种"龙孕子"图式的典型体现（图7-21）。在蟠龙纹中，多数龙头居中呈正面或侧面造型，龙身以环形围绕小龙、蛇、鱼、兽等动物图形及氏族符号的方式来体现孕子特征，其形态明显与肠孕子形态具有"转注"式的联系。此时期，龙的概念也有所延伸，从"龙孕子"图式内涵来看，其已从单纯的某物种繁衍演变为孕天下之物，龙也由原始的个性龙转化为具有共性特征的天下生殖神，并形成了具对祖先神和统治神的象征。因而，这种龙孕物图式除包含了生殖神和祖先神的内涵外，还体现了王权对天下的统治。

蟠龙纹在形式上还常演化出其他的形态变化。如在殷商妇好墓出现的蟠龙纹中（图7-22），除在龙身之内围绕徽号铭文及小龙来象征龙对妇好及王族的孕育和庇护外，又在龙身之外绕有小龙、鱼、凤鸟等图形，以此来象征被龙孕育出的天下万物和王族子民，其图式以"会意"的方式同时体现了"孕"和"生"的内涵以及龙对天下万物的繁衍和统治。

到西周时期，有的蟠龙纹中所育之物则变化为规则的小龙纹和小型肠纹，这种对规则的要求是礼制的体现，从而也使该类图形所表达出的统治意义愈加明显（图7-23）（图7-24）。由此可看出龙生殖概念随着社会形态的变化也在不断产生图式上的演化。

图7-18 　　　图7-19 　　　图7-20 　　　图7-21

图7-22

图7-23

图7-24

图7-25

图7-26

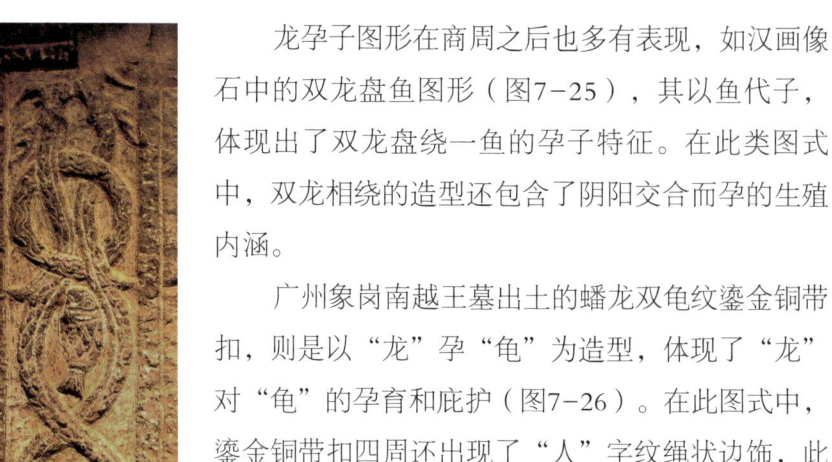

龙孕子图形在商周之后也多有表现，如汉画像石中的双龙盘鱼图形（图7-25），其以鱼代子，体现出了双龙盘绕一鱼的孕子特征。在此类图式中，双龙相绕的造型还包含了阴阳交合而孕的生殖内涵。

广州象岗南越王墓出土的蟠龙双龟纹鎏金铜带扣，则是以"龙"孕"龟"为造型，体现了"龙"对"龟"的孕育和庇护（图7-26）。在此图式中，鎏金铜带扣四周还出现了"人"字纹绳状边饰，此类边饰是"肠"与"绳"相"互渗"的变体，以此纹饰围绕主体图形同样具有"肠"孕育的内涵。

以上肠或龙围绕动物生殖繁衍的图形，明显体现出了古人在生殖观念中认为"肠"或"龙"是以盘绕方式孕"子"的认知。由肠和龙所表现出的围绕孕子特征的一致性，也表明龙生殖概念的确是由"肠孕子"引申为"龙孕子"的。

（二）古文化图形中的蛇孕子图式

蛇是形状与肠最为接近的动物。在原始思维中也正是由于蛇的这种特征同肠产生"互渗"，从而使蛇也以"转注"的方式与生殖神联系起来，并被人们认为是肠在腹体之外的化身。神话传说中"庖牺氏、女娲氏、神龙（农）氏、夏后氏，蛇身人面，牛首虎鼻"[1]以及"共工氏蛇身朱发"[2]所言的"蛇身"之说，即是生殖神由肠身向蛇躯转化的体现。而"帝女游于华胥之渊，感蛇而孕，十三年生庖牺"[3]之说，更是直接将庖牺（伏羲）的出生说成与蛇有关。在内蒙古昭乌达盟敖汉旗大甸子夏家店下层文化（前2000年——前1500年）出土的一件彩绘陶"盘蛇盖罐"的罐盖纹饰中，可看到以蛇盘鸟特征来体现"蛇孕子"的图形（图7-27），这也说明该时期的肠生殖内涵已进一步演化，与蛇产生了"互渗"的联系。

---

[1]《列子》。
[2]《山海经》。
[3]《路史·后记》注引《宝椟记》。

图7-27　　　　　　　图7-28

龙孕子、蛇孕子的观念及图式出现后，随着龙概念的逐渐演化，其象征对象也随社会形态的变化产生了分化，尤其是商周时期礼制的限制，龙更是成为王权的专利，其他被统治阶层便不得用龙。但被统治阶层同样需要对生殖神进行崇拜，并以其来对祖先神进行象征，因而寻找与龙有区别而又代表普通阶层的生殖神就成为必然。由于蛇是肠的"互渗"物，并在生殖观念中以"转注"的方式同样具有了生殖神的特性，因此在礼制对不同阶层的划分中，蛇也就成了龙之下被统治阶层的生殖神象征。进而又出现了虺、蚓等更为低级别的生殖神。这些蛇、虺、蚓之类既是属国或臣民的生殖神，也是龙生殖的对象。由此在礼制制约下的民间阶层，也就出现了大量崇蛇敬蛇的现象，使蛇孕子的图式成为与龙孕子生殖含义相类似，但又体现出等级差别的生殖崇拜图式。

以蛇为生殖神而崇蛇的现象在一些边远的少数民族地区更为普遍，此现象与礼制时期中原宗主对周围属国生殖神的等级限制有关，周围属国的生殖神多以蛇为称。我国南方还称蛇为"家龙"，从中也可见蛇与龙的联系及民间将蛇作为生殖神的阶层特征。古滇人的文化遗存中有大量与蛇相关的生殖崇拜内容（图7-28），这些崇蛇现象，既表现出了其与肠生殖内涵的联系，也表现出了其与中原龙崇拜的区别。

台湾地区一些少数民族中也有崇蛇的现象，当地流存有一种蛇孕人的图形，同样体现出了以蛇为生殖神的特征。如台湾地区高雄发现的朱漆浮雕

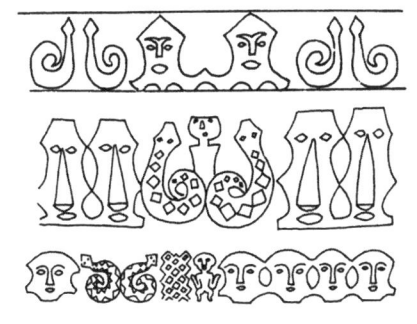

图7-29　　　　　　图7-30　　　　　　图7-31

木板蛇孕人图形（图7-29），台湾排湾族的蛇孕人图形（图7-30），台湾高山族的蛇孕人图形（图7-31）等。这些蛇孕人图形与肠孕子图形一脉相承，均是肠生殖观念"转注"于蛇的图形变体。

由以上可知，由于龙与王权等级观念联系成为王权的特有象征，从而也使蛇在礼制中成为子氏族和平民生殖神的象征，并由此出现了诸多蛇孕子图形。蛇孕子同龙孕子一样，同样体现出了肠生殖的原本性特征，是肠与蛇"互渗"而派生出的另一种生殖象征形态。

（三）蛇孕子的变体图式蛇盘兔

在陕西、山西及甘肃某些地区的民间剪纸中，流传有一种神秘的"蛇生兔"（图7-32）和"蛇盘兔"（图7-33）图形，此类图形由蛇与兔组合而成，通常表现为蛇对兔呈盘绕状的造型。对此类图形的解释，现多认为是两个属相的搭配，谓"蛇盘兔，必定富"，以取其吉祥之意。但由前所论及的"蛇孕子"图式所体现出的生殖特征与此类图式相联系可见，"蛇盘兔"与"蛇孕子"在内容及形式上均具有明显的类同特征。

早在河南偃师二里头夏文化出土遗物中，就有一件刻着蛇纹与兔纹的器座形残陶器（图7-34）。蛇纹浅刻在陶器外壁，线条较粗，线条里面涂着朱砂，蛇头部呈三角形，额部有菱形纹（与后期青铜兽面纹上的额部菱形纹有相似之处），一头双身，头向下，双身由颈后向两侧分开，眼珠较大且外凸，眼眶内涂着翠绿色，身躯呈条带状，与肠之特征相似。因该陶器残缺，蛇身已不完整，但从其造型看，应该是一条一头双身蛇。在该蛇身躯盘绕之内，上方有一只四足朝上的似兔动物，对于这只仰面朝天的小兔，有专家依据古代典籍《汉唐地理书钞》辑《括地图》中"天池之山，有兽如兔，名曰飞兔，以背毛飞"，《山海经·北山经》中"天池之山，其上无草木，多文石。有兽焉，其状如兔而鼠首，以其背飞，其名曰飞鼠"，以及"用其背上毛飞，飞侧仰也（郭璞注）"的有关记述，分析可能是古代神话传说中"以背毛飞"的飞兔[1]。对此本书看法有所不同，从该图形上方的小动物造型来看，其特征并非所谓的"飞兔"形象，因为以上典籍中虽说"有兽如兔"，但并非说此兽就是"兔"，而应该是指似"兔"的"兽"（物与物之间的相似，通常除指形状的相似外，还指特性的相似，此处应指特性的相似）。《吕氏春秋·离俗》说："飞兔、要褭，古之骏马也。"高诱注："飞兔、要褭皆马名也，日行万里，驰若兔之飞，因以为名正。"由此可见，古籍所谓"飞兔"是指"以背毛飞"的骏马，古人认为兔奔跑如飞，所以用"转注"的方式以"兔"来命名快马，并认为快马是凭借背上的鬃毛在飞奔。但从夏代二里头器座形陶器上的小动物图形来看，并非以"飞兔"之名来

图7-32　　　　　图7-33　　　　　图7-34

---

[1] 王迅. 腾蛇乘雾[M]. 北京：社会科学文献出版社，1998.55

图7-35　　　　　图7-36　　　　　图7-37

象征飞驰状的骏马，其本身明显就是一个兔图形。在该图形中，兔之形体曲身弓背并仰面朝上，其特征与通常动物四肢向下站立的形态有所不同，表明这是一只被蛇（肠）围绕正在孕育的幼小动物之形。由于该器已残缺，就其遗留残迹以及画面的位置布局分析，蛇身内所盘绕的似乎还有其他动物，从该图形以"蛇"盘"兔"的造型特征来看，这是一个明显的"蛇孕子"图形。这种以蛇代肠孕子的图式，反映出此时期就有了以盘绕方式体现生命繁衍特征的图式，也是迄今发现最早的"蛇盘兔"图形。

在内蒙古昭乌达盟敖汉旗大甸子出土的彩绘兔纹陶鬲上（图7-35），也可看到与河南偃师二里头"蛇盘兔"纹饰相类似的图形。该器属3400年前夏家店下层文化的产物（属北方青铜时代早期文化），与前面谈到的鸡首双身龙是同一地点出土的同时期器物。这件彩绘陶鬲的器腹上，绘有三只似乎还未孕育成形的兔状动物，动物周围被一条带状肠纹围绕，整体图形表现出在象征生殖之腹的器物腹部一胎多子的特征。从该图形中还可看出，肠纹上的"U"形纹与鸡首双身龙身躯部的"U"形纹完全相同，说明该纹饰与鸡首双身龙身躯纹饰所表现的为同一物象，均是对肠外表形状隆凸不平特征的装饰性描绘。此种肠纹上装饰"U"形纹的现象，在此后时期其他图形纹饰中也多有发现，并出现了许多类似的变体。如西周半圆形瓦当上的纹饰（图7-36）、西周青铜器口部的纹饰（图7-37）等，均是这种肠纹的演化形式。彩绘兔纹陶鬲和鸡首双身龙的纹饰特征还反映出，在内蒙古昭乌达盟敖汉旗大甸子3400年前的夏家店下层文化中，仍有图形反映并保留了对肠原本形态的描绘。通过以上分析也可知，彩绘兔纹陶鬲上的"肠盘兔"图形与二里头"蛇盘兔"图形的内涵特征相似，其表现的均是原始肠生殖观念的孕子繁衍内容。

在"蛇盘兔"或"肠盘兔"图形中，兔只是"子"的象征物，其用意是利用兔在动物中体积较小的特征来象征孕育的小生命，并非一定指肠或蛇所孕育的就是兔。这种以小动物代"子"的"转注"方式在原本艺术图形中多有体现，如民间美术中以"鼠"代"子"即属于与此类似的象征方式，常见与"鼠"相关的生殖图形有老鼠娶亲、老鼠吃葡萄（葡萄喻多子）等。但为何在此类图式中不是"蛇盘鼠"而是"蛇盘兔"呢？这是因为在传统观念中，物与物的组合要讲究搭配，自然界中蛇是鼠的天敌，以蛇盘鼠为"蛇孕子"图式会让人以为是蛇要吃鼠，显然不太合适。那么除鼠之外，自然界中第二小的动物就数兔了。"兔者，明月之精"[1]，"故生之来谓之精"[2]，"精"有精卵之意，可见在象征母神的月亮中兔也是"子"的象征。而且更

---

[1]《太平御览》卷九〇七引《典略》。
[2]《灵枢·本神》。

图7-38　　　　　　　　　　　　　　　　图7-39　　　　　　　　　　　　　　图7-40

重要的原因是，"兔"俗称"兔子"，"兔子"谐音"吐子"，"吐子"即"生子"，以"蛇"盘"兔"也即言"蛇"在"生子"，由此称可见民间习俗以"兔"代"子"的真正用意，故"兔"在"蛇孕子"图式中成为最合适的"子"之象征物，也就在情理之中了。再者从山西、陕西等地"蛇盘兔"传统图形的流传来看，其实际用途多是用于婚庆，含义也明显地体现出了与繁衍生子相联系的特征。而所谓两个属相搭配的"蛇盘兔，必定富"之说，却无内容与图形的直接关系，在传说或记载中也没有"蛇盘兔"此说的相关出处，可见民间该说只是对"蛇盘兔"取吉祥顺口溜式的附会而已。另外山西、陕西等地关于"蛇盘兔"图形有一个传说，相传该图形的出现是为了纪念忠诚孝义的介子推：在清明时节，人们用面粉捏成"蛇"和"兔子"的形状，"蛇"代表介子推的母亲，"兔子"代表介子推，"蛇"和"兔"缠绕在一起，用来表达孝道之心。此传说中以"蛇"代"母"及以"兔"代"子"，同样体现出了母与子和蛇与兔的关系，跟"蛇孕子"的原本含义联系起来看，两者也是相通的。

美洲古印第安人也有与中国相类似的肠龙生殖崇拜现象，在其文化图式中曾发现诸多类似"肠孕兔"的图形。如有的图形以"肠"围绕孕育着象征"子"的兔，又将肠延伸连接于祖先身后，用"指事"的方式标示出了生殖之宫的特征（图7-38）；有的图形是一条双头肠龙正围绕两只兔做孕子状（图7-39）；有的图形则以人抱兔的形式表明了以"兔"代"子"的特征（图7-40）。这些图式均体现出了与中国"肠孕子"及以"兔"代"子"观念的相似特征。

由以上分析可看出，蛇是肠神灵化的另一种形态体现，而兔象征的则是繁衍之"子"，"蛇盘兔"是由肠孕子、龙孕子、蛇孕子的图形演化而来的，其图式体现出了肠生殖的原本内涵和肠盘绕孕子的特征。从夏代二里头文化中就有"蛇盘兔"图形的出土来看，该图式的形成年代相当久远，但随着时代的变迁，该图式虽在民俗中流传至今，其原本内涵却已不被今人所知或另作它解。经以上对"蛇盘兔"造型原本的还原，可知民间剪纸中"蛇盘兔"图形的真正含义同样是源于原始的肠生殖观，且以图形的形式直接体现了对肠生殖的原本认知。从中也可看出，原始艺术与民间艺术之间不但在造型方式上具有相通性，而且在一些民间艺术的图式中，直接保留并体现出了原始艺术的图形内涵。

四、曾侯乙墓漆棺纹饰与肠生殖观念

1978年在湖北随县（今随州市）擂鼓墩发掘了战国早期的曾侯乙墓，墓中出土了许多造型精美、纹饰华丽的漆器，在这些出土漆器中，墓主人曾侯乙的漆棺尤为引人注目。曾侯乙墓漆棺分内外两层，均髹漆、通体彩绘纹饰。外棺为铜木结构，长3.2米、宽2.1米、高2.19米，表面遍布朱色间黄色的图案；内棺为木结构，长2.5米、头宽1.27米、足宽1.25米、高1.32米，外表以朱漆为底色，上面再以黄、黑、灰三色绘制琦玮谲诡的神怪形象及其他图案。笔者通过对漆棺形制和棺上所绘图形内容及图形造型方式进行分析，发现这些图形均与祈望墓主人亡灵再生、驱邪避害相关，从其形制和图式特征来看，同样是与肠生殖观念相联系的。

（一）曾侯乙墓外棺纹饰与肠生殖观念

曾侯乙漆棺外棺在木结构基础上用铜质框架加固，分棺盖与棺体两部分：棺盖四侧描绘云纹，云纹体现出棺盖是天之象征（图7-41）；棺体通体以绚纹、肠形蜷曲勾连纹和卵化纹等作为主体装饰，以符号的特征体现出了其与生殖之源的联系，棺体纹饰与象征天的棺盖相对应，表示棺体是对地母和生殖之宫的象征（图7-42）。棺盖与棺体相合则表示天地阴阳的相合。

外棺棺体四面的纹饰主要由肠形蜷曲勾连纹、卵化纹（卵的变体纹饰，后面章节有专门介绍）、绚纹组合成多个长方形图案，再与绚纹等相间排列而成。绚纹描绘在棺体四个侧面的四边及长方形图案的四周（图7-42）。绚纹是绳状物与肠相"互渗"的派生形态（图7-43），常以两个条形纹交

图7-41

图7-42

图7-43

图7-44

图7-45

互缠绕来体现阴阳交合之意，多用于画面区域分割或图形边缘装饰，常对主体图形形成围绕状（图7-44）（图7-45）。绚纹此种特征在生殖繁衍图形中所体现的形式内涵及作用与肠围绕孕育生命的"肠孕子"图式相一致。

在外棺棺体四面绚纹（肠纹）的围绕中，绘有二十个由肠形蜷曲勾连纹、卵化纹、绚纹组合而成的长方形图形：棺体的前后侧面各四个，左右侧面各六个。肠形蜷曲勾连纹呈"己"形相互勾连状，其由窃曲纹变化而来。关于窃曲纹，典籍中有"周鼎有窃曲，状甚长，上下皆曲，以见极之败也"[1]之说，窃曲纹之称即据此而来。由前面章节对肠生殖原本的还原及肠纹在图形中的造型表现，可看出"窃曲"之说，其实也是对肠之特征的描述，其意与《说文》中对"己"的解释"象万物辟藏诎（曲）形也"相似："窃"有暗中之意，是对肠藏于腹中状态的描述；"曲"是对图形（肠）形状的描述；"见极之败"是对图形形成特征的描述。由此可知，"状甚长，上下皆曲，以见极之败也"的总体意思是说，周代在鼎上用"窃曲"（肠纹）作为装饰，因其状（肠）甚长，故上下两端皆向回弯曲（呈己形），以体现两端之尽头。由此表明，之所以将肠描绘成体现两端之尽头的窃曲纹形状（"己"形造型），其原因是此形态便于图形的实际应用。这种应用特征在曾侯乙漆棺外棺图形中被充分地表现出来，从中可看出同样是以肠为原型的绚纹和肠形蜷曲勾连纹（窃曲纹）在实际应用中的不同：绚纹用于图形边沿的条形围绕状装饰，可以循环往复；肠形蜷曲勾连纹（窃曲纹）则多用于块状图形的装饰，需形成"己"形相互勾连状，来表现阴阳相交并与块状结构相适合，不可循环往复。故肠纹图形为适合其应用，在此也只能显其两端"见极之败"了。

由窃曲纹变化而成的蜷曲勾连纹由两个"己"形肠纹相互勾连而成。"勾连"喻"交合"，是阴阳相交、魂魄相合之象征。在这些"己"形肠纹内，还见有钩状分支纹和枝叶纹参与造型（图7-45），此是用"转注"方式，以枝、叶分枝来体现生殖繁衍的象征。从曾侯乙漆棺外棺上肠形蜷曲勾连纹的特征来看，其造型虽大致相同，但又因分布于棺体不同的位置而有不同的形态变化，其表现有三种形态：一是由两个钩状纹（不完整的"己"纹）相勾连的形态（图7-44）；二是由一个完整的"己"纹和一个钩状纹相勾连的形态（图7-45）；三是由两个完整的"己"纹相勾连的形态（图7-46）。这些不同形态的肠形蜷曲勾连纹装饰在外棺不同的位置出现，具有不同含义的象征性：第一种形态出现仅一例，位于外棺前端右下角一个方形

图7-46 　　　　　　　　图7-47 　　　　　　　　图7-48

[1]《吕氏春秋·适威》。

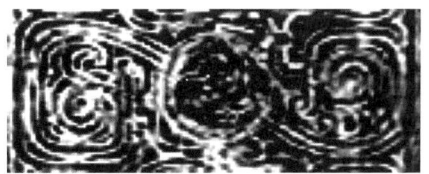

图7-49

通口上方，该通口为曾侯乙灵魂的出入通道，其以两个勾状纹（不完整的"己"纹）相勾连的形态出现，象征的是亡者灵魂招回将进入通道，阴阳还未相合之状态（图7-44）（图7-47）；第二种形态分布于外棺前后两端（包括外棺两端中间竖条纹饰）和外棺左右两侧板的左右两侧，其以一个完整的"己"纹和一个钩状纹相勾连的形态出现，象征的是亡者灵魂复归，阴阳开始相合之状态（图7-42）（图7-45）（图7-47）；第三种形态位于外棺左右两侧板中间部位，左右两侧板各上下两个，是该棺的主体纹饰，其以两个完整的"己"纹相勾连的形态出现，象征的是亡者魂魄完全相合之状态（图7-42）（图7-46）。

在曾侯乙外棺的每个肠形蜷曲勾连纹长方形框架中间，与其组合的是卵化纹（图7-49），呈现出肠形蜷曲勾连纹对卵化纹的交合包绕之状。卵化纹是由卵的化生特征变化而来的一种圆形纹饰。在原始生殖观中，肠是生殖之神，卵是生命化生之原本，许多体现生殖繁衍的图形是由肠纹与卵纹组合来体现的。卵具有生命化生的两方面含义：一是体现生命之本（祖），二是象征被繁衍之子。由此含义产生了诸多样式的卵纹饰，在这些卵纹饰中，有表现卵形象本质特征的卵纹，也有体现生命化生变化，将象征符号等加入卵纹饰中进行表现的卵化纹。如在卵纹中加入勾连纹、涡纹等来象征卵内部的化生变化，或在卵核周围构合籽纹、肠纹、儿纹等来体现原始生殖观对生命繁衍的综合认识（本书将在后面有关章节对卵纹进行详解）。曾侯乙外棺四侧的长方形框架图形，即运用了肠纹与卵化纹的组合，将卵化纹置于图案中部，再在其四周以肠形蜷曲勾连纹围绕卵化纹组合成一个方形图案，用"会意"的方式来体现肠围绕孕卵的特征，并以此图形来"转注"象征亡灵的孕育重生。这些图形，还在卵化纹中间加入了涡状枝叶纹（图7-48），枝叶纹在前面分析的山西襄汾陶寺龙的图形造型中就出现过，其内涵是以草木不断分叉生长的特征来象征生命的再生和繁殖。在曾侯乙外棺图形中，其与蜷曲勾连纹组合，同样具有象征亡者生命再生之意。

从以上这些图形的造型特征可看出，由于肠纹和卵化纹在形态上表现的并非完整的人或动物形象，因而很容易被认为是单纯的抽象装饰图形，其实它们同样是以现实物象为原型的，在此，这些现实物象的原型即是"肠"和"卵"。

曾侯乙外棺在每两组长方形"肠孕卵"组合纹饰的中间，还有多个由"儿"纹（儿纹是生殖之门变化而来的生殖象征符号，后有章节详解）组合而成的生殖符号（图7-50）和体现四方阴阳相合的符号（图7-51），这些符号排列形成竖向条形纹饰，与竖向的绚纹一起位于外棺的长方形主体图形间参与图形的组合（图7-52），以"指事"的符号特征与其他图形一起共同体现阴阳交合生命再生的含义。

从以上对曾侯乙外棺纹饰的分析可以看出：外棺四侧分布的20组方形图案组成了外棺的主体图形，而每组图形又以卵化纹为中心，形成了以肠形蜷曲勾连纹对卵化纹的包绕，图形外沿再有绚纹（长形肠纹）等围绕，明显地呈现出了"肠孕卵"的特征。可见外棺形制及所饰图形以此形态出现，是以"转注"的方式体现了腹肠生殖的理念，整个外棺用"肠"和"卵"的纹饰装饰，则表示外棺是生命孕育之宫，将内棺放置于外棺之

图7-50

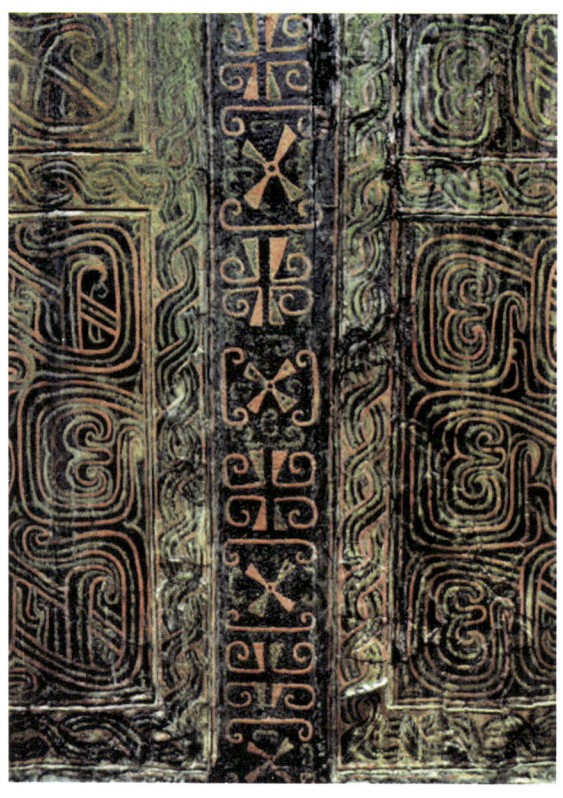

图7-51

图7-52

内并以这些肠图形围绕，就如同在腹内对亡灵作"肠孕子"之状，其意是象征亡灵在生命之宫中孕育再生。

（二）曾侯乙墓内棺主体纹饰及图形内涵

外棺是生命孕育之宫，内棺便是被孕育生命的所在之处。这种特征在曾侯乙内棺的图形纹饰中被明显地体现了出来。

图7-53

图7-54

曾侯乙内棺也分为棺盖和棺体两个部分，棺盖和棺体周围均绘制了大量繁复的龙、蛇形纹饰（图7-53）。龙、蛇、虺等纹饰的不同应用，是周代礼制等级观念的象征性表现：龙象征宗主的生殖神和祖先神；蛇、虺等代表的是低于龙的生殖神，也是对侯、臣、子孙的象征。此种观念在曾侯乙内棺图形纹饰中同样有所体现：棺盖四侧图像以龙纹为主（图7-54），体现的是天、祖之象征；棺体是盛放曾侯乙尸体的地方，曾侯乙是侯，其图像以蛇纹为主，体现出曾侯乙的身份特征（图7-53）。

从曾侯乙内棺图饰分布情况来看，其纹饰主要描绘在棺体的四个侧立面。尽管棺体纹饰繁复，但在棺体不同侧面描绘的图像中，仍能看出其分为主体纹饰和陪衬纹饰。下面分别对内棺各侧面的主体纹饰和陪衬纹饰进行分析。

1. 内棺前侧板的主体纹饰

内棺前侧板绘制纹饰众多，画面中间部分描绘的是一个窗户格栅图形（窗户是灵魂出入通道的象征），根据该侧板画面的结构及纹饰的主次分布，可看出其主要纹饰是中间窗户左右两侧下方的两组图像（图7-55），其在该棺面图饰中与其他纹饰相比，比例明显要大。两组图像基本呈对称形态，分别绘有一个鸟与兽（龙）交合的图形，其特征为鸟上兽下，呈现鸟踩立于兽身上的交合状态（禽鸟交合时呈踩立状）。在古人的阴阳及魂魄观念中，鸟为阳，兽为阴；鸟为魂，兽为魄。由此意表明，这是一对表现魂魄相合、阴阳相交的"会意"图形（图7-56）（图7-57）。此种图形组合方式在前面

图7-55 　　　　　　　　　　　　　　　图7-56 　　　　　　　　　　　　　　　图7-57

分析的河南濮阳西水坡仰韶文化墓葬45号墓的第二组蚌壳摆塑中就出现过，其同样是以两物感生交合的图形组合，表现了魂、魄及阴、阳的相合。此图形中还应特别注意的是，鸟的腹体部造型明显地呈现出了盘曲的肠龙之形，直观地体现出了龙与腹中之肠的关系，并表明龙的原本的确是源自对腹中之肠的神灵化。

在内棺前侧板的主体纹饰周围，还分布有众多的蛇形勾连纹、交合纹等陪衬纹饰，以配合主体纹饰共同体现亡灵魂魄相合及生殖神感生交合的内涵。

从对内棺前侧板的主体图像分析可知，该侧板纹饰表现的是亡灵回归、魂魄相合、阴阳相交的图形，是对墓主人亡灵得安、生命再生初始阶段的体现。

2.内棺左右侧板的主体纹饰

内棺左右两侧板的主体图像基本形式和内容大致相同（图7-58）（图7-59）。左右侧板

图像可分别划分为上、中、下三个大的区域：上、下区域基本以横向排列的肠形勾连交合纹、鸟纹和相互缠绕的蛇纹为主，中间区域则以比例相近的四个大方格形分割空间，并在方格形内描绘不同图像。在中间区域这四个方格中，右侧向内第二个方格内表现的也是象征死者灵魂出入通道的窗户格栅，与窗户相邻的左右格内表现的是手持武器保护亡者的神灵。这些神灵皆手持双戈戟（以双戈为戟，具有魂魄相合之意），赤膊正面而立，守护着亡魂出入通道，以拒避外来鬼邪之害（图7-58）

图7-58

图7-59

（图7-59）。这类守护神灵在左右侧板上各有10尊，分上下两层位于窗户两侧，左侧六尊，右侧四尊，左右两侧神灵造型分别两两相同。这些不同类型的神灵代表不同的身份和职责，从图像特征来看，可分为三种类型：一类是鸟造型的神灵，该类神灵位于窗户左侧方格的最外侧，上下各一尊，其造型人面鸟身，头生尖嘴，两腿间尾羽拖地，体现出鸟之特征（鸟翔于天，是阳之象征，魂也升于天，故以鸟象征），表明其是守护曾侯乙灵魂的神灵；二类是兽首人身的神灵，位于窗户左右两侧方格的下一层，左右各二尊，其两腮长须，头生尖角，呈兽之特征（兽行于地，是阴之象征，魄体也存于地，故以兽象征），表明其是守护曾侯乙魄体的神灵；三类是人形神灵，位于窗户左右两侧方格的上一层，左右各二尊，人首，上饰两动物相对合冠饰，表现出魂魄相合之象征，腹部饰兽面纹（腹部兽面纹是由对腹神灵化而来的孕育保护之神），胯下两肢呈蛇形，胯内生蛙（蛙，音谐娃，"子"之象征，蛇与蛙是生殖与被生殖的关系），表明其是亡灵生命再生的生殖守护神。从三种守护神的站位来看，也因职责不同而各有区别：由于棺体内放置的是曾侯乙的魄体，故魄体守护神和生殖守护神靠近窗户两侧守护亡者，以保护亡灵再生，防止鬼邪入内；而亡者灵魂常游离于棺体之外，故灵魂的守护神则处于远离窗口的外围，护卫亡者的灵魂。另外值得注意的现象是，此灵魂守护神只在窗户左侧有两尊，窗户右侧却无，而用龙蛇交合纹代之，此处无灵魂守护神的现象，则表明魂已入魄体之意，也即窗口左侧象征的是魂魄分离的状态，而窗口右侧则象征亡灵已与魄体相合，进入了生命再生的阶段。内棺右侧板上方还绘有四只神鸟，做直立上飞状，并与象征天界的棺盖相接，此是帮助亡者灵魂升天的鸾鸟，负载亡灵升入天界。

在窗户与守护神周围，还分布有蛇形勾连纹、交合纹等多种体现阴阳相合、亡灵再生的纹饰，以此作为主体纹饰的陪衬纹饰。

从以上对内棺左右侧板的主体图像分析可知，内棺左右侧板图像表现的是在亡灵魂魄相合、生命重生过程中，守护神守护亡灵、驱邪避害之内容。

3.内棺后侧板的主体纹饰

内棺后侧板的纹饰呈平铺式布满整个棺板，乍看上去分不出主次，但细看在棺板下部还是有三个与众不同的图形（图7-60）。这三个图形的中间是一人形，人形周围有六条肠形龙蛇呈交合状将人围绕其中（图7-61）。此六条肠形龙蛇围绕人的造型，明显体现出了肠围绕孕人的生殖观念及与"肠孕子"图形相类同的特征，即是以"转注"的方式，来象征曾侯乙的亡灵在龙蛇围绕孕育中再生。此外以六条相交合的肠形龙蛇进行组合，还具有"六合"之意，是对天地四方相合的体现。

道家认为人有三魂：天魂、地魂、人魂，也称"胎光、爽灵、幽精"[1]。人去世，三魂归为三路：

---

[1]《云笈七签》卷十三。

图7-60

图7-61

天魂归天路；地魂归地府；人魂是历代祖先流传接代之肉身，则徘徊于墓地之间。三个人形在内棺后侧板出现即是对亡灵的象征，而此亡灵有三，则体现出其与"三魂说"的渊源关系，应是"三魂说"原本形态的发端。此处用三个人形来表现亡灵，是以亡者重生的图形，来对亡者三魂得安进行象征。

在内棺后侧板的主体图形周围，还有众多的蛇形勾连纹、交合纹以及鸟、兽、蛇等小型动物作为陪衬纹饰，此是以亡者为祖，表现其福荫子孙、繁衍后代之象征。

从对内棺后侧板的主体图像分析可知，该侧板主体纹饰表现的是亡灵魂魄相合，并在龙蛇围绕孕育中重生得安、福荫子孙的图形。

据以上对内棺四个侧面主体图像的分析可知，内棺四侧棺板的图形主要表现的是亡灵得安再生的内容，分别是：内棺前侧板的主体纹饰表现的是亡者魂魄相合、阴阳相交；内棺两侧侧板的主体纹饰表现的是孕生、护生；内棺后侧板的主体纹饰表现的是亡灵再生得安。而由亡灵魂魄相合、阴阳相交经孕生、护生至亡灵再生得安的过程，又是由内棺四个侧面的不同图形及相互关系来体现的。从此过程也可看出，曾侯乙墓漆棺表现的内容与河南濮阳西水坡仰韶文化45号墓的三处蚌壳摆塑所表现的亡灵复生过程具有类同性，虽然两处遗存时隔久远，但其内容和图式均通过亡灵的再生体现出了肠龙生殖观念的特征，从中可见古代丧仪内容和形式与肠龙生殖观念在渊源上的联系。

（三）曾侯乙墓内棺陪衬纹饰及图形内涵

曾侯乙内棺四侧所描绘纹饰除以上主体图像纹饰外，其周围还绘有大量烦琐的陪衬纹饰。这些纹饰虽然烦琐，但经归纳，从中仍可看出，主要是由大致相同的几种纹饰呈重复状态组成的。其反映的内容也都与主体图像相关，均体现了祈望曾侯乙亡灵魂魄相合、生命重生、生殖繁衍的内容，是进一步对内棺四个侧面主体图像的具体解释。这些陪衬纹饰主要有以下几种。

1.蛇形勾连交合图式

此类纹饰主要分布在内棺前侧面的窗户边沿和左侧面与棺盖相接处。其图形特征表现为：以蛇纹为主体（蛇体呈肠形），上下蛇体交错，头与头、尾与尾相互勾连，每条蛇的尾部又缠绕一条小蛇，体现出交合孕子的特征。这类蛇形勾连交合纹因在内棺所处位置不同，其造型也有所不同：棺体前侧面纹饰较简，是生命孕育初始之体现（图7-62）；左侧面与棺盖相接处纹饰较繁，造型也更显具体，是生命孕育成长之体现（图7-63）。这类蛇形勾连交合纹在内棺纹饰中出现，是对交合生殖、亡灵再生的象征。

图7-62

图7-63

2. 天与之合图式

此类图式主要位于内棺右侧板和内棺后侧板右侧。其造型表现出一龙蛇纹仰首向上与"⌒"形符号或"⌒"形符号相合的状态（图7-64）（图7-65）。"⌒"形符号是对"天"和"阳"的象征。"⌒"形符号是"⌒"形符号的变体，是对地之角（地之角为"维"）与天相交之处的象征。在"⌒"形符号中间向下加一直线成"⊙"形符号，以此直线与象征"地"或"阴"的物象图形相连，是"天与之合"的象征[1]。"⊙"或"⌒"在图形中既有"指事"的特征，也有"会意"的作用。在内棺所描绘的此类图形中，出现以"⊙"形符号或"⌒"形符号与龙蛇仰首向上的嘴部相合，即是以此符号来对天（阳）与之相合的象征性体现。有的"⊙"形符号两侧各有一鸟，鸟首向内与"⊙"形符号相凑，"⊙"形符号之上也常站有一小鸟（图7-64），鸟飞于天，是"魂"之象征，此表明在"天与之合"图式中也包含了魂、魄相合的内涵。

"⊙"形符号或"⌒"形符号与龙蛇纹、鸟纹相合，其意即是通过"天与之合"及魂与魄相合的图式来象征天与生殖（亡灵再生）的关系，并反映出了"君命天授"的天命观与古代生殖观念之间的联系。

3. 生殖交合图式

此类图式在内棺四面侧板纹饰中出现较多，是陪衬纹饰中的主要类型。肠被神灵化并使龙、蛇成为生殖神的象征后，随着阴阳观念的形成，许多生殖图式中进而也加入了阴阳交合的内容，出现了以两龙或两蛇交合来表现生殖的图式。曾侯乙内棺上也描绘了大量的此类纹饰，这些纹饰主体呈现出由两条肠形蛇纹相互缠绕的交合状态，有的还在龙蛇交合的尾部置"几"纹（生殖之门）符号（图7-65），以体现其交合生殖的特征。交合蛇纹的两侧多配有鸟与兽相连接的复合图形，鸟（魂）在上，兽（魄）在下，象征魂魄相合。兽的尾部还常生有小兽，喻魂（鸟）魄（兽）相合后亡灵再生之意。在象征魂、魄相合的鸟兽上方，其鸟首朝向蛇形缠绕交合纹并与蛇首相合，是亡灵魂、魄相合又与生殖神相合的象征（图7-66）。

在此类图式中，有的还在图形上部将象征天地交合的"⌒"形符号（"维"之象征，天地相合处）反向颠倒呈"⌣"状（图7-67），并将"⌣"形符号的角部延伸于双蛇交合处，还有的"⌣"形符号呈变体状态与蛇形缠

图7-64

图7-65

---

[1] 见本书：第十一章 古文化图形中的象征符号 二、交合之纹（七）叠合交合纹。

图7-66　　　　　　　图7-67　　　　　　　　　　图7-68　　　　　　　图7-69

绕交合纹相连（图7-68），此是以"指事"方式对阳入阴的体现，象征天地精气与生殖神的相合。有的图式中还出现将三个"❥"形符号上下串联组合的图形（图7-69），此三个"❥"形符号是"三魂"（天魂、地魂、人魂）的象征，第一个"❥"形符号与第二、三个"❥"形符号间有一横向分界（似舆盖），象征天地分界，界上为天魂，界下为人魂和地魂，最下方有三条竖线与"❥"形符号相连，以象征"三魂"的相合。此类符号在此出现同样具有"指事"的作用，是对天地精气阴阳交合并与生殖神相合的象征。

曾侯乙内棺上这种生殖交合图式的主体，是以两肠形蛇纹相互缠绕之状来体现阴阳交合的，其图像的造型特征又与后来的伏羲、女娲交合图式有相似之处，从中可看出两者在图式及内涵上有内在的渊源关系。

4.魂魄相合图式

此类图式在内棺四面侧板纹饰中同样出现较多，也是陪衬纹饰中的主要类型。古人认为魂是阳气，构成人的思维才智；魄是阴气，构成人的感觉形体。人之生，以七日为腊，一腊而一魄成，故人生四十九日而七魄全，此说与古人认为的人有"三魂七魄"有关。人死精神与形体骨肉脱离，魂（阳气）归于天，魄（阴气）归于地，因而古代在丧礼中需做招魂仪式，希望魂能归来与魄体相合获得重生。此类图式即是体现为亡灵招魂入魄、魂与魄相合再生的图形。

在曾侯乙内棺的这类图式中，可看到魂、魄相合后肢体及体内器官开始初生的图形。图式的主体是用一人首与"儿"纹（"儿"纹是生殖之门的象征）组成人的上身造型来体现的，象征魄体由人首开始生成的状态（图7-70）。头部七窍是灵魂出

图7-70　　　　　　　图7-71　　　　　　　图7-72　　　　　　　图7-73

图7-74 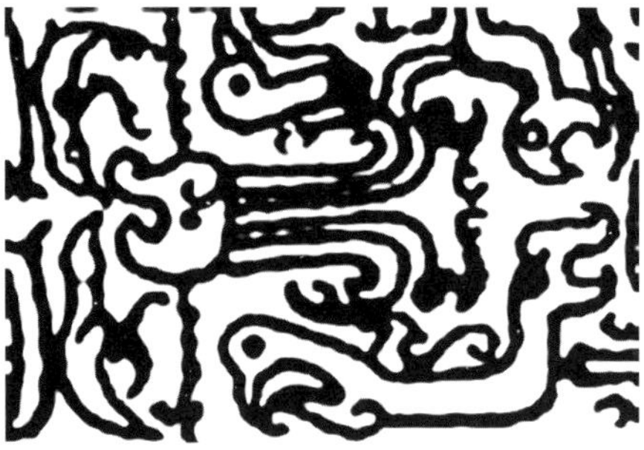　　　　　　　图7-75 　　　　　　　　　　图7-76 　　　　　　图7-77

入之处，魄体之外有两鸟相对（魂为阳，以鸟形代之），以嘴啄人首顶部，并有"❤"形符号与人首顶部相接，此图式体现的是灵魂被招回欲进入魄体与之相合之形。魄体两侧有大鸟置于左右，鸟足踩龙蛇，也寓意阴阳、魂魄相合，鸟首向外，做护卫之状。人首两侧有绚状纹生出，末端生一蒂纹，蒂纹由蒂生花结果之意延伸而来，是对"生"之象征（图7-71）（图7-72）（图7-73）。此类图式所体现出的以魂入魄特征，又与仰韶文化彩陶中出现的人面鱼纹以鱼代魂进入人首（魄），象征魂魄相合的图式相类（人面鱼纹图式后面章节有详解），可看出两者均以"会意"的图形方式体现了招魂入魄生命重生的特征，具有在同一观念作用下的图形渊源关系。

此类图形中还可看到由龙、蛇处于人的腹部或生成下体的造型（图7-70）（图7-71）（图7-72），表明龙、蛇的确与腹有关。有的图式还在"儿"纹形躯体内以表现内部特征的造型方式，体现了正在生出的体内器官（图7-72）（图7-73）（图7-74），以此来象征亡者魂魄相合后魄体生成的初始阶段，此类图形又与内棺后侧板象征曾侯乙生命在龙蛇围绕孕育中重生的完整人形形成联系，是对亡灵魂魄相合由初始至再生的阶段性体现。

在曾侯乙内棺棺盖前后侧面的图像中，还有魂魄相合图式的另一种类型，其造型呈现出横向状态的龙首与"儿"纹组合的特征，并体现出龙行于天的飘动感及与棺体部图形的不同（图7-75）。

这是由于棺盖部分表现的是天和祖先，并非曾侯乙魄体的象征，龙象征的是上天和祖先（棺盖），人与蛇、兽等象征的是曾侯乙及其繁衍的子民（棺体）。因棺盖与棺体所象征的对象不同，故在棺盖与棺体的图式符号中其特征也分别有所不同。

5.生命孕育图式

此类图式是魂魄相合图式与生殖交合图式的结合形态。其图形表现有三种类型：第一种类型，在蛇形缠绕交合纹的下方加入招魂合魄的图式，是肠龙交合生人的造型（图7-76），在这类图式中可看到下方的人形呈还未成形之状，是对亡灵生命刚开始孕育再生的体现；第二种类型，在招魂合魄图式的人形"儿"纹内加入蛇形缠绕交合纹（图7-77），是对亡灵魂魄与生殖神相合的体现，从此种图式中还可看到龙在人腹中缠绕交合的肠形特征，体现了肠与龙的原本联系；第三种类型，是在较完整的人形下方再与蛇形缠绕交合纹组合的图式（图7-78），从这类图式中可看到人的魄体已生成为较完整的人形，是对亡者魂魄相合后再生的更进一步体现，该类图式与第一类图式还有一个明显的区别，即进入人首部与之相合的"指事"符号不再是象征灵魂的鸟，而是象征生殖神的龙或蛇，其"指事"符号的变化也体

图7-78

现了内容的变化，是对亡灵魂魄相合后进入再生状态的象征。

6.子孙繁衍图式

在以上各类图式的下方和周围，还有许多小型的蛇、鸟、兽等图形（图7-79）（图7-80），这些图形均是亡者生殖繁衍的后代之象征，也是

图7-79　　图7-80

祈望亡者魂魄相合生命再生中所要表现的另一项重要内容，即希望在亡灵的庇护下，传宗接代、子孙兴旺、福荫后人。

以上内棺图式所体现的图形特征及内涵，均是围绕亡者来表现魂魄相合、再生的图形，用这些繁杂密集的图形布满内棺，意在以此来体现亡灵生命再生过程中旺盛的生殖活力以及神灵对亡者的护佑，象征在众多的生殖、保护神灵的围绕中亡灵再生的必然性。而这些繁杂图形所要达到的最终目的，也即是内棺后侧面下方那三个龙蛇育人图形所表现的内涵：亡者在肠形龙蛇的交错围绕中灵魂得安、孕育再生、福荫后人。它既是整个棺体纹饰要表现的主要内容，也是以图形造型的方式对肠生殖观念的明确图解。

通过对曾侯乙墓出土的墓主外棺、内棺形制和图式的分析，可见古人将现实中对生命繁殖的认识也带到了对亡者生命再生的祈望中，从中反映出了肠生殖观念对当时丧葬习俗的明显影响。曾侯乙内棺、外棺的形制以及棺体所描绘的主体图形和陪衬图形，采用"转注""指事""会意""表现物象内部特征"等图形造型方式，以天与之合、魂魄相合、生殖交合、神灵守护等图式，表现了人们祈望亡灵在生殖神的围绕孕育中得安再生的愿望，以及亡灵得安再生所具备的条件和过程，尤其是通过这种祈望人死后再回归出生之处进行重生的幻想状态，以图形的方式体现了对腹肠孕育生命的原本认识，为古人的肠龙生殖观念做了详实的图形说明。

五、肠龙生殖观念与古代帛画中的龙

迄今在中国发现的早期帛画中，有数幅帛画上绘有龙纹图形，经考证，这些绘有龙图形的帛画多为魂帛、魂幡之类，并与招魂有关。古人的魂魄观念是与祈望亡者生命再生相联系的，而生殖观念又与龙相关，因而从这些帛画图形中，同样可看到肠龙生殖观念的体现。

（一）《人物龙凤图》图式及内涵分析

1949年在长沙东南郊战国楚墓中发现了一幅画在白色丝帛上的帛画，后来将其定名为《人物龙凤图》（图7-81）。这幅距今2300多年前的古画虽然已经斑驳模糊，但依然能够看到画中所描绘的情景：一位妇女居于画面中部偏右下方位置，侧面向左而立，细腰，重髻，宽袖，长裙曳地，似两手合掌；妇人头前方有一只尾羽上卷腾空飞舞的凤鸟，左边有一条体态扭曲的蛇形龙（龙有两足，有一足已经剥落，看上去好像只有一足），龙与凤鸟作头首凑合状。关于这幅画的内容，研究者有多种推测：有的认为妇人就是墓主人，前头的龙凤正引导她升天；有的认为其描绘了女巫在为墓中的死者祈祷，并以龙凤引导升天；有的认为凤与龙是在争

图7-81

斗，代表了善与恶的斗争，女子正在为善良战胜邪恶而祈祷。对于以上诸说，笔者认同妇人即是墓主人的说法，但关于凤鸟与蛇龙的组合图式，则认为其是魂与魄的象征，表现的是魂魄相随引导墓主人进入冥界的内容。

从《人物龙凤图》画面组合元素来看，有凤鸟、蛇形龙、妇人的形象，而龙、凤都不是现实物象，表明该画面的组合方式并非以"写实"方式进行体现，而是以"会意"方式来体现的，而"会意"的内容体现，又必然与参与图形组合的元素所象征的含义有关，那么，龙、凤在此画面中所象征的含义，也就成了分析该画面内容的关键。

前已谈及古人的魂魄观，魂魄（阴阳）协调则人体健康。魂为阳，魄为阴，人死则魂与魄脱离，魂（阳气）归于天，魄（阴气）归于地。但人死魂魄离散以后，人们仍希望亡魂能被招回与魄体相合使亡灵再生，因而在葬仪上便有了招魂之事。

古代招魂其用意有二：一是庶其"复生"，二是安其"亡魂"。

庶其"复生"是招引死者之魂回归魄体。古代在亡者去世时用衣招魂，其衣象征亡者魄体，让灵魂识其衣而归。周时招魂谓之"复"礼，并对如何招魂设定了一定规制。《周礼·丧大记》："复，有林麓，则虞人设阶；无林麓，则狄人设阶。小臣复，复者朝服：君以卷，夫人以屈狄；大夫以玄赪，世妇以襢衣；士以爵弁，士妻以税衣。皆升自东荣，中屋履危，北面三号，卷衣投于前司服受之。降自西北荣。其为宾，则公馆复，私馆不复。其在野，则升其乘车之左毂而复。复衣不以衣尸，不以敛。妇人复不以袡。凡复，男子称名，妇人称字。唯哭先复，复而后行死事。"郑玄注曰："复，招魂复魄也。"注"复衣不以衣尸，不以敛"曰："不以衣尸，谓不以袭也。复者庶其生也，若以其衣袭敛，是用生施死，于义相反。《士丧礼》云：'以衣衣尸，浴而去之。'"又注"唯哭先复，复而后行死事"曰："气绝则哭，哭而复，复而不苏，可以为死事。"孔颖达疏曰："复是求生，若用复衣而袭敛，是用生施死，于义为反，故不得将衣服袭尸及敛也。"又疏曰："唯哭先复者气绝而孝子即哭，哭讫乃复，云难哭先复也。复而后行死事者，复而犹望生，若复而不生，故得行于死事，谓正尸于床及浴袭之属也。"由此可见：以"复"招魂，即是希望死者之魂归来与魄相合在世间复生，行的是世间之事，而"若复而不生，故得行于死事"。也即：以"复"招魂首先是庶其复生，如复生不成，则表明亡者在世间已死，然后再行冥界之事。

冥界之事即如何安其亡魂，是在庶其复生不成后进行的（此时亡魂已在"复"礼中被招来）。《礼记·问丧》有"送形而往，迎精而反"之"送殡""虞祭"之礼，"迎精而反"之义即是招魂，表明行死事同样要招魂回来。"复"礼招魂其实具有二义：先是庶其"复生"，如复而不生，再将招回的亡魂与魄体一起行"死事"，安其"亡魂"，从而完成亡灵由人间到冥界的转换。人在阳间魂魄分离为死，那么在阴间人们又希望人的魂魄处于什么样的状态呢？从"魂气归于天，形魄归于地，故祭，求诸阴阳之义"[1]来看，并非亡者"魂气归于天，形魄归于地"就是安其"亡魂"了，且"魂气归于天，形魄归于地"还可理解为"魂气归于阳（天为阳），形魄归于阴（地为阴）"，因而才行祭祀求之于"阴阳之义"，又"阴阳和而万物得"，故行冥界之事也并不希望亡者魂魄分离，仍然祈望亡者在冥界能够阴阳相合、亡灵再生。此种祈望在现发现的古墓葬式及葬具纹饰中多有体现，如本章前所谈及的河南濮阳西水坡仰韶文化墓葬遗迹中以龙、虎为主的三处蚌壳摆塑以及湖北随县擂鼓墩曾侯乙墓出土漆棺上描绘的阴阳交合、亡灵再生等图式，均明显体现了亡者精魂和形魄在冥界阴阳交合，并在生殖神的围绕中生命再生的幻想状态。

"事死如事生，事亡如事存，孝之至也"[2]，"丧礼者，以生者饰死者也，大象其生，以送其死，事死如生，事亡如存"[3]。古人认为生与死只是存在空间的一种转换，崇信人死之后仍然能在阴间过着类似阳间的生活，而这种从阳间到阴间的生命状态转换过程，也即是人们所认为的亡灵在阴间再生的过程。因而古代丧俗对死者的陵墓及随葬生活用品也仿照世间，其衣冠、用具等均犹如生时状况。此现象也表明古代丧俗并非希望亡灵在阴间魂魄分离，而是希望其阴阳相合、生命再生，继续在阴间生活。故在亡者不能"复生"行"死事"时，仍要制作魂帛或魂幡招魂，并在幡上画墓主人形象，让游魂识别自己魄体之形随幡进入冥界，如灵魂不能随魄体而行，便成孤魂野鬼，此后不但享受不到后人的祭祀，还会惊扰后人。招魂幡也称作铭旌，灵柩停放在堂上时，竖在柩前，出殡时，复人举幡，一路引导亡魂到达葬地。经过祭祀告别仪式，将其放在棺上。如果有多层棺，则放在最里的一层棺，随棺下葬。这样魂随幡，魄随棺，使亡者魂魄相随转入冥界。

《人物龙凤图》帛画从其形制来看似是魂帛，其功用与魂幡相类，所表现的正是为亡者招魂、引魂使魂魄相随的内容。处于画面左侧所谓的龙，从其首部可看出是蛇首造型，应属蟠蛇之类，蟠蛇之类是地位低于龙的生殖神，蟠蛇行于地，是阴之象征，故在此也是魄体之象征（从《人物龙凤图》的内容及形式来看，图中的蟠蛇虽然也具有生殖神的特征，但在此主要是对亡者之魄进行象征）；蛇右侧是凤鸟，凤鸟首部置"S"形肠纹符号，"指事"出该鸟具有生殖神特征，鸟尾部扬起两条枝叶纹尾羽，羽端接蒂纹，蒂纹再生花蕾纹，枝叶纹（"生"之象征）、蒂纹（生殖之门）、花蕾纹（"子"之象征）均为生殖繁衍的符号，用此类符号进行组合，以"转注"的方式体现出了"生"的含义。鸟翔于天，又是阳和魂之象征。凤、蛇之下是墓主人，面朝蛇、凤随于其后，与凤、蛇形成魂魄相随的呼应联系，墓主人处于凤、蛇之下的形态组合，还体现出了凤（魂）、蛇（魄）是由亡者而出的关系。在此图式中，象征魂的凤鸟处于蟠蛇的右侧，鸟首与两尾羽末端均与象征魄的蟠蛇首部相凑合（图7-82），是对亡灵魂魄相随、阴阳相合之象征。凤鸟之下墓主人做两手相合状，是祈祷魂魄相合、生命再生之意，相合之手指向鸟的前足，鸟的前足又伸向蛇之腹部，腹部是魄体生殖之宫，此图式通过墓主人的手与凤鸟前足及蛇之腹部的承接关系，"指事"出亡者再生的含义及再生的位置（图7-82）。由此对《人物龙凤图》帛画图形元素及其相互关系的分析可见，图中人、鸟、蛇这些元素之间是相互关联的，其以"会意"的方式体现了祈望亡灵魂魄相随进入冥界再生的内容。

---

[1]《礼记·郊特牲》。
[2]《中庸》。
[3]《荀子·礼论》。

图7-82

图7-83

联系,又有所不同:《人物龙凤图》所表现的是魂魄相随进入冥界的情景,从其图式及功能来看,主要是对亡灵进入冥界起着引导作用(图7-82);曾侯乙内棺前侧面龙、凤所体现的则是亡灵进入棺体魂魄相合再生之意。故前者表现为蛇前凤后魂魄相随,是魂随魄;后者则表现为凤上龙下魂魄相合,是阴阳交合。

由以上分析可见,《人物龙凤图》通过蟠蛇、凤鸟、妇人(墓主人)的组合,在整体图式中以"会意""指事"等方式参与图形造型,表现了魂魄相随引导墓主人进入冥界的内容。该帛画在墓中出现,明显具有招魂之功用。

(二)《人物御龙图》图式及内涵分析

《人物御龙图》帛画于1973年在湖南长沙子弹库战国楚墓出土(图7-84),长37.5厘米,宽28厘米,出土时帛画画面向上,位于椁盖板与外棺中间的隔板上面,其时代与《人物龙凤图》帛画相当。帛画正中位置是一位长有胡须的男子,侧身直立,高冠长缨,穿曲裾深衣,佩长剑,手执缰绳,驾驭一条御风飞行的龙。龙首轩昂,其尾翘卷,体部平伏无鳞,具有肠的原本特征,有四足,龙体下部有一"人"字形纹饰连于龙体。龙尾上站着一只圆目长喙、昂首仰天的鹤。龙体之下,龙爪正抓一游鱼。人上方为一舆盖状物。人、龙、鱼均面向左,以示前进方向。

从该画面的组合布局来看,其主体形状似一龙车,下方以龙为车体,车上方是舆盖。但细看又见位于上方的"舆盖"悬于空中,并未产生"车"与"盖"在结构上的连接,可见此"舆盖"应具有独立的象征性含义。"天圆地方"是古代宇宙观对天、地形状的解释:"轸之方也,以象地也。盖之圜也,以象天也"[1];"方地为车,圆天为盖"[2]。《晋书·天文志》也记述"周髀"的观点:"天似盖笠,地法覆盘,天地各中高外下。"从《人

在前面所分析的曾侯乙内棺前侧面也出现过以龙、凤来体现魂魄相合的图式(图7-83),若将其与《人物龙凤图》对照,可见两者含义既有相通的

---

[1]《周礼·考工记》.
[2] 宋玉. 大言赋 [M].

第七章 肠龙生殖观念图形个案解析 | 181

的天地认识。该帛画也正是依据这种观念来表现天地阴阳相合、亡灵魂魄相合，墓主人在生殖神（龙）围绕中再生的情景。从画面的组合特征，可见天地、阴阳、魂魄相合的关系（图7-85）：天地之间是墓主人，驾龙做行进之状，龙头高昂，与"舆盖"（天）形成相合关系；龙尾上翘，龙尾上站着一只鹤，鸟是阳（魂）之象征，其站于龙上除表示与龙相合外，也与天（舆盖）相合；龙及"舆盖"对墓主人形成围绕之态，体现出在天地相合中"龙孕人"的特征，象征墓主人在生殖神的围绕中孕育再生；墓主人手执缰绳御龙则"指事"亡灵再生与龙（生殖神）的关联，以御龙之态来象征对生殖神的驾驭，体现亡灵再生的必然性；龙下有鱼，是阴（魄）之象征，龙以爪抓鱼，是与魄相合之象征。以鸟和鱼来体现魂魄相合的图形在前面提到的仰韶文化《鹳鱼石斧图》中也有体现，但其图形中鸟与鱼所象征的对象有所不同，《鹳鱼石斧图》中鸟象征的是"魄"，鱼象征的是"魂"，而在此帛画中，鸟象征的是"魂"（阳），鱼象征的是"魄"（阴）。这种现象是古代图形在不同时期不同情况下所具有的不同符号内涵所致，有时要根据图形内容象征需要进行物象性质的变化。就魂与魄的阴阳属性来说，也要看实际情况而定：人死魂、魄分离，"魂"升于天则为"阳"，"魄"归于地则为"阴"，而人生在世（或再生）魂魄相合时，"魂"潜藏于形内则为"阴"，"魄"露于形外则为"阳"。不同时期文化图形中"魂"的象征物特征也有明显的不同：仰韶文化时期基本以鱼作为"魂"的象征，商周及以后时期则基本以鸟作为"魂"的象征。而"魄"之象征物则不固定：或为人，或为鸟，或为兽，或为龙蛇等。

在《人物御龙图》中，龙体下部有一"人"字纹连于龙体（图7-85），该纹饰是生殖之门符号"儿"纹的变体[1]，此生殖符号以"指事"的方式

图7-84

图7-85

物御龙图》中的"舆盖"与周围物体未作任何连接的特征来看，此正是对"圆天为盖"的象征性描绘。"舆盖"之下的龙呈车形，其"车"与"盖"的关系恰好体现了古人"方地为车，圆天为盖"

---

[1] 见本书：第十一章 古文化图形中的象征符号 一、生殖之门（一）"儿"纹。

标示出了龙的生殖神特征，也标示出了亡灵在龙的围绕中孕育再生的出生之门。

该帛画所体现出来的画面内容及其出土于椁盖板与外棺中间的位置，表明其同样具有引导亡灵进入冥界的魂帛或魂幡的作用。将其与《人物龙凤图》所绘内容相对照则可看出，两者虽然均起着引导亡灵进入冥界的功用，也都体现了阴阳相合、魂魄相合及龙生殖的特征，但两者表达的具体内涵却有所不同：《人物龙凤图》的图式仅是表现了招魂及魂魄相随进入冥界的内容，而《人物御龙图》的图式则在阴阳相合、魂魄相合的基础上又表现了肠龙孕人使墓主人再生的内容。

从《人物御龙图》图形元素的"会意"组合中，不难看出整幅帛画所表达的含义：天地之间，墓主人的亡灵在生殖神（肠龙）的围绕中阴阳相合，得安升天，获得再生，象征亡灵进入了一个新的生命转换空间。

（三）《马王堆西汉墓帛画》图式及内涵分析

1972—1974年在长沙马王堆西汉墓出土了五幅帛画，其中两幅描绘有龙蛇图形。绘有龙蛇的两幅帛画分别为一号墓和三号墓出土，出土时帛画覆盖在内棺上，均为"T"形，画中所绘内容也大致相同（图7-86）（图7-87）。同墓出土的竹简遗策称其为"非衣"，有"非衣一，长丈二尺"之说。"非衣"实质即是按衣之形制做的"T"形幡，因外形似衣而非衣故名，其用途与招魂旌幡相同。"T"形"非衣"之所以用衣为形，即是以此形来象征亡者魄体，出殡时用其招引亡者灵魂随幡而行，下葬时盖于棺体之上，祈望亡者魂魄相随、得安升天。

"非衣"所描绘的内容大致可分为天界、人界、地界三段，此三段又与人躯体的不同部位相对应。典籍中说："故人者，其天地之德，阴阳之交，鬼神之会，五行之秀气也"[1]；"此人与天地相应者也"[2]。"天人相应""天人合一"是中国古代认识自然与自身之间相互关系的哲学观念，在"天人相应"观念的作用下，人的躯体也可分为与天、地、人相对应的不同部位。由于"非衣"之形具有象征魄体之意，故在此类"T"形帛画不同部分中，也有古代生殖观与灵魂观的象征性体现。在象征躯体的"非衣"上描绘与天、地、人相应的图形，同样是"天人合一"思想的反映。下面即以马王堆西汉一号墓出土帛画为例，将其分为对应天界、人界、地界的三个部分，对其内涵及图形造型

图7-86　　　　　图7-87

---
[1]《礼记·礼运》。
[2]《灵枢·邪客》。

图7-88

图7-89

方式进行分析。

1. 天界

马王堆西汉一号墓帛画最上端部分描绘的是天国景象，与躯体的胸部相对应（图7-88）。该部分正上方坐着一位人首蛇身神，为女性装扮，应是女娲。此以女娲为天界主神，表明该帛画主题与"生"有关。在女娲的下方有两个兽首人身神分别骑在神兽上，手中牵绳，绳端扯着一个铎铃，铎铃上方有仙鸟相引（仙鸟为灵魂使者的象征）。古人认为人活着能说话作声是灵魂使之，人死魂离，则魄体不能作声，而铃能作响，具有与灵魂作声相类之特征，"铃"又与"灵"音相谐，故在此以"铃"代"灵"，作为亡者灵魂的象征物（象征亡者"天魂"）。兽首人身神骑神兽将"铃"向天做牵引上升之状，与"铃"共同形成音义"假借"图形，谐引灵（铃）升天。铎铃两侧与人躯体两乳部位对应处有两龙，乳为生命哺育器官，两龙居此是天界阴阳生殖养育神之象征，右侧之龙身上缠绕具有肠纹特征的扶桑树，是以"转注"方式表现龙、肠、树生殖特征及其"互渗"关系的造型，肠树围绕着九个太阳，呈"肠孕卵"之状，体现出了肠龙生殖的特征。龙上方生日，日中有一只黑色的太阳鸟，标示出阳性特征。左侧之龙体生"勿纹"（"勿纹"是由肠生殖观念演化而来的万物繁衍符号，见本书后面章节），"勿纹"之上有人拱月，应为嫦娥（谐"肠"娥），嫦娥由龙所生"勿纹"而出，月上有蟾蜍、玉兔，标示出阴性特征。左侧之龙还在尾部打结成"蒂纹"（"蒂纹"为生殖之门符号）之状，并由"蒂纹"伸出两条带状物。在龙尾部置此符号，具有"指事"的作用（图7-89），是以龙为"宗"、以"结"为"接"、以"带"为"代"的"假借"图形，喻"传宗接代"。在此天界图式中，日月置于女娲左右并与龙组合，两龙又左右相绕亡者铎铃（灵），象征亡者灵魂升入天界后，在阴阳生殖神围绕中魂魄相合再生得安。铎铃下方与人躯体胸口对应的部分是天门，天门分别由神豹和门神帝阍把守。

从此段图像的图形元素组合来看，其以"假借""指事""会意"的造型方式，表现了亡者灵魂升天的天界情景。

2. 人界

帛画中间部分与人体腹部对应，描绘的是人间世界（图7-90）（图7-91）。上部与天界相交之处有一舆盖，象征天和人的分界。盖上两侧有鸟，鸟是阳之象征。中间是一"蒂"纹，"蒂"纹是生殖之门的"转注"形式，在此出现是对"生"的象征。舆盖下

图7-90

图7-91

面是伸展双翅迎接亡者的招魂鸟飞廉。再下方由两条肠形龙呈交合穿璧图形构成中间部分画面的主体框架，此部分与腹相应，是肠的所在之处，而该部分以龙作为腹的主体结构，明显体现出了腹、肠与龙的原本联系。龙所穿玉璧位于脐部位置，两肠龙交合穿璧后又将腹部分为上下两部分，在上下两部分内再安排相应内容。玉璧的上部：两龙前半身作肠形盘曲状将墓主人（象征亡者"人魂"）围于其中，体现出了"龙孕人"的特征，象征亡者在龙的围绕孕育中重生，墓主人前有小吏迎接，后有侍从护送，表现的是其在冥界的生活场景。玉璧两侧龙腹处有"勿"纹生出，此是生殖繁衍的"指事"符号。玉璧的下部：龙体也呈现出对其内物象的围绕状，下部中间玉璧垂磬，两束彩带飘垂左右，墓主人的后代正在对墓主人进行供养、祭祀。从该图式可以看出，此部分（腹部）是通过二龙交合穿璧图式将墓主人与后代串联成了一个承上启下的图形，在这个二龙穿璧图形中，龙（生殖神）、璧（祭天之器）、墓主人（祖）都是"宗"之象征，两龙围绕墓主人呈穿璧之状，意为"穿"宗，而"穿"与"传"音相谐，以"穿宗"喻"传宗"；玉璧两龙相交处结两组彩带，"结"与"接"音谐，"带"与"代"音谐，以"结带"喻意"接代"，并示意"带"纹之下龙尾之间即是"宗"所传后代。由此可见，此整体图式同样是运用"假借"的方式，表达了"传宗接代"的含义。在汉代画像石、画像砖图形中，此类二龙穿璧的图式也多有出现，虽不尽相同，但均是以此类"假借"图式来体现"传宗接代"的含义。

在此幅帛画图形中，有多处运用了"音借"或"义借"的造型方式，可见此方式的运用至西汉时已很普遍。由此段图像的造型图式可以看出，其不但以图形"转注"的方式表达了腹中肠龙围绕孕生的原本生殖观念，还以图形"假借"的方式，表达了对墓主人升天得安、亡灵再生、传宗接代、福荫后人的祈望。

3.地界

帛画最下部分与人躯体下腹及生殖之门部位对应，描绘的是地下世界（图7-92）。在此段图像中，龙尾延伸到该部分，有灵蛇（象征亡者"地魂"）交合缠绕于两龙尾之上。画面中间赤身的水神禹疆脚下踩踏着两条巨鱼，用双臂托举着大地，两巨鱼的形态体现出对生殖之门和交合生殖的象征。鱼为阴，与天界之鸟（阳）相对应。另有蛇、神龟、猫头鹰等阴性灵物出现，"指事"此为阴间世界。该部分龙蛇、双鱼交合，同样以"会意"的方式体现出了亡灵在地界中交合生殖的内容。

从此帛画的整体图式可以看出，其以"非衣"形制与人的躯体相联系，将天、地、人对应躯体的不同部位，以此来体现"天人相应""天人合一"的观念。画面主体结构由两龙贯穿于天、地、人之间，使天界、地界上下阴阳相合，主体之龙于腹部

图7-92

图7-93

位置对亡者形成"龙孕人"图式，体现出了肠是龙原形的原本特征，并象征亡者在龙的围绕孕育中获得重生。画面的三部分内容除表现天、地、人之外，又是对亡者"三魂"（天魂、人魂、地魂）得安的象征。从画面构成关系来看，其与前文提及的曾侯乙内棺上出现的"三魂"相合符号结构十分相似（图7-93），两图式均以"舆盖"作为天的象征符号，并以此来区分天界与人界、地界。由此图式的类同来看，此种观念已成为当时人们对天、地、人关系的一种固定认识。再将此帛画的表现内容及图式与《人物御龙图》相比较，也可见其相同之处：两幅帛画均以舆盖、龙、人、魂鸟、鱼表现了天、地、人的组合，并以龙围绕孕人的图式反映了灵魂升天、生命再生的内容，只是该帛画在内容及形式上比《人物御龙图》更为充实丰富。

长沙马王堆三号汉墓出土的另一幅帛画与此幅帛画尺寸、形制、内容基本相同，同样是通过"非衣"以龙围绕孕人的图式反映了灵魂升天、生命再生的内容（图7-87），在此不再赘述。

（四）《金雀山汉墓帛画》图式及内涵分析

1976年5月，考古工作者在发掘山东临沂金雀山九号汉墓时，发现了一幅长约200厘米、宽约42厘米、覆盖在棺盖上的彩绘帛画（图7-94）。帛画自上而下分层描绘了8组景物。与马王堆西汉墓帛画相比较，这幅帛画的表现内容虽然也可分为上、中、下三个部分，并同样反映了墓主人在冥界的生活内容，但两者的画面表现方式却不尽相同。

此帛画上面部分表现的是日月并升的情景，日中有金乌，月中有蟾蜍、玉兔，日月周围衬以流畅的云朵，日月之下是象征祖陵的博山。将此部分与马王堆一号汉墓帛画比较可以看出，九号墓帛画上虽也有日月图形，但并未像马王堆帛画那样去表现灵魂升天的神异天国之景，其表现的基本上是现实生活中的日月山峰。

此帛画中间部分表现的是墓主人的冥界生活，在楼阁房檐前的帷幕下，展示了墓主人等24个人物的活动场面，共分为5层，自上而下分别是：后人及侍从拜候墓主人（图7-95）、管弦演奏及歌舞、官吏相迎、纺绩及问医、角抵表演。与马王堆一号汉墓帛画表现神人共处的情景比较，可以看出其明显增加了墓主人在冥界的生活内容，且完全是以写实性的"象形"方式表现，与人间生活无异。

此帛画下面部分上方似有一犀一虎，两侧描绘了对称的两条龙，中间是左手执剑、右手张弓的方

图7-94　　　　图7-95

相氏。此部分表现的是神灵世界，其中的形象均是与阴阳相合、亡灵再生相关的生殖神和保护神。与马王堆一号汉墓帛画相比较，表现方式也不同，其没有让龙贯穿整体画面使神人共处，并与天上和地下形成相互联系，而是单独将神灵世界作为一部分表现出来，使人界和神界明显区分，把地界部分变成了与人界截然不同的神界。

由金雀山九号汉墓帛画可以看出，尽管其与马王堆汉墓帛画年代相近（均为西汉帛画），在内容及形式上也存在一定的内在联系，但两者的不同也是显而易见的。其主要不同表现为：一是龙作为图形元素，在图式中的组合运用有所不同，马王堆汉墓帛画中所表现的龙是围绕墓主人以肠龙穿璧的孕育图式作为整体画面的构架，而金雀山汉墓帛画中的双龙图形只是一种标识，仅是在独立的神灵世界中起到了象征性的作用，并未跟整体画面有机整合在一起；二是两者所表现出的人神关系不同，马王堆汉墓帛画表现的情景是人神共同出现于同一空间（人神共处），在画面构成上是整合式的，而金雀山汉墓帛画却是人神分处于不同空间（人神分离），在画面构成上是拼合式的。由两者不同的画面结构，可看出龙生殖观念在其图形表现方式上的不同运用，也可看出南北不同地域在观念认识上对人神关系的区别。

通过对以上几幅古代帛画的分析可见，这些帛画作为魂帛或魂幡，虽表现形式不尽相同，但在对天、地、人关系的诠释中，均体现了中国古代灵魂观、生殖观、自然观及"天人相应"的观念，这种观念又同肠龙孕育生命的原本特征相联系，以肠龙生殖的图式体现了对亡者再生的祈望。

六、"黄肠题凑"与肠生殖观念

"黄肠题凑"见于周代和汉代，其作为帝王

图7-96

享用的一种葬式，尤其在汉代的厚葬之风中更为盛行。在现出土的"黄肠题凑"遗存中，陕西省宝鸡市凤翔县秦公一号大墓的柏木"黄肠题凑"，是迄今发掘的周代秦国最高等级葬具。其他比较著名的汉代"黄肠题凑"有江苏高邮西汉中晚期墓（图7-96）、北京大葆台西汉墓以及石景山区老山西汉墓等。

古人为何使用"黄肠题凑"这种葬式，其意以往一直不甚明确，当弄清古人肠生殖观念的诸多表现特征后，可知"黄肠题凑"其实也是肠生殖观以"转注"的方式，祈望墓主人回归地母腹中，使亡者生命再生的一种表现形式。

（一）"黄肠题凑"是肠生殖观念的体现

"题凑"谓以木条木块累叠互嵌，其端皆内向聚合，椁上成屋之四阿状的葬式，是周代、汉代天子、皇帝及诸侯王的专用葬具，汉以后很少再用。"题凑"之名初见于《吕氏春秋》："题凑之室，棺椁数袭，积石积炭，以环其外。"[1]真正的木题凑发源于春秋时期，《礼记·丧大记》中有"天子之殡，居棺以龙輴，攒木题凑象椁"之说。《汉书·霍光传》记载："光薨，赐梓宫、便房、黄肠题凑各一具，枞木外藏椁十五具。"颜师古注引苏林曰："以柏木黄心致棺外，故曰黄肠。木头皆内向，所以为固也。"由上可知，"黄肠"指的是帝王陵寝棺椁外四周由黄色柏木心堆垒而成的框形结构，用柏木心构筑的"题凑"即为"黄肠题凑"。根据汉代葬制，"黄肠题凑"与玉衣、梓宫、便房、外藏椁同属帝王陵墓中的重要组成部分，如经朝廷特赐，个别勋臣贵戚也可使用。"黄肠题凑"需从深山穷谷中采伐柏木，耗资巨大，如北京大葆台"黄肠题凑"用黄心柏木即多达15880根，因柏木需求量大，有时在资源匮乏没有柏木可用的情况下，还常采用名贵的楠木、梓木以及黄色条石等代替。

从"黄肠"一义来看，"肠"是人或动物的腹内之物，也是原始生殖观中的生殖神灵，而在此将木体之内部分不言"木心"而言"黄肠"，反映出其所具有的特殊含义。那么，为何"以柏木黄心致棺外，故曰黄肠"？将"黄肠题凑"堆垒在棺椁外面，仅仅是为了"木头皆内向，所以为固"吗？

古人认为天地是宇宙的最高主宰，世间万物都是在天地间孕育的。天为父，所以号"皇天"；地为母，所以称"后土"。人生于天地，死也归于天地。由于"众生必死，死必归土"[2]，"魂气归于天，形魄归于地"[3]，因而死者入土，在古代便被认为是形魄得以安息的最后归宿和最好方式，由此也使得"入土为安"作为汉人生命观念中的重要认识影响至深。

"坤为腹。"[4]大地是母腹的象征，是人类及一切动物和植物的生命之源。人死后"入土"意味着又回归生命本原之处。在这种回归中，人希望生命仍然能够在大地母腹中获得再生。正是出于这种祈望死者再生的愿望，中国古代葬俗中也就有了诸多与之相关的内容和形式。如古代常将玉蝉含于死者口中，即是认为蝉能脱壳成虫，希望死者能同蝉

---

[1]《吕氏春秋·节葬篇》。
[2]《周礼》。
[3]《礼运》。
[4]《易·说卦传》。

从壳中蜕变一样再生（图7-97）。也正是在这种观念作用下，人们同样希望亡灵入土后的所处环境，也能够重新呈现生命在母腹中的状态，从而在葬式中产生了以"转注"方式来对此进行相应体现的现象，"黄肠题凑"即是在此种意识下产生的。"以柏木黄心致棺外，故曰黄肠"之说，表明了用"黄肠题凑"堆垒在棺椁外面称为"黄肠"的原因："棺"是亡灵所在之处，是亡灵再生的子宫象征，因而"致棺外"实质上指的是将柏木黄心置于棺椁的外围来代替"肠"，以体现其在大地母腹中的"肠孕子"状态，象征死者重新回归到了"肠"的围绕孕育之中，故曰"黄肠"。古人认为树木是生殖的另一种象征物，树干不断分叉生枝的特征，昭示了生命的不断繁衍，因而在古代生殖观中，树木也以"转注"的方式被赋予了"生"的含义。从古文字"生"的字形中，可见将树干造型特别表现为腹状特征，其意即是以隆起的树腹生枝，来体现生命的繁殖（图7-98）。树干既然为腹之象征，那么将树干的内心称为"肠"，也就不难理解了。由于肠在此类葬式中所具有的生殖象征含义，故称"致棺外"围绕亡灵的"柏木黄心"为"黄肠"，而不

图7-97

图7-98

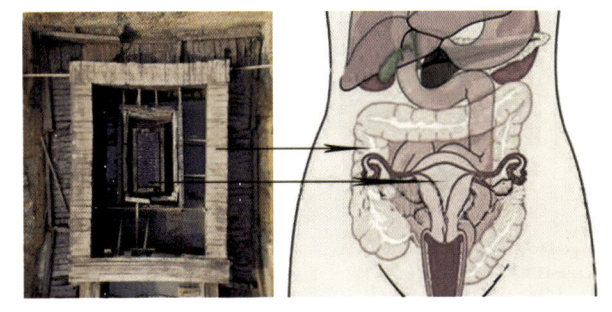

图7-99

称"木心"。以"黄肠题凑"方式围绕亡者棺椁，其用意即是用木之"黄肠"，"题凑"成为象征母腹的生殖之肠，以此来使亡灵在其围绕中孕育再生。由"黄肠题凑"与"棺椁"的关系同实际的母腹中"肠"与"子宫"的关系相对照，也可见其在结构上的相似特征（图7-99）。

此种希望亡灵入土后，重新呈现生命在母腹中状态的做法，在前所谈及的湖北随县擂鼓墩战国曾侯乙墓的外棺形制及棺上图形中也有体现，其在外棺四面绘制肠形蜷曲勾连纹及其他肠形变体纹饰，同样是以围绕棺体的方式来象征"肠"对亡灵的孕育。而其在内棺后侧板上描绘六条肠形龙蛇，表现亡灵再生的"肠孕子"图形，更是对这种观念最为直接的表现（图7-100）。可见曾侯乙墓外棺形制及棺上图形与"黄肠题凑"不仅在象征性意义上有一致性，在形式特征上也同样具有相似性，这些葬式均是由肠围绕孕人的生殖特征来体现的。

图7-100

（二）使用"黄肠题凑"的其他几个原因

在帝王葬式中使用黄色柏木心为"黄肠题凑"，除以此代"肠"体现肠围绕孕人的生殖观念外，还有以下其他几个原因：

一是从"黄肠题凑""木头皆内向"朝向墓主人棺椁的聚合特征来看，"黄肠"与墓主人还有另外一种象征性联系。帝王的身份是以其对众多子民的控制及对子孙的繁衍来体现的：子民众多是王朝兴盛强大的象征，子孙众多是皇族血脉延续无期的体现。在"黄肠题凑"中，形成"题凑"的每一根"黄肠"除象征孕育之肠外，又是帝王的子孙与子民的象征，它们以帝王为祖向四方伸展，其意即是

体现其子孙和子民的生殖繁衍，也借此方式来象征和体现其仍然在对子孙和子民进行控制。

二是在阴阳五行中，"土"居中位，土生万物，土色为黄，皇家以黄色为其象征。到汉文帝刘恒时，皇帝的龙袍正式使用黄色，其后黄色长期成为最尊贵的颜色，为皇家专用，又经汉朝四百年江山的奠定，这种风气一直沿用下来。柏木心呈黄色，"黄"又与"皇"音谐，因而用黄色柏木为"黄肠题凑"，既显尊贵之意，也象征帝王死后专用的再生之宫。

三是柏木色黄、质细、气馥、耐水，其内含有树脂，木材干燥较慢，耐腐性极强，可取其香气并利于防腐，是保护棺椁的理想材料。

由此可见：以木之心象征生殖之肠，并体现帝王对子民的控制及子孙的繁衍；以"黄肠"形成"题凑"的方式，象征亡灵在地母腹中之肠的围绕中再生；以黄色象征"土"及皇族。这便是将柏木心称为"黄肠"，并将"黄肠题凑"作为帝王葬式的原因。

（三）"黄肠题凑"的作用及意义

通过以上分析总的来看，在周代、汉代帝王葬式中运用"黄肠题凑"的作用及意义又可包含四个方面：

一是特权的标识作用。"黄肠题凑"是周代、汉代皇帝及诸侯王的特用葬具，以其来标识皇族的身份和地位。

二是祈望死者再生。在人们入土为安的观念中，人希望回归生命本原之处，在大地母腹中获得再生。棺象征子宫，而"黄肠题凑"则象征围绕孕育生命的"肠"，以"黄肠"堆垒成"题凑"，将棺椁置于其中，是对肠生殖观念的表现，象征亡者在腹内之肠的围绕中孕育并获得再生。

三是象征龙脉延续、福荫子孙。以木心为"黄肠题凑"来象征被繁衍的后代及控制的子民，祈望死后龙脉延续，子子孙孙像木一样繁衍生息。

四是加固陵寝。以"黄肠题凑"为亡者驱邪避害，保护棺椁，也即颜师古注引苏林曰："所以为固也。"

在中国古代葬俗中，求"再生""护生""子孙繁衍""福荫后人"是葬式要体现的主要内容，尤其是"再生""护生"，对于亡者则更显重要。这两项内容的表现形式，早在仰韶文化时期就在葬式中有所体现，前面介绍的河南濮阳西水坡仰韶文化龙、虎蚌壳摆塑，即明显地体现出了"再生""护生"之意。"黄肠题凑"也同样具有这种"孕生"和"护生"的意义和作用，只不过是葬式所表现的形态不同：西水坡仰韶文化时期的龙、虎蚌壳摆塑是以图形的方式并通过巫术来体现的；而周代、汉代的"黄肠题凑"则是通过墓葬葬具，以肠孕育生命的象征形式来体现的。通过"黄肠题凑"葬式还可以看出，随着社会的发展和制度的完善，葬式的内容也在不断地丰富，在求"再生""护生"基础上出现了"子孙繁衍""福荫后人"等内容的延伸。

由以上对"黄肠题凑"含义之解，可知原始肠生殖观在汉代皇族葬俗中仍然产生影响，并通过"黄肠题凑"这种葬式体现了出来。

七、董家庄汉画像石墓立柱图像与肠龙生殖观念

董家庄汉画像石墓原址在山东省安丘市西南9公里处的凌河镇董家庄村北，1959年修水库时发掘并拆迁到安丘博物馆存放，1963年在新址复原。该汉墓坐北朝南，由墓道、甬道、墓门、前室、中室、后室、耳室等部分组成。南北长14米，东西宽7.91米，最高处2.7米，有画像石103块，组成画面60余幅，分布于墓门和各墓室四壁、室顶及石柱上。在墓中众多的画像石刻中，安置在墓室中轴线上的三根雕刻了画像的石柱尤为引人注目。这三根石柱包括：前中室之间方柱、后室圆柱、后室方柱（图7-101）。石柱图像由为数众多的人、异兽、龙等组成，相互之间纠缠盘桓、高低错落、姿态各异。

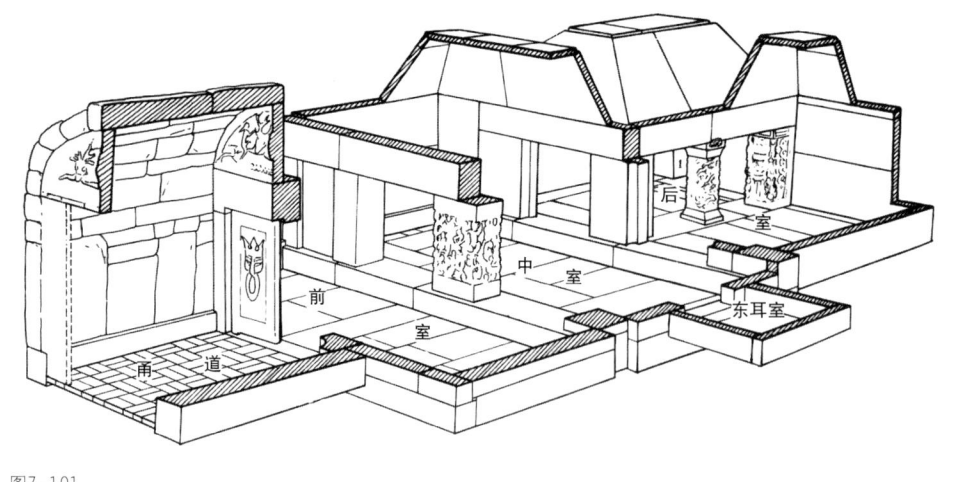

图7-101

在关系复杂、雕刻粗犷、组合形式奇特的人物、动物中，有的人物两两拥抱，呈现出对男女性爱的刻画；有的人物大小相亲、连接传承、抱子哺乳，呈现出生命繁衍、传宗接代的内容；有的瑞兽相咬相衔、互相勾连，呈现出神兽交合的象征，甚至还出现了对男性生殖器符号的刻画等。这些内容均明显地体现出了生殖繁衍的主题，尤其是后室方柱上的盘龙孕子图形，以肠围绕孕子的造型方式，直观地体现出了龙生殖的原本特征，对古代生殖观和龙原形的探讨具有重要的价值。

（一）与董家庄汉画像石墓立柱图像相关的几个因素

董家庄汉画像石墓的三根立柱图像神秘诡异，组合形式多变，在同时期的汉画像石墓中显现出较为独特的形态面貌。不同历史时期的文化遗存，必然是不同时期的思想观念、社会特征及生产力水平的反映。这些祈求生殖繁衍的图像在董家庄汉墓立柱上出现，其形式特征也必然会与以上因素产生联系。董家庄汉画像石墓立柱图像内容及表现形式，与以下几个方面的因素相关。

1.与古代宇宙方位观念及阴阳相合观念有关

古人认为人死后在阴间仍要如同在世上一样生活，而人们对世间的感知又是以当时的宇宙观来定位的，这种观念反映在古代的墓葬结构上，也必然会体现出古人对宇宙方位观念的理解。古代方位观念在墓葬中，同样由天、地、人三部分组成：上为天，下为地，中为墓主人生活的世界。中国古代墓葬中常见的圆丘方基封土结构，就是天圆地方观念的直接反映。这种天地观念在董家庄汉墓墓室画像中同样得到了体现，如在墓室封顶石上雕刻日月、雷公、电母、风伯、雨师、伏羲、女娲及天象、云气等，其意即是以图像的形式构筑一个天国世界，而墓室四周画像多以日常生活及祈福纳祥、驱邪避害等形象为主，体现了与墓主人世间生活相似的内容。天地阴阳交合，万物得以生殖繁衍，古人的这种意识在董家庄汉墓墓室图像中同样与墓室所体现的宇宙方位观念联系起来，三根立柱立于墓顶和地面之间，其意义是显而易见的，它们不仅起着支撑加固墓室的作用，还在其形式及雕刻的图像内容中，体现出了对天地阴阳交合致生命繁衍的象征。

2.与古代龙生殖观及对"子孙繁昌"的祈望有关

古代伦理观念所祈望的一个重要内容，即是氏族血脉能够香火传承、生殖繁衍。古人的这种意识不仅仅限于在现实生活中追求，还与过去的祖先及未来的后代相互联系起来，既希望在世时多子多孙，也希望死后仍然能够子孙连绵、传宗接代、福荫后人，使生命形成血脉相承的连接。由此，墓葬中的图像在体现尊祖敬宗的同时，希望祖先"福荫子孙"也是其要表现的重要内容。汉代玉璧、铜洗、画像砖上出现的"宜子孙""长宜子孙""大吉利宜子孙""富乐未央子孙宜昌""长乐未央子孙宜昌千秋万世"等文字，即是这种观念的体现。董家庄汉墓墓室立柱上所出现的祈求生育繁衍的图像内容，同样是这种观念的体现，而这种对生殖繁衍、子孙繁昌的祈望，又常常是与肠龙生殖观相联系的。此墓室立柱图像上出现的龙交合、龙孕子、龙生子图形，即是以肠龙生殖观对生殖繁衍的直接反映。

3.与墓室不同位置的功用及相应内容有关

古人有"仿阳宅以建阴宅"的思想，这种思想也形成了东汉大部分石室墓结构布局的基本特征。从董家庄汉墓墓室的整体结构来看，其主体分为前室、中室和后室。这些墓室也均是根据墓主人生前的生活居住形式建造的。在其布局中，长长的墓道相当于进入庭院的道路，墓门相当于宅院的大门，墓室相当于墓主人居住的地方。在墓室中，前室和中室是墓主人日常会客、宴饮等活动的场所，也是墓主人子孙活动及墓主人下葬时后代祭祀的地方。后室是放置棺椁的地方，相当于墓主人的内寝。由此可见，这些不同的墓室在墓葬中均具有不同的功用。而这三根立柱分别立于前室与中室之间以及后室的位置，其上面的图像必然也会与所处不同墓室的功用及相应内容产生联系，并在其图式中体现出来。

4.与图像形成的造型方式有关

董家庄汉墓图像的内容是通过图形来体现的，而图形的形成又必然与图形的造型方式相关。在该墓室石柱的图像中，不同的图形内容需通过图形的造型方式（如"象形""指事""会意""假借""转注"等）表现出来，由此也就形成了这些图像不同的造型特征及形式。通过对其思维方式、造型方式及图形元素进行分析，便可从中发现并解读这些图像的内容及含义。

（二）后室圆柱图像分析

后室是放置墓主人棺椁的地方，象征墓主人的内寝。沿墓室中轴线，后室置有两根石柱，中间位置是一圆柱，靠后室北壁位置是一方柱，此两石柱又将后室分为东西两间。虽然该墓发掘资料中未对后室功用进行具体说明，但根据同时期的石室墓形制推断，此墓应是夫妻合葬墓，在后室东西间内分别放置男女墓主人的棺椁。

内寝是阴阳交合、生命繁衍的场所，因而后室的画像也会与此内容产生相应的联系。如后室西边的封顶石图像中就表现了伏羲女娲交尾、交龙衔尾和象征四方生殖繁衍的柿蒂纹等图像（图7-102）。这些图像体现出的生殖象征含义，表明了后室的功用与生殖繁衍在内容上的联系。从该墓后室铺首图像与前墓门铺首图像的造型特征对比，也可看出在同一墓葬中同一表现内容因其功用不同所出现的不同：墓门铺首主要是起守护避邪作用，其图形只表现了铺首衔环的常规式造型（图7-103），而后室（内寝）作为阴阳交合、生命繁衍的场所，其墓壁上的铺首图形也相应在常规铺首的基础上增加了环内孕鱼（图7-104）、铺首生肢

图7-102

图7-103　　图7-104　　图7-105

及环上套环等体现生命繁衍的内容（图7-105）。后室图像所体现的这些生命繁衍、交合生殖内容，与内寝的功用是相联系的。同样，后室圆柱与方柱作为后室的装置构件，其功用也要与内寝功用相适应，其上面的图像也会与生殖繁衍的内容产生相应的联系。

后室圆柱位于后室中部，是墓室三根画像石柱居于中间的一根（图7-106）。"后室圆柱，高120厘米。上下端分别做成方形的栌斗和柱础形状，中间雕成直径42厘米的圆形柱身，栌斗、柱身、柱础系一块石头雕成。栌斗东西两侧各有一只高浮雕的兽，形似虎，一仰一俯。柱身表面以高浮雕的技法刻出三十七只互相穿插、衔咬、嬉戏、腾跃的瑞兽，其状似犬，有翼，四肢及尾部修长，身上有圆形和条形的斑纹，颈上有项圈。瑞兽之间还夹有一些人面、同心圆形和一个形体较小侧身跪坐的人像，人面多吐舌。柱身西侧上部还刻有一个双手上举的羽人和一歪头吐舌、半蹲、左手支头、以头和右手承顶的力士。"[1]从该墓室结构所体现出的古人对宇宙方位的理解来看，室顶为天，室底为地，该柱连通天地之间，是对天地、阴阳交合的象征。柱身西侧上部双手上举的羽人（羽人翔天），是对阳的象征。右侧歪头吐舌以头和右手承顶的力士，是撑托大地的神（应是禹疆），也表示此是地下之冥界，是对阴的象征。羽人与力士并置于一处，"指事"此圆柱所表现的内容是对天地阴阳相合的体现（图7-107）。

圆柱柱体雕满了相互衔咬的瑞兽与人首、圆形物组合的图像。瑞兽似犬，但从该墓出土的其他画像石中可看出，其与现实生活中的犬却有所不同。在该墓后室西间西壁的一块画像石中，同时表现了犬与瑞兽的造型（图7-108），图中右上角为狩猎的犬，左侧中间相衔咬的为瑞兽，两者在造型特征上虽有相似，但也具有明显的差别，表明这些瑞兽是被神灵化的象征性形象，其原形可能与犬有关，但表现的并非现实生活中的犬。这种瑞兽相衔咬的图形，在其他地点出土的汉代画像石中也多有发现，并体现出固定的程式化特征，表明此类图形在汉代具有特指性的含义。从这些图形的直观特征，以往大多数观点从"象形"的角度认为，此类图式是在表现兽与兽之间的互咬争斗。其实，这种图式并不是以"象形"的方式来表现的，而是以谐音"假借"的方式借兽之间的衔咬来表现"交合"，"咬"与"交"音谐，"咬合"意指"交合"。也即此种看上去像是争斗的图式，其含义实质是体现"交合"生殖，并非表现兽的争斗。汉画像石运用此种造型

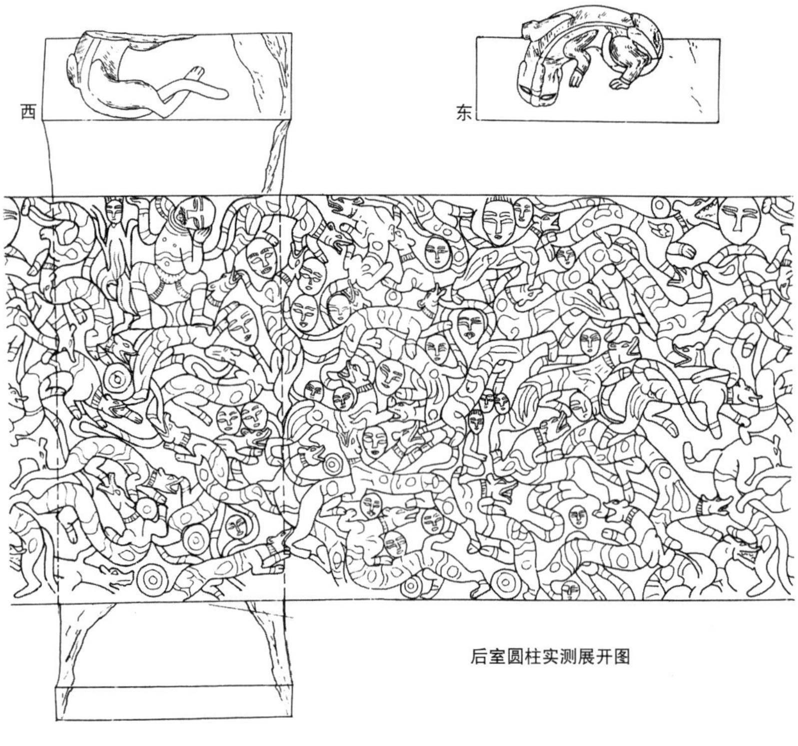

图7-106

---

[1] 安丘县文化局，安丘县博物馆.安丘董家庄汉画像石墓[M].济南：济南出版社，1992.

图7-107　　　　　　　图7-108

方式表现"交合"的作用有二：一是以图形的形式来体现生殖交合的含义，并作为生殖图式的程式化象征，二是借助谐音以隐语方式来体现古代封建社会对生殖交合的避讳。

以瑞兽衔咬（交合）来体现生殖的图式，在汉画像石中还具有特指性的含义，其与龙所体现的生殖内涵有所不同：龙在图形造型中的生殖象征常以两个缠绕交尾或单个围绕孕子的方式出现，代表的是生殖过程中生命孕育的生殖神，而此瑞兽则是以多个衔咬方式出现，代表的是生命繁衍前期使生殖神受孕的受孕神，是对生殖受孕能力的体现。此类体现受孕能力的神灵在画像石中出现，与原始时期感生神话对生殖的理解有关。在这种理解中，人们认为妇女的生育是生存环境中的神灵在腹中化育的结果，尽管后来人们了解了男女交合对生殖的作用，但又由于交合仍然会出现有时孕"子"有时不能孕"子"的现象，于是这种现象就被理解成生殖的原因除了男女交合之外，其周围生存环境中还有另外的受孕神灵也在对生殖起作用。人们祈望受孕神能够随时随地存在，以便能在生殖交合时使人受孕，因而在图像中表现受孕神，也就成为与生殖相关的另一个重要内容。汉画像石中出现的这种衔咬交合的瑞兽，即是人们以图形方式来表现受孕神的象征。在董家庄汉墓中，呈衔咬造型的受孕神灵不但在后室圆柱上出现，在该墓前室、中室和后室的其他画像中也多有出现，其用意即是以此图式来表现生殖神灵无处不在的生殖愿望及氏族血脉旺盛的生命孕育能力。

在此类图式中，受孕神兽的形象依据值得探讨，因为"受孕"只是一种对生殖的认知概念，其形象不像对生殖神"龙"的神灵化一样，有现实对象（肠）作为神灵化的形象依据。对于这种没有物象依据的概念性神灵，其形象在图形中出现就要寻找并借用形象替代物来进行造型，这种造型通常是通过借"义"或借"音"的方式使替代物与所表现神灵之间产生联系，并在图形中将其物化成为可视的神灵形象的。如原本艺术图形中，保护神借"虎"为"护"，和合二仙借"盒""荷"为"和合"等，均属此类。

从汉画像石中出现的这类受孕神兽的形象特征来看，其借用的替代物原形与"犬"最为相似。"犬"又称狗，"齐人名地羊。俗又讳之以龙，称狗有乌龙、白龙之号"[1]，在谦辞中对人也常称自己的儿子为"犬子"，可见狗本身在民间俗称中即具有与生殖相关的联系。而"交合"也称"交媾"或"交构"，有"二仪交构，乃生万物"[2]，"造化合元符，交媾腾精魄"[3]的说法，这些说法均表明了"交媾"与"生万物"的关系。"狗"又与"媾"音同，"咬狗"与"交媾"之音相谐，且汉画像石中出现的狗衔咬图式，只出现在此类"交合"图式中，并无其他以狗为神的现象，可见此

---

[1]《本草纲目》。
[2]《后汉书·周举传》。
[3] [唐] 李白.草创大还赠柳官迪。

类"交合"图式对狗形象的借用明显是以谐音方式合"交媾"这一专指内容而来。再者狗又是与人关系最为密切的动物,也是家畜中最为自由,可四处行走的动物。由此看来,作为无处不在的阴阳交合受孕神的象征,也就没有比狗更为合适的了。

在圆柱图像所表现的相互衔咬瑞兽中间,还有众多的人首纹和圆形物纹饰。人首是"子"之象征,代表被生殖神孕育的后代,圆形物是"卵"的象征,在此表示生殖繁衍中还未孕育的精卵。有的"卵"纹内,还可看到重圆式的造型,这种"卵"纹内的圆形,是以表现物象内部特征的造型方式对内部卵核的表现。瑞兽的体部也刻画有一些圆形,同样是对瑞兽体内精卵的表现。在众多受孕神兽及生殖符号的围绕中,圆柱图像的中间刻画有一个形体较小侧身跪坐的小人(图7-109),此小人与其他人首纹和"卵"纹有所不同,表现的是一个完整的人形,其所象征的是通过交合已经受孕坐胎的婴儿。

圆柱上方栌斗东西两侧有一仰一俯两个高浮雕虎(图7-106),前已说明虎是护生神的象征,"护"与"虎"音谐,是谐音假借以"虎"为"护"的图形体现。护生同样是生殖繁衍的重要内容,虎在此起着保护亡灵、护生避害的作用。

从该圆柱的整体图式特征来看,其表现的是一种超现实的神界内容,对这种超现实图形的解读,就不能单从"象形"的角度去对图形进行直观的对应。分析此类图式,需首先弄清其图形元素的含义,然后才可通过其运用的图形造型方式去了解图形所表现的内容。由该圆柱的图形元素来看,柱上布满了相互交合的受孕神以及"子"纹和"卵"纹,其意即是以象征性的"会意"图式通过这些元素的组合来表现天地间充盈旺盛的生命繁殖力。圆是天和神界的象征,此以圆柱的形状连接于天地之间,既体现了古代生殖观认为生殖神灵无处不在的生殖作用,也体现了墓主人及其后代祈望天地相合并让生殖神赋予强大生命繁衍能力的意愿。

在对整个祈生、护生内容的体现中,祈望交合受孕是生殖繁衍、传宗接代的前提,此圆柱整体图像反映出了生殖繁衍前期受孕神交合受孕和避害护生的内容。

(三)后室方柱图像分析

"后室方柱,横截面略呈方形,顶部有方形栌斗。通高120厘米,东西宽45厘米,南北厚46厘米。北面靠在后室北壁,无图像,其他三面皆有雕刻。栌斗饰三角纹、流云纹"[1]。该方柱主要由五组图像组成:方柱东、西、南三面分别有三组弧面图像(南面中间图像及东西两侧盘龙图像),在三组弧面图像之间,方柱的东南和西南棱角位置又分别雕刻有两组图像(图7-110)(图7-111)(图7-112),方柱北面靠墓室北壁,北面及东北、西北两个棱角无图像。从其整体形制看,如将东、西、南三面外凸的弧面图像联系起来,三组弧面图像恰好合成一圆柱,在圆柱之外再加东南、西南、东北、西北四个棱角便又形成一方柱。由此来看,该方柱实际包含了一个内圆外方的结构。

1.后室方柱南面中间弧面图像分析

后室方柱南面中间部位是一弧面图像(图7-111)。弧面图像的下部有一个刻有弧面凹槽的神台,神台之上是一方龛。龛内雕有九个人物,皆交领广袖,姿态端庄,其中一人袖手,二人一手下垂一手置于胸前,其他人均将双手置于胸前。从居

---

[1] 安丘县文化局,安丘县博物馆.安丘董家庄汉画像石墓[M].济南:济南出版社,1992。

图7-107　　　　　　　　图7-108

方式表现"交合"的作用有二：一是以图形的形式来体现生殖交合的含义，并作为生殖图式的程式化象征，二是借助谐音以隐语方式来体现古代封建社会对生殖交合的避讳。

以瑞兽衔咬（交合）来体现生殖的图式，在汉画像石中还具有特指性的含义，其与龙所体现的生殖内涵有所不同：龙在图形造型中的生殖象征常以两个缠绕交尾或单个围绕孕子的方式出现，代表的是生殖过程中生命孕育的生殖神，而此瑞兽则是以多个衔咬方式出现，代表的是生命繁衍前期使生殖神受孕的受孕神，是对生殖受孕能力的体现。此类体现受孕能力的神灵在画像石中出现，与原始时期感生神话对生殖的理解有关。在这种理解中，人们认为妇女的生育是生存环境中的神灵在腹中化育的结果，尽管后来人们了解了男女交合对生殖的作用，但又由于交合仍然会出现有时孕"子"有时不能孕"子"的现象，于是这种现象就被理解成生殖的原因除了男女交合之外，其周围生存环境中还有另外的受孕神灵也在对生殖起作用。人们祈望受孕神能够随时随地存在，以便能在生殖交合时使人受孕，因而在图像中表现受孕神，也就成为与生殖相关的另一个重要内容。汉画像石中出现的这种衔咬交合的瑞兽，即是人们以图形方式来表现受孕神的象征。在董家庄汉墓中，呈衔咬造型的受孕神灵不但在后室圆柱上出现，在该墓前室、中室和后室的其他画像中也多有出现，其用意即是以此图式来表现生殖神灵无处不在的生殖愿望及氏族血脉旺盛的生命孕育能力。

在此类图式中，受孕神兽的形象依据值得探讨，因为"受孕"只是一种对生殖的认知概念，其形象不像对生殖神"龙"的神灵化一样，有现实对象（肠）作为神灵化的形象依据。对于这种没有物象依据的概念性神灵，其形象在图形中出现就要寻找并借用形象替代物来进行造型，这种造型通常是通过借"义"或借"音"的方式使替代物与所表现神灵之间产生联系，并在图形中将其物化成为可视的神灵形象的。如原本艺术图形中，保护神借"虎"为"护"，和合二仙借"盒""荷"为"和合"等，均属此类。

从汉画像石中出现的这类受孕神兽的形象特来看，其借用的替代物原形与"犬"最为相似。"犬"又称狗，"齐人名地羊。俗又讳之以龙，称狗有乌白龙之号"[1]，在谦辞中对人也常称自己的儿子为"子"，可见狗本身在民间俗称中即具有与生殖相关的联系。而"交合"也称"交媾"或"交构"，有"二仪交构，乃生万物"[2]，"造化合元符，交媾腾精魄"[3]的说法，这些说法均表明了"交媾"与"生万物"的关系。"狗"又与"媾"音同，"咬狗"与"交媾"之音相谐，且汉画像石中出现的狗衔咬图式，只出现在此类"交合"图式中，并无其他以狗为神的现象，可见此

---

[1]《本草纲目》。
[2]《后汉书·周举传》。
[3][唐]李白.草创大还赠柳官迪。

类"交合"图式对狗形象的借用明显是以谐音方式合"交媾"这一专指内容而来。再者狗又是与人关系最为密切的动物，也是家畜中最为自由，可四处行走的动物。由此看来，作为无处不在的阴阳交合受孕神的象征，也就没有比狗更为合适的了。

图7-109

在圆柱图像所表现的相互衔咬瑞兽中间，还有众多的人首纹和圆形物纹饰。人首是"子"之象征，代表被生殖神孕育的后代，圆形物是"卵"的象征，在此表示生殖繁衍中还未孕育的精卵。有的"卵"纹内，还可看到重圆式的造型，这种"卵"纹内的圆形，是以表现物象内部特征的造型方式对内部卵核的表现。瑞兽的体部也刻画有一些圆形，同样是对瑞兽体内精卵的表现。在众多受孕神兽及生殖符号的围绕中，圆柱图像的中间刻画有一个形体较小侧身跪坐的小人（图7-109），此小人与其他人首纹和"卵"纹有所不同，表现的是一个完整的人形，其所象征的是通过交合已经受孕坐胎的婴儿。

圆柱上方栌斗东西两侧有一仰一俯两个高浮雕虎（图7-106），前已说明虎是护生神的象征，"护"与"虎"音谐，是谐音假借以"虎"为"护"的图形体现。护生同样是生殖繁衍的重要内容，虎在此起着保护亡灵、护生避害的作用。

从该圆柱的整体图式特征来看，其表现的是超现实的神界内容，对这种超现实图形的解读，需单从"象形"的角度去对图形进行直观的对应。类图式，需首先弄清其图形元素的

含义，然后才可通过其运用的图形造型方式去了解图形所表现的内容。由该圆柱的图形元素来看，柱上布满了相互交合的受孕神以及"子"纹和"卵"纹，其意即是以象征性的"会意"图式通过这些元素的组合来表现天地间充盈旺盛的生命繁殖力。圆是天和神界的象征，此以圆柱的形状连接于天地之间，既体现了古代生殖观认为生殖神灵无处不在的生殖作用，也体现了墓主人及其后代祈望天地相合并让生殖神赋予强大生命繁衍能力的意愿。

在对整个祈生、护生内容的体现中，祈望交合受孕是生殖繁衍、传宗接代的前提，此圆柱整体图像反映出了生殖繁衍前期受孕神交合受孕和避害护生的内容。

（三）后室方柱图像分析

"后室方柱，横截面略呈方形，顶部有方形栌斗。通高120厘米，东西宽45厘米，南北厚46厘米。北面靠在后室北壁，无图像，其他三面皆有雕刻。栌斗饰三角纹、流云纹"[1]。该方柱主要由五组图像组成：方柱东、西、南三面分别有三组弧面图像（南面中间图像及东西两侧盘龙图像），在三组弧面图像之间，方柱的东南和西南棱角位置又分别雕刻有两组图像（图7-110）（图7-111）（图7-112），方柱北面靠墓室北壁，北面及东北、西北两个棱角无图像。从其整体形制看，如将东、西、南三面外凸的弧面图像联系起来，三组弧面图像恰好合成一圆柱，在圆柱之外再加东南、西南、东北、西北四个棱角便又形成一方柱。由此来看，该方柱实际包含了一个内圆外方的结构。

1.后室方柱南面中间弧面图像分析

后室方柱南面中间部位是一弧面图像（图7-111）。弧面图像的下部有一个刻有弧面凹槽的神台，神台之上是一方龛。龛内雕有九个人物，皆交领广袖，姿态端庄，其中一人袖手，二人一手下垂一手置于胸前，其他人均将双手置于胸前。从居

---

[1] 文化局，安丘县博物馆.安丘董家庄汉画像石墓[M].济南：济南出版社，1992。

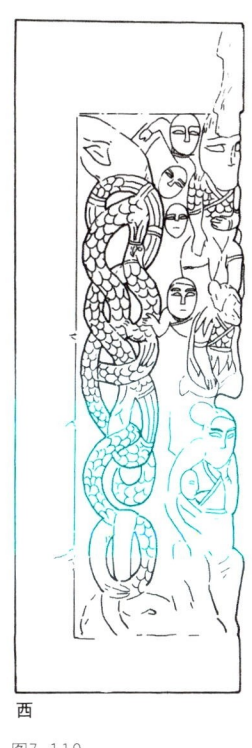

图7-110　西　　　图7-111　南　　　图7-112　东

宅的位置功用来看，依据古人"仿阳宅以建阴宅"的做法，在墓室北壁中心置此人物形象，与居宅在此放置祖先神像相一致，因而这些形象表现的也应是墓主人祖先的偶像。方龛内共刻有九个人像，"九"为极数，天之极谓"九天"，地之极谓"九泉"，此数用"九"，则表示龛内祖先偶像包括了与墓主人相关的所有祖先神。龛上是一条横向的"人"字纹带饰，此类纹饰是"绳"纹的一种，"绳"纹是与肠"互渗"的生殖繁衍象征物，连续的"人"字排列象征人的生殖，"绳"也是古"系"字的本意，在此以"绳"纹为饰是对族系的象征。"人"字纹带饰之上刻有互相依偎在一起的七个人物，从其皆呈跪坐和蹲踞状被置于"人"字纹带饰上的姿态来看，其表现的应是族系祖先繁衍和护佑的子孙，是祖先阴德使氏族血脉相承、后继有人、人丁兴旺的象征。"七"之数又谐"乞"，"七子"谐"乞子"，故又有乞求祖先福荫后代、生殖得子之意。该图式下部以祖宗为根基，祖宗之上生"子"，"宗"与"子"之间是以"人"字排列象征族系的带饰，合并体现出了"传宗接代"的象征。由以上分析可见，该弧面图像表现的是被供奉的祖先神及"子孙宜昌"的内容。

2.后室方柱东、西面弧面图像分析

后室方柱东、西两面的外凸弧面上均雕有盘绕状的交龙，龙体卷曲无足，其肠形特征明显。龙体有"鳞"纹。"鳞"纹是生殖繁衍图式中对"子"的象征符号，由于"鳞"生于体，且数目众多，在体部加饰"鳞"纹来象征被繁衍之"子"（除龙之外，在其他神性动物体上加饰"鳞"纹也属此意）。东、西两侧面的肠龙造型特征大致相似，但也有所不同：西侧之龙呈盘错交合之态，无其他组合形象，是交合之龙（图7-110）；东面之龙在交合盘绕的空隙中又刻画出了人首之形（人首是"子"之象征，代表被生殖神孕育的后代），龙中孕子，是孕育之龙（图7-112）。两龙不同的造型形态，体现了生殖神由"交合"至"孕育"的过程。在东侧面龙造型中，还见龙体在所孕之子的撑塞下整体隆起，明显呈"肠孕子"之状，体现了孕而腹鼓的特征。

在此方柱整体造型中，东、西两侧弧面盘龙又与南面中间弧面图像上的祖先神和子孙图形形成一个圆柱形整体。从这个由三弧面所形成的圆柱图像及形制来看，此圆柱及所刻图像是对祖先神和生殖神的象征，表现的是神界内容（圆代表天界）。由此也可见该圆柱图像与后室中间圆柱图像之间的递进关系：后室圆柱瑞兽衔咬图像表现的是天地间交合受孕的受孕神，而该圆柱图像表现的是交合受孕后进行生命孕育的生殖神和祖先神，表明生殖神经受孕后已进入了生命孕育阶段。该圆柱东、西两侧肠龙与东南、西南两棱图像之间，又有多个代表被生殖之"子"的人首和伸出上肢的小人从龙侧而出，此是祖先神、生殖神生"子"的象征（图

7-110)（图7-112）。人首符号在后室方柱图形中作为龙孕之"子"出现，表现出与后室中间圆柱上的人首符号相同的特征，表明后室方柱与后室中间圆柱上的人首符号含义一致，同样是被繁衍之"子"，由此也表明瑞兽衔咬的图式的确与生殖有关。

由以上分析可见，在后室方柱三个弧面所形成的圆柱图式中，组成圆柱图形元素的祖先神、生殖神（龙）与被繁衍之子之间形成了生殖的有机联系，通过肠龙孕子图式明显地体现出了肠生殖的观念，尤其是以图形的方式直观地表现出了肠为龙原形的原本特征，是对龙源于肠的形象化图式说明。

3. 后室方柱东南、西南两棱角图像分析

后室方柱中间内含的圆柱象征的是天和神界，由此圆柱又向东南、西南、东北、西北扩延成为一个方形结构，方形是对地和人界的象征，由此形成的内圆外方结构，体现出了神界与人界的关系，表明东南、西南两棱角图像是在圆柱基础上衍生出来的，两者是一种相互补充的关系，进一步在圆柱（神界）"龙孕子"的基础上，表现了人界生殖繁衍的内容。

后室方柱西南棱角图像（图7-110右）（图7-111左），上方是一个蹲踞的人物，人身上饰有与龙体相似的鳞纹，鳞纹代表被生殖的"子"，身上饰鳞纹表明此形象是对生殖祖先的象征，该人物以手摸腹，是对腹中受孕的暗示；其下是一跽坐的熊，《诗·小雅·斯干》云"维熊维罴，男子之祥"，"熊"与"雄"音谐，是生男的象征，该熊身上也饰有鳞纹，表明其是男性特征的生殖神；熊之下是一位正在哺乳幼子的妇女，是生殖育子、繁衍后代的母祖象征。从以上表现对象的相互关系可看出，该组图像由上而下表现的是家族祖先从受孕到生男育子的过程。在这组图像与西侧弧面交龙图像之间，有人首和伸出上肢的小童，象征被龙生殖的子孙，从而也使这两组图像之间产生相应的联系，体现出龙、祖先神与家族生殖育子、繁衍后代的关系及对传宗接代、福荫后人的愿望。

后室方柱东南棱角图像（图7-111右）（图7-112左），上方有一树枝，树是生殖繁衍的象征物（其以不断生枝的特征体现生殖的内涵），树枝下连一小童，小童身后又有一小童爬出，此造型与西南棱下方哺乳幼子的母祖图像产生延续关系，表示母祖怀中之子已长成幼童，并以树枝和童子的组合表达出了生命繁衍的延续之意；其下是两个搭肩追逐的少年，体现出男女爱恋、两情相合之态，表示幼童已长大成人，进入了婚配期；再向下是一妇人，有小童依附在妇人背上，妇人举手接一人首，其旁再置两个人首（人首是"子"的象征符号），此是婚后母生子、育子之象征；再下是一跽坐的熊，同样是"指事"生男的象征。在这组图像与东侧弧面肠龙孕子图像之间，也有人首和伸出上肢的小童，同样是将该组图像与肠龙和祖先神相联系，对家族生殖育子、繁衍后代的体现。

由以上后室方柱西南、东南两棱角图像所体现的内容来看，两组图像之间既有区别又有相互衔接关系：西南棱角图像表现的是家族前辈的形象及内容，东南棱角图像表现的是家族后代的形象及内容，两组图像又组合形成了一个相互关联的整体。此两组图像共由五组人物和两头熊组成：五组人物由西南棱角最上方摸腹的前辈图像始，经棱下方的母哺子图像，又转至东南棱上方树枝下幼童，再至东南棱下方熊之上第二组图像止，依次表现了祖先受孕、母祖哺乳幼儿、幼儿长成幼童、幼童长大婚配、婚后生子育子的生命繁衍过程（图7-113）；两组图像中又都有一头跽坐的熊，熊在此以"指事"的方式标示这两组图像表现的是祈望生男、传宗接代的内容，由此也可见生男在古代生殖观念中是一个非常重要的生殖祈求。从这两组图像的造型特征还可看出，其图式运用了原本艺术造型中表现事物综合意象的方式，将同一内容不同时间出现的现象组合在一起来体现生殖繁衍的过程，这种表现事物综合意象的方式不受自然时空的限制，甚至可以将现实之外的神性符号等因素（如象征生男的熊）综

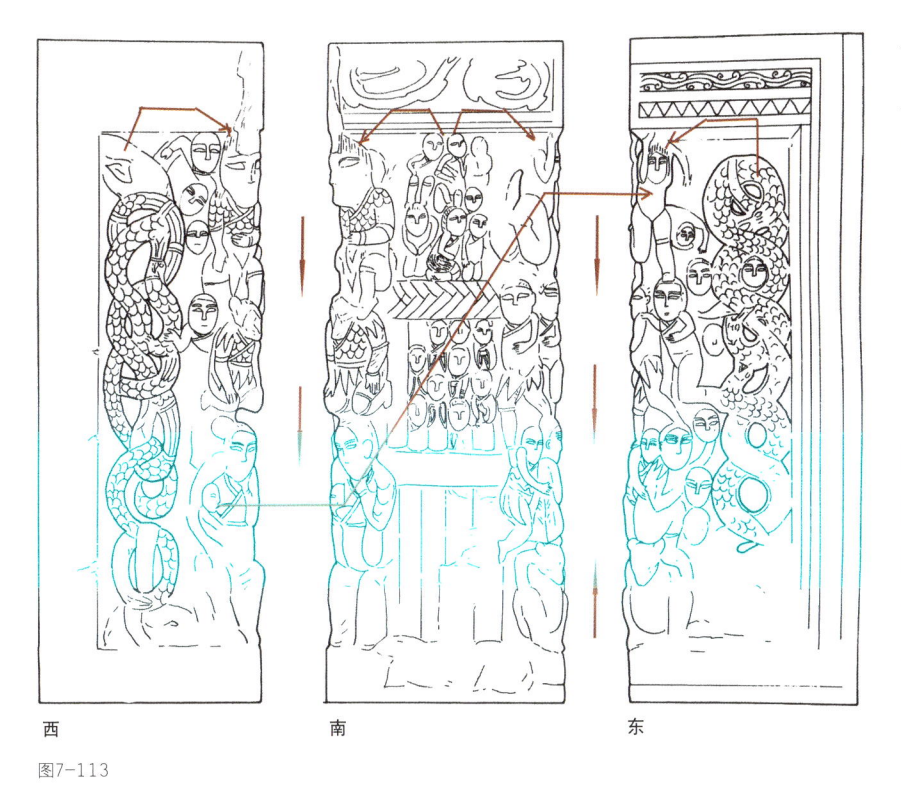

第七章 肠龙生殖观念图形个案解析 | 197

手臂穿入，显出近乎圆雕的效果"[1]。前室与中室象征墓主人日常生活及子孙活动的场所，从前室与中室的墓壁画像石中，也可见其多以出行、会客、娱乐等为表现内容。该方柱位于前室与中室之间，其上面的图像也同样与墓室的功用及相应内容产生联系，并在图式中体现出来。从方柱的整体形制看，可分为四组图像，由方柱北面中间弧面图像、方柱西北棱角图像、方柱东北棱角图像（包括延伸至东面中间的图像）、方柱南面图像（包括方柱东南棱角图像、西南棱角图像及延伸至西面中间的图像）组合而成。

西　　　南　　　东

图7-113

合到图形造型中，来共同体现所要表达的内容。

由该方柱的整体结构及对其上几组不同图像的分析可知，该方柱以内圆外方的结构体现了祖先神、生殖神（神界）与家族生殖繁衍（人界）的关系，并以龙和祖先神组成的圆柱为核心，衍化出了方柱棱角的两组图像，表明人界的生殖繁衍是在神界祖先神、生殖神的作用下进行的（图7-113）。更值得关注的是，在该方柱几组不同图像的造型和组合中，其不但以表现事物综合意象的"会意"方式体现了祖先神和生殖神传宗接代、孕育繁衍的过程，而且还在两侧的龙图形中直观地反映了肠生殖的特征，明显地体现出了古代龙生殖观念的原本内涵。

（四）前、中室之间方柱图像分析

前、中室之间方柱位于前室与中室之间，"横截面呈长方形，东西宽82厘米，南北厚44厘米，高126厘米。除上下两端各留出一段空白外，柱身四面雕刻人物（包括人面）四十三个，动物八个。其东、南、西三面以及北面的左右两侧为高浮雕，南面两侧转角处的人物多为透雕，雕孔大者可容

1.方柱北面中间弧面图像分析

从该方柱北面图像体现出的结构特征来看，其整体结构中也内含一根圆柱。柱体由北面中部凹入，在凹入处凸刻出圆柱状弧面，形成了该方柱同样以圆柱为中心的结构关系（图7-115）。方柱北面中间弧面图像上方，以浅浮雕技法刻有一龙，龙是生殖神的象征。龙下刻三个逐龙衔咬的瑞兽，瑞兽造型与后室圆柱瑞兽造型相同，是受孕神的象征。前文已证明瑞兽与瑞兽衔咬为"交合"之意，此处所表现的瑞兽与龙衔咬也非瑞兽与龙争斗，同样是以"咬"谐"交"，借谐音来意指"交合"的图形造型方式，瑞兽与龙衔咬象征受孕神（瑞兽）与生殖神（龙）的交合。其中有一瑞兽衔咬龙腹部，是以"指事"方式，表示受孕神与生殖神交合，致生殖神腹中受孕的象征。从该部分图像内容及造型特征来看，其与后室中间圆柱上的图像也具有相关联系，两者虽然均体现了交合受孕之意，但从图式中又可明显看出作为生殖神的龙跟作为受孕

---

[1] 安丘县文化局，安丘县博物馆. 安丘董家庄汉画像石墓 [M]. 济南：济南出版社，1992.

图7-114 　　　　图7-115 　　　　　　　图7-116

神的瑞兽之间，其作用与造型特征的不同及区别：后室圆柱瑞兽衔咬表现的是受孕神在天地间的存在，而该圆柱图像瑞兽与龙衔咬，表现的则是受孕神与生殖神的交合，体现了受孕神使生殖神受孕的图形特征。由此也可看出，龙与受孕神兽虽然均与生殖相关，但其对生殖的作用却明显不同。

从此方柱整体结构来看，该圆柱图像同样是方柱整体图像的核心，方柱上的其他人物等图像均围绕该圆柱延伸并形成了方柱整体的造型，体现出了方柱周围所表现内容是由中间圆柱的受孕神与生殖神交合后生殖繁衍的对象。

在此方柱上的圆柱图像与后室圆柱及后室方柱所含圆柱图像中，又可看出它们之间的递进关系：后室圆柱以瑞兽衔咬表现的是天地间受孕神的交合，是生殖前期所必备的外在条件；前、中室之间方柱所含圆柱图像表现的是受孕神与生殖神（龙）的交合，表明受孕神使生殖神进入了受孕期；后室方柱所含圆柱图像表现的是龙受孕后孕子、生子，表明在祖先神的福荫下生殖神进入了孕育、生子的繁殖期。

2.方柱西北棱角图像分析

该方柱北面的整体结构，由中间内含的圆柱又向两侧延伸出了其他图像。方柱西北棱角图像由方柱北面圆柱右侧图像与方柱西侧面图像衔接而成，其在衔接的棱角部雕刻图形形象（图7-115右）（图7-116左）。图像由上、中、下三层人物组成：上端一层雕刻有两个人物，左侧一人吐舌，下方伸手与右侧一人呈牵手状，右侧之人背向左侧之人，似有羞涩之态，并举手抚摸左侧人之面颊，表示男女相爱调情之意，此情节表现的是男欢女爱的初始阶段；中部一组左侧为两人拥抱，象征男女进入婚配阶段，两人右侧有一人双手抚摸腹部，是以"指事"方式对腹部受孕的表示；下部一组为一小儿依附一头腹部隆起的熊（熊是生男的象征），该熊腹部隆起并携领小儿，表明其为生男的母祖。就该方柱西北棱角这三层图像的内容来看，其情节也是连贯的：由上而下表现了男女相恋，到交合坐胎孕育怀子，后至生男得子的过程。

3.方柱东北棱角图像（包括延伸至东面中间的图像）分析

方柱东北棱角图像，由方柱北面圆柱左侧的图像与方柱东侧面图像衔接而成，在衔接的棱角部雕刻形象（图7-114右）（图7-115左）。其图像也主要分为三层：位于该棱角图像中间一层的是一头象征生男的熊，该熊与东北棱角图像下方的熊产生呼应连续关系，是东北棱角图像下方受孕的熊在此组图像中进一步繁衍生子的象征（熊左右两侧有人呈相拥之状，象征繁衍之"子"），熊一肢上举，与上层一组人物形成连接关系，一肢下伸，与下层一组人物形成连接关系，以熊来体现并"指事"对整组图像生男的决定性作用；熊的上一层人物中有一人呈跪坐状，此人两侧有大小不等的人形做相拥之状，表示该组图像以母育子、携子为表现内容（图7-114右）（图7-115左）（图7-117）（图7-118）；熊的下一层有一人摸腹跪坐，象征受孕，跪坐人身后左侧，有一半蹲姿势的人从臀

图7-117

图7-118

图7-119

图7-120

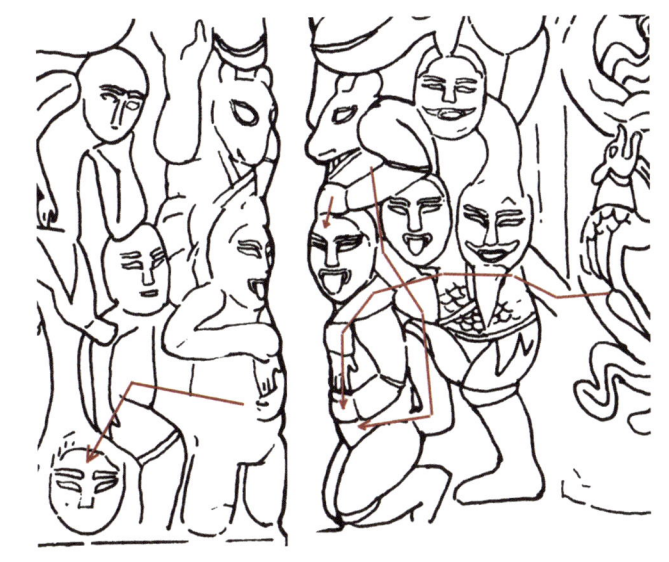

图7-121

部生出一人头，体现出由孕到生的过程，并以此"指事"此组图像以孕子、生子为表现内容（图7-119）。

从该棱角图形元素的组合关系来看，中间一层的熊一肢按着下一层跪坐人的头部，另一肢托着上一层呈携子状跪坐人的腿部（两个跪坐人均为女性），表示生男的生殖神（熊）对这两位生殖的母亲已赋予了生男的成因（图7-114右）（图7-115左）。东北棱角下一层右侧是一个长胡须的老者，该形象上身饰鳞纹（鳞纹是图式中生殖繁衍的象征符号），表明其是宗族之长的形象。老者右侧伸出一臂与中间刻有龙和受孕神兽的圆柱相接，体现出与天地间生殖神、受孕神的承接关系。其另一手臂伸于左前方呈跪坐状吐舌人的胸前（从此人呈跪坐状态来看应为老者妻妾），体现出中间圆柱的生殖神与受孕神经老者传递给跪坐人的承接联系，跪坐人一手按住老者手背，一手牵拉老者手指，做爱抚亲热状，并将手按于腹部，表示受孕（图7-120）（图7-121右）。在老者伸向跪坐人的手臂之间，由熊的方向自里向外斜伸出一个男性生殖器（男性生殖器是雄性象征物），在此组图像中，其造型明显与周围其他完整的人或动物有所不同，表明它在此是一种特指的象征符号，具有"指事"和"会意"的作用。该生殖器由熊而出指向老者下肢形成承接关系，再由老者下肢顶于跪坐人（老者妻妾）臀部，是"指事"老者承接生殖神与受孕神使跪坐人受孕并致生男的象征（图7-121右）。此外，男性生殖器还是生殖崇拜中"宗"的象征，其从熊的方向穿（传）出并经老者使妻妾怀男，具有"传宗接代"之意。可见在此图式中，经老者上肢和下肢将圆柱生殖受孕神及生男神（熊）与跪坐人产生联系，体现出了两意（图7-121）：一是受孕，二是生男。在该组图像左侧，受孕的跪坐人又与身后半蹲姿势从臀部生出一人头（子）的人产生联系，表现出由孕到生的因果关系。从此组图像可看出，方柱东北棱角图像主要表现了以生男为核心的传宗接代、子孙繁衍内容。

从方柱北面中间弧面图像及西北、东北棱角图像的组合关系来看，两棱角图像体现出了不同的图式特征：西北棱角图像表现的是由男女相配到孕育怀子的内容，体现的主题是"孕子"；东北棱角图像表现的是生子育子、传宗接代的内容，体现的主题是"生子"。从西北棱角图像主体形象周围无繁衍之子围绕，而东北棱角图像主体形象周围有众多繁衍之子围绕的现象来看，这两组图像也体现出了"孕子"与"生子"的不同。但两组图像之间又是承接并联系的（图7-122）：由西北棱角图像体现男女相恋到交合坐胎，再由受孕的熊与东北棱角的熊产生延伸联系，又在东北棱角图像中以熊为中心分别延伸出下方的受孕生子图形和上方的育子、携子图形，其运用"象形""指事""会意""假借"等造型手法，形成了不同年龄的人物及生殖象征物的组合，以表现事物综合意象的造型方式，体现出了从男女相恋、孕育怀子至生殖繁衍、传宗接代的过程。这两棱角的图像又与中间弧面图像产生图式构成上的联系，以生殖神（龙）和受孕神为核心，反映出了由神界的生殖神、受孕神作用于人界生殖的古代生殖观念。

图7-122

4.方柱南面图像（包括东南棱角图像、西南棱角图像及延伸至西面中间的图像）分析

方柱南面图像人物众多，分别与方柱东西两侧面图像相接，由南面连接东南和西南两个棱角部，向左右延伸雕刻形象。

西南棱角图像下部，自下而上用圆雕方式雕刻出三个人首递进连接的造型，人首与人首之间有杆状物相贯连，这种人与人递次相连的方式，体现出人生人的特征，是表现宗祖传承、传宗接代的图式。三人首相连的杆状造型上部，再接一个面向外身向内、四肢伸展的人物，与下方三人首连接为一个类似树干分枝的造型，树干所分之枝再与画面上其他人物肢体相连，形成树枝延伸状，"树枝"之间及"树枝"下，再生人首和众多大小不同的人物（象征被生殖之子），其整体造型形成了生命树分枝繁衍的特征（图7-123右）（图7-124左）。此生命树造型通过树生枝特征，以"转注"方式体现出了对生命繁殖的象征。

生命树之下（右下方）的众多人物，象征的是被生殖繁衍之子，其或两两相对拥抱，或前后相向依偎而亲，或以手摸腹示孕，或在身前及腿肢末端再生出人首。在该组图像下端的中间部位，有一人正在抚摸另一人的腹部，此是对腹内受孕的表示，这人的腹部还特别刻画出了肠纹，以表现内部特征的造型方式体现了对肠生殖观念的示意和刻画（图7-124）。以上这些人物都是少年形象，均为生命树生殖繁衍后代之象征。

在该立柱西面生命树的另一侧，是两个受孕瑞兽相衔咬的图形，上面一个受孕瑞兽伸出上肢与生命树上端的人物相连（图7-123），下面一个受孕神兽伸出下肢与方柱西北棱角下方腹部隆起的熊相连。两受孕瑞兽交合并与生命树和熊相连的造型，其内涵与方柱北面中间弧面图像相同，同样体现出了神界受孕神与人界生殖繁衍的相关联系。

从方柱南面及东南、西南两个棱角整幅图像可看出，此是一幅以生命树为主体来象征并体现生

图7-123 　　　　图7-124 　　　　图7-125

命繁衍的多子多孙图（图7-123右）（图7-124）（图7-125左）。这种用生命树来象征生命繁衍的图式，在后来的民间美术图形中也经常见到（图7-126），表明这种在民俗中出现的生命树图式所表现的生殖内涵与汉代的此类图式具有延续性的联系。

图7-126

从对前、中室之间方柱整体图形的分析来看，该方柱以北面中间圆柱受孕神兽与生殖神龙的交合为核心并延伸出了其他图形，体现了生殖神、受孕神与人界生殖的关系。圆柱周围四个部分的图像，均围绕中间圆柱交合受孕这个核心，运用多种图形造型手法，表现了生殖繁衍四个相互联系的内容及过程：第一部分是方柱北面中间圆柱图像，表现的是生殖神交合；第二部分是方柱西北棱角图像，表现的是相爱孕子；第三部分是方柱东北棱角图像，表现的是生子、育子；第四部分是方柱南面图像（包括方柱东南、西南两棱角图像），表现的是子孙繁衍、传宗接代。由此可见，前、中室之间方柱图像从受孕交合到怀子生殖过程的体现，其实即是汉代人对生育认识的一个连续完整的画面图解。

前室和中室又是后代子孙活动和祭祖的场所，该石柱位于前室和中室中间部位，也是一幅表现后继有人、人丁兴旺的子孙满堂图。在墓室中置此石柱，其意有二：一是祈望氏族传宗接代，子孙繁昌；二是祈望墓主人在阴间也能得到众多子孙的孝敬和服侍。

由该画像石墓立柱所表现的龙造型特征还可以看出，在同一文化遗存中就有不同类型的龙造型，反映出了龙图形因功用不同而产生的不同造型变化：后室方柱两侧的盘龙是体现肠原形特征盘绕孕子的龙，具有龙（肠）的原本性，是对体内原本之龙的象征；前、中室间方柱上被受孕神兽衔咬的龙，是在肠原型基础上添加了足、角、翼等，更加具有动物化神灵特征的龙，是对肠进一步演化而成的体外之龙的象征。两者在同一文化遗存中所出现的不同造型，表明龙图形产生后，其造型的变化是由表现内容及图形组合的不同需要决定的。

从董家庄汉画像石墓这三根画像石柱的整体造

型特征来看，其又表现了神界与人界的不同及相互关系：圆柱表现的是生殖神、受孕神、祖先神所处的神界，由圆柱衍生出的方柱棱角及侧面图像表现的是与神界相联系的人间世界，三根石柱的图像均围绕阴阳交合、受孕生殖这个核心，体现出了生殖神、受孕神、祖先神对于人界生命繁衍的主导作用。从这三根石柱所处的位置及功用来看，其内容又有所不同：后室中间圆柱图像表现的是受孕神无处不在、阴阳交合、护生避害；后室方柱图像表现的是传宗接代、生殖孕育；前、中室间方柱表现的是后代繁昌、子孙满堂。这三根石柱的图像不但以图解的方式体现了古人对生殖繁衍过程的认识，也通过后室方柱"肠孕子"特征的龙造型，进一步体现了龙与肠的生殖联系，是肠为龙原形的又一个例证。

由于生殖崇拜对人类生存及万物繁衍的普遍包容性，龙从而也在生殖崇拜中产生了多种多样的造型，并形成了龙概念的多元特征。龙对万物的包容性也说明，龙绝不是以某种动物或自然现象作为起源物所能涵盖的。本书所提出的由生殖崇拜而来的肠龙崇拜，并非仅是局限于对某一种动物或现象的表象关联，而是从普遍的共性意义上去寻找生殖与龙的原本关系，由原始生殖认知而来的肠为龙原形的观点，可以涵盖并解释所有龙的类型以及由此而来的祖先神、自然神、统治神等概念的延伸。因为，肠是所有动物共有的，它具有对一切动物包容的普遍特征。

本章以上对所列个案的分析，也进一步表明了肠生殖观念即是龙产生的最初根源，这些个案的有关图式，均明显地体现出了肠龙生殖的生殖特征及生殖方式。对这些肠龙生殖图形例证及其造型方式的分析，更充分地证明了肠为龙原形的原本性特征。

第八章 腹神崇拜与兽面图形

　　早在中国原始时期的图形文化中，就有一种神秘的兽面图形出现，这种图形常以正面造型为特征，除独立造型外，还常与其他一些图形或符号形成组合形态。在这种组合中，它又总是处于主体的位置，并对其他图形和符号在构图上起着统治作用。如原始彩陶上的兽面图形、良渚文化中的兽面图形、商周时期的青铜兽面图形及后来其他类型的兽面图形，均体现出了此种特征。这些兽面图形的造型原本是什么？它具有什么含义？它与龙图形又有何关系？本章通过对这些兽面图形造型方式的探讨和分析，进而还原兽面图形产生的原本面目及其在不同时期的演化过程。

一、原始图形对腹的神灵化

在原始生殖崇拜中，对生殖繁衍的祈望包括"生"与"护"两个方面的内容。"生"是生命繁衍的前提，但"生"必须有"护"才能得到保障，生命的"生"与"护"在原始时期都要期寄于神灵。前已论明龙是万物的生殖神，是对肠的神灵化。而生命在腹中孕育，腹是对"生"起到重要作用的另一个器官，它不但是生命的孕育之宫，而且还对生命具有保护作用，由于生殖之宫（腹）对生命的这种孕育和保护，人们在原始思维中也产生了对腹的崇拜。这种崇拜既使腹成了生命的孕育神，也使腹成了生命的保护神。由此，在原始生殖崇拜中就有了两个神灵：一个是肠（龙），它是"生"的神灵；另一个是腹，它是"孕育"和"保护"的神灵。

前面章节曾谈及原始时期陶器腹部的象征意义，表明器腹与人或动物的腹部之间具有"互渗"的联系。人们常以器物之腹作为母腹的象征（图8-1），并在器腹上绘制肠纹等表现腹内生殖特征的图形（图8-2）。人们在生殖崇拜中把肠神灵化成了龙，这是原始思维以肠为神作用于图形造型的结果，而将腹作为生命孕育的保护神，也需要以图形的形式或借助于偶像来对其进行象征。此种表现方式与龙的神灵化一样，是在人们认为具有神性部位的基础上，以拟人化或动物化的方式添加其他物象的特征，使其成为神灵形象的。也即在人、动物图形的腹部或器物的腹部描绘兽面或人的形象来作为腹神的象征。这种用于与腹组合神化成为腹神兽面形象的选择，又是以不同部族所崇拜的动物或图腾物为依据的，因而原始时期在不同部族中出现的腹神兽面图形也像龙一样，表现出了多种不同的形象特征。原始时期出现在陶器腹部的许多兽面图形，即是这种以器腹与兽面相结合来对腹进行神灵化的结果（图8-3）（图8-4）（图8-5）。由此可见，这些兽面图形实质上并非单纯是对某种兽面或人面的描绘，而是在象征生命之腹的器腹上对腹神的描绘。

腹神崇拜是原始生殖崇拜的一项重要内容，它不仅仅限于对个体生命的繁衍和保护，其含义还由此扩展并提升到对整个氏族的祖先神和保护神的

图8-1

图8-2

图8-3　　　　　　　　　　　图8-4　　　　　　　　　　　图8-5

象征，由此也就确定了兽面图形在图形组合中的主体位置，以及对其他图形和符号在构图上的统治作用。这即是兽面图形在古代图式组合中经常作为主体图形出现的原因。

二、良渚文化中的神人兽面图形

在出土的良渚文化玉琮、玉冠饰、玉钺等器物上常饰有兽面图形，显现出一种邃古的神秘感。它或表现为戴羽冠的神人在其腹部与兽面图形复合，或表现为兽面图形独立呈现，或表现为兽面图形与其他图形组合。这些兽面图形在象征身份和权力的玉琮、玉钺、玉冠饰等玉器上出现，无疑与琮、钺、冠饰这些具有身份特征的器物在象征意义上具有一致性，表明它是一种被崇拜的对象，并具有体现身份的"神徽"性质。

（一）肠、腹崇拜与神人兽面图形的造型

神人兽面图形是良渚文化中具有标识特征的纹饰。从神人兽面图形的纹饰特征来看，其是用细线刻画的方式以卷曲状纹饰组合而成的（图8-6）。在上海市金山区亭林出土的良渚文化黑陶片上，曾发现有被称为云雷形刻画纹的纹饰（图8-7），经与前面章节所探讨的肠纹对照，不难看出这种所谓的云雷形刻画纹与肠纹属同一类型。良渚文化墓葬中出土的玉琮、玉冠饰、玉钺、三叉型玉器上的神

图8-6

图8-7

人兽面图形的组成纹饰，也显示出了同这种肠纹相类似的特征。此现象表明：在良渚文化中同样存在肠生殖崇拜，这些神人兽面图形的造型原本与肠是密切相关的。

经对良渚文化神徽上的图形进行综合分析可见，其在神人兽面图形的基础上还衍化出了多种不同的类型。从这些图形的造型方式及衍化关系上看，它们之间既有一定的内在联系，又有不同的造型面貌。其大致分为神人型、神人兽面型、兽面型、简约变体型诸类。

1.神人型

神人型的造型呈现出盘曲的肠纹与戴羽冠的人首相复合的形态，其体腹部的兽面特征还不是很明显，但从其造型特征可见其与神人兽面图形的内在联系。该类图形多出现在良渚文化的玉冠饰和三叉型玉器上。

浙江余杭反山良渚文化墓葬1980年出土了一件玉冠饰，其上即装饰有这种神人型图像（图8-8）。该神人体部呈弯曲盘卷状，其造型明显地表现出了肠纹特征，肠体上部与戴有羽冠的人首复合形成神人造型。人首戴羽冠在原始氏族中是氏族首领的象征，玉器上刻有这类图形，对良渚社会中的统治者具有身份标识作用，戴羽冠的神人型图像出现在象征权力地位的玉冠饰和三叉型玉器上，也说明了这种身份特征。从该神人的造型可看出，其是在肠的基础上加入了人首的形象而成，与龙的神灵化造型方式基本相同，体现出了原本形态的人首龙特征，只不过与通常的人首龙相比，其肠体更为繁复，但这更呈现出了肠盘曲多转的原本性特征。该造型方式与赵宝沟文化中的肠形龙造型也有相类之处，均为"拼合式"的龙造型。其以人首与肠体组合的造型，又与伏羲、女娲人首蛇身（肠身）的造型有一定相似性，并与《山海经·大荒西经》中对"女娲之肠"的表述具有同一实质，均是将肠当作生殖崇拜的神灵物来进行神化，并作为一种独立的神灵来认识。

神人型除正面形象外，在玉冠饰和三叉型玉器上还出现有中间为兽面图形、两侧为侧面神人的组合图式（图8-9）。此种神人与兽面图形的组合，表明这类侧面神人图形与兽面图形之间具有一定的内在联系。从这种侧面神人造型可看出，其躯体的肠纹造型同样体现出了人首与肠复合的人首龙特征，这表明在良渚文化中，该类侧面神人图形也是在肠生殖崇拜的基础上产生的。

可见良渚文化中这种以肠为神体的形象与龙造型不仅形态类同，内涵也一致。其不但体现了原始思维对生殖之源的认识，还体现了氏族王与生殖神合二为一的标识特征。其是由肠生殖观演化而形成的生殖神与氏族神相统一的图形。

2.神人兽面型

神人兽面型也运用繁复的肠纹组成，但与神人型不同的是，其图形整体为一人形，在人形的腹部再置兽面形，呈现出一种神人与兽面复合的造型（图8-10）。这种图形多见于良渚文化的玉琮、玉钺（图8-11）。据其图形特征，该类型又可分为

图8-8

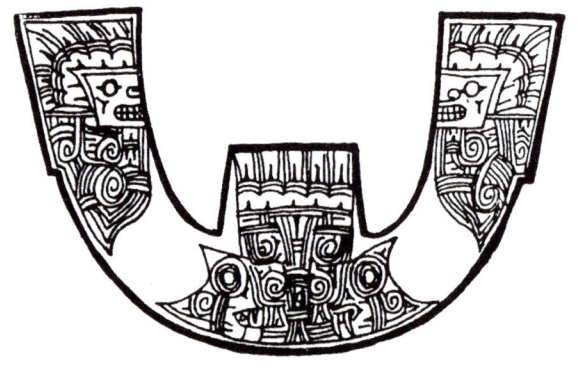

图8-9

图8-10

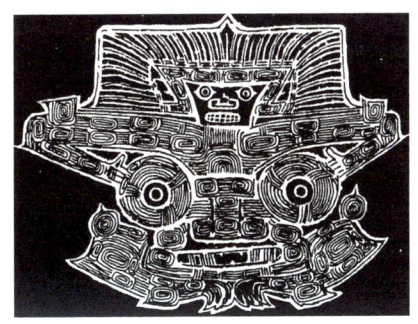

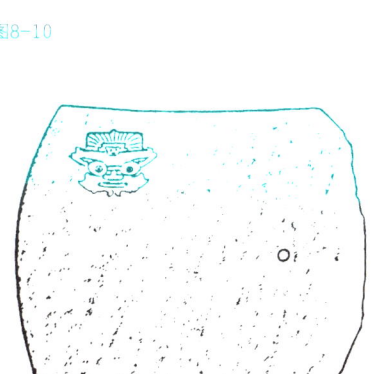

图8-11

图8-12

图8-13

具体型和简约型：具体型是神人与腹部兽面结合较为具体的造型（图8-10）；简约型则在具体型的基础上对人面的五官、四肢等进行了造型上的省略，是具体型的简约化（图8-12）。

1986年6月，在浙江余杭反山良渚文化墓地12号墓中出土了一件玉琮。该玉琮内圆外方，器形硕大，制作规整精致，纹饰复杂（图8-13）。在这件玉琮上，刻有以琮体四面中间竖槽内上下布列的八组具体型神人兽面图像和以转角为中轴线上下布列的八组简约型神人兽面图像。四面中间竖槽内具体型神人兽面图像（图8-6）的造型特征为：神人上部的脸面做倒梯形，眼睛为重圈，两侧有短线表示眼角，以弧线勾画鼻翼，嘴巴阔扁；头上戴冠，内层为帽，刻八组细密的肠纹，外层为高耸宽大的放射状翎羽；头下为肢体，上肢形态为耸肩、平臂、弯肘，五指平张叉向腰部，四肢均用阴纹线刻，肢体上密布纵横交错的肠纹；下肢做蹲踞状，脚为三爪的鸟足；在神人的胸腹部以肠纹组成一个兽面纹，以乳部为兽眼，兽眼似卵（外圈为卵形，眼

珠似卵核），脐部为鼻，鼻翼外张，阴部为嘴，成横方状，嘴中间两侧外伸两对獠牙。该神人兽面图像腹部的兽面图形各部分除用密集的肠纹组成外，还用高浮雕的方式将兽面形象突显出来，标示出其在整个神人兽面图像造型中的突出地位及重要性，而四肢部分则只是用细线刻成底纹状，明显处于次要的位置，在主次关系上与神人腹部的兽面图像形成了鲜明的对照。

从神人兽面图像的造型方式来看，在神人的腹部组合进兽面形成神灵形象，是对腹进行神灵化的一种图形造型，这种表现方式是在认为具有神性部分的基础上添加其他物象的特征，使其拟人化或动物化而形成的。用此方式将腹神灵化形成的兽面腹神形象，即是良渚人心目中崇拜的祖先神、孕育神、保护神。而在神人兽面图像造型中，将兽面腹神与神人整体形象再进行复合，则体现出了良渚文化以腹为生殖之本的氏族神特征。这种神人兽面图像的出现，是原始生殖崇拜以腹为神，并在图形造型中以"集形表意"的方式加进兽面形象将其神灵化的结果。

此类以腹为神的造型，在以后时期的古文化图形中，也有许多相似的例证，如从战国时期所谓的"伏虎玉人"造型中（图8-14），同样可见

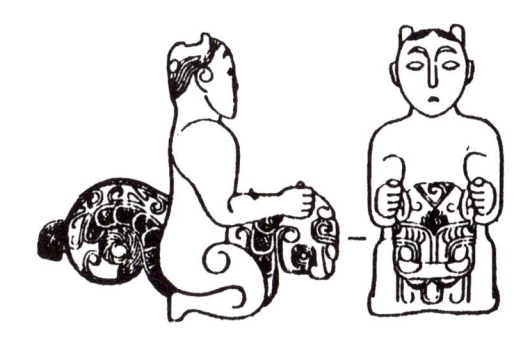

图8-14

图8-15 　　　　　　　　图8-16 　　　　　　　图8-17

图8-18

以腹为神，并对腹神灵化的造型。仔细观察该玉人的整体造型可看出，玉人并非骑在虎背上，而是虎从人的腹部而出，也即该玉人和虎的组合所表现的并不是人骑虎，而是将人的腹部神化为虎的造型。古代虎图形往往带有谐言假借的特征，借"虎"谐"护"，这件伏虎玉人同样是通过将腹神化为虎的形象，来体现保护神的特征。再由此造型联系良渚文化神人兽面图像也可看出，良渚文化神人兽面图像与这件战国伏虎玉人的造型和内涵是类同的，只是战国伏虎玉人较良渚文化神人兽面图像造型更为立体，良渚文化神人兽面图像较战国伏虎玉人造型更为平面而已（图8-15），两者其实均是对人腹部神灵化的造型体现。

在民间美术中，类似良渚文化神人兽面像的造型也常有出现。如出自河南淮阳人祖庙会上腹部饰有兽面图形的泥玩具（图8-16），其与良渚文化神人兽面像的造型方式类似；江苏人与虎头复合的民间刺绣图形（图8-17），其整体特征与良渚文化的神人兽面图形如出一辙；甘肃的这件人祖像剪纸则是由两条蛇纹（肠的动物化）在腹部组成兽面图形（图8-18），其不但体现出了肠与蛇的"互渗"关系，也体现出了其与腹神崇拜的内在联系。这些不同形态的人、兽与兽面图形复合的形象，均是运用将腹神灵化的造型方式，体现出了与良渚文化神人兽面图形相似的特征。

生命的繁衍和庇护对于氏族及每个氏族成员来说是至关重要的。由腹的孕生、护生功能神化而来的腹神兽面图形，即是良渚先民心目中的孕育神、保护神和祖先神。这种腹神与神人（氏族神的象征）复合而成的神人兽面像，作为良渚文化中氏族崇高的神和族徽，不仅出现在玉琮和玉冠饰上，还出现在代表军事权力并具有保护象征意义的玉钺上（图8-11），更是明显地体现出了神人兽面像所具有的保护神含义。

那么，良渚人在对腹进行神灵化的过程中，又是加入了什么动物特征，来对腹进行神灵化的呢？基于腹的保护神含义，从其形象特征及原本艺术常以"谐音假借"表意的造型方式来看，不难发现，其所加入的动物形象是以"虎"为神化原型的。其依据是：

（1）良渚文化所处区域当时是华南虎（中国虎）活动的主要区域，良渚人对虎的形象和习性应十分熟悉。

（2）在早于良渚文化的安徽凌家滩文化中，

曾出土多件虎形玉璜，表明在凌家滩文化时期即存在虎崇拜，而其出土器物及葬式形制等又表明，凌家滩文化与良渚文化之间具有延续关系，由此判断虎崇拜也应与良渚文化具有延续联系。

（3）从兽面图形所表现出来的造型特征看，其圆眼、獠牙等形状与虎接近。

（4）虎是兽中之王，百兽及患害惧之，以其为保护神，可驱邪避害、保佑平安。

（5）"虎"与"护"音谐，借"虎"喻"护"。原始图形中的"谐音假借"，是文字出现前图形表意的重要方式，也是原本艺术图形中惯用的图形造型手段。就其在良渚文化玉器中所体现出的含义来看，腹神兽面图形借助虎的形象复合形成的神人兽面图像，与虎（护）本身所象征的保护神含义一致（关于"虎"与"护"的关系，本章在后面将进一步论述）。

（6）良渚文化所属氏族极有可能以虎为图腾物。

腹神兽面图形是生殖崇拜将腹神灵化并作用于图形造型的体现，表达了人们以腹为生殖之本的原始认识，这种神灵化的造型方式与将肠神灵化为龙的造型方式类似，同样是原始生殖崇拜在图形造型中的反映。在中国古文化图形中，虎又是经常与龙并列出现的重要图形，其原因也正是虎所具有的保护神特征与龙的生殖神特征相配合以综合体现原始生殖观所致。

3.兽面型

在良渚文化玉饰中，除了肠纹与人面组合的神人型及神人与兽面组合的神人兽面型图像外，更多的是出现在玉琮等器物上独立存在的兽面图形。兽面型即指良渚文化中单纯以兽面特征出现的图形（图8-19）（图8-20）。由前文对良渚文化神人兽面图像作为氏族保护神（腹神）的探讨，再与良渚文化中这类独立的兽面纹比对，不难看出这些长有一对巨目的独立兽面纹与神人兽面像腹部所刻画的腹神兽面图形造型完全一致，因而可以断定，此类兽面图形是将神人兽面像中的腹神形象进一步独立出来，并将神人其他部位省略的结果。这种把腹神兽面图形强化，并省略神人其他部位，使之成为独立兽面纹的过程，被良渚文化器物上出现的一些过渡性省略图形明显地反映出来。如有的神人兽面图形省略了神人的上肢和头部，只保留了其腹部和下肢（图8-21）；有的则省略了下肢而保留了神人的腹部和头部（图8-22）。这些图形不管对其他部分如何省略，却都对腹部兽面图形进行了突出和强化，显示出腹神形象的重要性及其相对的独立性。

图8-19

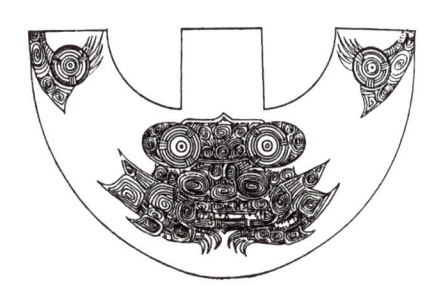

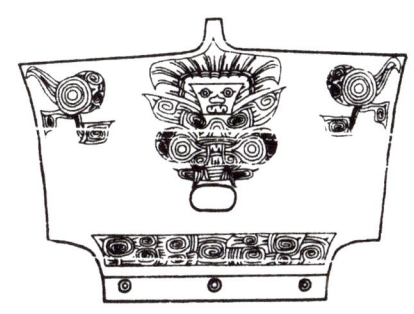

图8-20　　　图8-21　　　图8-22

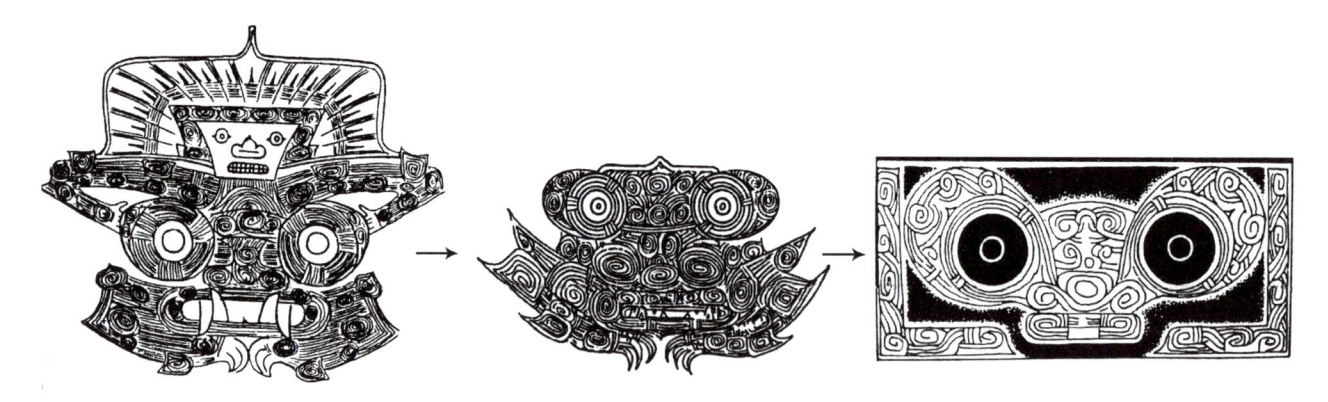

图8-23

从神人兽面图形到兽面图形的过渡（图8-23），可更为明确地显示出兽面图形从神人兽面图像中独立出来的演化过程。这种对腹神兽面图形的独立使用，使其所体现的保护神概念在图形应用中更为直接、明确而突出。

此现象也说明，此类兽面图形并非单纯是对某种动物头部形象进行的"象形"表现，而是以"转注"的方式表现了由神人兽面图像演化而来的具有生殖和保护含义的腹神形象。又由于神灵具有相对的独立性特征，因而腹神兽面图像作为人们心目中的保护神，也具有符号意义上的独立性及象征性，它不但可以与神人构成为神人兽面型形象，也可以成为独立的神灵标识。这种图像在良渚文化中出现，即是将其作为腹神形象的一种象征符号进行运用。腹神兽面图形的符号象征含义产生后，其形态和内涵一直在中国不同时期的图形文化中延续，进而形成了重要的兽面图形体系。但在以往对古文化图形的认识和研究中，这类兽面图形极易被认为是单纯对某种动物形象的"象形"表现，而非与腹神形象有关，可见在古文化图形研究中，如果不从图形造型方式的角度去分析还原其真正内涵及演化过程，就会进入以"象形"直观对应图形形象的误区，从而造成对图形原本的错解。

4.简约变体型

良渚文化神人兽面图像的简约变体型，是依据较具体的神人兽面图像进行简化、取舍后形成的一种变体图式。通过以上对兽面图形的分析，了解了兽面图形的真正内涵，可发现在良渚文化中出现的与兽面相类似的图形，大多是神人兽面图像的变体。

在玉琮纹饰中，其图形常以上下节的布局出现（图8-24左）（图8-24右）。将玉琮的这种纹饰与神人兽面图像对照，可看出该类图形的布局，其实就是神人兽面图像对人面五官及四肢简化省略后，再与上下节的方块图形相复合而形成的（图8-24）：上节是神人兽面图像简化后戴羽冠人面的变体（人面形象被简化）；下节是神人兽面图像腹部的兽面图形（依然保持了兽面图形的基本特征）。从此简化图式中还可看出：神人兽面图像的其他部分均可省略或简化，唯有腹部的兽面图形被完整地保留并突出出来，表明腹神兽面图形在良渚文化中具有至高至圣的神性地位。这种上下节纹饰乍看上去虽然均似兽面，但通过以上对良渚文化玉器上较为具体的神人兽面图像（图8-24中）与玉琮上下节的纹饰形象对照，可见其实质上不仅形象造型不同，而且各有象征含义：踞于下节的是兽面腹神形象，其面积比例较大，刻画也较为复杂，用密集的肠纹组合成五官并连为一体，与神人兽面图像的腹部兽面纹饰对应一致，是玉琮上的主要装饰纹饰，其代表的是生殖神、保护神、祖先神；踞于上节的是人面形象，与神人兽面图形的首部造型相对应，从神人兽面图像首部戴羽冠的特征可知，上节的图形象征的是氏族的王，也即腹神（生殖神、保护神、祖先神）要保护的对象，在上节造型中其刻画较简，是玉琮相对次要的纹饰。

图8-24

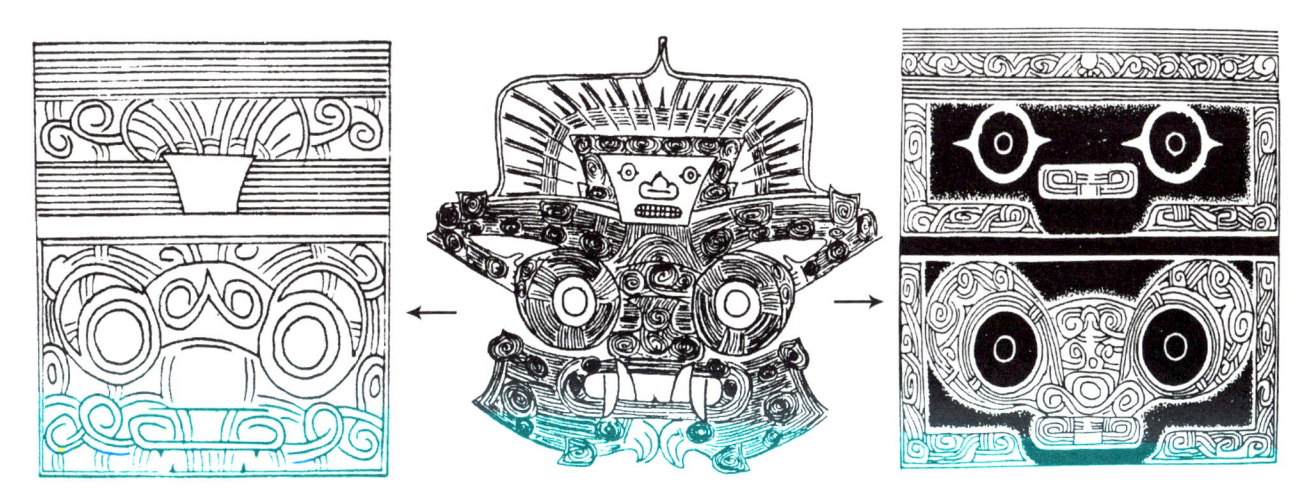

玉琮纹饰中上节的变体人面形象，大致又有两种造型：一种是将神人所戴羽冠变体为上端两组直线与一组曲线相间的纹饰（图8-24右），羽冠其余部分均简化或省略，面部只保留了眼睛和嘴部，有一对圆圈小目，内外眼角各用一条短线表现（与具体型神人兽面图像人面形象眼睛相同），两目下方是一横长方形嘴；另一种则是省略了五官（图8-24左），面部轮廓保留了倒梯形特征，所戴冠帽稍加变体为上下两组横线与弧线组合。从简约变体型上节出现的这两种形象来看，其均与具体型神人兽面像上部分相对应，表明其造型的确是对神人兽面图像人面的简约化。由以上对玉琮上下节形象的造型分析可知：虽然有的上下节所表现的形象有某些类似（图8-24右），但上下节表现的对象是不同的，上节表现的是代表王权神的人面，下节表现的是代表生殖神、保护神、祖先神的兽面。从中也可看出，在原始图形的表现中，一个完整的对象既可以被分解，也可以用"集形表意"的方式形成形象来表达某种概念，对象的不同部分均具有独立的神性特征，在表达或强化某种概念意义时，这些部分就会被神化，并以独立的形态在图形中出现。此种将对象某个部分神化的现象，与肠被神化为龙的方式是一致的。

在仰韶文化时期的彩陶器上，也可见到这种以上下节分布的兽面造型组合（图8-25），其图式与良渚文化的简约神人兽面纹如出一辙，表明在仰韶文化时期就已经有了类似于神人兽面像内涵的上下节造型。由这两者之间的相似性，也可见原始思维在图形表现上的原本类同性。

从玉琮上这种以上下节方式简化的神人兽面图像还可看出，其将神人腹部的兽面纹作为纹饰的主体部分，并明显地突出于上节（代表氏族王的人面），则表明在良渚文化中生殖神、保护神、祖先神与王权是不等同的两个概念，前者是崇拜的神（神界的代表），后者是现实中

图8-25

图8-26

的王（人界的代表），尽管两者被统一在一个造型中，但后者出于前者，前者就其身份地位而言，明显要重要于后者。

由玉琮这种上节出于下节的生殖关系，又延伸出了玉琮多节连续的造型（图8-26）（图8-27）。此类造型更加充分体现了氏族由生殖神、保护神、祖先神

图8-27

不断繁衍的特征，也把对腹神的崇拜推向了极致，使神化为兽面的腹神造型以孕育神、保护神、祖先神的身份特征，成为良渚文化中最受崇奉的神灵。

（二）良渚文化玉器所象征的天地观念

腹神兽面图像在琮等玉器上出现，是与玉琮的功用及象征含义分不开的。在良渚文化墓葬中，随葬玉器主要以玉琮、玉璧、玉钺为主，这些器物上大多饰有腹神兽面图像。而琮、璧、钺等玉器的随葬数量，又与墓主的身份地位相关，身份显赫的墓葬中，其玉器可越百件。

玉琮是中国古代玉器中重要且带有神秘色彩的礼器。《周礼·春官·大宗伯》："以黄琮礼地。"郑玄注："琮之言宗，八方所宗，故外八方象地之形，中虚圆以应无穷，象地之德，故以祭地。"《玉篇》："琮，玉八角象地。"据以上诸说可知，琮是地之象征，而地又是吐生万物的生命之源，因而琮也是地母神的象征。腹神兽面像也是孕育神的象征，由此意可见琮、腹神兽面像与地母神之间的象征含义相通。琮又与圆形的璧相对应。《周礼·春官·大宗伯》："以苍璧礼天。"《玉篇》："璧，瑞玉，圆以象天。"据此可知，璧之形是天之象征。在古代葬俗中，作为随葬器，不同的玉器均有一定的摆放位置，并有不同的象征性含义。《周礼·春官·典瑞》："驵圭璋璧琮琥璜之渠眉，疏璧琮以敛尸。"郑玄注："以敛尸者，于大敛焉加之也。驵读为组，与组马同，声之误也。渠眉，玉饰之沟瑑也。以组穿联六玉沟瑑之中以敛尸。圭在左，璋在首，琥在右，璜在足，璧在背，琮在腹，盖取象方明神之也。疏璧琮者，通于天地。""敛尸"时璧与琮分别放置于背与腹（背为阳、腹为阴）的位置，其意"通于天地"，而琮又是地母神的象征，可见"琮在腹"之说，与天地繁育万物及腹神兽面像孕育之意相一致。

这种天地观念也表现在了与神人兽面像相关的图形组合中，从玉冠饰的纹饰构成关系可见这种观念的体现（图8-22）：玉冠饰神人首部是象征氏族的王，代表的是人；腹部是腹神兽面图形，其除象征生殖神、祖先神和保护神外，同时也是地母神之象征；玉冠饰左上角和右上角分别饰有鸟与日构合的图形，是天之象征。以此形成了上为天、下为地、中间为人的图式。从良渚文化这种图式的构成关系来看，中国天、地、人的宇宙观，在良渚文化时期的图形中就已经有所表现。

（三）良渚文化的腹神崇拜与王权统治

尽管在良渚文化神人兽面图像中腹神与王权不是等同的概念，但神人型和神人兽面型人首部均戴有象征王权的羽冠这一现象也体现出，良渚文化的肠崇拜和腹神崇拜在象征生殖神、保护神、祖先神的基础上已经与王权产生联系，并具有了权力神的特征。

良渚文化墓葬基本上可分为两类：一类是无随葬品或仅随葬一些日常使用的陶器、石工具和石饰件的小墓，表明其是地位较低的墓葬；另一类是葬于原为山岗，又用土垒筑的祭坛上，使用棺、椁，并以琮、璧、钺之类玉器随葬，且随葬品数量亦多，无论是墓葬的规模，随葬品的质、量，还是墓地处于祭坛等现象，都反映出葬于此处的墓主人身份非同寻常。有学者将此类墓葬称为"玉殓葬"，并考证出不同的随葬品因墓主人身份不同而不同的现象："在'玉殓葬'墓中，琮（代表宗教祭祀权）、钺（代表军队指挥权或王权），用之于随葬存在如下几类情况：1. 既随葬琮，又随葬钺者。2. 随葬钺，而不随葬琮者。3. 随葬琮，而不随葬钺者。可知，墓主人生时的身份，分为三类。其一，既掌宗教祭祀权，又握军权者；其二，仅掌军权者；其三，只握宗教祭祀权者。同时如福泉山及反山所见，这三类人单处一垒筑的高耸的祭坛的墓地，形象地表述他（她）们已形成一个阶层，高踞于社会一般民众之上。"[1]饰有神人兽面图像的玉器均出土于这类"玉殓葬"中。此外良渚文化中出现的标示身份的玉冠饰也出土于规格较高的墓葬，这种玉冠饰出土时放置在死者头部位置，其上也多饰有兽面像或神人兽面像。还有一种三叉形玉饰，仅见于反山、瑶山等部分高等级大墓，一律出土于死者头部，表明也是一种冠饰，有三叉玉冠饰的墓显然规格更高。这些墓葬及随葬品均显示出了权力的特征及墓主人身份的特殊性。

"国之大事，在祀与戎"[2]，"祀"与"戎"是古代早期社会权力统治最为重要的两项内容，"玉殓葬"随葬琮（代表宗教祭祀权）、钺（代表军队指挥权或王权）的情况，也反映出了这一特征。"祀"的实质是对国家内部意识的一种统治，其表现为通过对天地神、祖先神、生殖神、自然神等的祭祀，来理顺社会观念中神与人的关系及不同社会阶层的地位关系，使社会中的每个人在对天地神、祖先神、权力神的崇拜中，约束自己的行为，安分守己，各安天命。典籍中有："凡在天下九州之民，无不咸献其力，以共（供）皇天上帝社稷寝庙山林名川之祀"[3]；"夫圣王之制祭祀也，法施于民则祀之，以死勤事则祀之，以劳定国则祀之，能御大菑则祀之，能捍大患则祀之"[4]等说。而在祭祀中，祈望氏族繁殖和壮大又是其重要的内容，这种以祭祀祖先神所体现出的宗族血缘关系，是以氏族生殖祖先的繁衍为依据的，不同时期的王或氏族首领，即是氏族祖先繁殖及血脉延续的代表，因而祭祖与敬王又是联系在一起的。"戎"是军事和征伐，是对国家或部族的势力范围进行扩张及保卫的一种战争手段。"念兹戎功，继序其皇之"[5]，而军事行动为其部族扩大生存空间或把其他部族纳入自己的势力范围，也是部族繁衍壮大的一种方式。因而"祀"与"戎"的实质，均与部族的繁衍壮大密切相关。部族的繁殖和扩张，目的在于增强与敌对氏族之间的力量对比，从而使自身部族在战争中占据优势，以此来保护本部族的平安。具有繁殖和扩张能力，既是祖先神应有的特征，也是王权统治力的象征。因而，其代表天地、祖先和王权的"神徽"造型，也必然会体现出对繁殖、扩张、庇护的追求，以肠和腹为造型原本形成的神人兽面"神徽"，即是这种追求在图形中的体现。它既体现了氏族生殖神的特征，又体现了氏族保护神的特征。

良渚文化腹神兽面图像由繁复的肠纹组合而成，表明其同样基于肠是万物生殖之源的认识，并与龙造型具有内涵上的类同性，但在造型上与龙相比，又具有更多的涵盖性。良渚文化中这种以肠纹表现腹神的方式是：以腹部为原本，以肠为元素，以兽面为造型，再与人（氏族王）构合成神人兽面图像。在此形态中，肠纹盘转、分支、交错、繁复，布满了整个兽面图像，很显然，腹神兽面图像以肠纹与象征王权的人首组合为神徽，其意就在于以此象征其氏族神强大的繁殖力、扩张力和统治力。这也表明，良渚文化时期的肠、腹崇拜已超越了单纯的生殖崇拜范畴，使这种戴王冠的神人图形与孕育神、保护神结合并形成了与王权的联系，从而也使腹神崇拜具有

---
[1] 张忠培.良渚文化的年代和其所处社会阶段——五千年前中国进入文明的一个例证[J].文物，1995（5）：47-49.
[2]《左传·成公十三年》。
[3]《月令》。
[4]《礼记·祭法》。
[5]《诗·周颂·烈文》。

通过以上对良渚文化神人兽面像的分析，也可看出该类图形中不同部分的相互关系及其在良渚社会中的内涵象征。在神人兽面像中，用不同部位来象征氏族不同成分的特征十分明显，兽面腹神图像是神人兽面图像整体造型中的主体部分，所象征的是生殖神、祖先神和保护神，用高浮雕的手法突显于神人兽面像整体的其他部分之上，造型最为突出；兽面图像之上的神人面部，所象征的是氏族的王，处于整体图形的第二重要位置，其造型突出程度相对次之；神人的四肢部分象征的是氏族繁衍的分支和子民，只用浅线刻画的方式体现，有的图形中甚至将此省略，其地位处在更为次要的位置。由此也可看出良渚文化时期的社会结构及神、王、民之间的关系：人们敬的是神，尊的是王，作为分支（子民）的其他部分，在社会生活中是被繁衍和统治的对象，也是神人兽面像造型中地位最低的部分。从良渚文化神人兽面图形不同部分的这种主次排列可见，在当时的氏族生活中，社会等级观念已形成较为固定的秩序，并具有了"礼"的雏形。

良渚文化以腹神兽面图像作为孕育神和保护神的象征出现之后，腹神崇拜与肠龙崇拜在不同社会阶段的图形文化中一直延续，而腹神兽面图形又以其特有的保护神特征，常以独立的图形出现，并衍化出了多种形态和造型，成为中国图形文化中除龙图形之外的另一种重要图式。

三、龙山文化中的神徽与兽面图形

考古证明，居于黄河中下游的龙山文化与居于长江下游的良渚文化之间存在相互影响的关系。龙山文化的代表性器物是黑陶，良渚文化的陶器中也有引人注目的黑陶，黑陶在两种文化中均占有显著的地位，且良渚文化和龙山文化陶器都普遍采用轮制，其中磨光素面陶、三足器、圈足器都很多，显

图8-28

图8-29

现出了这两种文化在某些方面的相似性特征。更值得注意的是，在龙山文化玉器中，也发现有兽面神徽的图形。台北故宫博物院收藏的一件山东龙山文化玉圭上，就刻有兽面神徽（图8-28），将其与良渚文化腹神兽面神徽比较（图8-29），可见两者在造型上明显存在许多相似性。

龙山文化与良渚文化这种兽面图形的相似性特征，在较为具体的龙山文化人形玉器中更为明显。故宫博物院藏有一件龙山文化玉人（图8-30），该玉人同样呈现出了人首与躯体腹部兽面图形相复合的造型，且这种在人形腹部雕刻兽面图像的造型，与良渚文化神人兽面像上的腹神兽面图像特征及所处位置基本相同，表明此类图形在龙山文化中，也是用兽面图形来标示腹神形象的一种方式。另一件龙山文化鸷鸟神人玉雕也与此有着相似的造型特征（图8-32），该玉雕上部的鸷鸟图形是氏族图腾的标识（龙山文化被认为是少昊后裔所创，其图腾为鸟），下部为神人形象，神人下体腹部同样置一兽面图形。将这两件玉人下部所表现的腹神兽面图形，与台北故宫博物院所藏龙山文化玉圭上的兽面

图8-30　　　图8-31　　　　　图8-32

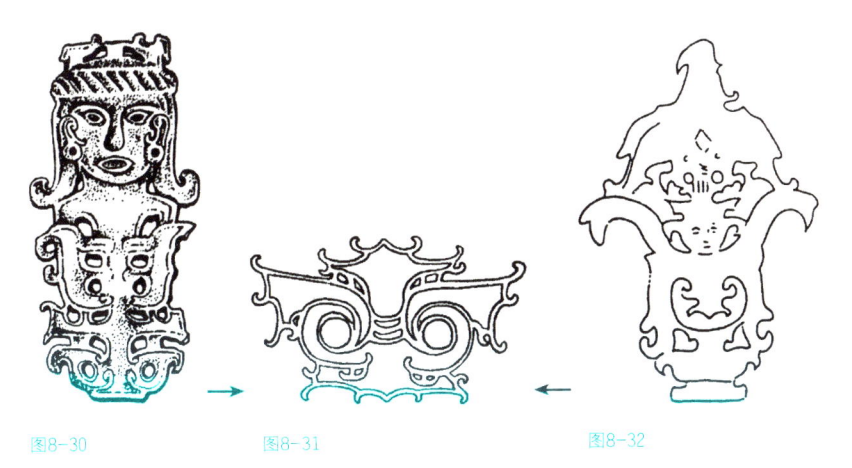

神徽相比较，可见这些兽面图形均有相同的造型特征（图8-30）（图8-31）（图8-32）。由此可知，玉圭上的这种兽面图形与良渚文化中的兽面图形一样，同样是将兽面图形从神人兽面图形中独立出来，以其来代表孕育神和保护神的腹神形象。此类图形以与良渚文化同样的方式出现，表明两种文化之间的确存在相互影响的关系。

将龙山文化玉器上的其他兽面神徽与良渚文化玉器上的神人兽面图形相对照，也可见这两种文化图形在特征上互为影响的诸多相似之处。

龙山文化的神徽大部分在兽面图形上饰有冠饰，这些冠饰与良渚文化出土的玉冠饰在外形特征上基本一致，多呈"⌒"形或"⌒"形。从良渚文化玉冠饰出土于死者头部位置的状况也证明，当时良渚文化中掌控权力的氏族首领头部即饰有这种冠饰。但两者特征不同的是：良渚文化玉冠饰是实物，而龙山文化冠饰则直接参与到了神徽兽面图形的造型中，以此来体现王权的符号标示特征。通过这两种文化冠饰图形的对照（图8-33，上为良渚文化玉冠饰，下为龙山文化加了冠饰的神徽），可见龙山文化神徽上所加冠饰与良渚文化玉冠饰的形状明显类同。由龙山文化这种在兽面图形上加冠饰的造型也可看出，其为以后时期在兽面图形上加冠饰的图式提供了参照，尤其是对商周时期在兽面图形上加冠饰的造型产生了直接的影响。

龙山文化神徽与良渚文化腹神兽面像，不仅均用对腹神灵化的方式来作为生殖神和保护神的象征，其在造型特征上也有诸多相似之处。如龙山文化中的神徽与良渚文中的腹神兽面像都有一双重圈圆眼，龙山文化中有的人首形神徽与良渚文中的腹神兽面像都长有虎豹式的兽牙等（图8-34）（图8-35）。但有的龙山文化神徽与良渚文化中的腹神兽面像在造型特征上也有明显的差异，其差异主

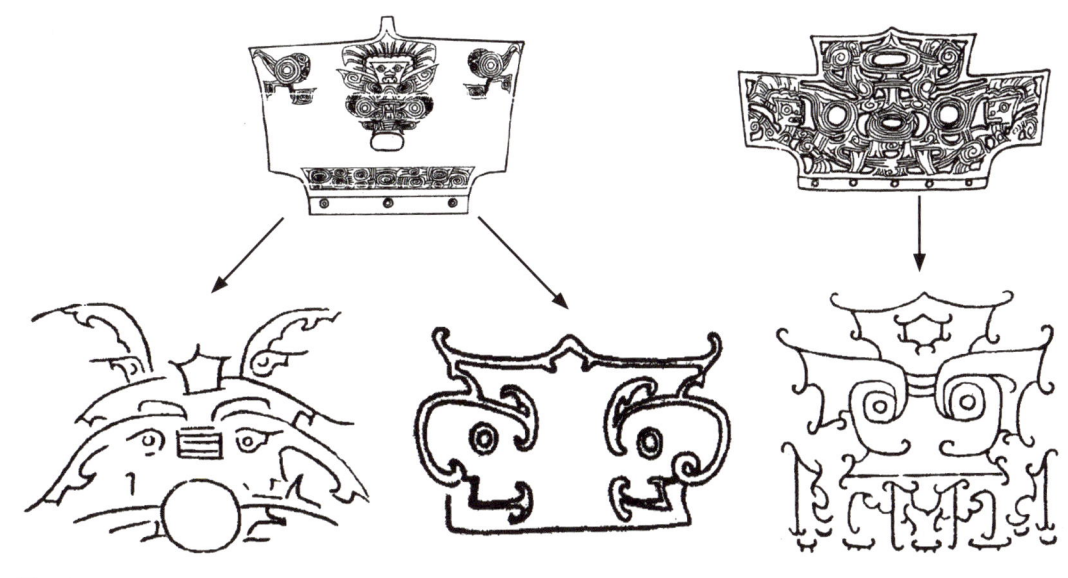

图8-33

图8-34

图8-35

要体现在嘴部：良渚文化兽面像均有完整的嘴，并明显地体现出了兽嘴的特征，而有些龙山文化神徽嘴部无下颌，明显地体现出了鸟嘴的特征（图8-33下）。此种差异主要是因两种文化所崇拜的神化物有所不同：良渚文化腹神兽面图形的原型似虎豹类动物，表明良渚文化是以这类动物作为保护神的神化物，而龙山文化神徽造型则吸收了鸟的特征，这是因为龙山文化少昊氏族的图腾物与鸟有关，故在其中加入鸟的元素来作为其生殖神和保护神的神化物。

在良渚文化玉冠饰的图形布局中，有的呈现为中间置腹神兽面像，两侧再对称置侧面小型人像的图式（图8-34），这种图式两侧的小型人像较之腹神兽面像明显处于从属位置，是被生殖、控制、保护的对象。在龙山文化中，也有与之相似的在主图形两侧对称置侧面小型人像的图式出现（图8-35），可见其在图形构成特征上也具有一致性的联系。

由以上分析可知，龙山文化神徽与良渚文化腹神兽面像不仅具有图式上的相互影响，而且在内涵上也同样具有由腹神化而来的生殖神、保护神特征。但由两者对比也可看出，虽然龙山文化神徽与良渚文化腹神兽面像之间存在一定的渗透影响关系，表现出了某些相似的特征，但神徽图像总归是不同氏族的标志，其中的差别也是显而易见的，龙山文化氏族不可能完全用良渚文化氏族的神徽作为自己的神徽，必然会在崇拜内容及神徽造型中添加上自己氏族的特征。

四、夏代铜牌饰与腹神崇拜

在河南偃师二里头夏代遗址中出土过一种兽面铜牌饰，这种铜牌饰从形状及造型来看，同样体现出了腹神兽面图形的特征，并与良渚文化、龙山文化的腹神兽面图形在造型及含义上，明显有形态延续的联系。

（一）夏代铜牌饰上的兽面纹

1981年从河南偃师二里头出土了一件夏代镶嵌绿松石兽面纹铜牌饰（图8-36）。这件铜牌饰出自二里头一个较大的墓葬中，墓主人周围还出土有绿松石管饰、玉饰、漆器等，显示出墓主人身份非同一般。铜牌饰出土时位于墓主人胸、腰之间的腹部位置，牌饰两侧各有两个穿孔纽，表明此类牌饰应是缝在衣服上或是用于佩带的器物。牌饰通体以不同形状的磨制绿松石镶嵌而成，整体造型类似于人的躯干，上部稍宽似人之肩胸部，下部略窄似人之腹部。在躯干的腹部位置用概括的凹线勾勒出双目圆凸的兽面形象，兽面鼻嘴部与躯干生殖器部位相重合。从该牌饰形状及兽面所处腹部位置来看，其与良渚文化、龙山文化腹神兽面图形处于躯干腹部的位置相同，同样体现出了兽面腹神的特征，加之牌饰出土于墓主人腹部，更表明其与腹神崇拜具有密切的关联。

同类夏代铜牌饰现已发现数件，这些铜牌饰虽在纹饰上与前述铜牌饰略有不同，但其兽面图形

第八章 腹神崇拜与兽面图形 | 217

图8-36 　　　图8-37 　　　图8-38 　　　图8-39

的位置均位于牌饰下方的躯体腹部（图8-37）（图8-38）（图8-39）。将这些居于牌饰腹部位置的兽面图形与良渚文化神人兽面像及龙山文化神徽腹部的兽面图形相比对（图8-40），可看出此类铜牌饰除将神人首部及四肢省略外，其体部造型与良渚文化神人兽面像、龙山文化神徽基本相同，仅是在造型中通过省略，更加突出了躯干和兽面腹神的特征。由此表明，这三者之间具有在图形造型特征上的联系及相类同的象征性含义，同样是以对生殖之腹的神灵化来作为生殖神、保护神的象征。

由偃师二里头夏代遗址出土多件铜牌饰可看出，当时夏代贵族在腹部佩带这类象征生殖神、保护神的牌饰是较为普遍的一种现象。而将这种腹神牌饰用于佩带的目的，应是出于与之感应的巫术作用，即通过佩带的方式与腹神牌饰接触，祈望在生

殖神和保护神的庇护下，得到生命的繁衍和护佑。由此也可看出，虽然此类牌饰的内涵与良渚文化神人兽面像及龙山文化神徽一样，均为孕育、保护神的象征物，但从兽面铜牌用于佩带的使用方式以及无王权象征符号（无羽冠人首）的特征来看，其又与良渚、龙山两种文化的兽面图形有所不同，表明这类牌饰只是社会成员个人的保护神和护身器物，而非像良渚文化神人兽面像及龙山文化神徽那样，是氏族的保护神和王权的徽识标记。

四川广汉三星堆出土的青铜器物中也有一件铜牌饰，该牌饰两侧同样各有两个穿孔纽，也呈上宽

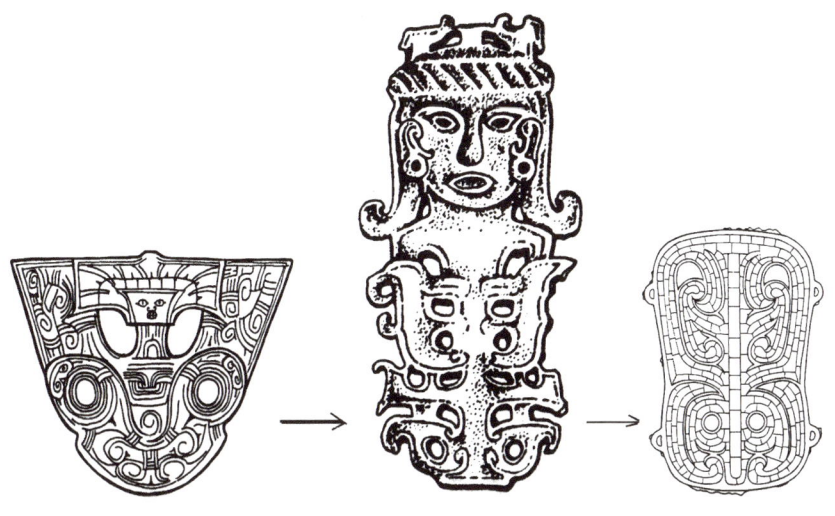

图8-40

图8-41

下窄状，其外形与二里头出土的夏代兽面铜牌饰大致相似（图8-41），但此铜牌饰内部所饰纹饰不是兽面图形，而是"S"形肠纹。前文已论明肠是生殖神之象征，同样与孕育相关联，可见该牌饰与二里头出土的象征腹神兽面纹铜牌饰的内涵及功用相似，也具有与其进行感应，祈望生殖和护佑的巫术作用。但从此牌饰用肠纹表现的特征来看，其更偏重于祈望生命繁衍的生殖神含义，夏代铜牌饰以兽面纹为饰则更偏重于保护神的含义，由此可看出肠纹与兽面纹所体现出来的"生"与"护"不同的内涵。

（二）兽面铜牌饰的形态转化

自夏代之后，除了在四川广汉三星堆出土的这件铜牌饰外，此类铜牌饰在出土器物中就少有发现了。此现象值得思考的是：为什么在夏代较为普遍地佩挂孕育神、保护神牌饰的现象在此后就几乎消失了呢？

从夏代兽面铜牌饰的实用特征看，此时期的兽面腹神崇拜并非像良渚文化和龙山文化时期那样，被作为整个氏族的保护神、统治神，并以神徽的形式装饰在祭祀器或象征王权的冠饰上，而是以牌饰的形式将其作为个人的保护神进行佩带。这一现象可从铜牌饰只是保留了躯体及腹神兽面图形，而无良渚文化和龙山文化神人兽面像上象征王权的人首特征得到证实。这种在夏代出现的腹神崇拜个人化的实用现象，表明夏代王朝的神权与王权并不是绝对集中统一的。

至商周时期，以礼制治国，神权与王权又均集中在了统治者手中，兽面腹神被置于祭天尊祖的青铜礼器上，并作为整个王朝的保护神和统治神，由统治者对其控制和专用。由于礼制的制约，氏族成员不可将象征王权的兽面腹神作为私用的保护神。这种礼制的限制，应该即是致使具有个人化实用特征的兽面铜牌饰在这一时期消失的主要原因。

西周之后，礼崩乐坏，以周王室为宗主的宗室统治名存实亡，兽面腹神作为王朝宗主的保护神和统治神也不再被诸侯们祭祀，兽面腹神又开始从王权统治中解放出来，成为支氏族及臣民个人的保护神。随着社会形态及生活方式的变化，曾在夏代将兽面铜牌饰佩带于腹部的方式，也向其他形态转化，并与更为实用的生活方式结合起来。从曲阜鲁国故城出土的这件战国玉带钩造型中，可看到兽面铜牌饰与带钩的结合形象（图8-42）：该带钩钩部为兽头，钩体部为兽面，其形状竖看不仅与良渚文化神人兽面像布局结构（首部为人面，腹体部为兽面）相类似，兽面造型也与二里头夏代铜牌饰兽面特征相类似，可见其间明显地存在衍化的关系。在同时期出土的铜带钩造型中，也可看到兽面图形参与带钩造型与之相似的例证（图8-43）（图8-44）。河南三门峡西周虢季墓出土的青铜兽面纹带扣以带扣饰的形式出现（图8-45），同样体现出了保护神与生活实用相结合的特征。以兽面为造型特征的其他青铜带钩、带饰在出土器物中也多有发现（图8-46）。这种现象表明，夏代在腰腹部佩带生殖神和保护神牌饰的方式，自商周后期转化成了更为实用的形式，并以带钩和带饰等形态与着衣的实用性结合了起来。在此形态转化中，虽然腹神兽面图形变为了更实用的形式，但其仍包含了生殖神、保护神的象征性含义。

图8-42

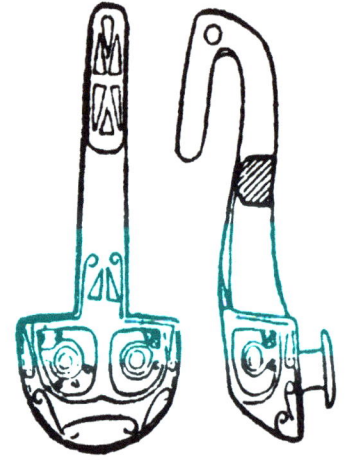

图8-43

图8-44　图8-45

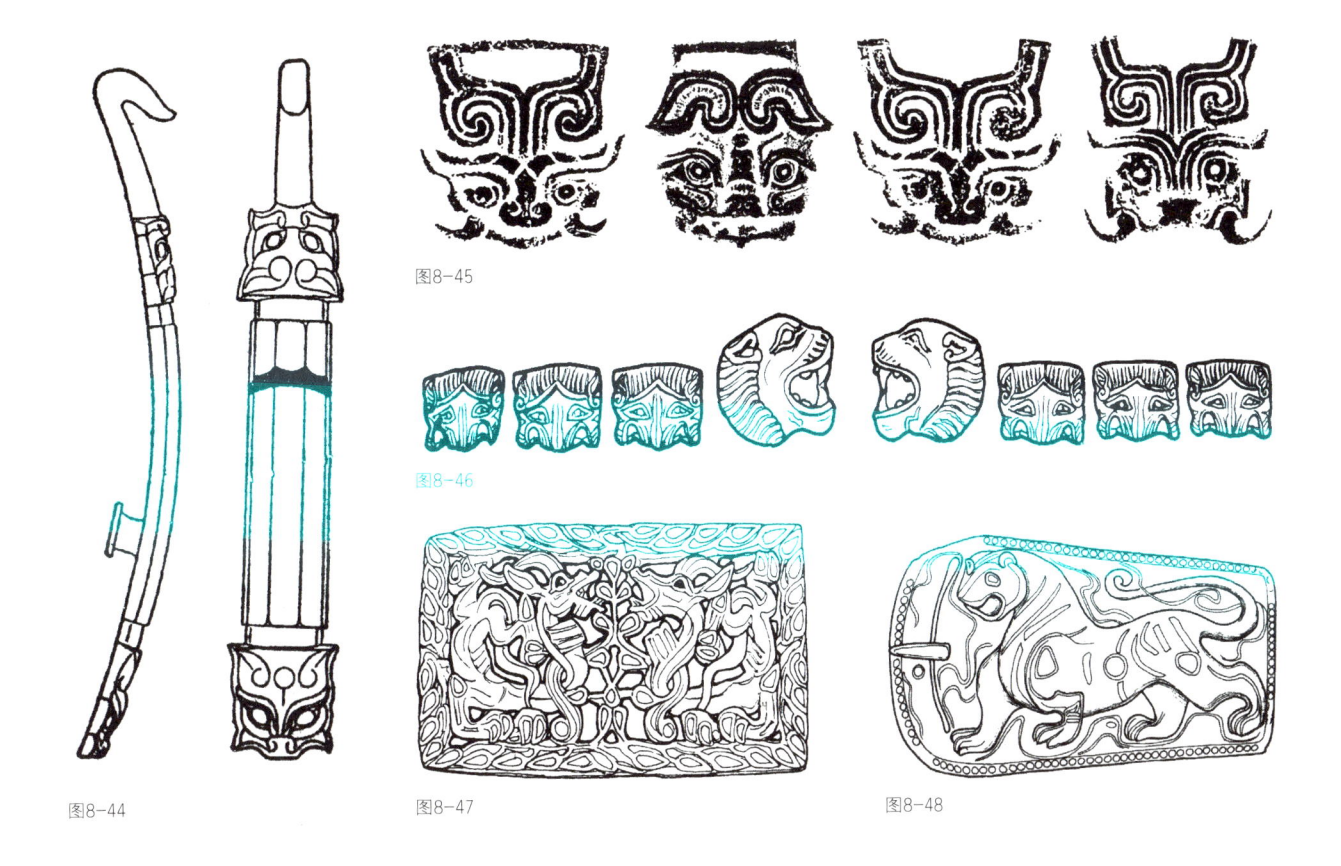

图8-46

图8-47　图8-48

图8-49　图8-50

由兽面牌饰衍化而来的带钩、带扣在以后时期的表现形式中，还经常与跟生殖相关的其他纹饰结合作为钩体的装饰。如以龙纹（图8-47）、蛇纹、兽纹（图8-48）、肠纹（图8-49）、云纹（肠的变体）（图8-50）等为饰，这些与生殖崇拜相联系的内容及纹饰与带钩相结合，同样体现出了生殖和庇护的内涵。

裳的出现及腰带的使用带来了服装结构的变化，而腰带除实用特征外，也具有以带状物与肠相"互渗"来作为生殖和保护象征的用意。在当今的民间生活中，仍有在本命年扎红腰带避邪的习俗，由此可看出腰带同样具有生殖与保护的含义。

由上述可知，夏代佩挂生殖神、保护神铜牌饰的方式在此后消失的现象，是与不同社会时期的社会形态、生活习俗及崇拜方式有直接关联的，这些因素虽然使腹神崇拜产生了形态上的变化，但由其衍化产生出的派生形态从本质上仍是以腹神崇拜为原本的，只是其形式在社会生活中进行了实用化的转型。

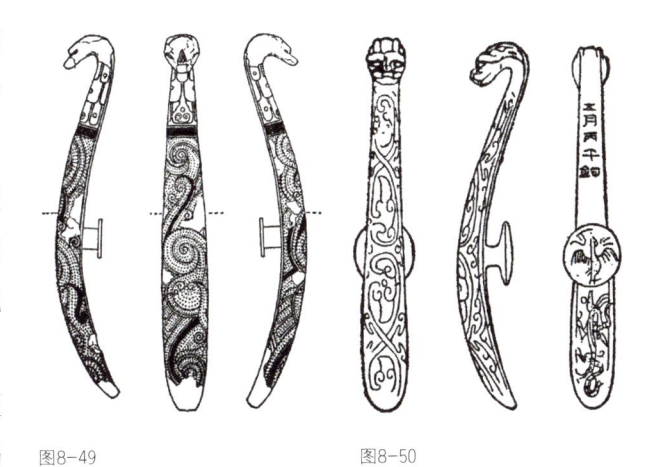

五、青铜时代的兽面图形

自良渚文化神人兽面像腹部的兽面图形成为腹神的象征后，兽面图形以其特有的含义逐步独立出来，固化成为生殖神和保护神的象征符号，这种符号的象征意义一直延续下来，并在龙山文化神徽、夏代铜牌饰等造型中产生了影响。至商周青铜文化

（一）青铜时代的腹神崇拜

前面章节曾介绍过二里头夏代遗址出土过一件铜爬龙，这件铜爬龙头部呈方形，其造型表现出与商周青铜礼器上的兽面图形相近似的特征，由此可看出，该兽面图形是介于商周青铜礼器兽面图形之间的一种过渡形式（图8-51）。在该铜爬龙造型中，龙体呈肠形，体现出兽面与肠体结合的特征，表明其是由腹神兽面图形与肠体组合而成的一种保护神与生殖神合为一体的形象。

至商周时期，兽面图形成为鼎等青铜礼器腹部主要的纹饰。传说鼎是由黄帝始铸的："黄帝采首山铜，铸鼎于荆山下。鼎既成，有龙垂胡髯，下迎黄帝。黄帝上骑，群臣后宫从上者七十余人，龙乃上去。"[1]鼎在祭祀中是祖先神和王权的象征，黄帝也是祖和王的象征，传说中鼎成则有龙迎黄帝上天，可见黄帝、鼎、龙之间是互为联系的，而这种联系也即是生殖神、祖先神、王与龙之间的联系。

前面章节曾涉及以器物腹部象征人腹或动物腹部的内容，人们惯用种种中空容器作为母腹的隐喻象征，鼎也与腹神生殖崇拜一脉相承，同样是通过"以鼎象腹"的方式将其作为地母神的象征。这种"以鼎象腹"的含义在后来广西梧州出土的汉代龙凤、云兽、几何纹刻花铜案几的图形中有所体现（图8-52）：该案几呈长方形，纹饰分内外两层，两层纹饰之间分别以绳纹、"己"形勾连纹等环绕；内层中心置鼎，鼎足为兽足形，表明鼎腹即象征兽腹；鼎腹部有鱼，是以鱼代子喻腹怀子之意，鼎上置汉代建鼓常饰的树羽[2]，树羽喻生命之树，其上多结，象征族系的繁衍；鼎两侧置龙，龙旁有鱼，喻龙生子，此鱼与鼎腹之鱼一致，体现出"腹孕子"与"龙生子"的相似联系；外层四角置生命树，其间是鸟兽等物类，这些物类代表生殖神所生育的天下万物。该图形以鼎为中心，明确体现了"以鼎象腹""腹孕子"致万物生殖繁衍的特征。由此图式中鼎的生殖特征可见，在鼎等礼器上饰腹神兽面图形，并以此作为祖先、神权、王权的象征来"敬天法祖"，正是由腹孕生、护生的特征演化而来的。

鼎为生殖之腹的象征，兽面图形是对腹的神灵化，可见两者均由生殖之腹而来，只是别于表现形式不同。良渚文化时期的腹神兽面图形多出现在琮体上，琮是地母神之象征，其与鼎之内涵具有一致性。再从青铜兽面纹与良渚文化腹神兽面图形的造型特征来看，良渚文化用兽面图形标示腹神的方式，在商周时期的青铜文化器物中也见有相似的例证。如湖北省阳新县出土的商代兽面青铜铙（图8-53），铙面上的神人兽面图像，造型也是上为人首，下为兽面，与良渚文化玉琮上的神人兽面像图式基本一致。而在湖北省随县安居镇羊子山墓地出

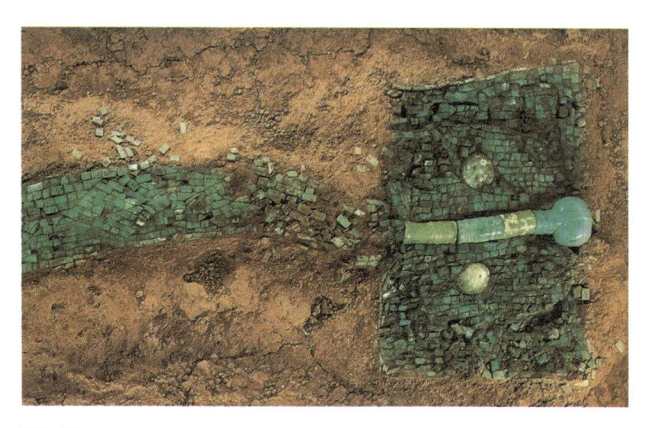

图8-51

图8-52

---
[1]《史记·封禅书》。
[2][汉]张衡《东京赋》："鼓路鼓，树羽幢幢。"

第八章　腹神崇拜与兽面图形 | 221

图8-53

图8-54

土的西周早期噩国兽面扉棱青铜尊上（图8-54），可更为明显地看出其纹饰与良渚文化神人兽面像图式的一致性，该尊纹饰分为上、中、下三层：上层为一个戴有冠饰突出于尊体的半人半兽面孔，与良渚文化神人兽面像中头戴羽冠的神人首部相应；中层尊体腹部是一个大的高浮雕半人半兽面孔，与良渚文化神人兽面像中的腹部兽面相应；下层是两个下肢纹饰，与良渚文化带下肢的神人兽面像下部造型相应（此三层刚好形成一个完整的神人兽面像）。以上例证表明：青铜礼器上的兽面图形与良渚文化腹神兽面图形之间存在一定的衍化关系，其造型原本均源自对腹的神灵化。

商周时期其他形式的兽面图形也同样体现出了腹神的特征。商殷墟妇好墓出土过一件玉人（图8-55），该玉人在正面腹部位置刻有兽面图形，其特征与青铜礼器上的兽面图形基本一致，整体造型又与良渚文化玉琮上的神人兽面像在腹部装饰兽面的图式相似，也表明其是对腹神的象征。该玉人背部刻有肠纹（生殖神），四肢刻有蛇纹（四肢象征分支繁衍，蛇是比龙低一级的生殖神），其纹饰组合特征同样反映出了祈望生殖繁衍和神灵护佑的内涵。由此可看出，该玉人表现的是一个具有生殖神特征的偶像，或许即是妇好本人。

伦敦苏富比拍卖行藏有一件中国商代晚期分钺（图8-56），其在鸟的外形内也饰有兽面图形，该钺纹饰曾被称为"龙食鸟纹"，但从典籍中"天命玄鸟，降而生商"[1]的记载来看，鸟是商的图腾物，因而商不可能将自己的图腾（鸟）作为被食的对象，故该钺注此名明显不妥。其实从该钺纹饰造型不难看出，鸟体腹部是用两个侧面龙纹组合成了一个兽面的形象，纹饰整体虽为鸟身，但其造型方式与良渚文化玉琮上的神人兽面像图式基本一致，只不过其整体造型不是人，而是在鸟的体腹部表现了兽面腹神的形象，同样是对腹部神灵化的表现。由此可见，该纹饰之意与"龙食鸟"之意正相反，此鸟腹部所饰的兽面龙纹不是要食鸟，而是表现了鸟图腾孕育、保护神（腹神）的形象。从这件龙鸟纹兮钺的兽面造型还可看出，用两个侧面龙纹组合成一个兽面形象，不仅体现了原本艺术用两个侧面来表现一个正面的造型方式，还明显将生殖神

图8-55 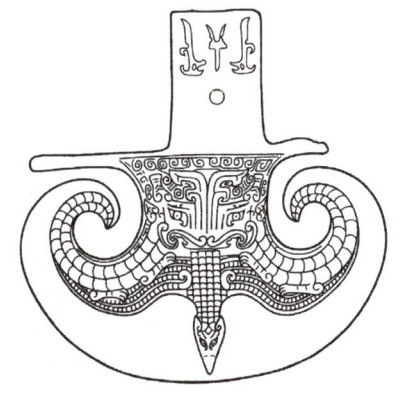　　　　　　　　　　　　　　　　　　　　图8-56

---

[1]《诗经·玄鸟》。

（龙）和保护神（兽面腹神）结合起来，从而使其在内涵和功用上也同时具有了生殖神和保护神的双重含义。

由以上诸例不难看出，商周时期的青铜兽面纹同样源自与良渚文化神人兽面图像相类似的腹神崇拜，是在腹神崇拜基础上延续产生的同一类图形。

（二）商周青铜礼器兽面纹的造型特征

商周青铜礼器兽面纹在原来基础上也添加了本时期自身的一些特色，尤其是与龙概念的结合，使生殖神与保护神从图形造型上形成了统一的形象。兽面纹的含义在此时期也进一步扩展，除具有生殖神、保护神、祖先神、王权神的特征外，还具有"通天地""通生死""驱鬼避邪""受祭"等用途，兽面纹饰因而更是成为至高至圣的神性标志。

1.青铜兽面纹的造型方式

随着商周时期国家制度的日趋完善，龙造型在此时期已形成了较为统一的共性龙特征。腹神兽面图形也在生殖神与保护神概念上结合，出现了一些相对固定的程式。从商周青铜礼器上的兽面纹造型特征来看，主要有以下几种：

（1）一首两身式：一首两身式的兽面纹饰以鼻梁为中线，两侧呈对称状形成兽面形象（图8-57）。兽面有大眼、鼻、双角，顶部加"辛"或"且"形冠饰，兽面两侧分别加龙体向两侧对称延伸，具有一首双身龙特征。从此类造型可看出，青铜兽面图形的造型，其实即是正面龙纹的形象。

（2）两龙并置式：两龙并置式的兽面纹饰用两个侧面龙纹对称并置，以两龙首相对组合成一个正面的兽面造型。在此类造型中，兽面图形与龙图形结合的特征更为明显（图8-58）（图8-59）（图8-60）。

（3）兽面式：兽面式以独立的兽面造型出现，是腹神兽面图形在青铜纹饰中的独立形式（图8-61）（图8-62）。在这种图式中，兽面还常与牛、羊、鹿等不同动物特征结合，以体现其个性化内容。

（4）简约变体式：简约变体式的兽面纹饰将兽面的不同部位符号化，并与象征生殖的肠纹、枝纹、子纹等符号进行组合，从而形成了更为简约的变体形态的兽面造型（图8-63）。

由以上商周青铜礼器兽面纹的造型方式可见，此时期青铜兽面图像的造型多数表现出了与龙图形结合的特征，这种结合更进一步形成了龙与腹神兽

图8-57

图8-59

图8-61

图8-58

图8-60

图8-62

图8-63

面图形内涵的统一。

2.青铜兽面纹与子纹饰的组合关系

青铜时代的兽面纹除以上主体图形的造型外，在图形组合上还具有多分肢、多符号组合及主体图形与子纹饰组合的其他形态。这些图形组合方式的形成，同样是与该时期的社会特征密切相关的。

殷商时期，殷王的职权首先是主持祭祀和军事，其次是组织农耕牧畜。天地、神灵、祖先是当时人们心目中的主宰，人们通过祭祀和占卜来与这些神灵进行沟通，并以此决定自身的行为，而那些青铜礼器上以腹神崇拜和龙崇拜为主体形成的兽面纹饰，即是这些神灵的代表和被祭祀的对象。这种对自然神、祖先神、生殖神的崇拜，以及王权依此对社会的控制，成为当时社会礼制宗法制度形成的基础。

早期的青铜器造型较为简练（图8-64），器面比较朴素，少有通体满花的装饰，兽面纹简洁古朴，多用粗犷的勾曲回旋线条构成，一般为单层凸起状，没有衬底的底纹，体部分支较少，除圆入的兽目作为兽面象征外，其余纹饰并不具体地表现各个部位的动物状形态。主体纹饰上下多饰有带状长条纹饰，其间夹以排列有序的联珠纹（卵纹）来体现兽面图形的生殖繁衍特征。早期青铜器兽面纹体部少有分支的造型特征，表明此时期的社会结构相对单一独立，国家以对自身氏族的控制为主体，还未出现商周盛期以宗主国为主体，宗室分封诸侯的社会形态。

至商周盛期，青铜礼器风格变得器形厚重，装饰华美，并形成了层次分明、富丽繁缛的特征。此时期兽面图形作为主体纹饰在青铜礼器上开始具有了以躯体的多支分化和肠纹的繁复性装饰来体现由母体繁衍子体的造型特征（图8-65），并以这种生殖与被生殖的关系来体现对生殖神化生万物的崇拜和对王权统治的服从。此种兽面及体部图形还常与"几纹""肢爪纹""羽纹"等符号组合，以"集形表意"的造型方式来表现生殖神、保护神、统治神强大的繁殖力和控制力，而其繁殖和控制的对

图8-64

图8-65

象，即是宗主国之下的方国、诸侯及臣民。

商周盛期的青铜礼器还常在兽面主体图形周围添加子纹饰，以其对繁衍、控制、保护的子民进行象征，这些子纹饰包括小龙、鸟、蛇、虺等。前已谈及周朝把兄弟、子侄、姻亲、功臣都分封于外建立诸侯国的现象，而约束这种关系的权力体现，即是这一时期社会统治中的礼制宗法制度。礼制的表现特征是在当时社会中运用表示地位等级的形式来明确其宗法规定，并以此来体现宗主对诸侯和子民

的控制。天子是上天在世间的代表，同时也是生殖神和祖先神血脉延续的象征，对天子的服从即是对上天的服从。此种观念又是由人们对天地的崇拜而来的，以天命观而论，礼制宗法所体现出来的不同层次的尊卑关系是天经地义的。这种礼制宗法制度又影响到了此时期的青铜礼器图式，使其图形除继承前期的基本造型外，又在纹饰中更加强化这种等级关系。兽面图形及龙图形作为礼器纹饰的主体，在其与陪衬纹饰的组合中，有的以龙孕子图式将小型动物或符号围绕起来，呈现出对子图形的孕育庇护之态（图8-66），也有的在其周围再布列小型动物或符号形成主从图式（图8-67）。此类图式不仅体现了兽面图形与子纹饰之间生殖与被生殖的关系，也体现了当时宗主国与方国、诸侯国、子民之间的统治与被统治关系。

（三）"饕餮"之说

青铜礼器上的兽面图形自宋以来被称为"饕餮"纹。之所以有此称，是因其源自《吕氏春秋·先识览》"周鼎著饕餮，有首无身，食人未咽害及其身，以言报更也"一说。但笔者认为此说与青铜兽面纹的特征及内涵并不相符，理由有三：

1.青铜礼器上所谓的饕餮形象与其记载和传说不符。在中国古代神话中，饕餮是四凶之一。传说黄帝战蚩尤，蚩尤被斩，其首落地化为饕餮。而《山海经·北山经》则云："钩吾之山其上多玉，其下多铜。有兽焉，其状如羊身人面，其目在腋下，虎齿人爪，其音如婴儿，名曰狍鸮，是食人。"据晋代郭璞注解，此处"狍鸮"即饕餮。《神异经·西荒经》也有记载："饕餮，兽名，身如牛，人面，目在腋下，食人。"据以上所说，饕餮其形象皆为人面，而非兽面，且有"羊身"或"身如牛"之特征，并非"有首无身"。再者从商周两代中原地域青铜礼器上的兽面纹来看，除其主要以正面龙首为特征外，还有不同的角纹，如有像牛、像羊、像鹿等类型，大部分鼎纹为兽面，少有人面。

2.《吕氏春秋·先识览》所述情节与青铜器兽面图形不符。虽然类似所谓"食人未咽"的虎与人组合图形，在其他类型的青铜器造型或鼎耳的纹饰中有所体现，但并非在青铜鼎等被称为饕餮纹的主体兽面纹中出现。青铜鼎主体兽面图形中，从未见有"食人未咽"之造型。

3.饕餮一说与青铜礼器兽面图形的内涵不符。《左传·文公十八年》曰："缙云氏有不才子，贪于饮食，冒于货贿，侵欲崇侈，不可盈厌；聚敛积实，不知纪极；不分孤寡，不恤穷匮。天下之民以比三凶，谓之饕餮。"可见饕餮在传说和记载中是食人的怪兽或恶人之象征，并无任何与生殖神、保护神特征的相关联系，明显与集生殖神、祖先神、王权神、保护神于一身，并被人祭祀供奉的内涵相去甚远。

再者，吕氏饕餮之说距腹神兽面图形出现已有几千年，距鼎腹兽面图形出现也逾千年，可见其说也只不过是根据传说中的饕餮与青铜器上腹神兽面图形的表面特征有某些相似附会而来，并非依此就说明周鼎所著形象的本形即是饕餮。由于此说实质上与兽面图形原本存在偏离，从而使后人对兽面图形的解读也产生了偏差，因而本书认为将兽面图形称为饕餮纹明显不妥，还是将该类纹饰称为兽面纹或是腹神兽面纹较为妥当。

（四）商周时期中原以外地域的腹神崇拜

从现有的出土文物来看，在商周时期中原以外地域，也存在一些腹神崇拜的遗存。这些腹神图形在造型上与中原青铜礼器兽面图形既有联系又有区别，从中可见腹神崇拜在不同地域所具有的个性文化特征。

在中原之外的腹神崇拜遗存中，确有一例鼎铸人面者。湖南省宁乡县1959年出土过一件与商代同时期的青铜人面方鼎（图8-68），此鼎在腹部以人面为饰，是至今发现的鼎铸人面之孤例。该鼎呈长方形体，二直耳，四柱足，器四角有较高的扉棱。器腹四面各用高浮雕铸造出类同的人面形象，人面方圆，高颧骨，隆鼻，宽嘴，目圆视，眉下弯，耳卷曲。笔者认为：这种在象征生殖之腹的鼎腹上置人面的现象，与在鼎腹上置兽面图像内涵相似，同样是以对腹的神灵化来对孕育、保护神进行象征，只不过是对腹进行神化的形象有所不同，虽然此鼎所置形象是人面而非兽面，但仍是对腹神之象征，而非对饕餮之表现。人面纹方鼎的出土地湖南宁乡地处长江以南，远离中原商文化区域，在此地出土青铜器物，有人推测是当地的方国遗存，或是商代奴隶主贵族从北方带来埋入地下等。笔者赞同是当地方国遗存的观点，因为从器形和纹饰来看，其虽然受到了中原商文化的影响，但又明显有所不同：此器形与商鼎相似，说明其具有与中原相类同的崇拜方式及祭祀用途，而此方鼎铸人面不铸兽面又与中原有所区别，则说明其祭祀的对象并非中原商文化的祖先神和王权神，而应是有别于商王朝的方国氏族神。由此可见，该鼎是当时方国或土著氏族遗物的可能性较大。

在与商代同时期的四川广汉三星堆文化中也有兽面图形出现（图8-69）。从兽面图形的造型及兽面上的冠饰看，其同样受到了商文化青铜兽面图形的影响，但又可看出这些图形与商文化青铜兽面图形也不同，其造型为兽面与人面的结合，同样体现出了方国自身的腹神崇拜特征。在三星堆还出土了一件青铜大立人，腹部也饰有兽面纹饰，其表现方式与良渚文化神人兽面像造型方式类同，也应是对腹神的一种标示（图8-70）。由此可看出三星堆文化中的兽面图形与良渚文化神人兽面像及中原兽面图形之间同样具

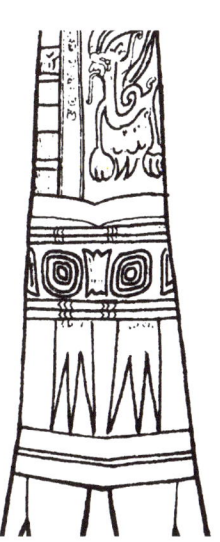

图8-68　　　　图8-69　　　　图8-70

有某些相似性联系。

考古发现证明，不同地域的文化会出现相互影响渗透的现象。比如琮是良渚文化器物，而在商周时期的中原地区及三星堆文化中也有出土。由商周礼器兽面纹所体现出的特征，也可见其受到了良渚文化兽面图形的影响。而从中原之外地域发现的这些兽面图形特征来看，其受中原青铜兽面纹的影响也是显而易见的。

六、西周之后的兽面图形

西周之后，由于社会结构形态的变化，兽面纹也从至高无上的神坛被宗主控制，转而走进社会平常生活，显现出了与实用相结合的特征。但从此时期出现的大部分兽面纹饰中，仍然可看出其内涵及造型是由腹神兽面图形变体而来的。

（一）兽面纹的角色转化

随着周室王权的削弱，西周之后的诸侯们不再敬奉象征周室王权的神灵，青铜礼器上兽面纹一统天下的局面也逐渐失去了昔日的风光，并在"礼崩乐坏"、王权下放的进程中开始走向生活化。随着这种变化，各诸侯国青铜器的主体纹饰中出现了体现自身象征的夔纹、蟠虺纹等图式，这些本来依附陪衬于兽面纹周围代表诸侯、臣子的蛇虺之类，开始直接介入到兽面纹的主体造型中，成为纹饰的主角（图8-71）（图8-72）（图8-73）。在有的纹饰中，甚至还出现了鸟立于兽面纹之上的造型（图8-74）。这种图式主体的角色转化，反映出了社会统治结构形态的变化。从此时期青铜器纹饰的整体风格来看，其威严减弱，活泼加强，颂扬生命及以人的生活为中心的宴乐、攻战等内容增多（图8-75）。

青铜兽面纹自身的功能特征也开始转型，多变化为与实用器相结合的小型高浮雕造型，常以器耳或铺首等形态出现在青铜器物中。从战国时期宴乐水陆攻战纹青铜鉴上的纹饰可看出（图8-75），兽面图形已成为该青铜鉴的器耳，并处于周围各种生活内容的纹饰之中，它在此不再是王权专用的象征，而是社会普通意义上的生殖神和保护神。

随着青铜礼器的衰落，象征王权统治的兽面纹饰也逐渐丧失了其原有的地位，并从青铜器的主体纹饰中退出了历史舞台，但兽面纹由腹神演化而来的孕育神和保护神的特性仍然是人们所敬奉的，其以更为实用的形态进入了人们的日常生活，并仍以特有的孕育、保护神内涵在社会

图8-71

图8-72

图8-73

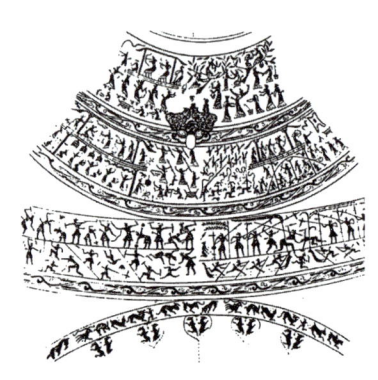

图8-74

图8-75

图8-76　　　　　　　　　图8-77　　　　　　　　　图8-78

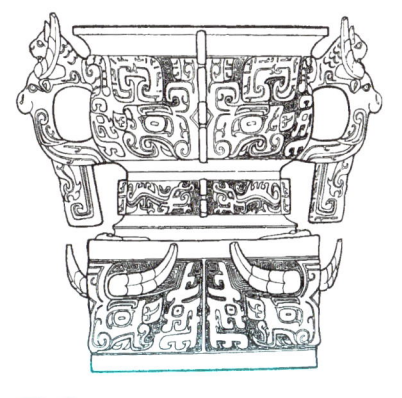

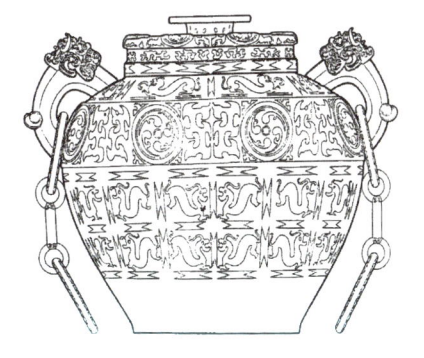

生活中突显出来。

（二）兽面纹与铺首

铺首是青铜礼器兽面纹衰落之后对大多数兽面图形的总称。"铺首，附着门上用以衔环者"[1]，因其常被装饰于铺门而得名。其实，铺首也并非仅饰于铺门之上，其在青铜器、陶器、漆木器、画像石、墓门、棺椁等器物上也有出现，是商周之后常见的兽面形饰物。

铺首造型多呈兽面衔环之状，就早期铺首来看，其衔环造型明显是由西周青铜礼器突出于外的龙兽形器耳与环的组合形态变化而来的，是商周兽面纹形式的一种变体和延续。从青铜器上可看出由兽面图形到铺首的前期演化过程（图8-76）（图8-77）（图8-78）。青铜礼器衰落后，由于兽面纹特有的生殖神和保护神内涵仍然被需要，人们便依据青铜礼器兽面衔环的形态将兽面图形饰于门等器物上，作为家族兴旺、驱邪避害、保护平安的生殖神、保护神象征，从而也使兽面图形走进了平常的社会生活。尽管由兽面图形转化而成的铺首已非王权专用，但从其内涵及功用来看，铺首祈望家族平安兴旺的特征，仍然是延续了兽面图形原有的生殖、保护之含义。

在铺首造型中，铺首所衔之物有环也有璧（图8-79）。"肉倍好谓之璧"[2]，"肉好若谓之环"[3]，"环，璧也"[4]。"肉"为璧（环）边，"好"为孔。边为孔径的两倍便是璧，边与孔大小适等便是环。可知璧与环形状相近，含义也相同，区别在于边与孔径的大小不同。又"璧，瑞玉，圆以象天"[5]，则表明璧之形是天之象征。天化生万物，因而象征天的璧同样具有对生殖的象征性。从此含义来看，兽面（腹神）与环、璧（圆以象天）组合而成的铺首，则更进一步体现出了保护和生殖内涵的双重特性。

比利时尤伦斯收藏有一件中国战国时期的错金银铺首（图8-80）。该铺首主体呈兽面衔环形，铺首

图8-79

图8-80

---

[1]《说文》。
[2]《尔雅》。
[3]《说文》。
[4]《玉篇》。
[5]《尔雅翼》。

两侧有双龙缠绕，兽面之上为一戴"山"形冠的人首。戴"山"形冠是王之象征，与良渚文化神人兽面像戴羽冠的人首其意相类。古文化图形中的许多兽面纹上置有冠纹，除商周时期在青铜兽面纹上置"辛""且"等冠纹外，其他冠纹的形状大部分与良渚文化中三叉型玉冠饰所呈现的"山"字形相似。比利时尤伦斯收藏的战国错金银铺首上置一戴"山"形冠的人首，表明其同样具有王的特征。从该铺首整体造型来看，下为兽面，上为人首，也与良渚文化神人兽面像图式相似，说明此图形与腹神崇拜具有相通的联系。

汉代铺首也多戴"山"形冠，其造型与良渚文化三叉型玉冠饰更为相似（图8-81），这种在兽面纹上置冠饰的方式，明显是以符号来标注其神性特征。记载中对龙首饰物有"博山"一说，从"博山"一义来看，与"山"形冠也有内涵的一致性（"博山"一说将在后面章节进一步论述）。冠饰是腹神兽面图像区别于一般兽首图形的标记，也是以符号形态对祖先神、孕育神、保护神的象征。

铺首除饰于门以外，还常以与龙、凤、伏羲、女娲等图像组合的方式，出现在画像石等器物上（图8-81）（图8-82）（图8-83），表明其除实用功能外，还具有与这些元素相关的象征性含义。如：有的铺首与肠、蛇等生殖崇拜符号结合（图8-84），在保护神的基础上加强表现了其生殖神的特征；有的铺首环中置蛙（谐：娃），呈现孕子之状（图8-85），体现其孕育繁衍特征；有的以兽面为"宗"，"宗"两侧作鸟接带状（图8-86），以谐音假借的方式喻"传宗接代"之意；有的铺首在其下再添加虎、武士、方相士等形象，进一步强化

图8-81 　　　图8-82 　　　图8-83 　　　图8-84

图8-85 　　　图8-86 　　　图8-87 　　　图8-88

图8-89　　　　图8-91　　　　　　图8-93　　　　　　图8-95

其驱邪避害的保护神特征等（图8-87）（图8-88）（图8-89）。

汉代之后，铺首在社会生活中仍然延续并流行。如山西省大同市南郊出土过一件北魏时期的鎏金铜铺首（图8-90），该铺首主体为兽面形，兽面之上置生命树，以生命树包绕一童子作孕子状，其图式同样明显地体现出了对生命的孕育保护特征。

后来的铺首造型还常与龙、狮等多种兽类形象结合，呈现出了更为多样化的特征（图8-91）（图8-92）。以这些形象作为铺首造型，也是由腹神兽面图形的孕育、保护神特征演化而来的。

从铺首所体现出的含义及造型特征可看出，孕育生命与保护平安是人们寄于铺首的基本内涵，也是兽面图形在不同时期无论做何种形态衍化一直未变的特征。

（三）兽面纹的其他形式

兽面纹除在铺首造型中出现外，还在不同时期的瓦当以及陶瓷器中出现。从这些不同形态的兽面纹造型仍然可看出腹神兽面图形在形式和内涵上对其的影响（图8-93）（图8-94）（图8-95）（图8-96）。

民间美术中，兽面图形也是较为流行的一种样式，其育生、护生特征同样十分明显。如虎首形民间剪纸（图8-97），以虎首与鸟

图8-96

图8-97

图8-98

的组合表现了虎生鸟（子）、虎哺乳鸟（子）的内容。而这件陕西民间挂虎（图8-98），不仅整体造型与腹神兽面图形相似，而且在虎首之上置孩儿站莲（生子象征）等生殖图形，也明显体现出了育生、护生的特征。

由以上对不同时期兽面图形的分析可见，自原始先民在陶器腹部描绘兽面图形开始，腹神崇拜就以其孕生和护生特征成为原始生殖崇拜的重要内容，尤其是良渚文化神人兽面像的出现，更使腹神形象在原始图形中形成了较为固定的图式，并在历代图形文化中依此图式进行衍化，成就了中国图形文化中重要的兽面图形系列。

七、腹神崇拜与鼓

鼓是古老的打击乐器。据文献记载，鼓的产生，首见于黄帝在征服蚩尤之战中取"夔皮"为鼓的传说："黄帝杀夔，以其皮为鼓，声闻五百。"[1]夔是神话传说中的单足神怪动物，生于东海流波山，"状如牛，苍身而无角，一足，出入水则必有风雨，其光如日月，其声如雷，其名曰夔"[2]。黄帝以此神物之皮为鼓，并能发出惊天动地之声，可见鼓有神性。《吕氏春秋·古乐篇》载："帝颛顼……乃令鱓先为乐倡，鱓乃偃寝，以其尾鼓其腹，其音英英。"在此说中，颛顼令鱓（后人认为鱓是鳄）为"乐倡"，鱓用尾巴敲击自己的腹部，发出好听的声音。《山海经·海内东经》也载："雷泽中有雷神，龙身而人头，鼓其腹，在吴西。"此二说言鱓、雷神"鼓其腹"，"鼓其腹"意为敲其腹，即以腹为鼓。由此"鼓腹"之说，可见"鼓"与"腹"之间的"互渗"联系。

在原始巫术中，人们常用与生殖神象征物进行接触的方式，以求达到生殖的目的。由于对腹的生殖崇拜，人们除将腹神兽面图形作为崇拜的象征外，还在祈生巫术中用动物腹皮、木等被认为具有生殖特征的材料制作成腹的象征物来进行触摸、敲击等。这种在巫术活动中对腹神象征物的敲击行为，不仅将被敲击物作为一种祈生的灵物，还形成了一种乐器，这就是鼓。

腹神兽面图形与鼓虽然都是因腹神崇拜而产生的，但其用于祈生的功用却有所不同。其区别在于：腹神兽面图形作为偶像主要用于祭祀，鼓作为祈生的灵物主要用于巫术。

（一）祈生巫仪与鼓

传说伏羲是因其母华胥履雷神之迹而生，而雷神"龙身而人头"并能"鼓其腹"，由此可见能以腹为鼓的雷神，即是致华胥受孕，使人祖伏羲降生的生殖神。伏羲之名也与腹神有关：伏羲在典籍中除称包牺、庖牺、宓羲、伏戏外，还有包戏

---

[1]《太平御览》卷五八二引《帝王世纪》。
[2]《山海经·大荒东经》。

一称，"包"本义谓腹，而"戏"则本自"舞以象事"的巫仪之舞，由此义来看，"包戏"之意当为"腹戏"，也即巫术的"鼓腹"祈生之仪。据此解可知，"包戏"之名又与主持"鼓腹"祈生的巫师相关。

"身"甲骨文作"♀"，金文作"♁"，为孕之初字，其字形是腹孕子、孕卵之形（图8-99）。卜辞中有"丙申卜囗贞，妇好身……"（乙六六九一），《诗·大雅》有："大任有身，生此文王"等句，在这些文句中，"身"均为孕意。"殷"字甲骨文作"♂"，金文作"♃"，是"身"与"殳"的合形（图8-100），其中"身"为腹中孕子之形，"殳"为鼓腹之器。"作乐之盛称殷。从身从殳，按，殷者，舞之容，殳者，舞之器"[1]。"舞之容"是"身"（月），"身"是腹孕子之形；"舞之器"是"殳"，"殳"是巫舞鼓腹之道具。由此可知"殷"字是对鼓腹祈生巫仪的反映，意指持"舞之器"敲击腹部求身有孕之舞。"鼓"又为"乐"之器，而"乐"字也与祈生巫仪相关。《易·豫》："先王以作乐崇德，殷荐之上帝，以配祖考。"王弼注："用此殷盛之乐荐祭上帝也。""乐"甲骨文作"♄"，金文作"♅"，是树木结实之形（图8-101）。树分权生枝为生殖繁衍之象征，结实生"籽"意喻生"子"，此"结子"之象也即鼓腹祈生巫仪所祈求的结果，可见"先王以作乐崇德，殷荐之上帝，以配祖考"的盛大"作乐"仪式，同样具有祈生的性质及特征。

再将古文字"鼓"与"生"进行对照，鼓的祈生含义可更进一步得到证实。前文已谈及"生"字，其以隆起的树干象征生命之腹，用树的不断分枝来体现生命繁衍（图8-102）。"鼓"字为手持鼓槌伐鼓之形（图8-103），从所击之"鼓"可看出，其"鼓"形与"生"字的不同部分相对应："鼓"与"生"之树干腹部对应，鼓上所饰分枝物与"生"之上部树枝对应，鼓座与"生"之下部树根对应。两者之间明显具有相似"互渗"的特征。《礼记·明堂位》有："夏后氏之鼓足，殷楹鼓，周县鼓。"郑玄注："楹

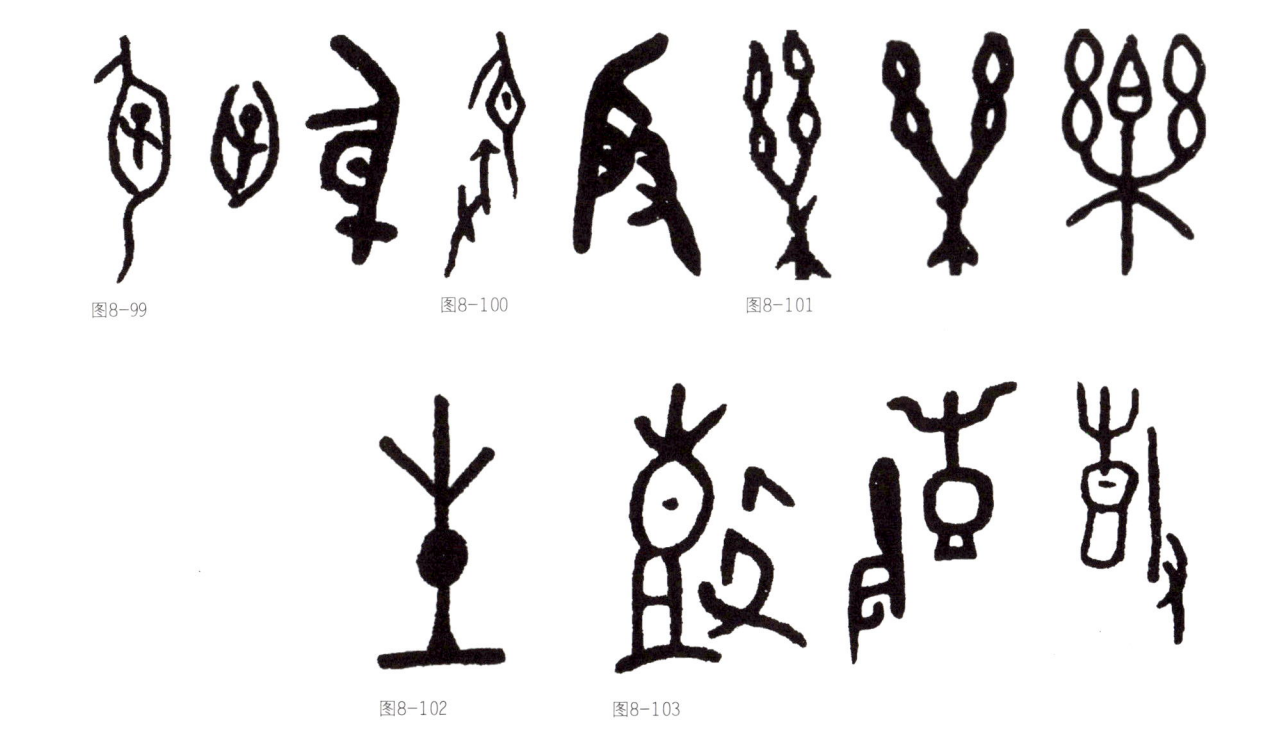

图8-99　　　图8-100　　　图8-101

图8-102　　　图8-103

---
[1]《说文》。

谓之柱，贯中上出也。"《大射仪》："建鼓在阼阶西，南鼓。"注："建犹树也，以木贯而载之，树之跗也。""建鼓，夏后氏加四足，谓之足鼓。殷人柱贯之，谓之楹鼓。"[1]可见楹鼓即建鼓，是树与鼓之合形。"建鼓，大鼓也，少昊氏作焉，为众乐之节。夏加四足谓之足鼓，商人柱而贯之，谓之盈（楹）鼓，周人县（悬）而击之谓之县鼓。"[2]由此说可知，夏时"鼓"有四足，具兽之特征，以兽而论，足上为腹，也说明"鼓"与兽腹具有相关的联系。至商"殷人柱贯之"，又与树复合为建鼓之形。从以上鼓与树的复合特征可见，鼓是腹的孕育特征和树的分枝繁衍特征相结合的体现。建鼓在祭祀和巫术中除作为乐器外，其主要用意还在于以腹和树组合的特征来象征族系的繁衍，在祭仪与巫仪中击鼓，则意与生殖神、祖先神进行沟通。

周代还专门设置了"鼓人"来管理鼓制、击鼓等事项。《周礼》中有"以雷鼓鼓神祀，以灵鼓鼓社祭，以路鼓鼓鬼享，以鼖鼓鼓军事，以鼛鼓鼓役事，以晋鼓鼓金奏"[3]。其中，神祀为祀天神，社祭为祭地祇，鬼享为享宗庙。这表明在祀天、祭地、享祖仪式及军事、役事、金奏诸大事中均用鼓，可见鼓在当时社会活动中的重要性。晋代《搜神记》和《晋记》中还有"叩槽而号，以祭磐瓠"的记载，"槽"是木鼓，"磐瓠"即开天辟地的始祖盘古，这种用敲击木鼓来祭祀始祖的方式，体现出了鼓与祖的联系。"礼"字也与鼓有关，"礼"甲骨文作""（图8-104），其字形的主体为鼓形，在鼓上置表示生殖繁衍的枝状物，枝状物上再悬挂串玉或结节，以此来象征族系子孙的繁衍及献祭鬼神的祭物。由该字特征可知，"礼"字的字源同样来自鼓。此外，鼓在礼仪中还是约束舞蹈节拍使之节奏齐一的主要打击乐器，舞者通过鼓来体认和把握舞之节奏及规则，使鼓在祭祀、巫术等仪式中更是成为不可缺少的乐器。

图8-104

上述表明，不但鼓源于腹神崇拜，而且藉鼓而舞的巫仪也与腹神崇拜密切相关。

（二）鼓的造型与生殖象征

从中国古代不同时期鼓的造型和纹饰中，也可看出鼓由腹神崇拜衍化而来的祈生特征。

鼓的最早出土实物是陶鼓。甘肃天水秦安大地湾遗址出土的陶鼓已有5000年以上的历史。后来鼓体多用木，树木在中国古代文化中常用来象征生殖繁衍之本，木腹再蒙以革皮为腹体之表，击鼓犹如击腹。在鼓上又常见以绳束鼓，绳为肠的"互渗"象征物，除加固之用外，还具有对生殖的象征含义（图8-105）。

河南安阳殷墟妇好墓出土过一件商代石鸮鹚（图8-106）。这件石鸮鹚的腹部造型为鼓形，并

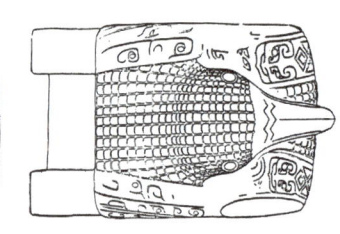

图8-105　　　　　图8-106

---

[1]《隋书·音乐志》。
[2]《御览》五八二引《通礼义纂》。
[3]《周礼·地官·鼓人》。

第八章 腹神崇拜与兽面图形 | 233

图8-107

图8-108

图8-109

图8-110

图8-111

在鼓面饰"勿"纹以体现其生殖特征，这种直接在腹部以腹为鼓的造型，明确地显示出了鼓本于腹的渊源联系。

日本泉屋博古馆藏有一件中国商代后期的青铜鼓（图8-107）。该鼓鼓身横置，两侧皆有纹饰。鼓体上部饰兽面纹，是腹神之象征（图8-108）。兽面纹之下是人纹、鸟纹及鱼纹等，以此来象征腹神兽面纹所孕育、庇护的氏族及万物。人纹头部置冠，四肢伸张，是氏族祖先或首领的形象（图8-109）。从此鼓纹饰的整体组合形态来看，在腹神兽面纹下置人纹、鸟纹、鱼纹，与商周时期在鼎腹兽面纹周围组合小型龙、鸟、魑纹的图式含义相同，均是通过生殖神、保护神对氏族及子民的孕育和保护，体现出了生殖之腹的内涵特征。

湖北省随县战国曾侯乙墓出土过一件彩绘藉鼓舞蹈纹鸳鸯形漆盒（图8-110）。该漆器体部以绳（肠）纹分割成不同部分，并在鸳鸯腹外侧绘有一幅藉鼓而舞的巫仪画面（图8-111）。画面中竖一建鼓，建鼓由三部分组成：一是位于基部的龙，是生殖神之象征；二是树木干体及位于干部的鼓，是腹神之象征；三是竖立于鼓上分杈的树羽[1]，是生命繁衍之象征。这三部分又表现出其相互的关联，并可看出龙、腹、树虽然同是对生殖崇拜的表现，但它们之间的含义却有所区别：龙是生殖神灵，是祖先，是生殖之本源，生命"感神龙"而孕；腹的象征物鼓是孕育之宫，是"感神龙"而孕后的生命孕育庇护之所；分杈的生命树是对生命孕育繁衍的象征，人们希望自己的氏族能像树一样不断繁衍壮大，是对生殖的祈望，也是祈生的目的。该建鼓通过自下而上这三部分的组合，综合体现了生命受孕、孕育、繁衍的过程，反映出建鼓之整体，正是出于人们在祈生活动中将生命繁衍的过程借用器物来进行表现的用意。此漆盒将藉鼓而舞的祈生画面绘于鸳鸯腹部位置，同样具有祈腹生殖的巫术作用。

在山东省临沂市出土的汉《伐鼓图》画像石

---

[1]《诗·有瞽》："有瞽有瞽，在周之庭。设业设虡，崇牙树羽；应田县鼓，鞉磬柷圉。""树羽"指置于鼓上部的树羽状饰物。

中，鼓上也饰有树羽（图8-112），树羽呈分枝状，枝上饰有多结节的绳状物。这种方式与结绳纪其族系有关，结"节"喻生"子"，是"以鼓象腹"，氏族生殖繁衍的象征。一侧有人伐鼓，其形态与古"鼓"字之形相同，是对"鼓"字原本形态的真实写照。

图8-112

图8-113

图8-114

在河南新乡卫辉市（原汲县）山彪镇出土的战国水陆攻战纹青铜鉴的腹部，也有伐鼓图形，其造型同样为建鼓，但鼓上所饰不是树纹，而是羽状纹（图8-113）。鸟身生羽与树干生枝在生殖内涵上同义，青铜兽面纹中就有以羽状纹装饰龙体来象征生命繁衍的造型，"勿纹"之原形也来自鸟翅生羽，这种以羽装饰的鼓，同样体现了生殖繁衍之特征。

山东省滕州市桑树镇西户口村出土有一块汉代西王母建鼓画像石（图8-114）。这块画像石在构图上分为天地两层：上层是象征天界母祖的西王母及众仙班（西王母也是生殖神之象征）；下层在中间置一建鼓，该建鼓贯通于天地之间，喻天地交合。建鼓基部为一虎，是孕育、保护神之象征。建鼓顶部有绳纹呈伞盖状向两侧延伸为天地之分界（伞盖为天之象征），绳又是肠的"互渗"物，以此来体现天的生殖繁衍特征。建鼓中部有人伐鼓，鼓两侧沿伞盖、绳纹延伸处有乐舞、杂技、宴饮、庖厨、六博及众多人物，是被天生殖繁衍的芸芸众生。该画像石以建鼓为主体，并在鼓上以绳纹与伞盖结合作为繁衍众生之象征，虽与前所介绍的在鼓上饰树羽分枝、结子等形式不同，但其含义类同，也反映出了以鼓孕育天下众生之意图。

从以上有关鼓的图形纹饰中，可明显看出鼓与腹神兽面纹所体现出来的生殖、保护神特征的类同性，但两者的形态表现又有所不同：腹神兽面纹是腹的神灵化形象，而鼓只是腹的象征物。

（三）鼓与抱鼓石

由于鼓对生命孕育和保护的象征性，随之在民俗生活中也产生了一些其他形态的鼓崇拜现象。民间流行的抱鼓石即与鼓的这种象征有关。

住宅是人们赖以安身立命的居所，而门户又是宅院的出入口和门面，除实用意义外，在民俗观念中还被赋予了与生命孕育及保护相关的含义。"谷神不死，是谓玄牝。玄牝之门，是谓天地根。绵绵若存，用之不勤。"[1]老子在此说中将女阴与门同称，并把道生万物比作由"门"而出，反映出了在中国古代哲学观念中"生"与"门"的联系。"门"通常还是人出身的象征，如常说的"出身

---

[1]《道德经》。

豪门"或"出身寒门"同样也包含了"门"与"生"的联系。此外"户"又与"护"相关:"户,护也。半门曰户。象形"[1];"所以谨护闭塞也"[2],这些说法也表明"户"具有保护之意。

抱鼓石是民宅及牌楼建筑的重要构件,在民宅大门、牌坊及棂星门前常见置有此物。其除承受平衡门扉的重量、稳固楼柱、强固门框及显示宅主身份地位外,另一重要含义即是以此作为对家族孕育和保护的象征。前已证明鼓源自人们对腹孕育、保护特征的崇拜,而这种含义又恰好与人们对家族繁衍的祈望及"门户"保护用意相一致,这也即是古人选择鼓作为门枕的主要原因。

抱鼓石从造型上可大致分为"螺蚌"和"如意"两种形态:螺蚌抱鼓石以徽派祠堂宅门抱鼓石为代表,其造型不对称,石鼓部分向外突兀,很像一只螺或蜗牛(图8-115);如意抱鼓石以北京四合院宅门抱鼓石为代表,其造型较为对称,上部为竖立的圆鼓,鼓顶部还常雕有卧狮,下部由须弥座组合成如意的形状(图8-116)。

抱鼓石上常置狮子,表现的是龙生九子之一的椒图,造型有站狮、蹲狮或卧狮,俗称拉狮砷或挨狮砷。"俗传龙生九子,不成龙,各有所好。……九曰椒图,形似螺蚌,性好闭,故立于门铺首……"[3]从抱鼓石的特征来看,其造型是鼓和守门狮子的结合体,狮子是后来接替虎用于镇宅避邪的神兽(见本章后面有关论述),同样是保护神的象征。抱鼓石上还常装饰一些吉祥图案,题材有瑞兽祥云、花鸟虫鱼、器物什锦等,但其鼓面所刻兽类主要以高浮雕狮子居多,有三狮戏球(三世戏

图8-115

图8-116

酒)、四狮同堂(四世同堂)、五狮护栏(五世福禄)等。

中国宅门在实用的基础上用抱鼓石、守门狮子以及铺首作为装饰物,是与人们对生命孕育和保护的愿望分不开的,而这种愿望所依据的内涵又均与原始的腹神崇拜相关。由置于宅门的这些装饰物也可看出,其作为一种文化符号能够表述出用文字无法表述的文化内涵,不仅是民俗文化的现实体现,还反映出了由远古而来的文化信息。

(四)不同地域和民族的鼓崇拜

在世界上其他一些国家以及中原以外的少数民族地区也有崇鼓的信仰和习俗,同样将鼓作为自己氏族祖先神的象征物,这些崇鼓现象也由以腹为鼓、以鼓为祖而来。

有的非洲木雕鼓的造型也呈女性下体特征,这种将鼓体与女腹复合的造型(图8-117),明显体现出了以鼓代腹的生殖象征含义。

墨西哥存有一件当地的古代石鼓(图8-118)。该鼓横置,底下是人字绳纹基座,绳是肠的"互渗"物,以此纹饰与鼓组合,体现出了鼓的生殖特征。石鼓腹部饰人面纹,此种在鼓腹部饰

---
[1]《说文》释"户"。
[2]《释名》。
[3]杨慎:《升庵集卷八十一·龙生九子》。

图8-118

图8-117

图8-119

人面纹的方式与饰兽面纹类似，同样是对腹神灵化的表现。从该鼓的形制和纹饰来看，其造型及内涵均与中国的鼓崇拜及兽面腹神崇拜有相似之处，同样是用以腹为鼓的造型来对氏族祖先神、生殖神、保护神进行象征。

从这些国家和地域的鼓造型所体现出的腹与鼓的"互渗"关系及含义，可看出其鼓文化形态在特征上与中国鼓文化具有原本上的一致性。

以鼓为腹的祈生方式在中国一些少数民族地区也存有诸多遗俗，这些民族的鼓以木鼓、铜鼓最为常见。

木鼓在云南、贵州、台湾等地的佤、高山、苗、侗、基诺等民族中十分流行。这些民族多有以树为生殖繁衍崇拜物的习俗，他们将树干看作生命之本，并将其与腹的生殖内涵联系起来，以树干为鼓，祭鼓犹如祭祖。

苗族对鼓的崇拜遗风尤以台江地区最为集中。苗族部落联盟由若干个江略（氏族）组成，江略是其早期最高的社会组织形式，苗族在自理自治时期，江略管理整个氏族的生产、祭祀、伦理、审判、纠纷的调解以及与别的江略进行军事联盟等事宜。江略又称鼓社，此以鼓社为氏族之名，反映出了其以鼓为祖的特征。鼓社祭鼓是苗族的最高祭祀礼仪，祭鼓节又称"吃鼓藏"，是苗民以鼓社血缘氏族为单位祭祀祖宗的大典，一般隔十三年举办一次。祭鼓节前，鼓社要举办招龙谢土、选举鼓主买祭牛、迎接子孙鼓、醒祖宗鼓、砍鼓树等仪式和活动（图8-119）。

相传苗族的女性始祖妹榜、妹留是从枫木树心中孪生的，因而苗族认为树之腹即是孕育苗族始祖的生殖之腹，故中空的木鼓被称为"祖母鼓"。苗族先民又认为人死后灵魂不灭，而枫木制成的木鼓便是祖先的归宿之所。敲击木鼓，就能唤起祖宗的灵魂。人们通过木鼓与祖宗沟通，以求其保佑氏族的平安和兴旺。

祭鼓时，先请家师念"超度祭牛歌"，后由鼓主母舅杀牛祭祖。献祭后，全体聚集，击鼓吹笙，与祖宗同乐。接着进行"迎接鸟窝""投火烘窝""上凳"等体现祈生愿望的仪式。在仪式中，表演者还会做出一些象征性的性动作，但围观者皆不以其丑陋而回避，相反还要怀着美好的情感表示接受，认为如不"上凳"人丁不会兴旺，鼓社也就不能繁荣昌盛。这些活动明显地反映出了与原始生殖崇拜相类似的巫术特征，使"腹""树""鼓"三种形式的生殖崇拜内容得到了集中体现，其与鼓起源的原本内涵是一致的。

佤族也有以木鼓为祖的习俗，称木鼓为"克罗"，克罗是通天的神器。关于木鼓的神话和传说与原始宗教的神灵崇拜、祖先崇拜、生殖崇拜有着紧密的联系。在西盟、沧源的每一个佤族村寨里，至少有一对木鼓（一公一母）供放在寨中高地的竹制木鼓房里，左边放母木鼓，右边放公木鼓（图8-120）。木鼓房属姓氏所有，各姓有各姓的木鼓房，同姓的人聚居于本姓氏的木鼓房附近，将木鼓视为氏族祖先的象征。制作木鼓是佤族的盛大节日，要举行拉木鼓、跳木鼓房、敲木鼓和祭木鼓等一系列宗教活动。佤族的木鼓用一整段粗大的原木制成，多采用红毛树、椿树或樱桃树等硬质树干为材。制作木鼓时全寨人一起出动，到深山老林里精选大树制鼓，待树木伐倒后，全寨人便着盛装前来拉木鼓。这天，寨子里要鸣枪、剽牛，还要在寨门口举行祭祀仪式。制作木鼓要将树干剥去树皮，一般通体光滑无饰，也有的在一端雕刻出牛头或人头，喻祖先之形。木鼓还要在原木中部纵向挖一狭长孔，孔由两端向中间挖成两头浅、中间深的鼓腹，如女阴之形，是典型的女性生殖崇拜物（图8-121）。木鼓制成后举行跳木鼓房、木鼓入房上架和敲木鼓等活动。

祭木鼓更是佤族的一项重大宗教活动，也是全寨人通宵达旦参加的歌舞狂欢。木鼓杵击时，使用

图8-120

图8-121　图8-122

两根特制的木制鼓槌（鼓槌如杵），由男性用两手各执一槌直立杵击，边击边舞，并在杵击和舞蹈中模拟类似性交的一些动作，以体现祈生之意。有时杵击者还右手持一鼓槌，左手持一竹片，两手配合敲击音孔两侧的鼓腹，发出"咚咚"与"啪啪"的音响，时而统一，时而交错，音色深沉浑厚，传音可达数十公里。木鼓还可由两人或四人合击，奏出多种不同的鼓点，以表达各种特定的内容。佤族寨民每逢新水节、拉木鼓、祭木鼓、新火节、新米节等都会敲起木鼓，唱歌跳舞以娱祖神（图8-122）。

木鼓也是基诺族最神圣的祭器和乐器，基诺族同样视木鼓为神灵的化身和村寨的象征，认为其能保佑全寨人丁兴旺、五谷丰登。基诺族敬重木鼓源于一个传说：远古的时候，天崩地裂，洪水滔滔，世上只有玛黑、玛纽兄妹得到造物主的指点，躲进蒙着牛皮的大鼓里才幸免于难。为了使人类得以繁衍，兄妹俩只好结为夫妻，生儿育女，成了基诺族的祖先（在许多民族中都有这种类似伏羲、女娲兄妹成婚的传说，表明其具有原本的一致性）。后来基诺族便以木鼓为祖，在每年十二月丰收喜庆之时敲击木鼓，儿孙们听到鼓声，便纷纷围拢到大鼓周围，手舞足蹈，尽情欢跳，以象征氏族子孙兴旺，从而也形成了基诺族的大鼓舞。

基诺族制作木鼓同样是每一个寨子极为重大的活动，并有一套严格的程序。首先是选好一棵树，再择吉日祭神砍树。砍树必须在晚上进行，并且不能让女人和动物看见，如看见则不吉利。凿好的鼓身要先放置在寨子专设的草棚里，在天将破晓时再蒙鼓面，基诺族认为此时月落星稀，大地昏暗无光，蒙鼓人的影子不会落进鼓里。待鼓面蒙好后，便举行祭鼓仪式，欢跳大鼓舞。随后人们一路歌舞欢腾，将木鼓抬到卓巴（寨母）、卓生（寨父）家供奉。木鼓存放时不用架子，而是用绳子吊挂起来。平时任何人不得随意触摸、敲击，只有过年及某些特定的场合跳大鼓舞时才能敲击。每个村寨一般也都有公鼓和母鼓两面，公鼓大些，母鼓稍小。鼓身均用坚硬而不易开裂的圆木凿成，呈圆柱形。鼓两头用方形木楔蒙钉牛皮为鼓面，由于鼓体四周镶嵌的木楔形似太阳的光芒，故又称作"太阳鼓"（图8-123）（图8-124）。但从这些木楔由鼓体伸出的形制特征来看，笔者认为这种向外伸张的木楔除作为太阳之象征外，更重要的是以其分支之状来象征生殖繁衍。

铜鼓是南方一些少数民族地区流行的敲击体鸣乐器（图8-125）（图8-126），在彝、苗、瑶、侗、壮、布依、毛南、水、黎、白、土家、纳西、仡佬、佤、傣等族和克木人的生活区域多见。铜鼓苗语称妞、涅，侗语称每甲、甲多，布依语称主、根，佤语称土洛、格花，克木语称彦。从分布状况来看，铜鼓主要分布于中国南方的云南、四川、重庆、贵州、广西、广东以及东南亚的越南、老挝、泰国、缅甸、马来西亚、柬埔寨、新加坡、印度尼西亚等地。

据考证，铜鼓源于古滇文化，由实用器铜釜发展而来，已有2700多年历史。在云南地区的青铜时代早期，曾使用过一种鼓腹深颈的铜釜，这种铜釜既是炊具，又可将其翻转过来作为打击乐器，故其打击面只有一面，后由铜釜衍化成了铜鼓。铜鼓最早出现在云南中部偏西的洱海地区，春秋时传入广西，滇系铜鼓在向外传播过程中又与汉文化、越文化及其他当地文化结合，从而衍化出了不同的类型和风格。传世铜鼓大体上分为七种类型：石寨山型、万家坝型、北流型、灵山型、冷水冲型、麻江型、西盟型。铜鼓文化流传时间之长、范围之广、影响之深，世所罕见。

第八章 腹神崇拜与兽面图形 | 239

古时的铜鼓多用于祭祀、军事并作为权力和财富的象征。史书载："自岭以南，二十余郡……诸糇皆然，并铸铜初成，悬于庭中，置酒以招同类。……俗好相杀，多搆仇怨，欲相攻，则鸣此鼓，到者如云。有鼓者号为都老，群情推服。"[1] 现在铜鼓除在祭奠等场合充当灵物的象征外，每当逢年过节，红白喜事，也要敲打铜鼓。铜鼓作为乐器，与舞蹈又是难以分开的。乐舞是祭祀或巫术仪式中与神灵沟通的重要方式，铜鼓作为与神沟通的灵物，同样与舞关系密切，自有了铜鼓也就有了铜鼓舞（图8-127）。现在瑶族、壮族、布依族等每逢祭祀仪式，仍然要敲击铜鼓并跳起铜鼓舞。

铜鼓造型分为"鼓胸""鼓腰"等部分，其形腰曲胸突，体现出与人躯体相似的特征。且铜鼓由"釜"衍化而来，典籍中有"坤为釜"[2]之说，"坤"作为地母神，其生殖含义与"腹"相同，可见铜鼓同样是腹神崇拜的产物。

壮族敬奉青蛙女神，称青蛙为"蚂拐"，认为其是雷王的女儿，掌管雨水，可使大地风调雨顺。在壮族的蚂拐节中，请蛙婆、游蛙婆、孝蛙婆、葬蛙婆等系列活动，均体现出了对青蛙女神的崇拜。而"蛙"也是古老母性崇拜的象征，其以强大的生殖繁衍能力被人们奉为母祖，早在仰韶文化及马家窑文化时期，人们就将蛙崇拜图形表现在了原始彩陶上[3]。在铜鼓造型中，这种蛙崇拜特征同样被突出地表现了出来。铜鼓上的纹饰分为立体和平面两个层次：平面层次一般装饰在鼓面和鼓身，多以自然万物及与生殖相关的图形符号为内容，有太阳纹、人纹、动物纹、雷纹、云纹、栉纹、"S"纹（肠纹）、卵纹等；接近鼓边的圈带上铸的是立体层次的形象，而立体形象表现最多的是青蛙（图8-128），可见蛙在壮族人心中的重要神性地位。人们在以鼓象腹的铜鼓上，以这些体现生殖

图8-127

图8-128

---

[1]《隋书·地理志》。
[2]《易·说卦传》。
[3] 见本书：第十章　蛙与生殖崇拜。

内涵的符号纹饰，来表达对生殖繁衍和风调雨顺的祈望。

由本节内容可知，在原始生殖崇拜中，人们产生了对腹的崇拜，开始用腹皮、树干等认为具有生殖特征的材料制作成腹的象征物来进行祭祀、触摸、敲击等祈生活动，从而形成了鼓。鼓形成后，虽在不同历史时期具有形态上的某些衍化，但从造型及民俗的文化遗存来看，其仍然体现出了原本性的生殖崇拜内涵。这种内涵在当今少数民族地区的鼓文化遗俗中被较为完整地保存了下来，并仍然在现实生活中产生着影响。

图8-129

八、虎与护

在中国动物形态的神性图形中，最受人崇奉的是龙、凤、虎。龙与凤都是神异化的动物，而唯有虎是现实中的动物。龙常与凤搭配，是因为其出于阴阳相合的观念，而龙与虎的搭配却同龙与凤的搭配不同，其除具有阴阳相合、魂魄相合的用意外，更多的是出于对生命"生"与"护"的象征。

生命的"生"与"护"是人类生存最为基本且至关重要的两项内容。这两项内容反映到图形文化中，就形成了以"生"与"护"为内容的一系列图形，其中最主要的图形即是代表生殖神的龙与代表保护神的虎，除此之外的其他图形，多是围绕这两个主要内容衍生或作为陪衬而出现的。

图8-130

（一）虎是孕育、护生神

前面章节中已涉及"虎"与"护"的联系，"护"与"虎"音谐，可谐音假借"虎"为"护"，由此也使假借为"护"的"虎"成为保护神之象征。中国古代图形中常出现以"转注"方式将守护神与虎并置的图式（图8-129），表明"虎"与"护"之间的确存在相通的象征性含义。

用虎的形象来标注"护"的含义在仰韶文化时期已经出现，濮阳西水坡仰韶文化墓葬墓主人一侧的蚌壳摆塑虎，也体现出了虎的保护神特征，

图8-131

由此也表明，濮阳西水坡蚌壳摆塑虎具有以虎为"护"用图形标注读音的性质，如此说成立，中国文字产生的雏形可追溯至6000年以前。早期虎崇拜遗存在其他古文化图形中多有发现：安徽凌家滩文化中曾出土过多件虎形玉璜，表明此时期存在虎崇拜（图8-130）；前文对良渚文化兽面图像的分

析，表明腹神兽面图形主要是以虎首为原型（图8-131）；马家窑文化彩陶腹部绘有虎首的图形（图8-132）；置于户上的铺首多以虎为形。这些现象从内涵及形态上明显存在类同的渊源关系，表明这种以虎为"护"的观念及图形自产生后，在不同的时期及地域一直传播延展。

以虎为保护神还与虎的特性有关，传说虎可以食"众鬼之恶害人者"。《后汉书·礼仪表》注引《山海经》佚文："上有二神人，一曰神荼，一曰郁垒，主阅领万鬼，害恶之鬼，执以苇索，而用食虎。"虎是猛兽，为兽中之王，其他禽兽无可匹敌，因而在人们心目中，以虎为保护神也最能镇魔驱邪。

殷商甲骨文中只有龙、凤、虎在首上加"辛""干"等神性符号（图8-133）。正是因为人们以虎为神，虎的神性特征才得以像龙一样，用在头上添加神性符号的方式区别于其他普通动物，可见虎的神性象征商时已十分明确。在古文化图形中，虎又是腹神兽面图形常借用的动物原形，从其内涵来看，虎图形与腹神兽面图形性质一致，均具有保护神的特征，虎神也即"护"神。但虎与腹神兽面图形也有不尽相同之处：虎侧重于保护神的角色，而腹神兽面图形除保护神的角色外还兼有孕育神和祖先神的性质。

图8-132

周代帝王的护卫也以虎为称，《周礼·夏官》中记有虎贲氏，下属有虎士八百人，掌王出入仪卫之事："虎贲氏掌先后王而趋以卒伍。军旅、会同亦如之。舍则守王闲。王在国，则守王宫。国有大故，则守王门……"可见以虎为称，并将其作为保护之象征，也为周时定制。

汉代以虎为保护神的图形经常出现在画像石上。从山东出土的《双虎护生画像石》中可见这种以虎为保护神的图式（图8-134）：该画像石将鼓座、人面、虎首三者有机构合在一起，三者共用人面一形，虎首之上是腹神象征物鼓，鼓顶是生命树，鼓上下两侧分置两鸟和两只小猴子，"猴子"谐"候子"，是祈望生子之意（也是亡灵再生之象征），猴子位于鼓的两侧，则表示子从鼓（腹）出。该图式将鼓（腹的象征物）、人面（祖之象征，也是亡灵之象征）、虎（保护神，也是魄体之象征）三者组合于一起，反映出了祈望亡者魄体相合生命再生的内容，而此内容又是通过鼓（腹）生子、虎（保护神）护子的特征来体现的。

图8-133

图8-134

图8-135

图8-136

图8-137

江苏省镇江市郊出土过一件东晋虎神人祖画像砖（图8-135），该画像砖将虎与人首蛇身的龙构合在一起，表现出了龙"生"与虎"护"的综合含义，其造型明显是一幅神虎护生图。

在四象（四灵）说出现之前，龙和虎作为生殖和保护的神灵，常分别置于被生殖和保护对象的左右两侧，以体现生殖、保护的神性作用。在龙、虎作为生殖和保护的神灵形成定式后，继而又受阴阳相合繁衍生命及方位观念的影响，再加入朱雀（鸟翔于天，代表阳，位南）、玄武（龟蛇伏于水及地下，代表阴，位北）遂成四象（四灵）。四象总括四面方位，并具祈望四方生殖之意。四象以南方为阳为上，以北方为阴为下。南方朱雀代表天上羽类（象征夏），北方玄武代表地下和水中蛇龟之类（象征冬），东方青龙为生殖神（太阳东方出升与"生"相应，春之象征），西方白虎为孕育和保护神（生命在孕育保护中生长成熟，秋之象征），龙虎也代表地上物类，由此四灵便具有了总括自然物类、阴阳相合、生殖保护和方位确定等综合性概念。四象概念完善之后，又进一步在其中加进人神的元素，出现了东王公、西王母等神性内容。西王母俗称王母娘娘，又称太华西真万炁祖母元君、九灵太妙龟山金母、太灵九光龟台金母、瑶池金母、金母元君、西灵圣母、金母、王母、西姥等。典籍中有"木公、金母，天地之尊神，元气炼精，生育万物，调和阴阳，光明日月，莫不由之"[1]之说，由此可见西王母同样具有"生育万物"的生殖神特性。从传说中的西王母形象来看，"西王母居住在玉山之山，其状如人，豹尾虎齿而善啸，蓬发戴胜，是司天之厉及五残"[2]，可知西王母的形象也具有虎的某些特征，表明其与虎的孕育保护特征具有一定的关联。在中国古代图形中，西王母的神座两侧常置龙、虎（图8-136），以此来显示西王母的孕生、护生特征。

直至现在，虎仍然是民间驱邪避害的保护神。湖南省隆回县小沙江瑶族妇女有在腹部围筒裙的习俗，筒裙上的"侧身正面虎"挑花图案即反映了虎与"护"的这种联系（图8-137）。在此图案中，老虎腹部置小虎，呈孕子之状，体现出腹是生殖之宫和保护之宫的特征。该类筒裙围在妇女的腹部又与人的生孕之处形成位置上的一致，体现出虎与腹在内涵上的"互渗"联系。由此可见，瑶族妇女以虎为筒裙图形，既有生殖之宫和保护之宫的象征

---

[1]《枕中书》。
[2]《山海经·西山经》。

图8-138

图8-139

性，又有驱邪避害的神性作用。

虎的形象在其他地域的民间美术中也十分盛行。我国的彝族、白族、布依族、土家族等均称虎是其祖先。民间美术中的年画《镇宅神虎》（图8-138）、纸马《白虎之神》（图8-139）以及布、泥虎玩具等，同样体现出了以虎镇宅，祈求避邪平安的愿望。

正是人们对"护"的追求，自腹神崇拜开始，即因虎的威猛特性及"虎"与"护"语音相谐，从而使虎与"护"产生"互渗"并跟"护生"联系起来，成为人们心目中驱邪避害的保护神。

（二）"虎食人"与"虎生人""虎护人"

在商周青铜器和汉画像石中常出现一种虎口含人的图形，这种图形在以往的古文化图形研究中，一直以"虎食人"或"虎扑人头"为称，并认为"被食者"是恶鬼。当弄清虎是孕生、护生神的内涵后，可对此类图式做出完全相反的解释，即：其真实含义并非"虎食人"，而是表现了孕生和护生的寓意，是虎生人、虎护人；虎口所含人头也非恶鬼，而是孕生、护生神所要孕育、保护的对象。

美国弗利尔美术馆藏有一件中国商代鸟兽纹觥。该器整体造型为一兽形，兽身腹体部饰有多种动物纹饰，体现出以兽为祖、祖孕万物的特征（图8-140）。在兽体的腹后部位，左右各有一虎首图形，虎首口中含有一人（图8-141），所含之人体部有肠纹缠绕，体现出肠孕人的特征。就虎口所处的腹后部位来看，其与该兽生殖器位置相近，又知虎为孕育、保护神，因而可知该虎口其实表现的并非真实虎口，而是借虎口之形作为生殖之门的象征。这种特征从良渚文化神人兽面图形及夏代二里头铜牌饰兽面图形中也可得到印证，良渚文化神人兽面图像及夏代二里头铜牌饰兽面图形，其兽口部位也均置于腹下部并与生殖器位置重合，表明其兽口即是孕育、保护神生殖之门的象征。在该馆所藏的另一件商代青铜刀造型中，也见有兽口含人的图形（图8-142）。该器主体是人与龙的组合，其造型显示出由人的体腹后部伸出一龙再含人首的特

图8-140

图8-141

图8-142

征。龙为生殖神，该龙由人体部而出再含人首，明显不是表现由自身而出的龙再吃自己，而是体现了龙生人、护人之意。该器还在人臀部的生殖器部位又夸张地置一虎口图形，更为明显地表明了虎口即是生殖之门的象征（由此也可见龙口与此同义）。

图8-143

以兽口象征生殖之门的图式，在商代龙纹斗的柄部也可见到相类似的图形（图8-143）：该龙纹斗在龙尾生殖器部位以虎首为造型，虎口又与"几纹"（生殖之门符号）组合，同样体现出了虎口即是生殖之门的象征。

在商代青铜鼎的耳部，常出现在虎口间置人首或其他符号的图形（图8-144），此类图形更可明显地看出其"护"的特征。如有的纹饰在双虎口中间置祖神符号（图8-145），明显体现的是对祖神的护佑之意，是"护祖"，而非"食祖"。由此可见，在双虎纹饰中间置人头，也应是虎对人的护

佑之意，而非"食人"。再从商代妇好墓出土的大型青铜钺上的所谓"虎扑人头"图式来看，其虎的保护神特征更为明确（图8-146）：该钺主体纹饰为两虎相对含一人头，在主体图形外廓下边沿中间部位又饰一虎口图形（口内有虎牙，表明虎口特征），虎口之下是妇好的徽号，此图式同样表明其虎口不是要"食"妇好，而是对妇好的护佑。由此可知，钺上所谓的"虎扑人头"图式，上部虎与人首的组合所表现之意为"护生"，下部虎口与妇好徽号的组合所表现之意为"护妇好"。

再看商代青铜器上所谓的"虎食人"纹饰（图8-147），图形中两虎相交成一虎首（有阴阳相合、魂魄相合之意），虎口之下有一人的下身，体现出人由虎口而生的特征。人体部饰有蝉纹，蝉是祈望生命再生和复生的象征。在人的生殖器部位又出现一个叠合交合纹[1]，是阴阳交合生殖的符号。此图形组合说明，虎口所含之人也非恶鬼，而是"育"和"护"的对象，因为如果被食者是恶鬼，那么是不会祈望其再生的。因而此图形表现的同样是虎生人、虎护人，并非"虎食人"。

巴黎塞努斯基博物馆和东京泉屋博物馆各藏有一件中国商代的"虎食人"卣。该类器物主体造

图8-144 　　　　图8-145 　　　　图8-146

---

[1] 见本书：第十一章　古文化图形中的象征符号　二、交合之纹　（6）叠合交合纹。

图8-147

图8-148

图8-149 　　图8-150 　　图8-151

型由虎与一小人（子之象征）组合而成。虎与小人相依相抱，呈母抱子之状（图8-148），且虎臂饰有龙纹，虎臂抱子体现出龙育子之意。虎怀中之"子"也伸出双手与虎相抱，呈亲密之状，从其人首位于虎口部的特征来看，与以上所举"虎生人""虎护人"图式相同，也是"护人"之形，非被食之意。虎口下一侧饰有小型蛇纹，蛇与人一样也首向虎口，蛇是龙之下子氏族生殖神的象征，同样是虎所育所护的对象，非所食对象。由此可见，这种被称作"虎食人"的器物其实质表现的也是虎"护生""护子"的内涵。据此意，该类铜卣应称为"虎护人"卣，而非"虎食人"卣。

以虎为保护神的"虎护人""虎护子"图式在商周的一些青铜车饰及后来的武士俑造型中也常有发现（图8-149）（图8-150）（图8-151），这些造型同样是以虎口含人首的形态体现了护生的特征。

中国民间流行孩子戴虎头帽的习俗，帽子戴上后其虎口也呈现含儿童之首状。从该习俗可看出，其也明显延续了"虎口含人"的内涵，同样是"虎护生"之象征，而非"虎食人"之意（图8-152）

图8-152

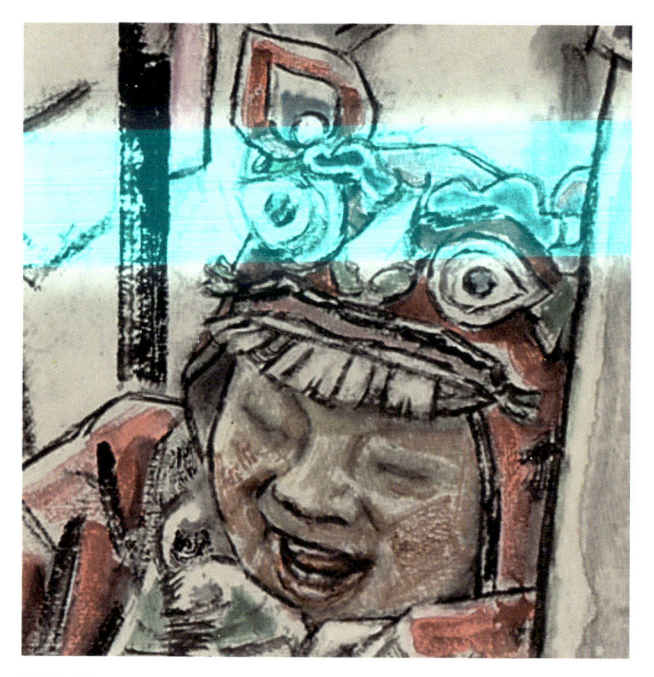

图8-153

（图8-153）。

通过对古代所谓"虎食人"图式的破解，可见"周鼎著饕餮，有首无身，食人未咽害及其身"[1]之说也并非空穴来风。其应是依据周时某些所谓"虎食人"的图式与兽面纹产生表面联系而产生的，但其说同样错误地将此类图形解释为"食人"，将所谓"虎食人"图式与传说中食人的"饕餮"联系起来，从而便有了将兽面纹称为"饕餮"且"食人未咽"的说法。

由以上分析可见，古代在虎口部位置人形的所谓"虎食人"图式，其实质是用借"虎"为"护"的谐音假借方式来表现"护生"之意。由于古人对生命的"生"与"护"均需求助于神灵，便借助虎的形象作为护生神的象征，并在不同时期的古文化图形中延续下来，此种现象是人类最基本的生存要求通过图形进行体现的结果。

（三）虎与狮保护神角色的转化

汉代以前，虎因其保护神特征一直是人们心目中驱邪避害的神兽。记载中有"虎者，阳物，百兽之长也。能执搏挫锐，噬食鬼魅"[2]；"方向氏葬日，入坟驱罔象，罔象好食死人肝脑……罔象畏虎，故于墓前立虎也"[3]；"秦汉以来，帝王陵寝，有石麒麟、石辟邪、石咒、石马之属，人臣墓有石人、石虎、石柱之类，皆表饰坟垄，如生前仪卫"[4]等说。在汉代之前的文物中，常常见到虎的形象：濮阳西水坡仰韶文化摆塑中有蚌壳虎，安徽反山凌家滩文化有虎形玉璜，商周时期有各种青铜虎、玉虎，霍去病墓的石雕中有石虎……但是自汉之后，虎作为中国本土驱邪避害的保护神，却失去了一统天下的局面，外域传进来的狮子则接替虎成为新的保护神。帝陵石雕中的驱邪神兽由虎换成了狮子，民间处处可见守门的狮子，节庆舞狮成了与舞龙相配的节目……这种保护神的角色转换又是如何形成的呢？

狮子本不是中国的物种，原产于非洲、印度等地。李时珍《本草纲目》称："狮子出西域诸国，为百兽长。"据记载，狮子在汉代传入中国："章帝章和元年（公元87年），（安息国）遣使献师（狮）子、符拔（一种形麟而无角的动物）。"[5]

---

[1]《吕氏春秋·先识览》。
[2][3]《风俗通义》。
[4]《封氏见闻记》。
[5]《后汉书·西域传》。

从此中国人开始接触狮子。而狮子成为新的保护神，主要是由汉代时佛教传入中国而起的。《灯下录》云：佛祖释迦牟尼降生时曾作狮子吼曰："天上地下，惟我独尊。"以后佛教信徒就把佛家说法音称为"狮子吼"，狮子也就成了吉祥的神兽。又因"释者以师（狮）子勇猛精进，为文殊菩萨骑者"[1]，故在佛教的许多寺庙中，常供奉骑狮子的文殊菩萨塑像，并认为文殊菩萨的坐骑狮子能以狮吼威风震慑魔怨，其不仅是瑞兽，还是保佑平安的保护神。由此，佛教在中国兴盛后便将狮子抬到了与虎不相上下的地位，甚至在某些场合取代了虎。人们开始用狮子来镇守陵墓、驱魔避邪，并加之一些理想化造型，创造出了一种中国人心目中的灵兽："避邪"（由此称可见其保护神特征）。汉唐时的帝王陵墓、贵胄坟宅前也开始出现了石狮的踪迹，现发现最早的是东汉高颐墓前的石狮（图8-154）。"避邪"作为神道上的神兽，常与石马、石羊等石像生排放在一起，并把虎排挤出了陵墓石刻保护神的行列。此后在中国的宫殿、寺庙、佛塔、桥梁、府邸、园林、陵墓及印纽上，都会看到狮子的形象。在民俗生活中，更为常见的是民间宅院大门守门的一对狮子（图8-155），人们以其来镇宅避邪、禁压不祥，保护住宅平安。

狮子除保护神特征外，还具有生殖神的特征。明清以后的石狮子常在爪子下面踏一个"绣球"（卵的象征物）或在脚下踩一个幼狮，以此来象征家族兴旺、子孙繁衍。每逢佳节，民间各地有舞狮活动，其中双狮戏绣球，也喻生生不息、家族繁衍之意。此外狮子还有彰显权贵的作用，狮子由于为百兽之王，从而也成了权威的象征，在古代的宫殿、王府、衙署、宅邸多置石狮子，以显示主人的权势和尊贵。民俗中有"都中显宦硕税之家，解库门首，多以生铁铸狮子，左右门外连座，或以白石

图8-154

图8-155

民，亦如上放顿"[2]之说。

从狮子造型来看，不同朝代又有不同的造型特征：汉唐时强悍威猛，元时身躯瘦长而有力，明清时较为温顺。狮子除以上不同的时代特点外，还具有明显的地域特色：北方的石狮外观大气，雕琢质朴；南方的石狮灵气活泼，雕饰繁多。此外民间还经常根据不同喜好，在狮子造型中添加一些吉祥内容，依民俗理想或喜爱来进行创作，使中国的狮子

---

[1]《玉芝堂谈荟》。
[2] 元《析津志辑佚·风俗》。

造型千奇百异。

从虎与狮保护神角色的转化现象可看出，固有的本土文化在受到外来因素的影响后也会产生一些形态的变化，尤其是某种宗教信仰的介入，就会将其信仰的崇拜物也传带进来，并形成与本土文化相结合的状态，但这种变化又是以本土的文化需要为基础的。

通过本章分析可见，由腹神崇拜而产生的腹神兽面图形自出现以来，就以其所具有的孕育、保护神特征作为一种特别图式固定下来，并与"鼓""虎"等产生"互渗"关联，成为中国古文化图形中除龙图形之外的另一重要图形。腹神兽面图形虽然从生殖含义上与龙图形具有联系，但其发生的原本明显有所不同：龙是由肠的神灵化而来的，是用于祈生的神灵，侧重于与生命物感生交合的生殖作用；兽面腹神是由腹的神灵化而来的，腹是受孕后生命的孕育之所，更侧重于孕生和护生功能。但两种图形又常常在中国古代文化图式中相互配合，以共同体现生命的生殖与保护内涵。

第九章 卵图形与生殖崇拜

前面章节分析了原始生殖崇拜与龙图形及腹神兽面图形的关联，但在探讨原始生殖崇拜内容时，还有一个总是与生殖联系在一起并被看作生命化身的崇拜物，它既是原始生殖观认为的生殖起源，又是被生殖的对象，它与肠、腹一起构成了原始思维对生殖的基本认识，它就是卵。卵具有生殖意义上的双重性特征：卵可以化生生命，生命也可以生卵。因而卵的这种"生"与"被生"现象，被认为既体现了对"祖"的象征，又体现了对"子"的象征。卵的这种特征在古文化图形中与体现生殖的诸多元素结合，使其与龙图形、腹神兽面图形等一起共同形成了中国古代生殖文化的图形体系，并出现了丰富多样的卵纹饰。

一、卵化生现象与原始生殖观

关于人及其他动物的生殖，一直是原始先民试图去解释的一个谜。在知其母不知其父的母系氏族社会，人们认为母生子的过程是生殖神灵使生命在母体内"化生"的结果。"胎孕为化"[1]，在生命的化生过程中，生命在腹中之肠的围绕中孕育，于是原始先民把肠神灵化为龙作为生殖神，把腹神灵化为腹神（兽面像）作为孕育、保护神。由于不同物类各具有不同的特征，人们在此基础上又认为不同物类各有其不同种类的龙及物长，不同的物类是由这些不同种类的物长分别繁衍出来的。可不同物类的龙及物长又是从哪里来的呢？对于这个究其原本的疑问，原始生殖观又主观地认为这些不同的物类应该还有一个共同的生命之源，是这个生命之源最先产生了世间万类，这个原始生殖观认为的物类共同之源，就是卵。

"卵壳孕而雌雄生。"[2]卵不但能化生雌雄，还能化生出多种物类，很多生命物都是由卵生而来的，卵这种能化生多种物类的特征，为原始生殖观对生命之源的认知提供了依据。从卵的形状来看，不同物类的卵是类似的，这一共性特征使原始时期的人们将不同的物类联系起来，认为卵即是这些生命物的共同祖源，甚至认为世界之初也源于卵。盘古开天辟地的创世传说，就体现了这种认为世界之初源于卵的认识："天地浑沌如鸡子，盘古生其中。万八千岁，天地开辟，阳清为天，阴浊为地。盘古在其中，一日九变，神于天，圣于地。天日高一丈，地日厚一丈，盘古日长一丈，如此万八千岁。天数极高，地数极深，盘古极长。后乃有三皇。数起于一，立于三，成于五，盛于七，处于九，故天去地九万里。"[3]又有传说认为是生于卵的盘古化生出了日月风雷及世间万物："天气蒙鸿，萌芽兹始，遂分天地，肇立乾坤，启阴感阳，分布元气，乃孕中和，是为人也。首生盘古，垂死化身；气成风云，声为雷霆，左眼为日，右眼为月，四肢五体为四极五岳，血液为江河，筋脉为地里，肌肉为田土，发髭为星辰，皮毛为草木，齿骨为金石，精髓为珠玉，汗流为雨泽，身之诸虫，因风所感，化为黎氓。"[4]这种认为生命源于卵的观念除把卵作为物类的生殖原本外，还将卵化生不同物类的方式作为生命繁殖的基本形式，认为物类的源起是通过卵化生的形式而来的。此种观念在苗族祭祖大典唱的《苗族古歌》中可找到渊源："枫木心中（腹的象征）生出了苗族的母祖大神妹榜妹留（蝴蝶妈妈），蝴蝶妈妈与水泡恋爱，怀孕生下十二个蛋。这十二个蛋，又由蝴蝶妈妈的胞族鸡宇鸟（枫树梢化作鸡宇鸟）代她孵化。先后孵化出龙、雷公、虎、蛇、水牛、蜈蚣……最后一个蛋中是人祖姜央。就在姜央尚待破壳而出时，鸡宇鸟因为孵抱它们十几年，饿得厉害，想站起来不再抱孵了。姜央便在蛋壳内叫起来：'再抱我一会儿，我就出来了，不然我要成寡蛋了。'所以，在苗族刺绣、剪纸等纹饰中，鸟背上的人就是姜央，破蛋伸出个脑袋的也是姜央，鸟肚下爬出一个带尾的人也是姜央。"[5]此传说反映出了古人认为生殖神是通过卵化生出了不同物类，并认为人兽为同母所生、人与自然（雷公等）是兄弟的观念。

卵化生观念反映到图形文化中便形成了卵纹

---

[1]《吕氏春秋·过理》："（纣）剖孕妇而观其化，杀比干而视其心。"高诱注："化，育也。"孔颖达疏："胎孕为化。"[清]黄生《义府下·化》引此云："化字甚新，盖指腹中未成形之胚胎也。"
[2]《论衡》。
[3]《艺文类聚》卷引《五运历年纪》。
[4]《绎史》卷引《五运历年纪》。
[5]岐从文.揣施洞苗绣的原始思维梦魇[C].南京：江苏美术出版社，民间美术（3）:5.

饰。卵纹饰在原始陶器、青铜器以及后来不同时期的文化图形中多有出现，这种以图形方式对卵生殖的表现，体现出了人们对卵的崇拜及对生命之源的感性认知。在山东省滕州市出土的鸟孕卵汉画像石中（图9-1），可看到鸟硕大的腹部怀卵及母鸟养育子鸟的图形，此卵与鸟的组合图式明显地反映出了卵为生命原本的特征。由此图形对照大汶口文化陶器上的氏族徽号图形（图9-2），也可见两者的相似性。从该氏族徽号的外轮廓形状及内部图形可看出，这个看似较为抽象的图形同样体现出了鸟和卵的形态特征，表明该氏族徽号是以鸟怀卵的特征参与了图形的造型，反映出了原始时期对卵的崇拜以及对卵与生殖关系的原本认知。

图9-1 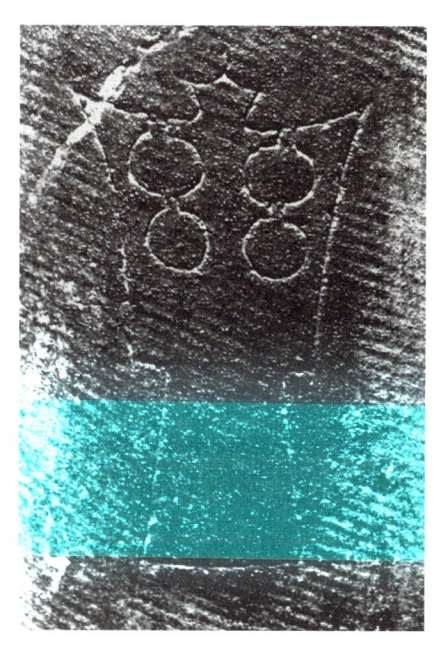　　　　图9-2

图9-3

生命的生殖方式有卵生与胎生之别，关于卵生与胎生的不同，原始生殖观总想把它们联系起来，以求从中得到一种共通性的解释，进而依此去认识世间万物之间的相互关系。原始生殖观认为：不同的物类之间是可以相互化生的，某一物类可以通过某种条件和环节转化为另一物类。这种解释是原始先民通过不同物类的某些相似特征产生"互渗"而完成的。物类之间可以因这种相似由某种关联的形式去进行转化。如鸟、蛇、龟均能产出形状相同的卵，而这些形状相同的卵又可化生出不同的物类，由此现象，原始先民就认为这些不同物类是在卵的化生过程中才发生了不同的变化。此外，对不同物类之间的这种类同性印象，还来自不同动物的血液和腹内肠等器官相似这一特征。这些类同特征使人们认为不同动物具有同一祖先的认知得到了更进一步的肯定。安徽含山凌家滩遗址（5600—5300年以前）出土的双猪首鹰形玉饰（图9-3），即反映出了这种卵化生的多重性特征，在此玉饰造型中，鹰体中间是一个卵纹，卵纹两侧有两猪首向外伸出并形成了与鹰复合的造型，表现出卵既可化为鸟也可化为兽的特征，体现出了原始思维认为卵是鸟和兽共同生殖原本的认识。这种认为卵可以化生不同物类的观念在仰

图9-4　　　　　　　　　　　图9-5　　　　　　　　　　　图9-6

韶文化时期的彩陶纹饰中也可看到许多例证。如这个被认为是鱼吞鸟的图形（图9-4），实际上表现的是一个卵、鸟、鱼的组合图形，其说明的含义是卵既可以化鸟也可以化鱼；这只葫芦形人面纹彩陶瓶上的图形实际上是一个卵、鸟、人的组合图形（图9-5），它的含义是卵既可以化鸟也可以化人；这个人面鱼纹图形实际是一个卵、鱼、人组合的卵化生图形（图9-6），其反映的是祈望亡灵（鱼）由卵重新得到化生的愿望[1]。以上这些神秘图形的出现，均是建立在卵化生的多重性基础上的。

此种因卵化生多重性认为不同物类之间可以相互转化的现象，在典籍中有许多表述，如《礼记·月令》："仲春鹰化为鸠"；《王制》："鸠化为鹰"，陆禋《续水经》："蛇、雉遗卵于地，千年而为蛟"。李时珍《本草纲目》录诸家所论："《月令》云：雉入大水为蜃。陆佃云：蛇交龟则生龟，交雉则生蜃。物异而感同也。类书云：蛇与雉交而生子曰蟂。似蛇四足，能害人。陆禋云：蟂，音枭，即蛟也，或曰蜃也。又鲁至刚云：正月蛇与雉交生卵，遇雷即入土，数丈为蛇形。经二三百年乃能升腾。卵不入土，但为雉尔。观此数说，则蛟蜃皆是一类，有生有化也。"《搜神记》卷十二云："千岁之雉，入海为蜃；百年之雀，入海为蛤；千岁龟鼋，能与人语；千岁之狐，起为美女；千岁之蛇，断而复续；百年之鼠，而能相卜，数之至也。春分之日，鹰变为鸠；秋分之日，鸠变为鹰，时之化也。"古代神话故事中对物与物之间的相互转化也有许多描述，如《楚辞·天问》王逸《章句》引传曰："河伯化为白龙，游于水旁。羿见射之，眇其左目。河伯上诉天帝，曰：'为我杀羿。'天帝曰：'尔何故得见射？'河伯曰：'我时化为白龙出游。'天帝曰：'使汝深守神灵，羿何从得犯汝？今为虫兽，当为人所射，固其宜也，羿何罪欤？'"此说至汉代又有所演变，《说苑·正谏》："昔白龙下清泠之渊，化为鱼，渔者豫且，射中其目，白龙上诉天帝。天帝曰：'当是之时，若安置而形？'白龙对曰：'我下清泠之渊，化为鱼。'天帝曰：'鱼固人之所射也，若是豫且何罪？'"从以上所说不同物种之间的转化，可看出原始思维认为物与物之间相互化生观念对其的影响。

古代生殖观念基于生命出于卵这一认知，甚

---

[1] 见本书：第十二章　古文化图形个案解析　三、仰韶文化人面鱼纹彩陶盆与灵魂化生观念。

至认为人自身的生殖也与卵有关。神话中就有女修吞玄鸟卵生大业、简狄吞玄鸟卵生契等传说，《史记·秦本纪》："秦之先，帝颛顼之苗裔孙曰女修。女修织，玄鸟陨卵，女修吞之，生子大业。"《史记·殷本纪》："简狄吞玄鸟卵生契。"大禹的出生也有与卵相关的几种说法，《帝王世纪》：修己"吞神珠薏苡"而生禹；《太平御览》卷四引《遁甲开山图荣氏解》：禹母"水中得月精如鸡子，爱而含之，不觉而吞，遂有娠"而生禹。此所谓"吞神珠""得月精如鸡子"中的"神珠"和"月精"，均是与卵"互渗"产生的卵象征物，吞"神珠""月精"而生，也即言其出生与卵有关。

类似吃卵求子的观念在民俗中也有遗存："比如嫁女儿的嫁妆里一定有一个朱漆子孙桶，桶里要放上五个煮熟染红的喜蛋和许多染红的喜果。嫁妆送到男家以后，男家亲友如有久不生育的女人就会向主人讨要子孙桶里的喜蛋来吃，据说很快就可有喜。还有男、女孩诞生，人们习惯在出生后第三天洗儿，亲友都来添盆，洗儿盆里放的红蛋，不孕的女人也可以讨来吃，据说很快就会受孕。"[1]这种吃卵求孕的习俗，明显与古人以卵为生命之源的认识存在相关的联系。崇蛇的侗族有一些对蛇（生殖神象征）的禁忌也与卵有关："据说谁要是违反禁忌，就要斟酒化纸敬祭祖先，向其问罪，否则好端端的鸡鸭蛋孵不出鸡崽鸭崽……"[2]从此禁忌中，也可感受到卵与生殖祖先的联系。

古人对卵化生生命的认识也像对肠的生殖认识一样，是在观察自然界某些动物生殖现象的基础上产生的。如鸟、蛇、龟以及鱼虫之类均产卵，卵出于腹，这些动物又出于卵，从而形成了一种肠腹是生孕之处、卵是生命化身的感性认知。由此便有了修己"吞神珠薏苡"生禹、简狄吞玄鸟卵生契等卵生神话传说，也便有了古代生殖观念中卵与生殖的不解之缘。江西新干大洋洲出土的商代铜镈上铸有一个兽面纹与肠纹、卵纹组合的图形（图9-7），在此图形中，牛首为特征的兽面纹两侧以肠纹和牛角包绕一个卵图形，体现出以卵为生命原本，腹神（兽面纹）以肠围绕孕卵的特征。而西周的两件镶玉铜带钩，则分别以龙与卵的组合，同样体现出了龙在兽腹之中孕卵的造型特征（图9-8）（图9-9）。从这些图式可看出龙、腹、肠、卵在原始生殖观中的相互关系：腹、肠是孕育生殖神，卵是

图9-7

图9-8

图9-9

---
[1] 惠西成，石子.中国民俗大观[M].广州：广东旅游出版社，1988.180.
[2] 陈维刚.广西侗族的蛇图腾崇拜[J].广西民族学院学报，1982（4）.

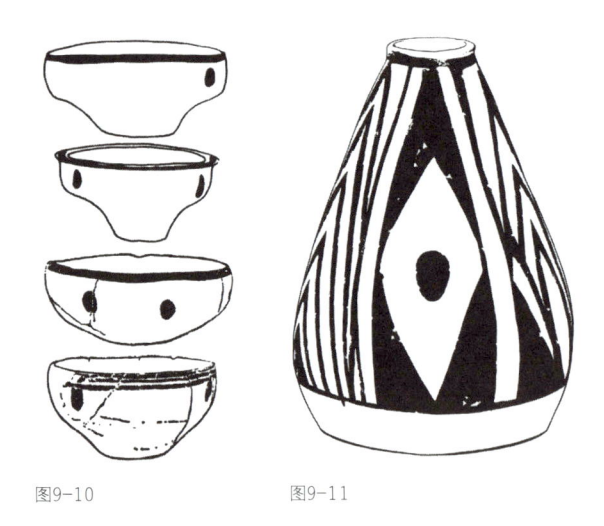

被腹、肠（龙）所孕育的生命化身。由这种认识，从而形成了中国古代生殖文化中大量的龙纹、兽面纹、卵纹及其相互组合的纹饰。

二、卵图形的造型方式

原始生殖观认为生殖神是通过卵化生出了不同物类，卵是生命之化身，古人的这种观念在其图形表现过程中，又会用怎样的方式来表现卵呢？从不同时期出现的卵图形来看，其造型主要分为卵纹和卵化纹两类：卵纹是表现卵客观特征的纹饰，卵化纹是结合生殖观念的其他元素综合表现卵化生的纹饰。通过下面对卵纹造型方式的分析，可看到不同类型卵纹的表现特征及产生过程。

（一）表现卵的外部特征

表现卵的外部特征是卵纹造型中最为直观的一种表现方式，即根据卵的外形特征用"象形"的方式将其表现出来，可用描绘、刻画之法形成平面图形，也可用雕塑之法形成立体图形。如仰韶文化彩陶中的点状纹，即用平面之法来对卵的外部表象进行直观表现，明显体现出了卵的外形特征，此类卵纹常常装饰在陶器的腹部，以此体现腹内孕卵的生殖特征（图9-10）（图9-11）；商周青铜器、玉器中出现的所谓连珠纹等，则是以立体之法对卵外在特征的表现，这种立体卵纹饰常装饰在鼎体、龙、凤及兽面图形的上下边缘等处，多呈连续重复的特征，以此来体现生殖的内涵（图9-12）（图9-13）。用这种重复性的卵纹与龙、鸟、肠等进行组合，其含义即是以卵作为"子"的象征，来体现氏族的繁衍兴旺。

（二）表现卵的内部特征

人们对卵的认识不仅仅局限于外在表象，更重要的是认为卵的本质在于：其不但具有圆形的外表，而且具有内部圆形的卵核（指卵黄，此不称卵黄而称卵核，是因本书中所说的卵包含所有物类的广泛性，并非仅指禽类）。内部是否具有卵核是卵作为生命物与其他非生命圆形物的本质区别。人们对生命化生奥妙的认识，即来自卵的内部，认为卵核是生命化生的根本。将物象内部的重要特征表现出来是原始图形造型的常用方式，而表现出卵化生之根本的卵核，也是卵图形区别于一般圆形物的重要手段。在卵图形的造型中，表现卵的内部特征主要有以下几种方式。

1.重圆式

重圆式是用内外两个圆形或外一圆形内加一圆点的方式来对卵进行表现：外圆表示卵的外壳，内圆或圆点表示卵内部的卵核。这种方式一般用于平面绘制或刻画的图形。如浙江余姚出土的河姆渡文化猪纹黑陶钵上的猪纹，其腹部所刻画的双圈图形，表现的即是象征腹内生殖特征带有内部卵核的卵纹（图9-14），这种在本不生卵的猪纹上刻画卵纹表现生命化生的现象，表明在原始生殖观念中，卵的生命化生特征对任何动物都具有普遍性的象征意义，也表明卵化生观念在河姆渡文化中已经有了符号式的象征性表现。在原始彩陶器物上同样有许多用重圈法表示卵纹的图形，这些图形多是在外一圆形内加一圆点进行造型，也是对卵内部特征的体现（图9-15）。山东滕州汉画像石博物馆中有一块刻画有生命树的画像石（图9-16），该画像石所刻画的生命树上积有鸟卵，卵上有母鸟飞翔，并有子鸟从卵中孵化而出，其鸟卵同样用重圆式造型刻画出了内部的卵核特征，而且树梢部也用重圆式造型刻画为卵形，以象征结"子"之意（图9-17）。以上这些卵纹饰均是用重圆法来体现的。

2.剖面突起式

由于古代人们不仅需要以平面图形来表现卵，还需要将一些崇拜物进行悬挂、佩带或当作其他实用器物，因而许多图形是用立体形态来呈现的。在这种立体形态中，由于卵的表面看不到卵核，因而表现卵内部特征的方式通常是以在剖面上表现卵核来体现的。剖面突起式即是在表现出卵外部形状的剖面上用隆起的方式来表现卵核，以体现卵的内部特征。如秦代的这个玉剑首（图9-18），其外形以卵为形，然后在卵形的剖面上又用隆起的方式表现内部的卵核，并在卵核周围满饰籽纹，以此来体现主观所认为的卵核为生命原本的生殖特征。

图9-14

图9-15

图9-16

图9-17

图9-18

图9-19 　　　　　　　　　图9-20 　　　　　　　　　图9-21

在铜镜、铜爵等铜器上经常出现所谓的乳钉纹，这些乳钉纹多呈现出在平面圆圈内再加立体圆的特征，其实这种乳钉纹也是以剖面突起式表现的卵纹：外圆表示卵的外壳，内部立体圆表现卵核。此类卵纹在铜镜的布局中常以中间卵纹（镜纽）为主体（图9-19），再在周围象征四面八方的不同方位分布小的卵纹（乳钉），以此来体现生殖繁衍达及天下四方的内涵。在秦汉时期的瓦当中，其中间的突出圆心同样是以剖面突起式对卵核的表现，瓦当上所呈现的卵核与龙、虎等多种图像的组合（图9-20）（图9-21），其意是表示由卵所化生出的不同物类。此种卵核突起式瓦当纹还常与交合类纹饰相配合，并与五行观念相联系，形成了以抽象形态意喻生殖繁衍通达四方的图式（图9-22）。以上这类纹饰均是以卵为生命原本，并通过表现卵内部特征的造型方式来体现的。

3.镂空式

镂空式是卵立体造型的另一种表现方式，该类造型所体现的含义与卵核突起式类同，只区别于表现卵核的方式是突起还是镂空。以镂空表现形象的方式在古代图形中经常运用，其方法与现在剪纸用镂空来表现形象相似，即在用某种材料表现形象时，以镂空的方式在物象的外部轮廓内表现出所要表现的形状。如良渚文化中的这件兽面玉牌饰（图9-23）和商代的这件青铜钺（图9-24），均是用镂空的方式在玉石或青铜材料上表现出了兽面的形象。在此方式中，兽面突起的眼球虽然被镂空成了空洞状，却仍然体现出了眼睛的形态特征。

如果以此方式来表现立体卵的造型，在卵外形的基础上用镂空的方式表现卵核的话，就会吃惊地发现：在立体卵形上以镂空方式来表现卵核，所表现出来的竟是一枚珠（图-25）；在卵的剖面上以镂空方式来表现卵核，所表现出来的竟是一面璧（图9-26）。珠与璧的出现，竟是以镂空方式表现卵内部特征的结果。从西周时期兽腹怀卵的带钩造型中，也可看出卵与璧的相同特征（图9-27）：兽腹所怀的应是卵，但此兽腹中所怀的却是璧，表明兽腹中所怀之璧与卵的含义相同。在西周的双龙玉

图9-22 　　　　　　　　图9-23

图9-24　　　　　　　　　图9-25　　　　　　　　　图9-26

图9-27　　　　　　　　　图9-28　　　　　　　　　图9-29

饰中还可见双龙围绕玉璧呈现孕卵之态的造型（图9-28），表明龙（生殖神）所绕之璧同样具有与卵相同的生殖含义。而另一件西周双龙玉饰则将人与璧共同置于双龙的围绕之中（图9-29），其生殖神（龙）孕卵（璧）、孕人的含义更为明确。以上这两件玉饰除体现了璧为卵的特征外，还均体现出了龙盘绕孕育生命的肠生殖特征，反映出了龙源于肠的原本性。通过对卵造型方式的分析可见，璧与珠真正的造型原本均是源自以镂空方式对卵的表现，也即璧与珠是用图形造型方式表现出来的卵。《尔雅》有"肉倍好谓之璧"的说法。"肉"即璧边，"好"即璧孔。为何称璧边为"肉"、璧孔为"好"呢？此说与璧所表现出的卵内部结构特征有关，卵的内部主要由卵白（蛋清）和卵核（蛋黄）构成，从鸟卵的化生特征可知卵的内部结构及其与璧各部位的对应：璧边在其造型中体现的是卵的卵白部分，卵白部分在鸟的化生中形成了鸟体的肉身，故称其为"肉"；璧孔在其造型中体现的是卵的卵核部分，卵核部分在鸟的化生中形成了鸟的腹部，腹是生命本源，也是孕子之处，"有子而好"[1]，"好"字即是"女"与"子"的会意合形，卵核在此作为"女"孕"子"之处，并与繁衍万物的生殖象征产生联系，故而称"好"。由此可知，玉璧璧体的"肉"与"好"之谓，是从卵白和卵核化生过程中的不同特征引申而来的。

"以苍璧礼天"[2]，卵的实质其实也是璧所要表现的内涵，象征苍天的璧正是借用卵的化生特征体现出了"天生万物"的观念。礼天的玉璧在璧面上常饰有众多的谷纹（也称蝌蚪纹）（图9-30），似籽发芽之状，此既是对生殖无穷的籽（子）之象征，也是借卵的化生特征对璧生殖繁衍内涵的进一步体现。在汉代画像石中常出现生殖神女娲捧璧的图形，女娲与璧的造型组合，也明显地体现出了其在生殖内

---
[1]《战国策·赵策》："鬼侯有子而好"。
[2]《周礼·春官·大宗伯》。

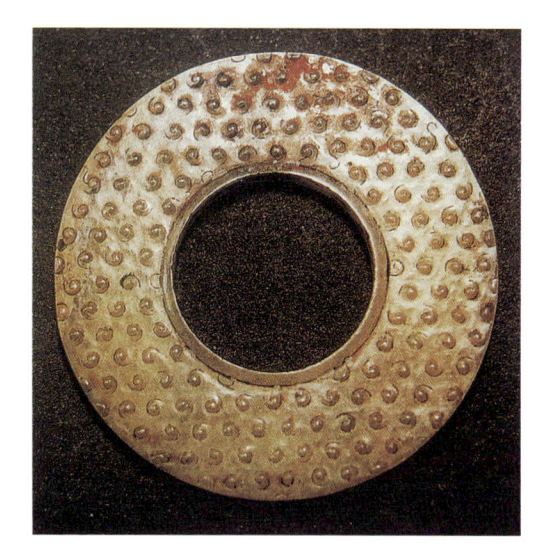

图9-30

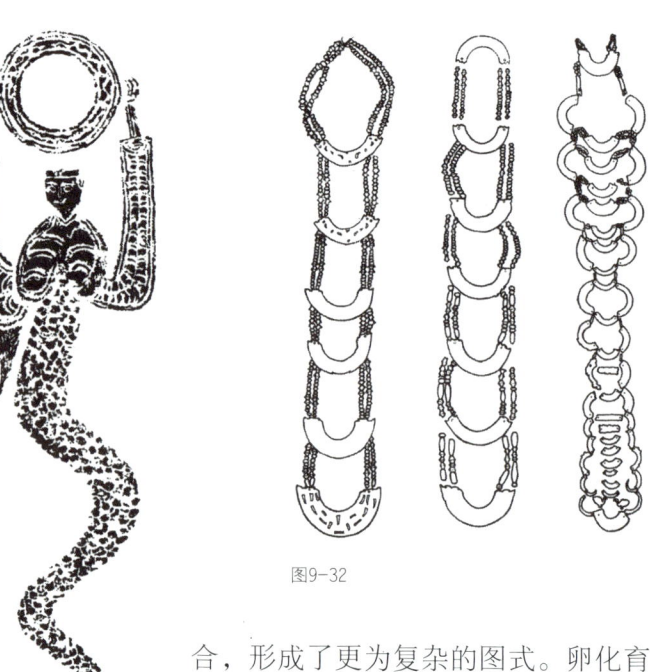

图9-31

图9-32

涵上的相通关系（图9-31）。

以珠示卵的方式同样体现出了生殖的内涵。对卵的立体造型形成了珠，珠俗称"珠子"，由此称可见珠对"子"的象征性含义。卵不但是祖的象征，也是子之象征，璧与珠的造型虽然皆本于卵，但其在象征含义上却有所区别：璧象征的是"祖"，常以独立的形态出现；珠象征的是"子"，常以众多的组合形态出现。珠的这种象征性内涵，在商周时期由璜（龙）与珠（卵）组合的玉组佩中被明显地体现了出来（图9-32）：璜的造型主要是龙，象征的是生殖神和祖；珠象征的是卵（子），是被生殖神生殖和统治的对象。由此组合而成的玉组佩佩挂于人的胸腹之前，其意并非仅是一种单纯的装饰，而是以龙生卵的方式体现了帝王或诸侯衍生子民的象征。璜与珠的组合数量则表示其身份的高低，是对王的繁衍能力及统治力的体现。

以上由图形造型方式对卵纹原本的分析，进一步证实了璧、珠及其他卵图形与卵的渊源关系，并揭示出了用图形造型方式对古代图形原本进行还原的重要作用。

（三）卵化纹对卵化生观念的综合表现

卵纹饰不仅仅限于表现卵的自然属性特征，还经常与原本思维对卵多方面的生殖认识相结合，形成了更为复杂的图式。卵化育成鸟或其他动物，需要在卵壳中经历一个化生的过程，这个过程让原始先民感到神秘，也正是这个神秘的过程，使人们在感性认知的基础上，形成了原始生殖观对卵化生万物的综合性认识。这种综合性认识又与阴阳等生殖观念相融合，再经图形化的表现，从而出现了综合体现卵化生特征的卵化纹。这类体现卵化生综合特征的卵化纹，其造型方式大致可分为化生式、象征符号式、综合式三种形态。

1. 化生式卵化纹

化生式卵化纹是体现卵化生过程的综合性图形。这种图式将人们观察和认识到的由卵化生鸟或其他物类的过程，综合体现到图形中，因而其所表现的不仅仅是卵的外表形态，而是对卵化生过程的总体印象。如用剖面突起式表现卵核并与各种动物组合的瓦当纹（图9-33）（图9-34），就体现出了卵化生综合特征对生命孕育的认知，其以表现卵内部化生内容的方式，让人们直观地看到了卵所化生的对象。再如河南洪山庙仰韶文化瓮棺葬彩陶缸上的卵化鸟图形（图9-35）：陶缸上饰有三只鸟，中间为刚破壳从卵中伸出头尾的鸟，两侧为已孵化出的鸟，该图形以综合式的造型表现出了卵化生为鸟及其生长变化的过程，其图式意在以此过程

图9-33

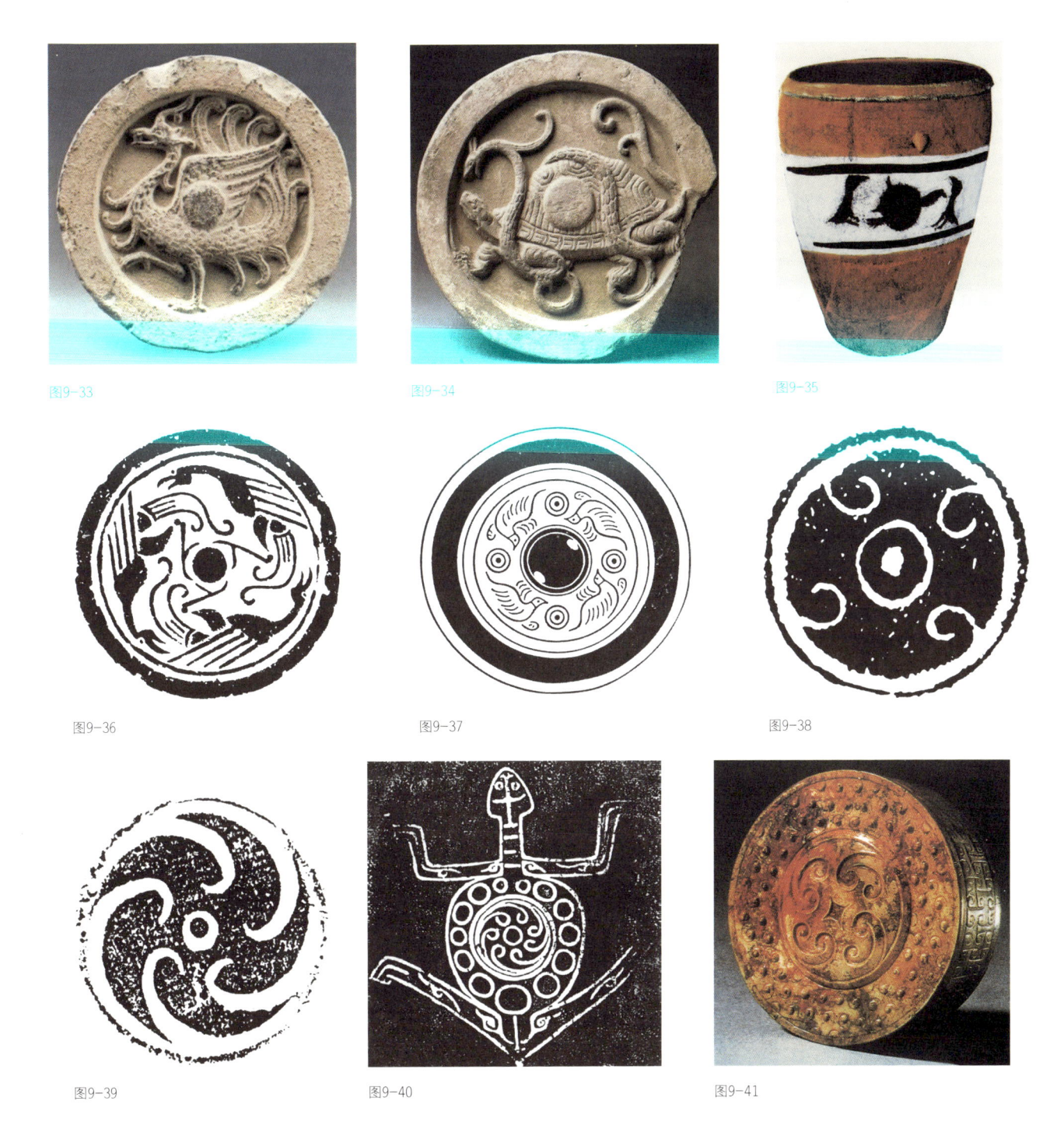

图9-34

图9-35

图9-36

图9-37

图9-38

图9-39

图9-40

图9-41

来体现并象征死者生命的重生。还有的卵化纹以卵核为中心组合进多个鸟、卵的形象（图9-36）（图9-37），其图式除体现卵化生的过程外，还强化了对生殖繁衍内涵的体现。这类卵纹均是人们在对卵化生生命客观认知的基础上，进行综合性表现的图式。

2.象征符号式卵化纹

象征符号式卵化纹是将象征生殖繁衍或体现化生变化的抽象符号介入卵纹中进行表现的纹饰，以较为抽象的方式来体现对生命繁衍的综合认识。在商周青铜纹饰中，常在卵纹内添加旋纹、勾连纹、涡纹等符号（图9-38）（图9-39），旋纹、勾连纹、涡纹均具有以抽象的弧状线来呈现动态变化的视觉特征，而在卵图形中添加这类符号，其意即是以此来对卵内部的化生变化进行象征。从这个龟怀卵的纹饰中（图9-40），可看到龟腹内众多小的卵纹围绕中间一个大的卵纹，其整体图式表现出了祖生子的含义，而这个大卵纹即是采用了象征符号

图9-42　　　　　　　　　　图9-43　　　　　　　　　　图9-44

介入的方式来对其化生特征进行体现。还有的卵化纹在卵核周围构合了籽纹（图9-41）、肠纹（图9-42）、肠孕卵纹（图9-43）、儿纹（图9-44）等生殖符号，同样是以抽象符号的组合，体现出了古代生殖观对卵化生的认识。

3.综合式卵化纹

综合式卵化纹是利用多种符号元素来综合体现卵化生观念的纹饰。其将人们所认识到的卵化生多种因素体现在纹饰中，从而使卵纹饰内涵的包容性更为宽泛。如浙江余姚出土的河姆渡文化骨匕上的双鸟纹，其不但体现了卵化鸟及生长变化的综合过程，还将其进一步神化并与生殖繁衍的象征符号联系起来，使图像体现出了对氏族生殖神的象征（图9-45）。该图形主体为两个鸟形纹，每个鸟形纹中心为卵纹，由卵纹再向两侧伸出两个鸟首，意为双鸟由卵而生。该纹饰将卵和由卵化生的鸟共同表现在同一个图形中，体现出了对卵化生鸟过程的认识。在此图形中，双鸟合体与卵纹的组合还可理解为阴阳交合的象征，是双鸟交合腹中孕卵的体现，可见此图形既反映了"卵化鸟"，也反映了"鸟孕卵"。此图形除表现卵化鸟过程外，还将生殖的抽象符号综合表现在了图形中，两个图形上方分别标注有"介"符号（示男根，象征男祖）和"⋀⋁"符号（示女阴，象征女祖），表明双鸟纹骨匕上的这两个鸟纹图形是体现阴与阳的一对图形。就此特征来看，该图形应是河姆渡文化中男女生殖神的象征，而此特征即是通过象形和抽象符号元素来综合体现的。

在河姆渡文化出土的另一件被称为双鸟朝阳纹象牙雕刻器上，也有综合多种因素的卵化纹出现（图9-46）。该图形是一个将肠、卵、鸟组合在一起的生殖象征图式。在这个图式中，肠呈环绕状与中间的卵纹连在一起，体现了肠孕卵的特征，由卵纹又向外伸出两只鸟的头部，是卵化鸟由卵而出的形象。此图式以肠孕卵、卵化鸟的特征，同样体现出了卵化生的综合过程，其生殖象征意义也十分明显。

图9-45

图9-46

图9-47 图9-48 图9-49

图9-50 图9-51 图9-52

在综合式卵化纹中，还常将龙等物类符号构合到图形中，以共同体现卵与生殖象征物的相互联系。如广州象岗南越王墓出土的西汉透雕龙纹玉璧（图9-47），除以龙为卵核象征生殖原本外，还在璧面上满饰籽纹（生殖之子的象征），以龙与卵的结合来体现生殖繁衍的内涵。

2001年出土于四川成都金沙遗址的太阳神鸟金饰（属商代晚期）（图9-48），其实也是一个综合式卵化纹。该金饰呈圆环形，以镂空的方式进行表现，圆环中间是一个与十二条旋纹构合的卵核。旋纹在卵纹中是象征化生变化的符号，十二条旋纹之数又与一年十二个月相同，此除象征生殖繁衍外，还表现出了时间与化生的联系。围绕卵核有四只被化生的鸟，是生殖繁衍通达四方的象征，从鸟的造型可看出，其具有羽毛未丰的雏鸟特征，表明此是刚化生的鸟而非羽翼丰满的鸟。多数观点认为中间的旋纹是太阳的象征，但从彩陶等纹饰表现太阳的特征来看，其均以放射状直线来体现太阳，而非用旋纹来体现（图9-49），由此表明该金饰虽然与太阳也有"互渗"联系，但其主要还是以卵的化生特征作为造型依据。这一点从汉代的卵化纹图形中也可找到相似的例证，如这个汉代铜洗上的卵化纹（图9-50），中间卵核是一个与太阳神鸟金饰相似的旋纹造型，其与肠纹、鸟纹、蝌蚪纹、籽纹组合并形成生殖繁衍的联系，所体现出的是卵的生殖特征，而非太阳的特征。由此可见，太阳神鸟金饰中间的旋纹图形与该图形所表现的内涵也应是一致的。与太阳神鸟金饰相类似的围绕卵纹生龙、生鸟的卵化纹，在其他古文化图形中也出现过（图9-51）（图9-52），同样可见其与太阳神鸟金饰在图形特征上的相似性，均是以综合式卵化纹的形式表现出了生殖繁衍的特征。

综合式卵化纹将人们观察和认识到的由卵化生

图9-53

图9-54

图9-55

图9-56

图9-57

生命的过程及相关元素表现在图形中，体现了古代生殖观对生命繁衍的综合认知，是中国古代生殖崇拜图形中的一种重要图式。

（四）卵化纹的图形构成形式

根据卵化纹的构成特征，其从造型形态上又可分为内化式、外展式两种形式。

1. 内化式

内化式卵化纹是在卵纹内添加象形或抽象符号来体现卵化生特征的纹饰。其纹饰外形以卵的外形为特征，整体图形呈封闭状，在内部再添加变化的旋纹、勾连纹、涡纹、交合纹、动物纹等形成整体图形（图9-53）（图9-54）。在这类卵化纹中，还常出现以肠纹、绳纹围绕卵纹的内化式卵化纹，以在卵纹内结合生殖符号的方式，来表现古代生殖观对卵化生的理解和认识（图9-55）。

2. 外展式

外展式是以卵纹为中心在卵纹之外再添加象形或抽象符号，使整体图形向外呈现放射状的卵化纹。如在商周青铜礼器上出现的在圆形卵纹之外套方形再向四方伸出的卵化纹（图9-56），即是用外展式的造型，以卵纹为中心对古人天圆地方、天地交合、生殖繁衍、通达四方之意的集中体现。而殷墟出土人首龙骨饰的体部图形（图9-57），则是将多个外展式卵化纹表现于龙体之上，以龙怀卵的生殖特征标示出了人祖生殖神的象征内涵。再看湖南长沙象嘴一号汉墓出土的一件透雕玉饰（图9-58），玉饰中间为卵纹，卵周围为鸟兽等，同样是用此种方式体现出了卵生万物的寓意。这些图形的生殖特征，均是以外展式的卵化纹形式来表现的。

由以上对卵纹不

图9-58

同造型特征及图形构成方式的分析，会发现在古代图形文化中，许多圆形纹饰均是由对卵的生殖表现而产生的。通过对这些卵图形原本的还原，可了解卵图形的不同造型特征及其真正的内涵。

三、不同文化时期的卵图形

在不同时期的卵图形中，又表现出了不同时期的形态特征。

（一）仰韶文化中的卵纹

仰韶文化时期的卵纹基本上以表现卵外部特征的圆形黑点和表现内部结构特征的重圆式造型为主要形态。在这时期的彩陶上，还可看到卵纹与肠纹、女阴纹组合的纹饰，这些纹饰常以环状形态装饰在陶器的腹部，以此来体现腹与肠、卵、女阴之间的生殖联系。如河南省陕县庙底沟出土的仰韶文化彩陶碗上的纹饰，即体现出了卵与肠组合的特征（图9-59），在同地出土的仰韶文化彩陶残片上，还出现了卵与女阴组合的图式（图9-60）。河南郑州大河村出土的仰韶文化彩陶瓶上，也有卵与女阴组合的变形纹饰（图9-61），其上卵纹不但体现了卵的外形，还体现出了内部卵核的特征。从这些卵纹造型可看出，仰韶文化时期的卵纹概括而简练，其造型主要是体现卵外部的象形特征或内部的结构特征，对生殖内涵的象征及表现也较为单纯而直观。

（二）河姆渡文化中的卵纹

在河姆渡文化时期的出土文物中，同样可看到诸多卵纹饰的例证。河姆渡文化遗存中有一件圆雕木鱼（图9-62），该木鱼以表现内部特征的造型方式在体部满雕卵纹，体现出了鱼怀卵的生殖特征。在同时期出土的陶器刻画纹中，还发现有卵纹与肠纹组合的放射状纹饰，并且从中可看出这种卵纹已具有了卵化纹的特征（图9-63）。

此时期除了前所介绍的河姆渡文化猪纹黑陶钵上的卵纹及双鸟纹骨匕、双鸟朝阳纹象牙雕刻器上的卵化纹外，在出土的陶器刻画纹饰中还有两个与卵相关的图形。这两个图形均由两个对称的似鱼又似鸟的动物纹与一个置于图形中间的纹饰组成。在其中一个被称为鱼藻纹的图形中（图9-64），两动物的腹上部均饰有相同的枝状纹，枝状纹是

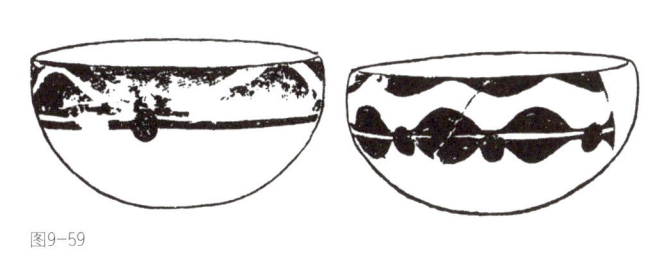

图9-59

图9-60　　　　　图9-61 　　　　　图9-62

图9-63

殖的象征符号。两动物中间是一棵分枝茂密的生命树，其与动物身上所饰枝状纹形成生殖繁衍的相互联系。另一个被称为鱼纹的图形与鱼藻纹的构图类似（图9-65），该图形两侧也刻画有两个鸟（鱼）形动物，鸟形动物体上和体下同样饰有多个枝状纹，具有枝状纹由鸟体而生的特征，是对生殖繁衍的体现。两动物中间是一个较为抽象的组合图形，图形下方置有两个卵纹，卵纹之上有一肠纹，肠纹之上置山字形祖神符号（此符号与良渚文化中出现的玉冠饰形状相似），其图形整体组合以肠孕卵的特征体现出了对祖先神的象征。以上这两个多元素组合式图形，反映出在河姆渡文化中，已出现了利用卵、肠、生命树等符号来对生殖崇拜内容进行综合体现的图式。

（三）大汶口文化中的卵纹

在大汶口文化彩陶中，常见卵图形与女阴图形组合成类似花瓣的放射状图式（图9-66）。除此种图式外，有的陶纹中还可见到卵与女阴横向组合的纹饰（图9-67），以及菱形的女阴和众多卵纹组合的纹饰（图9-68），这些纹饰均以生殖之门生卵的特征体现出了生殖的内涵。在大汶口文化陶器的氏族徽号上，还出现了重复的卵纹参与徽号图形的图式（图9-69），这种以卵纹介入族徽的造型，无疑是卵生殖观与氏族神结合的体现。

图9-64

图9-65

图9-66

图9-67

以树木分枝的方式来表现生殖繁衍的象征符号。左边动物腹下部饰三个卵纹，是对腹内怀卵的象征。右边动物腹下部刻一长线（肠纹变体），是对腹内之肠的象征。肠、卵与枝状纹均是表现生命繁

图9-68

图9-69

（四）马家窑文化中的卵纹

马家窑文化时期的卵纹多装饰在彩陶器上，以水中的蛙卵为表现特征，外部轮廓呈圆形，卵纹中心饰有黑点状卵核，这些卵纹常与水纹进行组合，以体现蛙卵与水的关系（图9-70）。有的彩陶中还出现了蛙卵长出尾巴成为蝌蚪的纹饰（图9-71），表明马家窑文化时期的卵纹与蛙之间有着密切的关联。

在马家窑文化半山类型和马厂类型彩陶卵纹中，有的卵纹以多个蛙卵组成一组，呈一胎多卵状，还有的卵纹由点状形态进一步扩展变得硕大，再在扩大的卵纹内添加卵纹、格状纹、网纹、十字纹、万字纹等形成综合式卵化纹，以此来体现卵生殖的包容性及其生殖观念的延伸（图9-72）。

这时期的彩陶上还出现了肠与卵组合的肠育卵纹（图9-73）以及表现卵变蛙过程的变体蛙纹等（图9-74）（变体蛙纹将在后面有关章节中专题介绍）。从此时期由卵变蝌蚪的纹饰可以看出，该时期的卵纹更为明显地体现出了以卵为生殖原本的特征。

（五）良渚文化中的卵纹

良渚文化时期在神人兽面像两侧经常置卵化纹，这些卵化纹体现出了卵既可化鸟也可化兽的多种物类特征（图9-75）。美国斯密生博物馆收藏有两件刻有族徽图形的良渚文化玉器，从其图形也可看到卵崇拜现象：其中一个族徽基部中间的纹饰明显呈卵纹特征（图9-76），族徽顶部站立一鸟，鸟站立的下方有珠状物相连，这种鸟站于族徽

图9-70

图9-71 　　图9-72

图9-73　　　　　　　　　　　　　　　　　　　图9-74

图9-75

图9-76

图9-77

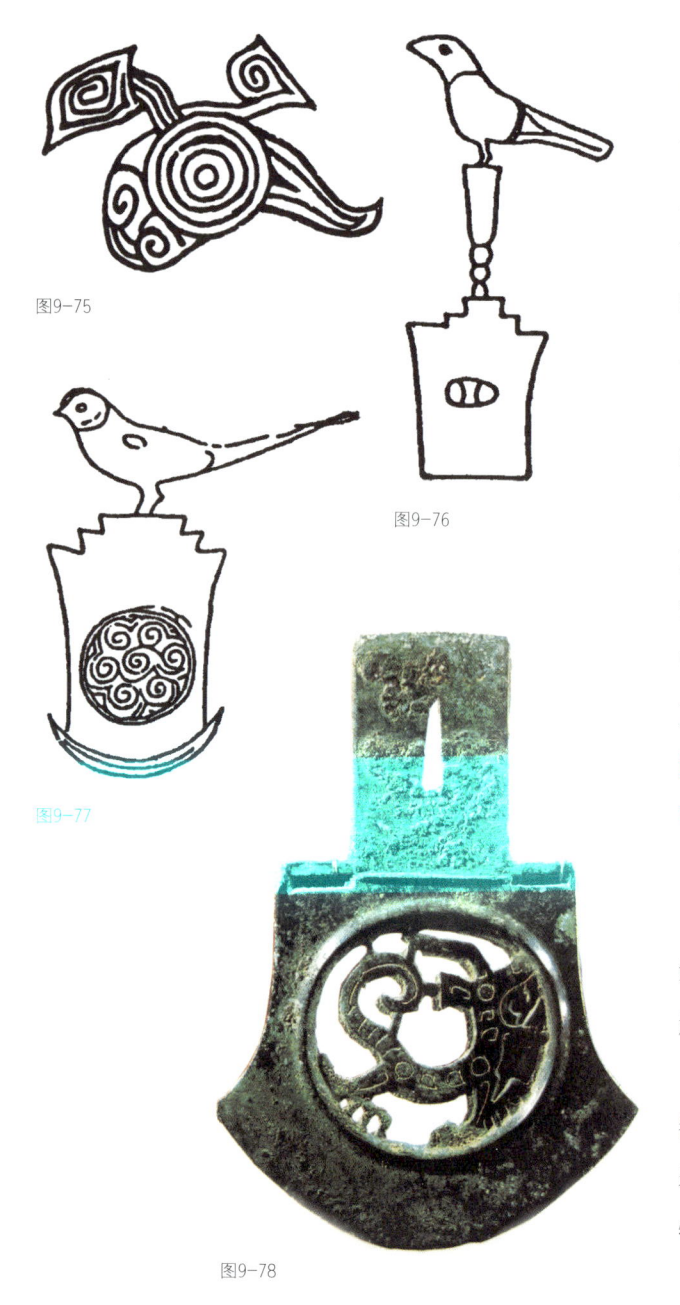

图9-78

图9-79　　图9-80　　图9-81

上表现卵与鸟（氏族图腾）结合的图式，体现出了卵与鸟的生殖联系及以卵为生殖之源的观念；另一个族徽图形与这件族徽基本相同（图9-77），其上也站立一鸟，并在基部加入了日、月、卵的符号，从其造型特征来看，最下方边缘部为上弯的月纹，月纹上面是卵纹与肠纹结合而成的卵化纹（以此象征日纹），其整体图式不但反映出了日、月与卵的"互渗"特征，也包含了天、地与生殖神、统治神相统一的概念。从商周时期的青铜钺造型中也可见到这种造型的影响，由商周青铜钺与良渚文化族徽对比可看出（图9-77）（图9-78）（图9-79）：钺中间圆形（卵化纹）与良渚文化族徽中部的日纹（卵化纹）对应，钺的弯形刃部与良渚文化族徽下部的月纹对应，这说明在商周青铜钺的造型中，同样也包含和延续了良渚文化族徽的生殖观及其图式。

（六）龙山文化中的卵纹

在龙山文化时期的陶鬶上，可见以绳纹（肠纹）造型的鋬手，以及条形纹（肠纹变体）与突起的圆点式卵纹装饰陶鬶腹部的造型（图9-80）（图9-81）。这种用条形的肠纹与点状卵纹装饰器物腹部的现象，是以陶鬶之腹象征生殖之腹的表现，其用意即是以此来体现腹内肠孕卵的生殖特征。

（七）商周时期的卵纹

商周时期的生殖观念与天地观念相联系，使卵纹的内涵也进一步扩大，并在图形中更为丰富多样地体现出来。此时期的卵纹基本呈现四种类型。

第一种类型是体现卵客观特征的卵纹，多呈凸起的象形式造型，或是在表现卵外部形状的圆圈内体现卵核的剖面突起式造型。商周青铜器、玉器中出现的大量所谓连珠纹、乳钉纹均是此类卵纹的表现（图9-82）（图9-83）。这类卵纹还常呈现出与其他生殖图形组合的形态，如西周时期的这两件铜带钩就分别在龙、兽体内组合进了卵纹，以龙体围绕孕卵（图9-84）和兽体内怀卵（图9-85）的造型来体现其生殖特征。此类龙、兽体内或体外组合卵纹体现龙、兽孕卵、生卵的图形，在此时期的其他青铜器和玉器中也较为多见（图9-86）。一些编钟等礼器上还常出现对称的双龙、双凤生卵图形，有的在双龙周围饰绳纹结节（肠纹的变体，族系象征，结节喻生子），具有阴阳相合氏族繁衍之意（图9-87）。西周后期蟠虺纹、窃曲纹流行，其特征表现为两龙、两蛇、两肠相交，并在相交处置一卵纹（所孕之子），以此来体现阴阳交合孕子的特征（图9-88）。有的图式还呈现多龙、多蛇相交之状，其交合处也置卵纹，并出现了以"目"为

图9-82 　图9-83

图9-84

图9-85

图9-86　图9-87

图9-88　　　　　　　图9-89　　　　　　　图9-90

图9-91　　　　　图9-92　　　　　图9-93

图9-94　　　　　图9-95

"卵"、"卵""目"难辨的图式。

第二种类型是较为抽象的卵化纹（旧称涡纹），此类纹饰包括两种形态：1.在卵纹内添加象征变化的弧线符号来体现卵的化生特征，形成内化式卵化纹。2.以卵纹为中心，在卵纹之外再添加其他与生殖相关的象征符号形成外展式卵化纹。内化式卵化纹和外展式卵化纹又常常组合搭配出现，以象征生命不断繁衍的内涵（图9-89）。此类卵化纹还常与龙纹等进行排列组合，是对龙生卵、卵化龙的体现（图9-90）。

第三种类型是在卵纹内或外加入动物形象的内化式或外展式图形，这种纹饰以具体物象参与卵纹造型，使卵的化生对象更为明确。如以卵化龙、卵化鸟为特征的内化式卵纹，即是在卵纹内加入龙、鸟等形象，直观地体现出了卵对这些物类的化生（图9-91）（图9-92）（图9-93）。又如在陕西省扶风县黄堆村出土的西周镂孔蟠龙铜圆泡（图9-94），以内化式卵化纹与牛首龙结合，并在牛首龙体部饰以卵纹（龙怀卵），体现出了卵化龙、龙怀卵的生殖内涵。而河北省平山县中山国一号墓出土的战国透雕三龙环形玉佩，则是以外展式图形来表现卵纹造型：中间为环（卵），环上饰绳纹，绳（肠的互渗物）是族系的象征，环外生出三龙，以此来体现卵、肠、龙的生殖繁衍关系（图9-95）。

第四种类型是在卵客观特征的基础上进一步延伸变化的卵纹，是对卵自身化生繁衍特征的体现。较为典型的是蝌蚪纹，也称为谷纹（图9-96），谷纹似蛙卵刚成蝌蚪或谷物发芽之形，这类纹饰常以众多的数量装饰在璧、龙、凤、兽的体部（图9-97），以此来对祖所生之"子"进行体现和象征。

（八）秦汉及以后时期的卵纹

秦汉及以后时期的卵纹虽然形态又形成了许多新的变体，但仍然体现出了在商周时期卵纹基础上进行演化的特征。如秦汉时期的瓦当纹，即明显延续了之前的卵化纹结构：其形式多以卵核为中心，并在纹饰中组合肠纹、绳纹等符号。在此基础上，有的瓦当纹还结合五行等观念，与钩状纹、交合纹等符号组合，呈现出向四方放射状，以体现生殖繁衍的特征及方位的秩序（图

图9-96

图9-97　　　　　　　　　图9-98

9-98）。秦汉时期的铜镜也以此种形式为基本结构，由镜纽（剖面突起式卵纹）为中心，围绕镜纽在四周置乳钉纹（剖面突起式卵纹）和动物纹等，并有绳纹等围绕，以综合性的图式体现生殖繁衍的特征（图9-99）。

在汉画像砖、画像石中还常见卵纹与龙、鱼等组合的龙抱璧（图9-100）、龙穿璧及鱼怀卵（图9-101）图式，并出现了以卵纹

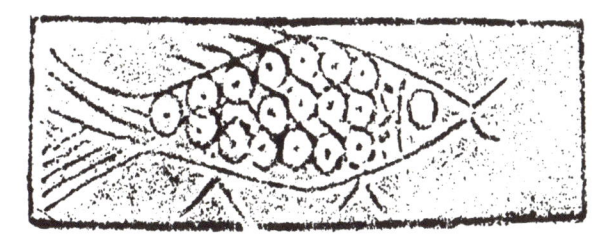

图9-99　　　　　　　图9-101　　　　　　　　图9-102

为中心向四方延伸的柿蒂纹（卵化纹的变体）和以卵纹与肠纹组合来体现生殖内涵的连续性图形（图9-102）（图9-103）。这些图形乍看似是一些单纯的装饰图案，但实质是以符号集成的方式体现了生殖繁衍的内涵。

自秦汉以后，大部分卵纹饰由卵化纹、柿蒂纹更进一步向繁复的样式转化，并与花之造型相结合，形成了用开花结籽图式来象征生命繁衍的造型（图9-104）。至唐代，这种纹饰又与当时的审美观念相融合，更加强化其美感因素，使图式变得雍容华贵。有的图式还结合花木分瓣、分枝的繁衍特征，在花纹基础上再出枝叶，进一步衍化为藻井图案，从而使其图像形态变得更为繁杂多变（图9-105）（图9-106）。此时期的卵生殖观还与籽、果等"互渗"，延伸产生了以莲子、石榴、葡萄等寓意多子的生殖象征图式（图9-107）（图9-108），出现了花孕子、花生子等图形，使生殖观念的表达更符合人们的审美且具有隐喻性（图9-109）。尽管卵纹随社会审美观念的发展有了很大的变化，但从以上出现的这些图式特征仍

图9-103

图9-104

图9-105　　　　　　　　　　　图9-106　　　　　　　　　　　图9-107

图9-108

图9-109

图9-110

能看出，许多纹饰延续了由卵纹发展而来的与肠纹、绳纹等元素组合的会意特征。

从不同时期卵纹饰的衍化，可见由仰韶文化时期的点状卵纹至唐以后卵与花结合的纹饰之间所产生的由单纯的卵图形逐渐向复杂图形过渡的过程（图9-110）。这种现象的出现，是卵纹饰与相关物象"互渗"并与不同时期的审美观念相结合，从而使其概念及形态不断延伸扩大的结果。

卵纹作为中国图形文化中表现古代生殖观念的一种重要纹饰，与肠纹、龙纹共同构成了丰富多样的生殖图式。在这些图式中，龙与卵是一种互生互化的关系：龙可孕卵，卵可生龙，卵既是被生殖的对象，又是孕育化生的物类原本。人们将龙作为生殖神的象征，龙是孕子之神；将卵作为生命之象征，卵是生殖原本和子的体现，龙与卵从而在中国传统的生殖图形中结下了不解之缘。

四、肠孕卵与龙戏珠

在汉代以后的建筑和器皿装饰中常见一种龙戏珠的图式，多表现为两条龙呈对称或对角状同戏中间一颗宝珠。整体图形有长、方、圆等形态：长形的，多以两条龙对称样式设于左右两侧，作行龙之状（图9-111）；正方形或者圆形的，多以两条龙上下对角状排列（龙头在下者为降龙，龙头在上者为升龙），呈阴阳相绕之状（图9-112）。从龙与珠的组合图式及其衍化轨迹来看，龙戏珠图式的产生同样与龙（肠）、卵对生殖观念的体现有关。

图9-111

图9-112

（一）肠孕卵、龙孕卵图形对生殖观念的体现

肠与卵是原始生殖观念中两个至关重要的元素。由于肠与卵生与被生的关系，在图形纹饰中，肠与卵也就成了经常被组合在一起来体现生殖的符号。

从汉代陶瓷上的泥条堆塑图形中（图9-113），可看出肠与卵的这种生殖关系，该图形用两个"S"形肠纹围绕着一个卵纹形成造型组合，较为直观地反映出了肠育卵的生殖特征。以此图形与龙戏珠图式相比较，可见其在图式上与龙戏珠已十分相似。肠是龙之原本，龙是肠的神灵化，因而肠孕卵与龙孕卵在概念上是一致的。在古文化图形中，龙孕卵的图式较为多见，如三门峡上村岭虢国墓地出土的玉盘龙饰品（图9-114），该器物由两龙组合而成，外侧一龙造型呈"C"形，内侧另一龙呈卵形，整体造型呈龙抱卵之状，体现出了龙怀卵、卵化龙的孕育特征。商周青铜器中龙与卵的组合也是一种常见的纹饰，卵多呈现卵化纹特征，常分布于龙纹首尾部（图9-115上），还有的图式以卵纹居中，表现为两龙拱卵、戏卵，同样体现出了龙与卵组合的生殖特征（图9-115下）。从这些龙孕卵图形的构成形态来看，其与后来的龙戏珠图形基本一致，两者在图式上明显具有相似性特征。

（二）卵与珠

那么卵与珠又是什么关系呢？龙孕卵是如何演化为龙戏珠的呢？究其形成原因，主要有四个方面：

1.珠为圆形之物，常指蛤蚌体内由分泌物凝结而成的"珍珠"或"真珠"。有典籍谓"珠，蚌之阴精也"[1]；"故生之来谓之精"[2]。从此义来看，"精"作为"故生之来"的生命原本，与卵是相通的。古人之所以言珠为"蚌之阴精"，即是认为珠与卵是"互渗"的相类之物。蛤蚌古时称"蜃"，古人认为蜃由雉所化，典籍谓"蜃，雉入海化为蜃，从虫辰声"[3]；"雉入淮所化为蜃"[4]；"孟冬，雉入大水为蜃"[5]；"玄雉入于淮，为蜃"[6]。从以上蜃是雉入水所化诸说，可见雉与蜃是可以"互化"的同一物类的两种形态，因而在古人眼中"雉生卵"与"蜃生珠"是相通的。并且从虫的"蜃"又与从女的"娠"音同可通，"娠，女妊身动也。从女辰声"[7]。又，龙为辰，故龙与蜃、娠也可通。由此在古人的生殖意识中，所谓龙珠也就与蜃珠联系起来，蜃孕珠与龙孕卵被认为是类同之事，龙珠也即成

图9-113　　　　图9-114　　　　图9-115

---

[1]《说文》。
[2]《灵枢·本神》。
[3]《说文》。
[4]《慧琳音义》引唐本《说文》。
[5]《礼记·月令》。
[6]《夏小正》。
[7]《说文》。

了龙卵的象征。此外，蚌、贝之类在民间还常作为女性之象征（似女性生殖器），俗称老年生子为"老蚌生珠"。民间风俗中还常把"珠"与"子"相联系，如妇女怀妊叫"珠胎"，将珠称为"宝"，小儿也称为"宝宝"或"宝贝"，民间绘绣中也称"龙戏珠"为"龙抢宝"。南朝梁任昉《述异记》则谓："越俗以珠为上宝，生女曰珠娘，生男谓之珠儿。"从以上称谓可见，"卵"与"珠""宝"相通，"龙育子"与"龙戏珠"也相通。

2.龙与卵组合图形的出现，除将龙与卵均作为生殖的原本元素外，还与蛇的生殖特征有相关联系。在肠被神灵化为龙的过程中，人们也将蛇跟肠产生了形状特征上的"互渗"，进而把蛇看成是肠在自然界中的动物化，并将其归为龙属。由于蛇与肠、龙的"互渗"联系，蛇的产卵特征也就引申成了龙的特征，由此产生了龙与卵的联系以及龙与珠的联系。

3.从卵图形的造型方式来看，珠与璧的形成均是在立体卵造型中以镂空方式表现卵核的结果，因而卵与璧、珠在图形造型中原本为一物。在古文化器物中，常见与龙戏珠相类似的龙与璧组合图式，如河北平山中山国一号墓出土的出廓双龙椭圆形玉璧（图9-116），该器整体呈双龙拱璧造型，中间为玉璧，玉璧外侧有两龙相拱，其形态与后来的二龙戏珠图式极为相似，应是二龙戏珠的原初形态。但从其含义而论，此二龙所拱之璧与二龙所戏之珠概念也有所不同：龙所拱之璧是"祖"之象征，而龙所戏之珠是"子"之象征。"祖"与"子"特征的不同，是由"璧"与"珠"来象征和区分的，这两种图式所表达的"供祖"与"生子"的不同内容含义，体现出了卵或为"祖"、或为"子"的双重性特征。从另一件二龙戏珠玉佩中（图9-117），也可见卵与璧、珠的关系。该玉佩呈二龙交合孕卵且口吐宝珠的造型：龙所孕之卵饰绳纹并呈扁平状，具有璧之特征，璧为"祖"；龙所吐之珠为圆珠形，具有珠之特征，珠为"子"。从两者造型可看出，其均以镂空方式体现了卵核的特征，表明两者皆本于卵，但两者所象征内涵却有"祖"（璧）与"子"（珠）的区别。该玉佩整体图式正是以双龙与璧（祖）、珠（子）的组合，体现出了龙、璧与所戏之珠（卵）的关系。在二龙戏珠的铜镜图形中，还有以镜纽作为龙所戏之珠的造型（图9-118），前已证明镜纽同样与卵的体现有关，此以镜纽为珠，表明铜镜中的龙戏珠造型实际上体现的也是龙戏卵。

4.对称或对角两龙合戏一珠的图式，体现了生殖神阴阳相合的生殖观念，并迎合了人们的审美要求。珠又为"宝"，具有吉祥平安、富贵生财之意。此也是二龙戏珠图式被人喜爱的重要原因。

从以上分析不难看出，龙图形后期所形成的龙戏珠纹饰，正是由卵生殖观念与龙图形的组合经演化而产生的，龙戏珠图式与龙戏卵图式所体现的内涵是一致的。

图9-116　　　　　图9-117　　　　　图9-118

图9-119

图9-120

图9-121

图9-122

图9-123

图9-124

（三）与龙孕卵相关的其他图形

龙戏卵、龙孕卵图形还演化出了其他一些变体样式，如龙穿璧、蛇戏卵等。龙穿璧图式同样体现了阴阳交合的生殖内涵，二龙交合穿璧图式与"龙拱璧"相类，璧为"宗"之象征，其以穿璧之形谐音"穿宗"之音来体现"传宗接代"之意（图9-119）。在蛇戏卵图形中，则多表现为以卵为中心，群蛇盘曲交缠共戏一卵（图9-120）（图9-121），同样体现了交合生殖的内涵。还有的蛇纹与树的分枝繁衍特征结合呈现分杈状，形成了群蛇围绕卵纹向外分支的辐辏式造型，也明显体现出了生殖繁衍的特征（图9-122）。从这些图式可看出，其与龙戏珠图式均有图形的相似性及内涵上的联系。

前面章节曾谈及商周及以后时期的纹饰中有"虎食人"或"龙食人"的纹饰（图9-123）（图9-124），此类图式与二龙戏珠图式也极为相似。这种纹饰的构成方式同样呈对称形，由左右相对的两龙或两虎为纹饰主体，两龙或两虎做张口状同戏一人或一人头（人头呈卵形）。前已论明这种纹饰并非龙或虎食人，而是生人、育人、护人的图式，其中所育所护之人是"子"之象征，可见以对称的二龙或二虎戏人头的图式，其实质同样体现了阴阳相合生子、护子的内容，与龙戏珠的图式内涵也是一致的。

从以上分析不难看出，龙所戏之珠是由卵延伸变化而来的，是卵生殖观念作用于图形经演化所形成的变体图式，龙戏珠图式所体现的原本内涵即是龙戏卵。

五、日、月与卵

在古人的观念中，日、月也是与生殖相联系的。它们因为对阴阳含义的象征及其形状与卵相似，从而与卵产生"互渗"，并在古代图形文化中出现了诸多日、月与卵相关的图式。

（一）日、月与卵的"互渗"

"日"在甲骨文中作"⊙""⊖"，其字表现为在圆圈中间加一点或一横的形态。对于"日"字的这种特征，有观点解释其是表示实体，并非空心圆圈。也有观点认为圆圈中一点表示的是太阳黑子，这种见解的依据是《汉书·五行志》，书中保留着公认的关于太阳黑子的最早记录：汉成帝河平元年"三月乙未，日出黄，有黑气大如钱，居日中央"。此有关太阳黑子的记录还被认为是传说中日"载于乌"的形象依据。其实，甲骨文中"日"字所表现的"⊙""⊖"形态，主要是由于"日"与"卵"形状特征相似，在原始思维作用下产生"互渗"的结果，其造型与古文化图形中表现卵内部特征的卵纹是相同的，"⊙""⊖"中的一点或一横均是对卵核的表现。传说中太阳与鸟的联系，也是因太阳与卵形状相似并能在天上运行，进而与鸟产生联想所至。

在仰韶文化和马家窑文化彩陶中，卵的图形均呈"⊙"形，其中间一点与甲骨文"⊙"中间一点完全相同。从甘肃秦安大地湾出土的仰韶文化人形彩陶瓶腹部的"⊖"形卵纹与甲骨文"⊖"字对照（图9-125），可见两者的一致性。"日"与"卵"也正是因两者的这种相似特征而"互渗"关联起来的，古书中所载太阳黑子的出现，只不过是更进一步使人相信并加强了日中有卵核这一认识。就"三月乙未，日出黄，有黑气大如钱，居日中央"之说来看，其中"日出黄"应是"日现黄"之意，"卵核"也称"卵黄"（卵的结构分卵白与卵黄），"日出黄"之意也即是说日现出了卵黄。由此该说便可以这样解释：三月乙未，太阳现出了"黄"（卵黄为卵的内部特征，寻常时看不见卵黄），有黑色云气大小如铜钱之状，居于太阳的中央（黑色云气是对"日出黄"特征的描述）。也正是这种"日出黄"现象，使古人更进一步印证了以日为卵的观念，而"⊙"的字形所借用的正是卵的形状。但"日"与"卵"作为特指符号在图形中运用时还是有区别的，如在原始彩陶纹饰中，表示"日"的图形常在卵纹周围以加放射状光芒线的方式标示"日"与通常之卵的不同，但从日纹具有卵核的特征仍然可看出卵的原本形状（图9-126）。

古人认为月同样是一只卵。"月"甲骨文作"☽""☽""☽"形，是半月形再加卵核的形象。月中不会有太阳黑子，但"☽"字中同样加有一点，说明"☽"字也是与卵"互渗"而来的。"月，阙（缺）也，太阴之精，象形。"[1] 月与日升于天上，并分别现于白天和黑夜，是古人观念中体现阴阳的一对象征物。"☽"字之所以用半月形表现，除了表示其外形特征外，主要是为了标示与

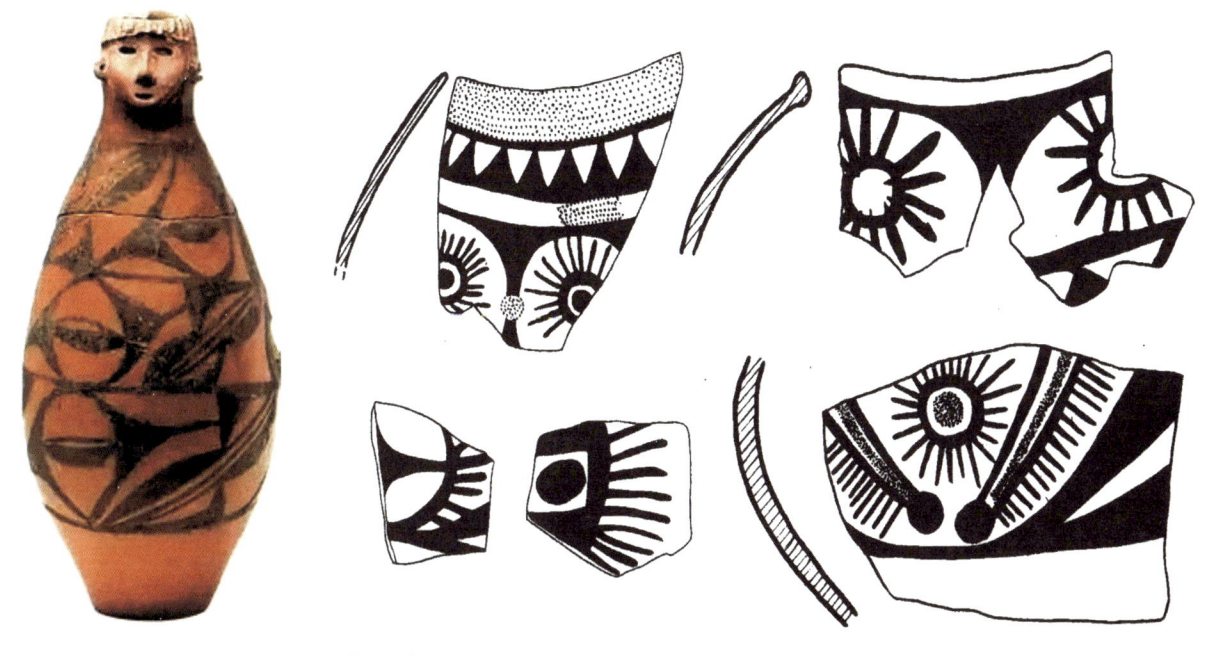

图9-125　　　　图9-126

[1]《说文》。

从古代典籍中"生日""生月"的记载来看,在古人眼中,日、月像卵一样,同样具有双重性特征:有时为祖,是天神之象征;有时为子,是被生殖的对象。典籍中有"日月(俊)生","帝(俊)乃为日月之行"[1],"羲和者,帝俊之妻,生十日"[2],"帝俊妻常羲,生月十二"[3]等说,这些说法均体现出了古人以日、月为卵的观念,表明人们在对日、月的早期认识中,并不认为日、月是天地的始祖之神,而是帝俊之妻所生之物,且生日有十,生月有十二。从新疆吐鲁番阿斯塔那出土的唐代丝织图案中,也可见到这种观念的体现(图9-127):这件被称为连珠对鸟纹锦的纹饰呈连续的圆形(卵纹)图式,圆形中间为一对凤鸟,两凤鸟相对喻阴阳相合,鸟首置山字冠,表明此鸟是生殖祖先之象征。卵纹周围有四个方形与诸多圆形相绕,象征凤鸟所生之子。天圆地方,四个方形喻地之四方,圆形喻日(象征日的运行方位)。在此图式中,日被置于鸟的周围,表示是被生殖的对象。

古代典籍中还有以"日"为"实"的说法:"日,实也,太阳之精不亏。从口一,象形"[4];"日,实也"[5];"日之为实也"[6]。以上诸说均以"实"训"日"。《诗·载芟》:"实函斯活。"郑笺:"实,种子也"。《谷梁传·僖公三十二年》:"李梅实……实之为言实也。"注:"实,子"。由此又可知,"实"即"子",以"日"为"实",即以"日"为"子","卵"也为"子",可见"实"与"卵"其义也一致。

从殷墟卜辞与日有关的文字记录中,也可看出人们当时对生日的理解和认识:

"乙巳卜,王宾日。"(佚存872)

"庚子卜贞,王宾日亡尤。"(金璋44)

"出、入日,岁三牛。"(粹编17)

"辛未卜,又于出日。"(粹编597)

《山海经·大荒东经》中也说:"汤谷上有扶木,一日方至,一日方出,皆载于乌。"

卜辞中的"宾日""出、入日""又于出日"的记录及《山海经》中"一日方至,一日方出"的说法,均表明在古人眼中日每天要出生(升)一个新的,日每天出生,即是生日的象征。郭沫若根据上述卜辞材料,断定殷商人每天早、晚有迎日出、送日入的礼拜仪式[7],这种仪式即是古人对生与灭的祈祷。

甲骨文中的"旦"字也与生"日"有关,从字形来看其是由"口"生"☉"的日出之形(图9-128)。卵别称"蛋",与"旦"音谐可通,可见"蛋"与"旦"之间同样具有相互关联的生殖含义。从前文介绍的浙江余姚河姆渡文化双鸟纹骨匕和双鸟朝阳纹象牙雕刻器上的卵化鸟图形中,也可看到卵化鸟与日纹构合的生殖崇拜图形。这些以日、鸟、卵组合的纹饰,均体现了古人以日为卵、日升为"生"的观念。

图9-127

---

[1] 长沙出土楚帛书。
[2]《山海经·大荒南经》。
[3]《山海经·大荒西经》。
[4]《说文》。
[5]《广雅》。
[6]《白虎通·日月》《礼记·月令》疏引《春秋元命苞》。
[7] 郭沫若.殷契粹编[M].北京科学出版社,1965.354—355.

图9-128

从以上典籍对日、月的表述及相关古文字、图形纹饰的特征，表明在古人眼中日、月与卵是"互渗"相类的关系，日、月是升于空中的卵。也正是这种原因，日、月从而与古代阴阳孕育天下万物的生殖观更是产生了密切的关联。

（二）"旸谷"与肠谷

既然日为卵，是被生孕之物，那么日又出于何处呢？

典籍中对日出之处的有关描述有，"汤谷上有扶桑，十日所浴，在黑齿北，居水中，有大木，九日居下枝，一日居上枝"[1]；"分命羲仲宅嵎夷曰旸谷，寅宾出日，平秩东作，日中星鸟，以殷仲春，厥民析，鸟兽孳尾"[2]；"日出于旸谷，浴于咸池，拂于扶桑，是谓晨明。登于扶桑，爰始将行，是谓朏明"[3]等。据以上所说，日出之处曰"旸谷"或"汤谷"，"旸，日出也"[4]，可见"旸谷"即日出之谷。又"汤谷上有扶桑""九日居下枝，一日居上枝"，可知"扶桑"为树木。"黄帝生阴阳，上骈生耳目，桑林生臂手，此女娲所以七十化也。"[5] 由此又可见"桑林"以树分枝之形与人生臂手"互渗"相类，为生殖繁衍之象征。古人以"桑"为社木（生殖之树），而"扶桑"以"桑"为名，也表明其属"桑"类，其意即是生"日"的生命树。《说文》又有以"日"为"实"的说法[6]，"实"为树之"子"，"日"生于扶桑也即言其为扶桑所生之"实"，"实"又与"卵"意通，结"实"与生"卵"相类，均为生殖繁衍之象征。

那么古人心目中的"旸谷"和"扶桑"又是什么样子呢？

从湖南长沙马王堆一号汉墓出土的西汉帛画右上部所绘图形中，可明确地看到古人所认为的"扶桑"之形（图9-129），该图形由龙、扶桑、日组成，清晰地描绘了扶桑生日的情景。《山海经·海外东经》对汤（旸）谷的描述是"汤谷上有扶桑"，而此图式所描绘的却是龙体上有扶桑，龙与扶桑交缠在一起。此图式"旸谷"以龙代之，表明龙与"旸谷"有着类同的内在联系。龙为肠的神灵化，生命在肠的围绕中孕育，肠是生殖之神，而

---

[1]《山海经·海外东经》。
[2]《尚书·尧典》。
[3]《淮南子·天文训》。
[4]《说文》。
[5]《淮南子·说林篇》。
[6]《说文》："日，实也"。

图9-129

"旸谷"是生日之处，日在其中孕育，同样具生殖之神性，其义与肠同。而"肠"与"旸"又音同可通，可见所谓"旸谷"即喻"肠"谷，是日（卵）的孕育之处。在古代生殖观中，龙为生殖神之象征，树为生殖繁衍之象征，卵为子之象征，三者形成了古代生殖观念的基本构架。扶桑生日的图式即形象地体现了这种观念。在该图形中，与龙（旸谷象征）相缠绕的扶桑树明显地表现出了肠形特征，表明扶桑既与龙有关，也与肠有关。在肠形"扶桑"中有日孕育，最上一日中有鸟，是卵化鸟的象征。其形象地说明，"旸谷""扶桑""日"与"龙""肠""卵"之间是"互渗"联系的，龙、肠孕卵与"旸谷""扶桑"生日（结实）其含义相类。

（三）日与鸟

古人在生殖观念中对日与卵产生"互渗"认识后，又进一步将日与鸟相联系，认为日可以化生为鸟，且鸟载日行，从而形成了日鸟说。典籍中有日"载于鸟"[1]，"日中有䞍鸟"[2]等说法。此外还有"鸡为积阳，南方之象。火阳精物，炎上，故阳出鸡鸣，以类感也"[3]等将日与鸡相联系的"类感"说。这些说法均表明了在古人眼中日与鸟的联系。原始观念之所以将太阳与鸟相联系，其依据有三：1.太阳在天上运行，鸟也在天上飞翔；2.太阳为圆形，卵也为圆形；3.卵与鸟相关，卵可化为鸟，故太阳也可化鸟。也正是日与卵某些特征的相似在原始思维中产生"互渗"，从而使崇日与敬鸟统一起来，并在图形文化中产生了诸多日与鸟相关的图式。

在仰韶文化庙底沟彩陶纹饰中，鸟纹的头部造型多呈圆形，此造型即是对卵原本特征的体现（图9-130）（图9-131）（图9-132）。这些鸟纹大多采取了卵（日）与鸟复合的造型，表现的是卵化生为鸟的综合过程。将庙底沟彩陶纹饰中出现的卵化生为鸟的不同形态相联系，可排列并还原出这种由卵化生为鸟的过程（图9-133）：鸟的头

图9-130

图9-131　　图9-132

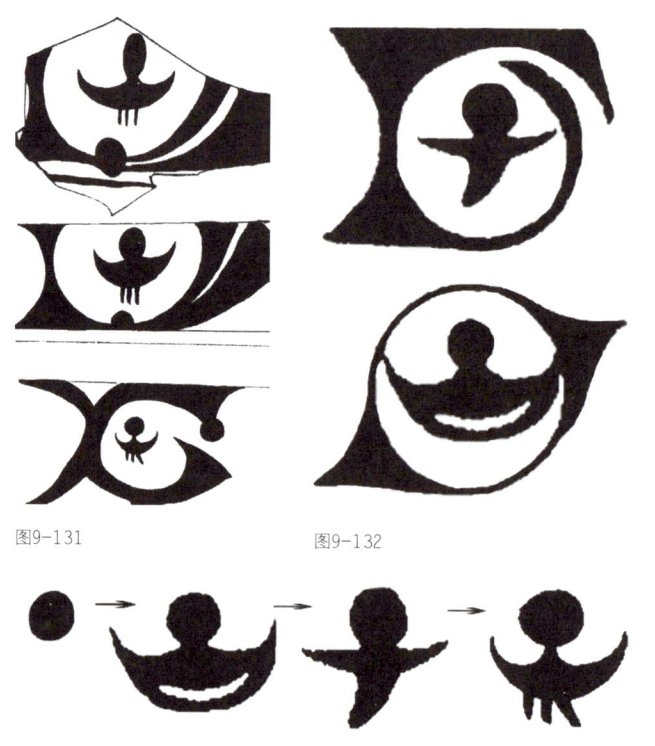

图9-133

---

[1]《山海经》。
[2]《淮南子·精神篇》。
[3]《艺文类聚》。

部为卵形（是卵的原本形态）→卵下是由卵而生的鸟身和双翅→鸟身又生出了鸟尾→鸟尾两侧是由鸟体再生的两足。由此可看出，仰韶文化庙底沟彩陶纹饰中的鸟纹所体现的是卵化鸟过程中不同阶段的综合式图形，是对卵化生为鸟整个过程的认识。这种综合式图形利用卵化鸟的不同阶段特征进行复合，意在通过卵化鸟的过程来表现生命化生的整体概念，并表明这些鸟图形是以卵为原本而生发的。此种将物象发生过程不同阶段综合到一个图形中的造型方式在原本艺术造型中经常出现，如民间美术中表现藕→生叶→开花→结蓬的莲生子图式，也是此种综合意象的表现（图9-134）。由于原始思维中日与卵是"互渗"的，因而此类纹饰同样体现并象征了日与鸟的关系，是对日"载于鸟"之说的图形表现。

关于庙底沟彩陶纹饰中有的鸟纹下方似有三足的特征，有观点将其与汉代画像石、画像砖、帛画、漆画中的三足鸟联系起来，认为其表现的是鸟足，也有观点认为该类纹饰中间所谓的一足表现的是男根。本书认为，在仰韶文化庙底沟彩陶纹该类鸟图形中，鸟下方中间所谓一足所描绘的并非三足或男根，实际上表现的是鸟的尾部，是在正视角度鸟体展开所呈现出来的应有特征。这一点在仰韶文化同时期的侧面鸟纹中可得到印证，这些侧面鸟纹均为两足，而从未有三足鸟出现（图9-135），如果正面为三足，侧面也应具有三足。由此表明在仰韶文化庙底沟彩陶纹饰中，还未出现三足鸟的概念及图形。

在山东省莒县陵阳河遗址和诸城前寨遗址，曾发现过一种大汶口文化时期的陶器徽识（图9-136）（图9-137）。有观点将其释为"日、月、山"，也有的释其为"日、火、山"，还有的释其为"日、鸟、山"，或释其为"炅"（即"热"）。其实这种徽识图形上部也是一个日（卵）与鸟的复合体，将此图形与仰韶文化庙底沟彩陶纹饰中卵与鸟的复合纹饰相比较，可见其一致性（图9-138）。该纹饰上方"O"实质是卵（日）的图形，下面是卵化生出的鸟身，两者复合

图9-134 　　　　　图9-135 　　　　　图9-136

图9-137 　　图9-138

成为向上展翅飞翔的鸟形，是日出之形与卵化鸟观念的构合。以该图形作为氏族的徽识则反映出，此时期除将日、卵、鸟在生殖繁衍观念上结合之外，还将由此而来的太阳崇拜与族权联系了起来，这表明当时这里存在一个崇拜鸟和太阳的氏族。而此地又正处于东夷原始部族少昊的地域，少昊即以鸟为图腾，因而以鸟来解释此徽识恰与少昊族的图腾相符合。此图形下方是一山形，就图形的整体特征及含义来看，如果以其作为部族徽识且上部表现的是部族图腾的话，那么下方的山形所表现的就不是普通意义上的山，而应该是王冠（原形是象征祖陵的博山），其意与古文化图形中出现的山形冠饰相同，是对王权和氏族神的象征。

由于日是传说中帝俊之妻羲和所生的儿子，传言日有十个。十日如有越轨行为，神可对其予以惩罚，故有羿射九日之说。"尧之时，十日并出，焦禾稼，杀草木，而民无所食"，十日并出，天下遭灾，尧于是指派羿上射十日，射落其九，"万民皆喜，置尧为天子"[1]。屈原《天问》："羿焉彃日？乌焉解羽？"王逸注："尧命羿仰射十日，中其九日，日中九乌皆死，堕其羽翼，故留其一日也。"由以上所说可见，在人们的早期观念中，日只是行于天的"日（卵）中乌"，故羿可射之。后随着天地阴阳观念的逐渐完善，人们以阴阳解释世界，以日为阳，日由此才成为天之象征，并被尊为百神之王。《礼记·郊特牲》："郊之祭也，迎长日之至也，大报天而主日也。"郑玄注文："天之神，日为尊"，"以日为百神之王"。孔颖达注疏："天之诸神，莫大于日。祭诸神之时，日居群神之首，故云日为贵也"，"天之诸神，唯日为尊，故此祭者，日为诸神之主，故云主日也"。日这种"天之诸神，唯日为尊"的地位变化，也是后来天地观念与王权统治相统一的结果。历代帝王把自己称为天子，是借天威以树王威，"皇"字之本意即出自"天子"之意。金文"皇"作"𝌆"（图9-139），其上部是一发光的"日"，其下方是王，所表达之意是"王"为日生之子，也即"皇"为"天子"。这种将日与人相联系的日生人图形，在原始岩画中也可找到相似的例证（图9-140）（图9-141），其均是以日生子或日与王复合的造型来体现"皇"（天子）的形象。从此类图式也可看出，其所体现的由日生人（天子）的造型与前所谈及的仰韶文化庙底沟彩陶纹饰中由日生鸟的综合式鸟纹造型相类，同样是由日（卵）为原本的生殖图式衍生出来的。

在汉画像石、画像砖中还有许多对日、月进行神化的图形。这些图形多将日、月拟人化为人首鸟身的特征，呈人首鸟怀卵（日、月）飞翔之形（图9-142）。在人首鸟所怀卵纹（日、月）、日纹中置鸟，鸟是翔于天的阳性动物，以此示阳（图9-143上）；月纹中置蛙和树，树是生殖繁衍之象征，蛙为栖息于地、水的阴性动

图9-139　　　　图9-140　　　　图9-141

---

[1]《淮南子·本经训》。

物，以此示阴（图9-143下）。此外，在汉画像石中，日月象征阴阳的观念还常与人祖神伏羲、女娲组合，以此来体现阴阳化生万物的生殖神特征（图9-144）。

从以上日、月与鸟的关系及其图形的造型分析可看出，在原始生殖观念中，正是由于日、月与卵化生观念"互渗"并作用于图形造型，才形成了日、月与卵化鸟过程相联系的综合式图形。

（四）日、鸟图形与凤

日、月、卵在古代生殖崇拜中同天地、阴阳化生万物的观念相结合，出现了许多与其相关的图形，这些图形又受到不同时期观念因素的影响，不断演化并形成了许多新的图形变异。"凤"的出现，即是在这种图形变异中产生的。由于原始思维认为日与卵相类并形成了日与鸟的联系，进而便有了"日中有鸟""日载于鸟"的太阳鸟传说，此后又以日月为阴阳的象征，使日神成为象征"阳"的至尊之神。随之象征日神的太阳鸟也就具有了王的特征，并在人们不断地神化中集天下禽类之大成，成为百鸟之王：凤。

凤，祥瑞之禽，鸟中之王，其状如鸡，五彩备举（又称"五彩鸟"），集火、太阳、各种瑞鸟并吸收一些瑞兽的形态复合而来，是古人崇鸟敬日的衍化物。古人称："凤凰，火之精，生丹穴。"[1]"丹穴"即指太阳，可见其原形与日中的太阳鸟应为一物。又谓："凤，神鸟也。天老曰：'凤之象也，鸿前麐后，蛇颈鱼尾，鹳颡鸳思，龙文龟背，燕颔鸡喙，五色备举。出于东方君子之国，翱翔四海之外，过昆仑，饮砥柱，濯羽弱水，莫宿风穴，见则天下安宁。"[2]后又与儒学相合，有"首戴德，颈揭义，背负仁，心入信，翼挟义，足履正，尾系武，自歌自舞，见则天下大安宁"之

图9-142

图9-143

图9-144

---
[1]《山海经·南山经》。
[2]《说文》。

图9-145　　　　　　　　　　　　图9-146　　　　　图9-147

说[1]。故，在传统观念中，凤又为"仁鸟"。

原始凤鸟在与太阳复合的演变过程中，其图形先演化出了青鸾、丹凤、朱雀、鲲鹏、白凤等形象，并以朱雀来象征四象中的南方神灵（图9-145），后又在朱雀基础上再集各种瑞鸟的华彩于一身而成为凤凰。凤鸟，始无雌雄，后分雌雄：雄曰凤，雌曰凰，有冠为凤，无冠为凰。从传统凤鸟的图形来看，其造型同样是与生殖繁衍相联系的，凤尾常结合藤、带、绳（肠的"互渗"物）等符号作为生殖繁衍的象征（图9-146）（图9-147），有的凤尾造型还与生命树的分枝特征相组合，其生殖含义更为明显（图9-148）。

凤与鹏也有一定的渊源关系："古文凤，象形，凤飞群鸟从以万数，故为鹏党字。"[2]甲骨文中"鹏"字写作"𩁼"（图9-149），从此字形也可看出其所体现的生殖特征："𩁼"字主体为"S"肠形，肠形内置"丨丨"，"丨丨"为羽形，字的整体是由肠生羽之形，生羽与树生枝在生殖含义上"互渗"相类，其意亦与青铜纹饰中的"勿纹"相同，均是生殖繁衍之象征。此字之形由肠而生羽，借肠为众鸟之祖，众鸟之祖即为"鹏"。又"凤，神鸟也。朋，古文

图9-148

图9-149　　　图9-150

---

[1]《大戴礼记.易本命》。
[2]《说文》。

图9-151

图9-153　　　图9-154

图9-152

凤"[1]，"凤"字借"鹏"为"凤"（图9-150），并在"𪚥"字上部加与龙字首部相同的"𠫓"形符号，以标示其与寻常之鸟不同的"羽介"之长特征。

因凤凰由日鸟演化而来，故其同样与日有着不解之缘。直到现在还流行的传统纹饰"丹凤朝阳"，即是凤凰与日的组合图式（图9-151）（图9-152）。此类图形源于鸟与日的联系，而鸟与日的联系又由鸟与卵的联系而来，从汉代瓦当双鸟拱日的图形中（图9-153），可看出其上的"日"纹即是卵化纹。汉画像中的双凤衔璧、双凤拱璧图式也体现了凤与卵（璧的造型原本）的关系（图9-154），表明该类图式实质均是由鸟生卵、卵生鸟而来。从丹凤朝阳整体图式来看，其又与二龙戏珠图式相类，这两种图式均体现了龙或凤与卵的生殖联系，只是由于龙与凤在阴阳观念中的区别，才形成了二龙戏珠图式与丹凤朝阳图式的不同。民俗中又出于对阴阳搭配的习惯，据龙和凤的形象对其进行性别区分：龙虽然由母性生殖崇拜而来，但由于其形象凶猛威武又具兽之特征，在演化中便成为男性的象征；凤虽然由代表阳的日鸟演化而来，但由于其形象绚丽多姿又具鸟之特征，就常以其作为龙的陪伴，成为女性之象征。自此，龙与凤在艺术图形中经常进行组合，并出现了"龙凤呈祥"这种民俗观念中最为祥瑞的图形。

六、卵图形至太极图式的演化

"太极"是中国古代哲学术语，其意为化生万物之本原。太极图是表现太极理念的图形，其特征以反"S"形区分黑白两个鱼形纹组成圆形图案，俗称阴阳鱼。太极图形象化地表达了阴阳轮转、相反相成是万物生成变化根源的哲理，并在图形中展现出了一种阴阳互化、对立统一的形式美。而卵图形也同样具有化生万物的内涵，将太极图形与卵图形相对照，可见两者在内涵和形态上具有诸多一致性。

原始生殖观对生殖的认识，经历了生命由神灵

[1]《说文》。

感应而生到男女阴阳交合而生的过程，对卵的生殖化生认识，也经历了由卵自身的化生到结合日月、阴阳化生的过程。卵图形这种在卵化生基础上结合日月、阴阳观念化生万物的特征与太极图所表达的内涵是相似的，从其图形发展脉络中，也可看出卵图形与太极图形两者之间存在渊源上相互影响及演化的关系。

（一）卵图形与太极图形原本特征的相似性

由于许多生命物由卵化生而来，卵具有化生多种物类的特征，因而在原始生殖观对生殖之源的探寻中，卵便成了人们所认为的万物生命之本。盘古开天辟地创世传说中"天地浑沌如鸡子，盘古生其中。万八千岁，天地开辟，阳清为天，阴浊为地"[1]的说法，就反映和体现出了人们在原始认知中认为世界之初与卵相关的观念。古文化图形中以卵为生殖原本的图式也很多，如前所介绍的河姆渡文化中双鸟纹骨匕上的卵化鸟纹、双鸟朝阳纹象牙雕刻器上的卵化鸟纹以及不同历史时期出现的其他卵化纹，均反映出了以卵为生殖原本的特征。

太极观念同样是在阐述和探寻万物的原本。太：初始、宗源、无上。极：最端之位、结构之元。太极观念认为万物之源归于太极，由太极而化世间万象。《易经·系辞上传》："易有太极，是生两仪，两仪生四象，四象生八卦，八卦定吉凶，吉凶生大业。"孔颖达疏："太极谓天地未分之前，元气混而为一，即是太初、太一也。"此"太极谓天地未分之前，元气混而为一"之说与盘古开天辟地的创世传说中"天地浑沌如鸡子"之说具有一致性，都是在追究天地生成的原本，并认为世界由此原本化生出了世间万物。太极表达的观念是："一生二，二生三，三生万物"[2]，两仪由太极演化而来，四象由两仪演化而来，八卦由四象演化而来，太极变化无穷，阳刚与阴柔交互作用，使万物生生不息。

由此看来，将万物生殖原本归于卵的探寻与从宇宙观角度将万象归于太极的探寻其本质内涵是相似的，都是在探寻万象发生之原本。其区别只在于，前者是以对现实物象生殖繁衍的认知为特征，后者是以对抽象概念的阐述为特征。但抽象概念又必然来源于对现实的认识，从卵纹的图形特征、卵化生万物的原本内涵与天地阴阳观念的联系可看出，卵图形对生命原本的体现，无疑为太极图的形成提供了依据。

（二）卵图形与太极图形阴阳交合特征的相似性

在对卵化生的认识过程中，阴阳交合是卵生殖观念后来的一个重要特征。"卵壳孕而雌雄生"[3]与"易有太极，是生两仪"[4]在概念上也是相似的。两仪即"阴阳"，雌雄反映到宇宙观中也为阴阳。阴阳观以天地日月为其象征：日为阳，积阳为日，日为阳之主；月为阴，积阴为月，月为阴之宗。古代典籍对此也多有阐述："天地之袭精为阴阳，阴阳之专精为四时，四时之散精为万物。积阳之热气生火，火气之精者为日；积阴之寒气为水，水气之精者为月"[5]；"毛羽者，飞行之类也，故属于阳。介鳞者，蛰伏之类也，故属于阴。日者，阳之主也……月者，阴之宗也"[6]；"天地不交，而万物不与"[7]；"无极而太极。太极动而生阳，动极而静，静而生阴，静极复动。一动一静，互为其根。分阴分阳，两仪立焉。阳变阴合，而生水火

---

[1]《艺文类聚》卷一引《五运历年纪》。
[2]《道德经》。
[3]《论衡》。
[4]《易经·系辞上传》。
[5]《淮南子·天文训》。
[6]《淮南子·天文训》。
[7]《易经·归妹卦·象传》。

图9-155

图9-156

木金土。五气顺布，四时行焉。五行一阴阳也，阴阳一太极也，太极本无极也。五行之生也，各一其性。无极之真，二五之精妙合而凝。乾道成男，坤道成女。二气交感，化生万物。万物生生，而变化无穷焉"[1]。这些说法均以阴阳和男女之道来喻天地阳刚阴柔的交互作用，并认为人和万物都是由于阴阳二气和水火木金土五行相互作用形成的。五行统一于阴阳，阴阳统一于太极，《易经》的思想体现的即是阳刚与阴柔交互变化而使万物生成的道理。

太极所表达的阴阳相合衍生万物内涵同样也是卵图形要表达的内容。在卵图形中，常加入动物成双成对的雌雄特征来表现阴阳交合生殖的观念，并产生了很多与阴阳相关的图式。如前所介绍的双龙戏卵、双龙拱璧、双凤拱璧、二龙戏珠、双凤朝阳、龙凤呈祥（图9-155）等图式，均是这种观念的体现。故宫博物院藏有一件战国镂空螭虎纹合璧，该璧孔部（卵核）是一只正在化生的螭虎，璧面满饰籽纹，璧体沿中轴线平分为两部分，此结构不仅表现了卵内部以螭虎为卵核的化生特征，也由其两部分的相合体现出了阴阳相合化生万物的特征（图9-156）。在不同时期的卵图形中，还常见以两物互纠图式来体现阴阳交合互补的图形（图9-157），此类图式与太极图的阴阳互补结构很接近。在安徽省宿县褚兰镇墓山孜出土的汉画像石中（图9-158），伏羲与女娲也呈阴阳相合状，并且中间还包绕一个柿蒂状的卵化纹，明显体现出了与太极图相似的阴阳交合化生内涵。

由这些图式可以看出，卵纹饰阴阳交合生殖观念与太极图阴阳交合衍生万物观念是相通的，其均反映出了阴阳交合的特征。

图9-157

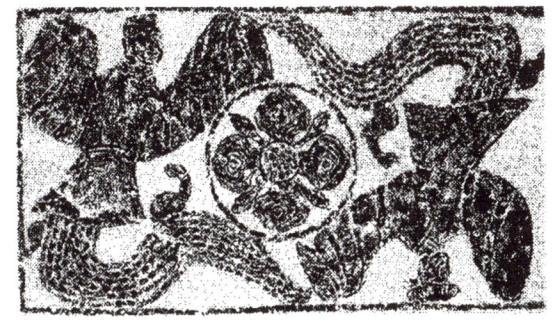

图9-158

---

[1][宋]周敦颐《太极图说》。

（三）卵图形与太极图形生殖繁衍特征的相似性

《易经》中有"生生之谓易"[1]；"有天地，然后有万物"[2]；"天地之大德曰生"[3]；"天地氤氲，万物化醇"[4]；"天下雷行，物与无妄，先王以茂对时，育万物"[5]等说。《易经》的思想就在于启示天地万物生成变化的原理，其六十四卦所阐释的也是天地生生不息和万物消长盈亏的事物发展进化法则，正是天地阴阳、刚柔、动静的交互变化，才使万物得以醇化、生生不息。这种观念也在太极化生万物的图式中被明显地体现了出来，如有的图式以太极为中心生成了十二月、八卦、四时（图9-159），还有的图式由太极生成了天下万物（图9-160）。这些图形均直观地体现了太极观念中天地阴阳与万物繁衍的关系。

图9-159 　图9-160

图9-161 　图9-162

太极所体现的阴阳交合、生生不息的特征同样也是卵生殖观念的特征，"易"的实质体现的是化生与变易，而卵图形的实质体现的也是化生与变易，其本质是一致的。在原始生殖观中，人们认为卵是万物共同的生命之源，生殖神是通过卵化生出了不同的物类，无论是生于卵的盘古化生出了日月风雷和世间万物的传说[6]，还是图形文化中诸多卵化纹的表现形态，都体现出了这种通过化生变易进行生命繁衍的特征。如从卵化纹的图形结构来看，有的与动物组合（图9-161），有的与抽象符号组合（图9-162）（图9-163），其结合的图形元素虽然有所不同，但均表现出了以卵核为中心向外周分化变易的生殖象征。从这些卵纹饰的形态组合来看，其图式与太极图的数层组合图式在结构和繁衍化生内涵上具有明显的相似特征。

图9-163

（四）由卵图形到太极图形

通过以上对太极图形与卵图形在原本特征、阴阳交合特征、生殖繁衍特征等方面的分析，可见两者在内涵及图式上均明显存在诸多相似之处。再从两者出现的先后时间可看出，卵图形在图式及含义上具有更为原始的原本性特征，卵图形在《易经》之前的原始社会时期就已经出现，明显早于太极图形。"太极"一词虽然在周代的《周易·系辞》《庄子·大宗师》《墨子·非攻下》等古籍中已经出现，但公认的太极图形却出现较晚，直到宋代才见关于太极图的论述。太极图据说是先由宋朝

---

[1]《易经·系辞上传》。
[2]《易经·序卦传》。
[3]《易经·系辞下传》。
[4]《易经·系辞下传》。
[5] 应为《易经·无妄卦》。
[6]《绎史》引《五运历年纪》："天气蒙鸿，萌芽兹始，遂分天地，肇立乾坤，启阴感阳，分布元气，乃孕中和，是为人也。首生盘古，垂死化身；气成风云，声为雷霆，左眼为日，右眼为月，四肢五体为四极五岳，血液为江河，筋脉为地里，肌肉为田土，发髭为星辰，皮毛为草木，齿骨为金石，精髓为珠玉，汗流为雨泽，身之诸虫，因风所感，化为黎甿。"

道士陈抟传出，原叫《无极图》，陈抟曾将《先天图》《太极图》以及《河图》《洛书》传给其学生种放，种放又分别传穆修、李溉等人，后来穆修将《太极图》传给周敦颐。现在看到的太极图一般认为是北宋周敦颐所制，后人将他分五个层次的《化生万物图》称为《太极图》。从周敦颐所制的《太极图》名为《化生万物图》也可见太极图表现化生万物的内涵与卵图形的一致性。

通过历代卵图形与太极图形的对照，可发现在太极图出现之前，许多卵图形就已经具有太极图的雏形特征，并体现出了生命化生的原本性内涵，表明太极图形的确是通过与卵图形的结合不断发展演化而形成的。在卵图形至太极图形的演化过程中，可见到大量卵图形与太极图形相类似的过渡性图式，由这些图式所反映出的从卵图形至太极图形的演化轨迹，可看出其经历了以下几个阶段。

1. 原始卵纹阶段

原始时期是卵纹的初始阶段，大部分纹饰表现出了对卵原本特征的基础认识，其造型以卵的外部特征或外部与内部卵核的组合特征来体现卵的形态（图9-164）。这些图形由原始生殖

图9-164　　　　图9-165

崇拜出发，表现的是对生殖原本的感性认知（图9-165），其内涵及特征与《易经》中所表述的太极原本状态相类似。

2. 弧状线介入阶段

卵图形经过以直观认识表现其客观特征的原始时期之后，在商周时期的卵化纹中出现了以弧状线组合成涡纹介入卵纹的图式，以此来体现卵内部化生变化的特性。在原始观念中，运动和变化被认为是由灵魂所致，灵魂是生命之根本，以动态的弧状线和涡状线介入卵纹中，即是以此类符号来象征并体现其化生变化的生命状态。早期出现在卵纹中的弧状线数量不一，有七、五、四条等（图9-166），最多的像金沙遗址出土金饰中卵化纹的弧状线数量可达十二条。至西周时期，卵化纹中弧线的数量相对固定为五、四、三

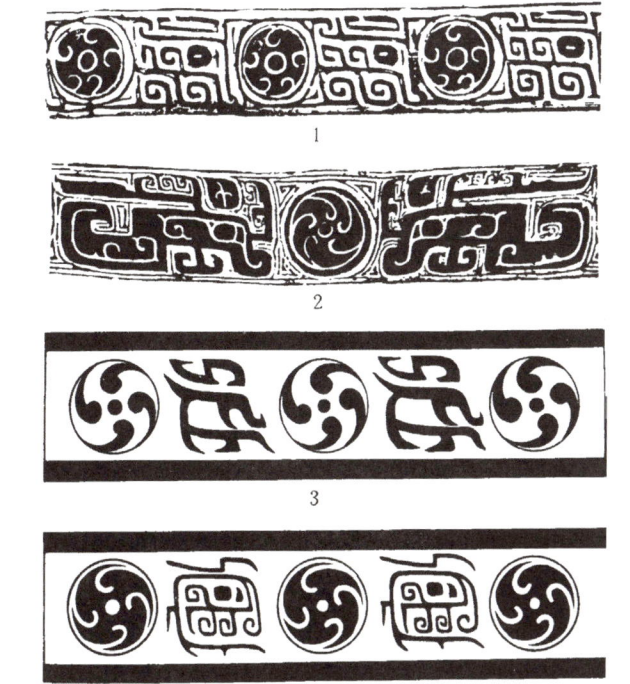

图9-166　　　　图9-167

图9-168　　　　　　　　图9-169　　　　　　　　　图9-170

图9-171

条（图9-167）（图9-168），此时是《易经》成书的时期，这些弧线的数量与《易经》中的一些观念数字相一致，如"五行""四象""三生万物"等，从中可见《易经》这些观念对卵纹造型的影响。此时期的卵纹还常与龙、肠及其他体现生殖的符号组合，反映出了其与生殖繁衍的联系（图9-168）（图9-169）（图9-170）。在这些图形中，有的卵纹弧线还出现了与后来太极图的阴阳鱼前圆后尖特征相类似的形状（图9-171），显示出这些图形的形式元素已经具备了太极图的某些特征。

3. "S"线结构形成阶段

"S"线由两个弧线以相反方向连接而成，太极图以"S"线作为图形中的主要结构线，来区分阴阳并体现阴阳轮转、相反相成的关系。而在太极图出现之前，"S"线就出现并介入了卵纹中，此类卵纹也大部分出现在西周时期。这时期的卵纹不但以不同数量的弧线来体现"五行""四象""三生万物"等概念，以两个弧线反向相合成"S"线对卵纹进行介入，更是与象征生殖繁衍的阴阳观念产生了直接的联系，从而也使卵纹中的"S"线结构具有了与太极图"两仪"相似的特征。在这种卵纹图式中，有的以"S"线对分整个圆形，并在对分的两部分中以两龙形成对应互纠状，体现出与太极图以"S"线分割两互纠阴阳鱼图式相似的特征（图9-172）。这种以两龙相交成"S"状的图形在有的图式中还演变成了较为复杂的龙生子形态

图9-172

图9-173

（图9-173），更为明显地体现出了以"S"形结构来表达生命化生的内涵。也有的图式将肠、龙生殖观念与阴阳观念结合，把两肠或两龙相交孕卵生子的因素加入卵化纹中，使两龙成"S"形并呈现相交孕卵之状（图9-174）。还有的在"S"形中间交合成卵形，两侧再生"子"纹，以此来对阴阳交合生殖繁衍进行象征（图9-175）。以凤鸟或其他动物呈阴阳互纠式的图式在古代图形中也较为多见（图9-176），同样体现出了以"S"形结构来表达生命化生的内涵。从这些图式中可看出其与太极图形已十分接近，体现出了由卵纹到太极图的过渡性特征。

将不同时期的卵图形据其特征进行排列，可看到由卵图形至太极图形的演化过程（图9-177）：对卵客观特征的表现→与五行、四象、三生万物结合对卵化生概念进行表现→归结天地、阴阳二仪的相互关系为化生万物生生不息之本原→生成太极图。

卵的化生特征与太极生生不息的内涵是一致的，太极的原本与卵纹的造型原本也是相联系的。由于人们对生命本源的探寻，产生了阴阳交合化生万物的认识，也使"一阴一阳之谓道"[1]的法则被认为是阐述天下万物生成发展生生不息的总法则。正是在这种法则的影响下，卵化生观念的感性认识开始从理性上与太极的阴阳观念相融合，从而使卵图形的客观特征进一步向理性概念转化，并依此作为太极图形产生的基础，最终形成了与太极图式的合一。卵纹与太极阴阳观念的结合，体现了古代宇宙观

图9-174　　　图9-175　　　图9-176

图9-177

---

[1]《易经·系辞上》。

对生命原本和万物化生的认识，也表明太极图形的最后形成，的确与卵纹的演化有着相关的联系。

通过本章分析可知，在中国图形文化中，卵是与古代生殖观念密切相关的崇拜物，被看作是生命的化身，并与肠、腹一起构成了中国古代对生殖的感性认知，由此形成了诸多卵纹饰及变体图形，这些卵纹又与龙纹、兽面纹等相互配合，成为中国古文化图形中表达生殖内涵不可缺少的重要组成部分。

第十章 蛙与生殖崇拜

　　早在中国原始时期的图形文化中，就有一种神秘的兽面图形出现，这种图形常以正面造型为特征，除独立造型外，还常与其他一些图形或符号形成组合形态。在这种组合中，它又总是处于主体的位置，并对其他图形和符号在构图上起着统治作用。如原始彩陶上的兽面图形、良渚文化中的兽面图形、商周时期的青铜兽面图形及后来其他类型的兽面图形，均体现出了此种特征。这些兽面图形的造型原本是什么？它具有什么含义？它与龙图形又有何关系？本章通过对这些兽面图形造型方式的探讨和分析，进而还原兽面图形产生的原本面目及其在不同时期的演化过程。

一、蛙与母祖

蛙产卵多，繁殖能力极强。从蛙的形态看，其肚腹像孕妇一样浑圆而膨大。由于原始思维"神秘互渗"的作用，蛙的这种生殖功能和特征从而与对生殖的祈望联系起来，人们希望自身也能够具有像蛙一样的生殖能力，以使自己的氏族繁衍兴旺。蛙这种生殖能力由此被人们崇拜，并被原始先民作为女性怀胎繁殖的母祖象征。

（一）蛙与母祖的联系

在原始时期出现的动物纹饰中，蛙纹饰占有相当大的比重。早在仰韶文化时期，蛙纹和蝌蚪纹就出现在彩陶纹饰中（图10-1），至马家窑文化时期，蛙、龟（龟为生前足尚有长尾的幼蛙）图形在彩陶纹饰中更是大量出现（图10-2）（图10-3），表明在此时期蛙与当时的社会生活即已产生了密切的联系。蛙纹不仅出现在史前彩陶纹饰中，在之后不同时期的图形纹饰中也多有发现（图10-4），且范围涉及中国多民族的广大区域。除汉文化中有蛙图形的遗存外，少数民族地区的蛙崇拜也是其民俗活动中的重要内容，如广西左江岩画和内蒙古阴山岩画中就有许多蛙形人的形象，百越族的铜鼓上也有蛙纹，至今有些少数民族对蛙仍极为重视，壮族就有专门祭祀青蛙的宗教性盛大节日"蛙婆节"等。可见蛙不仅在古代社会生活中曾经是人们崇拜的重要对象，在当今的民间风俗中，蛙崇拜仍然具有很大的影响。

原始时期的彩陶纹饰中，无论是青海乐都柳湾早期蛙纹，还是河南陕县庙底沟和临潼姜寨的蛙纹，都有一个圆圆隆起的肚子，且上面布满了圆点。前文曾探讨过原本艺术对内部特征进行表现的造型方式，这些圆点的用意即是以表现内部特征的方式来体现蛙腹内孕卵的形象，目的是以此来展现蛙强大的生殖繁衍能力，并将其作为母怀子的象征。

在青海柳湾出土的一件马家窑文化人像彩陶壶上，可明显地看到把蛙的生殖同人的生殖相联系的造型（图10-5）：这件彩陶壶正面塑绘有一个裸体女像，女像腿部呈蛙肢状造型，腹下部生殖器官突出，具有明显的母祖崇拜特征（图10-5左）；女像

图10-5

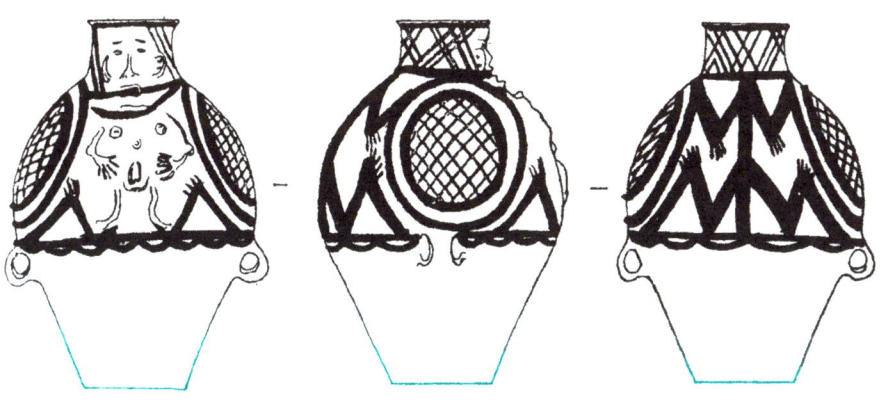

图10-6

背面（陶壶另一面）绘有马家窑文化特征的变体蛙纹，蛙纹首部与女像头部在陶壶口部相统一，体现出人身与蛙身共有一首的特征，具有寓人于蛙之意（图10-5右）；裸体女像与蛙纹之间的左右两侧，各绘有一枚硕大的卵纹（图10-5中），卵在原始图形中具有"祖"和"子"的双重含义，既是生殖的原本，又是被生殖的对象。此陶壶将人、蛙、卵的图形组合在一起，形象地反映出了人、蛙、卵在原始生殖观念中相互关联的象征含义，综合性地体现出了马家窑文化中以蛙崇拜为象征的母祖生殖神特征。

在甘肃天水出土的另一件马家窑文化人面彩陶罐上，还出现了人首蛙身的形象，此形象头部凸起为浮雕人首形，人首两侧肩上饰有卵纹，躯干为蛙形，腹部隆大，同样体现出了寓人于蛙的生殖母祖特征（图10-6）。还有一件马家窑文化人头双耳彩陶瓶，则是在象征人腹的瓶腹部绘制蛙纹，也体现出了生殖之腹与蛙的联系及人们希望能像蛙一样繁衍多殖的寓意（图10-7）。在马家窑文化彩陶纹饰中还可见到将蛙纹与卵纹、蝌蚪纹组合在一起的纹饰，有的蛙纹呈现出了正在生卵的特征（图10-8），有的在整体组合中体现出了蛙与卵、蝌蚪之间生殖与被生殖的关系（图10-9），这些蛙纹均是象征生殖的祖性符号，卵、蝌蚪是其繁殖和统治的对象。

原始时期蛙图形之所以表现出同生殖繁衍相联系的特征，其原因除了人们崇拜蛙的繁殖能力外，还在于人们对蛙生长的不同阶段所产生的印象：由蛙卵（生命化生原本）生出蝌蚪（似虫），再成鼋（似鱼），至成蛙（四肢动物），这种由卵至成蛙生长过程中所出现的不同生命现象，使人们产生了物类之间可以转化且蛙具有多种物类特性的感性认知。从蛙本身的特性来看，蛙是水陆两栖动物，既能在水中生存，也能在陆地生存，这更让认为蛙具

图10-7　　　　　图10-8　　　　　图10-9

有物类多重性的认知得到了肯定。正是由于蛙的这种特性，原始思维将其与众多物类的生殖联系起来，使蛙成为人们感性认知中不同物类始祖的象征，从而也使原始观念认为人与动物之间具有图腾血缘关系的认知在主观上变得更为合理。

广西左江岩画中保留了许多体现蛙崇拜现象的遗存。在岩画所呈现的祭祖祈生巫仪中（图10-10），岩壁上那些大大小小的人像全部赤身裸体，大同小异地做两手上举、两脚叉开模仿青蛙站立起来跳跃的姿势，以此来祈求他们的氏族能像蛙一样繁殖。在这些人像中描绘的男女交合场面（图10-11），更为明显地反映出了这种巫仪与生殖的联系。与这些蛙形人组合在一起的还有一些被认为是铜鼓的圆形物，它们有的被置于人的双腿之下，有的被高举于人的双手之上，有的化成了动物形，有的化成了人形（图10-12）。鼓在民俗观念中被作为母腹的象征，人们崇鼓的现象与鼓的生殖含义相关，如苗族名曰"吃鼓脏"的祭祖仪式就是祭鼓。在左江岩画中，鼓也同样具有母腹的象征含义。许多少数民族的铜鼓也与蛙崇拜有关，佤族民间就流传着一个蛙与铜鼓的传说：在遥远的古代，西盟县北面的高山密林中，有一汪碧绿的湖水，人们称其为"弄球龙潭"（"球"是卵的象征物，"龙"是生殖神，所谓"弄球龙潭"即是指生殖之潭），这里住着一对青蛙精，一共生了九男九女，待他们长大成人、婚配生育后，分别居住在九条山沟里，成为这些地方的祖先，佤族为了纪念他们，用青铜铸成铜鼓，并在鼓面上铸出青蛙的形象，称其为"蛙

图10-10

图10-11

图10-12

图10-13

图10-14

鼓"[1]。在其他地域的民间美术中，表现蛙崇拜的图形也很多，这些图形同样体现出了蛙怀卵、蛙孕子及以蛙为祖的特征（图10-13）（图10-14）。可见蛙崇拜现象不仅在原始时期存在，在当今民俗中也仍然延续并保存着以蛙为祖的遗风。

正是在原始思维"神秘互渗"作用下人们对蛙繁殖能力的崇拜，使蛙与女性怀胎繁殖相联系并成为母祖的象征，进而这种崇拜作用于社会生活，形成了古文化图形中的蛙纹及在诸多区域崇蛙的习俗。

（二）蛙与女娲、月神的联系

寓人于蛙的母祖崇拜与女娲、月神也有一定的渊源关系。中国传统观念中阴阳之神主要有两对：一对是天与地，天地是承载自然生成之理、养育天下万物的阴阳大神；另一对是日与月，日月是阴阳的标志和象征，其图形常与人祖神伏羲、女娲组合来代表阴阳生殖神。在母祖崇拜中，女娲与蛙相联系是因为：女娲是生殖之神，蛙也是生殖之神，且"娲"与"蛙"音同可通，"女"又为"母"，可见"女娲"之名与"母蛙"同义，女娲之意即是指人们心目中具有蛙一样繁殖能力的母祖。汉画像石中有伏羲、女娲捧卵的图式（图10-15），捧卵象征生卵，其与蛙生卵、龙戏珠图式含义相同。虽然大腹的蛙与蛇躯（肠的变体）的女娲均是先民生殖崇拜的象征图像，但从两者的渊源及形象特征来看又有所不同：蛙崇拜的原本是蛙，是原始时期直接源于现实物象的生殖崇拜偶像，寓"母"于蛙，其形象以动物为特征，所崇拜的实质是"腹"和"卵"，体现和表达的是人能像蛙一样多殖的愿望，关注的是生殖的量；女娲的原本源于龙（肠），是与龙观念结合所产生的人祖形象，代表母性祖先神和生殖神，其形象以人为特征，更偏重于崇祖的概念，是祖先生殖神及祈望生命血脉延续的图形象征，关注的是生殖的本源。从出土文物中

图10-15

出现的蛙图形、龙图形及女娲图形的时代来看，蛙图形与龙图形的出现明显要早于女娲图形，用"女娲"称谓人之母祖，应是龙概念（肠的神灵化）出现后，为使人的生殖神更为人格化，以区别于其他动物特性的生殖神而来。

随着原始部族集团的不断扩大及社会制度的逐步完善，生殖崇拜在社会意识中也由单纯的祈望多殖（包括人的多殖和物的多殖）转化为统治者对社会和子民的控制，部族首领成为祖先神在世间的代表，由崇祖而来的统治概念明显地超出了单纯的生殖概念。随着男权社会的发展，对母祖的崇拜也产生了转移和变化，母祖成为男祖的配角。表现在图形文化中，母祖女娲开始与男祖伏羲搭配成为一对交尾生殖的夫妻龙。但蛙崇拜遗风仍在古代的生殖观念及神话传说中留存下来，蛙作为母性的象征与代表阴性的月亮联系在一起，并与太阳中代表阳性的三足乌相对应，分别成了阴、阳之神。

月亮在中国传统观念中是阴和女性的象征，月中的蟾蜍神话十分古老，这一神话并非完全是根据月亮表面的阴影形状构思出来的，而是与原始先民对生殖的崇拜有关。"夜光何德，死则又育？"[2]朔望月那灭而复生的变化及其与卵相似的形状，使人将其与旺盛的生命繁殖力以及自然界中万物的化

---

[1] 参考佤族相关民间传说资料。
[2] 屈原《天问》。

图10-16

图10-17

生变化产生联想并对其进行神化，从而产生了以月亮象征母神的神话。人们在对月亮神化的过程中，集中了与生殖概念相关的多种物象来共同参与体现其所具有的母性特征：代表生殖母祖的动物蟾蜍（蛙）、象征生殖繁衍的桂树（生命树）、代表"子"的玉兔（以小动物示"子"）、象征生命长远的"不死药"、谐音"肠"娥的嫦娥，都与月神联系在了一起（图10-16）（图10-17），由此，也使月亮成为中国古代图形中象征阴和生殖母神的标志性符号。

（三）蛙与龟、蛇的联系

在古代文化图形中，除蛙纹之外，还有许多龟的图形。因物种的某些相似特征而视为同类是古人一种朴素的分类法。蛙与龟也有"互渗"现象，古人将龟与鼋联系（鼋为生足尚有长尾的幼蛙），视鼋[1]为大蛙，后又将龟划为鼋类。龟与蛙一样，因产卵众多而被人们与生殖联系起来，同样成为古代崇拜的生殖偶像。在古文化图形中，常看到在龟体上置卵纹来表现生殖的造型（图10-18），表明龟也具有与蛙相类似的母祖特征。

安徽含山凌家滩新石器时代遗址曾出土过一件玉龟和一件长方形刻纹玉片（图10-19）（图10-20）。玉龟为圆雕，由背甲和腹甲两部分组成，背甲呈圆弧形，腹甲较平，出土时长方形刻纹玉片夹在腹甲与背甲之间。玉片上面刻有八角纹，体现出方隅的形状及以八数为天地维纲的特征。而长方形玉片夹在玉龟背甲和腹甲之间，表明背甲和腹甲具有对天地的象征作用：圆弧形背甲象征的是天，较平的腹甲象征的是地。玉片夹放于龟甲里面，又与文献中所说的"玄龟衔符"[2]"玄龟负书出"[3]等说相合。

龟与蛇相交成为四灵中象征北方的玄武神（北方属阴）。在龟与蛇的组合中，蛇是肠的动物化并被认为是龙之下的生殖神，而龟也是对生殖母祖的象征，故龟与蛇的组合同样体现出了母性的内涵。汉代画像石中有伏羲、女娲与玄武组合的图形（图10-21），图形中伏羲、女娲腹部鼓大，腿部呈蛙状，体现出了与蛙的"互渗"联系，而伏羲、女娲再与龟和蛇相交合，则是以综

图10-18 　　图10-19 　　图10-20

---

[1]《说文》："鼋，大鳖也。"
[2]《黄帝出军诀》。
[3]《尚书中侯》。

图10-21

图10-22

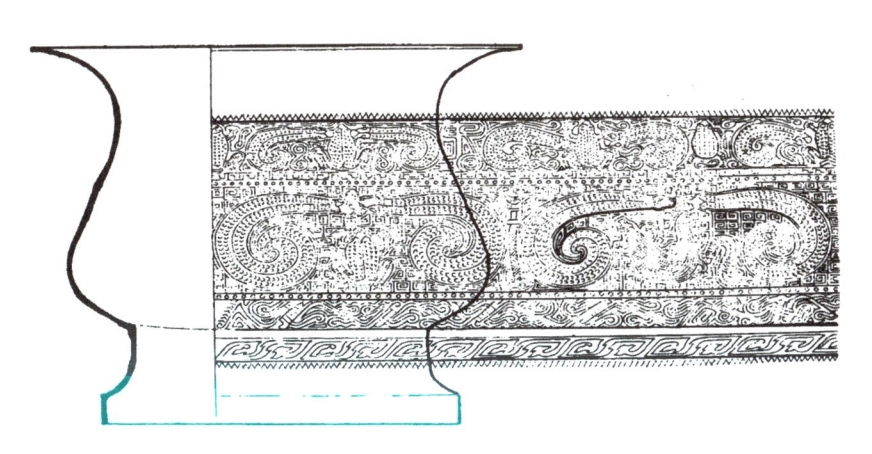

图10-23

图10-24

图10-25

合多种元素的"会意"方式，表达出了交合生殖的内容。由此图形可看出，玄武不仅是方位神，其图形内涵同样具有生殖神的特征。

古代图形中还常出现蛙与蛇、蛙与龙组合的图式（图10-22），表明蛙与龙和蛇在生殖意义上也存在着内涵上的联系。广西恭城出土的战国蛙蛇纹青铜尊上就饰有明显以蛙为祖的图形（图10-23）（图10-24），该图形以双蛇拱蛙为特征，其与商周青铜礼器中双龙拱祖、双凤拱祖的图式相类，蛙在此图式中以被拱的身份出现，表明蛙在此是高于蛇的生殖祖先。但蛙像卵一样也具有双重性含义，其除作为对"祖"的象征外，另一含义是对"子"的象征，由于"蛙"与"娃"音谐，故在一些图式中也常将蛙作为"子"的符号。如周代的双蛇交合生蛙（娃）铜饰（图10-25），即是借"蛙"喻"娃"的象征性体现。

自生殖崇拜与蛙产生联系后，蛙先是成为母祖的象征，后又与龙、蛇、娃等形成了生殖崇拜的一些其他图形。这些图形及其与多种生殖元素的联系，反映出了蛙崇拜内涵在演化过程中的进一步延伸。

二、马家窑文化彩陶变体蛙纹的造型原本

马家窑文化彩陶中有一种神秘的变体蛙纹，其造型以圆圈状的头部、线形的身体再延展出蛙肢为特征。这种纹饰长期以来让人感到迷惑费解，关于其原本内涵学术界也观点不一。本节依据原始图形

造型方式来对其进行如下分析，以求还原马家窑文化变体蛙纹的原本面目。

（一）原始先民对蛙化生过程的综合体现

在马家窑文化彩陶中，蛙纹占有很大的比重，其中不仅有较为写实的蛙纹，也有似蛙又似人的变体蛙纹，还有以蛙卵、蛙肢进行组合的符号化纹饰，表明当时在此地域内蛙崇拜比较盛行。

马家窑文化彩陶分为三个时期：马家窑类型时期（约5000-4700年），半山类型时期（约4650-4350年），马厂类型时期（约4350-4050年）。这三个时期的蛙图形既有前后的延续关系，也有不同的造型特征：马家窑类型时期的蛙纹较为具象，有硕大的腹部，其造型体现出对蛙表象特征的关注（图10-26）（图10-27）；半山类型时期的蛙纹造型与现实中的蛙形象之间出现了某些表象的脱离，以圆圈状的头部、线形的躯干再延展出蛙肢为造型特征，表现出一种较为神秘的状态（图10-28）；马厂类型时期的蛙纹在半山类型的基础上变得更为抽象，有的图形看上去有身无头，有的图形对整体蛙纹的不同部分分解后再重复组合，体现出一种符号化的特征（图10-29）。马家窑文化半山类型、马厂类型中出现的这些与"象形"蛙纹有一定表象脱离的现象，一直受到学术界的关注。笔者通过对这种蛙纹的综合分析认为：此类蛙纹虽然看上去是神秘而非具象的，但其造型方式仍然主要是对蛙客观特征的表现，其图形整体表现的不是蛙某一生命阶段的表象特征，而是对蛙整个生长过程不同阶段特征的综合性体现。即：此种图形是以蛙生长过程不同阶段的综合造型来体现对生命化生过程的整体认知，并在这种感性认知的基础上，以图形的方式来表达对生殖的崇拜及对氏族繁衍的祈望。

蛙常将卵产在水洼处，人们在岸边很容易看到由蛙卵到成蛙化育变化的过程，蛙卵因其透明状态较其他卵化生现象更为直观，从而使原始时期的先民们在观察蛙的这种化育过程中产生了对生命化育的朦胧认识，并依此认识作为解释其他生命

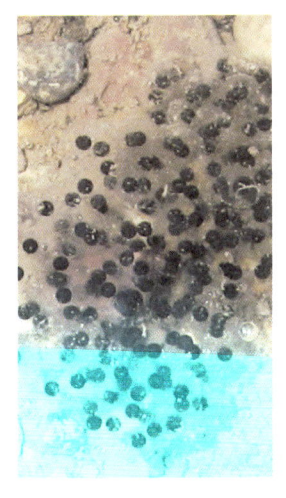

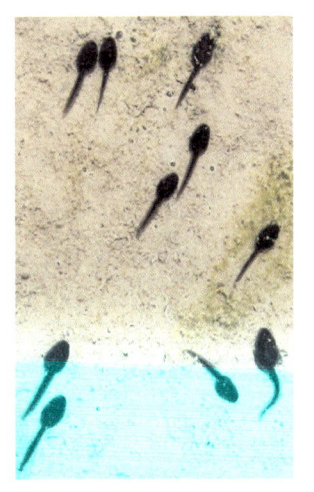

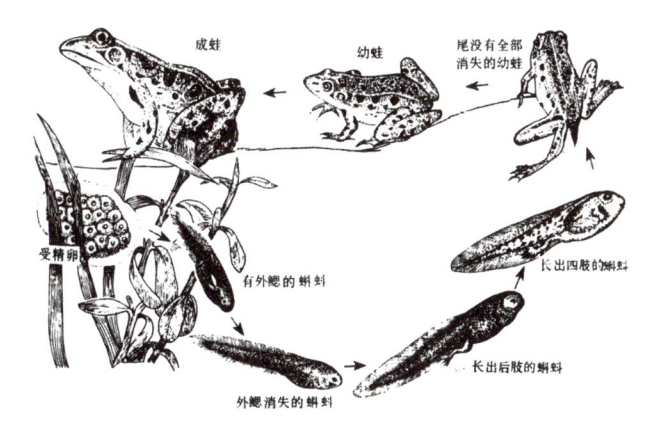

物化生变化的参照。由蛙卵到成蛙经历了以下过程：蛙产卵后，众多的卵被粘连集结在一起，卵呈透明状，蛙卵的黑色内核清晰可见（图10-30）；卵化生变成长有尾巴的蝌蚪（图10-31）；蝌蚪长出双肢成为黾（图10-32）；长全四肢成为带尾巴的幼蛙（图10-33）；尾巴消失成为成蛙（图10-34）。从蛙生长过程所产生的生理变化来看，蛙卵刚孵化出来的蝌蚪头部两侧有外鳃，进一步发育，外鳃消失长出内鳃，这时的蝌蚪无论从外部形态还是内部结构来看都很像鱼。当其长出了四肢，尾和内鳃消失，才具有了成蛙的特征。此种由蛙卵变为蝌蚪，再生两肢，至四肢，到成蛙的过程，让原始先民们感到神秘，认为蛙生长过程中的不同变化与不同物类的化生有关，是卵化育成鱼再到其他动物的转化，进而认为不同物类间是相互关联的，世间物类的不同是因为卵在化育过程中发生了变化，由此也更为肯定了卵是不同物类生命原本的认知。马家窑文化彩陶中出现的这些神秘蛙纹，正是这种卵化生观念对蛙生长过程的图形表现。在此类图形表现中，卵→卵长出尾巴成为蝌蚪→蝌蚪长出两肢→长出四肢→成蛙，这些不同阶段的蛙化生过程和特征均被集中地表现在了一个综合性的图形中（图10-35）。此种综合式造型是原始思维对生命生成过程的整体认知作用于图形而产生的，其造型特征是：以蛙卵为基点（蛙纹的圆形头部体现的是蛙卵的特征），由蛙卵延伸出长形体部（蝌蚪尾部的体现），体部又延伸出了四肢。以蛙这些不同阶段化生的特征为依据，将事物发展中不同的时空形态综合在一起，来对蛙的生长过程进行集中体现，即是此类神秘蛙纹的真正成因。

在马家窑文化彩陶蛙纹的综合式造型中，其保留了生命化生的原发特征，蛙纹头部在圆形中再加一圆点，即是对蛙卵内部卵核的造型表现。此种造型反映出了原始先民认为生命由卵而生的认识，突出了卵对生命化生的原本性意义。从马家窑文化蛙纹的造型特征还可以看出，其头部造型有单个的卵

图10-36 　　　　　　　　图10-37 　　　　　　　　图10-38

（图10-36），也有表现多殖特征集结在一起的卵（图10-37），蛙纹首部对卵特征的这种明显体现，也证明了马家窑蛙纹的圆形头部是以卵为造型原本。

此类造型方式与"象形"写实类造型方式具有明显的不同，它是以综合式造型去表现蛙卵至成蛙不同阶段特征的整体印象，而不是单纯对蛙某个成长阶段的直观描绘，因而其造型在视觉上就与表象写实类造型拉开了一定距离，使人产生了脱离现实表象的神秘感。其实，这种造型也是以现实表象为依据的，只不过是把事物不同时期的发展变化综合在了一个图形中。此类综合式造型在原本艺术中可以找到很多例证，如前所提到的仰韶文化卵化鸟纹所表现的由卵生鸟体、再由鸟体生鸟足来体现卵化鸟过程的综合式造型；民间美术中表现藕→生叶→开花→结蓬的莲生子图式（图10-38）；表现石榴籽→成苗→长杆→开花→结石榴的石榴开花结籽图式等（图10-39）。其均是把物象在生长过程中不同时间出现的现象组合在一个图形中，以此来体现对整个生长过程的综合意象，此种表现事物产生过程的综合性图形在原始美术和民间美术中是不受时空限制的。由于此类纹饰与现实表象

图10-39

的某种偏离，因而在对此类纹饰的探讨中就不能用"象形"的方式直接与图形进行对应，而是需根据其思维特征找到图形的造型方式，才可能对这些图形产生的

图10-40 　　　　　　　　图10-41 　　　　　　　　图10-42

原本进行还原。

马家窑文化彩陶除了表现对蛙生长过程综合认识的蛙纹外，蛙生长不同阶段的特征还被分别表现在了彩陶纹饰中。在这些图式中，有蛙卵生出了尾巴的蝌蚪纹（图10-40），也有刚生出了双肢的蛙纹（图10-41），还有生出了四肢的蛙纹（图10-42）。这些纹饰与马家窑文化蛙纹所表现的由卵到蛙化生过程中不同阶段的特征相一致，若将这些独立出现的蛙生长不同阶段的纹饰与综合性整体蛙纹的不同部分进行对应，也可证实变形蛙纹的造型明显是与蛙成长变化的综合过程相联系的。

由以上分析，也就比较清晰地还原了马家窑文化神秘蛙纹的原本：以蛙卵至成蛙的综合意象在图形造型中的集中体现，即是马家窑文化彩陶中神秘蛙纹的真正面目及实质。由于该类图式是对蛙卵到成蛙整个化生过程的综合体现，因而本书认为将此种纹饰称为变体蛙纹较为合适。

（二）变体蛙纹的符号重组及内涵延伸

符号是代表某种含义的标识，有纯抽象的概念符号，也有由自然形象变化而来的符号。就后一种符号而言，人们将对自然物象的认知，通过简约的图形来标识某种意义，从而形成了具有某种物象特征的符号。这类符号，既具有事物的某些客观特征，也包含了对事物所要标识的概念性内容。从马家窑文化变体蛙纹的特征来看，其也并非仅是一种表现自然对象的图形，而是与马家窑文化时期社会观念的某种象征含义联系在一起的，具有明显的符号标识作用。由于马家窑文化时期人们对蛙生长不同阶段所产生的认识，组成变体蛙纹的不同部分由此也具有了代表不同内容的符号意义。如蛙卵是生命的始点，具有生命原本及祖的象征性；蛙体由卵而生，是蛙的主干，具有代表氏族主体的象征性；蛙肢由蛙体而生，具有生命繁衍中主氏族再生子氏族的象征性。正是由于这些不同部分代表不同的含义并具有符号的特征，从而使其既可以组合成变体蛙纹的整体图形，也可以脱离蛙纹的整体状态独立出现，还可以与其他相关的符号重新组合来表达新的含义。由此也就使马家窑彩陶文化变体蛙纹的不同部分常以符号化的形态脱离整体图形，进一步分化衍生，并形成了以蛙的不同部分为特征的组合图式。此类图式在马家窑文化后期的马厂类型中尤为突出。

在整个马家窑文化彩陶纹饰中，卵纹饰占有很大比重。卵作为生命原本的象征符号，不但在变体蛙纹中作为蛙纹的头部参与造型，还常作为独立的纹饰或与其他符号组合形成新的图式。如有的卵纹加入蛙生多卵的特征，以此来象征孕育多子的生命繁殖力（图10-43）；有的卵纹与肠纹组合，以体现生殖与孕育的关系（图10-44）（图10-45）；有的卵纹与象征土地的方格纹组合，将生殖与土地生万物的概念联系起来（图10-46）；有的加入十字纹或米字纹，以此表示生殖繁衍通达四方（图

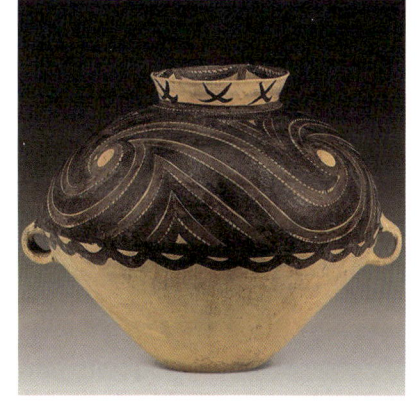

图10-43　　　　　　　　　图10-44　　　　　　　　　图10-45

图10-46

图10-47

图10-48

10-47）；有的卵纹与植物种子组合，更进一步表现出生殖繁衍的内涵（图10-48）；有的变体蛙纹在图形中表现出由卵生蛙、蛙再生卵的造型，以象征并体现生命的生生不息（图10-49）（图10-50）。马家窑文化彩陶中所出现的独立性卵纹一般都巨大而夸张，体现出了马家窑文化对卵的崇拜。这些卵纹还常与变体蛙纹进行排列组合，形成了由卵化生生命、生命再生卵的生殖崇拜图式。在变体蛙纹和卵纹的排列组合纹饰中，可看出卵纹与变体蛙纹的头部图形特征是一致的（图10-51）（图10-52），由此也印证了马家窑文化变体蛙纹头部图形的实质即是卵，表现出了原始先民认为生命出于卵、卵是生命化身的认识。这种认识进一步同卵生万物的观念相联系，并通过卵纹与其他象征符号的组合，在马家窑文化彩陶中得到了充分的体现。

马家窑文化彩陶纹饰中除了以卵为生命原本祈望氏族繁衍的图式外，变体蛙纹的其他部分所体现的含义也被符号化了。这些符号在陶器纹饰中同样常常脱离整体蛙纹被单独使用或重复使用，从而也使其所要表达的内涵在纹饰中更为直接而突出。生与长是生命繁衍的重要内容，繁衍多殖是氏族壮大兴旺的象征。由于蛙肢的符号意义所象征的是被繁衍对象（子或子氏族），因而蛙肢符号在图形造型中常常被重复叠加，以此来体现和表达对氏族生殖繁衍的愿望。这类图形所表现出的蛙肢重复生长

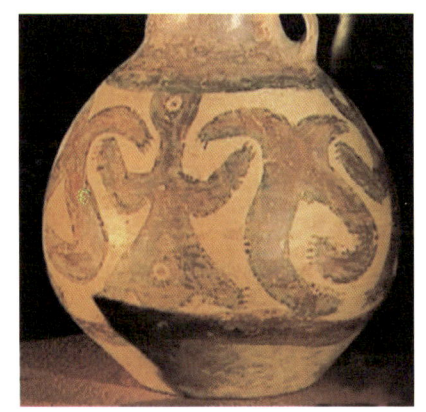

图10-49

图10-51

图10-50

图10-52

现象，与古文化图形中借鹿角分支、树木分枝来表现生殖的方式一样，均是对生命繁衍的象征，与古文字"生"所体现的生殖繁衍之意是一致的。此外，原始先民对蛙肢的重复表现还源于另一方面的含义：蛙肢生长是由蝌蚪成为成蛙的重要标志，人的活动及力量体现也要依赖于四肢，人类不但希望能够生殖繁衍，还希望生命能够有力而健壮地成长。因此含义，蛙肢也就成为氏族壮大的象征。正是这种蛙生长过程所产生的生肢现象与祈望氏族发展壮大相联系，并以符号的形态作用于图形，从而使马家窑文化变体蛙纹进一步出现了以蛙生多肢来体现生殖繁衍的超自然状态（图10-53）（图10-54）。马家窑文化彩陶蛙纹除以蛙肢重复出现来体现生殖繁衍之外，还常常出现在蛙肢拐角处添加草状物的图形（图10-54），此是在生肢的基础上进一步对生命繁衍的体现，其反映表现了子氏族继续繁衍的内涵。

在马家窑文化彩陶变体蛙纹的造型演化中，由于变体蛙纹中蛙肢具有象征被繁衍之子的符号意义，蛙肢从而也进一步出现了其他的延伸变化，如有的纹饰在蛙肢间添加种子等符号，形成蛙肢再生"籽"（子）的图式（图10-55）；有的纹饰将蛙生肢象征生殖繁衍的观念进一步强化，在器皿周围使蛙肢首尾相接围绕器物一周，表现出在一个干体上出现多个分肢重复叠加的现象，形成了类似龙纹的图形

图10-53

图10-54

图10-55

图10-56

图10-57

图10-58

图10-59

（图10-56）（图10-57）；有的在蛙生肢的基础上将蛙肢连续延伸，以此来象征氏族壮大和生生不息的内涵（图10-58）。为了体现蛙肢特有的符号象征意义，蛙肢图形还常独立出来作为标识或进行重新组合：有的蛙肢组合成连续图形（图10-59）（图10-60）；有的蛙肢单独排列或连续延伸（图10-61）（图10-62）；有的蛙肢再生子肢（图10-63）；有的蛙肢与卵纹或其他符号组合，体现以卵为祖或以卵为子的生殖内涵（图10-64）

图10-60 　　　　　　　　图10-61

（图10-65）（图10-66）。从这些图形的特征可看出，蛙肢符号从蛙体上分离出来重新组合形成表意图形，以更为单纯的符号象征方式体现了对氏族生殖繁衍的祈望。这些图形的产生及应用是为表达一定意义，以"集形表意"的方式对符号进行组合并作用于图形的结果。

变体蛙纹所体现的对蛙卵到成蛙生长过程的综合认识，也体现在了马家窑文化彩陶与变体蛙纹相结合的整个器物形体上。马厂类型彩陶壶、罐上有许多看似只有肢体而无头首的变体蛙纹（图10-67），其实这些蛙纹并非无首，而是蛙首与壶、罐口部形成了共用形，即：蛙首（卵）的圆形轮廓与壶、罐口外沿重合在了一起，蛙首即壶口或罐口，壶口或罐口也即蛙首，是以卵为造型的圆形蛙首与圆形瓶、罐口相互共用的造型。原本艺术常将形状或内涵相类的对象运用共用形的方式进行表现，如前所提及的青海柳湾马家窑文化时期人像彩陶壶，即是把蛙纹首部与女像头部在陶壶口部共用来象征蛙与母祖合一的造型（图10-5）。此外，罐口同蛙首共用的象征含义还在于：用从罐口将盛装物不断地装进倒出，来象征生命繁衍及食物的不竭。此方式将卵的生殖内涵通过与器物口部的结合得到了进一步的体现。

图10-62 　　　　图10-63 　　　　图10-64

图10-65 　　　　图10-66 　　　　图10-67

（三）马家窑文化不同时期的蛙纹造型对当时社会特征的反映

从马家窑文化彩陶中马家窑类型、半山类型、马厂类型的蛙纹特征来看，这三个时期蛙纹的前后演化出现了由综合到分离以至后期"子"纹饰独立出现的现象，此现象与商周时期青铜兽面纹由初期的综合式图形至后期分离并突出"子"纹饰的现象具有相类似的特征，表明其在这两种社会结构中同样经历了初始、发展、分化的过程。

不同时期的社会特征与不同时期的代表性图形所表现出的特征密切相关。如商周时期的青铜兽面纹（腹的神灵化），即由其与子纹饰的关系体现出了当时不同阶段的社会特征：早期青铜器上的兽面纹朴素单纯，体现出此阶段的社会结构以自身氏族为主体并相对独立的特征；商周盛期形成了以宗主国为主体的国家"联邦制"及由宗室分封诸侯的社会形态，兽面纹开始出现躯体多分支并在主体纹饰周围添加"子纹"的图式，以此来象征宗主控制下的子氏族和诸侯国，并用"集形表意"的造型来象征生殖神、保护神、统治神的强大繁殖力和统治力，其图式不仅是对宗主国自身特征的体现，也是对宗主国与方国、诸侯国之间宗属关系的体现（图10-68）；西周之后随着周室王权的削弱，代表周室祖先神、统治神、保护神的兽面纹也开始退出历史舞台，本来依附陪衬于兽面纹周围的那些代表诸侯、臣子的蛇虺之类开始成为纹饰的主角，各诸侯国的青铜器上出现了对诸侯自身进行象征的以夔纹、蟠虺纹为主体的图式，反映出此时期诸侯与宗主宗属关系的脱离，表明当时的社会结构进入了分化期。

从马家窑文化彩陶不同时期蛙纹的表现特征来看，其也经历了初始、繁衍、分化的过程：马家窑类型时期的蛙纹造型较为整体而具象，体现出此时期的社会结构以自身氏族为主体相对独立的特征，此特征与商周早期青铜器兽面纹用朴素单纯的造型来体现以自身氏族为主体的社会结构特征相似；半山类型时期的蛙纹造型强化了由蛙躯主干分支繁衍的状态，表明此时期子氏族大量出现，并形成了由主氏族控制的较为统一的部落联盟，体现出氏族社会在同一血缘关系下的集团特征，此时期蛙纹出现的这种特征与商周盛期兽面纹躯体出现多支分化并在主体形象周围添加"子"纹来体现宗主与诸侯宗属关系的图形特征相似；马厂类型时期的蛙纹造型则出现了对整体蛙纹不同部分进行分解或对蛙肢进行重复组合的图形，反映出新石器时代后期的氏族联盟开始解体并出现了子氏族对主氏族脱离的状态，此特征与周代后期在青铜纹饰中蛇虺之类纹饰独立出现以体现诸侯国脱离周王室控制的特征相似。

由于不同时期的文化图形是当时社会现象的反映，因而马家窑文化不同时期彩陶蛙纹的发展演化，也同样反映出了在新石器时代后期氏族社会结构特征的变化。马家窑文化彩陶中马家窑类型、半山类型、马厂类型等不同时期的蛙纹造型特征，折射出了由氏族社会发展到后期氏族社会分离解体的过程。

（四）蛙生殖崇拜的后期影响

马家窑文化之后，从不同社会时期的图形纹饰中，仍然可看到蛙生殖崇拜的延续，尤其是以蛙肢生长分支来体现生殖繁衍的造型，对商周及以后时期的龙纹体部造型产生了明显的影响，出现了与马家窑文化蛙纹相类似的以分支特征来体现生殖繁衍的兽面图形和龙图形

图10-68

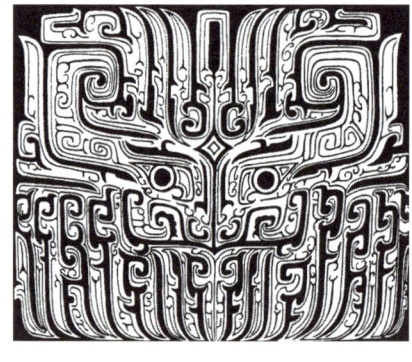

（图10-69）（图10-70）。

福建华安岩画中也有与马家窑蛙纹相类似的图形（图10-71），其中的卵首人纹、长尾动物纹与马家窑变体蛙纹造型十分相似，该岩画还将肠纹、蛙纹、动物纹与鼓腹的人纹组合，体现出了蛙、肠、人之间的生殖联系。以卵、蝌蚪为造型的纹饰在其他古文化图形中也多有出现，如河南偃师二里头出土的彩陶上就有卵与蝌蚪组合的纹饰，反映出了蛙、卵生殖观念对其的影响（图10-72）；商周青铜礼器上的兽面纹周围也常饰有蝌蚪特征的籽芽状纹饰（图10-73），这些籽芽状纹饰头部均为卵形，而尾体部则结合植物发芽分支状形成繁衍生长之形，以此来对兽面纹所繁衍和统治的"子"进行象征；春秋之后出现在玉器上的蝌蚪纹（也称谷纹）同样体现出了对蛙生殖的崇拜（图10-74），这种纹饰以蛙卵化生成蝌蚪为造型，常装饰在龙、凤及璧的体部来表现其生殖繁衍特征（图10-75）；山东省苍山县出土过一件东汉铜洗（图10-76），铜洗中间纹饰是一个卵化纹，周围分别有鸟纹、肠纹、蝌蚪纹、卵纹围绕，也是蛙崇拜现象参与孕卵生子的生殖图式。由这些纹饰所表现出的图形特征，均可看出蛙生殖崇拜对其的影响。

从以上对马家窑文化彩陶变体蛙纹的分析可知，马家窑变体

蛙纹的真正面目表现的是由卵至蛙的生长过程，对蛙生长过程不同形态的认知与原始生殖观念相联系所形成的综合式造型，即是马家窑文化变体蛙纹的实质。这种变体蛙纹不仅用图形的方式体现出了原始思维对生命化生的感性认知，也反映出了原始先民寓人于蛙的母祖崇拜及当时的社会特征。

三、"巳"与"子"的本相

了解了马家窑文化变体蛙纹产生的原本含义，对甲骨文、金文中的"巳""子"也就有了新的解读。

"巳"，甲骨文作"㕚""ᛦ"，金文作"ᛩ""ᛨ"（图10-77）。"巳，巳也，四月，阳气巳出，阴气巳藏。万物见，成文章，故巳为蛇，象形"[1]。此说认为"巳"为蛇形，但从其字形看，甲、金文"巳"与"蛇"却有明显的不同：蛇（虫）在甲骨文中作"ᛤ""ᛥ"（图10-78），蛇（虫）头为三角形，"ᛦ""ᛨ"则头圆而身短，尤其是"ᛨ"字，其体长出双肢更非蛇的特征，可见"虫"与"巳"并非一物。郭沫若认为："字固子字，而按以《支干表》则确在辰字之次，午字之前，位当于第六辰之巳……骨文巳字实像人形"[2]。田倩君《丛释》则说："巳在甲骨文中原是个'子'字，如'㕚'有两双手，下部在襁褓中，或书成'ᛨ'，像胎儿形。但到了周金文字，却把胎儿下部略成弯曲状者，伸长多加弯曲，无手，古文还在头部加一点，像眼睛，变成像一条曲蠕前进的蛇"。此说也牵强，因为"ᛨ"所具有的弯曲尾巴并不是襁褓中婴儿的特征。

"子"，甲骨文作"㕚""ᛯ""ᛰ""ᛱ"（图10-79），其中"㕚"与"巳"字的"㕚"同。"子，十一月阳气动，万物滋，人以为偁。象形。古文从巛，象发也。籀文从囟，有发、臂、胫，在

图10-77

图10-78

图10-79

图10-80

---

[1]《说文》。
[2] 郭沫若.释支干.郭沫若全集.考古编1[M].北京：科学出版社，1982.

几上也"[1]。就"屮"与"𡳿"有解释谓："'𡳿'似幼儿头上有发及两足之形，'屮'似'𡳿'省变"[2]。但就"𡳿"的字形来看，笔者认为该字上部其实表现的是幼苗成长之形，其下所谓"两足之形"表现的则是苗生之根（也是"儿纹"生殖符号之象征）。与之相似的图形在汉画像石的树纹中可找到例证（图10-80），从此图形中可见以树生根来体现生殖之意的图式与"𡳿"字下部所表现的苗生根之状相同。"屮"字的形态表现的则为幼苗刚生芽还未生根之状，是"𡳿"的前期阶段。与之相关的字还有"孳"字，"孳"金文作"𤔔"（图10-81），是在"𡳿"字基础上加入"系"字（系为族系之意）与之组合来"会意"由苗生根进一步繁衍孳生的特征。

由对马家窑文化变体蛙纹造型原本的探讨，再将"𠃌""𢎘"与马家窑文化变体蛙纹中的"𠃌""𢎘"形图形相对照，可见其相似性。已知马家窑文化变体蛙纹中所出现的"𠃌""𢎘"形是蝌蚪或刚长出双肢的蝌蚪之形，其内涵是以"子"的特征来表现生命生成的初期阶段，就此特征及含义来看，其与"巳""子"字的形状和字意完全一致，均是对生命初期阶段的象征。而从"𠃌""𢎘"的字形也可看出，其圆形头部与曲尾表现的也正是蝌蚪之特征（图10-82），所谓"古文还在头部加一点，像眼睛"之说，其实质是卵核之形，此与马家窑变体蛙纹在圆形头部内加圆点的造型方式也完全相同（图10-83）。由此可见，所谓"变成蛇"或"像人形"的"𠃌""𢎘"其实质即是对蝌蚪或长出双肢的蝌蚪的象形。"巳"字原形是蝌蚪，"子"字原形是刚长出双肢的蝌蚪，均是马家窑文化变体蛙纹在后来文字中的进一步符号化。而在甲骨文"巳"字中之所以用"子"为"巳"，也正是因为两者表现的同为蝌蚪之意。故：用蛙初生阶段的蝌蚪形状来象征生命初生阶段的"子"，才是"𠃌""𢎘"的真正本相。

在"子"字中，"屮""𡳿""𢎘"通用，"屮""𡳿"为幼苗之象形，"𢎘"为动物之子（蝌蚪）的象形，虽为两类，但均是生殖繁衍后代的象征。后在文字中又去"屮""𡳿"仅用"𢎘"，是因"𢎘"是由蛙"子"演化而来的，其对人和动物的生殖具有特指性，而生殖崇拜又多以人或动物的繁衍为内容，故弃"屮""𡳿"而用"𢎘"。"子"后又加"米"旁为"籽"或加"人"旁为"仔"，以此将植物之"子"与人之"子"进行区别。卜辞中有"乙卯卜□贞壬父乙妇好生仔"（珠五二四），用"仔"为"子"，即以"仔"专指人生之"子"。但"籽""仔""子"本义相同，均是指生殖繁衍的后代。

与"子"相关的字还有许多，如"育"，甲骨文作"𠫓""𣫭"（图10-84），是母生子之形；"孟"，金文作"𥁰""𥁎"（图10-85），"孟，长也。从子，皿

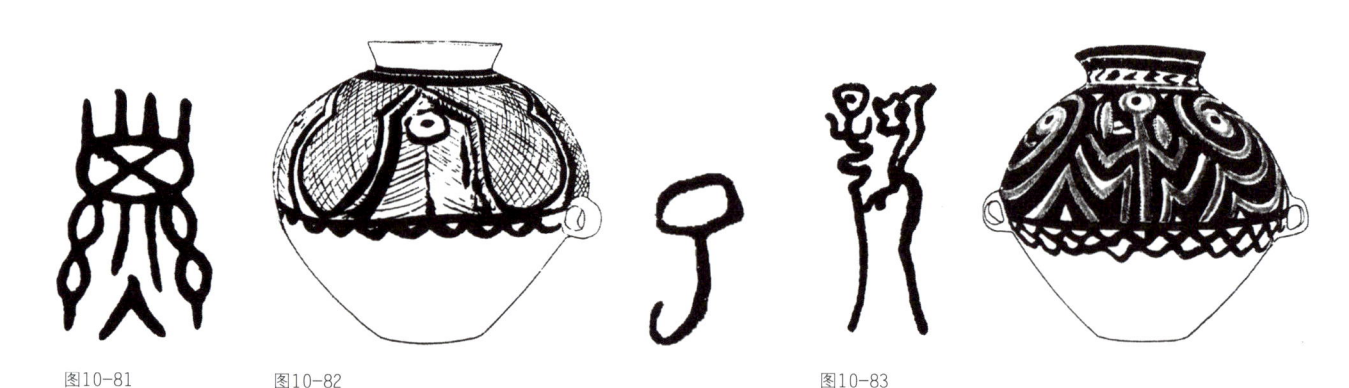

图10-81　　图10-82　　　　　　图10-83

---
[1]《说文》。
[2] 王延林.常用古文字字典[M].上海：上海书画出版社，1987.756.

图10-84 　　　　　　图10-85 　　　　　　图10-86

声"[1]，该字中蝌蚪长出了两肢，蛙先长出的两肢为后长两肢之先，借指后代中先出生者，故对兄长称孟兄；"屯"，甲骨文作"𡳿"，金文作"𡳿"（图10-86），是籽发芽与"子"结合的植物之形；"季"，甲骨文作"𡦂"，金文作"𡦂"，禾下置子，会幼禾之意（图10-87），引申为"叔季"之"季"；"保"，甲骨文作"𠈃"，金文作"𠈃"，是人照顾幼子之意（图10-88）；"孙"，是"子"与"系"字组合，会子孙繁衍之意（图10-89）。以上这些字，均由"子"引申演化而来。

"巳"还是"祀"的本字，"祀"之意是人祈祷生子。卜辞中有将"巳"用为"祀"的例子，如"王勿巳（祀）"（京津九四三）等。有观点认为"祀"字像人于神台前跪祷之状，其实"巳"形并非跪祷之人，而是人祈望要得到的"子"，"祀"字是神台"示"与所祈之子"巳"的合形（图10-90）。"包"是"胞"的初文，《说文》释"包""象人裹妊，巳在中，象子未成形也"，也表明"巳"确为"子"之象征。"巳"在"祀""妃""改"等字中都作"𢀖"形，均为蝌蚪状。"改"字是教罚"子"，使"子"改错之意（图10-91）。卜辞铭文用"𡚾"作妃，是"女"

图10-87　　　　　　图10-88　　　　　　图10-89

图10-90　　　　　　图10-91　　　　　　图10-92

[1]《说文》

与"巳"(蝌蚪,喻子)的合形,意为生"子"之妇。"好"是"女"与"子"(长出双肢的蝌蚪)的合形(图10-92),其与"妃"对照,两字不同的是"妃"字一侧是"巳",是蝌蚪之形,而"好"字一侧是"子",是蝌蚪已长出双肢的"子"形,表明"子"在"女"的关照下不断成长,会意为"好"。二者均是"女"与"子"组合的会意字。

由此可见,"巳""子"及其相关的字原本均源于原始时期的蛙生殖崇拜,特别是马家窑文化中出现的变体蛙纹和蝌蚪纹,给这些文字的生成提供了直接的符号依据。

通过本章分析可知,原始先民由对蛙生长过程的感性认识,将蛙作为生命的化身及母祖的象征,从而产生了马家窑文化以变体蛙纹为特征的蛙生殖崇拜图形。这种图形后来又与肠、龙、天地、日月等元素相融合,使中国古代的生殖观念及其图形不断完善和扩大。古代文化图形中大量蛙纹饰的出现,即是这种观念的直接反映。

第十一章 古文化图形中的象征符号

在古代文化图形的形成中，许多图形运用象征性符号参与了图形的组合，正是这些程式化的符号，在其组合中体现出了古代文化图形的内涵。它们的运用，多数并非仅仅是出于装饰性的目的，而是源于原本思维赋予事物的特定象征意义。由于这些符号与产生时代的远离，其内涵在今天看来变得陌生难懂，但在当时社会的某一地域文化中，这些参与图形造型的符号却具有普遍被人们熟识的标识性作用。

前面章节已对肠纹、兽面纹、卵纹、蛙纹及相关的一些图形符号进行了探讨，除此之外，古文化图形中还有许多其他的符号形态。这些符号同样与当时社会的思维方式、生活方式、崇拜对象及心理追求密切相关，并在古文化图形的造型中对其内涵象征及形式体现起着至关重要的作用，因而如何解读古文化图形中的符号，也就成了分析古文化图形内容必不可少的重要环节。也正是基于这个原因，本书根据古文化图形符号的造型特征及象征含义进行归纳，并从原本思维特征与图形造型方式等方面对其进行分析，以还原这些符号的含义。这些图形符号大致可分为生殖之门、交合之纹、生命之树、繁衍之子、标识之冠、谐音之图诸类。

一、生殖之门

在原始生殖崇拜中，人们除对与生殖密切相关的龙、腹、卵、蛙进行崇拜外，还有对生殖之门的崇拜。生殖之门是生殖的重要器官和通道，生命的繁衍由此而出，因而在古文化图形中对生殖之门的表现同样是图形造型的一个重要内容。但在古文化图形中，由于图形演进的不断程式化以及后来社会观念对生殖器官直接表现的避讳，古代文化图形在对生殖之门进行表现时往往不是直接的，而是常以象征或隐喻式的符号形态来进行体现。这些象征符号在参与图形造型的过程中，既具有对生殖内涵的表达，也具有对图形的装饰作用。而现今对这类图形的辨识又常常仅仅注意到了图形的装饰作用，对其生殖内涵的本质体现却往往不解或忽视，从而也就造成了这些符号从内涵上得不到正确解读。本书通过对此类符号不同特征的分析，发现古文化图形中体现生殖之门的符号主要有"儿"纹、"半儿"纹、"公"纹、"蒂"纹、"贝"纹等类型。

（一）"儿"纹

早在原始社会时期，就有一种符号出现在陶器或玉器上，此种符号常呈现出似两片芽叶向两边分开的"儿"形状态（图11-1）（图11-2）。至商周时期，在兽面纹、龙纹、凤鸟纹等动物形纹饰中，此类符号参与图形造型的情况更为多见，并出现有"兀"形、"八"形、"人"形等变体。由于其形状以"儿"形居多，故本书称这类纹饰为"儿"纹。

"儿"纹常与动物躯体或其他图形构合，有时单独出现，有时重复出现，程式化特征明显，并在龙、鸟等动物类图形中普遍运用，表明其具有特定的符号象征意义。对比大部分商周时期较为写实的动物纹饰，可发现这种符号多标注在动物的生殖器部位（图11-3）（图11-4）（图11-5）（图11-6）。

再将该类符号与非洲木雕中的女性生殖器（图11-7）、美洲哥伦比亚越人图腾像的女性符号（图11-8）、原始岩画中的女性生殖器图形（图11-9）、古人形玉器生殖部位的图形（图11-10）以及海南古黎锦女人图形（图11-11）所表现的女性生殖器符号相对照，可见这些图形对女性生殖器的表现也呈左右分开之状，而且其形状及标注位置均体现出与"儿"纹相似的特征。由此可看出，此类符号在人或动物的生殖器部位出现，明显是在以此对生殖之门进行表现和象征，将这种"儿"纹符号标注于

图11-1

图11-2

图11-3

图11-4

图11-5

图11-6

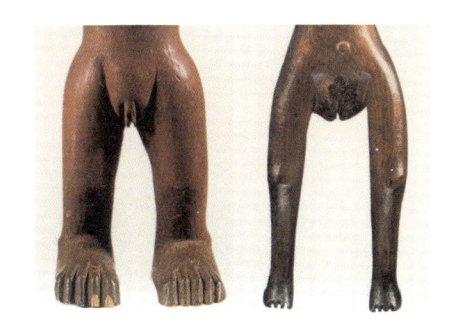

图11-7

图11-8

图11-9

图11-10

图11-11

图11-12

图11-13

图11-14

生殖器位置并夸张地表现出来，其意是突出和强化这些物象的生殖特征。

古代由对生殖的崇拜，也形成了与生殖之门的联系，生殖之门作为生殖的重要器官和通道，在原始生殖崇拜中一直是受到关注的一个重要内容。"谷神不死，是谓玄牝，玄牝之门，是谓天地根。绵绵若存，用之不勤"[1]。老子认为"玄牝之门"是天地之根和万物的出生之门，并以此来对"道"进行象征。而"儿"纹的出现，也明显是与生殖崇拜密切相关的。在原始时期的彩陶中，即可见将人的躯体与生殖之门连通起来对生殖通道进行夸张表现的图形（图11-12），甚至出现了为突出生殖通道而省略人头部与四肢的简约化图形（图11-13），从中可看出，其形状已明显具有与"儿"纹符号相似的特征。

找到了这类符号的原本含义，就会发现在古代许多动物图形的生殖器位置常会标注这种符号。如商代妇好墓出土的玉鱼（图11-14）、玉龙（图11-15）、骨雕人祖像（图11-16）等，均在生殖器部位标有这种"儿"纹；在现藏于英国博物馆的商代后期青铜双羊尊造型中（图11-17），其整器由双羊相背合体而成，尊口部的腹神兽面

---

[1]《老子·六章》。

图11-15

图11-17

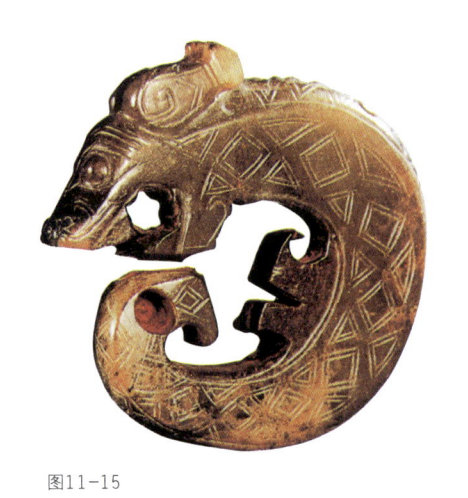

图11-18

图11-16

图11-19

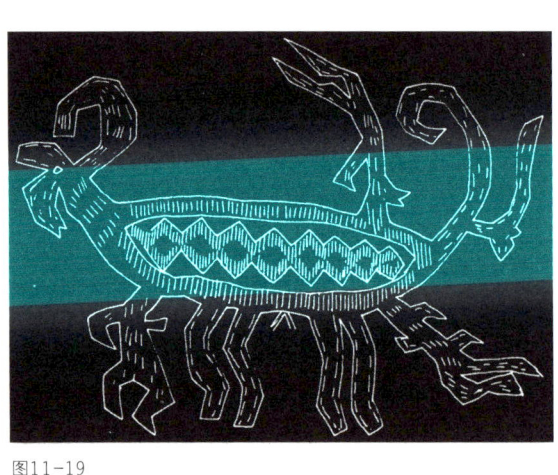

图11-20

纹及鼓大的羊腹体现出生殖神特征，在腹底部同样用两个"儿"纹符号将生殖之门突出地表现出来；江苏江宁出土的西晋青瓷熊尊在熊的生殖器部位也标注有这种"儿"纹符号（图11-18）；清代黎族的刺绣动物纹饰，不但在动物躯体上表现了内部的肠纹，还在躯体部表现了三个与之相连接的人形纹，这些符号的介入使其明显体现出了祖先神和生殖神特征，该动物腹下的生殖器部位同样标注有"儿"纹符号（图11-19）。

出于对某种对象的崇拜心理，古文化图形在造型中就会对这种对象进行夸张和强化。由于古人对生殖之门的崇拜，"儿"纹也会出现在图形中被强化的现象，从而使其变得突出而夸张。对"儿"纹的这种夸张，在许多图形中多表现为由生殖器部位呈长柄状伸出状态。周代的玉龙常出现腹部分叉的造型，仔细观察这种分叉部分的造型特征，可看出此类造型实际是以夸张伸出的"儿"纹对生殖之门的表现。如在西周这件龙形玉佩中（图11-20），"儿"纹先由腹部呈长柄状伸出，后在端部再呈现"儿"状，使生殖之门更为突出地参与到了龙体造型中。再观察一下出土于长沙子弹库战国楚墓的帛画《驭龙升天图》，龙腹下也伸出一个柄状物（图11-21），同样是在神龙生殖器部位用这种夸张的"儿"纹符号对生殖之门的表现。古文化图形在造型中用"儿"纹符号对生殖之门进行夸张，无疑是以生殖崇拜的心理来体现生殖神强大的生殖能力。

商周时期带有"儿"纹符号的龙、鸟等图形在青铜礼器上大量出现，这些"儿"纹符号大部分表现为左右两部分一长一短的状态（图11-22）。

第十一章 古文化图形中的象征符号 | 315

在图形文化中，当某种概念成为一种固定的符号后，这些符号在图形组合时就会常常脱离本来的自然依附状态被独立运用，从而使这些图形由对物象的象形形态转化为符号的象征形态，并根据表意需要参与到图形的"指事"或"会意"组合中。"儿"纹作为一种符号，同样也会在图形造型中脱离自然的原本依附形态进行独立运用或参与图形的重新组合，并以此来体现新组图形的象征性含义。如马家窑文化中的"儿"纹彩陶罐（图11-24），其图形就以独立的"儿"纹符号出现，并以生殖之门生卵的图式体现出了生殖繁衍的内涵；周代的"儿"纹玉饰（图11-25），同样以独立的"儿"纹形态出现，表明其具有独立的符号意义；山西省荣河县后土祠附近出土的春秋晚期青铜钟（图11-26），其图形上部由两个怀卵的肠纹与一个大的"儿"纹组成，在这个"儿"纹的包绕下，其下部又置虺蛇纹及卵纹，体现出虺蛇纹及卵纹由"儿"纹而生的特征；在古代岩画中出现的以男性生殖器与"儿"纹符号（"儿"纹倒置仰上）组合表示交媾的图形中（图11-27），"儿"纹以独立的符号象征性地体现出了女阴的特征；在山西省博物馆收藏的这件西周玉器中（图11-28），其"儿"纹造型结合肠纹特征呈盘曲形，"儿"纹一端再接"儿"纹，同样是把"儿"纹当作一个独立的主体，并用极其夸张的造型表现出了对生殖的崇拜和祈生的愿望；在山东滕州汉画像石馆收藏的这块玉璧纹画像石中（图11-29），其造型则由一个玉璧纹和"儿"纹组合而成（玉璧是由"卵"衍化而来

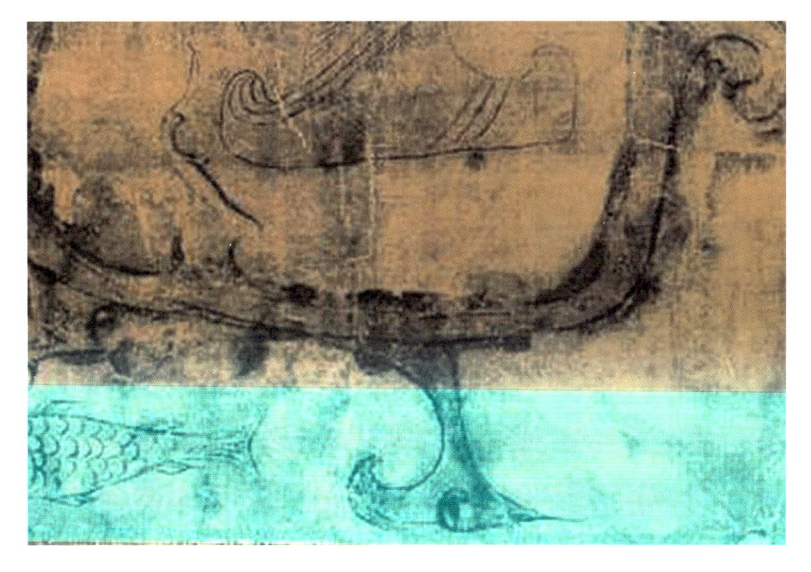

图11-21

图11-22

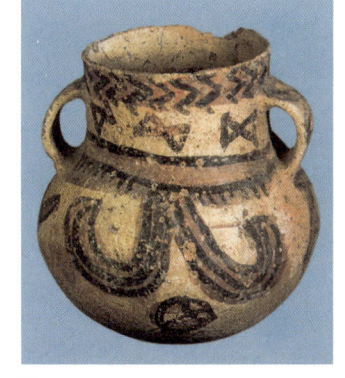

图11-23　　　图11-24

从商代玉器中双鸟交尾（象征两性交合）而成的"儿"纹图形来看（图11-23），这种带"儿"纹符号的图形并非仅是对女性生殖之门的象征，而是在生殖意义上进一步扩展了性别的内涵，具有对男女、天地、阴阳的象征意义。而"儿"纹符号一长一短的形态，也应是对阴阳之意的体现。正是因为"儿"纹具有这种广义的生殖内涵，在进入男权社会后，"儿"纹得以继续延续其生殖的象征性含义，同样成为男权社会祖先神、生殖神的生殖符号象征。

图11-25　　　　　　　　　　图11-26　　　　　　　　　　　　　　　　图11-27

图11-28　　　　　　　　　　图11-29　　　　　　　　　　　　　　　　图11-30

图11-31　　　　　　　　　　　　　　　　　　　　　　　　　　　　　　图11-32

象征万物生殖的礼器），在这个玉璧纹上将"儿"纹以符号的形态突出地标注出来，以表现生殖神通达四方和孕育万物的特性。

由于"儿"纹在古文化图形中对生殖的象征和标识作用，人们为了在图形中强化对生殖的崇拜和祈望，常将这种符号在体现生殖内容图形的不同部位进行重复添加，以象征并加强其生殖神的特征，体现其强大的生殖繁衍能力（图11-30），甚至有的图形对"儿"纹的重复运用达到了无以复加的地步（图11-31）。在动物类造型中，这种"儿"纹的重复添加还常与龙鳍（图11-32）、鱼尾（图11-33）等部分相复合来共同体现其形象特征及生殖内涵。

商周青铜礼器中常出现的那些被认为是作为装饰伸向不同方向的棱，其实质也是由"儿"纹符号排列而成的（图11-34），其象征的是氏族的扩大、国家的扩张和生殖神通达四方的无限生殖力。以"儿"纹排列的边饰图形也十分常见

图11-33

图11-35

图11-34

图11-36

图11-37

图11-38

图11-39

（图11-35）（图11-36），有的"儿"纹还与卵纹复合，重复装饰于卵纹的外轮廓边缘，以此来体现卵化生以至生殖的无穷（图11-37）。在瓦当纹中，以"儿"纹与象征生殖的树纹进行组合来共同体现生殖内涵的图形也有出现，如这个瓦当图形将"儿"纹与生命树组合成"会意"图式，以树纹由"儿"纹而出的形态来体现生殖的生生不息（图11-38）。在这些图形纹饰中，"儿"纹的运用均具有象征生殖繁衍的符号特指含义。

"儿"纹符号不但在腹神兽面纹、龙纹、凤鸟纹等主体纹饰上出现，而且在作为主体纹饰陪衬的鸟纹、蛇纹、虺纹、蝌蚪纹、刀羽纹等子纹饰上也多有出现（图11-39）（图11-40）。"儿"纹符号与这些子纹饰的组合，意在体现生命的不断延续，以此来象征生殖神、祖先神及统治神所生、所治的子民及天下万物的繁衍。

"儿"纹在古文化图形中以明显的生殖含义及符号特征参与图形的造型，突出地体现了人们对生殖的崇拜和繁衍的愿望，从而也成为古文化生殖图式中的一种重要象征符号。

（二）"儿"纹

在商周时期的青铜器纹饰中，除"儿"纹外，在动物图形的生殖器部位还常有另外一种纹饰出现，这种纹饰呈现为"儿"纹一半的单片状态，故称其为"半儿"纹（图11-41）。"半儿"纹与"儿"纹一样，也多标注在龙、鸟体部的生殖器部位，其意与"儿"纹相似，同样是生殖符号之象征。已知"儿"纹向两边分开的双片组合具有代表阴阳双性的生殖象征，而将"半儿"纹造型与代表生殖之门的"儿"类符号相对照，"半儿"纹所呈现的状态似乎更具有男性生殖器官的特征，但从有的"半儿"纹图式中祖鸟生子的现象来看（图11-42），该符号只是生殖的象征，并非特指男性或女性，应是"儿"纹符号的省形。这类符号通常多标注在一些小型纹饰上，因而应具有一定的身份象征作用，是被生殖神繁衍的后代生殖符号。

（三）"公"纹

在商周青铜器纹饰中还有一种被称为"波曲"纹的图形，其特征表现为在波曲状的肠纹内加入类似古"公"字的图形组合成连续纹饰（图11-43），由于该图形与"公"字相似并与"公"字有含义上的联系，故称其为"公"纹。"公"纹在此特指青铜器纹饰波曲纹中的"公"字图形部分。前面章节已论明在器腹上刻画肠纹具有对腹内生殖特征的象征性，由此可看出波曲纹同样是在象征生殖之腹的器腹上表现了腹中之肠的特征。把波曲纹壶（图11-44）与夔龙纹壶（图11-45）相比较，可见波曲纹与夔龙纹造型的相似性：两者均是以肠为原型在壶腹部象征性地体现了腹内生殖神（肠）的特征，所不同的是夔龙纹把肠神灵化为龙，而波曲纹则在肠纹的波曲间加入了"公"纹。从"公"纹图形看：上为"儿"形，下为"厶"形，"儿"纹为女阴分开之状，是生殖之门的象征，"厶"字古文亦指私处，是

图11-40

图11-41

图11-42

图11-43

图11-44　　　　　　图11-45

图11-46

图11-47

图11-48

私洞之象形，将"公"纹（图11-46）与古"公"字（图11-47）对照也可看出其具有明显的相似性。可见"公"纹与"肠"纹的组合实质是在肠纹间加进了生殖之门的造型，其用意是进一步在图形中体现并加强其生殖的特征。

"公"是对君王、诸侯的尊称，泛称朝中职高权重者。与"公"相关的词有：公卿（朝廷中的高官），公族（诸侯的同族，王公的子孙），公徒（诸侯的步兵），公令（诸侯的命令），公孙（诸侯之孙）等。"公"又是宗族生殖神的代表，带有"公"纹的青铜礼器多出土于诸侯王一级的墓葬中，表明在青铜礼器上铸"公"纹是对诸侯王地位的一种标注方式。有的"公"纹还在"厶"形符号上标注了鸟等图形（图11-48），鸟站于"厶"形符号之上，既是氏族图腾的标记，也是对氏族王身份的标识。

在青铜纹饰中，"公"纹是以"肠"纹和生殖之门的组合特征来象征公卿地位的图形。此类图式中"公"与"肠"的组合，也反映出了"肠""公"（生殖之门）从生殖含义上与氏族王之间的联系。

（四）"蒂"纹

蒂是籽（子）的生殖之门，植物生瓜结果由蒂而出，"蒂"纹是借花蒂之形态来象征生殖之门的图形。由于原始思维的"互渗"现象，人们也将植物的结果生籽与生命的生殖联系起来，并把对"蒂"的这种生殖认识表现在图形中，以花蒂结实生物来象征和体现生命的繁衍（图11-49）。"蒂"又是"帝"的本字，"帝"即花之子房形（图11-50），其含义由"蒂"为物之祖延伸而来。

"蒂"纹还常与"儿"纹等符号结合，形成了更为多样的生殖之门图形。从

图11-49

图11-50

图11-51

图11-52

图11-53

图11-54

图11-56

图11-55

图11-57

这件玉龙体部的"儿"纹符号来看（图11-51），其造型就明显结合了"蒂"纹的特征，表明"蒂"纹和"儿"纹在图形中作为生殖之门的象征具有一致性。在古代玉璜造型中，龙腹下置"蒂"纹也是常见的一种形式，这些"蒂"纹的本形也大多由"儿"纹发展变化而来（图11-52）。安徽省博物馆藏有一件战国晚期镂空龙凤纹璜（图11-53）：该器主体造型是一个"弓"形双首龙，龙体满饰籽纹，璜两端龙腹之下连接有两个"儿"纹（有关资料称其为勾云纹），"儿"纹接于龙腹部，体现出了龙的生殖神特征；两端龙爪各执两个"儿"纹一端，两个"儿"纹另一端各站一凤鸟，体现出了龙传凤的生殖象征；两凤尾部又合成一个卵纹，卵下是一"儿"形"蒂"纹，蒂内孕生一花蕾，呈孕子待生之状。从此璜造型可看出该图式由龙传凤象征传宗接代的生殖内涵，明显体现出了"蒂"纹在此图式中与生殖的联系。

古文化图形中还常见双龙合成的"蒂"纹，并出现"蒂"纹之下生卵或生子的图形（图11-54），这种与龙结合的"蒂"纹，更为明显地体现出了"蒂"作为生殖之门的象征含义。再看河北满城中山靖王刘胜墓出土的镂雕双螭龙谷纹璧（图11-55）：该璧由上下两部分组成，上部分是两龙组合成的一个"蒂"纹，下部分是一个满饰谷纹的圆璧，璧是卵的衍化物，可见这个"蒂"纹与璧的组合玉饰，其实是一个"龙生卵"的衍生图形。而这件镂雕螭龙纹玉饰则是由"蒂"纹和环内螭龙

图11-58

图11-59

（卵孕龙之象征）的组合图形（图11-56），不但表现出了"蒂生卵"的特征，还体现出了"卵孕龙"的内涵。

湖北省江陵县马山一号楚墓出土过一件以凤鸟、花卉为主体纹饰的织绣（图11-57），其图式同样表现出了以"蒂"为生殖之门的特征。该织绣图形由多个组合了"蒂"纹的凤鸟纹连续排列而成，在织绣图形的单个纹饰中，主体凤鸟造型为正面展开状，首部羽冠呈一倒置的硕大"儿"纹，鸟尾部展开，以花枝状分左、中、右向下延伸。在其尾部，左、右向下延伸的花枝先连接两个象征凤鸟生殖之门的"儿"纹，再延伸与另一相同凤鸟尾部伸出的花枝相交为一个分出三杈的"蒂"纹，杈又分小枝，顶端结实，呈现"蒂"生蕾结籽状。鸟尾部中间向下展开的花枝呈一大型"蒂"纹，由此再分枝生出三个小型"蒂"纹，也呈"蒂"生蕾结籽状。在该织绣整体图形中，鸟首"儿"纹羽冠又与另外两个凤鸟图形的尾部"蒂"纹相交合，一鸟首部的左侧羽冠与另一鸟首部的右侧羽冠再组合成一个"儿"纹，上面有另一鸟的尾部"蒂"纹从此"儿纹"中生出，进一步以"蒂"纹和"儿"纹的组合体现出了其生殖特征。从该纹饰造型的组合形式来看，除凤鸟自身造型体现其生殖特征外，鸟与鸟之间还相互配合组成新的生殖符号，显示并强化了以"蒂"为生殖之门不断繁衍的特征。而另一件

战国时期凤鸟纹织绣图形（图11-58），其造型除以"蒂"纹作为凤鸟的冠饰外，还以多个"蒂"纹组合成鸟体，以此来标识凤鸟的尊贵身份和生殖神特征，同样体现出了"蒂"纹的生殖内涵。

"蒂"纹的生殖寓意还体现在"蒂"的平面展开状纹饰柿蒂纹中（图11-59）。柿蒂纹因同柿蒂相似而得名，是"蒂"的正面俯视图形，多表现为中心一圆再向外分为四瓣的形状，其内涵与"蒂"纹相似，同样体现出了生殖繁衍的特征。柿蒂纹起源很早，在我国古代的陶器、青铜器上可以常见到，后来又与四方、五行相结合，内涵进一步扩大，成为象征氏族扩张、方位确定和生殖神通达四方的纹饰。柿蒂纹还经常与肠纹、儿纹、卵纹、枝叶纹等组合运用，以共同体现"蒂"的生殖繁衍特征（图11-60）（图11-61）。

在湖北省江陵县马山一号楚墓出土的刺绣纹饰中还有一个很特别的图形，从中可见蒂纹、凤纹、肠纹、卵纹、儿纹组合在一起共同体现生殖特征的图式（图11-62）。该图式呈四方连续式排列，在单组图形中，上方为一个由"儿"纹、"生"纹组合而成的大型柿蒂纹，柿蒂纹之外与"生"纹相对又置四个小的柿蒂纹，呈大柿蒂纹繁衍生"子"之状。柿蒂纹下方是一"S"形肠纹，肠纹之下有一"种"状物正欲植入凤鸟展开的尾部，是凤鸟接种受孕之形。凤鸟前胸部有一"S"形肠纹与一交合

图11-60

图11-61

图11-62

图11-63

图11-64

图11-65

图11-66

纹符号组合，体现出交合生殖之意。凤鸟生殖器部位是象征生殖之门的"儿"纹和正待生出的"卵"纹，体现出生卵传子之形。凤鸟肢爪部又连接一小形鸟首，喻分支生子之意。该图式以"集形表意"的组合方式，体现出了祖先、凤鸟、子孙等各种符号之间的生殖关系，是一幅符号众多且立意明确的传宗接代图。

由于封建礼教的影响及对生殖器官直接表现的避讳，在其他象征生殖之门的符号逐渐淡出后，"蒂"纹却因对生殖之门相对含蓄的象征性以及图形的装饰性美感，从而在不同社会时期的文化图形中仍不断地演绎和运用。如后来的瓜瓞绵延（图11-63）、蒂结葡萄（图11-64）、蒂生子（图11-65）（图11-66）等图式，均是"蒂"纹生殖符号的衍化和延续。

"蒂"纹是原始思维的"互渗"观念将植物的生籽与生命的生殖相联系而形成的图式。其借花蒂结实之形来象征生殖之门对生命的繁衍，并常与"儿"纹等生殖符号结合，进一步丰富了古文化图形的生殖图式。

（五）"贝"纹

海贝在古代的文化特征及应用，一般被认为

图11-67

图11-68

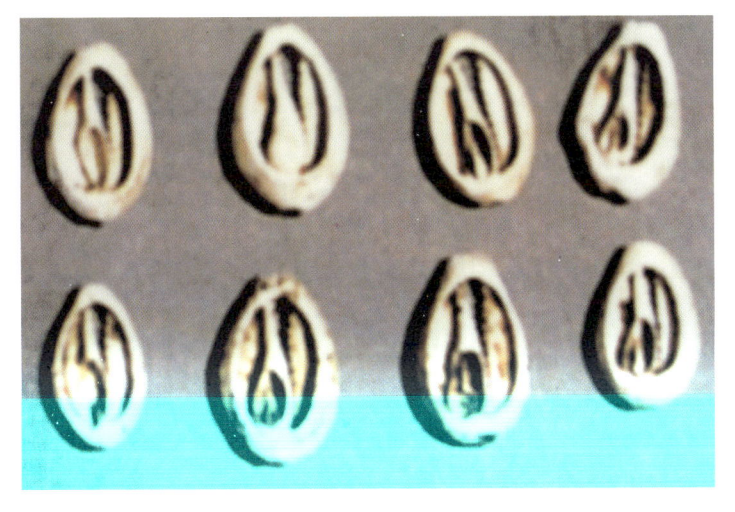

图11-69

主要是具有货币的作用,但考古资料证明,大部分出土的古贝与祭祀有关。甲骨文中的"取有贝"(合集11425)、"甲申卜宾贞雺丁亡贝"(合集11423)、"庚午……贞易多母侑贝朋"(合集11438)等卜辞,也表明其用为祭品。二里头三号墓址夏代贵族墓出土的大型绿松石龙形器一侧也有大量的贝出土,表明贝与龙有着某种内在的联系。在出土的古贝中,有许多贝的背面被磨穿,观察这些贝的形状就会发现,贝的正面特征与磨制后的背面特征均极像女阴的形状(图11-67)(图11-68)。原始彩陶中也有许多以贝为纹饰的图形,从它们在图形纹饰中的造型表现,也可见其形状与女阴的相似性(图11-69)。

韩国博物馆内陈列有一件古代木鼓(图11-70),木鼓造型以女性下体为特征,体现出以鼓代腹的生殖含义,该鼓在女体腰部生殖部位即饰有串贝,表明贝在此除作为装饰外,还具有对女阴的象征作用。从原始思维"互渗律"及原始巫术的特征来看,巫与神的沟通要根据巫术内容并利用与其内容相关的象征物及象征行为来进行,如前所论及的腹神、龙、树、卵、蛙、蛇等,均是由于其内涵及形状特征与生殖相关联才成为生殖崇拜

图11-70

的象征物。贝之所以用于祭祀，也正是由于其形状与女阴形状的相似，从而在原始思维中与女阴产生"互渗"联系，并在祭祀中成为生殖之门的象征。

商周时期的青铜礼器口沿部位也常有贝纹出现。由于物从口出，因而器物的口部也具有生殖的象征性，在器物的口部装饰贝纹，具有对生殖之门的象征标识作用（图11-71）。有的器物口部还出现了缠绕交合的肠纹（生殖神）与贝纹（生殖之门）组合图形（图11-72）（图11-73），更为明显地体现出了生殖的含义。

从古文"贝"的字形变化，也可见其与生殖之门的相似性。"贝"字为象形字（图11-74），早期的字形与海贝形相同，后来"贝"字演化为在贝体下加"儿"纹符号的形状，"贝"字之所以加入"儿"纹符号（生殖之门象征），是用"指事"符号来取代贝体与女阴相似的"象形"刻画，以更为明确简便的方式来标识贝的生殖之门特征（图11-75）。在"贝"字上再加树纹符号，则成为"货"字（图11-76），以树的分枝繁衍来象征货物的生生不息、源源不断。此后货币铭文中又出现了"货泉"等字样，把生殖之门与货物的源泉联系起来。由此可见，贝是因具有生殖之门的象征意义，才产生了与货币的联系（图11-77）。

贝本出于海，但从古贝的出土地来看，却大多远离沿海地区，而贝之所以成为货币，正是因为内地祭祀需要同沿海部族易物交换，贝才具有了货币的性质。除了用海贝进行祭祀外，古人还就地寻找代用品，以玉、骨、石、陶等材料来仿制贝。青铜冶炼技术逐步成熟后，又出现了用青铜铸造的铜仿贝。铜贝的出现是中国金属铸币的开始，其以金属的特有价值在以后的历史发展中逐渐取代海贝，开始了由祭祀品转为金属货币流通的时代。但从海贝开始用于祭祀，至作为货币，再到铜贝出现，其原本及造型是与女阴的生殖内涵密切相关的。在布币、刀币、环币等出现后，仍有以铜贝、玉贝应用于祭祀的现象，此遗风也表明了原始巫仪用贝与生殖相关的原本用意。由此可知，贝最初的文化特征是其形状与生殖之门相似产生"互渗"，才在巫仪或祭祀中作

图11-71

图11-72

图11-73

图11-74 　　　图11-75 　　　图11-76　　　图11-77

为对生殖之门的象征进行运用，又由于巫仪或祭祀的需要，在与沿海部族的易物交换中，才逐渐具有了货币的属性。

通过对"几"纹、"半几"纹、"公"纹、"蒂"纹、"贝"纹的分析可以看出，这些符号在古文化图形中的出现，是在原始思维的"互渗"作用下，将某些物象与生殖之门相联系而产生的。此类符号产生后，又以其特有的象征意义独立运用或参与龙、凤、兽面纹等图形的造型，并通过其符号的介入来体现这些物象的生命繁衍特征，从而也使其成为古文化生殖图式中的重要组成元素。

二、交合之纹

人们对生殖的认识经过由神灵"感生"进而到由两性交合而生后，又同天地阴阳繁衍万物的观念结合起来，从而产生了许多象征天地交合、阴阳交合、两性交合的符号，并将代表天地、阴阳及两性的符号进行不同方式的组合，以此来体现交合生物的观念。本书将古文化图形中这类象征天地、阴阳及两性交合的图形符号，据其不同特征分为缠绕交合纹、相对交合纹、叠合交合纹、勾连交合纹、共体交合纹、穿插交合纹等形态。

（一）缠绕交合纹

缠绕交合纹是由两个代表阴阳或两性的条状图形呈相互缠绕状体现交合之意的纹饰。

缠绕交合纹出现较早，在新石器时期的大溪文化彩陶中，就出现有两个条状图形呈绳状缠绕交合的纹饰（图11-78）（图11-79）。此后不同时期各种形态的缠绕交合纹更为多见。如战国漆器中出现的螭龙交合纹，其以两龙缠绕交合再延展成群龙聚合的图式，体现出了生殖神旺盛的繁殖能力（图11-80）；战国青铜器中出现的双蛇缠绕图形（图11-81），则以两蛇缠绕来象征两性交合。汉画像石中的人祖神伏羲、女娲也常以尾缠绕交合的图式出现，同样体现了交合繁衍之意（图11-82）。

图11-78

图11-79

图11-80

图11-81 　图11-82

图11-83

图11-87

图11-84

图11-88

图11-85　图11-86

图11-89

此类以两性缠绕交合象征生殖的图式形成后，被广泛地运用到了其他体现阴阳、两性交合的相关图形中。如有的双龙纹、双鸟纹同样是利用此种方式体现出了缠绕交合的生殖特征（图11-83）。有的用绳纹、交丝纹等图式（图11-84）（图11-85）与藤纹、云纹等纹饰结合来体现阴阳交合之意。汉画像石中象征氏族生命繁衍的连理树造型，则以树冠的众多分枝进行缠绕交合（图11-86），并在其间加入"蒂"纹、鸟纹等符号作为生"子"之象征，以多种符号的组合来体现氏族繁衍兴旺的内涵，更是把缠绕交合的图式发挥到了极致。

（二）相对交合纹

相对交合纹是由两个代表阴阳或两性的图形符号呈相对状体现交合之意的纹饰。

图11-90

此类交合纹以动物图形居多，这些动物有的头足相对（图11-87），有的以尾相对（图11-88），有的反向交错相对（图11-89），有的将多个相对交合纹并置形成连续式图形，还有的将相对动物的尾或足组成"儿"纹符号，以生殖之门符号的介入来进一步体现其生殖特征（图11-90）。

此种以"成双""成对"来体现阴阳搭配交合的图式，在历代文化图形中多有出现，尤其是在与婚庆相关的民俗图形中影响更为广泛。

（三）勾连交合纹

勾连交合纹是由两个或两个以上代表阴阳的图形符号呈相互勾连状体现交合之意的纹饰。

勾连交合纹在春秋战国时期的青铜纹饰中多有出现，其以螭、虺等龙形动物为主，通常将形体较大的称为蟠螭纹，形体较小或屈曲较自由的称为蟠虺纹。螭与虺实际上都是龙、蛇一类，螭是没有角的龙，虺是小蛇。同时期流行的还有一种类似波浪状的纹饰，其实也是由简约化的蟠虺纹或肠纹穿插而形成的图形。这些纹饰多作卷曲盘绕状，有的以四方连续相互勾连的方式组成大面积的纹饰（图11-91）（图11-92），也有的以两个或多个相互勾连形成与器物相适合的纹饰（图11-93）（图11-94）。

周代早期，螭、虺之类是龙之下象征后代及臣民的符号，周王室失去其统治的控制力后，青铜器图形由在主体龙纹周围组合子纹的图式，转化为形状大小相同、不分主次的螭、虺纹饰。这些螭、虺纹饰在图形中相互勾连交合，以此来体现脱离宗室控制的诸侯王自身氏族子民的繁衍，并使青铜器表面出现了犹如锦缎般繁密的图案。春秋战国之后，该类纹饰随着社会形态的变更则较为少见。

（四）衔咬交合纹

衔咬交合纹是由代表阴阳或两性的动物图形呈相互衔咬状体现交合之意的纹饰。

关于衔咬交合纹前面章节已有介绍，此类图式中的"衔咬"即喻"交合"。衔咬交合纹在春秋至汉代多有出现，尤其在汉画像石中更为常见。此类图式有的表现为动物之间嘴与嘴衔咬，有的表现为动物之间嘴与身体的某一部分衔咬（图11-95）（图11-96）。这种图式以往很容易被直观地认为是动物在撕咬争斗，其实这些动物相互咬合的真正

图11-91

图11-92

图11-93

图11-94

图11-95

含义是以"咬"谐"交",即以"咬合"谐"交合"。在山东出土的汉画像石中可见此种喻义的真正体现(图11-97):该画像石下方相互衔咬的是象征受孕神灵的瑞兽,上方是瑞兽长尾(肠的"互渗"物)缠绕传人的图形,由此瑞兽"交(咬)合"和"传人"的组合,可明显地看出这些瑞兽并非在争斗,而是通过"交(咬)合"与"传人"的组合,体现出了生殖繁衍的含义。

衔咬交合纹饰在民间美术中也常出现,如民间剪纸中有螃蟹(女性生殖器象征)夹咬男娃生殖器的图形,同样是以"咬"谐"交"的方式表现了男女交合的喻义。

图11-96

(五)共体交合纹

共体交合纹是由两个代表阴阳或两性的动物图形或符号共为一体体现交合之意的纹饰。

共体交合纹最为典型的是以双龙连体的方式来体现阴阳相合的玉璜(图11-98)。除此之外,这类纹饰在春秋战国时期的青铜纹饰中也常有出现,多表现为两龙或两螭交合连接,有的为首部交合(图11-99),有的为尾部交合(图11-100),也有的将肠纹或抽象符号共体交合连接。此类纹饰在交合之处常饰有一卵纹,以表示阴阳交合所孕之子(图11-101)。还有的共体交合纹在交合处生出鸟等子纹,或在龙体一端再生新的龙体(图11-102),更进一步体现出了交合繁衍的含义。共体交合纹在不同时期的古文化图形中一直延续并多有出现,是图形造型中常见的图式(图11-103)。

图11-97

图11-98

图11-99

图11-100

图11-101

图11-102

图11-103

（六）穿插交合纹

穿插交合纹是由两个或两个以上代表阴阳或两性的图形符号交错穿插体现交合之意的纹饰。

在穿插交合纹中，有龙凤等动物的穿插交合（图11-104），也有植物的穿插交合（图11-105），还有动物与植物的穿插交合（图11-106），而最常见的是双龙或双凤穿璧式的穿插交合及双龙交尾拱璧式的穿插交合（图11-107）（图11-108）（图11-109）。在双龙或双凤穿璧式的穿插交合中，璧是宗之象征，两龙或两凤穿璧以"假借"图式体现了传（穿）宗接代的生殖内涵。在汉画像石中还可看到两龙穿璧孕子、生子的图形（图11-110），更为明显地体现出了穿插交合对生殖的象征。穿插交合的形式也常被运用到几何纹图形中（图11-111），同样包含了穿插交合的生殖意义。

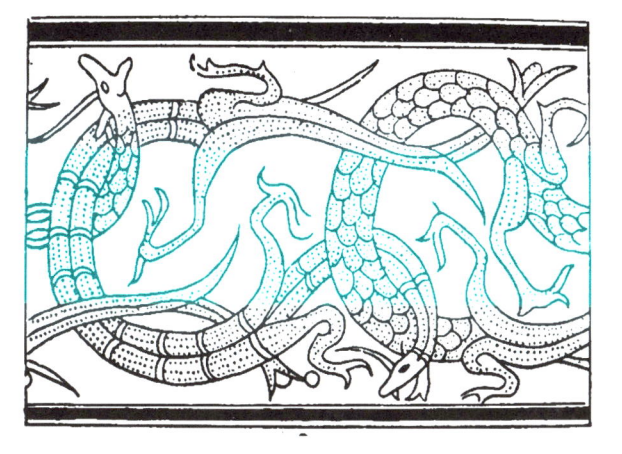

图11-104

图11-105

图11-106

图11-107

图11-108

图11-109

图11-110

图11-111

图11-112 　　　　　图11-113 　　　　　图11-114 　　　　　图11-115

图11-116 　　　　　　　图11-117 　　　　　　图11-118

（七）叠合交合纹

叠合交合纹是由两个代表天地、阴阳、两性的图形或符号呈上下叠合状体现交合之意的纹饰。

在中国的传统文化图形中，呈上下叠合状体现阴阳相合的符号有很多。如陕北民间结婚喜帐内常见的扣碗剪纸，以两碗口对口的上下叠合，来象征天地、阴阳的和合（图11-112）。这种扣碗图形在秦代出土的凤鸟纹漆扁壶鸟首冠饰中也可看到（图11-113），其以冠饰的形态同样体现了阴阳相合、天地相合之意。在陕北民间结婚时贴的抓髻娃娃剪纸中，还有以花代女阴，男根在上与其交合的图形（图11-114），更为直接地以上下叠合方式表现了阴阳的交合。山东嘉祥的彩印包袱图形中也有男根与象征女阴的碗花叠合的图形（图11-115）。这些图形均用上下叠合的会意组合，体现出了交合生殖的含义。

在古文化图形中有一种呈"〰"或"⚈"状的符号，其特征表现为一个弧形线中间与一条或两条垂直线相交并与其他图形相连的特征。这种符号常出现在甲骨文的"龙"字首部（图11-116）、青铜器"虎"纹的首部（图11-117）、青铜兽面纹的角部（图11-118）以及瓦当纹体现"四象"观念的图形中（图11-119）。有的还表现为由一个弧形线与"凡"纹相叠合的形态，呈现出"〰"或"⚈"状，由于其形状像云或蘑菇，以往多将其称为云纹或蘑菇云纹。其实，这种图形也是一种体现天地阴阳相合的叠合交合纹。

"天圆地方"是古代宇宙观对天地形状的主观解释，有"大圆在上，大矩在下……上揆之天，下验之地"[1]；"天似盖笠，地法覆盘，天地

图11-119

---
[1]《吕氏春秋·序意》。

各中高外下"[1]等说。古代宇宙观还将地比作车，将天比作盖："方地为车，圆天为盖"[2]；"乾为天，为圜。坤为地，为大舆"[3]；"轸之方也，以象地也。盖之圆也，以象天也"[4]……从前面介绍的战国帛画《驭龙升天图》中可看到对这种观念的形象描绘（图11-120）：该帛画下方以龙为方形之车，象征地；上方有一大"盖"，悬于空中（未与任何物体相连），是对"圆天为盖"的描绘，象征天；而天地相合，人生其中，是对亡灵复生的象征。在另一件汉代瓦当中也可看到与《驭龙升天图》相似的图形（图11-121），此瓦当由两组上下相对的相同纹饰组成，从上方的一组图形来看，下部是一个仰向上方的巨大"几"纹形成车舆形，其内置有两个卵形纹，中间方形象征的是地，上方的圆盖象征天，天地之间有一线相连，形成"☋"形符号。在此符号中，"☋"上部的弧形纹是对"圆天为盖"的符号性体现，弧形纹中间向下的垂直线则以"指事"的方式与交合物相连来象征交合，"☋"形符号与交合物的叠合形成了"天与之合"的象征图式。天地和合的观念又是同阴阳观念相联系的，象征天的弧形线同时也象征"阳"，因而这种"☋"形符号也体现了阴阳的和合。

以弧形纹表示天或阳的符号在象征天地四方的图式中还有一些其他的表现。如这个瓦当纹饰（图11-122）：中间方形为地，地之角为"维"（"维"是天地相交之处）[5]，在此图形中，象征地之"维"的方形之角与弧形纹相合，同样以叠合的方式体现了天地四方交合之意。将该图形与前面的汉代瓦当图形对照（图11-121），也可见两图式之间在形式上的联系，其均是用叠合的方式体现了天地的相合。在曾侯乙墓出土的墓主外棺图形中，也有象征天的弧形纹与地之维相合的图形，但在此图式中，四方之维则由中间方形（地）的四角再伸出"X"形来体现，象征天的弧形纹与"X"纹相交，同样体现出了天地阴阳的相合（图11-123）。在瓦当纹中，还多见象征阴阳交合的"☋"、"☋"形符号与卵纹符号进行叠合的图形（以往称其为云纹），"☋"形或"☋"形与中间卵纹相连后呈现出向四方放射分布的图式

图11-120

图11-121

图11-122

图11-123

---

[1]《晋书·天文志》。
[2][楚]宋玉：《大言赋》。
[3]《周易·说卦》。
[4]《周礼·考工记》。
[5]《淮南子·天文训》："东北报德之维"，郭璞注"四角为维"。

图11-124 　　　　　图11-125 　　　　　图11-126 　　　　　图11-127

（图11-124）（图11-125），此类图形除表现"五行""四象"观念外，又明显加入了阴阳和合、生殖繁衍达及四方的内涵，是以叠合图式对天地化生万物观念的综合性体现。

在象征四象的瓦当纹中，有的纹饰还将"儿"纹符号（生殖之门）与之结合起来，以此来体现四方繁衍的观念（图11-126）。也有的图式将"儿"纹符号再与象征"天"或"阳"的弧状线进行叠合，进一步体现了天地阴阳相合的生殖含义（图11-127）。瓦当纹中大量出现的"◎◎"形符号以及曾侯乙墓出土漆箱上的"⚶"形符号即是这种阴阳交合观念的体现（"⚶"形符号与"◎◎"形符号同义相类，"⚶"形符号将在曾侯乙墓出土漆箱相关章节中另辟文专论）。

象征"天与之合"的符号在商周时期青铜器、玉器的许多纹饰组合中广泛运用，表明这类纹饰在此时期已成为一种符号定式。如这个商代中期的兽面纹四足鬲（图-128），即在其兽面纹的角纹上介入了"◎◎"形交合纹符号对"天与之合"的生殖含义进行象征；另一个青铜象纹的尾部也介入了"◎◎"形符号与之组合（图-129），同样体现出了"天与之合"的生殖内涵；这件青铜虎育人纹饰则在人的生殖器部位连续叠加两个"◎◎"形交合纹符号（图11-130），强化了这种代表"阳"的符号与生殖的密切联系；这件龙纹饰玉璜则在象征生殖之门的"儿"纹符号上再加入交合纹的组合（图11-131），更为明显地体现出了交合生殖的内涵。

图11-128

图11-129

图11-130

图11-131

图11-132

图11-133

图11-134

图11-135

在龙、虎及兽面纹饰等具有祖先和王权象征的图形上标注"⊙"形符号，也是常见的一种图式（图11-132）。这种图式除体现交合生殖外，还体现出了古人观念中天与地、天与祖先、天与王权之间的关系，表明统治神、祖先神是"承天运"的象征，是天的儿子（天子），其"天与之合"而得氏族繁衍是天命所归。

1981年在内蒙古包头召湾西汉墓中出土了一件黄釉浮雕陶尊[1]。该黄釉陶尊内容之丰富，纹饰之繁缛，装饰风格之独特，为汉尊中仅见，是研究汉代意识形态、美术史、文化史及古文化图形内涵的珍贵实物（图11-133）（图11-134）。此器高22.2厘米，口径18.3厘米，通体施黄釉，尊体为直筒形，壁微斜，子母口，平底下附三只呈蹲踞状的熊足，盖隆起呈峰峦状，为博山式盖的变体，整体造型有古朴浑厚之感。尊体表面满布浮雕纹饰，口沿下及底边各饰一周连绵起伏的山峦，山峦间的内容有神话传说、瑞应禽兽、甲胄武士、舞蹈戏乐等。其中一组以龙、蛇为主体的图形尤显突出（图11-135）。该组图形下方的一龙一蛇是生殖神的象征（龙是代表王权的生殖神，蛇是王权之下氏族的生殖神）。龙、蛇上方是生命树，树上有鸟，树旁一人正在对鸟弋射，鸟为"子"，射鸟意为得"子"。树右侧有三个神人站立，从其造型看应是"三皇"形象。《史记·秦始皇本纪》载：天皇、地皇、泰皇为三皇。《太平御览》卷七十八引《春秋纬》则将天皇、地皇、人皇为三皇，其中泰皇即是人皇。在本图式中，右侧鸟首人身者是天皇，以鸟飞于天

---

[1] 赵爱军.包头出土西汉黄釉陶尊[J].收藏.2006（5）.

象征天；左侧牛首人身者是地皇，以牛行于地象征地；而中间则是泰皇，"泰"是《易经》天地交合之卦，天地交而万物生，泰皇在此为人首与蛙身复合之形，头上置叠合交合纹冠饰以示天地阴阳交合，其以人首造型，表明泰皇即是人皇，是天地间人祖生殖神的象征。从此图式中可看出叠合交合纹符号作为冠饰所表达的象征性含义，该组图形整体内容体现了在生殖神（龙、蛇）、三皇的护佑下，天地相合、氏族繁衍的内容。

交合纹饰所表现的内涵是对天地、阴阳、两性相合的体现，这种交合观念在文化图形中可体现为对天地的理解，也可体现为对生殖的期寄，又可体现为天与神、人、物的关系，还可体现为阴阳的和合。它是中华民族"和合"观念在图形文化中的反映。

三、生命之树

古文化图形中有很多树纹符号，其中大多数树纹符号表现的并非一般意义上的树，而是以树的分枝特征来对氏族神进行象征的一种图式。古代生殖观念认为树从干部不断生长分枝的现象体现了生命的不断生长繁殖，树的这种特征与人们祈望氏族繁衍的愿望相"互渗"，从而形成了树神崇拜，并由此引申出了多种多样的纹饰和符号。这些纹饰和符号大致可归纳为："生"纹、"勿"纹、"枝叶"纹、"肢爪"纹等类型。

（一）"生"纹

"生"纹是以表现生命繁衍为内涵的树状符号。之所以称其为"生"纹，而不称树纹，其意是将此类象征生命繁衍的树纹与普通的树纹进行区别。

"生"之意在原始生殖观念中与树密切相关，甲骨文中的"生"字即是古人祭祀的"社木"之形。"生"字的树干部分表现为隆起的腹状特征（象征生殖之腹），是以树木由干生长分枝与腹孕育生命特征相"互渗"象征生命母体的形象（图11-136）。"姓"字则是人跪祭社木"生"之形，从"姓"的字形，可见"生"字所体现出的生殖含义与氏族的联系（图11-137）。

四川广汉三星堆出土的青铜神树是对生命树的最好诠释，明显体现出了树木生长分枝与孕育生命的联系。1986年四川广汉三星堆遗址二号祭祀坑出土了八棵青铜神树，分为大、中、小三型，大型神树有两件。一号大铜树残高396厘米，树下部有一个圆形底座，底座上有三条树根组合成三个"儿"形斜撑着树干，"儿"纹符号对其造型的参与标示出了该树的生殖繁衍特征（图11-138）。铜树树干套有三层树枝，每层有三根主要枝条，全树共有九根主要枝条，所有的树枝都柔和下垂，枝头置一长一短两个镂空树叶形成"儿"形蒂纹，蒂纹内生出尖桃形果实（"实"为"子"之象征）。在每层三根主要枝条中，每根又分出两条长枝，枝条的中部再伸短枝，短枝上又以花"蒂"形分出"儿"纹叶片，"儿"形内再结卵状果实，果实上各站有一只昂首翘尾的小鸟。此造型组合体现出了蒂生"籽"（卵）、"籽"孕鸟的特征（图11-

图11-136

图11-137 　　　图11-138

139)。沿树干的一侧有一条体部呈绳状（肠纹象征）的龙援树而下（图11-140），以龙与神树"转注"式的组合将其生殖内涵更为充分地体现出来，表明该生命树不仅代表了生殖神，也代表了氏族的祖先神和保护神，是对氏族神的综合性象征。现在一些少数民族，仍然认为龙与神树对生殖具有相似的象征意义，苗族、侗族、仡佬族、壮族、哈尼族、彝族等祭神树也称"祭龙"，由此也可见龙与生命树在生殖崇拜中所产生的"互渗"联系。

前面章节曾探讨过神树扶桑与"生"的关系。从长沙马王堆汉墓出土的汉代帛画中可看到龙与变形为肠纹的扶桑缠绕生日的图形（图11-141），表明扶桑同样是肠生殖观念与树生殖观念相结合的产物，其形象地体现出了古人将龙、树、太阳（卵）与古代宇宙观相联系的特征。扶桑不仅是太阳的居所，也是生命树的象征。

在贵州苗族蜡染图形中，同样可看到以"生"纹体现生殖繁衍的图式（图11-142）：该图式中间是两条阴阳鱼，呈现出阴阳交合的生殖神特征，围绕这两条阴阳鱼的是象征生命繁衍的生命树，树周围是由其而生的各种生命物，也体现出了交合生殖与生命树繁衍生命的关系。

当"生"纹这种树干分枝特征与生殖联系成为一种理念后，其除作为树纹的造型表现外，还渗透到其他象征生殖的动物类图形中，以动物体部分支的造型来对这些物类的生殖繁衍进行象征。此类图形最为典型的是商周时期的兽面纹、凤鸟纹、龙纹，从中明显可见类似生命树分支介入其造型的现象（图11-143）（图11-144）（图11-145）。在汉

图11-139

图11-140　　　图11-141

图11-142

图11-143

图11-144

代帛画和汉画像石龙纹造型中也可看到这种龙体分支的现象（图11-146）。民间美术中同样有类似的造型出现，从这件民间剪纸狮子体腹部生出枝叶的图形（图11-147），可见"生"纹对其的影响。此类造型均是通过树分枝特征的参与，以超自然的形态表现出了生殖繁衍的内涵。

除以上图式外，以树的分枝特征体现生殖的观念还常以分出多首或多尾的形式参与到图形造型中，从而使这些图形更呈现出了超自然的神秘状态。如有的汉画像石图形在动物头部或尾部表现出树形分枝特征，形成了动物多头或多尾的现象（图11-148）（图11-149）（图11-150），还有的动物在尾部呈树形分枝形态的基础上，每条尾端再连接人首，以此来体现生殖传人的含义。这些造型均是由树分枝特征的介入而产生的。

仓源岩画中有一地神形象（图11-151），其造型将"生纹"与人形组合，头部以树状分枝来象征大地孕生万物的生殖神特性。在山东省微山县两城出土的这块汉代画像石中（图11-152），生命树的造型与肠纹结合呈连理交合之形，树冠上生枝、鸟、猴子（谐"候子"）等"子"纹，以肠纹与"生"纹、"子"纹的构合来综合体现生命的繁衍。还有的连理树在枝叶部分与"蒂"纹相构合加入"蒂"生"物"的内容，同样体现出了交合生殖的内涵（图11-153）。汉画像石中还出现在树根部与"儿"纹结合的图形，以生殖之门符号的介入，使树的生殖特性更为明显（图11-154）。在瓦当纹中，"生"纹也常同卵纹、肠纹、蛇纹等纹饰形成生命树的组合图形（图11-155）（图11-156）（图11-157），同样是以生殖符号的介入来表现树的生殖内涵。

以树分枝象征生命繁衍的观念形成后，与树有类似分枝特征的鹿角（图11-158）、鸟尾（图11-159）等也与树"互渗"并与生殖联系起来。它们同样被作为生殖崇拜的对象，成为古文化图形中生殖繁衍的象征。

图11-145

图11-146　　图11-147

图11-148

图11-149

图11-150

图11-151

图11-152

图11-153

图11-154

图11-155

图11-156

图11-157

图11-158

图11-159

这些"生"纹造型的出现，均是树生殖观念作用于图形的反映。它们在图形造型中与其他象征生殖内容的符号配合运用，并在不同时期的生命繁衍图式中一直产生着影响。

（二）"勿"纹

"勿"纹常出现在商周时期动物形青铜礼器的两侧，其图形特征多表现为以一个呈卷弧状的蛇纹或肠纹为主体，再由其向一侧分支排列成类似翅羽的图形（图11-160）。由于该类图形很像古"勿"字，且内涵也具有"勿"字之本义，故称其为"勿"纹。从青铜纹饰上表现羽翅的图形中，也可见其呈现出由母体衍生出诸多子体与"勿"字形态相似的特征（图11-161）。此种由翅生羽现象与由树干生枝现象"互渗"相类，同样体现出了繁衍的含义。

"勿"是"物"的本字。"物，万物也"[1]，物在汉语中是一个汇总万类的概念，也是对生殖和被生殖对象的总称。"勿"字的甲骨文和金文字形大致有两种形态：一种是" "" "形（图11-162），表现为"人"字下身延伸为肠形再与身侧的点状纹组合，呈孕子、携子之形；另一种是" "" "" "形（图11-163），表现为以"肠"形为母体，再从"肠"形的体部向一侧呈类似翅

---

[1]《说文》。

图11-160

图11-161

图11-162

图11-163

生羽的分支之状。这两种形态的"勿"字，均体现出了以母体生子体的特征，表明"勿"（物）是由对"生"的体现而来，"勿"（物）之本字即源于对母体分支繁衍的表现。有学者曾指出"物"字具有图腾的意义，并举了六个例证："（一）《左传·庄公三十二年》：有神降于莘。王曰：如之何？内史过对曰：以其物享焉。其至之日，亦其物也。（二）《左传·定公十年》：叔孙氏之甲有物，吾未敢以出。（三）《左传·哀公元年》：祀夏配天，不失旧物。（四）《左传·宣公三年》：铸鼎象物。（五）《国语·楚语下》：民以物享，祸灾不至。（六）《周礼·保章氏》：以五云之物。""上述六例中的物字，确乎都有图腾的意义在里面，尤以'不失旧物'，'叔孙氏之甲有物'，'铸鼎象物'三语最为显著。"[1]此说甚确，表明了"物"与图腾之间的联系，并反映出了青铜礼器的出现是出于"铸鼎象物"的象征性用意。

礼器是"尊神"意识的体现。商周时期许多动物形青铜礼器腹部多铸刻有肠、龙、蛇的图形，这些图形均来源于古代肠生殖观。在器腹标注这些图形，其意就在于表现腹内的生殖神特征（图11-164）。"铸鼎象物"所象之"物"，即是以这些器形或图形来对生殖之腹繁衍万物进行象征，而礼器上祖先神、生殖神的生殖繁衍特征常常就是通过"勿"纹来表现的。在商周动物类造型的青铜礼器上，甲骨文和金文中"勿"字的两种字形都可找到直接的图式原型：一种是在器物腹部以肠纹或蛇纹（肠纹的动物化）为主体，再在其旁置小龙、小兽、卵纹、枝叶纹（见本章枝叶纹）等"子"纹饰，整体图式呈生子、孕子之状，与古"勿"字在长体外加点呈生子、携子之状的"彡"字相似（图11-165）（图11-166）；另一种是由"生"纹与翅生羽相联系而产生的衍化形式，表现为由肠纹、蛇纹为本体再向外分支的造型，体现出由母体分支繁衍的特征，与古"勿"字由主体再做分支状的"彐"字相同（图11-167）（图11-168）（图11-169）。在这两种图式中，"勿"纹主体均对子体呈现出卷弧盘绕之状，具有孕子、生子特征。

---

[1] 刘节《古史考存》，人民出版社，1958。

图11-164 　　　　图11-165

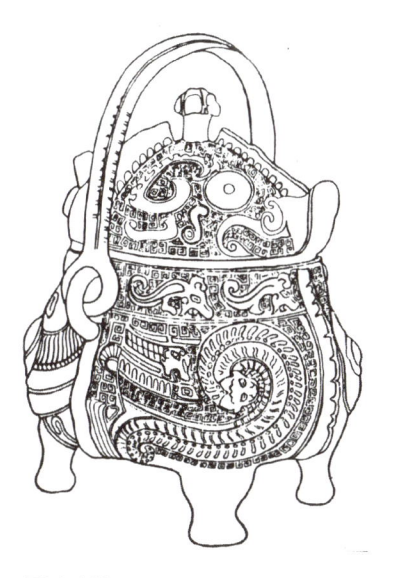

图11-166 　　　　图11-167

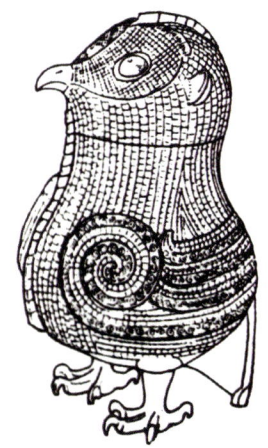

图11-168 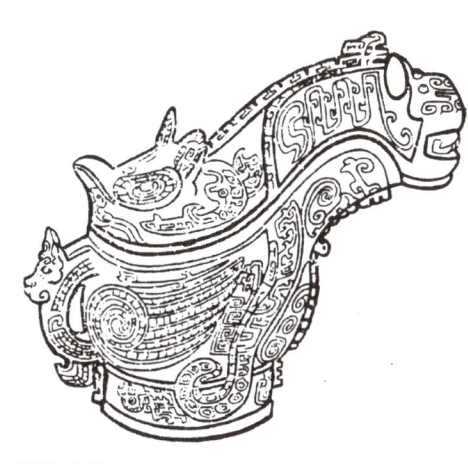　　　　图11-169

第十一章　古文化图形中的象征符号 | 339

在山西侯马出土的一件东周陶范上，还可看到龙交合生"勿"的图式（图11-170）。该图式由两龙组合：左侧一龙体部饰"S"形纹饰（肠纹），首生长角，表明其具有雄性特征；右侧一龙有耳无角，体现出雌性特征。左侧龙以角和爪勾连右侧龙尾部，与右侧龙呈勾连交合状；右侧龙体部置有一"勿"纹，是交合至生殖繁衍的标志。该图式以"勿"纹为符号，"指事"并体现出了两龙交合生"勿"（物）的含义。

在鸟形青铜器造型中，有的"勿"纹则更似翅羽，但从其翅生羽的主体部分仍能看出具有肠纹或蛇纹特征（图11-171）（图11-172），表明"勿"纹并非表现写实的鸟翅，而是借翅羽之形表现生殖繁衍的符号。此种在动物体腹部添加翅羽状"勿"纹的造型，在商周之后的一些图形中也常有出现，同样表现出了由腹生"勿"的造型特征。湖北江陵凤凰山出土过一件绘有豹纹的西汉彩绘大扁壶，在该豹纹造型中，豹腹部也有类似翅状的图形，但从其由腹而生的位置来看，又明显与翅羽应处的实际位置不同，如是翅羽则不可能长在腹部，因而此纹饰显然不是对翅羽的描绘，而是以此标示由腹而生的"勿"纹符号，可见"勿"纹与动物自然特征的翅羽确非一物（图11-173）。从长沙马王堆汉

图11-170

图11-171

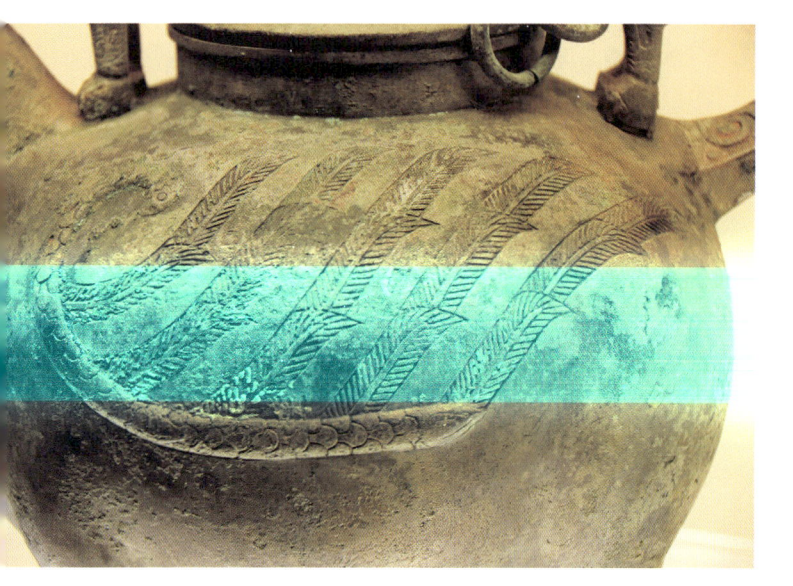

图11-172

图11-173

墓出土的帛画龙纹造型中也可以清楚地看到"勿"纹与翅羽的区别（图11-174），此龙纹同时具有翅羽和"勿"纹，翅羽是从背部而出，而"勿"纹却是从腹部而出，两者在位置及形状上均差别明显。在同时期另一龙纹中同样可看到与此相似的"勿"纹符号（图11-175），该龙生殖器部位饰有"儿"纹，体部有四组"勿"纹，靠近颈部的一组"勿"纹连有一个小龙状的子纹，体现出了由"勿"纹生子的特征，也表明"勿"纹与动物翅羽不是一物。

汉代以后，神仙升天观念兴起，许多动物图形中出现了加翅的造型。"勿"纹此后也与神仙升天观念相结合并与动物翅羽统一起来，逐渐被在人及动物身上添翼的造型所取代（图11-176）（图11-177）。

"勿"纹是古文化图形中表现生殖观念的重要图形，反映出了万物本于肠（包括肠的神化物龙、蛇

图11-174　　图11-175

图11-176

图11-177

等），并由此分支生殖来象征氏族繁衍的特征。以肠、龙、蛇分支生物的图形既是古"勿"字的直接原形，也是万物之"物"的本义。

（三）"枝叶"纹

"枝叶"纹是由树生枝繁衍之意而来的以枝条生叶特征体现生命繁殖的纹饰。此类纹饰与"生"纹不同的是："生"纹是以干与枝的组合体现"祖"生"子"，而"枝叶"纹表现的则是"生"纹的枝叶部分，是被"祖"繁衍的"子"之象征。这种纹饰在商周青铜上多有出现，其中有依附母体呈枝叶状分布的"枝叶"纹（图11-178）（图11-179），也有独立成形的"枝叶"纹（图11-180）（图11-181），还有与"肠"纹、"儿"纹等生殖符号组合的"枝叶"纹（图11-182）。"枝叶"纹还常常组合成连续之形围绕在主体纹饰周围，以此来体现生殖神和统治神所生所治的子孙后代（图11-183）（图11-184）。

商周之后，"枝叶"纹在古文化图形及不同地域的民间美术中也有体现，常与龙、凤等图

图11-178

图11-179

图11-180

图11-181

图11-182

图11-183

图11-184

图11-185

图11-186 图11-187

形结合，形成以枝叶为造型特征的龙、凤等图形（图11-185）（图11-186）（图11-187），反映出了以枝叶特征表现生殖繁衍观念对这些图形的影响。

（四）"肢爪"纹

"肢爪"纹是以动物肢爪为原型与"生"纹相结合的纹饰。该类纹饰将动物"肢爪"的分支特征与"生"纹形成"互渗"联系来表现生命的繁衍。在前面介绍的马家窑文化彩陶中，就已分析过以蛙类肢爪来体现生殖的图形（图11-188）（图11-189）（图11-190）。这种以肢爪为生殖繁衍象征的观念在图形造型中还常与被繁衍的其他"子"纹饰结合，更为明显地体现出了生殖的象征性内涵。如良渚文化神人兽面图形中，就有在下肢足部以肢爪连接鸟首表现生支传子的图形（图11-191）；湖北省江陵县马山一号楚墓出土的凤鸟刺绣图形中，也可看到在凤鸟肢爪部连接一鸟首，以肢爪生支传子来体现生子繁衍的图形（图11-192）。

在商周青铜器纹饰中，"肢爪"纹还常常与象征被繁衍对象的"枝叶"纹、"刀羽"纹、"子"纹等组合参与到体现生殖繁衍的图式中（图11-193）（图11-194）（图11-195）（图11-196）。这些纹饰有的依附于兽面纹、龙纹、

第十一章 古文化图形中的象征符号 | 343

图11-188

图11-189

图11-190

图11-191

图11-192

图11-193

图11-194

图11-195

图11-196

图11-197

凤鸟纹出现（图11-197），也有的与主体纹饰呈脱离状态独立出现（图11-198），其均是通过与主体纹饰的配合参与并体现生命繁衍的图形。

以肢爪分支特征体现生殖的图式在此后不同时期也有体现，如在云南羊甫头出土的这件滇文化木雕祖神像（图11-199），神像坐在象征生殖之腹的鼓上，由鼓体部生出一条粗壮的牛肢，体现出了祈望牛图腾氏族分支繁衍的愿望。在当代的民间美术中也可见到一些以人生多肢体现生殖繁衍的图形，这些图形同样是将人肢与树分枝"互渗"联系而形成的（图11-200）（图11-201）。

从"生"纹、"勿"纹、"枝叶"纹、"肢爪"纹等纹饰

图11-198

图11-202

图11-199

图11-203

图11-200

图11-204

图11-201

图11-205

特征来看，正是由于原始思维将树不断生长分枝现象同人们祈望氏族繁衍的心理相"互渗"，从而形成了古代生殖观念中的树神崇拜，并在此基础上由树的生殖内涵引申出了多种以分支为特征的纹饰符号。

四、繁衍之子

在体现生殖的古文化图形中，对生殖之子的表现同样是对生命繁衍进行象征的重要内容，由此形成了在主体图形内外组合子纹饰以体现繁衍之子的现象。这类子纹饰大致可归纳为"子"纹、"刀羽"纹、"鳞"纹、"籽"纹等类型。

（一）"子"纹

在古文化图形造型中，"子"纹是指配合主体纹饰或独立出现的代表繁衍之子的小型纹饰，常以小龙、蛇、虺、鸟、鱼、小兽或象征性符号来体现。这些纹饰有的出现在主体纹饰之内（图11-202），有的出现在主体纹饰周围（图11-203），也有的以独立状态或边饰出现，还有的结合其他生殖符号形成变体纹饰。

在商周早期的青铜礼器纹饰中，这类"子"纹多依附在主体纹饰周围来象征宗主与诸侯、子民之间的宗属关系及统治与被统治关系（图11-204）（图11-205）。至周代后期，这类纹饰脱

图11-206 　　　　　　　　图11-207 　　　　　　　　图11-208

图11-209 　　　　图11-210 　　　　图11-211

图11-212 　　　　　　　　　　　　图11-213

离主体纹饰呈独立状态出现，形成了螭蛇纹或蟠虺纹群龙无首的现象（图11-206）（图11-207）（图11-208）（图11-209）。

此类纹饰在以后不同时期仍有许多体现形态，如"龙生九子"，以及以鼠、兔类小动物代子等。

（二）"刀羽"纹

"刀羽"纹也是生殖神所繁衍后代的象征性纹饰，因其形状似刀又似羽而得名。羽的生殖特征由鸟类生羽延伸而来，因鸟体生羽众多，故以此来象征生殖繁衍的后代。刀本身也具有与生殖相关的象征性含意，刀是"分"的工具，其作用是将物分开，"分"与"生"在生殖观念上有相似之处，如树的分枝、分杈等均是以分的特征来体现的。在商周青铜纹饰中，"刀羽"纹具有较为固定的程式化特征，常表现为一个刀羽形与一个"半儿"纹结合的形态（图11-210）（图11-211）。"刀羽"纹作为龙纹、凤纹、兽面纹等图形的组合纹饰被大量应用，并在其基础形态上有多种变体出现。其图式大致可分为分支式、独立式、结合式三种类型。

1.分支式

分支式"刀羽"纹与"枝叶"纹、"勿"纹所表达的含义相似，其形态呈多个"刀羽"纹依附于主体图形分支状排列，体现出由主体生子体的图式特征（图11-212）（图11-213）。

2.独立式

独立式"刀羽"纹不与主体图形连接，呈独立特征，是繁衍之子的独立形式。该形态有的表现为围绕或游离于主体图形之外单独成形（图11-214）；有的与主体图形呈平行状组合（图11-215）；也有的没有主体图形，仅以"刀羽"纹自身形成图式（图11-216）。没有主体图形组合的"刀羽"纹多出现在西周以后，是周王室对诸侯国控制削弱的体现。

图11-214    图11-215

图11-216

图11-217    图11-218    图11-219

图11-220    图11-221    图11-222    图11-223

3.结合式

结合式"刀羽"纹是指与其他图形或符号结合具有综合特征的"刀羽"纹。在此类型中，有的与卵、蝉等结合，以体现生命繁衍或再生的含义（图11-217）（图11-218）。有的以单个"刀羽"纹与小型鸟纹（图11-219）、龙纹（图11-220）、蝌蚪纹（图11-221）、肢爪纹等结合，以象征生殖的后代。在西周之后龙图形主体地位出现弱化的青铜纹饰中，还有的将"刀羽"纹与龙的"肢爪"纹结合后进行夸张表现，其比例甚至超出了主体龙纹（图11-222）（图11-223），以此造型来强化并突出对代表诸侯和子氏族的"刀羽"纹的关注。由此也可看出，此时期这些代表诸侯的"刀羽"纹虽然从形式上与代表周王室的龙纹仍存在着宗属关系，但其图形特征却明显体现出了其身份地位的变化。

图11-224

图11-225

图11-226

图11-227

图11-228

图11-229

图11-230

（三）"鳞"纹

"鳞"纹是以有鳞动物的鳞片为原形来表现被繁衍之子的纹饰。鳞生于体，且数目众多，以此来象征被繁衍之子，其意与羽纹相近。在本不生鳞的人及动物等体部饰"鳞"纹是对生殖祖先的象征，如前面曾介绍的山东安丘董家庄汉墓立柱图像在人和熊的体部饰"鳞"纹，即是以此种方式来体现生殖祖先的特征。在龙纹及其他神性动物纹体部加饰"鳞"纹，除加强表现其动物化特征外，同样是以"鳞"纹来体现对生殖繁衍的追求（图11-224）（图11-225）。"鳞"纹在青铜纹饰中还常以独立的形态出现，有的成片重叠排列（图11-226），也有的呈条带状形成边饰（图11-227）。片状排列的"鳞"纹大多装饰在器物腹部，条带状排列的"鳞"纹大多装饰在器物口沿部。

（四）"籽"纹

"籽"纹是体现生殖神所繁衍后代的籽形纹饰。其以动物的卵和植物的籽为原型，一般形体较小，有在"籽"纹内表现卵核的，也有没有卵核的。这种纹饰常在图形中成片或成排出现，以此来体现多子之意。

"籽"纹的运用基本分为两种形态：一种是装饰于动物体部，表现腹内所孕之子（图11-228）（图11-229）；另一种是多个组成装饰纹样，以符号的形态来象征体现生殖的繁衍（图11-230）（图11-231）。此类纹饰在玉器中多称为谷纹（图

11-232），在青铜器纹饰中多称为乳钉纹（图11-233）（图11-234）（图11-235）。有的玉璧、玉佩、玉璜等纹饰中"籽"纹造型还常呈现出籽发芽或卵化生出具有卷曲尾部的蝌蚪之状（图11-236）（图11-237）（图11-238）。在民间美术中，"籽"纹还常与石榴、葡萄、瓜类的多籽特征相联系，以此来体现生殖繁衍的含义。

从以上对"子"纹、"刀羽"纹、"鳞"纹、"籽"纹等纹饰的归纳可看出，古代文化图形为体现生殖繁衍的内涵，出现了在生殖神主体纹饰

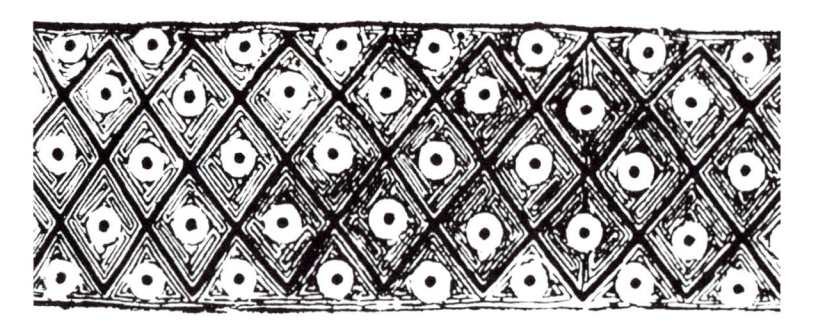

图11-231

图11-232

图11-233

图11-234

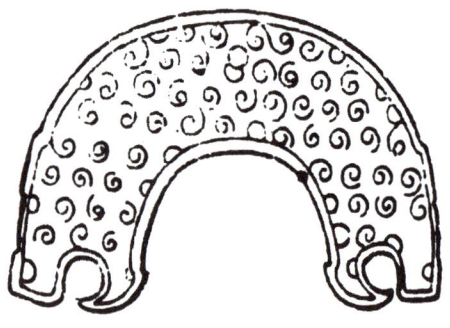

图11-235

图11-236

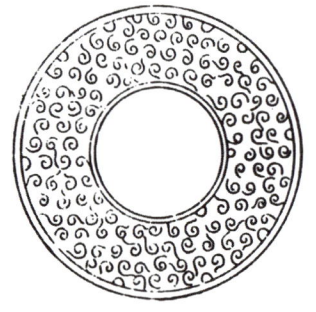

图11-237

图11-238

内外装饰子纹饰的现象，这种表现生殖之子的纹饰是多种多样的，它们的原形物多来自原始生殖认知与现实物象之间所产生的"互渗"，并依"互渗"对象形成象征符号来参与生殖繁衍图形的组合。

五、标识之冠

在古文化图形中，人纹、动物纹及一些神性图形的首部常饰有纹饰或符号，以此象征并"指事"这些图像的属性、身份、地位等特征。首部的标识性纹饰大致有两种类型：一是冠纹，是置于人纹、动物纹或一些神性图形头上象征其身份和地位的冠状纹饰，是人为添加的头部标识；二是角纹，是根据兽类头上生角的特征延伸而来的图形符号，是自然属性的头部标识。因对象的身份及特征有所不同，冠纹和角纹便有所不同，形式也较为多样，既有象形的图形，也有抽象的符号。这些纹饰对于识别图像的身份、属性及内容具有重要的作用。

（一）冠纹

在古代生活中，冠是身份和地位的象征，同样，在图形文化中，冠饰也并非仅仅是一种装饰，而是具有标示其属性、身份和地位的作用，尤其是在象征祖先、王权和生殖神的图形中，冠饰更是具有特别的标识意义。前面章节已探讨了许多古文化图形符号的象征性内涵，如良渚文化神人兽面像、龙山文化兽面神徽等，从中可看出，在图形造型中把所要标识的内容用纹饰符号装饰在被标识对象的首部，被标识对象也就具有了这些符号所象征的内容和含义。

在商代妇好墓出土的器物中，也有许多人纹或动物纹以在首部置冠饰的方式标示出了其身份及象征内涵。如这件青铜鸮尊（图11-239），除周身用浅浮雕线刻兽面、龙、蛇、蝉等纹饰以显示其生殖特性外，还在头顶上饰一个高高竖起、铸刻有龙纹的"儿"纹冠（生殖之门象征），更为明确地标示出了该造型的生殖神身份。又如徐州狮子山西汉楚王墓出土的这件玉龙佩（图11-240），其首部同样饰有"儿"纹冠饰，也明确地标示出了其生殖神的身份特征。这种以象征生殖之门的"儿"纹符号装饰于头部的方式，与后来在生活习俗中以女性扎双髻（图11-241）、男性扎一髻（图11-242）的发式象征男女之别，也有一定的联系，

图11-239　　　　　图11-240　　　　　图11-241

图11-242　　　　　　　图11-244 　　　　　　　　　　　图11-245 　　　　　　　　图11-246

图11-243

图11-247 　　　　　　　图11-248 　　　　　　　　　图11-249

尤其是妇女扎双髻的造型，与在首上饰"儿"纹冠的标示方式极其相似。

在不同时期的其他古文化图形中，冠纹对图像所标示的意义也十分明显。如这个鸟图形以肠纹为冠（图11-243），既体现了对生殖之源的崇拜，也标示出了其生殖神的身份；另一个鸟图形则是在头部添加了"儿"纹与肠纹的组合冠饰（图11-244），从而使其生殖特征更为明显；这件玉鹦鹉图形以龙纹饰冠，明确显示了其特殊的身份和地位（图11-245）；这三个鸟图形分别用"生"纹、"蒂"纹、"羽"纹为冠饰（图11-246）（图11-247）（图11-248），同样体现出了生殖繁衍的内涵；这个神兽图形则以四条勾连的肠龙为冠（图11-249），更加强化了对生殖神和王权的身份象征。在龙纹及青铜兽面纹上装饰"且"纹和"辛"纹，对体现龙及兽面纹的身份及内涵也同样具有特殊的标识作用（"且"纹和"辛"纹其后将辟专文分析）。从以上冠纹可看出，其均是以特有的象征性符号介入到图形造型中，从而使这些图形具有了冠纹所标示的特征和含义。

（二）角纹

角纹是依据动物头上长角的自然属性延伸而来的头部图形符号。其不但在象形类的动物图形中出现，在青铜兽面纹等神性图形中也常出现，这些角纹与青铜兽面纹上的"且"纹、"辛"纹有所不同，"且"纹、"辛"纹是以象征符号介入图形的冠纹，而角纹则是由自然属性延伸而来的。就青铜兽面纹的造型来看，多数兽面图形不仅具有"且"

图11-250 　　　　　图11-251 　　　　　　　　　图11-252

图11-253 　　　　　　　　　图11-254

图11-255 　　　　　　　　　图11-256

纹或"辛"纹，同时也具有角纹。

据古文化图形中角纹的不同特征，可主要归纳为写实类角纹、变形夸张类角纹、象征符号类角纹、神异类角纹几种形态。

1. 写实类角纹

写实类角纹依据表现对象的自然属性而来，多出现在写实类的动物图形中（图11-250）（图11-251）。由于角纹同样具有标示其属性的作用，因而在较为抽象的动物纹饰中也可通过角纹的特征来判断其原形。如在青铜兽面纹中，可根据牛角、羊角等特征来判断其物类属性（图11-252）（图11-253）。

2. 变形夸张类角纹

变形夸张类角纹是在写实类角纹的基础上进行变形夸张而来的。此类角纹在青铜兽面纹中尤显突出，青铜兽面纹的变形夸张角纹主要可归纳为以下几种：

外卷形角纹，其形状向外翻卷（图11-254）。
内卷形角纹，其形状向内翻卷（图11-255）。
曲折形角纹，其形状呈横向曲折状，有呈"S"形者（图11-256），也有在此基础上进一步延伸者（图11-257）。
分杈形角纹，其形状呈分杈状（图11-258）。

从这些不同类型的青铜兽面角纹可看出，其在表现腹神兽面纹共性内涵的基础上，又体现出了不同的个性化造型特征。

3. 象征符号类角纹

象征符号类角纹是在兽类图形的长角部位介入象征符号来体现其图形含义的角纹。如在有

图11-257

图11-258

图11-259

图11-260

图11-261

图11-262

图11-263

图11-264

图11-265

的青铜兽面纹中加入"❀"形交合纹符号，以"❀"纹代角来体现"天与之合"的内涵（图11-259）（图11-260）。还有的青铜兽面纹在角的基础上与"❀"纹结合，只在角根部结合了"❀"纹呈向内翻卷状，其既体现了角的自然特征，又体现了"❀"纹所包含的象征意义。此类角纹顶部形状又分为尖角（图11-261）和平角（图11-262）两种。

有的青铜兽面图形在角纹中还分别介入了龙纹（图11-263）、"儿"纹、"羽"纹（图11-264）等，以突出这些纹饰所象征的生命繁衍特征。还有的角纹采用了"生"纹分枝的形式，并在整体造型中把"卵"纹、"羽"纹等组合其中，以此来强化其生殖的内涵（图11-265）。

图11-266 　　　　　　　　　图11-267 　　　　　　　　　图11-268

4.神异类角纹

神异类角纹是在具有神异性特征的人或动物首部添加的代表其神性的角纹，这些物象的自然特征本无角，为其加添角纹，是为了将这些人物或动物与凡人凡物相区别，以此来显示这些物象的神异性。此类角纹多种多样，常以超自然的形态呈现在某些神话传说的神灵图形造型中（图11-266）（图11-267）（图11-268）。

从以上例证可看出，冠纹、角纹是古文化图形造型中表现物象特征常用的纹饰，也是以"指事"方式在古文化图形中识别其性质的标识。了解了这些图形所置冠纹、角纹的含义，也就基本了解了其图形所象征的内容。

六、谐音之图

前已谈及中国造字"六书"中有"假借"一说。假借字是指假借已有的音同或音近的字来代表所要表达的字或意。在古文化图形和民间美术中，也存在谐音"假借"的现象。文字中的"假借"是文字与文字间的假借，而古文化图形和民间美术中的"假借"是表现内容对图形的假借，其不但有"音借"，还有"义借"（借一物象的含义或特征来象征另一物象所要表达的内容）。图形的"假借"即是利用图形形象与文字读音的相近或意义的相似，通过"音借"或"义借"的方式来进行运用。这种方式在图形中可以将不易直接表现的抽象概念借用别的图形表现成为可视的形象。在这类图形中，被借用的图形脱离了其本来的物象属性成为表音、表义的符号，从而也使这些图形在一定程度上具有了文字表音的特征。研究古文化图形中这些"假借"现象，对于解读古文化图形的内容及含义有着重要的作用。

（一）民间美术中的音借、义借现象

在中国改革开放以前的偏远乡村，由于环境封闭和经济相对落后，科学文化并没有得到全面普及，很多人的思维方式还处于原本思维状态。在这种状态下，有些不识字的民间艺人却仍然用剪纸、刺绣、绘画等形式创作出了许多表音的图形，并通过这些图形形成了相对固定的表述方式来表达他们的意愿和追求，这些图形所运用的方式就是谐音"假借"。

中国文字经历了从象形到抽象的过程，许多文字是由象形而来的，但语言中一些抽象的概念在

图11-269

图11-270

图11-271

图11-272

图11-273

图11-274

用图形进行表现时，却仍然无法用直接的形象来表达。如"吉祥如意""富贵平安""连年有余"等均属于一种概念，并非具体的物象，当面对这类概念时，就难以用现实形象来直接对应。但民间美术却运用谐音"假借"的方式，在同音物象中寻找形象替代内容读音构成画面，把抽象的概念表现成了可视的图形，由此也使得一些具有美好寓意的概念以图形"假借"的方式被展现出来。民间美术中这种以图形表音的"假借"现象归纳起来大致可分为"音借""义借""音义双借"等类型。

1.音借

"音借"是在表现某种概念的图形中，借同音的物象来表现某些没有物象直接对应的抽象内容。如表现"连年有余"（图11-269），借"莲"之形读音为"连"，借"鱼"之形读音为"余"；表现"马上封侯"（图11-270），借"马"之形读音为"马"，借"蜂"之形读音为"封"，借"猴"之形读音为"侯"；表现"六合同春"（图11-271），借"鹿"之形读音为"六"，借"鹤"之形读音为"合"；表现"喜上梅梢"，借"喜鹊"之形读音为"喜"，借"梅"之形读音为"眉"（图11-272）；表现"上市大吉"，借"石"之形读音为"市"，借"鸡"之形读音为"吉"（图11-273）；表现"福寿双全"，借"蝙蝠"之形读音为"福"，借"佛手"之形读音为"寿"（图11-274）等。此外还有：娃娃抱鸡、抱鱼，表音"吉（鸡）庆有余（鱼）"；妇人童子、桌上安放花瓶，表音"母子平（瓶）安"；戟、磬、玉如意，表音"吉（戟）庆（磬）如意"；瓜类、蝴蝶，表音"瓜瓞（蝶）绵绵"；百合、核桃、彩盒、荷花，表音"和合"等。这些表音的图形，均是通过音借的方式来体现的。

2.义借

"义借"是在表现某种概念的图形中，借用自然物象的属性特征以及对物象寄寓的含义与所表达内容构成联系引申而成的图形。如用石榴、葫

图11-275 　　　　　　　　图11-276 　　　　　　　　　　图11-277

芦、葡萄、莲蓬、瓜类多籽的特征来寓意多子；用桃、松、鹤、白头鸟的特性或相关传说来寓意长寿；用鸳鸯、比翼鸟、并蒂莲成双成对的特征来寓意恩爱相伴；用扣碗相合来寓意阴阳相合；用莲与鱼（鱼戏莲、鱼穿莲等）、莲与鸟（鹭鸶探莲、鹤闹莲等）来寓意男女婚配等。此外民间美术除以形象寓意外，画面的构成和张贴方式也含有一定的寓意。如年画《一团和气》采用完整的形象造型组成圆状图形来寓意完美、团圆、和气（图11-275）；《文武财神》上边画武财神关羽，下边画文财神比干，叫作上"关"（官）下"财"，寓意上面升官、下面发财；把"福"字倒贴，寓意福倒（到）了等。除此之外，有些画面还借表现内容来体现另外的寓意，如年画中的《猴子抢草帽》，以猴子抢货来寓意货物卖得快（图11-276）；《四锄三饼》寓意四个人的活儿三个人干，三人能吃上四人的饭（图11-277），等等。

3.音义双借

"音义双借"是同时用"音借"和"义借"两种方式形成图形。如民间印染中的《三多》，即是借佛手、石榴、桃来分别寓意多福、多子、多寿的含义（图11-278）：佛手用"音借"，以"佛"谐"福"，喻多福；石榴借用其多籽的特征，以"义借"喻多子；"桃"借用王母娘娘开蟠桃宴，宴中蟠桃三千年一开花，三千年一结实，人吃了长生不老的民间传说，以"义借"喻多寿；三种果实又借用传统数字"以三示多"的寓意，以"义借"喻"多"。该图形同时运用"音借"和"义借"的方式，体现了多福、多子、多寿的内容，增强了图形表意的丰富性。

此类运用"音借""义借""音义双借"选取自然物象图形表现抽象概念的方式，其含义与画面形象有着恰到好处的巧妙应用和相得益彰的联系，既满足了人们表意和审美的双重需要，也适合过去民间生活环境中多数人文字不能辨识而习惯于形象思维的实际，从而使这些经民间意识认同的表音替代图形，成为老百姓心目中吉祥的形象符号，在民间长期流传，盛行不衰。

图11-278

（二）古文化图形中的音借、义借现象

通过对民间美术中谐音"假借"现象的分析，值得思考的一个问题是：在文字还没有被规范运用前的古代，古文化图形中是否也已经具有了这种借用图画表音的方式或现象呢？

文字是记录语言的符号，人们在寻找记录语言的方式中产生了文字。从汉文字跟语言的关系来看，汉字属于表意文字的词素音节文字，起源于以"象形"方式对物象的描绘形成符号来对语言进行记录和传递。"仓颉之初作书，盖依类象形，故谓之文，其后形声相益，即谓之字。文者物象之本，字者言孳乳而浸多也"[1]。也即是说，在中国文字的初始阶段，文字是依据现实物象描绘图形来表音的，以物象的音来对应语言的音，象形字与其所代表的语素直接发生联系，象形字的读音即是其所表现的对象。但由于表意过程中原始象形字的局限性，在文字体系还不完善的起始阶段及后来因用字者对文字掌握不全面不熟练的情况下，就会出现以音同的其他文字符号代替表音的现象，这就是造字六法中的"假借"。其实，由语言产生文字的本质即是"假借"，即借用某种符号或图形来表示语言，由此特征可知，"假借"其实是原始文字标注语音的一种最为原始的方式，而非仅仅是一种用字方式。古文中大量的通假字也说明，这种"借假"方式在文字使用初期是相当普遍的。

由于中国的文字和图形具有密不可分的渊源关系，语言借助图形产生了文字，因而在原始图形中，也一定保留着语言的痕迹。本书在第一章已阐述了图形造型方式与造字六法的类同性，古文化图形所表述的内容也常用"象形""指事""形声""转注""假借""会意"的方式来进行体现，特别是在以图形方式表述某种语言特征的概念性内容时，就会借用一些现实物象的图形来体现语音，而这种图形所形成的依据即是谐音假借。由此可以推断，在原始图形中也就极有可能会存在表音的图形。如能了解这些古文化图形的表音特征，不但可以更好地解读这些图形，而且还有可能由此找到中国文字更早的源头。

以此为线索，通过分析归纳，笔者从古文化图形中发现了许多与表音有关的图形，现将部分图形的表音内容分析如下。

"虎"谐"护"：音借，以"虎"为"护"，借用"虎"与"护"音同的特征，用"虎"的形象来标注"护"的读音及含义。在古文化图形中以"虎"为神，即是以"虎"为"护"神。濮阳西水坡仰韶文化45号墓墓主人一侧及良渚文化神人兽面神徽上均可看到虎的形象，从这些图形中可见，在原始时期就已经有了谐音假借的现象。

图11-279　　图11-280　　图11-281

---

[1]《说文》。

护生、护户、护门、护宅、护子：在中国古代文化图形及民间美术中，虎还与诸多物象组合来体现"护"的含义。如本书前面曾介绍的日本泉屋博古馆所藏的商代"虎食人"卣，其造型实质并非"虎食人"，而是出于借"虎"为"护"的用意，以虎与童子相抱的造型作为卣的主体，不但体现出了"护子"之意，也标注了"护子"之音（图11-279）。商代"后母戊"方鼎的耳部纹饰（图11-280）和殷墟妇好墓出土的"妇好"大型铜钺纹饰中有两虎与一人首的组合造型（图11-281），同样不是"虎食人"，而是借"虎"为"护"来体现"护人""护生"之意。这种以"虎"为"护"（保护神）的方式在不同时期的文化图形中一直延续，如汉画像石石门铺首置虎意为"护户""护门"；民宅中贴虎意为"护宅"；儿童戴虎头帽意为"护子"等，这些现象和图形均是以谐音方式借"虎"之音来体现"护"的用意。

生殖神、祖先神、保护神、自然神、统治神：龙以肠为原型，兽面纹以腹为原型，其不但是生殖神、祖先神、保护神之象征，而且还延伸成为自然神和王权之象征。故可借其为"祖"（生殖神），借其为"王"（统治神），借其为"天"（自然神）。

王祖生殖、王祖生子、王祖孕子、王祖孕物：在商周青铜纹饰中，有象征生殖神、祖先神、统治神的龙纹、兽面纹与象征生殖繁衍对象的"儿"纹、"勿"纹、"枝叶"纹、"鳞"纹及其他"子"纹组成的图形，其图式在体现礼制特征的同时，也体现出了氏族祖先神的生殖繁衍之意。这些图式根据组合内容，可义借并形成如下图形：王祖生殖——代表王祖的兽面纹与"儿"纹、"枝叶"纹等组合（图11-282）；王祖生子——代表王祖的兽面纹与"生"纹、"子"纹等组合（图11-283）；王祖孕子——代表王祖的龙纹对"子"纹呈包绕状组合（图11-284）；王祖孕物——代表王祖的兽面纹与"勿"纹、"子"纹等组合（图11-285）。

肠生子、长生子：肠在原始思维中不仅被认为是生殖之本源，其音又与"长"谐，肠生生不息的内涵与肠的形状均体现出了"长"的特征。原始图形中常见肠纹与卵纹组合（图11-286）、肠纹与

图11-282

图11-283

图11-284

图11-285

图11-286

图11-287

图11-288

图11-289

"生"纹组合（图11-287）、肠纹与小型动物纹组合（图11-288）的图形。卵纹、动物纹、"生"纹均为繁衍对象，以肠围绕这些纹饰形成孕生的图形，是用音义双借的方式来表达"肠生子"或"长生子"之意。

交合：在古文化图形中，缠绕交合纹、穿插交合纹、叠合交合纹、衔咬交合纹均包含交合生殖之意，这些交合纹饰不仅体现了阴阳交合、生殖繁衍的内涵，也可在图形中音义双借为"交合"之音，而衔咬交合纹更是以"咬"谐"交"的方式体现了"交合"之意。

生：古文字"生"是树木分枝之形，以树木分枝繁衍来象征生命繁衍特征是"生"字之本意。在古文化图形中，"生"纹常被义借为氏族生殖繁衍的象征。

龙祖生殖、生生不息：古文化图形中有众多的生命树图形，这些图形常结合多种生殖符号对生殖含义进行体现。四川广汉三星堆出土的青铜神树即以树（生）、龙（族系生殖神）、蒂（生殖之门）、籽、鸟（子）的组合，体现出了生殖繁衍的综合性内涵（图11-289）。在此神树造型中，龙以绳为体，"绳"为"系"，龙体尾部再分支，是族系生殖神的象征；树是"生"的象征，树出现分枝并由蒂生子，是族系繁衍的象征。龙与树组合则表明此树是氏族繁衍的生命之树。其通过义借体现出了龙祖生殖、生生不息之意。

交合孕子、交合生子：交合孕子、交合生子是古文化图形中常见的图式。如这件双龙交合孕子玉饰（图11-290），造型表现为双龙交合共为一体并形成龙腹孕子造型，而这件玉龙饰则是两龙交合，尾部呈"儿"纹状，尾下生龙（子）（图11-291），其均是义借为交合孕子的图形。青铜纹饰

图11-290

图11-291

中的两螭龙交合孕卵、生子图式，也体现了交合孕子、交合生子的特征（图11-292）。在汉画像石中常见以树分枝交合与鸟纹等组合的连理树（生命树），在此类图式中，树为"生"纹，鸟为"子"纹，其图形也义借为：交合生子（图11-293）。

马上生子、祈望得子：有的汉画像石还将马介入生命树图式中，把马系于树干，马之上（马上）是树冠（生）和鸟（子），音义双借为：马上生子

第十一章 古文化图形中的象征符号 | 359

图11-292　　　　　　　　　　图11-293　　　　　　　　　　图11-294

（图11-294）。还有的汉画像石在生命树下置小儿（子）站于马上（马上），做援树爬升（生）状（图11-295），也谐为：马上生子。该生命树一侧有人射鸟，其箭直指鸟身，鸟为子，射鸟意为得子，又立一人望小儿和鸟做祈祷状，意为：祈望得子。

龙生九子、龙生九祖、二祖传七子：用树分枝体现生命繁衍的观念，常常转化为以动物多头或多尾的现象来体现由祖分支生殖的图形。如汉画像石中就有龙体生出九首的造型，呈现出龙体出九支（生）、九支生九首（子）的特征，义借为：龙生九子（图11-296）。此类龙生子图形大多处于画像石整体构图的上部，为氏族之祖的象征，因而"龙生九子"也义借为：龙生九祖。汉画像石中还有龙在尾部分支生出人首的图形，如这个双首龙在其尾部生出了七首（图11-297），则义借为：二祖传七子。

交合生娃、人祖生娃："蛙"与"娃"音谐，常以"蛙"代"娃"。战国时期的青铜器上有双蛇缠绕衔蛙的图形（图11-298），其以两蛇缠绕象

图11-296

图11-295　　　　　　　　　　　　　　　

图11-297　　　　　图11-298　　图11-299

征两性交合，用音义双借的方式体现出了"交合生娃"的寓意。滕州汉画像石馆藏有一件造型奇特的画像石，其图式由人祖伏羲、女娲与一个蛙形人形成组合（图11-299），伏羲、女娲分别以尾缠绕蛙（娃）的下肢，并以手提升（生）蛙之须发，此提升之意是借"升"为"生"，其以义借的方式体现出了"人祖生娃"的内容。在此"蛙"的造型中，还可看到蛙下体部有接于地的地根，首部有连于天的"辛"形冠纹，表示该娃生于天地之间，是天地交合所生之子。

四方生殖、四方繁衍、四方和合：四方概念在图形中常表现为以圆为中心向四面伸展的特征。该类图式在瓦当纹中出现较多，有的还与蒂纹等结合，形成柿蒂纹图式。四方图形与"生"纹组合，便形成了"四方生殖"（图11-300）；与"儿"纹（生殖之门）组合，便形成了"四方繁衍"（图11-301）；与叠合交合纹组合，便以义借的方式形成了"四方和合"（图11-302）。

祥、祖宗吉祥："羊"谐"祥"，古文化图形中常借"羊"为"祥"。商周青铜纹饰和汉画像石中多见以"羊"谐"祥"的图式，有的图式还在羊首系以璧环，璧为宗之象征，合意为祖宗吉祥（图11-303）。

祖祥生子：青铜兽面纹是祖之象征，商代的三羊尊在腹神兽面图形两侧置小龙，是"祖"生"子"的图式，上方置羊首，"羊"谐"祥"，音义双借为：祖祥生子（图11-304）。

四方祥和：商代四羊方尊四面置羊，与"四方"相合，又以"羊"谐"祥"，音义双借为：四方祥和（图11-305）。

生子呈祥：有的汉画像石以树（生纹）、童子乘羊（子呈祥）为组合图式，音义双借为：生子呈祥（图11-306）。

引灵升天：在马王堆西汉一号墓出土的帛画

图11-300

图11-301

图11-302

图11-303

图11-304

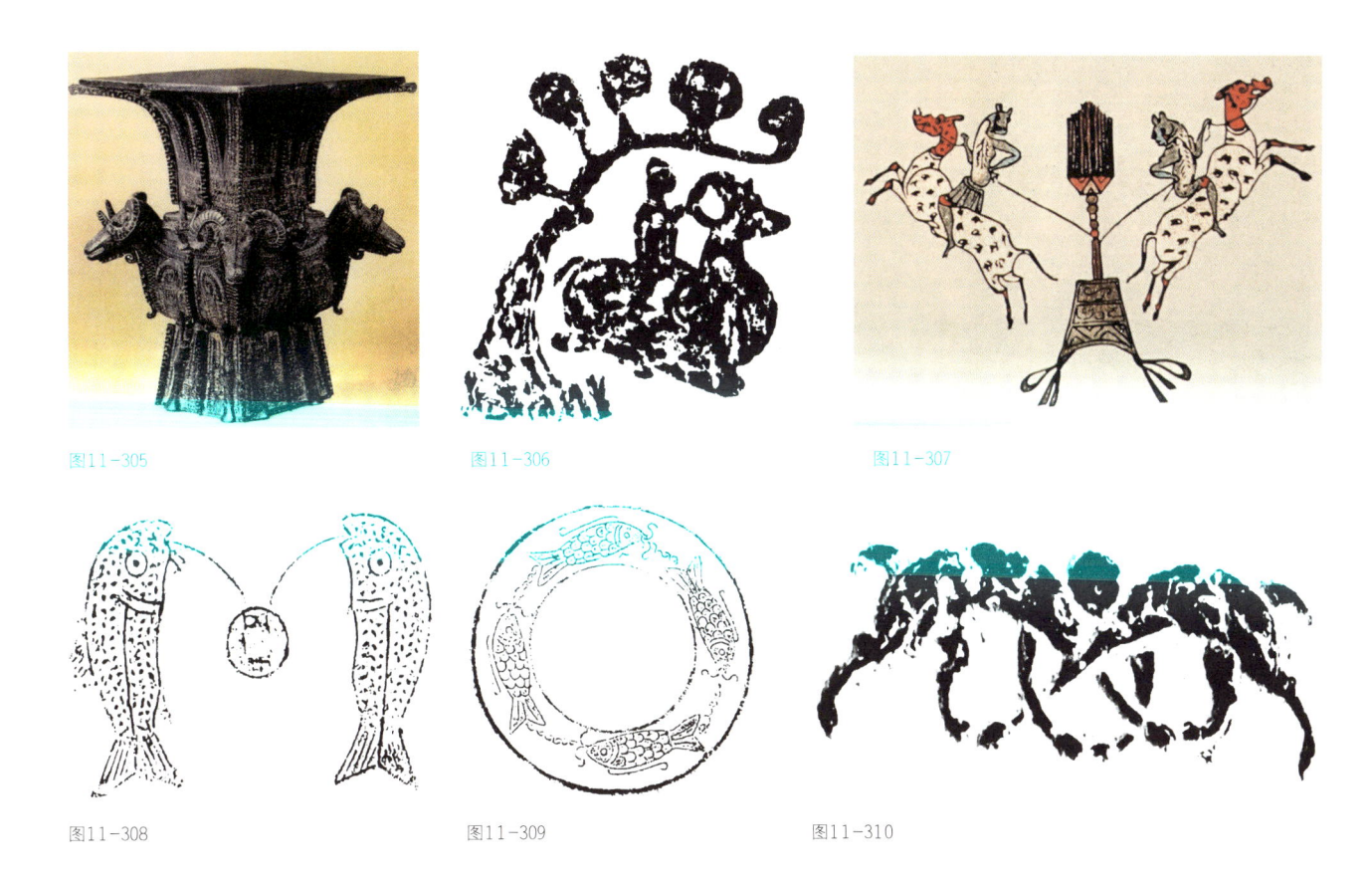

图11-305　　　　　　　　　图11-306　　　　　　　　　图11-307

图11-308　　　　　　　　　图11-309　　　　　　　　　图11-310

中（图11-307），最上端部分描绘的是天国景象。天门处有两个兽首人身神分别骑在向上奔跑的神兽上，兽首人身神手中牵绳，绳端扯着一个铎铃，铎铃上方有仙鸟（灵魂使者）相引。"铃"与"灵"音相谐，以"铃"代"灵"，是亡者灵魂的象征物。神人骑神兽扯铃（灵）做牵引（引）状奔向天界（升天），音义双借为：引灵升天。

钱有余、连年有余：财富的剩余是富足的体现，也是人们生活的祈望。"鱼"与"余"音谐，在古文化图形中常出现借"鱼"为"余"的图式。如在这件汉代铜洗纹饰中，钱与鱼（余）组合，谐音为：钱有余（图11-308）。而在另一件汉代铜洗纹饰中，有四鱼（余）相撵（年），四鱼间有链（连）相接，音义双借为：连年有余（图11-309）。

候子、交合候子：汉画像石中多有猴子的造型，"猴"与"候"音谐，其有两义：一是候待生子，二是指所生之子为候门之子。汉画像石中还有两个猴子交合为一体的造型，音义双借为：交合候子（图11-310）。

传宗接代："传宗接代"是中国传统伦理中的一个重要概念，此概念在古文化图形中多有反映。古文化图形中象征宗的图形有多种，如龙、凤、兽面纹、伏羲、女娲、西王母、璧等，用象征宗的图形与能表现这个概念其音其义的元素相配合，便形成了诸多体现"传宗接代"的图形。如这件周代的玉龙（图11-311），以龙为"宗"，绳为龙体（绳为肠的"互渗"物，也为族系之象征），又在龙体中间打结，以"结"谐"接"，形成前后承接的两部分，前部分喻祖，后部分喻祖的后代，音义双借为：传宗接代（由此龙体以绳系造型及打结的现象也可看出，龙体并非以某种现实动物为原形，而是借某种对象表现某种概念）。马王堆西汉一号墓出土帛画中下部的图形，则是以龙穿璧为宗，再与带（代）组合，以音义双借来表现传宗接代的图式（图11-312）。这件汉画像石则是以建鼓为宗，流苏（带状物；谐代）打结（接）再连子鸟，带上生子，同样是对传宗接代的体现（图

图11-311

图11-312

图11-313

图11-314

图11-315

图11-316

11-313）。在铺首图形中，也有以铺首衔环为宗，环下结带（接代），环内孕鱼（子），带下又生鱼（子）的图式，以及伏羲女娲穿过铺首环内打结的图式，均体现出了传宗接代之意（图11-314）（图11-315）。还有的图式以璧为宗，所结（接）之带（代）以龙、虎相接，不但体现出了传宗接代之意，还体现出了生殖神"龙"和保护神"虎"对传宗接代的护佑（图11-316）。

从以上例证可以看出，在古文化图形中，很早就出现了借用图画表音、表义的现象，这种现象对于没有现实物象直接对应的概念性内容具有形象化表达的替代作用。研究并了解这些图形，对于古文化图形内容的分析具有重要的作用。

（三）汉画像石整体画面内容谐音现象选解

佛教中有经变画，其用图像代替文字来解释佛经，以供没有掌握文字的教徒了解佛经的内容。其实，这种以图像代文字的方式在中国古文化图形中一直运用。下面从汉画像石中列举几个较为复杂的图式，来解析这种具有表音特征的画面。

富足有余、吉祥生子画像石（图11-317）：该画像石1982年出土于山东省滕州市滨湖镇西古村，石面纵83厘米，横142厘米，厚20厘米，浅浮雕，在相关资料中被称为庖厨人物垂钓画像石[1]。该画像石图像分为上下两层：上层为龙云纹，是天之象征，云纹呈龙（肠）状弯曲，其间包绕蛙纹、蝌蚪纹和卵（星）纹，蛙（"蛙"谐"娃"）、蝌蚪和卵均为

---

[1] 滕州市政协文史资料委员会. 滕州汉代祠堂画像石[M]. 北京：中国文史出版社，2007.12.

图11-317

"子"之象征，该纹饰以龙云绕"子"，既体现出"上天包育"之意，又谐"上天保佑"之音；下层中间是墓主人凭几而坐，身旁有一人侍奉，一人躬拜祝颂。墓主人左侧上部挂有肉、鱼，显示其生活富足，肉有四，有一人正持刀取食，意"食肉"，鱼有三，古代以"三"示多，以"鱼"谐"余"，该图式合为"食肉多余"；肉、鱼下方一人执鸡，一人捧羊，鸡羊谐"吉祥"，与肉、鱼图形合并为：富足吉祥。墓主人右侧有一水榭，榭下有人罩鱼、捉鱼，"鱼"谐"余"，意"得余"；榭顶有一人连钓三鱼，以"三"示多，多鱼谐"多余"；鱼侧有龟，以龟喻"寿"；画面左下方，庭前坐满主人子孙，意"子孙满堂"；水榭楼梯上有两子和四只猴子（候子）向上爬升（生），意"生子"，榭内有人静坐做"候待"之状，与"生子"图式组合，意"候待（后代）生子"；上下层中间隔带和水榭之上遍刻肠纹，"肠"除具有生殖繁衍之意外，还谐"长"，喻"长久"。由以上分析可知，该画像石内容可表述为：上天保佑，祝颂某公，富足吉祥，得余，多余，子孙满堂，后代生子，寿，长久。

传宗接代、福荫后人画像石（图11-318）：该画像石1982年也出土于山东省滕州市滨湖镇西古村，石面纵90厘米，横130厘米，厚18厘米，浅浮雕，在相关资料中被称为羽人饲凤建鼓舞画像石[1]。在此画像石中，左上角是一只猫头鹰，猫头鹰是夜出之鸟，表明此图表现的是冥界。猫头鹰右侧是一个两蛇与龙交合、龙生五首（子）的造型，是生殖神、祖先神之象征。再右侧是两只猴子（候子）交合图形，谐"交合候子"。整幅画像石中间主体图像是一建鼓，建鼓两侧有人击鼓而舞，鼓是生殖之腹的衍化形式，鼓体饰肠纹，是"宗"之象征。建鼓木柱呈木祖之状，由木祖上部分生出两条带（代）状"流苏"（建鼓带状饰物，用丝帛之类制成，可随

---
[1] 滕州市政协文史资料委员会.滕州汉代祠堂画像石[M].北京：中国文史出版社，2007.8.

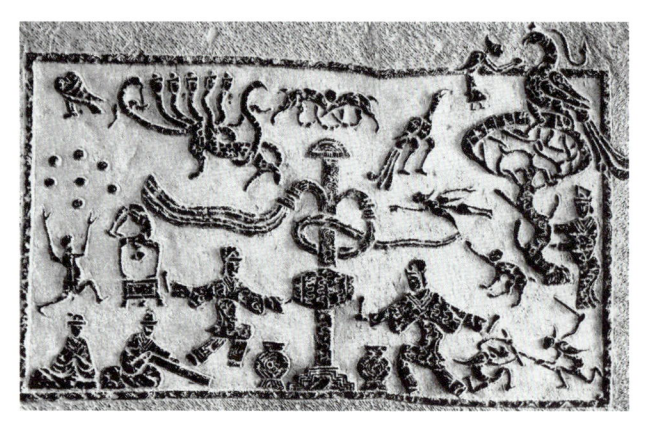

图11-318

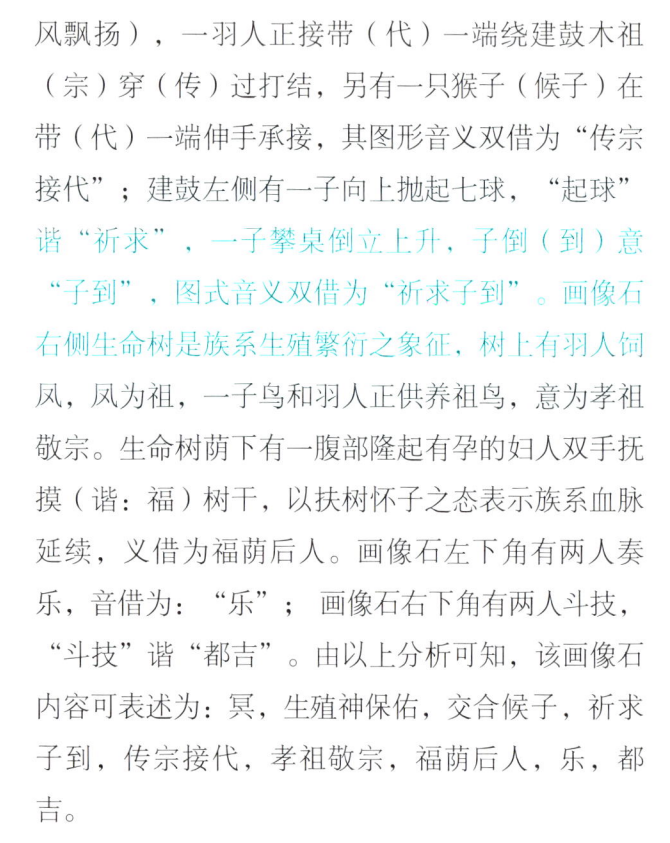

图11-319

风飘扬），一羽人正接带（代）一端绕建鼓木祖（宗）穿（传）过打结，另有一只猴子（候子）在带（代）一端伸手承接，其图形音义双借为"传宗接代"；建鼓左侧有一子向上抛起七球，"起球"谐"祈求"，一子攀桌倒立上升，子倒（到）意"子到"，图式音义双借为"祈求子到"。画像石右侧生命树是族系生殖繁衍之象征，树上有羽人饲凤，凤为祖，一子鸟和羽人正供养祖鸟，意为孝祖敬宗。生命树荫下有一腹部隆起有孕的妇人双手抚摸（谐：福）树干，以扶树怀子之态表示族系血脉延续，义借为福荫后人。画像石左下角有两人奏乐，音借为："乐"；画像石右下角有两人斗技，"斗技"谐"都吉"。由以上分析可知，该画像石内容可表述为：冥，生殖神保佑，交合候子，祈求子到，传宗接代，孝祖敬宗，福荫后人，乐，都吉。

孝敬祖先、传宗接代画像石：山东博物馆藏有邹城市看庄乡出土的一块名为《四神画像》的东汉画像石（图11-319），其图式同样表现出了传宗接代的内容。该画像石图像由上而下分为三层。第一层图像中间为"且"（祖），其上生众多圆形卵纹，左侧是保护神"虎"，右侧是生殖神"龙"，龙、虎正在衔咬抓持卵纹，龙（生）、虎（护）衔卵、持卵是生子、护子之象征，该层图像义借为：祖先庇护、子孙繁昌。第二层左为朱雀，右为玄武，玄武由蛇与龟首组合形成圆璧状，蛇为生殖神，璧为祭祖礼器，均是"宗"之象征。中间有一人（祖之后代）呈跪姿正在供养祖鸟，意为孝敬祖先。敬祖之人（祖之后代）右手持一结节之带（谐接代）。一鸟（子）从玄武组合的圆璧（宗）中穿（传）出，意为传宗，穿"宗"之鸟又接祖之后代右手所持之带（谐代），音义双借为：传宗接代。该层画面内容为：孝敬祖先，传宗接代。第三层为羊首，"羊"谐"祥"。由此可知，该画像石的总体内容为：生殖神、保护神保佑，子孙繁昌；孝敬祖先，传宗接代；祥！

从以上几例汉画像石可以看出，古文化图形中以图代文的现象是十分明显的，这些具有表音特征的画面所表达的概念与其直观的画面内容既有联系又有区别，其图形是借用"音""义"对某种概念的表达，而非对图形表面内容的直观表现。如果不了解这些画面"音借""义借"的表现方式，也就不可能了解画面所表达的实质内容。

由本章对古文化图形符号的解读和分析，可见符号在古文化图形中的重要象征作用。也正是由于这些符号在不同时期、不同地域和不同文化环境中参与古文化图形的组合，才形成了中国古文化图形的整体面貌。对古文化图形中象征符号的研究，是探讨古文化图形内容的基础性环节，只有弄清这些符号的象征意义，才能够较为准确地把握古文化图形的表现特征并解读其原本内涵。

第十二章 古文化图形个案解析

通过前面章节对龙图形及相关古文化图形的解读，对这些古文化图形的特征及内涵有了较为明确的认识。本章依据已了解的古文化图形符号，以相关材料为线索，再就一些较为复杂的典型图形个案进行解析，力求从原本思维和原本艺术造型的角度去探讨其内涵及实质，还原这些古文化图形的成因。

一、"履大迹"与祈生巫术

"大迹出雷泽，华胥履之，生宓牺。"[1]这是感生神话中有关伏羲出生的一个传说。后人解释为：伏羲的母亲华胥因踩了雷泽中走出的巨人脚印而生伏羲。本书对此说的看法有所不同，现结合古文化图形中的一些相关遗存，进行如下分析。

（一）"履大迹"传说新解

本书对以往"履大迹"相关解释的不同看法主要有三：

第一，"大迹"一说并非一定是指足迹。因为"迹"之意除足迹外还包含其他的解释，如形迹、画迹、痕迹，等等。而"大迹"之"大"，除了与"小"相对表示形状体积的差别之外，还有"长""尊""伟大"等意，如"大祖"即"太祖"；"大帝"即"天帝"；"大神"指"尊神"；"大人"指地位高的人等。先秦典籍中的"大"字，也常常是崇高或神圣的意思，如："有物浑成，先天地生，寂兮寥兮，独立而不改，周行而不殆，可以为天下母，吾不知其名，字之曰道，强为之名曰大"[2]。这里所谓的"大"，即周流六虚化生万物"可以为天下母"却不著形迹的"道"或"神"。甲金文字中化生万物的"天"字也是由"大"字演变而来的。因而"大迹"在此还可以解释成：伟大而受崇拜的形迹。

第二，"大迹出雷泽"的"出"字也并非一定是"走出"之意，还可以理解为"出于"或"源于"。由此，"大迹出雷泽"也可以解释成：出于雷泽的伟大而受崇拜的形迹。

第三，《山海经》载："雷泽中有雷神，龙身而人头，鼓其腹，在吴西。"郭璞云："今城阳有尧冢灵台。雷泽在北也。《河图》曰：'大迹在雷泽，华胥履之而生伏羲。'"雷神龙身而人头，当是人头龙，雷泽则是雷神所在之处。因而，"大迹出雷泽"一说中所谓的"大迹"，应是指来源于雷泽中的雷神形态，也即"大迹"是指与雷神（人头龙）形状相似的形迹。《河图》"大迹在雷泽"之说中的"在"字，也表明"大迹"是指在雷泽这个地方的巨大形迹，并非一定是指从雷泽中走出来的脚印。"大迹在雷泽，华胥履之而生伏羲"之说，是言华胥在雷泽这个地方履了雷神（人头龙）的形迹（图形）而生了伏羲。

那么，为何在此称华胥是"履大迹"而孕，却不是与"雷神"或"龙"直接接触而受孕呢？华胥又为何要去履"大迹"呢？这是因为华胥所履的不是"真"龙，而是龙的象征物——人们所创造的用来进行巫术祈生活动的龙图形。龙是生殖神，人们用龙的形状作为崇拜物而"履之"，其目的是通过这种与生殖神象征物接触的巫术行为来与神灵感应而获得生殖。华胥之所以要履"大迹"，也即是为了在此类巫术行为中得到"生宓牺"的祈生结果。

"礼"也由巫仪演化而来。"礼，所以事神致福也"[3]；"巫，祝也，女能事无形以舞降神者也"[4]。由此可知礼作为"事神致福"的手段，其目的与"以舞降神"的巫术具有相似性。又"礼，履也"[5]，"履，足所依也"[6]，表明"礼"之行为又与"履"相关。以舞而"履"又是原始巫术的一种方式，可见"履大迹"之说与祈生而"履"的巫术舞蹈之间存在密切的联系。

"大迹出雷泽，华胥履之，生宓牺"之说，可以为我们还原一个远古祈生的巫术场景：人们在雷

---

[1]《太平御览》七八引《诗含神雾》。
[2]《老子》。
[3]《说文》。
[4]《说文》。
[5]《说文》。
[6]《说文》。

泽这个地方，依据雷神的形象在地上制作了龙的巨大形迹，并举行履神龙之迹祈生的巫术仪式，华胥在"履大迹"的祈生巫仪之后生了伏羲。据此又可知，神话中的姜嫄履大人迹而生后稷[1]等说，同样是这种与龙的象征物进行巫术感应的结果。

人们模仿自然物象的行为和动作，描绘神的图像，或者把神的形象制作成象征物佩带、装饰在身上，便认为这些象征物或行为沾染上了神的灵性，就能依此与神灵感应，并可以通过此类媒介与自然及神灵产生神秘的"互渗"进行沟通，进而表达自己的愿望得到神的庇护。在此种巫术意识中：巫觋模仿自然物象的现象和行为跳起巫舞，就以为能通过这些行为与自然物象之间进行交流并表达人的意愿；将崇拜的神灵图像描绘在器皿上或做成雕刻等形式的崇拜物，便认为这些图像与所表现的神灵之间产生"互渗"，并染上了灵性和神圣的力量；将这些图像作为部落的图腾标记或将这些崇拜对象的象征物用于祭祀，这些神灵形象就成为人们与神灵交流的替代对象。龙作为原始生殖崇拜的神灵，在人们的祈生行为中也是以此类形式出现并成为生殖神象征物的。人们不但希望通过对龙图形的祈祷来达到生殖的愿望，而且认为与生殖神象征物的直接接触是更为行之有效的方式。从古代文物及其记载来看，这类以接触神灵象征物为特征的巫术方式主要有以下几种：

（1）佩带：在腹部或颈部佩带具有生殖神特征的牌饰或象征物，认为依此便可以与神灵进行感应，从而达到祈生的愿望并得到神灵的护佑。如夏代佩于腰部的兽面纹铜牌饰以及不同时期玉质等材料的佩挂件，均具有此种特征。

（2）触摸：通过对生殖神偶像的触摸来达到祈生的目的。从红山文化出现的无孔玉龙及其他无孔玉雕偶像的特征来看，此类器物不是用于佩挂，而是用于触摸。

（3）祭祀：通过对生殖神偶像的祭祀进行沟通来达到祈生的目的。原始陶器、商周青铜礼器上的生殖神图形及其他形式的生殖神造像，均具有此种特征。

（4）"履大迹"式的接触：将生殖神的形象描画或用石块等材料摆塑在地面上以足履方式与之接触，或以此方式与自然界中某些与生殖神相关的对象进行接触，便认为与生殖神产生了"互渗"，就能接受神的感应而受孕生殖。辽宁阜新查海遗址兴隆洼文化石块堆塑龙、湖北黄梅白湖乡张城村焦墩遗址卵石摆塑龙及"履大迹"的神话传说，均具有此种特征。

在原始思维中，人们认为生殖是与神灵感应的结果，当这种意识产生后，便会出现通过一些行为去主动寻求与神灵感应机会的现象。由此，借助神灵象征物而进行的各种祈生巫术活动便应运而生，"履大迹"即是其中以足履方式与生殖神灵感应祈望生殖的巫术形式。

（二）与"履大迹"相关的古文化图形

除原始时期将龙图形平铺于地面的大型摆塑外，在马家窑文化舞蹈纹彩陶盆、云南沧源岩画以及战国时期铜匜的内壁图形中，也发现有与"履大迹"相关的图形。此现象反映出"履大迹"的巫术形式在中国古代的祈生巫仪中的确存在。

前面已介绍过辽宁省阜新市蒙古族自治县查海大型石块堆塑龙，从该龙以近20米的长度用大小均等的红褐色石块在聚落遗址的中心排塑而成，并且龙一侧有排列紧密的祭祀坑来看，龙在当时社会意识中是被祭祀的崇拜对象。由于其被认为与生殖相关，从而受到普遍崇拜，并作为祈生巫术的神灵感应物。据该龙的形象、体态、面积及应用功能，明显具有与"履大迹"祈生巫术相一致的实用性，而以石块作为材料摆塑龙的图形，其用意应是在"履大迹"的巫仪过程中具有耐久性不至于破坏龙的

---

[1]《史记》卷十三《三代世表》："后稷母为姜嫄，出见大人迹而履践之，知于身，则生后稷。"

形象。

从焦墩遗址发现的大型卵石摆塑平置于地面便于履行其上的特征来看，其明显也具有与辽宁查海大型石块堆塑龙相类似的进行"履大迹"祈生活动的应用特征。而其以卵石为材料，除形成神灵形象外，还具有以卵石为"卵"的生殖象征作用。由此现象又可推断，后来修置于宫舍及祭祀场所的卵石道路，除便于行走外，其起因和用意也应具有这种"履大迹"祈生的巫术性质。

云南沧源岩画中有一幅内容特殊的画面：一群人正在面对一个奇特的图形进行巫术仪式（图12-1），这个奇特的图形由两个向内盘曲的条带状图形呈相对状组成（具有相对叠合纹的特征），图形用线条双钩中间置空，体现出明显的肠形特征。肠图形的两个末端与"几"纹符号结合，是对生殖之门的象征。从该图形的表现特征及比例关系大于周围物象来看，其应该是一个人为制作的以肠为特征的生殖崇拜物图形。值得注意的是，此生殖崇拜图形上方有人及动物在做行走状，体现出了"履大迹"的特征。画面下方有一人俯身于"大迹"图形前拱手祈祷，该人物形体比例较大，应该是一个身份地位较高的巫师或氏族的长者。他（她）的旁边刻画了很多小人，这些小人躯体全部用中间空白的双钩

图12-1

法处理，与该岩画中其他体积较大的人物中间涂黑的手法有所不同，还有的小人未画全四肢，表明这些小人应该是祈生所要得到的后代偶像。"大迹"图形的右侧有两个头饰嘉禾的人，嘉禾以树之分杈象征生命繁殖，同样是氏族族长或巫师的形象。从此画面所表现出的在地面上制作大型生殖象征物图形且上方有人做行走之状来看，该图式并非一幅一般内容的画面，而是一幅与祈求生殖有关的《祈生图》，其画面形象地体现出了古人以"履大迹"巫术方式祈生的场景。

云南沧源岩画中还有一幅五人舞图像（图12-2），表现的是五个人在一个圆圈图形上舞蹈，也明显地体现出了以"履"而舞的特征。这个圆圈图形同样具有神性的象征意义，应是日或卵的形象，虽然所履形象与以上诸例所表现的生殖神形象有所不同，但在以日或卵为生殖象征的神性图形上舞蹈，也同样具有与"履大迹"相类似的巫术特征。

1973年在青海大通上孙家寨出土了一件马家窑文化舞蹈纹彩陶盆（图12-3）。这件舞蹈纹彩陶盆在内壁近口沿部位绘有三组相环接的五人牵手舞蹈形象，其舞蹈人足部均踏立于盆内壁中部的圆形环线上，从形式上看，该陶盆图形内容与云南沧源岩画"五人舞"在圆圈图形上舞蹈的特征相似，也体现出了人在圆圈图形上进行"履大迹"舞蹈的特征，只是所绘图形的陶盆与岩画在载体形态上有所不同。类似这种马家窑文化舞蹈纹同时期的彩陶盆此后又陆续有所发现，如1991年春在甘肃武威新华乡磨嘴子遗址出土的内壁绘有两组9人手拉手舞蹈的彩陶盆（图12-4上），1994年至1995年在青海同德宗日遗址出土的内壁绘有两组分别由11人和13人组成的舞蹈纹彩陶盆（图12-4下），这两件彩陶盆的形式均与孙家寨出土的舞蹈纹彩陶盆相类似。从以上彩陶盆纹饰相类似并有多地出土的现象看，在马家窑文化时期，这种舞蹈纹图形已形成较为固定的样式，这种彩陶盆所表现的以"履大迹"为特征的舞蹈已成为这一区域十分普遍的巫术仪式。从这些

彩陶盆纹饰的人物造型来看，盆壁上表现的多人牵手造型虽然具有相类似的特征，但其具体造型也有所不同：孙家寨出土陶盆上的人物造型表现有男性生殖器官，为男性舞蹈；磨嘴子遗址和同德宗日遗址出土的彩陶盆人物腹部均采用圆形隆起的造型，明显具有女性受孕生殖的特征。陶盆是盛水或盛物的器皿，由于原始器物的造型本身与图像的组合常常具有同现实物象相关联的象征性，因而从该类器物造型来看，其除象征盆内侧四周牵手的人是在足踏圆形图形而舞外，当盆下半部盛上水或祭品时，也可以看作象征牵手人围绕着水源或放在圆形内的祭品而舞。由此，盆中的水（水源的象征）和具有生殖特征的祭品也就跟所"履"图形一起成为生命之源的象征物，人们认为依此而舞，就能同生殖象征物感应融合，并通过这种感应达到祈生的目的。从此图式可见，马家窑文化彩陶盆上的舞蹈纹，反映的同样是当时人们围绕圆形图形或生殖象征物所进行的"履大迹"巫术活动。

战国时期的铜匜内壁常刻画有祭祀活动的纹饰（图12-5，铜匜展开图），这些纹饰整体构图及人物排列形式，也体现出了围绕圆形边缘而舞的特征。匜是盛水用具，与盆所不同的是一侧有流，在铜匜的底部中心常见装饰有类似肠纹的蟠螭纹图形（生殖之源的体现），是人们围绕祭祀的对象，也是"大迹"之象征。这种图式与马家窑文化舞蹈纹彩陶盆所表现的围绕生命之源象征物舞蹈的特征十分相似，两者之间这种相类似的形式，表明其具有一定的渊源关系，并均与"履大迹"式的巫术活动有关。

图12-2

图12-3

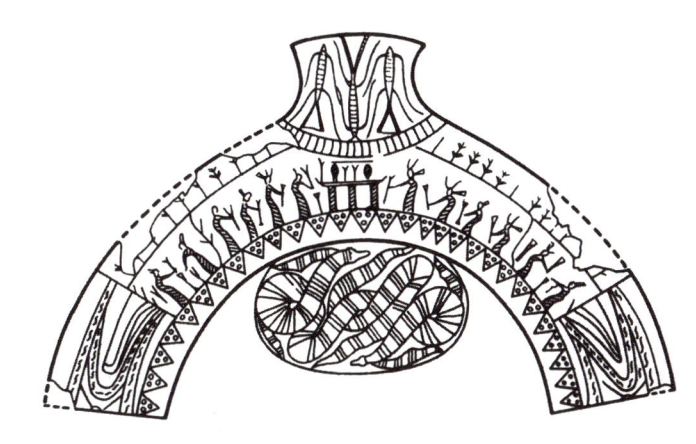

图12-5

以上所列古文化图形，均反映出了古代先民通过与象征生殖神的图形接触而生殖的愿望，这种愿望又是以"履大迹"而舞的巫术仪式来进行和体现的。

（三）与"履大迹"相关的民间遗俗

在当今民俗中，也保留有与"履大迹"巫术形式相类似的文化

图12-4

河南淮阳太昊陵的二月会有一种被称为"履迹舞"的巫舞，俗称"担经挑"（图12-6）。此"履迹舞"与"履大迹"巫仪不仅名称相似，且内涵也基本相同。从舞蹈的形式和所反映的内容来看，同样是求子。该舞在进行过程中按固定的行走轨迹而舞，舞者一般由身着黑衣、黑裤（或穿其他彩衣）象征母祖的中老年妇女四人或多人组成，她们表情庄重肃穆，用五尺黑纱缠头，多余部分则垂于身后，形同女娲蛇体之尾。四人中一人按节奏击打经板，三人边歌边舞。舞姿大致有三种变化：一是"剪子股"，舞者相对穿插走十字路线，形如剪股；二是"拧麻花"，舞者走"8"字形，反复相迭，状如拧麻花；三是"蛇蜕皮"（又称"履迹步"），一人领舞，三人相随沿前者履而舞，随后，二人再从中间交叉而过，像蛇透迤而行。三种舞步交叉旋转，身后飘洒的黑纱相互缠绕而又自动散开，象征伏羲与女娲"两尾相交"。从其按弯曲交叉线路而舞的特征可看出，该舞所履之迹与龙蛇之迹相似，反映出了其与古人"履大迹"祈生巫仪在形式及内涵上的渊源关系。

至今流行于陕西、山西等地的"转九曲"是每年农历正月十四至十六举行的传统民间游乐活动。九曲阵在地面上用九个曲折的方阵组成，九个方阵连环缠绕，如盘肠一般，因其路线三回九转，也称"九曲黄河阵"（图12-7）。九曲一般由365根灯杆或361根灯杆为标识，杆与杆之间以绳相连，每根灯杆顶端放置花灯一盏。阵中央置一名曰"老杆"的巨柱为中心，"老杆"高约数丈，是祖的象征。出口和入口并置一处，各栽灯杆两根，杆上各挂一灯，称为门灯，两门并置一处具有生命生生不息、循环往复之意。365根灯杆象征一年，如遇闰年，另加灯杆30根，栽于阵外。"转九曲"开始，前面是吹鼓手、旗手、锣鼓队、秧歌队，后面是接引神祇的仪仗，最后是祈愿的人们。每转一城都唱一系列祈求天地神灵保佑的秧歌，转至老杆，焰火点燃，上下鞭炮齐鸣，银蛇狂舞，神龙翻滚，全场灯光闪烁，欢声雷动，活动达到高潮。绕完这条弯曲的神路，预示今后的道路畅通无阻、大吉大利、人丁兴旺。人们以这种方式来驱逐邪魔，防疾避疫，祈求子孙绵延。在活动中有偷灯祈子的习俗，如果妇女结婚几年没孩子，便悄然拿回一盏小灯，供于神龛。据说"偷得绿灯生女子，偷得红灯得小子"，若来年得子，则以数倍的胡油或钱财资助灯游会。由此习俗来看，这些灯明显带有"子"的含义。据传说转九曲的习俗源于道教始祖设的"九曲阵"，后来道徒以灯设九曲祭祖，逐渐演变成节日观灯习俗。但从"转九曲"游乐活动履"九曲"图形的形式及祈生内容看，它与原始观念中人神"互渗"的"履大迹"巫术形式十分相似，其起源应该更为古老。在"转九曲"过程中，人与神灵感应的对象即是脚下的九曲图形，这九曲图形又与"肠"的形状

图12-6

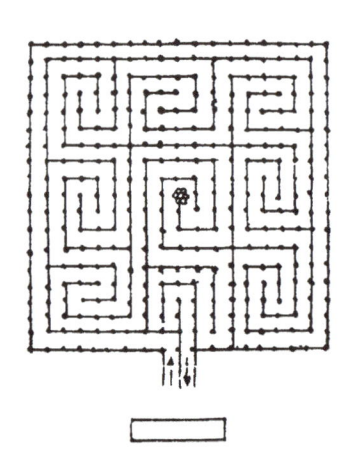

图12-7

图12-8

极为相似（图12-8），再加有偷灯祈生之俗，更表明其与"履大迹"祈生巫术属同一源流，当是古人履"大迹"图形祈生遗风的延续。其与道教相关的说法，只不过是在演化过程中又加入了一些宗教内容而已。

通过以上对"大迹出雷泽，华胥履之，生宓牺"的传说以及相关古文化图形、民俗遗风的综合分析，可知早在神话传说中的伏羲时代就有了履"大迹"（生殖神之形迹）祈生的巫术形式，其后这种巫术形式不但体现在不同时期的古代文化图形中，其遗风也流传并反映在了当今的民俗中。

二、通神巫仪与神秘的纳斯卡地画

以"履大迹"方式与神灵感应的巫仪不仅在中国存在，在世界其他地域也同样存在与之相类似的巫仪形式，其中最为著名且最具代表性的是位于南美洲秘鲁纳斯卡平原上的那些巨大而神秘的地画。由于其与中国古代"履大迹"巫仪在思维方式及表现方式上具有类同性，故在此对其进行专题探讨，并以此与中国古代的"履大迹"之说相互印证。

曾有学者揭示过美洲古代文明与中华古代文明的亲缘关系，指出美洲土著文明的主体是中华母体文明在美洲子体文明中的演变[1]。对于这种古代文明之间的相似性特征是否存在亲缘关系在此暂且不论，但由人类原本思维的相同性从而形成了不同地域原本艺术之间的相似性现象是存在的。纳斯卡地画的出现，同样是由原本思维方式通过艺术形式物化的结果，其内涵与人们当时的思维方式和生存方式密切相关。尽管学术界至今对纳斯卡神秘地画的含义及制作过程还在探讨，但笔者认为，纳斯卡地画的内涵及形式与中国古代"履大迹"式的巫仪相类似，其制作及形成是人们为了氏族繁衍、神降吉祥、驱灾避难的愿望在与神灵沟通的巫仪过程中留下的。

（一）纳斯卡平原上的巨大图形

纳斯卡地画分布于秘鲁首都利马南300多公里的纳斯卡平原上。这些迷宫般的图形和线条大约制作于公元前500年到公元500年之间，由散布在干燥沙质地表上的众多深几十厘米、长几百米到几千米不等的巨大线条组合而成，其制作方式是移开平原上的表层褐色土石块，让下层黄白色沙土露出地面而显现出来的。由于平时纳斯卡平原人迹罕至，气候十分干燥，四季无风，这里每年最多只下半小时雨，正因为少雨，才使得那些神秘的图形历时千年以上依然完好。这些线条重叠交错，向不同方向延伸，平铺出数百幅巨大的图案：有些是动植物图形或几何图形，有些看似是很随意的图形或线条，有些是绵延数千米的笔直线条。在这些图案中，共有35个动物图案，其中著名的巨型鸟长达300米（图12-9），猴子长135米，蜥蜴

图12-9

---

[1] 王大有.龙凤文化源流[M].北京：北京工艺美术出版社，1987.王大有，宋宝忠.图说美洲图腾[M].北京：人民美术出版社，1998.

图12-10　　　　　　　　　　　图12-11　　　　　　　　　　　图12-12

长200米，此外还有长颈鸟、大蜘蛛（图12-10）、蜂鸟（图12-11）、秃鹰、狗（图12-12）、鱼、鲸等。比较多的图形是鸟，纳斯卡平原上共砌着18个鸟图形，且这些鸟图形尺寸都非常巨大。此外，在这些图案四周还有许多之字形、螺旋形、星形、梯形、正方形、三角形、圆台形和不规则四边形等几何图案。

关于这些图形的制作者和制作目的，研究者们有许多猜测。主要有以下几种观点：

（1）是创造过纳斯卡文化的古印第安人的作品，是古代人奇特的天文日历。

（2）是印第安人的灌溉系统。

（3）道路。

（4）与印第安人的宗教祭祀活动有关。

（5）外星人修建的飞船着陆标志。

关于纳斯卡地画线条及图案的用途，笔者倾向于与印第安人宗教祭祀活动有关的说法，并认为这些神秘的纳斯卡地画是在与中国古代"履大迹"相类似的巫术活动中产生的，是宗教巫术仪式的遗存。

那么，古印第安人又是进行了怎样的宗教巫术活动？他们是用什么方式制作出了这样巨大的地画图形和线条呢？

（二）纳斯卡地画的制作用意及造型表现

从纳斯卡地画的地理位置看（图12-13），该区域并非古纳斯卡人的居住地。古纳斯卡人当时主要的生活居住区在纳斯卡地画区域以外的文蒂拉，由文蒂拉经过纳斯卡地画区域至另一侧是纳斯卡文化的宗教仪式中心卡华赤。卡华赤距纳斯卡城35千米，其建筑物由土坯造成，占地24平方千米，被认为是世界上最大的祭祀场所之一。考古学家在那里发现了许多庙宇和神龛，而最重要的发现之一是每边长102米的卡华赤大金字塔，从这些遗迹可看出，这里是古纳斯卡人心中的圣地。考古资料还表明，此地只是一个专门的祭祀场所，并没有古纳斯卡人生活居住的痕迹，而纳斯卡地画区域正位于人们由文蒂拉到卡华赤朝圣的路途中间。从该地域的自然环境来看，纳斯卡平原贫瘠而又荒凉，与干涸荒凉的地理环境相应的是，这里土著居民的社会发展程度也十分低下，有些地域至今还停留在石器时代。也许正是这种特殊的自然环境使古纳斯卡人认为，一般人生命难以生存的地方，才是神灵的居所和圣地。

纳斯卡地画区域的荒原上及山丘顶端是天然平地，荒原上的这些平坦表面，不仅被人们认为是神力所致，还是举行巫术仪式不可多得的良好场所。将部族的图腾崇拜物用地画的形式制作在这巨大的平原上，其用意就在于这里被认为是最容易被神灵看到、感受到的地方，也是最容易与神灵感应交流的地方（图12-14）。人们在这个神圣的平原上清除染上岁月色彩的砂砾石块，制作出崇拜物的图形或部族的图腾符号进行祭

图12-13　　　　　　　　　　　图12-14

祀，就认为清除了所面临的灾难，并将自身融合于图腾物当中同神灵进行感应交流，以巫术的方式祈求自己的部族繁衍壮大并得到神灵的庇护。

从公元前3世纪到公元5世纪纳斯卡文化陶器上的图形来看，许多图形与纳斯卡地画上动物图形的造型风格大致相同，表明陶器上的图形与巨型地面图形之间存在密切关系。如将地画中这只尾部盘曲的猴子图形（图12-15）与此地区发现的陶器上的猴子图形相对照，可见其相似性（图12-16）（图12-17）。此种相似性说明，这些图形在当时社会中具有共识性意义，也即其在当时的部族集团中具有共知的图腾标识特征。基本上可以肯定，纳斯卡地画是出自创造了这些陶器的古纳斯卡人之手，且制作年代与出土陶器的年代大致相当。也有人在年代问题上提出过不同的看法，理由是：很多纳斯卡线条图形都是通过移走深褐色表层的土石块露出下面的浅色泥土制作出来的，这是纳斯卡文化的特征，不过也发现有几处浮凸图形，将线条周边的土移走从而使图形凸显出来，这是帕拉卡斯和查文文化的习惯。如这一推测成立，可将纳斯卡线条的创作时间追溯到公元前2000年。

图12-15

图12-16　　　　　　　　　　　图12-17

图12-18

图12-19

图12-20

在这些神秘而巨大的图形中，有些图形还显示出与中国古代龙文化相类似的生殖崇拜含义，特别是在有的图形中，不但出现了具有肠纹特征的涡状图形（图12-18），还出现了与肠纹构合的动物图形。如巨大的猴子尾部明显地强调了其弯曲盘卷的肠形特征（图12-15），巨大的鲸鱼腹部也表现出了肠的形状（图12-19），一只蜂鸟颈部同样呈现出了弯曲的肠形与鸟体构合的特征等（图12-20）。

这种特征也体现在同地区发现的古纳斯卡人祖先图腾像中（图12-21）[1]，从此图腾像可看到更为明显的肠崇拜特征参与了其造型。图腾像主体是一只造型与地画猴子相类似的图形，猴子头部戴有标示祖先和首领的冠饰，冠上饰一人头纹，其以人头纹为冠饰，表明该猴是人的祖先神。图腾像的身体部位又连接并分支出人及其他动物形象，体现出了祖先神孕育繁衍的特征。值得注意的是，这些分支连接物在其腹部、颈部与尾部的造型又各有不同：尾部表现为实体，跟猴体表现方法一致，表明猴尾与猴身同体；而腹部和颈部的分支却均呈中空状，明显体现出了肠纹特征，表现出肠与尾的不同；肠纹和尾的末端均连接人的图形，是对分支生子的象征，但由腹部而出的肠纹却又不同于其他分支的物象，从猴的颈、背、尾等部位分支出来的均是完整的人，表明这些分支出来的人是猴祖的后代，而腹部分支却是在肠纹的一端加了蛇头，其造型将蛇头与肠体构合成一个相对独立的形体，体现出了将肠神灵化的特征，将其置于腹部位置并特别标示出来，表明其不是分支，而是对腹部生殖神灵的象征。由此现象可看出，在古纳斯卡人的意识中同样存在肠崇拜现象，并且也将蛇（肠的神灵化）作为生殖神。此祖先图腾像通过这些图形元素的相互关联，以"集形表意"的组合方式体现出了古纳斯卡人意识中人祖神、生殖神（肠）综合于一体的图腾特征。

图12-21

---

[1] 该图腾像选自：王大有，宋宝忠.图说美洲图腾[M].北京：人民美术出版社，1998.452.

图12-22

图12-23

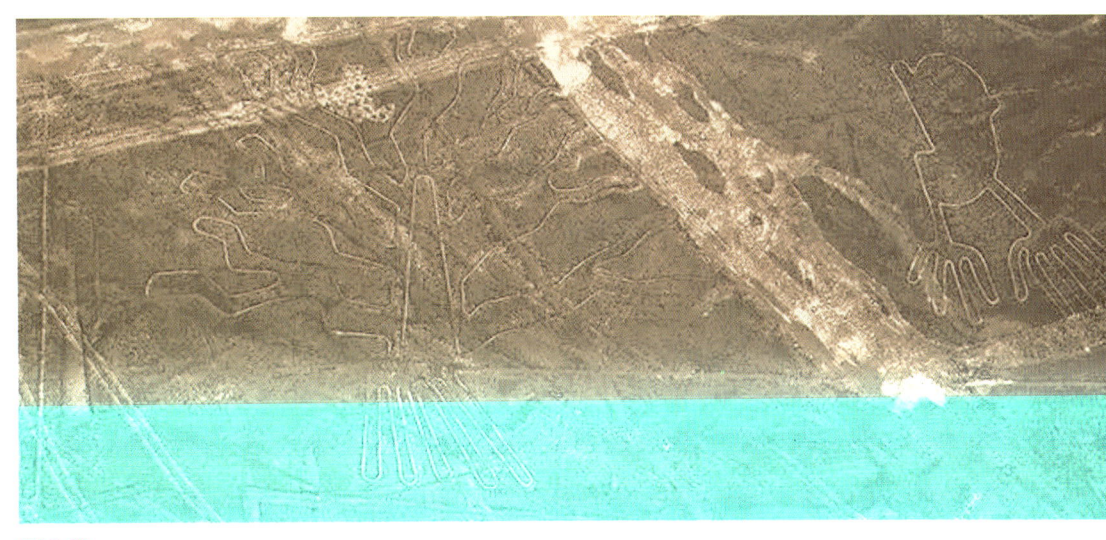

图12-24

图12-25

在纳斯卡地画图形中还出现了对生命树的崇拜。在这类图形中，有的树干部呈隆起状，显示出了与中国古文字"生"所体现的干部隆起一样的生殖孕育特征（图12-22），也有的树冠分枝繁多，以此象征氏族的繁衍壮大（图12-23）（图12-24）。在皮斯科海湾附近一座山脊上，还制作有一个被认为是三叉戟或蜡烛台的巨大图案（图12-25），但从这个图案的造型来看，它其实也是一棵圣树的形状。这种以树分枝来体现生命繁衍的含义，不仅在树木的形象中被体现出来，在许多动物伸展的翅爪造型中也有与其相类似的体现。

古纳斯卡人把自己的氏族图腾物制作在纳斯卡平原上，其用意显然是与氏族的生存密切相关的。这些图形体现出了古纳斯卡人对人与神关系的理解及与神沟通的方式，他们意图通过这些图形与上天和神灵进行交流，祈望自己的氏族能够兴旺繁衍、清除灾难并得到神的庇护。

（三）纳斯卡地画的制作方式及制作过程

纳斯卡地画的制作方式及制作过程一直是个谜，这些巨大的图形是通过什么方式制作的呢？很多人做过推测，多数观点认为这些巨大的图案线条决定了制作者必须依照精心计算好的设计图才能进行，是依照小的设计图复制扩大而形成的。把一生献给纳斯卡地画研究的德国天文学家玛丽亚·赖希认为，古代居民可以先用设计图制作模型，然后把模型分成若干部分，最后按比例把各部分复制在地面上。但这种设想如果解释那些较为规则的图形尚可，对那些复杂的不便分解的不规则图形却不一定适用。另有人认为这些巨画是按照空中的投影在地面上制作的，这种解释虽然能比较直截了当地解决设计和计算的困难，但却引出了更多的问题，因为古纳斯卡人不可能掌握飞行技术，而让图形在空中不动并将影子投射到地上，在当时其可能性更是微乎其微。

笔者通过查阅相关资料，综合纳斯卡地画所处的地貌特征及图形造型特征，并联系原始思维方式及与此相类似的巫术例证，做出如下判断来说明纳斯卡地画形成的过程。

1. 纳斯卡地画不是通常视觉意义上的可视性图形

由于纳斯卡地画图形巨大，靠人的视觉在地面上很难整体辨识，因而它不可能是通常视觉意义上的可视性标识象征物，其目的也不是让人在通常的视觉中去辨识这些图形，而是古纳斯卡人在进行宗教巫术仪式过程中留下的遗迹。

2. 这些图形和线条是在不同时期的宗教仪式中留下的，并非出于永久保留的目的

从纳斯卡地画图形的存在状况看，很多图形呈现出在已有图形上又有其他图形线条叠压穿过的痕迹，表明它们不是在同一次宗教活动中留下的，而且后一次宗教活动对前一次宗教活动留下的图形并没有保留和保护的迹象，说明这些图形只是针对某一次宗教活动而存在，并非出于永久保留的目的。在纳斯卡不同的地点还可以见到同一个题材的图画，形状十分相像，说明在不同时期可以举行相同内容的宗教活动，而相同内容的宗教活动也并非要在同一地点的同一个图形中进行，也即某一图形在某宗教活动中形成后，便失去了继续利用的价值。

3. 制作某个图形的不是少数人，而是整个图腾部族的人

从在这一地区发现的古纳斯卡陶器纹饰与地画图形相似这一特征来看，纳斯卡平原上的动物等图形与当时这里的部族标识是相联系的，也即其是针对某部族的图腾物而存在的。作为部族的图腾，其意义又是针对整个图腾部族而言，其不仅是部族的标识，同时也是部族的祖先神、生殖神、保护神的象征。而求得部族的兴旺繁衍和保护神的庇护，又是全部族成员的共同要求，这种共同要求在规定的宗教仪式中就会成为部族全体成员的集体行为。广阔的纳斯卡平原，正是进行这种集体行为的天然场所。在前面章节谈及的中国古文化图形及民俗活动中，也有类似的集体行为出现，如马家窑文化舞蹈纹彩陶盆上那些众多人物手拉手的图形以及陕西、山西的转九曲活动，所进行的同样是与之相类似的集体行为。

纳斯卡当地的博物馆里收藏有一组古代雕塑，其表现了众多古纳斯卡人用排箫演奏进行宗教祈祷仪式的场面，表明这种集体行为在当时古纳斯卡人的生活中是的确存在的。可以想象：在一个重要的宗教节日或是一个面临灾难需要决定部族命运的重要时刻，古代纳斯卡某个图腾部族的人全部来到了这个平原上，他们排列成本部族图腾物的形状并举行巫术仪式，认为这样就能使整个部族的人同部族的图腾物交融在一起，在这种与自己部族图腾物的交融中，他们清除了地面上象征灾难的赭色石块砂砾，显露出地面下的黄白色沙土，共同制作出了巨大的图腾物图形，以此来与图腾物进行感应交流并向神灵祈求所要达到的愿望。而参与成员的多少及部族图腾物的不同，也就决定了地面上出现的不同部族图腾物图形的特征及大小。这也即是纳斯卡平原上出现这些巨大图形的成因。

4. 这些图形不是在宗教仪式举行之前制作的，而是在宗教仪式过程中留下的

以前研究者多认为这些图形是由少数人专门制作的，这就陷入了无法解释图形如何制作的迷惘。其实，这些图形的形成只不过是在宗教仪式中，参加仪式的人们依图腾物图形排好队列以后，再将自己脚下的表层沙石移去露出下边的黄白色沙土让图形显示在大地上而已。人们之所以这样做的目的有三：一是认为搬开地面上的石块就排除了与神灵沟通的障碍，并清除了他们面临的灾难；二是认为这样就可以让氏族的每个成员都进入图腾物中，与图腾物交融在一起；三是把地面的沙石清除后，就能更为明确地在氏族图腾物的图形上进行"履大迹"式的各种巫术行为（在这些行为中，还极有可能包含与生殖崇拜相关的性行为等）。也即是说，这些图形不是在宗教仪式举行之前制作的，而是在宗教仪式过程中留下的，其图形的制作是与整个仪式过程融合在一起的。

5.这些图形是根据部族图腾标识，以部族不同分支分配人员排列而成的

就部族的图腾标识而言，其形状是具有规定性的。古纳斯卡人作为部族标识表现在地面上或陶器上的这些图腾物形象，也是每个部族成员所熟知的，它们作为部族的标识，在任何情况下都会被部族成员辨识并得心应手地以图形方式表现出来。

宗教仪式在古纳斯卡人的生活中占有极其重要的地位。考古人员在其生活区域内发现了大量宗教祭祀仪式的礼服残片，复原后可以看出其中绝大部分礼服是妇女穿的，有人推断，女性在等级森严的古纳斯卡社会中属于上层社会成员，并具有较高的身份和地位。从古纳斯卡社会具有等级地位划分以及图腾物图形多分支的特征来看，这些图形也极有可能包含部族的阶层等级及象征不同宗族分支的特征，如是这样，图腾物图形中的每个部分就具有代表部族组成部分的象征性含义。如动物的头部、树木的根部及其主干部分，代表部族中的母体，其外展的羽翼、肢爪、树的分枝等，则代表部族的分支。由此在图形的制作中就可以以部族母体及部族分支为单位，按照图腾物图形来划分不同的部分，并分别排列出不同部分的图形。在此过程中，部族母体及每个部族分支都很清楚自己在图腾上相应部分的特征。可先由各部族成员分别按部族等级高低及主次顺序，在整体图形中找到自己部分大致的相应位置，再按诸部族各部分图形特征由各部族排列成不同部分的图形，最后依次衔接组合完成图腾物的整体图形。整个图形的形成过程，由巫师或部族首领根据仪式内容和图形特征统一调度指挥。

这种排列方式的可行性从地画图形的表现特征上可以得到印证：纳斯卡地画的大部分图形可分为主体图形部分和延伸部分，也即在主体图形部分基本体现物象特征的同时，在其形象尾部、颈部、嘴部、足部、生殖器等位置有时还会出现延伸拉长的现象。如延伸了颈部（图12-20），延伸了嘴部（图12-26）（图12-27），延伸了足部（图12-28），延伸了尾部（图12-15）（图12-29），延伸了生殖器部（图12-15）（图12-30），延伸了树根及分枝部等（图12-31）。从某些图形还可看出，有些延伸部分与所表现图像的客观形象特征明显无关。这种现象表明这些延伸部分是由于部族成员多少不均造成的。如动物的头部、颈部，树木的根部及主干代表部族中的母体，这些母体部族成员的多少也就决定了这些部分形状的长短和大小，主体部分的变形或拉长是由母体部族成员形成的（图12-20）。而图形中代表部族分支的肢、爪、翅、尾等其他部分，则要按总体图形的比例合理分配部族分支的人数，

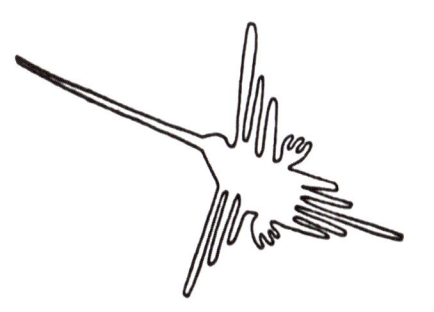

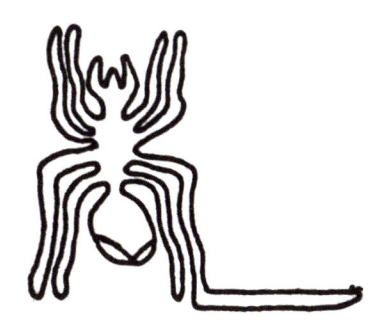

图12-26　　　　图12-27　　　　图12-28

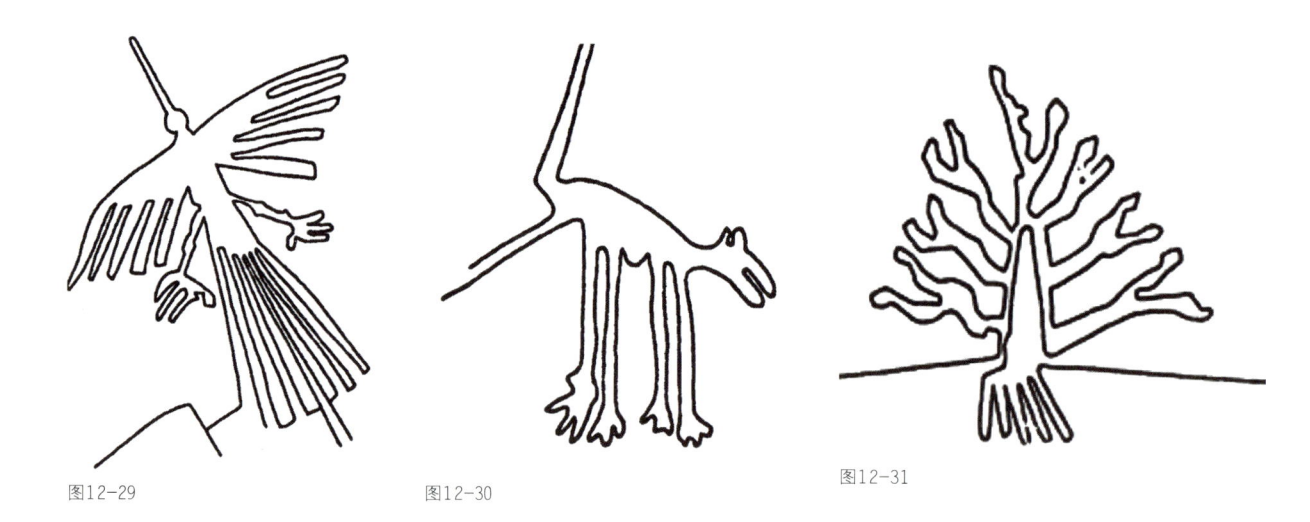

图12-29　　　　　　　　图12-30　　　　　　　图12-31

主体之外的这些延伸部分是部族分支成员按指定人数组成主体图形后，其他不合图形比例的剩余人员只能作为图形补充。也即是说，因为各部族分支人员多少不一，为了主体图形的匀称，在参与主体图形指定的相应人数之外，多余的人就要组成图形的延伸或多余部分，从而形成了使图形某一部分延伸或另外添加其他多余部分的现象。由此现象，也就印证了以部族分支组成图像不同部分的可行性。但从有的图形没有延伸部分的情况来看，这些图形在形成过程中也可能存在另一种排列方式，即有的图形也不一定完全按照部族分支的人数进行组合，而是在主部族组成主要部分的图形后，其余分支部分在各部族分支人数基础上，按图形需要统一分配，将部族分支多余的人数分配到人数少的部族分支中，共同进行图形组合，这样也就不会再有剩余人员形成图形延伸的现象。就纳斯卡地画的状态来看，以上两种组合方式在纳斯卡地画中均有存在，但大多数图形明显地显示出了以部族主体及不同部族分支各自组成图形的特征。

6. 纳斯卡地画中动物及树木图形的制作步骤

纳斯卡地画的具体制作，将配合巫术内容按步骤进行，根据这些图形所表现出的特征，分析其制作形成步骤如下：

（1）划分图形不同部分：根据图腾物形状及各部族分支在图形上所处的相应位置对图形的不同部分进行划分。例如要形成这样的鸟图形（图12-20）（图12-29），可预先根据部族的母体和分支情况将图形划分为头颈部、左翼、右翼、左爪、右爪及尾部几个部分。

（2）分配图形不同部分所需要的组合人数：根据图形不同部位所对应的部族及参加仪式的人员，向各部族分配图形组成部分的相应人数。由主部族成员不论人数多少排列出图形主要的头颈部位，其鸟颈夸大延伸，是主部族人员众多形成的现象（图12-20），其他参加仪式的部族分支成员由于人员多少不等，可按图形需要分配相应人员，既要考虑让各部族分支人员尽可能最大限度地参与图形组合，又要视图形的具体需要确定人数，两翼可各300人、两爪各100人、尾部200人，参加组成图腾物图形各部分的人员首先以部族分支的长者及主要成员为主，其他剩余的部族子孙等待图形拼合后再组成其延伸或添加部分（图12-29）。

（3）主部族及部族分支分别组织不同部分的图形：主部族与不同部族分支按规定人数在相应位置组合出图腾不同部分的图形（图12-20）。主部族组合出头颈部，其他部族分支可根据自己氏族在图腾上的位置及相应形状，依次组合出羽翼、爪、尾部等。

（4）拼合整体图形：拼合各部分并连接调整整个图形，使之形成图腾物的总体形状，并把剩余人员排列组成图形的延伸部分。

（5）调整贯通整体图腾物图形：调整贯通整

个图形，使地画的每个部位都能连接起来（其整体图形特征有点像一笔画）。这种排列顺序及其连通性既体现了图腾不同部位由主氏族繁衍支氏族的主次关系，也体现了整个氏族血脉相连的关系，更重要的是体现并证明了在整个宗教活动中，具有人在图形上便于连贯行走、举行舞蹈等的特征（与中国古代的"履大迹"巫术祈生活动及后来民俗中的"转九曲"相似）。

（6）制作显现图形：在氏族成员排列好图形之后，按照宗教仪式的进程，清除脚下象征灾难的沙土石块，露出黄白沙土，把图腾物的形状显现出来。

（7）进行图腾物图形显现后的巫术仪式：图腾物图形显现形成后，在图形内举行祭祀、舞蹈、交合等巫术活动。

植物图形的形成也与以上方式相似，如这个生命树图形（图12-31）：由主氏族先组合出主干及根部，其他支氏族就可根据自己氏族在图腾上的形状和位置依次排列组合出其他分枝，再拼合整体图形，调整每个不同部分，使图形的形状拉长或缩短，最后使图案达到匀称整齐。在此图形的形成中，有一个现象值得注意：有时代表主氏族的主干、根部与代表子氏族的分枝各自都具有延长线，此现象表明古纳斯卡人的氏族等级是严格而明确的，主氏族与支氏族的位置不能混淆，不同层次的人员只能参与相应图形部分的排列组合。

从以上纳斯卡地画的制作方式来看，这种图形的排列有点像现在的大型团体操演出，排列这种图形只要有图腾形象以及相应的人数，要形成图形是不难的。而古纳斯卡人寻求的又是一个氏族成员所熟知且相对固定的图腾物图形，其图形的形成与现在团体操组成变化多样的图形相比，也更为容易。

7.纳斯卡地画中弧线与直线的形成方式

在纳斯卡地画的动物、植物图形之中或之外，有许多直线和弧线。直线与弧线是图形形成的基本元素，在纳斯卡地画这类线条的形成及拼合中，参与者并不需要任何仪器来确定这些线条，所需要的只是他们对图形形状的记忆，以及部族成员间在图形形成过程中进行自身位置的调整。

（1）弧线的形成：只需构成弧线的人员确定弧线的两端位置后，以手拉手的方式伸展调整形状即可形成（如马家窑文化舞蹈纹彩陶盆所表现出的状况）。

（2）直线的形成：根据人数和巫仪内容确定直线长短及起点与终点的位置，将人排列于起点与终点之间，用眼睛来目测作为"标杆"的其他人，并以此来调整组合所排列出来的线条。这就如同现在排列队形的"向右看齐"，假如众多的人用这种方式在平原上排成一条直线，不管这条线是在平地还是在高低不平的地面穿行，只要后面的人能看到前面的人（低处的人也可举手或木杆等物品为"标杆"），向前看齐就很容易做到。

（3）宽线条的形成：在纳斯卡地画中，还有一些较宽的线条，这些线条是用上述方式先形成一侧边沿线条后，再根据线条宽度用同样方式形成另一侧边沿线条，然后将两侧中间的沙石移除，就形成了宽线条。

纳斯卡平原上那些巨大的图形和平直的线条，正是古纳斯卡人在宗教仪式中靠这种简易的方法排列好图形并清除脚下的沙石而形成的。

8.纳斯卡地画是古纳斯卡人去卡华赤朝圣宗教活动的一个环节

从地理位置看，纳斯卡地画区域位于古纳斯卡人的主要生活居住区文蒂拉与宗教圣地卡华赤的中间地带，也即纳斯卡地画区域是古纳斯卡人由文蒂拉到卡华赤朝圣的途经之地。卡华赤是一个专门的祭祀场所，也是古纳斯卡人开展宗教活动的中心和朝圣的目的地。由这几处地点的相互联系来看，纳斯卡地画应是古纳斯卡人以部族为单位去卡华赤进行宗教活动之前或之后途经此地时留下的，是古纳斯卡人的不同部族去卡华赤朝圣活动中的一个组成部分。

9.不同的图形和线条表示不同的宗教活动内容

在纳斯卡地画中，那些大量的直线、曲线和几何图形同样是不同内容的宗教活动留下的痕迹。

古纳斯卡人除通过与图腾物的交融感应祈望部族繁衍兴旺之外，还会遇到种种难以抗拒的天灾或人祸。每当此时，他们也会去卡华赤朝拜神灵，并在纳斯卡平原上用制作地画的方式与不同的神灵进行沟通，以此来祈望得到神灵的解救和保护。而那些指向不同方向的巨大线条，就是按他们认为的神灵所在方向制作出来的与神灵沟通的通道。当干旱肆虐的时候，受到死亡威胁的古纳斯卡人会制作出通向可能有水源所在地的线条，以乞求神灵给他们永不枯竭的水；当他们进行其他宗教活动时，又会把线条指向不同神灵所在的远方群山（众神之国）或天上的星象，以求得到这些神灵的护佑。在纳斯卡地画中，还可见到图腾物图形与这些巨大的直线或弧线通连在一起的现象，表明其部族除与自身图腾物沟通外，还有根据不同的祈愿内容将图腾物与其他不同神灵相联系的行为。在这些仪式中，既有定时定期的祭祀，也有应急式的排忧解难。当人们遇到宗教节日或灾难，不同的部族就会去卡华赤朝圣，并在纳斯卡平原上进行巫术活动，留下这些巨大的图形和线条。

纳斯卡平原上这些神秘的线条，展示给我们的是古纳斯卡人为了祈望部族壮大、避除祸害、沟通自然，不断与祖先和自然进行对话的痕迹。其制作特征及目的与中国古代的"履大迹"方式如出一辙，是真正的"大迹"。从中也可看出在古代人类活动的不同区域内，人类的意识所反映出的对祈生、求食、求安这些基本要求的一致性及表达方式的类同性。纳斯卡地画正是人们在这种与神灵进行感应沟通的巫术活动中，为祈望达到生殖繁衍、风调雨顺、驱邪避害之目的而留下的。

三、仰韶文化人面鱼纹与灵魂复生观念

西安半坡出土的仰韶文化人面鱼纹彩陶盆的主体图形采用了一种人与鱼复合的造型方式，关于这种奇特的造型，其解释众说纷纭：有的认为它是渔猎的一种巫术仪式，表现了先民捕鱼的愿望；有的认为是祭祀时的装饰；有的认为是一个"福"字的图形文字；大多数观点则认为人面鱼纹具有图腾崇拜的意义，是"寓人于鱼"的体现。本书与以上看法均不同，认为该图形表现的是与亡灵有关的招魂复生图式。

（一）人面鱼纹的图形特征

1955年在西安半坡仰韶文化遗址的一次考古发掘中，考古工作者清理分布在遗址居住区内的瓮棺群时，翻开一座编号为w:18的小孩瓮棺的顶盖，竟意外地发现它是一件绘有精美图案的彩色陶盆，这就是后来考古界和美术

图12-32

图12-33

图12-34

图12-35

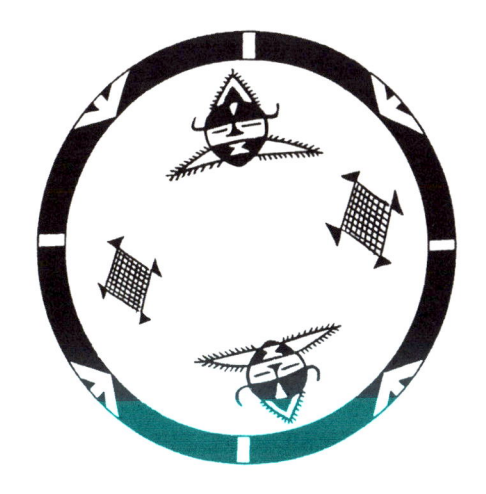

界所熟知的人面鱼纹彩陶盆（图12-32）（图12-33）。这件高16厘米、口径39.5厘米的彩陶盆由细泥红陶制作，呈砖红色，整体器形大口卷唇，斜腹浅圜底。口沿上涂黑彩，环绕陶盆内壁绘两组彩绘图案，对称分布。一组是两个鱼形纹，用三角、圈点表示鱼头，交叉斜线为鱼身、鱼鳞，单斜线或平行斜线代表尾鳍、背鳍和腹鳍；另一组为两个人面鱼纹图案，其造型皆采用人面形与鱼形复合的手法，人面作圆形，顶有三角形尾状物，五官图案化，口衔双鱼，人面耳朵部位又各绘一鱼，呈鱼首触人面状。从整个陶盆的构图来看，人面纹居于主位，人与鱼位置层次清晰，表现出了一种人与鱼之间非同一般的神秘关系[1]。

1954-1957年在西安半坡仰韶文化遗址还出土了另外一件人面鱼网纹彩陶盆（图12-34），该彩陶盆内图形的构图及人面形象与人面鱼纹彩陶盆上的人面形象基本类似，只是人面耳部的鱼纹变为了芽状纹，人面之外的一组鱼纹变为了网纹，但从其整体造型来看，两者之间仍具有明显的相似性联系。

自人面鱼纹彩陶盆在半坡遗址发掘出土后，与之相同或相似的彩陶盆陆续在宝鸡北首岭、临潼姜寨等同时期遗址中又有发现，至今累计出土总数已超过十例，其分布范围均在渭水流域。这些彩陶盆纹饰的造型，基本上都与人面鱼纹彩陶盆和人面网纹彩陶盆特征类似（图12-35），其功用也多作为小孩瓮棺葬的葬具。此现象表明，这种绘有人面鱼纹及相似纹饰的彩陶盆，在仰韶文化时期的这一区域内，是一种应用较为普遍并具有特定含义和用途的器物。

（二）人面鱼纹与死者亡灵有关

从人面鱼纹彩陶盆多出土于当时小孩瓮棺葬顶部的情形可知，这种彩陶盆应是专供死亡儿童使用的瓮棺葬具的顶盖（图12-36），而人面鱼纹又是专绘于瓮棺顶盖内的图形，表明这种人面鱼纹是针对死者的。古代葬具中出现的图形多体现为亡灵服务的内容，不外乎升天、复生、祈福纳祥、驱邪避害、冥界生活、福荫子孙等。人面鱼纹的主体图形表现的是一个小孩头部与鱼复合的图形，这种复合式图形明显呈现出了一种非现实的神秘状态。在葬具里出现这样的图形，说明这个图形表现的不是现实形象，而是非现实的神灵世界形象。将这种具有小孩形象特征的非现实造型专绘于小孩瓮棺顶盖内，则表明其是与小孩的亡灵相联系的。

---

[1]曾骐文.国宝大观[M].上海：上海文化出版社，1990.68.

图12-36

（三）人面鱼纹中鱼与人面的象征含义

人面鱼纹的主体图形由人面与鱼构成，这种人面与鱼的组合造型在瓮棺顶盖上出现是具有特定象征内容及符号意义的。

1.人面鱼纹中鱼与人面是魂与魄的象征

古人认为人的生命是由"魂"与"魄"构成的。"附形之灵为魄，附气之神为魂。"[3]阳清为天，阴浊为地，魂源于阳，魄源于阴，魂主精神，魄主身形，阴阳二气混合从而化育万物。古人又认为："人之始生，本乎精血之原；人之既生，由乎水谷之养。非精血，无以充形体之基；非水谷，无以成形体之壮"[4]；"故生之来谓之精，两精相搏谓之神"[5]；"两神相搏，合而成形，常先身生，是谓精"[6]；"夫精者，身之本也"[7]；"阳之精气曰神，阴之精气曰灵"[8]。由以上诸说可见，精气与灵既有不同，又是相联系的。汉代王充《论衡·讲瑞》又说："山顶之溪，不通江湖，然而有鱼，水精自为之也。""魂"通常是看不见的，而鱼也有潜于水中看不见的特征，因而在古人眼中，鱼与魂是"互渗"的，其既是水中精气，也是灵魂之象征。从古代葬具上的图形内容多是针对亡灵的特征以及典籍所言"鱼为水精"可判定，彩陶盆中的鱼在瓮棺中出现与人面组合也并非通常意义上的鱼，而是对"精"的体现，也即对亡者灵魂的象征。既然鱼在此是灵魂的象征，那

灵魂观念是古人对生命状态的一种解释，"在远古时代，人们还完全不知道自己身体的构造，并且受梦中景象的影响，于是就产生一种观念：他们的思维和感觉不是他们身体的活动而是一种独特的、寓于这个身体之中而在人死亡时就离开身体的灵魂的活动"[1]。人们认为灵魂是不灭的，它既可离开人的躯体，也可归来使生命重生。"灵魂的观念在仰韶文化中已非常明显，该时期文化中发现不少瓮棺上凿了很多孔，作为鬼魂出入的通道"[2]，这些通道的作用是祈望亡者的灵魂能通过通道复归魄体获得重生。出现在仰韶文化时期小孩瓮棺葬中的神秘人面鱼纹造型，即是这种祈望亡灵归来复生观念的图像体现，其中的人面、鱼纹等不同符号的组合便是对亡灵生命复生的象征。

---

[1] 恩格斯.路德维希·费尔巴哈和德国古典哲学的终结[M].马克思恩格斯选集.第4卷.北京：人民出版社，1972.219.
[2] 李仰松.谈谈仰韶文化的瓮棺葬[J].考古.1976(6).
[3]《左传·昭七年》疏。
[4]《景岳全书·脾胃》。
[5]《灵枢·本神》。
[6]《灵枢·决气》。
[7]《素问·金匮真言论》。
[8]《大戴礼记·曾子天圆》。

么人面鱼纹中的人面形象作为主体图形描绘在小孩瓮棺内，则表明这个图形同样针对亡者，是对亡者"魄"体的象征。人面鱼纹中鱼与人面的组合，正是体现了象征"魂"的鱼与象征"魄"的人面相合使亡灵重生的内容。

2.人面鱼纹中不同鱼纹的含义

人面鱼纹中的鱼纹根据其所处的位置有三种不同的造型：耳部鱼纹、嘴部鱼纹及人面鱼纹之外的独立鱼纹。这三种鱼纹的造型特征各不相同，表明其所象征的含义也各有不同。

（1）人面鱼纹中耳部两侧鱼纹的含义：人面鱼纹中贴近耳部两侧有两个鱼纹，其造型手法具有装饰性，鱼体无鳞，体上部涂黑色，与仰韶文化半坡型彩陶中其他鱼纹装饰手法类同。半坡类型彩陶纹饰除了人面鱼纹中的鱼纹外，还有更多单纯的鱼纹出现，这些鱼纹有单体、双体、复合体、变体等，说明鱼与当时半坡人的生活关系密切。但从人面鱼纹中贴近人面耳部两侧的两个鱼纹所处位置来看，其特征却明显地超出了鱼在水中的正常状态，它们与人面的超常态组合，表明其不是普通的鱼，而是两条与亡者（人面）相关的具有特殊符号象征意义的鱼。它们在此出现，并表现出欲进入人头部的特征，是对死者灵魂回归与亡者复合的象征。

古人认为人死后"魂"离于"魄"，于是希望能招回其"魂"，复归"魄"体，使亡者复生，古代丧礼称为死者招魂为"复"，"复"是返还的意思，"复者，有司招魂复魄也"[1]。人面鱼纹中贴近耳部两侧的两条鱼，即是希望死者灵魂从幽阴处回归魄体使其复生的象征。

古人认为亡魂是从亡者头部进入开始复生的。"人始生，先成精，精成而脑髓生"[2]。精魂在魄体的出入通道是人身上的"窍"，人身有九窍。"清阳出于上窍，浊阴出于下窍"[3]，上窍谓耳、目、口、鼻（共七窍），下窍为前阴、后阴。所谓"灵魂出窍"即是指魂由"窍"脱离了魄体，而灵魂被招回的通道同样是"窍"。灵魂通过"清阳"的上窍复归，耳部则是上窍中与脑髓最近的通道，因而亡灵通过此通道与魄体相合最为便捷。再从人面鱼纹彩陶盆作为死亡儿童使用的瓮棺葬具顶盖来看，彩陶盆盖于瓮棺后，人面鱼纹也正处于亡者的头部。人面鱼纹中所描绘的象征灵魂的鱼与人面在耳部的组合，正是表现了"魂"通过"窍"使亡灵得以复生的情景。

图12-37

图12-38　　　图12-39

---

[1] 汉郑玄注《仪礼·士丧礼》。
[2] 《灵枢·经脉》。
[3] 《素问·阴阳应象大论》。

此种为亡灵招魂的人面鱼纹图形与1978年在湖北省随县发掘的战国早期曾侯乙墓出土漆棺上的图式极为相似（图12-37）（图12-38）（图12-39），曾侯乙墓的这些图形也是体现了亡灵复归从头部进入魄体使生命复生的特征。所不同的是，曾侯乙墓招魂复生图形的灵魂符号是鸟、蛇、龙，而人面鱼纹中的灵魂符号是鱼。此种符号的不同，与不同时期的灵魂象征物有关。虽然两者的灵魂象征物有所不同，但其魂魄相合使亡灵重生的图式是相似的，两者在图形特征上明显存在渊源延续的关系。

（2）人面鱼纹中口衔鱼纹的含义：口衔两鱼是所发现的大多数人面鱼纹的共同特征。这两鱼在人面鱼纹中与耳边鱼纹的造型有所不同。从口衔之鱼造型特征来看，其无鳞无首，只有一个外形轮廓，表明这两条鱼仅是鱼的外形魄体，是没有生命的鱼。在此图式中，人面口衔鱼之魄体，灵魂之鱼从耳侧而入，两者皆与人面相合，表明该两鱼有与耳侧灵魂之鱼对应，以此来象征魄体与亡灵相合之意。除此之外，还表明其是两条可供亡者食用的鱼。人的"窍"各有不同分工，口是食物的入口，死者口中衔鱼，是希望死者的亡灵有物可食，也即《景岳全书·脾胃》中所说的"人之始生，本乎精血之原；人之既生，由乎水谷之养。非精血，无以充形体之基；非水谷，无以成形体之壮"之意。古人认为亡灵同样需要食物对魄体的供养，"水谷之养"是供养魄体的重要物质条件，这与后来丧制中的"饭含"意同。"饭含"是古代丧制之一，丧制称"饭含"的仪式叫含殓，即在沐浴以后、小殓之前，要在死者口中放入米、贝、珠、玉等。"饭""含"本有区别，"饭"指谷类熟食，在丧制中特指在死者口中放入食物；"含"指把食物之外的东西衔在口里，特指在死者口中放入珠玉等，后世合称"饭含"，周代"饭"有梁、稷、稻等，"含"有玉、璧、珠、瑁等。"饭含"因死者身份不同所用种类也不同。《周礼·地官·含人》：

"丧纪共（供）饭米熬谷。"郑玄注："饭，所以实口不忍虚也。君用梁，大夫用稷，士用稻。"在古代丧葬中，人们对死者的祭奠主要有两个内容：一是招魂，希望死者魂灵归体重生；二是希望死者在冥界也能有安逸的生活。人面鱼纹口衔双鱼除作为魄体符号外，还是死者在冥界有食物供养的体现。

（3）人面鱼纹外独立鱼纹的含义：在人面鱼纹彩陶盆整体图式中，人面鱼纹主体图形之外还绘有两条独立的鱼纹，其造型较以上两种鱼纹更显具体，是对鱼较为写实的描绘，但将它们描绘在瓮棺内这样一个环境中，表明此鱼也非现实中的鱼，同样是针对亡灵而存在的。其有两义：一是借此来对"魂"未复"魄"前的游离状态进行象征，人们的招魂行为就是希望它们能够复归魄体；二是对亡者复生后魄体供养物的象征，即这两条鱼同时对"魂"和"魄"具有意义。从人面鱼纹中耳侧鱼纹和口衔鱼纹的造型来看，这两种鱼纹均较为抽象，前者有头无鳞（魂之象征），后者无头无鳞只有鱼之外形（魄之象征），表明它们是据其不同内涵，从人面鱼纹之外的具象之鱼中抽象分离出来，分别对"魂"与"魄"进行象征的造型。

从以上对人面鱼纹中这三种鱼纹不同造型特征的分析，可见其体现了三种不同的象征含义，这些含义又通过"魂""魄"相合使亡灵重生的图式表现出来：人面鱼纹之外的独立鱼纹是对"魂"未复"魄"之前游离状态的象征；耳部鱼纹是对灵魂被招回进入魄体，使魂魄相合的象征；处于人面口部的两鱼既是为亡灵提供的食物，又是对魄体的象征。人面鱼纹彩陶盆正是通过这些不同特征的鱼纹符号与人面的组合，体现了祈望亡灵复生的内容。

（四）卵化生观念对人面鱼纹造型的影响

在仰韶文化彩陶盆中，人面鱼纹及类似纹饰的人面部分大多呈圆形，且有人首而无人身，这种造型与古文化图形中大部分完整的人纹图形有所不同，体现出了一种与某种特定含义相联系的特征。

图12-40

在同时期的仰韶文化彩陶盆中，还发现有形状与人面鱼纹极其相似但人面却没有五官的图形（图12-40），其圆形的面部及纹饰特征明显呈现出了卵化纹的特征，似乎是在表现灵魂刚进入魄体，五官还未成形的状态，这种现象反映出人面鱼纹在其内涵上与卵化生观念具有一定的联系。前面章节曾对马家窑文化以卵为生命之源的现象做过探讨，通过对马家窑文化中变体蛙纹的分析，弄清了变体蛙纹由卵到蝌蚪再到成蛙的生命化生过程及图式象征含义，表明蛙纹在原始彩陶纹饰中是作为一种特殊崇拜物来进行图形表现的。这种蛙崇拜现象来自人们对蛙强大的繁殖力和蛙卵化生神秘过程的感性认知，从仰韶文化半坡类型彩陶出现的纹饰中可看出，这种蛙崇拜现象在该时期即已产生。如有的彩陶盆纹饰不但表现了蛙纹隆起的腹部及象征卵的密集圆点，还在蛙纹旁边表现了一个由双鱼相合而成的女阴图形（图12-41上），还有的纹饰表现了蝌蚪纹的图形（图12-41下），这些图形均表明仰韶文化与马家窑文化的蛙崇拜在表现内容上具有相似性，且仰韶文化的蛙崇拜比马家窑文化的蛙崇拜更为原始。由此现象再根据人面鱼纹祈望亡灵重生的内在含义及人面部形态来看，人面鱼纹同样体现出了卵化生的特征，其实际上是卵化纹的一个变体，只不过这个变体并非单纯地表现卵的化育过程，而是一种借助于卵化生来象征亡灵复生的图形。

人面鱼纹及与之相类似的图形从造型上与卵的联系有如下特征：一是这些人面鱼纹大多都具有圆形的脸，体现出了卵的基本形状；二是人面上部多有一个三角形尾状物与人面相接，可以看出人面鱼纹的主体造型除口衔两鱼和耳边两鱼外，还是一个头部在下尾部在上类似蝌蚪的造型。

有学者认为人面鱼纹人首之上的三角形尾状物是冠，但从其形状及与人头部结合的特征看，该三角形多由白中套黑的大小两个三角形套合而成。外部大三角形边缘呈刺状，与象征"魄"的口衔之鱼外形特征相一致（图12-42），明显是对尾部特

图12-42

图12-41

图12-43

图12-44　　　　　　　　　　　图12-45　　　图12-46　　　图12-47

征的表现。在其他形态的人面鱼纹造型中，也同样可见口衔之鱼与人首之上三角形尾状物外部造型一致的特征（图12-43）。有的人面鱼纹口衔之鱼造型表现出了鱼尾交叉的特征，而人首之上三角形尾状物同样出现了鱼尾交叉状造型（图12-44）。此现象表明，人面鱼纹人首之上的三角形尾状物，其外部特征与口衔之鱼造型是一致的，因而其内涵也应相同，既是对鱼体的表现，也是对"魄"的象征。既然人首之上的三角形尾状物外部的三角形是对"魄"的象征，那么其内套合的黑色小三角形则与象征"魂"的耳侧之鱼的黑色体部相应，是对"魂"的体现。也即是说人面鱼纹耳部与口部的鱼纹分别是对魂与魄的象征，而此人面之上白中有黑的大小两个三角形套合，正是对魂入魄体、亡灵魂魄相合的象征。以其居于人面之上，是对整个人面鱼纹亡灵生命复生的标识。

从人面鱼纹的整体形态来看，人首之上尾状物造型又与蝌蚪纹尾部造型相似。前面章节曾证明"子"字的原型即是一个蝌蚪纹，而甲骨文中"𢀖"（子）字也是一个头下尾上的蝌蚪造型（图12-45），将其与人面鱼纹中人面加尾部的形状比较，可见其相似性。这种造型的象征含义可在同时期另一个与人面鱼纹相似的图形中得到印证（图12-46），该图形没有人面以外代表灵魂之鱼的介入组合，是亡灵进入人面（魄体）后魂魄相合化生出尾部的造型，与蝌蚪纹极其相似。这种人面鱼纹在彩陶盆内壁上正看是头下尾上的造型，但作为瓮棺的顶盖合到瓮体上以后，其方向则变为头上尾下的状态（图12-47），正好与瓮棺中小孩头上体下的方向相统一，且此头尾的方向也与祈望亡灵升天由头部开始复生形成一致。

再从仰韶文化彩陶盆上这些人面鱼纹各部分的总体造型来看，虽然不同人面鱼纹的局部也有一些不同的差别，但其基本组合形态是一致的，且各部分的组合位置相对固定，说明该类图式的不同部分也具有规定性的含义。人面鱼纹中的人面基本分为上（额部）、中（眼、鼻部）、下（口部）三个部分。这三个不同部分分别用黑白不同的颜色来体现其在灵魂复生中的含义：额头部分的特征体现出卵的本形，其与没有五官的卵化纹相似（图12-40），是魂（耳边之鱼）进入魄体开始化生的图形；下边口部的鱼是食物和魄体的象征；中间眼鼻部分是上下两部分魂魄相合化生出的人。此三部分又与古人对天（阳）、地（阴）、人的空间区分相符：上额黑白相间部分象征的是天（阳），下颌口衔双鱼部分象征的是地（魄象征阴），而中间眼鼻形状部分象征的是人。在此图式中，人处于天地之间，表明其是阴阳相合而化生的产物。代表灵魂的两条鱼又正处在天与人这两部分的相接部位，表明灵魂是从天人相合处进入魄体使人复生的。由此可见，人面鱼纹不但体现了阴阳相合、魂魄相合使亡灵重生的过程，也反映出了天地人之间的相互关系。

（五）同时期其他人面纹饰的造型特征及含义

仰韶文化遗址中除出土了人面鱼纹彩陶盆外，还出土了同时期与人面鱼纹相类似的其他彩陶盆。

图12-48

通过前文分析明确了人面鱼纹的造型特征及其象征含义，依此其他相类似的彩陶盆纹饰的含义也就很容易得到解释。如西安半坡仰韶文化遗址1954-1957年出土的人面鱼网纹彩陶盆（图12-34），将此盆与人面鱼纹彩陶盆相对照，可见其图形在相似基础上的变化：一是此彩陶盆在与人面鱼纹彩陶盆游鱼相同的部位将鱼纹变为了鱼网纹，鱼纹前已表明是灵魂和供养物的象征，那么鱼网纹在此也就不是普通意义上的网，其作用既是象征设在瓮棺棺壁上防止灵魂游走的网，也具有防止外来灾邪入内的意义，还是为亡灵供养提供食物的工具；二是该彩陶盆图形人面形象虽然与人面鱼纹彩陶盆上的人面形象基本相似，但也小有不同，不同的是人面耳部代表灵魂的鱼纹变成了芽状纹，芽状纹是生长的象征，在相同的位置用芽状纹来代替鱼纹，其意义与代表灵魂的鱼纹是相联系的，表示灵魂由耳部与魄体相合后亡者得以重生，耳部生出的芽状纹即是重生的标识；三是其整体纹饰有网无鱼和生出芽状纹的现象也表明，"魂"已进入"魄"体，亡灵获得了复生。在其他相类似的纹饰中，还有将耳部生出的芽状纹进一步生枝加叶形成"生纹"的图式（图12-48），这种图式更为明显地借植物生长之状体现出了对亡灵重生的象征，而且在此种图式中还可看到人面上的眼睛也由人面鱼纹的闭目状态变为了睁目状态，其象征亡灵已获重生的特征更为明显。由此可见，这些纹饰与人面鱼纹是具有内在联系的，其图形只是在表现亡灵复生过程中因节点不同而产生的不同造型变化：人面鱼纹表现的是灵魂与魄体相合的初始状态，人面鱼网纹及其他相类似的纹饰表现的则是灵魂与魄体相合后复生的状态，均是希望死者灵魂回归复生的图形。

通过以上分析可知，人面鱼纹及同类纹饰是以人面纹与鱼纹、生纹、网纹等组合来象征亡灵重生的纹饰，这些符号元素在图形中的分布及组合特征，反映了仰韶文化时期半坡人对生殖观念、灵魂观念、自然观念及其相互关系的认知和理解。

四、龙首上的"且"纹与"辛"纹

商周时期的龙图形和兽面图形上常饰有特别的冠纹符号（虎纹上有时也标注这类符号）。这类冠纹符号在甲骨文或金文"龙"字中作"辛"形或"且"形（图12-49）。从商周青铜礼器的兽面纹（正面龙纹）来看，这类符号则更为具体，常沿着兽面纹中间的棱中线自鼻部向上延伸，其基本形态也呈"且"形或"辛"形。在侧面龙纹中，此类冠

图12-49

图12-50

饰符号很像龙的角，但通过与青铜正面龙纹（兽面纹）对照可看出（图12-50），角纹均位于首部两侧，而"辛"纹与"且"纹则位于龙首额顶中间，且兽面纹在具有角纹的同时也具有"且"纹或"辛"纹，故其与角纹并非一物。

关于龙首之上的这种饰物众说不一，有的认为是男性生殖器的象征，有的认为是象征王权的兵器，有的认为是角。但不管对其说法如何不同，有一点是明确的，即它是一种象征符号，所表示的是地位的显赫、身份的尊贵以及与众不同的特殊性。

由于"且"纹与"辛"纹对于龙图形具有标识意义，因而弄清其原本，有助于理清龙及兽面图形所象征的基本内涵。

（一）"且"纹

在用"且"纹做冠饰的龙纹和青铜兽面纹图形中，"且"纹被明显地置于额顶的中间部位（图12-51）（图12-52）。"且"在古文字中是祖之本字，甲金文中"且"也用作"祖"，如"且甲爵"等。"且"字有些学者分别解释为祖庙之形、牌位之形、男性生殖器等，这些观点虽然有别，但其含义类似，均是对祖先的象征。就"且"为"祖"之义来看，以"且"为冠饰也明显与"祖"有关，其目的即是用这种符号标示出龙及兽面图形的含义：

图12-51　　　图12-52

对祖先神、生殖神以及由此延伸而来的氏族神、王权神、自然神进行象征。

龙首饰物在古代典籍中称为"博山"或"尺木"："龙者，鳞虫之长。……头上有博山，又名尺木，龙无尺木，不能升天。"[1]道家对此附会为龙头上有一物为"尺木"，故能升天[2]，另一说则认为"尺木"之"木"是"水"之讹[3]。那么"博山"与"尺木"到底为何物？其与"且"纹又有何关联呢？

"博山"之"博"，从字义来解是"大""广"之义。如"故义之为利博矣"[4]，"博"在此是"大"之意；"博厚，所以载物也"[5]，"博"在此是"广"之意。"山"古时指帝王的陵墓，古代帝王陵墓通称山陵，陵，坟墓，本指大土山。《诗·小雅·十月》："如冈如陵。"汉以后引申指帝王的陵墓，亦称为台。《字汇补·至部》："古谓陵墓为台，如邺都之三台，《山海经》帝尧台、帝喾台是也。"秦代称山，后世通称山陵。《水经注·渭水注》卷十九："秦名天子冢曰山，汉曰陵，故通曰山陵矣。"《辽史·礼志一》："有司设酒馔于山陵。""冢"本指山顶，毛传载"山顶曰冢"，引申为隆起的坟墓。由此可知，"山"之意是天子之冢，而所谓"博"之"大""广"之意也是天子德行的象征，可知"博山"一词在此指的是先帝的陵墓，也即对去世的帝王和祖先神的象征，由此可见"博山"之义与"祖"（且）相似。"冢"又称垄，或作陇。垄，同"垅"，《广雅·释丘》："垅，冢也。"《龙龛手鉴·阜部》："陇，冢也。"东方朔《七谏·沈江》："封比干之丘垄。"王逸注："小曰丘，大曰垄，言武王修先古之法，敬爱贤能，克纣封比干之墓，以彰其德，宣示四方也。"垄亦作

---

[1] 罗愿《尔雅翼》。
[2] [唐] 段成式《酉阳杂俎》十七《鳞介》。
[3] [清] 俞正燮《癸巳类稿》七《尺水字义》。
[4] 《吕氏春秋·上德》。
[5] 《中庸·第二十六章》。

陇。垄、陇、垅与龙音相谐，可与龙通。而龙又是祖先神的象征，此也与"博山""且"对祖的象征同义。

"尺木"同样与先帝有关，祭祀祖先所供的主牌（即"木主"）应是此物。主牌（灵牌、牌位）是旧时为死人立的神位，古代丧礼规定，人死后，要为其设神主，以飨祭祀，或直称主。《周礼·春官·司巫》："祭祀，则共匰主。"郑玄注，"匰，器名，主，谓木主也。"《公羊传·文公二年》："丁丑，作僖公主。"何休注："为僖公庙作主也。主，状正方，穿中达四方，天子长尺二寸，诸侯长一尺。"或称主牌。"主牌，《荀勖礼》据隋帝所编礼书，有一篇《荀勖礼》乃是，云关四寸，厚五分、八分，大书某人神主。"[1]主牌用木为之也与人祖有关，在五行观念中木与人祖伏羲相配，"言庖牺（伏羲）继天而王，为百王先，首德始于木，故为帝太昊"[2]。木又是生殖繁衍之象征，"木主"也即生殖之主，生殖之主即是祖。周制，葬后虞祭才有神主牌，虞祭之前无神主牌，以"重"代之（重，木制），虞祭后将"重"埋掉，殷人以"重"连于神主。虞是安的意思，虞祭指父母葬后迎其魂灵于殡宫之祭。《释名》："祭葬还祭于殡宫曰虞，谓虞（娱）乐安神使还此也。"《释名·释丧制》："比葬未作主，权以重主其神也。"《礼记·檀弓下》："重，主道也，殷主缀重焉，周主重彻焉。"郑玄注："始死未作主，以重主其神也。重既虞而埋之，乃复作主。《春秋传》曰：虞主用桑，练主用栗。缀，犹联也，殷人作主而联其重，悬诸庙也，显考乃埋之。周人作主彻重埋之。"孔颖达疏："言始死作重，犹若吉祭木主之道，主者吉祭，所以依神，在丧重亦所以依神，故云重主道也。殷主缀重焉者，谓殷人始殡，置重于庙庭，作虞主讫，则缀重悬于新死者所殡之庙也。周主则彻焉者，谓周人虞而作主，而重则彻去而埋之，故云周人重彻焉。但殷人缀而不即埋，周人即埋不悬于庙为异也。"由以上诸说可知，"重"为虞祭之前为死者所立之牌位，"主"是虞祭之后为死者悬于庙堂之牌位，而将"主"悬于神庙，是对先帝之象征。从"主"由木制、"天子长尺二寸，诸侯长一尺"的特征来看，其形与"且"（牌位）相同，而从"主"之形制及对祖的象征来看，也与"尺木"及龙对祖之象征相同，由此可见"主"与"尺木"应为一物。又知该物为虞祭其灵魂升天后再于庙堂为先帝所立，是灵魂能够升天的象征，故如"无尺木"，则言其"不能升天"。

由上可知，龙首之上的"且"纹与"博山""尺木"之含义一致，均为祖先之象征："博山"是先帝死后安身之处，"尺木"是先帝死后置于庙堂的象征之物。由"龙者……头上有博山，又名尺木"之说，也可见"博山""尺木"之间的联系。而以"且"为龙纹或兽面纹的冠纹，也与在祖庙立祖先之牌位意同，即以此符号来标示龙纹及兽面纹的祖先神特征。

（二）"辛"纹

龙纹和兽面纹冠饰的另一类型是"▼"形，由于其形状大致与甲金文"辛"字形状类同，故称其为"辛"纹。"辛"纹在龙纹和兽面纹图形中也经常参与其造型，同样作为冠纹装饰于首部。

大多"辛"纹的特征是由上面一个"▼"形与下面一个"儿"纹（图12-53）或上面一个"▼"形与下面重复的变体"儿"纹（图12-54）叠合而成。"儿"纹是生殖之门的符号，以"儿"纹为"辛"纹组成部分，则表明此符号与生殖繁衍有关。河姆渡文化遗址中出土的双鸟纹骨匕上饰有两个鸟图形（图12-55），这两个鸟图形上部（与兽面

---

[1]《朱子语录》。
[2]《汉书·律历志》。

图12-53

图12-54

图12-55

图12-56

纹冠饰相同位置）分置两个不同的冠纹符号：其中一符号呈由中间分开状，与"儿"纹相似，显示出阴性特征；另一符号呈单一凸起状，显示出阳性特征。此特征表明该器物上的两个鸟图形分别是象征阴阳两性生殖神的图形。而对照青铜兽面纹的"辛"纹形状，则恰是将此"阳"性符号倒置与"阴"性符号上下叠合的图形（图12-53）（图12-55）。

在青铜兽面纹中，"辛"纹下方的"儿"纹基部还置有菱形纹，菱形为四方之象，是地之象征。而地之上与之对应的必是天，"辛"形纹之上的"▼"形符号上承于天，又具有阳性生殖符号特征，是对天与阳的象征。其与"儿"纹及下方的菱形纹相合，则是天地、阴阳相合之形。本书前面章节曾介绍过一个周代的图形，也涉及过该类符号的象征意义（图12-56）。在此图形中，双龙尾部交合处的"辛"纹符号呈现出上面男根与下面女阴相合的特征，明显体现出了"辛"纹所表达的阴阳相交、天地相合的内涵。前面章节还曾探讨过以动

物口部作为生殖之门象征的内容，在青铜纹饰中也可看到"辛"纹与龙口组合的图形（图12-57），此种龙口与辛纹的组合同样体现了对交合生殖的象征。而在西周早期青铜龙纹饰中（图12-58），两龙首部以龙纹为冠饰，此冠饰的龙口部也体现出了与"辛"纹构合的特征，其不但以"辛"纹的交合特征表明了龙与生殖的联系，还以符号的形态标示

图12-57

图12-58

图12-59

图12-60

出了对生殖神和祖先神的象征。宁夏同心倒墩子19号西汉匈奴墓出土的双马纹鎏金铜带扣上有龙与马交合的图形（图12-59），该图形整体图式与商周兽面纹相似。在此图形中，两马首向外，后腿向内仰上，两马生殖器部位组合构成"儿"状符号，其上再由两个马首龙构成男根形并与下面"儿"状符号相合，此造型不但与兽面纹上的"辛"纹形式相类，也更为形象地证明了商周兽面图形"辛"纹冠饰即是阴阳相合的象征。

"辛"纹不仅在龙纹和兽面纹中作为冠纹，有的"辛"纹在青铜纹饰中还呈独立形态出现（图12-60），其符号特征更为明显，表明其具有独立的象征性含义。在此类"辛"纹两侧，常置龙、凤等动物纹，所置动物纹均以拱"祖"的特征向其呈供奉状，显示出对天地相合、阴阳相交的崇拜及该符号地位的崇高性，也体现出了此类冠纹在兽面纹、龙纹及虎纹的首部出现而不是在其他动物类纹饰中出现的特有象征含义。

自商周时期始，王朝统治者对王权来源的解释依据是"王权天授"，王是上天的儿子，王的权力是上天授予的。上天是至高无上的神，而祖先神、生殖神、保护神、王权又均是与上天相联系的。"辛"纹上承于天，下连于地，体现出了天地阴阳的交合，天地阴阳的交合不但是生殖神、祖先神生殖繁衍的前提，也是统治神上承于天治理天下的象征。"辛"纹以冠饰的形式在兽面纹、龙纹及虎纹图形上出现，即是以此符号来体现天地相交、阴阳相合的含义。其不仅是生殖神、祖先神、保护神、统治神的标识符号，也是对"王权天授"的昭示和象征。

虽然"且"纹和"辛"纹所标示的均是帝祖的符号，但两种符号也有所区别："且"纹偏重于对祖先神的象征，"辛"纹偏重于对天地交合及生殖神、统治神的象征。它们均表明了天与帝祖的关系，由于帝祖上承于天，听命于帝祖，即是听命于天。这也是在龙纹及兽面纹等图形上标示这种冠饰符号的真正含义。

五、殷墟妇好墓跽坐玉人像柄形器解析

妇好是商王武丁的配偶，生前能征善战，地位极为显赫，死后庙号封为"辛"。

1976年考古工作者在河南安阳小屯村西对殷墟妇好墓进行了发掘，在妇好墓出土的大量器物中，有一件神秘的跽坐玉人像尤其引人注目（图12-61）。据相关资料介绍，跽坐玉人像通高7厘米，用黄褐色和田玉雕成。玉人双手抚膝跽坐，面庞狭长，细眉大眼，宽鼻小口，方形小耳，头梳长辫盘于顶部，头上戴箍形束发器，接连前额上方卷筒状装饰（像一个平顶冠）。身穿交领长袍，下缘长至足踝，衣袖窄长至腕，腰束宽带，腹前悬长条蔽膝，两肩饰臣字目动物纹，右腿饰"S"形蛇纹，背后置一个端部分叉的柄形器。关于柄形器究竟为何物，有观点猜测有两个可能：一种可能是这个玉人就是妇好的形象，身后的柄型器是一个礼仪用具，是她出席重要场合，配合礼仪形象所带的东西；另一种可能这个玉人不是妇好，而是一个巫师的形象，柄形器是一个

图12-61
法器[1]。

在以上介绍中，最让人感到神秘的是跽坐玉人像中的柄形器。以前对其的猜测，不管是作为礼仪用具还是法器，均一致认为其是跽坐玉人佩带的一件器物。本书观点则有所不同，认为此柄形器不是器物，而是介入到跽坐玉人像中的一个象征性标识符号（如同用冠纹参与青铜兽面纹的造型一样），其参与跽坐玉人造型的目的并非要表现现实生活中的客观"象形"状态，而是要对玉人的身份和象征性内容进行标示，以此来体现该玉人所要表达的特殊含义。

（一）柄形器是一个象征生殖之门的"儿"纹符号

仔细观察该玉人像与柄形器的造型组合特征，可发现所谓柄形器的确不是一件佩带的独立性器物，其上也没有任何与体部相关的佩挂连接物，而是由腹臀部一侧随体而出伸向后部的一个玉人组成部分。从其造型特征来看，该所谓柄形器在后部分开，明显具有"儿"纹特征。联系前面章节所谈及的以生殖之门符号对生殖进行象征的现象，可看出该柄形器实质也是介入到该玉人像造型中一个夸张的"儿"纹符号。

就生殖崇拜而言，人们除对腹神、龙、卵的崇拜外，还有对生殖之门的崇拜。古代体现生殖之门特征的图形以女阴为原型，常变体为"儿"形、"兀"形、"八"形、"人"形等符号参与图形的造型。商周时期的许多动物纹饰中，其生殖器位置常标有这种符号来象征生殖神的强大生殖功能（图12-62）（图12-63）。古文化图形通过"儿"纹的介入，以符号的形态表达出了对生殖的崇拜及对生命繁衍的祈望。

在图形造型过程中，由于对某种重要对象或部位的崇拜，就会对这些对象或部位在造型上进行夸张，从而使这些被夸张的对象或部位出现比例超常的形态。如在这件龙形古玉饰中（图12-64），"儿"纹被变形夸张成为长柄形，更加突出地参与到了龙体造型中。再如中国现存最早的帛画《驭龙升天图》（图12-65），在以肠为造型特征的龙体生殖器部位，"儿"纹符号同样被夸张为长柄形态突出地表现了出来。这些造型对"儿"纹的夸张，其目的即是通过对生殖之门的突出体现，来强化龙的生殖神特征。

以此现象对照跽坐玉人像上的所谓柄形器，可看出其造型特征与以上两例被夸张的"儿"纹符号

---

[1] 参考有关介绍资料整理。

图12-62

图12-63

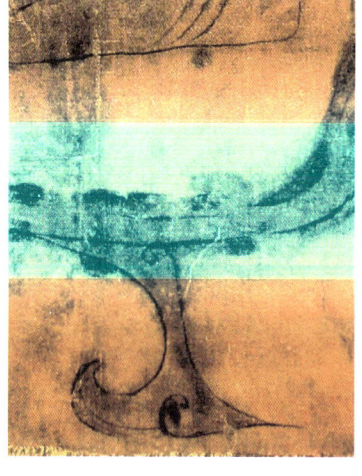

图12-64

图12-65

基本相似，同样是以夸张的方式突出强化了跽坐玉人像所谓柄形器的"儿"纹特征。再从玉人像与柄形器的组合关系来看，其也明显具有与玉人前腹部有机结合后从腹臀部而出的特征，表现出了柄形器（生殖之门）与生殖之腹的联系。

氏族的生殖神是以氏族的祖先和首领为象征的，又是与其在氏族中的地位和权力相统一的。这个超常比例的"儿"纹符号在跽坐玉人像造型中出现，其用意明显是要体现该妇人的生殖神特征。由此也可见，跽坐玉人像表现的是一位当时身份显赫的人物。

（二）"儿"纹符号在跽坐玉人像造型中的运用

在图形文化中，当某种概念形成一种固定的符号后，这种符号就会脱离原来的自然原形状态被独立运用，并以"指事"或"会意"的方式参与到图形造型中，从而也在图形中由原来的"象形"形态进入符号的象征形态。"儿"纹成为生殖之门的象征符号后，便具有了独立在图形中对生殖进行象征的标识作用，因而其在图形造型中同样会脱离原本自然形态参与图形的组合运用。在表现生殖内容的图形时，为了加强并体现生殖神的超强生殖功能，就会出现在对象的不同部位进行主观性夸张组合或添加的现象。如在青铜礼器的龙、凤等纹饰中，"儿"纹符号除在对象的生殖器部位表现外，也常在其体、肢、角、爪等部位添加运用，以此来突出并强化所要表达的生殖繁衍、生生不息的内涵。跽坐玉人像造型中的所谓柄形器也是以夸张的"儿"纹符号形态出现的，在此造型中，"儿"纹符号参与其造型的主要作用同样是要体现对其生殖内涵及身份的象征性，而不是体现自然表象形态的写实性。

在妇好墓出土的同时期器物中，还有一件玉鹦鹉（图12-66）。这件玉鹦鹉不仅将"儿"纹作为冠饰置于首部，而且同样将"儿"纹符号标注在了背部，其特征与跽坐玉人像将"儿"纹柄形器置于背后的造型十分相似，可见跽坐玉人像这种将"儿"纹符号伸向背后对其生殖特征进行标注的方式并非孤例。

图12-66

出现跽坐玉人像、玉鹦鹉这种并非体现物象现实特征的"儿"纹标注方式，与符号在图形造型中的实际运用有关，其原因有四：

（1）当"儿"纹形成一种符号后，符号的象征性意义便更为突显出来，可脱离其原本自然状态随图形需要参与图形的组合，以体现图形所要表达的内涵。也即是说，在跽坐玉人像和玉鹦鹉造型的背部出现柄形器状"儿"纹，目的是将其作为一种象征符号标识强化其生殖特征和身份特征，是对概念性内容"集形表意"的综合表述，而不仅是为了表现其象形特征。

（2）在玉器制作中，要依据材料形状进行设计，并要考虑造型表达的含义及与玉料结合的合理性，因而参与造型的某些符号也需根据实际情况在设计中进行位置的调整。如玉鹦鹉将"儿"纹置于腹背部（图12-66），就存在既保持其整体造型完整又受玉料限制的情况。

（3）由于受对象特别动态的限制，也需要使参与组合的符号进行位置的调整和安排，以适合动态的造型。如跽坐玉人像因为跽坐的特有动态，"儿"纹符号就不便在腹部等位置以常态特征进行表现，于是便出现了将象征生殖之门的"儿"纹符号以柄形器的形态向身后转移的现象。

（4）出于对生殖器写实状态直接表现的避讳，不宜用象形特征来对生殖之门进行体现，故以符号对其含义进行象征。

（三）柄形器造型及纹饰分析

通过以上分析可知，跽坐玉人像的所谓柄形器是组合到该人像中的一个"儿"纹符号，就其纹饰及造型来看，该柄形器要比出现在其他图形中的"儿"纹更为特别。其在造型中同时运用了多种图形方式，并呈现出了更为复杂的元素组合及内涵象征（图12-67）。

（1）从跽坐玉人像整体造型来看，玉人主体运用了"象形"的方式，而"儿"纹柄形器则是一

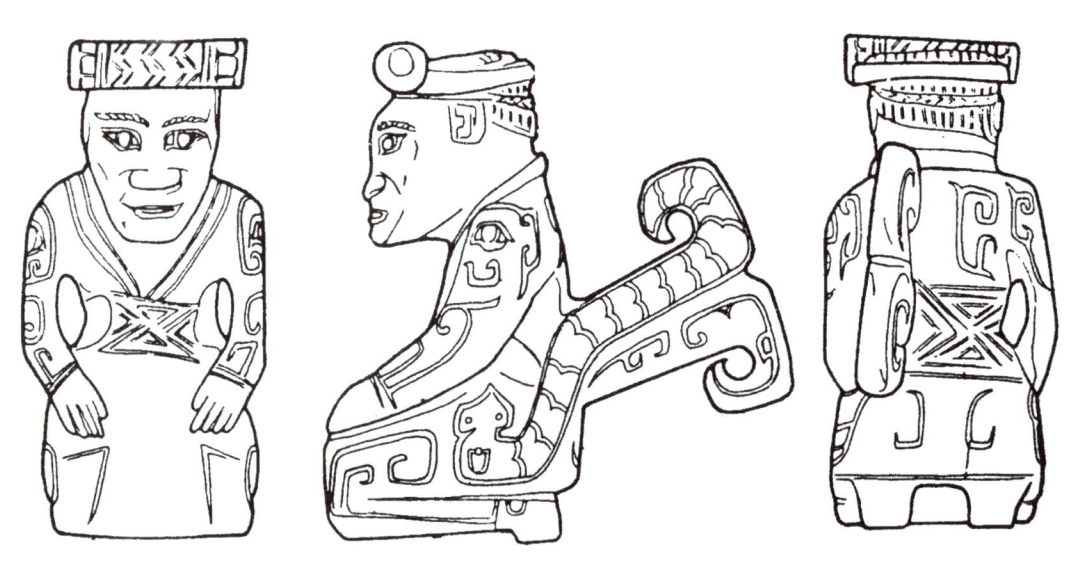

图12-67

个"指事"其身份特征的象征符号，体现出了跽坐玉人像以"象形"和"指事"方式进行组合的造型特征。

（2）"儿"纹柄形器外侧装饰有一个蛇纹，蛇在肠生殖崇拜中具有"转注"的特征，既代表身份低于龙的生殖神，又是龙的臣子或配偶的象征。商代的生殖神按等级划分为龙、蛇、虺之类，这些分类与其身份地位相统一。该人像以"夸张"的巨大"儿"纹参与玉人造型，表明其具有生殖神的特征，但在此以蛇为标识，又表明其身份地位是低于龙（商王）的。因而，根据跽坐玉人像所体现出的女性特征，蛇纹所标示出的身份特征，"儿"纹柄形器对其生殖能力的强化特征，以及出土于妇好墓等情况来看，该玉人形象所表现的应是龙（商王）的配偶，也即商王夫人妇好本人。

（3）"儿"纹柄形器外侧蛇纹呈现头内尾外的形态，蛇纹头部朝向玉人腹体部是"龙入怀"之象征[1]，是以"会意"的方式对生殖神使之受孕的体现。

（4）柄形器蛇纹尾端又与另一尾状物呈现交合状并构合成"儿"纹造型，尾状物上还刻有青铜纹饰中常见的"支"纹符号（子的象征），两尾交合构合出生殖之门"儿"纹并出现与"支"纹组合的造型，是以"会意"方式体现出了交尾生殖的内涵。

由以上分析可知，在跽坐玉人像柄形器的"儿"纹造型中，生殖之门、蛇的生殖象征、蛇入怀、蛇交尾、"支"纹等符号的组合，使这个"儿"纹柄形器具有了更为全面的生殖内容和身份标识意义。而将这个象征生殖之门的"儿"纹"夸张"成柄形器的形状，即是以此符号来突出标示该形象的地位、身份以及其作为生殖神的超

强生殖能力。此"儿"纹生殖符号对跽坐玉人像的介入及多种元素的组合运用，体现了商王朝统治者意图通过偶像来表达祈望其氏族及子孙不断繁衍的愿望。

六、三星堆突目大耳青铜面具造型及含义解析

1986年在四川省广汉市三星堆遗址出土了一批大小不等、形态各异的青铜面具和人像，其中最引人注目的是一种夸张了眼睛和耳朵的突目大耳青铜面具（也有资料称其为突目青铜面具）（图12-68）。有研究者根据《华阳国志》中"蜀侯蚕丛，其目纵，始称王"之说，认为这种重视眼睛刻画的面具造型与古蜀人崇拜的祖先有关，此类面具是依照古代蜀王蚕丛的真实形象制作的。还有研究者认为，蜀王蚕丛是因为居住地缺碘而患有严重的甲亢病，生前眼睛才格外突出。以上所说虽然可以从史料中找到一点传说性的文字，来说明该类面具的突目特征是以祖先眼睛为原型的可能性，但该类面具的造型除突目外还具有大耳的特征，如用这些史料考证对应的话，又难以解释这种青铜面具同样夸张的大耳。其实，从《华阳国志》中所描述的蚕丛形象特征来看，"目纵"这一特征并不是对现实人物形象的象形描述，而是如古代传说中对"庖牺氏、女娲氏、神农氏、夏后氏，蛇身人面、牛首虎鼻"[2]的描述一样，均是传说中对祖先形象所进行的神化。由此看来，三星堆以突目大耳青铜面具来表现古蜀国祖先是极有可能的，但其所表现的是神性形象，并非现实形象。那么，此青铜面具为何要在造型中突出地表现突目大耳呢？若用艺术造型的方式来解释，这种夸张表现手法在图形造型中的运用是极其正常的，即在表现神性形象的图形造型

---

[1] 羌族《阿巴补摩》中有神农的母亲姜嫄梦见红龙入怀生下神农的传说。原始先民认为生育是生殖神灵感女祖之"幽防之宫"的结果。
[2]《列子·黄帝》。

图12-68

中，将认为具有神性的重要器官在形象中进行夸张，以突出其神性。突目大耳青铜面具所体现出的夸张表现眼睛和耳朵的现象，即是为了突出这些器官在面具造型中的重要神性作用。在三星堆出土文物中，还发现有一些单纯以眼睛为造型的器物，或者有些器物组合进了眼睛的造型，由此现象可看出三星堆文明中确实存在对眼睛崇拜的现象，也说明传说中古蜀国祖先"目纵"的形象是由崇拜眼睛而来的，但其"目纵"特征是神化形象，而非现实形象。

（一）突目大耳青铜面具的造型特征及用途

在三星堆遗址中，除突目大耳青铜面具外，还出土了一批其他形态各异的青铜人面像（图12-69），将这些人面像与突目大耳青铜面具对照发现，这些人面像的五官造型虽然也做了一定的夸张，但其比例基本保留了较为写实的风格。从其造型特征可看出，这些较为写实的人像在三星堆文明中是以现实人物为原型的，它们表现的应是三星堆族群中的氏族祖先、王或巫师。突目大耳青铜面具与这些较为写实的人像明显不同，其以面具的形制出现，并以神性化的超现实造型突出地夸张了眼睛和耳朵，与这些相对写实的雕像相比，具有不同的内涵和功用是显而易见的。

巫师和祭司被认为是神灵在人间的化身和代表，他们在巫、祭仪式中借助道具和法器与神灵进行沟通，以此来占卜、预测未来的凶吉，并秉承神的旨意向人们传达沟通的结果。面具在巫术或祭祀仪式中是通神的道具，巫师利用面具，就认为自己成了神灵的化身并与神灵融为一体。但从突目大耳青铜面具的造型特征来看，其体态硕大，外沿有孔，说明该面具并不适合面部佩带，而是固定放置于一定位置以供使用。其可能具有两种功用：一是作为通神的道具，二是固定在其他附着物上作为神灵的偶像。

人们认为看和听是神灵超出于常人的神异功能，神灵能通过"眼观六路、耳听八方"来预见未来并判定吉凶，突目大耳青铜面具明显地夸张眼睛和耳朵，其目的正是要突出这两个器官的重要神性，以此来表现和神化这两个器官的超常功能。这种以艺术造型来夸张表现神异特征的方式在仰韶文化时期的出土器物中也有发现。陕西省高陵县杨官寨仰韶文化遗址中曾发现过一件神秘的"大眼睛"陶片（图12-70），这块黑色陶片半个手掌大小，上面有一只非常完整并突出于眼眶的超常大眼睛，眼睛的左下侧和右下侧，各有一只较为完整的鼻子。从陶片的边缘可看出，这个陶片的另外几面也应该是对称的，如其形态完整的话，应该具有四只眼睛和三个鼻子，其眼睛造型与四川广汉三星堆出土的青铜面具明显具有相似之处。此种四面有眼的超常头像，其造型目的即是要表现该神像所具有的眼观四方的超常神性。在仰韶文化遗址中还出土过一件葫芦形人面纹彩陶瓶，陶瓶上所绘的人面形象眼睛是与鸟构合的造型（图12-71），这种构合了鸟眼睛的形象，其用意是认为人具有了鸟的眼睛，就会像在空中高飞的鸟一样看到世上的一切，并能依此预知世间的吉凶。从这两例仰韶文化时期的人面造型中可以看出，在人面图形中对某些器官的夸张，其用意即是要体现这些形象的神异特征和超常功能。正常人的眼睛由于位置及视角的限制，

图12-69

图12-70

图12-71

视野是有限的，不但看不到脑后的事物，甚至不借助反射物连自身的面目都看不见，突目大耳青铜面具上这对夸张并突出于面部之外如同蟹一样的眼睛，即是要表现其能看清世间四方的神异性。而该青铜面具中一对夸张的大耳朵，则是能耳听八方、感知一切的象征。突目大耳青铜面具作为通神的道具，所表现的正是人们心目中眼观六路、耳听八方，能预测未来的祖先或神灵的形象。

巫术的目的是希望借助某种道具和行为通过与神灵沟通预知吉凶，并以此为依据来判断未来，从而改变自身的不利状态。在与三星堆文明同时期的商文化遗存中，曾出土过大量用甲骨占卜的遗物，上面的文字记述表明，在商文化这一历史时期巫仪占卜盛行。尽管在三星堆文明中还没有发现类似中原商文化用甲骨占卜的遗迹，但突目大耳青铜面具的出现，则表明三星堆文明中同样存在以巫术与神灵沟通的行为。在此行为中，人与神的沟通及对吉凶的卜问即是通过这种能眼观六路、耳听八方的突目大耳青铜面具来进行的，巫师利用面具作为法器或神灵的偶像，就认为借助神灵的力量便可看到或听到现世及未来的一切，并以此为依据来调整人与自然外物的关系以及选择应对的方式。这即是突目大耳青铜面具以奇特的造型夸张突目大耳的原因。

（二）突目大耳青铜面具神秘佩件的造型及内涵象征

在三星堆遗址中还出土了另外一件额部装有神秘佩件的突目大耳青铜面具（图12-72），此面具体积小于前面所谈到的突目大耳青铜面具，但其造型同样表现出了突目大耳的特征，由此判断其功用与大的突目大耳青铜面具相同。在大的突目大耳青铜面具额中部有一方洞，经与这件装有神秘佩件的突目大耳青铜面具对照，可知其额中部方洞也应是来安装这种神秘佩件的。此现象让人感到神秘的是，突目大耳青铜面具前额上为何要安装这样一件特殊的佩件？此佩件又有何功用呢？

图12-72

1.面具佩件物对突目大耳青铜面具的内涵及身份具有符号象征作用

从突目大耳青铜面具整体造型来看，该佩件物既不是人面客观特征的象形，也不是人面某个器官的夸张，这表明该佩件物并非以人面客观特征为造型来源，而是一个另外组合到突目大耳青铜面具造型中的外加符号。在古代器物的立体类形象造型中，组合到其中的外加部分除装饰作用外，一般具有两种功能：一种是实用性功能，如动物形带钩，其主体虽然是动物形象，但钩头却并非一定是形象的某个部分，而是出于功能需要而加的，主要起到实用的作用；另一种是出于对所表现形象的内涵、身份、意义的象征需要而加的，如前所列举的妇好墓跽坐玉人像中的"儿纹"柄形器、青铜兽面纹上的冠纹等，其对形象所起到的是符号象征作用。从该突目大耳青铜面具的特征来看，该佩件物显然不是出于用具类的实用功能需要，而是一个组合到突目大耳青铜面具整体造型中的象征性符号。

再从该佩件物所处的位置来看，其沿鼻梁垂直延伸至人面之上并固定在突目大耳青铜面具的前额部位，与商代青铜兽面纹沿鼻梁向上延伸而出的"辛"纹、"且"纹冠饰位置相近。冠纹在图形造型中是其地位和身份的象征，该佩件物在此出现无疑也对突目大耳青铜面具具有身份特征的象征作用。

2.面具佩件物的造型特征及内涵分析

在三星堆出土的其他青铜人面图形中，也有与商代青铜兽面图形相类似的形态出现（图12-73），从这些图形的造型及冠饰特征来看，其明显地受到了商文化青铜兽面图形的影响，尤其是此类图形上部的"冠"纹、"角"纹，与商代兽面纹几乎完全相同。这些图形以与商文化腹神兽面纹相类似的形态出现，表明其同样是以祖先神、氏族神、统治神为象征的。但在三星堆文化的此类造型中，其形象以人面为特征而非以兽面为特征，由此可看出其既体现了与商代青铜兽面图像在造型上的联系，也体现出了其祖先神形态与中原王朝祖先神形态的不同。

图12-73

图12-74

图12-75

再从突目大耳面具佩件物的造型来看，其也明显具有与中原地区某些青铜纹饰符号相似的特征。其造型是由一个"支"纹与"儿"纹组合后，再在中间部分加一个"羽"纹组合而成（图12-72）。在商周代表子纹的陪衬纹饰中，也可看到与三星堆突目大耳青铜面具佩件物相类似的"支"纹、"儿"纹、"羽"纹组合的图形（图12-74）（图12-75）。商周时期代表生殖神、祖先神、统治神的青铜兽面图形（正面龙纹）常与子纹饰组合出现，"支"纹以分支的特征来体现生殖神、祖先神、王权与子氏族、臣民的宗属关系：对生殖神、祖先神而言，"支"纹是其后代子孙的象征；对王权而言，"支"纹是其统治下方国、氏族分支、诸侯和臣子的象征。"儿"纹是生殖之门的符号，"支"纹与"儿"纹的组合象征子氏族、诸侯国、方国自身的生殖繁衍。在突目大耳青铜面具佩件物"支"纹与"儿"纹组合图形的中部还加有一个"羽"纹，"羽"纹也是子纹饰的一种，其由鸟体生羽延伸而来，象征的是"支"纹所繁衍的后代子孙。此类以"支"纹、"儿"纹、"羽"纹的组合纹饰在商周青铜纹饰中极为常见，其分别以氏族分支（"支"纹）、生殖之门（"儿"纹）、繁衍之子（"羽"纹）的符号含义来对宗主之下的诸侯、氏族分支的生殖内涵及身份进行体现和象征，而突目大耳面具佩件物以与中原青铜纹饰相同的符

号形态参与图形组合，表明其符号含义与中原青铜纹饰之间具有体系上相通的联系。

3. 面具佩件物是通天的象征物

前面在探讨商周青铜兽面纹冠饰的章节中，分析过"辛"纹、"且"纹所具有的天与之合、君命天授的含义，表明冠纹在祭祀及巫仪中除象征地位身份外，也是与天沟通的符号。突目大耳面具上的佩件物同样体现出了这种特征：该佩件物高高地耸立于面具之上，与冠纹的标示特征类同，其"支"纹尾部翻卷成云纹状，云纹是天的标示符号，其在此出现，表示该佩件物不仅是氏族神的标识，也是人与神灵感应的通道和法器。巫师通过这个感应通道，在与上天及神灵的沟通中，认为依此就可预测日月星辰、风雨雷电、时节气象及世间的一切，并根据沟通结果秉承上天之意来决定人们的行为。

（三）通过突目大耳面具佩件物的符号特征看三星堆文明与中原文化的关系

通过对突目大耳面具佩件物的分析，明确了突目大耳面具是古蜀国氏族神的象征，其佩件物的符号特征也在中原王朝的礼器纹饰中找到了与之相通的联系。根据佩件物所象征的内容，可看出当时古蜀国与中原王朝的关系。

已知"支"纹、"儿"纹、"羽"纹的组合在商周时期中原王朝的礼器图式中是对子氏族的象征，而三星堆突目大耳面具佩件物也以这种与中原子氏族相似的象征符号对其氏族神进行标识，表明突目大耳面具佩件物所标示的是古蜀国与中原文化之间属于同一符号体系中不同身份地位的体现。但从该佩件物也可看出，突目大耳面具与中原的青铜兽面纹虽然都体现了对自身氏族的神性象征，但其所代表的对象及地位是不一样的，青铜兽面纹代表的是宗主国的统治者，而突目大耳面具从其标识符号来看，代表的应是宗主国所辖的方国。由此佩件物与中原王朝图式相关的标示方式及独特的面具造型，可见其既体现了古蜀国当时作为方国对中原宗

主国的从属关系，也体现出了其氏族相对独立的特征。

从相关记载中可见中原王朝与古蜀国的这种关系："蜀之为国，肇于人皇，与巴同囿。至黄帝，为其子昌意娶蜀山氏之女，生子高阳，是为帝颛顼；封其支庶于蜀，世为侯伯。历夏、商、周。武王伐纣，蜀与焉"[1]，"周失纪纲，蜀先称王。有蜀侯蚕丛，其目纵，始称王"[2]。这些文字反映出的意思是：蜀在周之前是中原王朝的侯伯，蚕丛是蜀侯，自周"礼崩乐坏"失去纪纲，蚕丛在方国中开始首先称王。虽然现在学术界认为蜀国祖先蚕丛所处的时代应在商之前，并不可能在周做蜀侯，但蜀作为中原的从属国是可信的。三星堆遗址从年代来看属于商文化时期，而此时期也正好是"周失纪纲，蜀先称王"之前古蜀国与中原王朝维持宗属关系的时期，突目大耳面具佩件物所体现出的与中原宗主国相应的符号特征，也与此记载相符，说明古蜀国在此时期的确是从属于中原宗主国的一个方国。有关古蜀国接受中原王朝管理并向中原王朝进贡的记载有："华阳、黑水惟梁州。岷、嶓既艺，沱、潜既道。蔡、蒙旅平，和夷底绩。厥土青黎，厥田惟下上，厥赋下中，三错。厥贡璆、铁、银、镂、砮磬、熊、罴、狐、狸、织皮，西倾因桓是来，浮于潜，逾于沔，入于渭，乱于河。"[3] 此说的意思是：华山南部到怒江之间是梁州，岷山、嶓冢山治理以后，沱水、潜水也已经疏通。峨眉山、蒙山治理后，和夷一带取得了治理的功效。那里的土是疏松的黑土，田是第七等，赋税是第八等，还杂出第七和第九等。其向中原王朝进贡的贡物是美玉、铁、银、镂、做箭镞的石头、磬、熊、马熊、狐狸、野猫、织皮等，进贡的船只沿着桓水而来，行于潜水，然后离船上岸陆行，再进入沔水，到渭水，最后横渡渭水到达黄河。此说明确表明了中原王朝与古蜀国的从属关系。

出土文物还表明，在三星堆文明中同样存在龙崇拜，但三星堆文明中的龙与代表中原宗主的龙有着等级的区别，此特征从三星堆出土青铜神

图12-76

树一侧的龙造型明显体现出来（图12-76）：该龙头下尾上，龙体带有翅羽，具有鸟的特征，造型显然属夔龙一类，体部呈分支状，与大铜树所体现的干下枝上的分枝状态形成一致，龙体分支的末端连有"刀羽"纹，"刀羽"纹是子氏族生殖繁衍的象征，而突出地强化此纹饰，明显是在以尾部分支的子纹饰造型来体现其与宗主国祖先神（龙）之间的从属关系。三星堆遗址中还出土过一件青铜夔龙柱形器，该器由柱形器、卧伏在柱形器上的夔龙、置于柱形器一侧的"支"纹与"儿"纹组合符号三部分组成。柱形器顶端的龙造型明显具有夔龙的特征，是支氏族生殖神的象征。"支纹"与"儿纹"组合是支氏族身份及生殖繁衍的符号，这个组合符号与突目大耳面具上的佩件物相对照，除少一个"羽"纹外，其形状基本相同（图12-77）。从"支"纹与"儿"纹组合符号置于柱形器（氏族之祖的象征）一侧的特征来看，其与突目大耳面具和佩件物的造型组合特征相似，同样是以符号标注方式表明了柱形器是氏族神的象征。由此青铜夔龙柱形器中龙造型及其象征符号的组合，也可见古蜀国与中原宗主国的从属关系。

---

[1][2]《华阳国志》卷三蜀志。
[3]《尚书·禹贡》。

以上对三星堆突目大耳面具的造型分析，使该类面具突出眼睛、大耳的原因及所表达的含义得到了诠释。突目大耳面具前额佩件物及其他相关器物与中原青铜纹饰在造型上的联系表明，古蜀国与中原青铜文化属于同一符号体系且具有相通的关系，从而使古蜀国与中原王朝的宗属关系也得到了进一步的证实。

图12-77

七、鬼脸钱的造型特征及内涵解析

鬼脸钱也称蚁鼻钱，是约公元前4-3世纪（战国中晚期）楚国铸行的铜贝，当时在楚地流通甚广，现在长江中下游各省多有出土。该钱币外形仿海贝，正面有铭文，下端有孔（大多未穿透），因钱面铭文仿佛一张鬼脸，故俗称鬼脸钱（图12-78）。其上铭文旧释"贝""哭"或"贝""化"二字的古体合文，今人多倾向于释"巽"。鬼脸钱上除这种似鬼脸的铭文外，还有其他文字铭文出现。本书通过对鬼脸钱的特征分析认为，最初鬼脸钱上出现的所谓铭文是图形符号而非文字，其是在铜贝仿海贝的过程中以图形符号介入来表现海贝特征并象征其生殖内涵所致，与后来鬼脸钱上出现的其他文字铭文并非一类标注方式。

（一）海贝到玉贝的造型转换

贝币源于对海贝的仿制，在由海贝到贝币的转换过程中，先是由于海贝形状与女阴相似从而产生"互渗"，使海贝成为古代祭祀中生殖之门的象征，由于内地祭祀的需要，在同沿海部族以物交换中贝便有了货币的性质，又由于海贝后来不能满足祭祀或流通的大量需要，便出现了以玉、青铜等材料仿制的贝，进而逐渐成为真正的货币。鬼脸钱的造型正是在以其他材料仿制海贝的过程中形成的。

在用玉、铜等材料仿制并代替海贝初期，其造型完全仿制海贝的表面特征，这些特征包括海贝饱满的隆起，贝体中间自上而下象征女阴的齿裂，以及沿齿裂上下用于穿系并象征女阴的排泄、生殖

图12-78 　　　　　图12-79 　　　　　图12-80

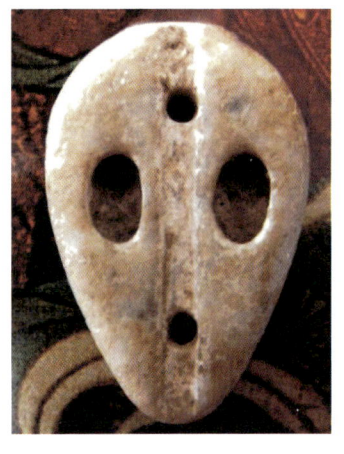

图12-81　　　　　　　　　图12-82　　　　　　　　　图12-83

之洞等（图12-79）（图12-80）。但在仿制过程中，由于玉等材料的珍稀性，其原材料有时并不一定符合贝体饱满隆起的造型特征，而特征不完美的祭品便不能应用于祭祀，为了在扁平的玉料上表现海贝的全部特征，就会在其造型中出现用象征符号标注的方式来体现其表面饱满隆起的情况。这种标注方式在雕刻形态中主要是采用刻画或镂空来进行的，即在扁平的玉料上不能表现其隆起特征时，用刻画符号或镂空的方式来象征海贝隆起的部位（图12-81）。此类造型方式在古代扁平状的雕刻中很常见，如西安博物馆所藏的这件扁平状白玉人头像（图12-82），在脸部即运用了镂空的方式，其意并非要表现脸上有孔，而是在玉料扁平不能表现脸的隆起时以此方式来象征人脸的隆起特征。再如民间剪纸也常用镂空的方式来表现面颊及鼻子（图12-83），同样是以镂空的造型手法象征性地体现了这些部位的隆起特征。那么，如果以此种方式在扁平的玉料上表现贝两侧隆起的造型，就会出现如下过程：（1）用扁平的玉料先做出贝的外形，并刻画出贝体中间自上而下的中间齿裂（象征女阴）；（2）沿裂缝上下钻两洞用于穿系并象征女阴排泄、生殖之洞；（3）在玉贝的两侧镂空成圆形以象征海贝饱满的隆起。由此，也就形成了玉仿贝中类似鬼脸的造型（图12-81）。

从以上海贝到镂空玉贝的造型转化过程可知（图12-79）（图12-80）（图12-81），镂空玉仿贝在其造型中以象征方式所表现的这些特征与象形仿贝的含义相同，只是由于玉材扁平，为了合乎祭祀的要求，才采用了镂空来表示隆起的方式。而此类玉仿贝仅见于扁平玉料的造型，也表明玉仿贝两侧形成类似鬼脸的空洞正是由此造型方式而出现的。

（二）鬼脸钱的造型是用符号来表现贝体特征及内涵的一种方式

铜贝仿制海贝初期，其外形也完全摹仿真贝，但在用青铜仿制海贝的过程中，同样存在因为节省铜材料而用符号来表现其特征的现象，正是由于这些符号的运用，从而也导致铜贝在仿制海贝的过程中形成了类似鬼脸的造型。但这类铜贝造型与镂空玉仿贝不同的是，其不是采用镂空方式来表现贝体的隆起，而是采用铸刻符号的方式来体现海贝的特征，正是由于这种用符号对贝体特征和内涵进行标注的方式，才形成了鬼脸钱独特的造型及鬼脸钱上所谓的铭文。

鬼脸钱用符号表现贝体特征及内涵的方式有二：

一是鬼脸钱用"兀"纹来表现海贝象征生殖之门的齿裂（图12-78）。"兀"纹是"儿"纹符号的一种，其由"一"和"儿"组成，"儿"象征生殖之门，"儿"上的"一"表示"儿"与母体连接的部分。这种用生殖符号"兀"纹标注齿裂的方式不仅象征性地体现了其形象特征，也由该符号的

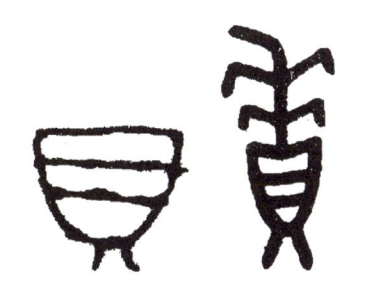

图12-84　　　　　　　　图12-85　　　　　　　　图12-86

固定含义使铜贝要表达的生殖内涵更为明确。鬼脸钱"兀"纹下方还加有一洞，从实用性上看似是作为穿系之用，但钱面上大部分洞并未穿透，故此洞应另有其象征意义，即"兀"纹表现的是海贝象征生殖之门的齿裂，而此洞则是进一步强化和象征生殖之门的私洞。将鬼脸钱与古文"贝"相对照也可见其在造型上的联系，"贝"字在贝体部同样组合了"儿"纹（图12-84），但与鬼脸钱不同的是："贝"字为了突出其生殖内涵，把象征女阴的齿裂以符号方式用"儿"纹标注在了贝体下方，铜贝则是因立体形态的限制将"兀"纹标注在了与齿裂相应的贝体中间位置。此种符号标注方式可因材料或造型形态不同而采用不同的方式，如在平面图形中，"儿"纹可标注在体外（图12-85）；在立体图形中，因造型的限制，则需要标注在体内（图12-86）。虽然符号标注位置不同，但其所象征的内涵相同。

二是鬼脸钱用两个圆形符号来表现海贝两侧的隆起（有的呈两个倒三角形），但这两个圆形符号不是运用镂空方式，而是采用刻画方式，由此也就形成了鬼脸钱上方的两个圆形符号（图12-78）。在原本艺术图形中，其造型主要是为了表达概念意义上的完整，而非一定体现对象的现实表象，因而这两个符号在铜贝表面运用时，仅是用来表示贝面所具有的隆起特征，也并非要标注在隆起的部位，可根据贝面符号排列的美观等因素将其安排在合适的位置。如古"贝"字把象征齿裂的"儿"纹标注在贝体下方的方式即与鬼脸钱把象征隆起的两个圆形符号安排在贝体上方相类。再者从这两个圆形符号的象征意义来看，两圆并置一处还具有"并置交合纹"的特征，体现出其在表现形象特征的同时还包含有阴阳相合的含义。

在铜制的鬼脸钱造型中，也有较为写实的仅表现贝裂而无其他刻画符号的造型（图12-87）（图12-88），这种铜贝仅以象形方式表现有齿裂和象征私洞的圆孔，其特征与真贝更为接近，而这种鬼脸钱贝体多数表面饱满，隆起明显，应是由仿真铜贝到鬼脸钱的过渡形式。由此也可看出，此种铜贝与"兀"纹鬼脸钱只不过是对同一物象的两种不同表现方式。

将鬼脸钱上的符号与镂空玉贝对照也可见其相同的含义。鬼脸钱上的造型符号由上、中、

图12-87　　　　　　　　图12-88

图12-89

下三部分组成，不同部分分别表示不同的象征内容：（1）上部分线刻的两个圆形（或两个倒三角形）符号，与玉贝两侧镂空之形对应，其"指事"贝两侧隆起的外形特征并包含有阴阳之意；2.鬼脸钱中间部分是"兀"纹，"兀"纹是生殖之门的象征，由海贝齿裂形状与女阴之形"互渗"而来，用此符号标注在贝体中间象征齿裂（生殖之门）；3.玉仿贝中用于穿系的两孔变为铜贝"兀"纹符号下的一孔，主要含义是进一步象征生殖之洞，体现其生生不息之意（青铜礼器上的"公"纹也具有此种特征）。对照由象形玉贝到象征性镂空玉贝再到鬼脸钱的造型特征，可见其不同造型的发展变化及内在联系（图12-89）。由此也可看出，鬼脸钱上的所谓铭文只不过是铜贝在仿海贝过程中，由于节省铜材料等原因，在表面较为扁平的贝状铜块上，用铸刻符号的方式来代替贝的象形特征形成的。而鬼脸钱用此方式在扁平状铜块上表现出贝的概念意义，又与最初的应用要求密切相关，这即是祭祀对祭品完整性的要求，由此也表明铜贝的出现及应用，同样是因祭祀需要而来。

（三）鬼脸钱铭文的进一步演化

"兀"纹鬼脸钱是有铭文的铜贝中出土最多，也最为基本的一种形态。鬼脸钱除"兀"纹外，还有君、安、忻、金、行、陶、三、紊等（图12-90），但从其内容及特征来看，这些铭文均是在"兀"纹鬼脸钱基础上进一步衍化和发展的结果。如"君"文鬼脸钱，"君"在古代是君王、君主之意，典籍中有"君之宗之"[1]、"君，尊也"[2]之说，因而君王在古人意识中是同生殖神、祖先神合为一身的，代表的是部族的宗主，在铜贝上出现"君"字同样具有生殖之宗的内涵，是"兀"纹生殖之意的延伸。由君所代表的宗主之意还可再延伸为：君主的名，君管理的

图12-90

---
[1]《诗·大雅·公刘》。
[2]《说文》。

国名、地名、族名、姓氏、财富等，由此也就会再延伸出其他代表这些相关内容的铜贝铭文，其均与"兀"纹鬼脸钱的生殖含义具有相关的联系。

由以上分析可看出，在象形贝发展为鬼脸钱的过程中，其造型经历了由象形方式到符号指事方式的转化，运用这些符号的目的除了标示贝的形象特征外，又与表达贝的生殖内涵密切相关。鬼脸钱是中国最早铸有铭文符号的金属货币，在中国钱币发展史上占有重要的地位。它的出现不但体现了贝与生殖的"互渗"关系，也体现了其成为货币后生殖概念的进一步扩大。

鬼脸钱的造型特征也表明，原本艺术的造型主要是为了体现其概念意义的完整，而非仅是表现对象的表象形态，对象的表象形态既可按表意的需要进行调整和变化，也可因表意的需要以"集形表意"的方式组合其他的象征符号参与其造型。

八、货币与生殖

前文曾有论述，贝币的出现与生殖崇拜有关。其实，不仅贝币的出现与生殖有关，中国历史上出现的布币、刀币、环币在形成及衍化过程中，也都在其造型中赋予了生殖的内涵。

原始社会后期，随着农业生产的发展，生产工具日益显得重要，于是人们将生产用的铲、刀、纺轮等用来进行物品交换，使其逐渐在交换中具有了货币的功能，从而也使这些生产工具成为不同形状货币的前身。当这些工具的货币功能出现后，某一地区对某种生产工具需用最多，这种生产工具就变成了这一地区的特色货币。到了战国时期，这些特色货币形成了布币、刀币、环币三大体系。

人类生存除祈望氏族成员生命繁衍外，还祈望所需生活物品也能不断地增加。生活所需物品是人类赖以生存的物质基础，既包括货物，也包括可以换回货物的货币。由此，在不同时期货币的形态中，这种祈望所需物品和货币不断"生殖"的意识，也必然会对货币造型产生影响，不同货币造型所表现出的生殖内涵，即是这种意识的体现。

（一）布币造型中的生殖象征

布币由古代的农具"镈"发展而来，镈的形状很像铲，由于"镈""布"同音，所以古人将其习称为"布"。布币的发展经过了两个阶段：第一个阶段，铲形阶段，此是由农具演变成货币的过渡形态，其造型与铲非常接近，因其首空可以纳柄，所以称之为空首布，空首布是布币最早的样式（图12-91）；第二个阶段，布首已不空，变为平实，所以又叫平首布，此阶段的布币底部形状开始分叉，削弱了工具因素，明显结合了"儿"纹，突出了生殖特征。这种布币与同时期在动物类图形中夸张为长柄状态的"儿"纹极其相似，将"儿"纹符

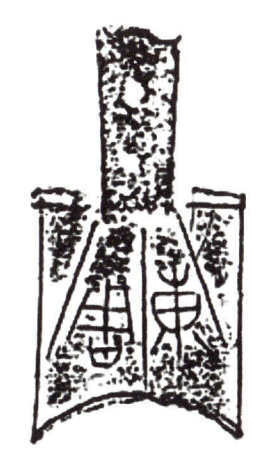

图12-91 　　　　　图12-92

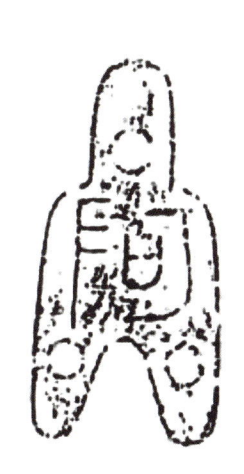

图12-93

图12-94

号介入布币的造型，其用意明显是要把生殖之门与货物的"生殖"联系起来，加入生生不息、源源不断的内容，以体现货币是货之源泉的含义（图12-92）。

在与布币相关的其他图式中，也有这种观念的体现。如这件汉王莽时期的青玉币饰物（图12-93）（图12-94），其造型用高浮雕将一个螭龙（生殖神）置于以"儿"纹为生殖符号的布币上，背面又用悬针篆"货泉"二字，借助螭龙、布币、货泉符号的组合，表达出了人们祈望货物"生殖"的意愿。

布币通过"儿纹"生殖符号对其造型的介入，形成了后来的形态，这种形态的出现是与人们对货物不断增加的愿望密切相关的。

（二）刀币造型中的生殖象征

刀币由生产工具刀演变而来，流通于春秋战国时期的齐、燕、赵等国（图12-95）。刀币种类很多，有齐刀、即墨刀、安阳刀、针首刀、尖首刀、圆首刀和明刀等。刀本身即具有与生殖相关的象征性含义：刀是"分"的工具，其作用是将物分开，"分"与"生"在生殖观念中有类同之意，如树的分枝、分权等，均是以分的特征来体现"生"的含义。在四川省郫县独柏村出土的虎纹中胡戈的背面，有一个人与刀组合的图形（图12-96），表现为一人持刀正将一物分开，形象地体现出了以刀分物、由一生二的内涵。

周代分封诸侯的社会特征同样以"分"的方式体现了其氏族的繁衍，这种"分"的含义通过青铜礼器上兽面纹呈现肢体多分支且多饰有"刀羽"纹的形态表现出来。"刀羽"纹是刀与羽之形结合的纹饰，其借刀分的特征和鸟体生羽的现象来象征生殖繁衍，是"子"的符号，也是生殖分化以至无限的体现。四川广汉三星堆出土大铜树上的龙造型也表现出了这一特征（图12-97），其龙体尾部呈现绳系状分支并在分支末端饰刀形纹，以此来体现祈望族系进一步分支繁衍的用意。商代多有玉刀出土，在青铜时代以玉为刀显然不是作为实用

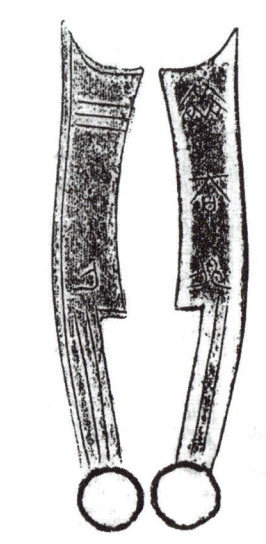

图12-95

图12-96

工具来使用的，而是作为一种礼器，这种礼器的用意即是以"分"的特征来对生殖含义进行象征。这些玉刀多表现为鱼形（图12-98），鱼的尾部又呈现"儿"纹（生殖之门）特征，刀身再由鱼的"儿"纹尾部而出，其不但明确地体现出了"生"与"分"的关系，也进一步证实了刀的确与生殖有关。刀币铭文中的"化"（货）字同样反映出了生殖的特征，古文中"和故百物化焉"[1]"若欲其化也"[2]等均为"生"之意，刀币铭文将"化"与"货"相联系也表明其与生殖有关。

由此可见，刀币正是借助刀将物分开的特征来体现其"分"与"生"的含义，该用意同样表达出了人们对货物增加的愿望。

图12-97　　　　图12-98

（三）环币造型中的生殖象征

环币是外为圆形中间有孔的钱币，分圆孔和方孔两种。最初的环币基本上是圆孔，孔的主要作用是为了用绳将其串系起来便于携带，比较著名的有"西周"圜钱和"东周"圜钱。通常认为环币是从古代使用的纺轮演变而来的，但这种中间有圆孔的造型明显与"璧"有相似之处（图12-99）。古籍中有"珠玉为上币，黄金为中币，刀布为下币"以玉为币的记载[3]，而玉中的"璧""珠"之类均是由生殖的原本物"卵"演变而来的，从环币造型与璧相似的特征来看，环币的形成除与生产工具纺轮有关外，其中还明显加入了卵生殖的特征。

至战国时期，秦国又出现了方孔圆币。此时期是"天圆地方"之说的盛行期，有"天道圆，地道方，圣人法之，所以立上下"[4]；天道圆，精气上下运行"圜周复杂，无所稽留"[5]；地道方，"万物殊类殊形，皆有分职"[6]等说法，"天圆地方"观念体现了古人认识天地、阴阳的朴素宇宙观，而万物的生殖又是阴阳相合的结果，此观念也影响到了圆币的造型，方孔圆币外圆内方形态的出现，即是融合进了"天圆地方"天地相配孕生万物的内涵（图12-100）。后来环币上出现的"货泉"铭文所表达出的货物源泉之意，则进一步说明了环币所体

---

[1]《礼记·乐记》。
[2]《周礼·柞氏》。
[3]《管子轻重篇新诠》。
[4]《吕氏春秋》。
[5]《吕氏春秋》。
[6]《吕氏春秋》。

图12-99 　　　　　　　图12-100 　　　　　　　图12-101

现的生殖含义（图12-101）。

由以上分析可见，古代对生殖的崇拜不仅体现在祈望氏族人员的生殖，其生殖观念也渗透到了希望所获的生活物品中，使布币、刀币、环币作为物品交易的替代物在造型的发展演化过程中均被赋予了生殖的特征。

九、曾侯乙墓出土漆箱图像解析

1978年湖北省随县擂鼓墩发掘的战国早期曾侯乙墓出土了大量的珍贵文物。前面章节曾对曾侯乙漆棺纹饰作了解读，现再对曾侯乙墓中的五件漆箱纹饰进行分析，从中可看出这些漆箱也是针对亡灵复生为表现内容的器物，两者可互为印证。

五件漆箱均为木胎，整器呈长形盒状，由器身、盖组成，盖顶拱起，四角有短把手，器表均黑漆为地，上绘朱漆纹饰，五件漆箱中除编号E.66（以往被称为二十八星宿漆箱）内为朱漆外，其余箱内均为髹黑漆。五件漆箱所绘纹饰以交合纹为多，其中有缠绕交合纹、并置交合纹、衔咬交合纹、叠合交合纹等。交合纹是阴阳交合的象征图式。五件漆箱上的纹饰各有不同，表明这些不同特征的纹饰是与不同漆箱的表现内容相联系的。笔者经过对这五件漆箱上的图像进行对照分析，认为这五件漆箱是与祭祀曾侯乙亡灵得安重生相关的同一组漆箱，是在曾侯乙丧仪中分别针对不同的内容盛装招魂物品所用的器物。

（一）经天常和漆箱纹饰解读

该漆箱编号E.61，在以往有关介绍中被称为"后羿弋射图衣箱"（图12-102）。漆箱由器身、盖组成，盖顶拱起呈圆弧状，器身呈方形盒状。器身与盖的形状合于古代宇宙观对"天圆地方"的解释：圆弧形盖象征天，方形器身象征地，盖与器身的相合象征了天地阴阳的相合。该漆箱表里均为髹黑漆，表面在黑地上用红漆绘制图形并书写文字。盖面左端下角有铭辞二十字，靠中间上侧另写有"紫锦之衣"四字。箱盖面另绘有纵横两组"⚱"状纹（有关介绍称其为蘑菇状云纹）：纵向一组分两排共有"⚱"状纹七个，左边一排三个"⚱"状纹方向一致，右边一排四个"⚱"状纹交错排列；横向一组"⚱"状纹共六个，成两排，均作两两对合状。横排一组"⚱"状纹上下方位置各绘高矮两树，高树伸出十一枝，枝头结闪光之果，树上有两鸟；矮树伸出九枝，每个枝头也结闪光之果，树上有两兽（一兽为人面）。其中一侧的两树之间有一坎，一人站于坎中持弓向有兽之树弋射；另一侧树间无坎，有一人持弓向有鸟之树弋射。盖面右侧尽端绘有反向相缠的两条双首肠形龙。在漆箱表面前、后、右三个侧立面另绘有交合纹、方格纹、卷云纹、"S"纹、鸟兽纹等图形，左侧面无纹。

1. 漆箱盖面铭辞

漆箱盖面左下角是用红漆书写的二十字铭辞（图12-103）。漆箱盖面上出现铭辞，是解释此

图12-102

图12-103

漆箱内容的重要依据。饶宗颐先生曾对铭辞释文为："民祀隹坊，日辰于维。兴岁之四，所尚若陈，经天常和"。此释甚确，但笔者对饶先生其后对释文内容的进一步解释却有不同看法，如其在首句中将"坊"释为古代天文二十八宿中的房宿，第三句中的"四"解为驷，以"四"与"坊"相互关联为天驷房星，并以"岁星所在有福"为"兴岁"，把此漆箱铭辞与古人祭祀房星内容相联系，将铭辞又释读为"民祀唯房，日辰于维，兴岁之驷，所尚若陈，经天常和（或释为'琴瑟常和'）"，进而将全文解释为：民间祭祀房星，日月合辰于维，兴岁（丰年）的天驷（房星），崇尚若陈年旧岁，琴瑟常和[1]。也有学者认为此铭辞反映的是"农祥晨正"天象，将铭辞解释为：岁首之时，房宿四颗大星呈南北向一字陈列，即为"农祥晨正"天象，示意农人该兴农事，帝王要行籍礼、祈丰穰，故曰"经天常和"[2]。还有学者认为此是祭祀方向之"方祀"的祷文："'坊'，读为方，释为方向，并与'祀'一起构成古代行方向之祀的方祀"[3]。笔者对这些解释均有不同看法，缘由有三。

（1）图像与文辞在同一器物中出现应互为解释。在历代出现的同一器物图文并置的图像中，图与文通常是密切相关、互为解释的，就此规律来看，该漆箱上出现纹饰与文辞并置，其铭辞也应是针对本漆箱内容而言的。但在此漆箱图像中却未见任何表现房星及其他星象的图形，更未见房宿四颗大星呈南北向一字陈列的所谓"农祥晨正"天象以及方向之祀，因而以上诸种说法对此漆箱铭辞的解释，明显与画面所表现内容不符。

（2）从五件漆衣箱形态特征来看，其应是曾侯乙亡后专制的随葬品，因而图像内容也应与祭祷亡灵有关。关于五件漆箱中写有二十八星宿文字的漆箱，有学者认为与曾侯乙亡日的星象和方位有联系[4]，笔者非常赞同，由此也表明这些漆箱并非曾侯乙在世时的日常用品，而是曾侯乙亡后专为其丧礼所制，因而其内容也就必然与丧礼产生联系。关于认为此漆箱用于祭祀方向之祀的看法，笔者认为，方向之祀虽然与祭祀亡灵有一定关联，但从丧礼主要内容来看，丧仪应是以祭祷亡灵重生、得安为主，而且在此组漆箱中，除有漆箱写有二十八星宿的文字外，也均未见其他与"方祀"产生直接关联的图像，因而以祭方向之神的"方祀"为曾侯乙丧礼之祀有些牵强。至于其他所谓祭祀房星之说以及"农祥晨正"天象示

---

[1] 饶宗颐．曾侯乙墓漆器上二十文释——论古乐理与天文之关系[A]．楚地出土文物三种研究[M]．北京：中华书局，1993．饶宗颐．涓子〈琴心〉考——由郭店雅琴谈老子门人的琴学[J]．中国学术．2004年（1）．
[2] 王晖．从曾侯乙墓漆箱盖漆文的星象释作为农历岁首标志的"农祥晨正"．考古与文物．1994（2）．
[3] 钟守华．曾侯乙墓漆箱铭辞星象与方祀考[J]．中国历史文物．2008(1)．
[4] 钟守华．曾侯乙墓漆箱铭辞星象与方祀考[J]．中国历史文物．2008(1)．

意农人该兴农事之说,也与曾侯乙丧礼无直接关联,更与其丧礼主题不符。

（3）"坊"字非"方"。在出土的写有二十八星宿文字的漆箱中,"房星"明确地写作"方",而此漆箱则写作"坊",同墓同类漆箱中用文字表述同一事物而写法不同,不合常规,由此表明在此漆箱铭辞中"坊"并非"方"（房星）。

笔者认为对该文辞内容的解读要同图像的解读互为关联,并要同当时丧礼及祭祀的内容相联系,只有找到漆箱图像和文辞的相关联系,才能对漆箱的图像作出相应的合理解释。笔者经对漆箱图像与文辞分析认为,其图像与铭辞表现的均是祭祀曾侯乙亡灵升天,并祈望其在天界重生得安的内容。现对铭辞解读如下:

漆箱盖面上的这段铭辞从文体上看类似卜辞。卜辞的文体包括前辞、命辞、占辞和验辞四个部分：前辞是记述占卜的时间和占卜的人,命辞是要说明卜问的事项,占辞是占卜后根据卜兆所做出的吉凶判断,验辞是补记的事情结果或对占卜情况是否应验的记录。从该漆箱铭辞的整体内容看,又可分为前后两部分：前部分由两句组成,"民祀隹坊,日辰于维",这两句类似卜辞的前辞,表述祭祀人及祭祀地点、时辰,并以此作为全篇的导语；后三句"兴岁之四,所尚若陈,经天常和"类似卜辞的命辞、占辞和验辞,是祭祀所祈求的内容和要达到的愿望。由此漆箱铭辞的内容结构可见,当时此类文体明显地受到了卜辞的影响。

"民祀隹坊"：意为民祀于隹坊。"民"是祭祀人,指曾侯乙的子民、后代及职掌祭祀活动的祝、宗、卜、史等。"坊"是祭祀的地点。京城及州县城郭内为坊,郊外为村,古代把一个城邑划分为若干区,通称为坊。"隹"："与崔同。崔崔,高大也"[1]。"隹坊"：城郭内高大的宫坊（指曾侯乙殡宫）。"民祀隹坊"是说祭祀人在城郭高大的宫坊内进行曾侯乙亡灵的祭祀仪式。

"日辰于维"："日辰"指干支、时辰、日子。汉代王充《论衡·诘术》曰："日十而辰十二,日辰相配,故甲与子连。"干支谓之"日辰"。"维",方位。地之角为"维"[2],东南、西南、东北、西北称为四维,"维"又是天地相交之处。"日辰于维"指祭祀的时辰正处于天地阴阳相合的一个好方位。此句与"民祀隹坊"合意指祭祀仪式是在吉地良辰举行。《楚辞·九歌·东皇太一》首句也见类似词句："吉日兮辰良,穆将愉兮上皇。"该句也类似卜辞的前辞,意思是在吉日良辰恭谨地娱乐东皇太一,其对时辰的表述与该漆箱铭辞相类。

"兴岁之四"："兴",《说文》："兴,起也",开始。"岁",生命以岁为计。兴岁：生命的重新开始。古人认为死亡是生命另一种形式的延续,此祭祀既然是为曾侯乙亡灵而祭,"兴岁"自然是对曾侯乙而言,其意是祭求曾侯乙亡灵重生。"之四","四"：天界四方,指曾侯乙灵魂重生的地方,也即祈望亡灵升天所要到达的天界方位。此句类似卜辞的命辞,是所求的内容,即卜问曾侯乙魂升天所到达天界之象的吉凶状况。

"所尚若陈"："尚"：希望,崇尚,向往。"若"：像。"陈"：排列。此句类似卜辞的占辞,是根据卜兆做出的吉凶判断。"所尚若陈",其意是希望曾侯乙魂升天所到达的天界之象及所求诸事,都要如同漆箱描绘图像所排列的那样吉祥。

"经天常和"："经"：治理,管理,使其有秩序。"常"：恒常。"和"：和合、相安、谐调。古代典籍对"和"的解释有很多,如："和,

---

[1]《说文》。
[2]《淮南子·天文训》："东北报德之维",郭璞注"四角为维"。

相应也"[1]；"和，谐也"[2]；"和，故百物皆化"[3]；"万物得和以生"[4]；"致中和，天地位焉，万物育焉"[5]；"和者，天地之所生成"[6]；"阴阳交和，庶物时育"[7]等。可见，"和"是万物得以生的前提，也是为亡者得安、重生所祈求的理想结果。"经天常和"意为使天地阴阳有秩序地交融和谐、长久和合。此句类似卜辞的验辞，是事情所得到的结果，即希望亡者在天界能像漆箱所绘的图像那样随天地阴阳有秩序地长久和合、重生得安。

由以上分析可知：铭辞前两句"民祀隹坊，日辰于维"，表述的是祭祀人、祭祀地点、祭祀时辰；铭辞后三句，"兴岁之四，所尚若陈，经天常和"，表述的是祭祀择吉地良辰所祈求的内容。铭辞全意可解释为：曾侯乙的后代、子民在吉地良辰祭祀，祈求曾侯乙的灵魂重生，希望亡灵升天所在的天界方位，一切像漆箱所绘图像那样排列，让亡灵在天地阴阳有秩序地长久和合中重生得安。由此可见，此铭辞的确是用于祭祀中亡灵的，所表达的主题是以天象之"和"来祈求曾侯乙亡灵重生得安的内容。

2.漆箱盖面图像

该漆箱铭辞内容如此，那么漆箱图像又是如何体现"兴岁之四，所尚若陈，经天常和"的呢？下面即从漆箱所绘图像来对其进行分析。

漆箱盖面图像除左下角写有二十字铭辞外，其他图像由左及右可分为三段（图12-104）（图12-105）。

第一段图像是位于漆箱盖面左侧纵向排列的七个"⊕"形纹，七个"⊕"形纹呈两排，左边

图12-104

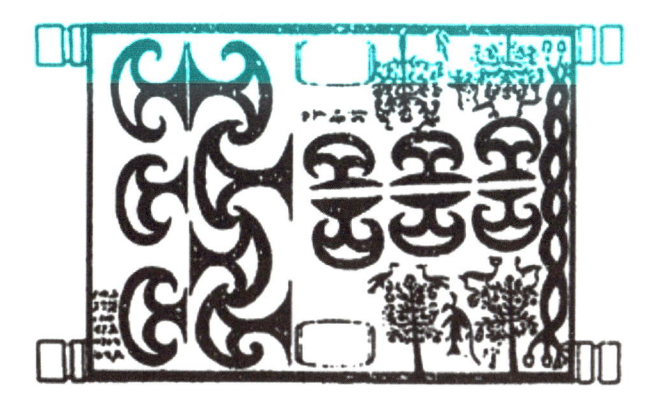

图12-105

一排的三个"⊕"形纹弧面向外方向一致排列，右边一排四个"⊕"形纹交错排列，此两排纹饰除最上方的两个"⊕"形纹呈对合状外，其余"⊕"形纹均未对合。由此可看出，这两排"⊕"形纹所显示的是左排三个"⊕"形纹与右排四个"⊕"形纹，自下而上由未对合至上部对合的图像。

出现在该漆箱上的"⊕"形纹由于形似蘑菇，以往多称其为蘑菇状云纹[8]。本书在前面章节曾对叠合交合纹的造型及内涵做过分析，可看出曾侯乙墓漆箱上这种所谓蘑菇状云纹实质也是一种叠合交合纹，由"⌒"形符号与"⊤"形符号两部

---

[1]《说文》。
[2]《广雅》。
[3]《乐记》。
[4]《荀子·天论》。
[5]《礼记·中庸》。
[6] 董仲舒《春秋繁露·循天之道》。
[7] 张衡《东京赋》。
[8] 楚艺术研究[M].武汉：湖北美术出版社，1991.郭德维.[J].江汉论坛.2006(5).湖北博物馆图解对其也用此称。

图12-106

分叠合而成。"⌒"为象征天、阳、魂的符号；"⊥"为仰上的"儿"纹，其又与地生苗之形相"互渗"，象征生命的再生及地、阴、魄。此符号与秦汉瓦当纹中出现的以中间圆形（卵纹）向四方放射排列的"🌀"形符号相似（图12-106），均表现出了以象征天和阳的"⌒"形纹与象征生殖之门和阴的仰上"儿"纹上下叠合来体现阴阳交合的特征。

此漆箱这组图形用七个"⊼"形交合纹组成，与祭祷曾侯乙生命得安、重生有关。"七"之数在中国古代观念中具有特别的含义。"七者，天地四时人之始也。"[1]周代有"虞祭"，"虞祭"是亡者死后迎其魂灵于殡宫的祭祀仪式，"祭葬还祭于殡宫曰虞，谓虞（娱）乐安神使还此也"[2]。按礼制规定，举行虞祭的时间和次数因死者地位不同而有所区别，士之丧三虞，大夫之丧五虞，诸侯之丧七虞，每次虞祭也皆以七日为期。曾侯乙为诸侯，其丧用七虞。"虞"是"安"的意思，意让亡者之灵得到安息，而"安"也为"和"的体现，在此出现的"⊼"形纹饰，正是以阴阳相合来体现"安"的含义。用七个"⊼"形纹分两排进行由下部未对合至上部对合的图像排列，即与祈求亡灵"七虞"得"安"相关。古人有"魂魄聚散说"，人死魂（精神）与魄（形体）脱离，魂（阳气）归于天，形体骨肉（阴气）归于地。古人又认为，人之初生，以七日为腊，一腊而一魄成，故人生四十九日而七魄全；死则以七日为忌，一忌而一魄散，故人死四十九日而七魄散。此种"虞祭"丧仪，后来延续为民俗中治丧"做七"的习俗，"做七"也是祭送死者得安的丧仪，同样为七日一祭，七七四十九天才告结束。此外，"七"之数还有与生命相关的其他说法，如天以阴阳二气及金、木、水、火、土五行衍生万物，谓"七政"；人得阴阳、五常而有"七情"，故天之道惟七，人之气亦惟七；还有"七日来复"[3]等。由此可见，"七"是一个与"生"关系密切的数字。此漆箱左侧两排七个"⊼"形纹饰由下至上相合的图像，即是对亡灵魂魄分离后，经"七虞"再至阴阳相合、得安重生的象征。

漆箱盖面第二段图像，自象征"七虞"的第一段图像向右，由"紫锦之衣"四字、横向排列的六个"⊼"形交合纹以及在六个"⊼"形交合纹上下沿箱盖边缘向内绘制的四棵生命树等相关图形组成。

"紫锦之衣"是指紫色的锦质衣服。紫在中国传统中具有王家之气，王家常在宫室、服饰、用物前冠之以紫，"紫锦之衣"当指曾侯乙所用之衣。"衣"又与招魂有关，"大丧，共其复衣服、敛衣服、奠衣服、廞衣服，皆掌其陈序"[4]，"复"是招魂灵复来，"其复衣服"即是招魂所用的死者衣服。汉代王充《论衡·明雩》中有"升屋之危，以衣招复"。《仪礼·士丧礼》中也记载有丧礼用衣招魂的过程。在丧礼期间，前来吊唁的人也要向死者赠送衣衾。从漆箱图像所绘内容以及所书"紫锦之衣"四字来看，该漆箱应是盛放亡者衣物所用的器物。

---
[1]《汉书·律历志》。
[2]《释名》。
[3]《易·系·复》。
[4]《周礼·春官·宗伯第三·典命》。

图12-107

漆箱盖面第二段图像中间横向排列有六个"⚎"形纹，此六个"⚎"形纹上下侧又沿箱盖边缘由外向内各绘一高一低两树（图12-105），其树梢均朝向中间六个"⚎"形纹，并分别占据了中间六个"⚎"形纹上下四个方位。树是"生"之象征，在此描绘四树同样具有"生"的含义，它既是亡灵的栖居之所（树上闪光之果是灵魂象征），也是"兴岁之四"曾侯乙生命的重生之地。高树上有两鸟，鸟翔于天，是阳和魂之象征，魂属阳；矮树上有兽，兽行于地，是阴和魄之象征，魄属阴。其中一侧的两树之间地面有坎，坎为阴之象征，北方之象；另一侧两树与之相对，树间地面无坎，为阳之象征，南方之象。其中一侧有人持弓站立于鸟树（阳）一边向兽树（阴）弋射（图12-107上）；另一侧有人持弓站立于兽树（阴）一边向鸟树（阳）弋射（图12-107下）。此弋射之意是分别使"阳"交合于"阴"、"阴"交合于"阳"之象征。所射之箭有缴（谐"交"），谐阴阳交合（也为魂魄相合）。《礼记·乐记》云："射乡食飨，所以正交接也。"此图式用箭缴射于阴阳之间，是以"缴"谐"交""所以正交接"的象征。《汉书·五行志》又云："礼，春而大射，以顺阳气。"可见弋射之意是作为"顺阳气""正交接"的手段来象征阴阳的交连相合。箭缴之间有鸟以翅带缴上飞，朝向中间的六个"⚎"形交合纹。"经"是织物的纵线，而弋射之缴在此图中纵向射于天地间，意以纵向之"经"谐铭辞中"经天"之"经，"是"经天"之象征。与此意相类似的弋射图式在汉代画像石中也出现过，如山东省邹城市西南大故县村出土的汉弋射画像石即与此图式类似（图12-108）：该画像石下方有两兽（兽属阴）共首交足，其首连于生命树根部，是亡者魄体之象征；画像石上方有大鸟（鸟属阳），为亡魂（祖）之象征，大鸟周围有小鸟和羽人供食；鸟与兽中间为生命树，树干生出缠绕交合的树枝，树枝呈绳（系）状，分杈处置卵纹，枝头以"蒂"纹组成树冠；生命树上方呈一大的"⌒"形符号与树叠合，形成与"⚎"形符号相类同的叠合图式，体现出天地阴阳相合、生命繁衍的图形象征，由此也证明"⚎"形交合纹的确是象征阴阳相合的图形；生命树两侧有人立于兽身之上向上方持弓而射，此持弓而射显然不是要射杀祖鸟（亡魂），其意与该漆箱盖面弋射图像相同，也是以"顺阳气""正交接"的方式来体现阴阳交合、魂魄相合之意。

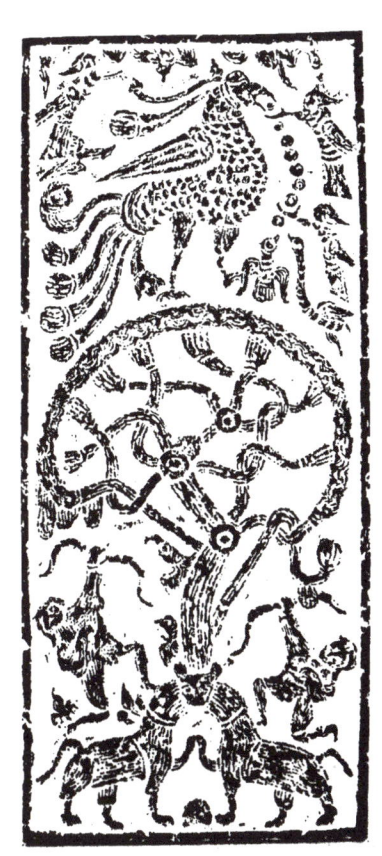

四棵生命树

图12-108

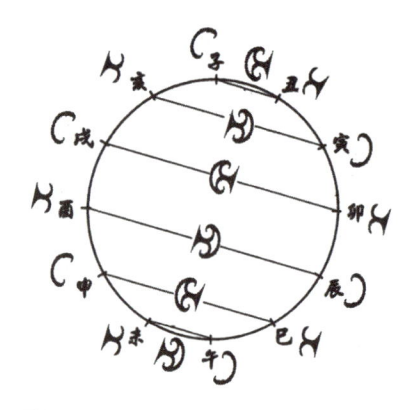

图12-109

图12-110

及弋射图朝向中间的六个"⚭"形交合纹，则表示此六个"⚭"形交合纹即是弋射所要达到的目的，也即"所尚若陈"的主要内容。这六个交合纹成三组，全部为两两对合状，六个"⚭"形交合纹的排列呈现出"六合"之象。在中国古代时间、方位的十二分位系统中，子、寅、辰、午、申、戌为阳，丑、卯、巳、未、酉、亥为阴，其中"六合"为：子与丑合，寅与亥合，卯与戌合，辰与酉合，巳与申合，午与未合。已知在"⚭"形交合纹中"⌒"（天）为阳，"⊤"（生殖之门、地）为阴，如在地支"六合"示意图中，将象征阳的地支以"⌒"标注，将象征阴的地支以"⊤"标注，此十二分位阴阳相合，便得到六个阴阳叠合图形"⚭"或"⚯"（图12-109）。再按顺序将"⚭"或"⚯"两排相对横向排列，正好形成箱面图像所呈现的六个交合纹排列形状（图12-110），可见该六个"⚭"形交合纹所体现的恰是"六合"之象征。"六合"在此又象征天、地、四方之合，也即是曾侯乙"兴岁之四，所尚若陈"的最佳天界之象。此意又与该段图像中的生命树及弋射图所表达的"经天"之意组合，形成"经天常和"之象。在前面章节介绍的曾侯乙漆棺内棺纹饰中，有象征"六合"的六条肠形龙围绕亡灵使其复生的图形，与此"六合"之意具有含义上的一致性。

漆箱盖面第三段图像是两个反向缠绕交合的龙，龙体呈肠形，双首，首呈方形，尾部出五枝，每枝又呈分杈状（图12-111）。此二龙是天地、阴阳相合的总象征。在古代时间、方位的十二分位系统中，子午、卯酉为二绳，二绳相交平分天下四个方向，该龙由龙体分出两个方形首的造型，即包含了由二绳分四象的含义，而其尾部则是以树分枝喻生殖繁衍的象征。两龙以缠绕交合、尾部分五枝的形态出现，又与阴阳二气及金、木、水、火、土五行衍生万物的"七政"相联系，标示出了阴阳交合至生命繁衍的内涵。"肠"谐"常"，两肠龙交合喻"和"，可见其是以肠龙交合的谐音来标示"常和"的图式。该图式与以后出现在汉代画像石中的人祖生殖神伏羲、女娲的交合造型也有相同之处，两者之间应具有一定的渊源联系。

图12-111

由以上分析可见，该漆箱盖面的三段图像与铭辞内容是一致的，所表现的正是铭辞"民祀隹坊，日辰于维"所求的"兴岁之四，所尚若陈，经天常和"之内容。

3.漆箱后立面图像

漆箱的后立面右上部有两个反向相对的"S"形并置交合纹（图12-112），"S"纹是生殖之源"肠"的象征符号。在此以正反两个肠纹对应并置排列，除体现阴阳交合生命繁衍的内涵外，还包含了魂魄相合之意。"肠"又谐"常"，两

图12-112

肠纹相合寓"和","肠和"谐"常和"。该纹饰具有符号标示作用，标示出了该漆箱"常和"的主题。

4. 漆箱左立面

漆箱的左立面无图像，是天地混沌未分之象，象征阴阳未分、生命未生的状态，也即"太极谓天地未分之前，元气混而为一，即是太初、太一也"的所谓太初、太一之象[1]。其在此是对曾侯乙亡灵还未获得重生前的象征。

5. 漆箱前立面图像

漆箱的前立面图像以箱身和箱盖相合处为界分为上下两个部分：箱盖部分图像以勾云纹为主，勾云纹象征的是天、阳、魂；箱身部分图像以方格纹为主，方形纹象征的是地、阴、魄（图12-113）（图12-114）。前立面箱身和箱盖相合处（象征天地交界）左侧置一个"☤"形纹，"☤"形纹是阴阳相合的符号，在器身和盖相合处标注此符号具有标示性，标示漆箱的前立面图像表现的主题是天地、阴阳、魂魄的相合。

由此"☤"形符号向右，箱体部分有三个以平行线相通连的方形。依"天圆地方"之说，方形是对地之形的描绘，也是阴（魄）之象征。三个方形自左至右，由简至繁，体现出了生命在化育过程中从无到有、孕育生成的特征。古代典籍中有"易有太极，是生两仪，两仪生四象，四象生八卦"[2]；"太一出两仪，两仪出阴阳"[3]；"道生一，一生二，二生三，三生万物。万物负阴以抱阳，冲（中）气以为和"[4]等说，这些论述均从原本上阐发了古人对"生"与"和"的理解。箱体上这三个连续的方形，即是以图形的方式表现了生命从无到"生"的过程（图12-114）。第一至第三方形的每条边中间均向四方伸出一组平行线，其中横向的平行线将三个方形相通连，表示这三个方形具有相关联的递进关系。三个方形上方的纵向平行线呈垂直状，均与象征天的盖部相交，表示出天地、阴阳（魂魄）的交合关系，而象征天的箱盖圆弧形与方形相通连的纵向平行线，又恰好形成了一个类似"☤"形交合纹的符号连接于方形[5]，体现出了

图12-113

图12-114

---

[1]《易经》："易有太极，是生两仪，两仪生四象，四象生八卦。"孔颖达疏："太极谓天地未分之前，元气混而为一，即是太初、太一也。"
[2]《易经》。
[3]《吕氏春秋·大乐》。
[4]《老子·四十二章》。
[5] 见本书第十一章 古文化图形中的象征符号 二 交合之纹（七）叠合交合纹。

天地阴阳相合的特征。第一个方形内无任何图像，是魄内无魂，生命未生之象。第二个方形内介入了天界的四个勾云纹（阳与魂的象征），是阳入阴、魂入魄、阴阳相合的形象，四个勾云纹又分上下两组，呈现"是生两仪，两仪生四象"之形。第三个方形内由直线对角分割呈四方之象，再由垂直和水平线将四方分为八，垂直、水平线两端再作分叉状，呈"丫"形分为十二，其数与十二地支相合。"丫"形符号是生殖之门"儿"纹符号的变体，以此来体现化生无穷的象征。再是第一方形和第二方形除图像简略外，第一方形左侧横向平行线及第一方形和第二方形下侧竖向平行线均未与相邻图形或箱体边缘连接，是阴阳还未完全相合、生命化育未成之象，而第三方形除上侧和左侧平行线均与相邻图形连接外，右侧和下侧平行线也均与漆箱边缘相连，是阴阳完全相合、生命化育完成之象。古人视死如生，认为死亡并不意味着生命彻底完结，而是要在另一个世界得以延续。该箱体上的三联方形纹，即是以从无到有天地阴阳（魂魄）相合的图形来象征曾侯乙亡灵的复生。

由箱体前立面的图形，对应盖部前立面象征天界的勾云纹图形，可见盖部的前立面图形，同样体现了亡灵由阴阳未合至相合的过程（图12-114）。盖部前立面图像自左至右也可分为三段，与漆箱盖面的三段图像和箱体图像又形成相应联系：左边第一段图像为排列杂乱的勾云纹，是混沌未分、阴阳未和、亡灵刚开始"兴岁"之象，此与盖面第一段图像象征"七虞"的七个"𐌏"形纹对应；第二段图像由六个相同方形呈上下两排组成，每排三个，六个方形内分别有两个勾云纹呈一致性相对排列，是阴阳相交的六合之形，与盖面第二段图像象征六合的六个"𐌏"形纹相对应；第三段图像是两个勾云纹在一方形内上下相对排列，是阴阳相和的象征符号，显示的是前两段图形由阴阳未和到阴阳相和的总体结果，与盖面第三段图像双龙交合纹对应。盖部前立面图像除与漆箱盖面三段图像达成一致

外，又与箱体三个方形的递进关系相应，并与无图像象征"太初"之象的漆箱左立面形成从无到有的联系，由左及右体现了由混沌未分的"太初"到阴阳相和、魂魄相合的亡灵"兴岁"过程。

6.漆箱右立面图像

漆箱右立面由中间一纵线平分为左右二格（图12-115）（图12-116）。左侧格内无图像，同样是亡灵未重生前的"太初"之象。右侧格内上方有一鸟纹，鸟是阳（魂）之象征；下方有一兽纹，兽是阴（魄）之象征。鸟伸一爪抓连兽首，是"魂""魄"相合之意。从兽纹背后横向伸出一个巨大的柄形"丫"纹，"丫"纹是生殖之门"儿"纹的变体符号，此符号与商代妇好墓出土的跽坐玉人像背后伸出的"儿"纹柄形器相类，也为生殖之门的象征。"丫"纹末端有一"人"字纹，其形状是在古文字"亻"中加了圆形头部的图形，将人

图12-115

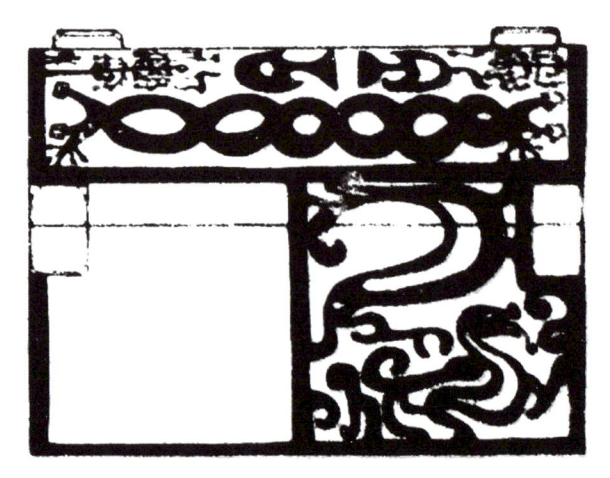

图12-116

纹置于生殖之门符号"丫"纹之后，表示"人"由"丫"纹（生殖之门）生出。此"人"纹即是曾侯乙亡灵生命重生的象征，也是该漆箱"经天常合"图式所有内容要达到的最终结果：曾侯乙亡灵在阴阳和合中得到重生。

由以上分析，可将该漆箱铭辞和图像联系起来，并对不同箱面所表现的内容综合如下：漆箱后立面上部两个反向并置的"S"形肠纹，包含了阴阳交合、魂魄相合之意，并谐音"常和"，是本漆箱图像内容的主题性标志符号；自漆箱左立面经盖面的一、二、三段图像和漆前立面的一、二、三段图像再至右立面图像之间相互关联，所反映的是祈求曾侯乙亡灵"兴岁"的过程。整个漆箱图像由左立面"太初"始至右立面亡灵重生止，中间经历了漆箱箱盖图像"七虞""经天常和"与前立面图像"天地、阴阳、魂魄相合"的生命复生过程，体现了亡灵从阴阳未合至阴阳相合、灵魂得安、生命重生的内容，描绘了"民祀隹坊，日辰于维"所求的"兴岁之四，所尚若陈，经天常和"之象。

在漆箱图像中，除漆箱后立面上部的两个"S"形肠纹谐音"常和"外，漆箱图像中还有多处也运用了谐音假借的方式来体现"经天常和"之意，如盖面第三段图像两肠形龙交合的造型也以"肠合"谐"常和"；六个"⚎"形交合纹呈横向做对合状，成"六合"之象；以纵向之"经"象征阴阳相合并谐铭辞中"经天"之"经"，以"缴"谐"交"来体现阴阳的交合相连等。由此可见"经天常和"不仅是该漆箱的铭辞，也是该漆箱图像祈求曾侯乙亡灵重生得安所要表现的主要内容。据以上分析，笔者认为该漆箱应称为"经天常和漆箱"较为妥当。

（二）招魂合魄漆箱纹饰解读

该漆箱编号为E.67，以往称其为鸟兽纹漆箱。其形状与经天常和漆箱基本相同，也由箱身、盖组成，盖顶拱起呈圆弧状，箱身呈方形盒状。图像分为盖面、左立面、前立面、右立面四幅（图12-117），其上绘有兽纹、鸟纹、人纹、星纹、"⚎"形交合纹等。经对漆箱画面分析解读，笔者认为该漆箱的纹饰内容与招魂有关。

1.漆箱左立面图像

漆箱左立面绘有鸟纹、星纹、十字纹及两个反向朝上的"⚎"形纹（图12-118）（图12-119）。十字纹位于箱盖与箱体相合处，其横线与箱盖和箱体的扣合线重合，表示天地阴阳的分界，其竖线跨天地阴阳两界，象征阴阳相交。"⚎"形纹是象征阴阳交合的阳性纹饰，符号上部"⌒"形线象征阳，通过"⚎"形纹中的竖线与象征阴的图形连接，以体现阴阳相合。在古人的魂魄观念中，

图12-117

图12-118

图12-119

魂为阳，魄为阴，阴阳相合也象征魂魄相合，但该画面中这两个"㔾"形纹并未与任何图形连接相合，且呈颠倒之状，表示此是魂离于魄、阴与阳分离之象。图像中另有星纹及两鸟，鸟于星空中做游荡状。鸟为阳，是魂之象征。从左立面图像的纹饰特征看，其内容表现的是亡魂还未与魄体相合的游离状态。

2. 漆箱前立面图像

漆箱前立面中间主体部分绘有两兽相对合的图形（图12-120）（图12-121），兽为阴，是对"魄"的象征（此图形与前所提及的山东邹城西南

图12-120

图12-121

图12-122

大故县村出土的弋射汉画像石下方共首交足的两兽造型及其含义相类）。兽纹两侧有鸟纹、人纹、星纹。鸟为阳，是魂之象征。人纹代表的是亡者的灵魂，亡者灵魂正在鸟的引导下朝兽头部靠近。头部七窍是灵魂出入之处，此情景表现的是灵魂从星空被招回将要进入魄体与之相合的状态。将此图像与战国帛画《人物龙凤图》对照，可发现两图内容与形式非常相似：《人物龙凤图》中的妇人表现的也是亡者，亡者在前上方凤鸟（魂之象征）的引导下与一兽形龙（魄之象征）正在相合（图12-122），其图式内容与该漆箱图式所象征的均是招魂合魄之意。漆箱前立面右侧兽（魄之象征）之上立有一鸟（魂之象征），鸟嘴触兽首，也是魂合于魄之象征。在战国帛画《御龙升天图》中也有鸟立于龙尾与龙相合（象征魂合于魄）的图形，其与该漆箱鸟立于兽同义（图12-123）。画面中的两兽间

图12-123

有一个"◡"形纹，"◡"形纹是"⚭"形交合纹上面"阳"的部分（也是魂之象征）。在对该漆箱左立面的图像分析中，已阐明"◠"形纹呈颠倒状，象征的是阴与阳分离之状，而在此图式中，"◡"形纹位于两兽下方并向两兽靠拢，则象征游魂回归，呈现出正与两兽（魄）相合的状态。前立面图像最下方还有两个"⚭"形交合纹，这两个"⚭"形交合纹均与底边（地）相合，是象征阴阳交合，生命正在生长之形。古人希望人死后魂魄相合获得复生，古代丧制招魂，即是祈求鬼神，希望死者的灵魂能从幽阴处回到体魄，使亡者复生，经天常和漆箱上的铭辞"民祀隹坊"也反映出了曾侯乙的子民在高大的宫坊内为其举行招魂仪式的情景。从以上对该漆箱前立面图像的分析可知，此立面表现的是招魂合魄之图形。

3.漆箱盖面图像

漆箱盖面图像中（图12-124），中间绘有四个兽纹，呈两两对合状。盖面的四角由"S"形纹、"◠"形纹、勾形纹组成四个云状图形。将四个兽纹的兽首与盖面四角的四个云状图形对照，可见四个兽首的形状与四个云状图形交错相同（如图12-125红色箭头所示）。云为天之象征（阳），也是魂之所依，而将与兽首相同的云状纹绘于箱盖四角，是表现四方及空中亡灵之形，四个云状图形与四个兽首形状交错相同，是象征阳与魂的云状图形意欲合于四个兽首（阴与魄）使其阴阳相合、魂魄相合之意。此外，该箱盖面绘有四兽及四个云状兽首相合，又具有四方相合之意，也是经天常合漆箱铭辞中所提到的"兴岁之四"的象征。由此可见，该箱盖图像表现的是象征阳和魂的兽首状云纹，意欲合于魄体兽首，使阴阳相合、魂魄相合的图形。

4.漆箱右立面图像

漆箱右立面图像（图12-126）（图12-127）绘有星纹和两个方向相对的"⚭"形交合纹，星纹

图12-124

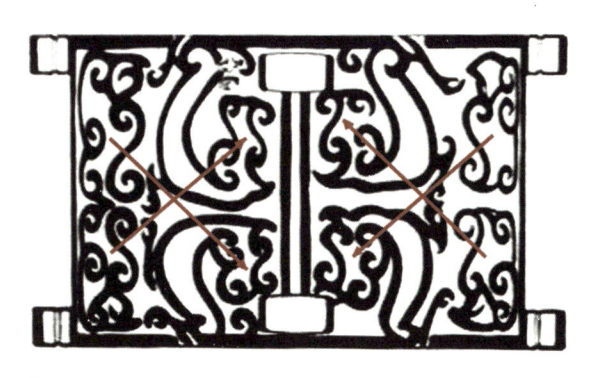

图12-125

图12-126

图12-127

是天空之象征，"⚭"形交合纹是阴阳相合、魂魄相合之象征。在此图式中，两个"⚭"形交合纹一正一倒（阳合于阴，阴合于阳）相合于箱盖（天、阳）与箱体（地、阴）分界处，表明招魂合魄已经完成。

由以上对该漆箱不同箱面所绘图像的分析，可见箱盖和箱体自左至右所描绘的内容为：左立面图像表现的是亡魂游离之状；前立面和盖面图像表现的是亡魂被招回欲与魄体相合之状；右立面图像中的两个"⚭"形交合纹表现的是阴阳相交、魂魄相合完成之状。漆箱全部图像由左至右描绘的是亡魂游离——亡魂招回——魂魄相合的过程，可见该漆箱图像表现的是一组招魂合魄图。由此可知，该漆箱内所盛装的应是专为曾侯乙葬礼招魂所用之物。根据对该漆箱图像内容的分析，可称此箱为：招魂合魄漆箱。

（三）四方和合漆箱纹饰解读

该漆箱编号E.45，外形同其他漆箱形式一致，仅在盖面黑底上用朱漆绘制纹饰，其余侧立面均无纹饰（图12-128）（图12-129）。盖面纹饰以缠绕交合纹带饰纵向将其分为五块区域。所分五块区域内排列有三种纹饰，这些纹饰乍看上去类似花朵状图案，但仔细观察，此三种纹饰中间均以"十"或"×"形为骨架，以此形为骨架，显然不是表现花朵之特征。

在箱盖五块区域的中间部分，横向排列有五个以"十"字为骨架的图形。"十"字中间交点处特意留有一个方形的空白，方形是古人"天圆地方"观念中地之象征，该图形中间方形标示的是地。再以方形为中心向四方延伸出"十"字纹为该图形的主体，表示东、西、南、北四象。十字纹夹角内以两弧线组合成角状图形，表现的是东南、西南、东北、西北四维。该图形以十字纹和弧状纹进行组合，具有阴阳及四方合和之意。

箱盖四角位置绘有四个以"×"形为骨架的图形。在古人的天地观中，四角为维，维是天地阴阳

图12-128

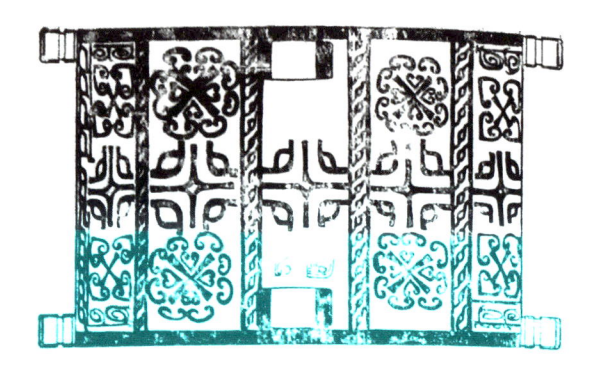

图12-129

交合之处，箱盖四角以"×"为骨架图形所指方向与中间"十"字为骨架图形所指东、南、西、北相呼应，体现出东南、西南、东北、西北四维的方位特征（箱盖四角的位置也与四维相应）。"×"骨架顶端，又分别有四个与之相合的桃形纹，桃形纹是弧状纹的变体（天、阳之象征），在此将弧状纹变体为桃形纹，是以此形来体现"维"（角）之特征，桃形纹与"×"纹相合，则表示天地、阴阳在四维相合。

由箱盖四角的图形向内，又有四个以"×"形为骨架且更为复杂的图形，是由四维经天地阴阳相合进而至万物繁衍的图形。在此图形中，桃形纹进入"×"骨架内部夹角处，表明阳已入阴，"×"骨架顶端又生八个弧状纹，体现出了天地阴阳交合，由四生八的寓意。

漆箱盖部的整体图像以五个"十"字骨架图形横排居中，四角再置阴阳交合的"×"形骨架纹饰，是古人天地方位观念的体现。"十"字骨架图

形以"五"之数置于以缠绕交合纹分为五块的区域之内，同四角"×"形骨架纹饰相配合的布局，应与"五行"有关，表现的是天地"四维"的阴阳和合。该漆箱只在箱盖部绘制图形，其他侧立面均无纹饰，则是表示天地四方已经相合。

由以上分析可知，该漆箱所体现的是四方阴阳相合的内容，也是曾侯乙丧仪在"兴岁"内容中所祈望"兴岁之四"之象的另一种图形象征。从其纹饰内容来看，该漆箱应是在曾侯乙丧礼中祭祀天地四方所用，可称其为：四方和合漆箱。

（四）交合生殖漆箱纹饰解读

该漆箱编号E.39，出土时已破碎，外形同其他漆箱形式一致，箱外部同样在黑底上用朱漆绘制纹饰。从漆箱盖面到箱体前、后、左、右立面均描绘图像，箱体边缘用缠绕交合纹装饰，底纹装饰点状卵纹，底纹之上所表现的形象为同一内容，均是龙相互衔咬交合的图形（图12-130）（图12-131）（图12-132）。在这些龙衔咬图形中，多数表现为龙首相合或是一龙上唇反过来衔咬另一龙上唇的造型。这些龙造型除单身龙纹外，还有一龙两身、龙体生龙的造型。前面章节已谈及以"咬"谐"交"、以"咬合"寓"交合"的图式（此类衔咬图式在汉画像石中极为常见），该漆箱图形同样是以谐音方式体现了交合生殖的内容。龙为生殖神，两龙衔咬是生殖神交合的象征。在漆箱边缘用缠绕交合纹装饰，底纹用卵纹做底，此均是生殖繁衍的符号，更为明显地标示出了漆箱图像生殖繁衍的内涵。

由以上分析可知，该漆箱主要描绘的是生殖神交合、生命繁衍的图形，祭祀生殖神是祈望亡灵"兴岁"并希望其子孙繁衍的重要内容，从此漆箱图形表现内容来看，其应是曾侯乙丧礼中专为祭祀生殖神所用。根据漆箱图像内容，可称其为：交合生殖漆箱。

（五）升天得安漆箱纹饰解读

在曾侯乙墓出土的五件漆箱中，诸多学者较

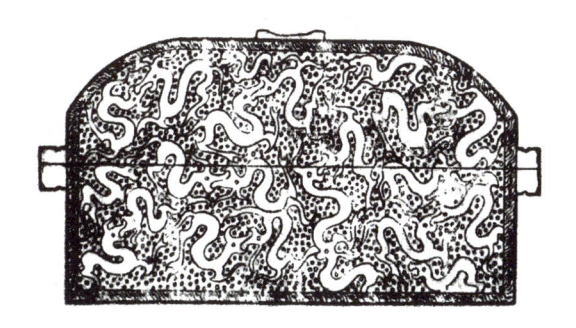

图12-130

图12-131

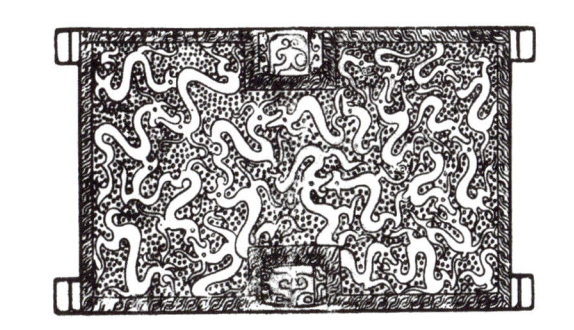

图12-132

为关注的是编号为E.66绘有二十八星宿的漆箱（图12-133）（图12-134）。该漆箱外形同其他漆箱一致，外部同样在黑底上用朱漆绘制纹饰，但箱内色彩却与其他四件漆箱内髹黑漆不同。该箱内涂的是朱漆，表明此箱在五件漆箱中具有特殊的含义。该箱在前立面、左立面、右立面及盖面分别绘有图像，因箱盖上有文字和图形标明其所绘图像是二十八星宿，故大多学者对此箱的考证内容也多是将其与天文星象相联系进行探讨，并依据箱盖二十八星宿图像，对其他三个立面的图像进行解

图12-133

图12-134

图12-135

图12-136

制过程，同图形与之相似的鸟兽纹漆箱（招魂合魄漆箱）一样，均是在立面中间先画出主体图形，然后才在主体图形周围添加星纹等图形，且这些星纹在画面中添加在图像空隙之处，基本对称排列，说明这些星纹只是主体图像的陪衬物，而不是先以星象图形为依据，然后再去陪衬其他的图像。因而这些星纹与主体图像之间并没有与星象在形态特征及含义上的明确联系。笔者还认为，对此箱内容的考证也应该依据其在丧礼中的用途及内容来进行分析，漆箱盖面上的二十八星宿图在此绝不是一幅孤立的天象图，而是与曾侯乙丧礼祈求的亡魂重生、升天得安相关，并且与其他四件用于丧礼的漆箱内容是相互联系的。

1.漆箱前立面图像

漆箱前立面图像（图12-135）（图12-136）主体表现的是两个兽纹，两兽的前足、后足均呈并置对合形态，其造型与招魂合魄漆箱前立面兽纹造型大体一致，但细节却有所不同：招魂合魄漆箱两兽前足相合而后足未合，且其周围有人纹、鸟纹以及兽下的"⌣"形纹等，表现的是灵魂招回将进入魄体还未完全相合之形；此箱前立面两兽前足后足均对合，周围已无人纹、鸟纹以及兽下的"⌣"形纹等，表明魂已进入魄体。另外这两个兽纹与招魂合魄漆箱上的两个兽纹在造型上也有所不同：该两兽中每个兽又均体现出了双兽合为一体的造型特征，双兽合为一体是阴阳、魂魄相合之象征，因而此图形与招魂合魄漆箱盖面的四兽图形存在递进关系，是对四方相合、阴阳相合、魂魄相合的进一步体现。兽两侧有云状纹，右侧云纹较乱，是阴阳、魂魄还未完全相合之状，左侧云纹两两相对，是阴阳、魂魄完全相合之状。周围又画有星纹等，是天空之象，以此来表现亡灵魂魄相合升天之情景。

2.漆箱左立面图像

漆箱左立面图像（图12-137）主体是一蟾蜍，

释，认为该漆箱各立面图像所绘主体图像也均与星象有关，是依据星象而画的。但笔者经对图像内容及表现方式分析认为，该漆箱各立面这些图像的绘蟾蜍周围衬有星纹等。蟾蜍在古文化图形中是月神和母祖的象征，在马王堆汉墓帛画上也可看到以蟾蜍作为月神的图形（图12-138），其与此漆箱上的蟾蜍含义相同，均是对月亮之象征。蟾蜍周围绘有星纹，表示其处于空中。月是阴精之宗："月，太阴之精也"[1]；"月生于西"[2]；"月者，土地之精"[3]。月又与生殖相关，记载中有"摇光如月，正白，感女枢幽防之宫，生黑帝颛顼"[4]之说，表明月神也是生殖之神。从该立面蟾蜍图形来看，其体上下添加有两个符号，这两个符号均不是对蟾蜍表象特征的体现。蟾蜍上边是一个"∧"形符号，"∧"是古文字"合"的上半部分，"合"是古"合"字，也即"盒"的本字，表示盒盖合在盒体之意。此"∧"形符号在此也恰是处于箱盖处，并呈现出与蟾蜍相合的状态，蟾蜍为月神，是阴精之宗，而箱盖是阳之象征，"∧"形符号与蟾蜍在此相合是对阴阳相合的表现。蟾蜍周围有星纹，星在此除象征天空外还是魂精的象征，典籍中有"修纪山行，见流星，意感栗然，生姒戎文禹"的记载[5]。蟾蜍体中也

图12-137

图12-138

有星纹，是魂精入体之象。蟾蜍下面的生殖部位又加一个"人"纹符号，"人"纹符号是"儿"纹符号（生殖之门）的变体，在此添加生殖之门符号，无疑是给该图像添加了"生"的含义。此蟾蜍添加"∧"形符号和"人"形符号，以"指事"的方式表明，该图像是表现生殖神（月神）阴阳相合、魂精入体并祈望亡者生命重生的图式。

3. 漆箱右立面图像

漆箱右立面图像（图12-139）（图12-140）主体是一火形纹，火形纹之上有十字纹，下有"儿"纹，周围有星纹等。该火形符号以往被认为与"心宿"有关，但从该漆箱整体布局来看，箱盖二十八星宿代表的是天空之象，而漆箱左立面表现的是月神（阴之象征），那与之相对的右立面表现的就应是日之图形（阳之象征）。那么，日为何要以火为形呢？在中国古代观念中，"日""火""阳"是相联系的。典籍中以日为阳、为火的论述很多："日，大阳之精也。从口

图12-139

图12-140

---

[1]《说文》。
[2]《礼·祭义》。
[3]《公羊传·庄二十五年注》。
[4]《潜夫论·五德志》。
[5]《太平御览》卷八二引《尚书·帝命验》。

一，象形"[1]；"离为日，为火"[2]；"日者，阳精之宗"[3]；"在地为火，在天为日"[4]；"火气之精者为日"[5]。由此可知，"火"也是"日"之象征。而该漆箱右立面的火纹图像，所表现的也正是由古文"☉"（日）与"ᗱ"（火）字相复合的图形。该图形在"日"的外形中加入"火"形的特征，既体现了"日"与"火"在形象上的联系，又体现出了"日"为"火"的阳性特征。日纹上方的箱盖和箱体交合处是两个十字纹，其与左侧面"A"形符号与蟾蜍相合的图式对应，同样是表示阴阳相合的符号。日中也有点纹，此既与古文"☉"字形成同构联系，又与左立面蟾蜍（月）中的星纹同义，是魂精入体之象征。日纹下方是一个"几"纹生殖之门符号，表明该图像同样具有祈望阴阳相合生命重生之意。

"阴阳之义配日月"[6]。该漆箱左立面以月为阴，右立面以日为阳，以日月图像象征体现了阴阳相合。

4.漆箱箱盖图像

漆箱箱盖图像（图12-141）（图12-142）中间表现的是一个巨大"斗"字，围绕"斗"字是二十八星宿称谓文字，二十八星宿右侧为一龙，与漆箱右立面日纹相应（象征阳），左侧为一兽（虎），与漆箱左立面月纹相应（象征阴），兽腹部有一类似火形纹的符号。箱盖以二十八星宿及文字来描绘，明显是表现天界之象，但同样是与曾侯乙的丧仪内容相联系的，其用意并非要绘制一幅单纯的天象图，而是以此来表示曾侯乙灵魂升天要到达的地方。二十八星宿中间"斗"字的某些笔画被故意拉长，分别指向"四象"的心、危、觜、张等四个中心宿，其意是在标注天界的方向坐标，以此来给升天的亡灵指示方向。而曾侯乙亡灵即是那个类似"火"形纹的符号，它其实是叠合交合纹代表阳（灵魂）的那个"ᧂ"形部分，其正按照斗柄的指示方位，到达所处的星位居所，并与兽（虎为孕育保护神）的腹部相合。腹是生殖之宫，亡灵合于孕育之神"虎"的腹部，象征在此得到再生。

对于箱盖上的龙、虎，多数学者认为是星象图形，本书观点也有所不同。从表现四象的古文化图形组合形式来看，均是青龙、白虎、朱雀、玄武四象俱全，而不应是青龙、白虎单独出现。再者以龙虎对星象进行表现也与曾侯乙亡灵复生并无直接联系，因而本书认为它们在此出现，并非星象的象

图12-141

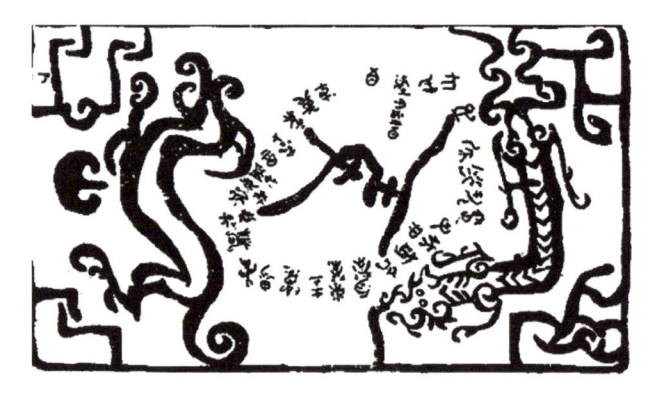

图12-142

---

[1]《易·系辞》。
[2]《说文》。
[3]《易·说卦》。
[4]《史记·天官书注》。
[5]《后汉书·荀爽传》。
[6]《淮南子·天文训》。

征，而是生殖神和孕育保护神的象征：龙是生殖神，是使亡灵生命重生的神灵；虎是由腹神崇拜演化而来的孕育保护神，是对亡灵孕育保护的神灵。其用意与河南濮阳西水坡出土的用蚌壳在墓主人两侧摆塑的龙、虎图形含义相同。

由以上分析可知，该漆箱各立面及箱盖所绘图像实质是一幅曾侯乙丧礼中祭祀亡魂的灵魂归宿图，表现的是亡灵阴阳相合、升天得安、再获重生的内容，也即是曾侯乙亡灵"兴岁"丧仪中所祈望"经天常和"的最终目的。再是该漆箱与其他四件漆箱内均为髹黑漆不同，用朱漆也别具用意："朱"是血的颜色，在此以"朱"为生命的象征，表明亡灵已得安归位，获得了生命的重生。根据以上对该漆箱图像内容的分析，可称其为：升天得安漆箱。

通过对曾侯乙墓出土的五件漆箱图像的分析可看出，这些漆箱的内容是相互联系的，并有一定的排列顺序，是曾侯乙丧仪中表现灵魂升天重生的同一组漆箱。经天常和漆箱是曾侯乙丧仪祭求亡灵归宿要达到的总体愿望，且其上有铭辞提示，应是五件漆箱中的第一件漆箱，后四件漆箱图像表现的则是"兴岁之四，所尚若陈，经天常和"的具体内容。其中第二、三、四件漆箱是对与亡灵相关的不同方面的祭祀：招魂合魄漆箱表现的是为亡者招魂并使亡灵魂魄相合的内容，主题是魂魄相合；四方相合漆箱表现的是天地四方阴阳相合的内容，主题是"兴岁之四"的阴阳相合；交合生殖漆箱表现的是生殖神阴阳交合，祈望亡灵重生、生命繁衍的内容，主题是交合生殖。而在三件漆箱体现了"所尚若陈"的亡灵魂魄相合、天地四象相合、生殖神阴阳相合之后，升天得安漆箱表现的则是祭求曾侯乙灵魂升天得安、获得重生的最终结果，故此漆箱也是五件漆箱的最后一件。

从这五件漆箱的图像来看，其图像内容又均将人与自然相联系，体现了一个"合"字：由人的魂魄相合，自然界的天地相合，生殖神的阴阳相合，最后至人与自然相合，成"天人合一"的永生之境。此也是整套漆箱图像所祈求的"兴岁之四，所尚若陈，经天常和"的最佳境界。

十、广胜寺水神庙壁画《求水图》《降雨图》谐音现象解析

中国古文化图形中的谐音现象自出现后，在不同历史时期一直有所体现。从这类图形的规模及表现手法的丰富性等方面来看，以山西省洪洞县广胜寺水神庙的元代壁画《求水图》《降雨图》尤为突出。

山西省洪洞县广胜寺水神庙是祭祀当地霍泉神的庙宇，亦称明应王殿，坐落在洪洞县城东北17公里的霍泉源头。其左傍霍山，面临泉源，坐北朝南，与广胜寺一墙之隔。明应王殿内四壁绘有近二百平方米的元代壁画，西壁的《求水图》和东壁的《降雨图》是水神殿的两幅主画。这两幅壁画各长11米、高5.3米，画面占壁面积大，人物众多，场面宏伟，表现手法精湛，堪称中国古代壁画杰作。

《求水图》（以往称《求雨图》）绘于水神殿的西壁（图12-143）。画面上，霍泉水神头戴皇冠，身着龙袍，腰系玉带，足蹬王靴，端坐正中。在他的两旁，站满了文武大臣、宫娥彩女以及神兵鬼卒。宫廷石阶之下，跪着一位地方官吏，手中展开一卷长长的奏折，正在向水神禀报民间旱情，祈求水神施行恩德，救助黎民百姓……在画面的左右上方，分别绘制了《世民建寺图》《打球图》《下棋图》等内容。这几个画面从表面来看，似乎与水神庙求水主题并没有很大联系，但也正是这几幅画恰到好处地表明了画面求水的内容与主题，其表现画面内容所运用的主要方式即是谐音假借。

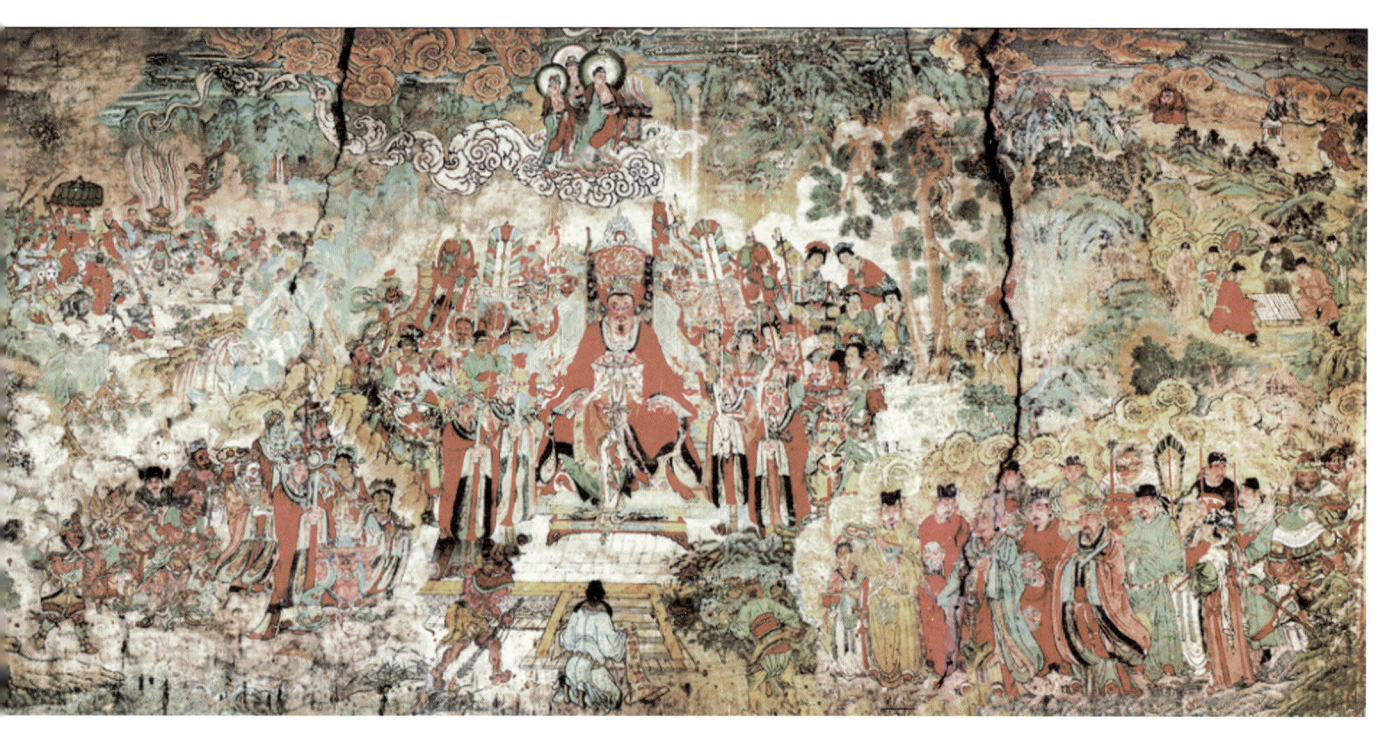

图12-143

西壁左侧偏上部位的《世民建寺图》，据说描绘的是霍山一带流传的唐太宗李世民敕建兴唐寺的故事（图12-144）。兴唐寺位于广胜寺北面30里的苑川乡兴唐寺村，地处霍山主峰的山脚。相传唐时，李世民在此活动频繁，并以霍山为屏障，休养生息，积蓄力量，最终建立唐王朝，其后便责令在此修建兴唐寺，以示不忘。该画面表现的是：在群山祥云之中，一队军马浩荡而行，其中身着红袍骑马的是李世民，文武官员前呼后拥随行左右，正往霍泉方向而来；队伍中有一匹马驮着一座木质小亭，亭内有一座佛塔，是"寺"之象征，佛塔之上有一佛两菩萨显圣驾临霍泉水神的头顶上方，表示到霍泉建寺之意。但此情景总让人觉得有点奇怪：李世民所建的兴唐寺位于广胜寺北面30里的苑川乡兴唐寺村，怎么会来霍泉呢？

其实，图中所建之寺本来就不是指兴唐寺，而是广胜寺水神庙。李世民也非指李世民，而是取其"世民"二字谐音借指"世民百姓"。该画之意是：世民（世民百姓）建寺（广胜寺水神庙），借"世民"二字说的是世民百姓建广胜寺水神庙，建寺者是"世民"，而非指李世民来此建寺。由此意来看，位于南壁西下部的《太宗千里行径图》（图12-145），除故事本身内

图12-144

容外，同样也具有以唐太宗"世民"二字借指"世民"（世民百姓）之意，表现的是：世民百姓不远千里来到霍泉拜祭水神。

西壁右侧上端为《打球图》（图12-146）。图中描绘两位神仙在深山一平地上打球，神仙身侧有二随从侍立，左方一神仙正按随从示意的行球方向向右侧球洞击球，顺沿击球方向，山中有泉水潺潺而来。《打球图》下方沿水来方向延伸处是《下棋图》（图12-147）。图中棋盘就地而置，有两位神仙正对坐弈棋，弈棋者后方四个随从正在观棋，右侧两随从一人端盘，一人持壶做正欲倒水之态，左侧两随从一人持扇，一人腋下顺挟一个石状物（应是玉石）。该壁画右侧这两组画面，乍看上去表现的是元代民间娱乐活动，似乎与求水无关，但其实质内容所表现的正是求水。其同样是以谐音假借的方式表现了求水的内容：《下棋图》中右侧两随从一人端盘是以"盘"谐"盼"，与另一人所持水壶合意为"盼水"；左侧两随从一人持扇扇风义借为"风调"，一人腋下顺挟玉石状物，以"玉"谐"雨"，借为"雨顺"，合意为"风调雨顺"；图中"棋"谐"祈"，而此图之上《打球图》的"球"则谐为"求"，上下两图合意为"祈求"；击球神仙按随从（谐为遂人）示意及另两人所望处击球，

图12-145

图12-146

图12-147

图12-148

则音义双借为"遂人所愿"。那么，祈求什么呢？有山泉溪水贯穿两图由山中而来，则是两图所要表达的祈求内容，即水来（或水到）。此意与"祈求"合意为"祈求水来"。再与壁画左侧的"世民建寺"相合，即是该壁画所要表达的主要立意和内容，意为：世民（世民百姓）建寺，祈求水来，遂人所愿，风调雨顺。由此看来，该壁画正是运用音义双借的方式，以这几幅画面说明了建寺的缘由和目的。由此"祈水"之意与霍泉水神相联系，故笔者认为应将该幅壁画称为《求水图》较为妥当。

《降雨图》描绘于水神殿的东壁（图12-148），与西壁的《求水图》相对应。此壁画同样人物众多，场面宏大。画面中部，霍泉水神依然端坐正中，在水神左右，不同服色的大臣们恭敬地守候在一旁随时听令。但此图水神前面描绘之情景与《求水图》描绘的有求水官员不同，已变为瑞鸟、鹿角等物，以此来体现求水降雨后的祥瑞之象。

该壁画左侧有两组人物，上面一组为女子，有五人（图12-149）；下面一组为男子，有六人（图12-150）。这两组人物在此出现同样是运用音义双借的方式表达了该幅壁画的主题。在上面一组女子中，有的一手执水壶，一手端"盘"（谐为盼），意为：盼水；有的正往盆中以壶

图12-149

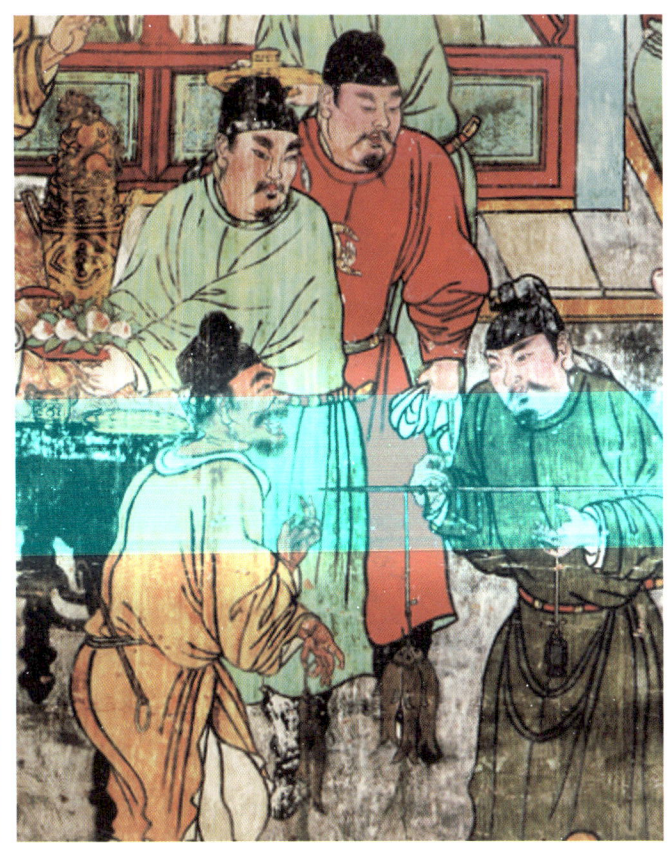

图12-150

图12-151

倒（谐为到）水，意为：水到。其合意为：盼水水到。最前面的一个女子正在盘（谐为盼）头并向远方张望，意为：盼望。那么盼望什么呢？女子下面这组男子所表达的即是其盼望的内容。

在这组男子中（图12-151），有一人正在用秤称鱼（谐为雨），所称之鱼有三条，古人数字以"三"示"多"，"三鱼"意为"多雨"。此情节中值得注意的是，称鱼之人正以右手小指下（下）压秤杆，左手上扶秤砣以增加鱼（雨）的重量，从而使所称之鱼（雨）下（下）坠，音义双借为"下雨"。对面又有一渔翁手提两鱼（雨），并向称鱼人伸出两指，示意要将两鱼（雨）再加于所称之鱼上，意为"加雨"。围绕此"下雨""加雨"情节，后又有人端盘（盼）紧盯前面下鱼（雨）之态而望，与称鱼（下雨）情节合意为：盼望下雨、加雨。其右侧又有一穿红衣者望鱼（雨）伸出一手，其食指上钩，是表示"来"的手势，其意为：望雨雨来。再后又有一人端盘（盼），一人执水壶，合

为：盼水。由此看来，该组人物的主要内容是以音义双借的方式用称鱼等情节表现"下雨"。其再与上面一组女子所示"盼望"之意相合，两组人物所表达的主要内容即是：盼望下雨，望雨雨来。人物周围有竹（诸）石（事），谐：诸事。女有五，谐：吾；男有六，意：顺（以六数为"顺"），男女相合，意为：吾顺。其合意为：诸事顺利。

壁画上部是由霍泉水神召来的雷公、电母、风伯、雨师等天兵神将驾临广胜寺上空（图12-152）。云雾之中电闪雷鸣，众神各显神通。有神仙将大雨从一个黄色皮袋中倾倒（到）下来，意为：雨到。这部分画面合意为：神临雨到。降雨之处，天下万物呈现欣欣向荣之态，意为：万物向荣。其再与壁画左下方两组男女人物所表达的"盼望下雨"之意相合，意为：盼望下雨，望雨雨来，神临雨到，万物向荣。

由以上对《求水图》《降雨图》的分析可知，

图12-152

《求水图》表现的是"世民（世民百姓）建寺，祈求水来，遂人所愿，风调雨顺"；《降雨图》表现的是"盼望下雨，望雨雨来，神临雨到，万物向荣"。两幅壁画相互关联，成因果关系，表现了水神庙建寺求水和盼雨雨到的内容。而这些内容均是运用"音借"或"义借"的方式形成画面来巧妙表现的。

本章通过以上古文化图形个案的解析，对一些较为典型的古文化图形内涵作了新的诠释。由这些解析可知，在古文化图形的内容表现中，符号是最基本的元素，这些符号在古文化图中均具有一定的内容象征性，其出现不是随意的，而是有意的。而古文化图形的形态特征，也正是通过这些符号的组合以"集形表意"的方式体现出来的。从原本思维和原本艺术造型的角度去探讨研究这些图形元素的内涵及运用，不但对于解读龙文化图形的原本成因有重要的作用，对于研究其他古文化图形也同样具有重要的意义。

结语

当历史成为遥远的过去，我们不可能再直接看到历史的真实，但过去却留下了许多的线索和信息，让我们以此作为依据去探索古代文化的奥秘。在这些线索和信息中，古人创造的物化在材料上的图形是研究古文化最为可靠的实物依据，尤其是对文字还没有产生前的原始文化而言，它要比记载和传说更为真实可信。而图形又必然是在当时的社会背景及思维方式下经图形造型方式产生的，因此运用原始思维下产生图形的造型方式去对这些图形进行研究，就可以分析其原本元素及图形形成的原因，进而了解或接近这些图形的原本状态。笔者以龙图形及其他古文化图形作为研究对象，对其原本内涵进行探究，正是在此种理念基础上进行的。

本书对龙图形及其他古文化图形研究的方式和内容归纳起来主要有以下几个方面：

1.提出以图形造型方式参与古文化研究的"图形还原法"

由于古代文化只有图形文化才具有相对的恒久性，因而对图形文化的研究也就成为古文化研究的重要内容。而图形文化的形成又必然与图形产生的思维形态、图形原本元素、图形造型方式及物化这些图形的工艺材料密切相关。因此，只有了解原始时期的思维方式、图形产生的原本元素、图形的造型方式及工艺材料与原始文化图形的关系，才有可能真正找到并还原这些神秘图形的原本成因。本书针对古代图形文化的形式及特征，通过对古文化图形产生的思维方式和图形造型方式进行归纳，特提出古文化图形研究的"图形还原法"。此方式不局限于考据材料与考证对象的直接表象对应，而是在考古发现和其他可用材料的基础上，根据不同时期的图形对象，分析其图形元素与图形造型的关系，将对古文化图形造型方式的分析介入到图形的研究当中，着重探讨古文化图形所产生的思维方式、造型规律及生成过程，以此拓宽对古文化图形研究的论证依据及论证方法，通过对古文化图形造型方式的分析，还原并找到古文化图形生成的原本。

2.提出"原本思维"和"原本艺术"的概念

本书认为原始美术的思维方式、造型方式与民间美术的思维方式、造型方式有相类相通之处。民间美术是原始美术的自然延续，从民间美术中可看到其保留了大量与原始思维形态及造型特征相类同的艺术形式，这些原始美术造型方式在民间美术中的形态延续和遗存，同样体现了人类思维及艺术形态的原本特征。思维方式的差异是造成文化差异的一个重要因素，而思维方式的类同也必然会带来文化形态的类同，正是由于原始美术与民间美术在思维方式及造型方式上的类同性，从而也就为两者之间的相互关联提供了依据。本书将不同时期延续并保持了原始思维特征的思维方式统称为"原本思维"，将原本思维下产生的原始艺术、民间艺术等形态统称为"原本艺术"。"原本思维"和"原本艺术"概念的提出，其用意在于削弱因原始艺术时间概念与民间艺术范围概念所形成的隔离，强化其形态的共性特征，以利于在原始图形的研究中对龙的起源及其他原始图形的解读提供更多的启示和参照。

3.提出以古文化图形的造型方式作为古文化图形形成依据，并以民间美术参与古文化图形佐证的"四重证据法"

鉴于民间美术对原始艺术某些信息的保留及其造型方式的类同，进而将民间美术作为原始美术造型方式的延续形态来参与古文化图形的研究。这就在以往"二重证据法""三重证据法"以历史实物、记载、传说参证的基础上，增添了以美术学中的图形造型方式介入古文化图形分析并以民间美术这类当今实物参证的可能性，从而为古文化研究提供了第四重证据。此参证方式可从三个方面为古文化研究提供证据参考：一是古文化图形是由其图形造型方式形成的，对古文化图形原本的还原，也必然要以其造型方式为依据；二是某些民间美术形态仍然延续并保留了古老的原始文化信息，可依此与原始文化相互印证；三是由于原始美术与民间美术在造型方式上均具有原本特征的类同性，可依此作为原始美术造型方式的参照介入古文化图形的研究。此种研究方式不仅仅局限于历史资料层面，而是通过文化积淀的现实形态来参与昭示文化的原本形态，相对于传统考据学直接的实证对应而言，为古文化图形研究提供了更多的参证材料及图形形成方式上的参考。

4.提出龙原形起源于原始生殖崇拜的"肠龙说"

"肠龙说"是本书由以上方式研究龙起源所提出的主要观点。早期的龙造型由不同物类的头部加相似的弯曲条带状身体两部分构成，本书认为：不同类型龙的头部各不相同，其显现出来的是不同物种的个性特征；不同类型的龙所呈现的共有的弯曲条带状身体，其显现出来的是崇拜内容的共性特征。龙与龙之间头部与身体的不同及相似，说明龙是不同物种（头部）与相同崇拜内容（体部）结合而成的。以此切入，本书突破以往龙图形研究仅从"象形"角度在动物或自然现象中寻找龙原形的观点，进而以古文化图形造型方式来对龙图形进行研究，认为龙的原形物不是某种完整动物或自然现象的神化，而是源于原始生殖崇拜中人们认为生命体中具有生殖神性的某个部分，这个被认为具有生殖神性的部分就是所有动物都共有的"肠"。原始生殖崇拜对"肠"生殖的认识，就像古人认为"心"是主管思维的器官一样，由于生命是在腹中之肠的包绕中孕育的，因而在原始思维中，肠也就被直观地看作孕育生命的生命之源。基于这种认识，肠便在原始生殖崇拜中成了极具灵性的生殖神物。在对此生殖神物进行神化的图形表现中，人们以"拟人""拟动物"的方式赋予了肠想象中的神灵特征：给肠加首，给肠长足，给肠添翼，让肠生角……从而以"集形表意"的造型方式使肠成为一种具有动物化特征的灵物：龙。龙图形的形成及其所体现出的动物性造型，正是人们在原始思维中用艺术造型的方式将肠神灵化的结果。本书依据原本思维方式和原本艺术的造型方法分析了龙图形的形成过程，并通过对古代文物中大量肠纹饰的认定及其与龙的联系，还原并证明了原始生殖崇拜中人们认为的生殖神灵"肠"即是龙的原形，以此解释了龙在原始生殖崇拜中涵盖所有生殖对象的广泛性、包容性及由此而来的祖先神、自然神、王权神等概念的延伸，体现了龙原形对于原始生殖崇拜的共性意义。

5.根据龙的不同特征和属性，对龙的不同类型进行新的归纳和划分

从不同时期发现的龙图形特征来看，其既反映出了不同地域不同部族龙崇拜的差异性，也反映出了龙崇拜由社会共性追求所带来的一致性。根据龙的象征内容和造型特征，本书将其归纳为个性龙和共性龙两大类型。个性龙是由不同时期、不同地域、不同氏族、不同崇拜内容、不同物类特性、不同功用、不同造型特征等因素所产生的具有个性特征的龙。据时期可分为原始个性龙和后期个性龙；据造型特征又可分为龙体个性龙、龙首个性龙和变体个性龙。除个性龙外，人们还相信天下有一个统一所有物类的龙，它是天下万物共同的生殖之神，这就是龙观念生成后随社会发展而不断演化完善的共性龙。龙的种类除以上个性龙和共性龙的划分外，还可据其不同属性划分为五类：圣龙，神龙，天龙，子龙，物龙。这五类龙又可归为两大类：神化龙和现实龙。圣龙、神龙、天龙、子龙为神化龙；物龙为现实龙。虽然这五种不同属性的龙在概念上有时也有一定的相互影响和渗透，但其大的区别还是明显的。对龙属性的区分在龙文化研究中十分必要，如果不加区别，就会在认识龙的过程中产生"鱼龙混杂"的局面，使龙一会儿至高无上，让人奉为神明，一会儿又作恶多端，被人斗杀，以致从概念上带来矛盾和混乱。厘清龙在其属性上的区别，有助于在龙文化研究中把握龙的不同本质和内涵，以便找到不同属性的龙所产生的原因及本相。

6.依据原始思维"互渗律"来解释龙与相关物象的"互渗"现象及其与龙的区别

原始思维用"互渗律"来认识解释事物，认为宇宙万物在整体与部分、部分与部分之间存在着神秘的联系，某些表面具有类似特征的事物常被视为同类。当龙崇拜出现后，一些形状或特征与龙相似的物象就极容易与其产生"互渗"，这便使龙产生了诸多的派生物，从而也造成了其概念的不断扩大。如：因与龙体原形肠的相似，产生了龙同蛇、虺、蚓、蚕、绳、带、树藤等似肠物象的"互渗"；又因生殖神概念与天地的联系，产生了与龙形相似的雷电、云、虹、河流等自然现象的"互渗"。后又因神灵化（动物化）的龙形象与某些动物外形的相似，进而产生了龙与鳄等似龙动物的"互渗"等。也正是由于这些物象与龙的"互渗"，从而形成了后人对龙原形的种种猜想及龙起源的不同说法，但这些龙的"互渗"物均是在龙概念形成后延伸而派生出来的，并非龙的最初原形。本书依据原始思维"互渗律"解释了龙与相关物象的"互渗"现象及其与龙的区别。

7.确定中国古代生殖崇拜图式的基础内容

本书通过对中国古代生殖崇拜内容及其图形造型的分析归纳，认为肠（龙）崇拜、腹崇拜、卵崇拜、受孕崇拜、蛙崇拜、生殖器崇拜、树崇拜、阴阳交合崇拜为中国生殖崇拜图式的基础内容。这些基础内容包含了古人认识生殖的多个方面：肠（龙）崇拜，是生殖神；腹崇拜，是孕育、保护神；卵崇拜，是生命原本和生殖对象；蛙崇拜，是生殖母祖及生殖之子（以蛙谐娃）；受孕崇拜，是生殖的外在因素；生殖器崇拜，是生殖器官和生殖通道；树崇拜，是氏族生殖繁衍的象征；阴阳交合崇拜，是生殖的条件。由此基础内容与其他物象"互渗"，又延伸出了一系列与之相关的图形，从而形成了中国生殖崇拜图形的庞大体系。

这些生殖崇拜内容的衍化图形为：

肠（龙）崇拜延伸图形：龙、伏羲、女娲、蛇、虺、蚓、蚕、玄武、绳、带、藤、雷电、云、虹、河流等。

腹崇拜延伸图形：神人兽面像、兽面纹、虎、狮、铺首、鼓、白虎、西王母等。

卵崇拜延伸图形：日、月、璧、珠、乳钉纹、籽纹、卵化纹、太阳鸟、朱雀、凤凰、鹏、太极图等。

蛙崇拜延伸图形：母祖、月神、变体蛙纹、蝌蚪纹、子、娃等。

受孕崇拜延伸图形：图腾物（玄鸟等）、受孕神灵（交合神兽、麒麟送子等）、自然受孕物（月、星、虹、卵等）、祭祀生殖偶像、佩挂生殖偶像、触摸生殖偶像等。

生殖器崇拜延伸图形：男根、且（祖）、图腾柱；女阴、贝纹、儿纹、半儿纹、公纹、蒂纹、柿蒂纹等。

树崇拜延伸图形：生命树（社木）、扶桑、生纹、勿纹、支纹、枝叶纹、肢爪纹、刀羽纹、鳞纹等。

阴阳交合崇拜延伸图形：两仪、天地、日月、龙凤、魂魄、缠绕交合纹、相对交合纹、勾连交合纹、衔咬交合纹、共体交合纹、穿插交合纹、叠合交合纹、太极图等。

8.解读古文化图形象征符号的内涵及组合方式

象征符号是古文化图形形成的基本元素。在古文化图形中，有许多图形及其参与图形组合的部分均具有特定的符号象征意义。这些符号与古代社会的思维方式、生活方式、崇拜对象及心理追求密切相关，其在古文化图形中对内容的象征与形式的体现起着至关重要的作用。它们在古文化图形中的运用，多数并非出于单纯的装饰目的，而是源于原本思维对事物认识所赋予的特定象征意义。正是由于这些程式化神秘符号"集形表意"的组合，才形成并体现了古文化图形的特征和内涵。因而，了解这些符号的含义，对于解读古文化图形具有至关重要的基础性作用。本书根据这些符号在图形中的特征，从其本质和形态上进行归纳，将其分为生殖之门、交合之纹、生命之树、繁衍之子、标识之冠、谐音之图诸类，以求厘清这些图形符号的原本含义，为解读古文化图形提供基础性依据。

9.对"肠"生殖观念图形和其他古文化图形个案进行解析

以龙为代表的古文化图形是一个庞大的体系，涵盖了古文化图形的诸多方面。本书在对龙图形及古文化图形符号的象征内涵、组合方式进行解读后，进而又以此为基础对相关的其他图形个案进行分析。在对这些古文化图形个案的解析中，力求从古文化图形的符号特征及艺术造型方式角度去探讨其内涵，就一些学术界关注的古代文化图形解读提出了新的看法，对这些图形的实质特征有了较明确的进一步认识。通过这些个案的分析，可更以清楚地看到"肠"生殖观念图形和其他古文化图形在不同时期图形文化中的具体表现及形成过程。

原始文化图形的出现与原始思维形态、原始崇拜对象、原始艺术造型方式密切相关，因此探讨龙起源及其他原始图形的奥秘也应该以原始思维为背景，把已知的古代文献及出土文物等实证材料代入到由原始思维方式形成的图形造型方式中去，分析其图形形成的原本元素及组合特征，才有可能还原原始图形的原本形态。本书希望能以此理念为古文化图形研究提供一种新的方式，并通过这种方式来揭示原始文化图形的更多奥秘。

后记

出于对民间美术的兴趣，从20世纪70年代末，我开始关注并研究民间美术的特征及造型方式。

至1983年，一个偶然的机会，我接触到了一批贵州民间的刺绣和剪纸，这些神秘而古朴的图形立刻引起了我极大的兴趣，尤其是其中那些形态多样的龙图形与常见的汉文化龙图形相比，呈现出了一种更为邃古的造型特征。其除了长形躯体的龙外，还有其他多种多样的身态，有牛身龙、鸟身龙、鱼身龙、蚕身龙，等等，甚至有些龙的体态不容易分辨是属于哪种动物。更让我感到奇怪的是：在这些动物的躯体部位，大多表现了"肠"这一器官。为什么要在动物的体部表现"肠"而不是表现其他器官呢？经过对这些图形的综合分析，我发现这种"肠"形结构唯独在长形躯体的龙身上却没有表现，为什么长形龙体就无"肠"呢？这是不是说龙体本身就是"肠"呢？这个疑问让我将其同《山海经》中所说的"女娲之肠"联系起来：女娲是人祖和万物化育之神，为什么《山海经》也只是说"女娲之肠……化为神"，而不是说其他器官化为神呢？"肠"与化育之间有什么关系？这是不是在说：女娲的蛇形之躯即是"肠"的化身？"肠"即是龙的原形呢？

这些疑问和想法自此之后在我的脑海中一直挥之不去。我开始关注有关龙起源的相关论著并查阅收集这方面的资料，在获得并积累了许多与此相关的证据后，我感觉能证明这一论点的依据越来越充分，对于龙文化起源的研究方式也有了自己的一些想法。支撑我这些想法的基点有四：一是我认为龙的起源并非来自某种动物或自然现象，而是由原始思维下人们认为的生殖灵物"肠"神化而来的，此切入角度与以往从"象形"方面在现实物象中寻找龙的起源物相比，更具有开拓性；二是从原始时期多部族龙崇拜的广泛性来看，龙源于"肠"生殖崇拜的社会性比源于某种动物更能合理解释龙的产生及多部族普遍崇龙的原因；三是龙作为古代文化现象是以图形为存在特征的，以我以往对图形造型方式的了解，可以用原始图形的造型方式来解释和还原龙图形的形成过程；四是我认为原始美术和民间美术在思维方式和造型方式上均具有艺术的原本性特征，由我对民间美术的造型特征及方式的研究，可以通过民间美术的造型特征进一步佐证原始美术的造型特征并证明由"肠"神化为龙是合理的。正是基于这四点，我决定把这件事情做下去，并且从一个新的角度用一种新的研究方式去做。

但对龙文化的探讨，毕竟是一个涉及多方面文化因素的复杂课题。我作为一个画家，若要从古文化方面选择这一课题去进行研究，不但需要我在自身专业之外去进行更多的文化补充，而且其时间的耗费也必定会影响我对绘画的精力投入。然而龙毕竟是我们中华民族的象征，其研究对探寻中华文明的起源意义重大，我既然有了这方面的想法并且找到了研究的方式，就有责任和义务把这项研究尽我所能地做下去。

研究的开始进展是缓慢的，我在工作之余用了十几年的时间去做资料的整理工作，其重点主要放在与龙相关的古文字、图形的收集及书稿架构的设想方面。直到2000年，工作之余我开始正式动笔写这部书，采取的是两条腿走路的方针，在教学或进行绘画创作的时候就会把写书的事暂时放一放，有时甚至一放就是几年。就这样断断续续地写到第六年的时候，没想到竟出现了一次大的意外：在一次出发途中，随身携带的笔记本电脑在长途汽车上被盗，致使我写了六年的书稿全部遗失。没办法，一切只好再从头开始。

在此后的著述中，我根据收集整理的资料，以古文化图形造型方式参与龙文化图形研究，对龙造型起源的"肠龙说"，龙与祭祀等社会因素的关系，龙的动物化及与相似物的"互渗"，龙的类型，龙的王权特征和民俗特征及一些"肠"生殖图形个案进行了解析。随着研究的深入，所写内容又会随一些新的想法不断延伸，我发现龙文化的概念并非仅仅是对龙图形自身而言的，它是一个与古文化的其他图形有着密切关联的庞大体系，因而又触发了我对其他古文化图形的研究。这些内容包括与古代生殖崇拜图式相关的腹神崇拜、卵崇拜、蛙崇拜、生殖之门崇拜、树神崇拜、阴阳交合崇拜以及古文化图形符号的象征内涵、组合方式、个案解析等内容。其章节及顺序也随着书稿的进展不断地进行调整和增加。如本书的第一章"原本思维与原本艺术图形的造型"即是在写作过程中添加的，因为没有这一章，很多的论证过程就需要将原始图形的造型方式单独进行解释和论述，从而造成书稿的琐碎和重复，于是我最终决定加上这一章，并以此作为本书用图形造型方式解读龙起源和其他古文化图形的基础。

直到2019年初，本书才基本完成。算起来，从有此想法到书稿完成共用了三十六年，其时间跨度从我刚开始参加工作不久一直到超过我的退休年龄，真可谓长路漫漫。当然，我也并非在此期间仅做了这一件事，除完成教学及其他工作外，我还创作了大量的美术作品并获得了许多全国美展奖项和荣誉称号，写了百余篇散文和文论。让我尤其感到充实和欣慰的是，我既没有在此期间把本书当作一件急功近利的事去急于求成，也没有在书画市场的繁荣期为经济利益投入过多的精力，而是在工作之余怀着一颗对人类文化的崇敬和责任之心，平心静气地写了这部书。

对中国龙文化及其他古代文化图形的研究，有很多前人和学者做出了努力，并产生了许多对龙起源以及古代文化图形的解释，这些研究均成为后人研究龙文化及古代文化图形的基础，也正是这种不断地探索，人们才可能逐渐去接近人类文化起源的原本真相。在本书的写作中，虽然本书与前人的观点有许多相悖之处，但本书同样是在前人研究成果的参照下进行的，在此特向这些学者表示由衷的敬意。在此还要特别感谢济南出版社为本书出版所做的努力。由于自己水平有限，书中错误及缺失之处在所难免，请各位学者、专家、同仁、读者予以教正。希望本书能为龙文化及古文化图形的探源打开一扇新的门，并为后人的古文化研究提供一些有益的启示。

于新生
2019年2月于济南青龙山下